KB268245

과학의 진실, 신학의 빛

과학의 진실, 신학의 빛

Science

과학의 진실, 신학의 빛

하나님 · 우주 · 생명 · 인간

윤철호 지음

동연

Theology

| 머 리 말 |

기독교가 서구 헬레니즘 문화권에서 발전해 가던 고대의 교부 시대로부터 중세를 거쳐 근대에 이르기까지 기독교 신학의 주요 대화 상대는 플라톤과 아리스토텔레스 그리고 칸트, 헤겔 등으로 대표되는 서구 철학이었다. 그러나 근대 이후 과학혁명으로 불리는 눈부신 과학의 발전으로 오늘날에는 과학이 신학의 주된 대화 상대가 되고 있다. 오늘날 우리는 '빅 히스토리'(big history)라고 불리는 시대에 살고 있다. 빅 히스토리, 즉 거대사(巨大史)란 138억 년 전 빅뱅과 더불어 시작된 우주의 기원에서부터 호모 사피엔스인 인간이 전 지구적 문명을 이루고 살아가는 현재 그리고 앞으로 다가올 인류의 미래를 하나의 지식으로 연결해서 이해하려는 통합 학문적 관점을 가리킨다. 따라서 빅 히스토리는 천문학, 물리학, 생물학, 지질학, 고고학, 인류학, 심리학, 역사학, 생태학 등 여러 과학 분야의 학제 간 대화를 요구한다. 이 책『과학의 진실, 신학의 빛 — 하나님·우주·생명·인간』은 이와 같은 빅 히스토리 시대에 요구되는 새로운 기독교 창조신학 또는 과학적 자연신학의 전망을 과학과의 학제 간 대화를 통해 제시하고자 한다.

오늘날 전 세계적으로 교회 밖에서는 실증주의적 과학주의 세계관에 기반한 무신론의 바람이 거세게 불어닥치는 반면, 교회(특히 한국교회) 안에서는 아직도 문자주의적 성서 해석에 기초한 종교적 근본주의가 위세를 떨치고 있다. 이와 같은 상황 속에서 신학은 무신론적 과학주의라는 '스킬라'(Scylla)와 종교적 근본주의라는 '카리브디스'(Charybdis) 양극단을 비판적으로 극복하는 창조신학과 과학적 자연신학의 전망을 수립해야 할 시대적 과제를 안고 있다. 이 같은 요청에 응답하고자 기획되고 저술된 이 책은 교회 안팎을 향한 21세기 과학 시대의 기독교 변증학을 목적으로 한다. 이를 위하여 천체물리학, 양자역학, 생물학, 고인류학, 신경과학, 심리학, 과학철학 등과 신학 사이의 학제 간 대화를 수행하고자 한다.

이 책의 궁극적인 목적은 과학과의 대화를 통해 우주, 생명, 인간의 역사를 고찰함으로써 온 우주에 가득 찬 창조주 하나님의 영광을 높이며 인간에게 영화와 존귀로 관을 씌우신 하나님의 은총을 드높이는 데 있다. 본문에서 펼쳐지는 우주와 생명과 인간의 신비를 탐구하는 과학과 신학의 대화를 통해, 창조주 하나님의 영광과 이 세계에 편재한 그분의 섭리가 더욱 분명히 드러나기를 소망한다.

> 하늘이 하나님의 영광을 선포하고 궁창이 그의 손으로 하신 일을 나타내는도다. 날은 날에게 말하고 밤은 밤에게 지식을 전하니, 언어도 없고 말씀도 없으며 들리는 소리도 없으나 그의 소리가 온 땅에 통하고 그의 말씀이 세상 끝까지 이르도다(시 19:1-4).

어려운 가운데서도 흔쾌히 출판을 허락해 주신 동연출판사 김영호 대표님과 책을 만들기 위해 수고해 주신 편집부 식구들에게 깊은 감사를 드린다.

2025년 12월

윤철호

차례

제3부 ✳ 과학과 신학

4장　과학적 자연신학과 하나님의 섭리

5장　신학과 과학의 대화 — 창조신앙과 진화

6장　우주, 생명, 하나님 — 물리학과 신학 1

7장　하나님은 세계 안에서 어떻게 활동하시는가 — 물리학과 신학 2

| 제1부 |

프롤로그

1장 과학과 신학 그리고 성서

1장
과학과 신학 그리고 성서

I. 서론

오늘날 젊은 세대가 교회를 떠나는 이유 가운데 하나는 그들의 상당수가 "교회가 우리가 사는 과학적 세계에서 점차 멀어지고 있다"라고 생각하기 때문이다.[1] 물론 신앙이 이성과 과학의 잣대로 다 판단될 수는 없다. 그러나 신앙은 초이성적이거나 초과학적일 수는 있어도 비이성적이거나 비과학적인 것은 결코 아니다. 교회가 과학적 세계에서 멀어지는 현상은 특히 한국교회 상황에서 매우 심각한 문제이다. 이는 교회와 사회의 소통을 단절시키고 교회의 게토화를 초래함으로써 미래 한국교회의 선교를 가로막는 큰 걸림돌이 될 것으로 우려된다.

오늘날 진화론과 같은 과학 이론에 대해서 보수적인 교회가 보이는

---

[1] 이에 대해서는 Tremper Longman, "What Genesis 1-2 Teaches," in *Reading Genesis 1-2: An Evangelical Conversation*, ed. J. Daryl Charles (Peabody: Hendrickson, 2013), 126; "창세기 1-2장이 주는 교훈," J. 대릴 찰스 편/최정호 역, 『창조기사 논쟁: 복음주의자들의 대화』 (서울: 새물결플러스, 2016), 283 참고.

반감은 16~17세기 천동설을 신봉했던 가톨릭교회가 지동설을 주장했던 코페르니쿠스와 갈릴레오를 향해 보였던 반감과 본질적으로 다르지 않다. 갈릴레오는 당시 처음 발명된 망원경으로 하늘을 관찰한 과학적 결과를 근거로 삼았던 반면, 교황청은 성서에 기초한 교회 전통을 근거로 삼았다. 가톨릭교회만이 아니라 종교개혁을 일으켰던 루터나 칼빈도 지구가 태양 주위를 돈다는 사실을 믿지 않았다. 갈릴레오 이전까지 그리스도인들은 "세계가 굳게 서고 흔들리지 않는다"라는 성서 구절(대상 16:30; 시 93:1; 96:10)을 문자 그대로 받아들여 지구는 움직이지 않는다고 믿었다. 그러나 두 세대가 지난 후, 가톨릭교회와 루터파와 칼빈주의자들은 모두 지구가 태양의 주위를 돈다는 사실에 동의하지 않을 수 없었다.

오늘 한국교회의 상황에서 문제는 두 가지다. 첫째로는 과학과 신앙 또는 신학의 관계에 대한 이해 부족이며, 둘째로는 문자주의적 성서 해석이다. 이제부터 이를 중점적으로 다루어보고자 한다. 먼저 과학과 신학의 관계에 대하여 살펴보고, 과학과 신학이 공유하는 해석 모델인 비판적 실재론에 대해 고찰한다. 그 후에 성서를 어떻게 해석해야 할지에 대해 논구한 다음, 비판적 실재론의 관점에서의 성서 이해에 대해 고찰한다.

II. 과학과 신학

1. 과학과 신학의 차이점과 유사점

과학과 신학이 기반하는 지식의 근거와 실재에 대한 관점에는 차이점과 공통점이 함께 있다. 먼저 과학과 신학 사이에는 간과할 수 없는 차이점이 있다. 과학은 관찰과 실험 그리고 합리적 추론에 의존하며, 자연 세계에 대한 가설을 검증함으로써 지식을 얻는다. 그런데 이 지식은 항상 잠정적이며 새로운 증거에 따라 수정될 수 있다. 과학은 기본적으로 방법론적 자연주의에 기초한다. 즉, 과학은 관찰, 측정, 실험할 수 있는 자연현상과 물리적 인과성에 대상을 한정시키며, 초자연적 실재나 비물리적 인과성에 관해서는 판단을 중지한다. 그리고 과학의 주된 관심은 '어떻게'(how)의 문제에 있지 '왜'(why)의 문제에 있지 않다. 따라서 과학은 존재의 의미와 목적에 관한 형이상학적 질문에는 답할 수 없다.

반면에 신학은 신적 진리의 보고(寶庫)로서의 권위를 갖는 성서에 기초하며, 성서는 교회 전통, 이성, 경험을 통해 해석된다. 신학은 자연 세계와 초월적 차원(하나님)을 모두 포함하는 실재를 대상으로 한다. 신학은 물질적 우주가 스스로 존재하는 자족적 실재가 아니라 하나님에 의해 창조된 피조물이라고 본다. 그리고 신학은 '어떻게'의 문제보다는 '왜'라는 문제, 즉 존재의 의미와 목적에 관심을 집중한다.

과학과 신학 사이에는 차이점과 아울러 유사점도 있다. 두 분야 모두 (완전하지는 않더라도) 인식 또는 이해 가능한 실재가 존재함을 전제하며, 각기 자료를 해석함으로써 그에 대한 이해에 이른다. 과학은 자연에서 얻은 자료를 해석하고, 신학은 성서와 종교적 경험이라는 자료를 해석한다. 두 분야는 공통으로 해석자(또는 관찰자)가 완전히 중립적이지 않으며 해석은 해석자의 관점과 신념에 영향을 받는다는 점을 인정한다. 현대 과학철학에서는 과학적 자료가 이론 의존적이라는 점이 널리 받아들여지고 있으며, 성서 해석자들은 신학적, 문화적 전제와 관심을 갖고 본문에 접근한다.

또한 과학과 신학 모두 유사하게 나름의 엄격한 논리와 공동체적 검증 절차를 통해 진보한다. 과학은 관찰과 실험 그리고 엄격한 검증

과정을 통해 진보한다. 하나의 과학 이론이 전체 과학 공동체의 검증을 통해 타당성을 인정받을 때, 그 이론은 교과서적인 정설로서의 보편적 객관성과 권위를 획득한다. 신학도 단순히 주관적이고 근거 없는 억견이 아니다. 신학은 과학처럼 관찰, 측정, 실험과 같은 엄격한 검증 과정을 통해 발전하지는 않는다. 그러나 신학은 성서에 기초하여 형성된 전통과 현재적 경험 사이의 변증법적 대화 안에서 전체 신앙 공동체의 합의를 통해 권위를 획득한다는 점에서, 하나의 이론이 과학적 정설로서의 보편적 객관성과 권위를 획득하는 과정과 크게 다르지 않다.

2. 과학의 두 가지 본성

과학은 두 가지 본성을 가지고 있다. 즉, 과학은 하나님의 은혜의 선물이 며 동시에 인간의 과제로서 한계를 가지고 있다. 새로운 과학적 발견은 결코 기독교 신앙에 대한 도전으로 여겨질 필요가 없다. 자연현상을 과학적 으로 설명할 수 있다는 것은 결코 무신론의 증거가 될 수 없으며, 자연에 대한 하나님의 주권적 섭리를 훼손하는 것도 아니다. 일부 기독교인이 과학을 기독교 신앙에 대한 도전으로 여기는 이유 중 하나는 과학적으로 설명할 수 없었던 영역, 따라서 신앙의 관점에서 설명할 수밖에 없던 영역이 과학의 발달로 인해 설명 가능해짐에 따라 신앙의 관점에서 설명할 수 있는 영역이 줄어듦을 염려하기 때문이다. 이는 하나님의 섭리를 과학적 으로 설명할 수 없는 영역에 국한하는 잘못된 사고에서 기인한다. 그러나 하나님은 단지 과학이 설명할 수 없는 곳에 계신 '틈새의 신'이 아니다. 하나님은 과학이 설명할 수 없는 초자연적 현상뿐 아니라 과학이 설명할 수 있는 일상적인 모든 자연적 현상을 통해 그리고 그 안에서 일하신다.

과학은 하나님의 선물이며 동시에 인간의 과제이다. 하나님은 과학의 발전을 통해서 일하신다. 코로나19와 같은 팬데믹인 페스트가 중세 유럽에 창궐했을 때 기독교인들은 사회적 격리를 하지 않고 오히려 교회에 모여 페스트를 속히 물러가게 해달라고 기도하다가 엄청난 재난을 자초했다. 당시는 백신이란 개념도 없었다. 코로나19가 전 세계적으로 확산한 지 1년 만에 과학자들은 다양한 종류의 백신을 개발해 수많은 생명을 구했다. 코로나 팬데믹 상황에서 하나님은 생명을 살리기 위해서 어떻게 일하시는가? 하나님은 과학자들이 백신을 만들도록 하심으로써 일하신다. 이는 물론 코로나가 속히 물러가도록 해달라는 기도가 필요 없다는 말이 아니다. 그러나 우리가 기억해야 할 사실은 하나님께서는 자연의 법칙과 원리를 발견해 내는 과학자들을 통해서 수많은 생명을 살리신다는 사실이다.

지금까지 과학자들이 발견해 낸 자연법칙은 하나님이 온 우주에 심어놓으신 놀랍고 신비한 자연법칙 가운데 극히 일부이다. 앞으로 과학자들이 자연의 놀랍고 신비한 법칙들을 계속 발견해 낸다고 할지라도, 그것은 우주에 그러한 법칙들을 심어놓으신 창조주 하나님의 무한한 지혜를 찬양할 이유가 되는 것이지, 하나님이 주관하시고 일하시는 영역이 줄어들지 않을까 염려할 이유가 되는 것이 결코 아니다. 과학은 하나님의 은혜의 선물이다.

다른 한편 우리는 인간의 과제로서 과학의 한계에 대한 이해를 분명히 할 필요가 있다. 인간의 정신은 추상화와 일반화를 통해 작동한다. 반면에 직접 경험되는, 있는 그대로의 현실은 구체적이고 복잡하며 독특한 맥락을 가진 사실이다. 현대 과학은 현실의 독특한 특정 요소들의 배열로부터 추상화하여, 경험된 요소 간의 중요한 관계를 표현하는 일반적인 도식을 수립할 수 있다는 통찰에서 시작되었다. 과학은 경험 안에서 정확하게 특정할 수 있는 요소들을 구별하고 분리하여 그들 사이의 일반적 관계를 설명하고자 한다. 과학은 엄격하게 통제된 실험 상황에서 높은 예측 가치를 갖는 추상적인 수학적 체계를 구성할 수 있다.

그러므로 과학은 현실에 대한 당위적 규정(prescription)이 아니라 복잡한 관계성과 맥락 안에서 발생하는 우연적 사건들의 반복에서 발견된 규칙성에 대한 일반화된 기술(description)이다. 볼프하르트 판넨베르크(Wolfhart Pannenberg)는 과학 법칙의 우연적(contingent) 성격에 대해 다음과 같이 말한다. "첫째, 자연법칙의 어떤 공식도 적용되기 위해서는 우연적 조건들, 즉 초기 조건과 경계 조건이 필요하다. 이러한 조건들은 적어도 그것들이 해당 법칙 공식을 통해 도출될 수 없다는 점에서 우연적이다. 둘째, 자연법칙 공식으로 기술되는 규칙성 그 자체도 우연적인 것으로 간주될 수 있다. 왜냐하면 그 패턴은 반복 가능한 사건들의 연속을 나타내기 때문이다. … 따라서 그 규칙성 자체는 단지 하나의 추상화일 뿐이며, 그것이 발생한 우연한 과정과 맥락으로부터 이끌어 낸 것이다."[2] 즉, 판넨베르크는 자연법칙은 우연적 사건의 반복에서 일반화된 것이며, 따라서 새로운 사건들에 따라 수정될 수 있다고 말한다.

그러므로 과학자가 자신이 구성한 수학적 체계를 진정한 현실로 여기고 현상적 경험을 단순한 주관적 환상의 영역으로 간주한다면, 이것은 알프레드 화이트헤드(Alfred North Whitehead)가 말한 "잘못 놓은 구체성의 오류"(the fallacy of misplaced concreteness)[3]에 빠지는 것이다. 물리학에서

---

2 Wolfhart Pannenberg, "Theological Questions to Scientists," in *Theology and the Philosophy of Science* (Philadelphia: Westminster Press, 1976), 17-18.

3 Alfred North Whitehead, *Science and the Modern World* (Cambridge: CUP, 1927), 64 이하.

과학적 이해는 우주의 물리적 구조의 기본 관계 요소들, 즉 정량화가 가능하고 일정한 방식으로 관련되어 있는 요소들에 대한 이해다. 이 과학적 이해는 우주에 대한 일반화되고 추상적인 그림을 제공한다. 그러나 과학의 수학적 영역이 필연적이고 무시간적이며 추상적이고 적확한 보편성의 영역이라면, 실제 물리 세계는 우연적이고 시간적이며 구체적이고 모호한 특수성의 영역이다. 이 두 영역은 지도와 풍경의 관계와 같다. 지도는 숨을 쉬며 걸을 수 있는 풍경은 아니다.[4]

3. 두 환원론적 오류

신학과 과학의 관계에 있어서, 신학을 과학의 관점으로 환원시키고자 하는 과학적 환원론이나 이와 반대로 과학을 신학의 관점으로 환원시키고자 하는 신학적 환원론은 모두 잘못된 것이다. 먼저 과학적 환원론에 대해 생각해 보자. 과학은 아무런 전제 없이 수행되는 것이 아니다. 과학은 자연에 질서가 있으며, 이 질서를 관찰할 수 있음을 전제한다. 그리고 또한 관찰로 질서화된 현상을 위한 자연주의적 설명을 제공하는 이론 또는 모델의 수립이 가능함을 전제한다. 이러한 전제 안에는 본래 비물리적이거나 초자연적인 실재의 존재를 배제하는 것이 없다.[5]

그런데 과학자들 가운데는 환원론적 전제를 지니고 과학을 수행하는 사람들이 있다. 즉, 복잡한 전체를 온전히 이해하기 위해서 그 전체를 구성하는 부분들에 대한 이해를 모아 조립하면 된다는 전제다. 그러나

---

4 Keith Ward, *God, Chance & Necessity* (Oxford: Oneworld, 2009), 26-29.

5 Ted Peters and Martinez Hewlett, *Can You Believe in God and Evolution?: A Guide for the Perplexed* (Nashville: Abingdon Press, 2008), 31.

이는 과학적 사고가 아니라 잘못된 환원론적인 철학적 전제다. 만일 어느 과학자가 세포를 구성하는 원자의 총합으로 세포가 다 설명될 수 있다고 전제하거나 우주를 구성하는 물질로 우주가 다 설명될 수 있다고 전제한다면, 그것은 그가 과학자가 아닌 철학자로서 존재론적인 환원론적 전제를 한 것이다. 즉, 그는 물리적인 것만을 보기로 결정하고, 물리적인 것이 존재하는 모든 것이라고 사전에 (철학적) 결론을 내린 것이다. 다시 말하면 어느 과학자가 물질적인 것 외에는 아무것도 존재하지 않는다고 주장한다면, 그는 스스로 유물론적 과학주의자가 되기로 결정한 것이다.

오늘날 이와 같은 유물론적 과학주의에 기초한 과학적 환원론은 칼 세이건, 스티븐 호킹, 리처드 도킨스, 피터 앳킨스 같은 무신론적 과학자들로 대표된다. 이들은 현대 물리학이 하나님이 불필요하거나 심지어는 비합리적인 구성물임을 보여주었다고 주장한다. 그리고 유물론적 관점에서 다윈의 자연선택 이론을 해석한다. 즉, 이들은 진화가 순전히 맹목적인 우연이나 무작위성에 의한 것이며, 따라서 목적론적 의도를 지닌 초월적 설계자는 필요 없다고 주장한다.

그러나 현대 물리학이 하나님이 불필요하거나 심지어는 비합리적인 구성물임을 보여주었다는 주장은 과학적 주장이 아니라 방법론적 자연주의를 형이상학적 자연주의로 혼동한 철학적 주장이다. 또한 지구상의 생명체가 단순한 초기 물리적 상태로부터 진화했다는 사실이 기독교 신앙과 충돌하는 것은 아니다. 문제는 진화의 사실에 대한 해석에 있다. 기독교 신앙을 가진 과학자들은 창조자 하나님의 존재가 우주와 생명의 기원 그리고 진화 과정과 목적을 가장 잘 설명할 수 있다고 믿는다.

다른 한편 과학적 환원론의 대척점에는 신학적 환원론이 있다. 신학적 환원론은 근본주의적 영성을 가진 기독교인들에게서 나타나며, 이는 성서에 대한 문자주의적 해석에 기초한다. 이른바 창조과학 지지자 또는 과학적 창조론자라고 불리는 근본주의 기독교인들은 과학을 문자주의적으로 이해된 성서의 관점으로 환원시키고자 하는 십자군적 영성을 보인다. 이들은 무시간적이고 문자주의적인 성서 해석에 기초하여 성서를 과학적 사실이나 법칙을 증명하는 과학 텍스트로 간주한다. 이와 같은 성서적 환원론은 유물론자들의 과학적 환원론 못지않게 위험하다. 성서를 무오한 자연과학 교과서라고 믿는 이들의 시대착오적인 맹신은 성서를 우상화하는 것이다. 그리고 이들이 주장하는 과학 이론은 오늘날 세계 과학계에서 전혀 인정받지 못하는 사이비 과학이다. 성서를 어떻게 해석해야 하는가 하는 문제는 4절에서 다시 자세히 다룰 것이다.

4. 과학과 신학의 대화 모델: 상호적 상관관계 모델

과학과 신학은 궁극적으로 동일한 실재, 즉 우주와 인간의 서로 다른 측면을 서로 다른 방식으로 탐구한다. 존 폴킹혼(John Polkinghorne)은 물리학자에서 신학자로 전향했을 때, "의견을 바꾼 것이 아니라 같은 진리를 추구하는 방식을 다른 영역에 적용한 것"이라고 밝혔다. 그는 과학과 종교가 서로 다른 언어와 방법을 사용하지만, 궁극적으로는 동일한 실재를 탐구하는 공통된 목표를 가지고 있다고 강조한다. "과학과 신학은 공허한 의견과 확고한 사실의 대비가 아니라 서로 다른 방식으로 진리를 추구하는 사촌 관계에 있다."[6] 이 말은 과학과 종교가 동일한 실재의

---

6 John Polkinghorne, *Exploring Reality: The Intertwining of Science and Religion* (New Haven, CT: Yale University Press, 2005), x; *Quantum Physics and Theology: An Unexpected Kinship* (New Haven and London: Yale University Press, 2007), 서문.

서로 다른 측면을 서로 다른 방식으로 다룬다는 사실을 표현한다.

루드비히 비트겐슈타인(Ludwig Wittgenstein)은 과학과 신학을 두 종류의 서로 다른 언어를 사용하는 두 개의 '언어게임'에 비유했다.7 전자는 자료, 경험적 증거, 인과관계, 확률 이론 등의 언어를 사용하는 반면, 후자는 상징, 표상, 시적 표현과 같은 언어를 사용한다. 그에 따르면 우리는 이 두 언어를 어느 하나의 언어로 환원시키기보다는 각각의 독특성을 인정해야 한다. 이 두 언어는 전적으로 다르거나 서로 배타적인 것이 아니라 상호 보완적인 것이며, 따라서 서로 다툴 필요가 없다. 이러한 비트겐슈타인의 입장은 본질적으로 정당하다. 하지만 여기서 한 걸음 더 나아가 과학과 신학의 소통을 위한 대화의 필요성이 강조될 필요가 있다.

과학과 신학이 창조과학 같은 종교 근본주의나 유물론적 과학주의를 극복하고 열린 태도로 진지하게 대화할 때, 진화와 창조는 서로 조화가 가능하며 공명할 수 있다는 사실을 확인하게 될 것이다. 과학은 기독교의 창조신앙을 부정하는 것이 아니라 오히려 확증할 수 있다. 과학 연구는 기독교의 창조신앙이 전제하는 것처럼 우주가 이해 가능하고 수학적으로 설명할 수 있는 하나의 통일체일 때만 성공할 수 있다. 자연 과정의 물리적 메커니즘에 대한 과학적 설명은 자연 과정의 방향과 목적에 대한 신학적 설명에 도움을 줄 수 있으며, 역으로 자연 과정의 방향과 목적에 대한 신학적 설명은 자연 과정의 물리적 메커니즘에 대한 과학적 설명에 도움을 줄 수 있다.

---

7 Ludwig Wittgenstein, *Philosophical Investigations* (New York: The Macmillan Company, 1965), 2, 7, 23.

　　과학과 신학 사이의 바람직한 학제 간 대화를 위한 모델로서 상호적 상관관계 모델이 요구된다. 이 모델은 다음 다섯 가지 내용으로 구성된다. 첫째, 신학과 과학은 상호 보완적인 관계에서 서로의 독자적인 영역을 존중해야 한다. 둘째, 그 관계에 있어서 어떤 형태의 환원주의도 바람직하지 않다. 셋째, 그러나 신학과 과학은 서로 무관하거나 무관심할 수 없다. 특히 오늘날 과학 시대에 그 둘은 매우 밀접한 관계에 있다. 신학은 결코 과학의 도전을 외면하거나 무시할 수 없다. 아인슈타인이 말한 바와 같이 종교가 없는 과학이 절름발이라면 과학이 없는 종교는 장님이다.[8] 넷째, 신학과 과학은 기본적으로 다른 언어를 사용함에도 불구하고 서로 모순될 필요가 없다. 양자택일이 최선의 가능성은 아니며, 둘 사이의 조화 또는 공명의 가능성이 열려 있다. 다섯째, 따라서 상호적 이해와 공명의 가능성을 모색하는 진지한 열린 대화가 요구된다.[9] 우리가 취할 올바른 태도는 신학과 과학 각각의 고유한 독자적 영역을 인정하면서, 동시에 그 둘을 분리하거나 대립시키지 않고 본유적으로 모순될 필요가 없다는 인식 아래 그 둘 사이의 조화 또는 공명의 가능성을 대화를 통해 조심스레 모색하는 것이다. 양자는 서로에 대한 존중과 열린 태도로 진지하게 대화함으로써 서로를 더욱 풍성하게 할 수 있다.

---

8 Albert Einstein, *Out of My Later Years* (New York: Philosophical Library, 1950), 26.

9 과학과 신학의 상호적인 대화를 통한 공명의 가능성에 대해서는 테드 피터스 편/김흡영 외 옮김, 『과학과 종교: 새로운 공명』(서울: 동연, 2002) 참고.

III. 비판적 실재론: 공유된 해석 모델

과학과 신학의 인식론을 잇는 다리로 제안된 모델 중 하나는 비판적 실재론이다. 비판적 실재론은 인간의 마음과 무관하게 존재하는 객관적 실재를 인정하면서, 동시에 모든 지식은 개념, 경험, 해석적 틀을 통해 매개된다는 점을 자각한다. 전자의 의미에서 '실재론'이며, 후자의 의미에서 '비판적' 실재론이다. 비판적 실재론은 과학과 종교의 대화를 개척한 신학자이자 과학자인 이안 바버(Ian G. Barbour)에 의해 과학 이론이 세계와 어떻게 관계되는지 설명하기 위해 처음 도입되었다. 그리고 이는 후에 종교적 신념이 궁극적 실재와 관계되는 방식에 대한 이해에까지 확장되었다. 바버는 『과학과 종교의 문제』[10]에서 순진한 실재론, 실증주의, 도구주의, 관념론 등 당시 유행하던 과학철학적 입장들을 비판하며 그 대안으로 비판적 실재론을 제안한다. 비판적 실재론은 이론이 단지 도구적 편의나 허구가 아니라 실재의 어떤 측면을 실제로 가리킨다고 주장하면서, 동시에 이론이 완전한 묘사가 아니라 불완전하고 수정 가능한 모델이라는 점을 인정한다.

폴킹혼은 자신이 비판적 실재론자임을 다음과 같이 천명한다. "한마디로, 나는 실재론자이다. 물론 그러한 지식은 어느 정도 부분적이고 수정 가능하다. 우리가 성취하는 것은 절대적 진리가 아니라 근사치이다. 우리의 방법은 경험으로부터의 완고한 추론이 아니라 경험에 대한 창조적인 해석이다. 따라서 나는 비판적 실재론자이다."[11] 과학적 사고에 있어서

---

10 Ian G. Barbour, *Issues in Science and Religion* (Englewood Cliffs, NJ: Prentice Hall, 1966).

11 John Polkinghorne, *Belief in God in an Age of Science* (New York: Yale University

이론과 실험은 해석과 사건은 불가분하게 뒤얽혀 있으며, 그것들 간에는 순환성이 존재한다. 과학에서 모든 자료는 이미 이론 지워진(theory-laden) 자료이다. 이미 해석된 사실이 아닌 과학적 사실이란 없다. 그럼에도 불구하고 과학에서의 비판적 실재론의 가장 중요한 확신은 과학 이론에 의한 이해 가능성이 실재에 대한 신뢰할 만한 안내가 된다는 것이다.

과학에서의 비판적 실재론의 한 예로 중력 이론을 들어 보자. 뉴턴에 따르면 중력은 두 물체 사이에 작용하는 힘이다. 그러나 이후에 아인슈타인은 일반 상대성 이론을 통해 중력을 힘으로 보지 않고 시공간의 곡률로 설명했다. 순진한 실재론자는 "중력은 뉴턴이나 아인슈타인이 설명한 그대로이며, 이 이론들은 현실의 본질을 직접적으로 반영한다"라고 말한다. 반면에 실증주의자는 "중력은 그저 유용한 계산 도구일 뿐이며, 그것이 실제로 무엇인지는 알 수 없다"라고 말한다. 순진한 실재론자와 실증주의자 사이에서 비판적 실재론자는 이렇게 말한다. "과학 이론은 중력의 기저에 있는 현실을 설명하려는 근사치 또는 모델일 뿐이며, 이 이론들은 항상 부분적이고 수정 가능하며 인간의 해석에 의해 형성된다. 중력이라는 객관적 실재는 존재하지만, 우리의 이론은 현재로서 가장 적절한 근사치이지 절대적인 진리는 아니다."

뉴턴의 중력 이론은 여러 상황에서 매우 잘 작동했지만 블랙홀이나 빛의 휨 같은 현상을 설명할 수 없었고, 아인슈타인의 상대성 이론이 이를 대체했다. 그러나 이조차 최종적인 것은 아닐 수 있다. 양자 중력 이론(끈 이론, 루프 양자 중력 이론 등)이 더 깊은 통찰을 제공할 수도 있다. 비판적 실재론에서는 독립적이고 실재하는 세계(중력 등)가 존재함을 믿지

Press, 1998), 104.

만, 우리의 지식은 이론에 의존하며, 부분적이고 오류 가능성이 있음을 인정한다. 과학적 모델은 궁극적인 진리가 아니라 현실을 이해하고 접근하기 위한 도구일 뿐이다. 그러나 또한 이 도구는 (적어도 현재로서는) 매우 신뢰할 만한 도구다.

신학에 있어서 비판적 실재론은 신학적 주장들이 초월적 진리를 가리킨다고 보지만, 우리가 사용하는 언어와 개념이 인간 경험에서 나온 것이기에 그 초월적 진리를 완전히 포착할 수는 없다는 점을 인식한다. 폴킹혼은 모든 지식의 궁극적 일치에 대한 믿음 안에서 신학적 실재론을 과학적 실재론과 상응시킨다.[12] 즉, 과학에서 이론과 실험, 해석과 사건이 순환적인 것처럼, 신학에서는 믿음과 이해, 해석과 경험이 순환적이다. 즉, 우리는 이해하기 위해 믿어야 하며 또한 믿기 위해서 이해해야 한다. 과학에서 모든 자료가 이미 이론 지워진 자료인 것처럼, 모든 종교적 경험은 이미 언제나 해석된 경험이다. 더욱이 종교 공동체가 종교적 경험을 표현하기 위해 (과학자와 마찬가지로) 모델과 은유를 사용하는 것은 종교적 인식 구조가 해석된 경험의 구조임을 잘 보여준다.

폴킹혼은 과학과 신학의 극단적 태도, 즉 순수한 비경험적 진리를 부정하는 실증주의 과학과 종교적 주장의 객관적 지시 대상을 부정하는 순수한 상대주의 신학을 모두 거부한다. 그는 과학과 신학이 공통으로 비판적 실재론의 틀 안에서 실재에 대한 이해를 추구한다고 본다. 그는 과학과 신학이 모두 진리를 추구하는 합리적인 활동으로서 실재를 정확하게 기술하려는 공동의 목표를 갖는다고 본다. 이를 위해 과학은 자연이라는 책을, 신학은 성서라는 책을 이해하기 위한 해석학적 과제를 수행한다.

---

12 Ibid., 110-123.

과학은 경험적 증거에 기반한 엄격한 방법론을 사용하지만 절대적인 무오류성을 보장하지 않으며, 신학은 신앙에 기반하지만 이성적인 탐구를 통해 깊은 통찰을 제공한다.[13] 과학과 신학이 공유하는 비판적 실재론의 특성은 두 영역 사이의 상호적 대화와 소통을 위한 공동 토대가 된다.

과학과 신학은 궁극적으로 동일한 실재를 탐구하지만, 서로 다른 측면을 서로 다른 방식으로 탐구하기에 충돌할 이유가 없다. 둘 사이의 충돌은 성서의 증언을 과학 이론으로 오해하거나 과학 이론을 성서의 증언과 일치시키려는 범주 오류에 의해 생겨난다. 창세기 1장의 창조 이야기를 문자 그대로 과학적 사실로 받아들이는 창조과학론자들의 젊은 지구론은 가장 대표적인 범주 오류 사례다. 성서와 과학은 진리의 다른 차원을 다루기 때문에 본유적으로 충돌하지 않는다. 성서는 존재의 '왜'와 '누구'를 탐구하고, 과학은 존재의 '어떻게'와 '무엇'을 탐구한다. 다시 말하면 성서는 우주의 목적과 의미를 말하고, 과학은 우주가 어떤 과정을 통해 형성되었는지를 설명한다.

과학과 신학의 대화에 있어서 과학자와 신학자는 각각의 한계를 인정하고 상대로부터 배우고자 하는 자세를 가져야 한다. 과학자는 자연주의 방법론의 한계를 인정해야 하며, 신학자는 성서의 권위를 과학적 권위와 동일시해서는 안 된다. 비판적 실재론의 관점에서 과학과 신학 모두 수정 가능성에 열려 있다. 과학자는 신학적 통찰을 존중해야 하며, 신학자는 과학을 배워야 한다. 그러므로 둘 사이에 겸손하고 진지한 대화가 요청된다. 과학자와 신학자가 각기 자신의 한계를 인정하고 상대방으로부터 배우고

---

13 John Polkinghorne, *Quarks, Chaos and Christianity* (New York: Crossroad Publishing, 1994).

자 하는 자세로 대화할 때, 상호 보완적인 관계 안에서 서로를 더욱 풍요하게 할 수 있다. 교황 요한 바오로 2세(John Paul II)가 적절하게 표현했듯이, "과학은 종교를 오류와 미신으로부터 정화할 수 있으며, 종교는 과학을 우상 숭배와 거짓된 절대성으로부터 정화할 수 있다. 각자는 서로를 더 넓은 세계로 이끌 수 있으며, 그 세계에서 양쪽 모두 번영할 수 있다."[14] 예를 들면 오늘날 과학이 밝혀내는 우주의 광대함과 신비는 시편 8편이 묘사하는 창조주 하나님에 대한 경외심을 감소시키는 게 아니라 오히려 더욱 생동감 있게 해준다. '빅 히스토리'[15]로 묘사되는 오늘날 과학 시대에 천문학, 물리학, 화학, 생물학, 인류학, 고고학, 심리학, 신경과학, 생태학 등과의 대화를 통해 전통적인 창조신학을 새로운 차원으로 발전시키는 '자연의 신학'(theology of nature)에 신학적 관심이 모이는 것은 조금도 이상한 일이 아니다.

IV. 성서, 어떻게 해석할 것인가?

성서를 올바로 해석하기 위해서는 먼저 잘못된 해석이 무엇인지 알아야 한다. 잘못된 성서 해석은 성서가 의도하지 않은 내용을 성서에 있는 것처럼 해석하는 것이다. 성서는 모든 인간의 지식을 포괄하는 백과사전적

---

14 이 인용문은 1988년 6월 1일 교황 요한 바오로 2세가 당시 바티칸 천문대 소장이었던 조지 V. 코인 신부에게 보낸 공식 서한에서 나온 것이다.

15 '빅 히스토리'(거대사)는 우주, 지구, 생명, 인류의 역사를 하나의 일관된 이야기로 이해하려는 통합적인 학문을 말한다. 데이비드 크리스천과 밥 베인은 빅뱅에서 현재까지의 역사를 아우르는 '빅 히스토리'라는 이름 아래 모든 학문을 통합하는 학문을 수립하고자 시도한다. 데이비드 크리스천·밥 베인/조지형 역, 『빅 히스토리』(서울: 해나무, 2013), 1.

교과서가 아니다. 성서는 농사 교과서나 경제 교과서가 아니듯이 과학 교과서도 아니다. 잘못된 해석은 성서 저자의 세계관과 본문의 주제와 관계없는 해석자의 세계관과 관심으로부터 비롯되는 시대착오적인 질문을 던지고 성서로부터 답변을 듣고자 하는 것이다. 예를 들면 생명의 기원에 대한 오늘날의 과학적 관심을 가지고 "땅은 생물을 그 종류대로…내라"(창 1:24)라는 창세기의 구절에서 '그 종류대로'라는 표현이 진화를 반박하는 증거라고 주장하거나 이와 반대로 진화를 지지하는 증거라고 주장하는 것은 둘 다 잘못된 것이다. 왜냐하면 이 창세기 본문은 생명의 기원에 대한 오늘날의 과학적 관심으로 기록된 것이 아니기 때문이다. 해석자는 성서 저자가 그의 역사적 지평에서 말하고자 했던 바를 이해하려 하지 않으면서 해석자 자신의 역사적 지평에서 형성된 전이해 또는 관심을 텍스트에 강요해서는 안 된다. 우리는 오늘의 과학적 질문을 성서에 강요해서는 안 된다. 즉, 우리는 과학적 질문(예를 들면 우주의 물리적 기원)에 대한 답변을 성서로부터 듣고자 해서는 안 된다.

1. 우리의 관심이 아닌 성서 저자와 본문의 관심과 주제의 우선권

우리는 오늘날 과학적 세계관 안에서 형성된 자신의 관심이 아닌 고대 신화적 세계관에서 형성된 성서 저자의 관심과 본문의 주제가 무엇인지를 올바로 이해하고자 노력해야 한다. 올바른 해석은 성서를 읽을 때 고대의 인지 환경[16] 안에서 저자가 그 본문을 통해 무엇을 말하고자

---

16 이 용어는 '세계관'과 동의어이다. 이 용어에 대한 설명은 존 H. 월튼/김광남 역, 『아담과 하와의 잃어버린 세계: 역사적 아담의 기원과 정체에 관한 논쟁』 (서울: 새물결플러스, 2018), 388 참고.

하는지를 이해하는 것이다. 다시 말하면 올바른 해석은 독자의 관심이 아닌 저자의 관심과 성서 본문의 주제에 우선권을 부여하는 해석이다. 우리는 창세기 저자가 창조 이야기를 통해 무엇을 말하고자 했으며 고대 이스라엘 독자에게 어떤 의미였는가 하는 것을 물어야 한다. 고대의 세계관 안에서 그 당시 언어로 기록된 성서는 오늘날의 과학 이론인 진화론을 가르치는 것도 아니지만, 이와 모순되는 것도 아니다. 창세기는 오늘날의 진화론에 맞서기 위한 것이 아니라 바빌로니아, 가나안, 이집트인의 세계관에 맞서 이스라엘의 하나님만이 세계와 만물을 만드시고 다스리시는 유일한 창조자이고 주권자이시며, 인간은 하나님의 형상으로 창조된 존귀한 존재임을 증언하기 위한 것이다. 성서의 창조 이야기를 문자 그대로 정확 무오한 과학적 사실이라고 믿거나 오늘날의 과학 이론으로 변환하고자 하는 접근 방식은 텍스트의 관심이 아닌 오늘날의 관심을 텍스트에 투사함으로써 이를 성서 해석의 명목으로 다시 도출하려는 것이다.

가장 기본적인 성서 해석의 원칙은 본문에 우선권을 부여해야 한다는 것이다. 즉, 해석이 올바른 주해에 기초해야 한다는 것이다. 주해는 순간적인 영감이나 직관이 아닌 합리적 추론의 과정이다. 올바른 해석을 위한 출발점은 성서의 역사적, 문화적 배경과 장르 등에 관한 연구에 기초한 충실한 성서 주석이다. 성서 본문의 의미는 성서 저자가 기록할 당시에 어떤 맥락에서 어떤 의미로 기록했는지에 의해 일차적으로 결정된다. 해석자는 무엇보다 성서의 저자가 당시 세계관이 반영된 언어를 사용하여 무엇을 말하고자 했는지를 이해해야 한다. 성서 본문은 당시에 저자가 의미하지 않았던 것을 지금 의미할 수 없다.[17] 따라서 올바른 성서 해석의

---

17 Robert C. Bishop, Larry L. Funck, Raymond J. Lewis, Stephen O. Moshier, and

출발점은 성서를 기록한 고대 이스라엘인의 세계관과 언어를 이해하고, 그 안에서 그들이 무엇을 말하려고 했는지를 이해하는 것이다. 성서를 통해 오늘 우리에게 들려주시는 하나님의 말씀을 듣기 위해서는 성서 저자가 당시의 맥락 안에서 관심을 가졌던 주제를 이해하고 우리의 관심을 그 주제와 일치시켜야 한다.

오늘날 교회가 과학적 세상에서 점차 멀어지는 주된 원인은 갈릴레오 시대와 마찬가지로 여전히 비역사적이고 문자주의적인 성서 해석을 고수하는 데 있다. 물론 문자적 해석은 성서 해석의 기초가 된다. 그러나 성서는 현대의 분류 방식에 따라 적확하게 분류되기 힘든 고대의 다양한 장르들, 예를 들면 이야기(내러티브), 역사, 율법, 예언, 지혜, 찬송, 묵시, 케리그마 등의 다양한 문학 형식의 글로 이루어져 있으며, 이 장르들은 그에 적합한 다양한 해석 방법을 요구한다. 그러므로 올바른 성서 해석을 위해서는 기록 당시의 상황에서 저자가 의도했던 의미와 저자가 사용한 문학적 장르, 성서 원어의 의미, 문법, 구문 등에 대한 이해가 필수적으로 요청된다.

2. 문자적으로 해석된 성서를 과학과 일치시키려는 시대착오적 오류

성서를 올바로 이해하기 위해서는 성서가 고대 근동의 세계관을 반영하는 언어로 기록되었다는 인식이 선행되어야 한다. 하나님은 모든 시대의 모든 사람에게 말씀하시기 위해서 특정한 시대의 특정한 문화와 언어를

John H. Walton, "Principles and Methods of Biblical Interpretation," in *Understanding Scientific Theories of Origins: Cosmology, Geology, and Biology, in Christian Perspective* (Downers Grove: InterVarsity Press, 2018), 10.

통해 말씀하신다. 하나님은 고대의 문화와 언어 안에서 성서를 기록한 인간 저자를 통해 말씀하신다. 하나님의 뜻은 고대의 인간 저자가 의도했고 당시의 청자 또는 독자가 이해할 수 있었던 의미를 통해서 전달된다. 하나님은 고대의 성서 저자들이 살았던 당시의 세계관과 언어에 맞추어 말씀하셨다. 존 칼빈은 『창세기 주석』에서 모세가 하늘과 땅의 창조를 설명할 때 당시 일반 백성들이 이해할 수 있도록 표현했다고 설명하며, 이는 하나님의 계시가 인간의 이해 수준에 맞추어졌다는 '신적 적응'(ac-commodation)의 원리를 반영한다고 말했다.[18]

칼빈의 말은 성서가 과학적 설명을 제공하려는 것이 아니라 당시 사람들의 수준에 맞추어 하나님의 진리를 전달한다는 사실을 표현한다. 하나님의 영감은 무시간적으로 주어지는 것이 아니라 저자의 인지 환경과 수준에 맞추어 주어지는 것이다. 하나님은 고대인들의 세계관에 맞추어 그들의 언어를 통해 자신을 계시하셨다. 따라서 성서(특히 창세기) 저자가 고대의 삼층 구조의 신화적인 세계관 안에서 하늘에 돔과 같은 견고한

---

18 칼빈은 성서의 내용이 자기 시대의 천문학 지식과 일치하지 않는 점을 인식하고 신적 적응의 원리라는 성서 해석 이론을 제시했다. 신적 적응의 원리란 하나님께서 계시하실 때 가장 약하고 무식한 자들도 이해할 수 있도록 그들이 사용하는 사고와 언어로 말씀하셨다는 것이다. 칼빈은 고대의 성서 저자들이 현대의 과학 지식을 가지고 성서를 썼다고 생각하지 않았다. 그는 적응의 원리로 천문학자 등 자연과학자들에게 연구의 자유를 열어주고자 했다. 이 원리를 보여주는 칼빈의 성서 해석 사례로 그의 창세기 1:6, 14-16; 2:10; 6:15 등의 주석을 참고하라. 칼빈은 창세기 1:14-16 주석에서 다음과 같이 말한다. "모세는 철학자의 예리한 통찰로 신비한 것들을 말하지 않고, 어디서나 관찰되고, 심지어 교양 없는 사람들에 의해서도 사용되는 것들을 이야기한다." "모세는 고상한 지식을 가진 사람들뿐만 아니라 무지하고 거친 사람들의 교사로 임명되었기 때문에 이러한 거친 교육 방법으로 자신의 임무를 수행할 수밖에 없었다." John Calvin, *Commentaries on the First Book of Moses Called Genesis*, vol. 1, trans. John King (Grand Rapids, MI: Baker Book House, 1996). 물론 칼빈이 받아들였던 창세기 모세 저작설은 오늘날 받아들여지지 않는다.

궁창이 그 위의 거대한 물을 떠받치고 있다고 생각하고 땅을 떠받치는 기둥 위에 땅이 평평한 구조로 놓여 있다고 생각한 것은 이상한 일이 아니다. 하나님은 성서 저자가 고대의 신화적 세계관을 반영하는 언어를 사용하도록 자신을 맞추셨다.

여기서 분명히 기억할 것은 저자 당시의 세계관을 반영하는 언어로 기록된 성서 본문을 무시간적이고 문자주의적인 방식으로 오늘의 과학적 언어로 읽어내면 안 된다는 사실이다. 성서가 오늘날 우리를 향해 과학적 언어로 말한다고 생각하는 것은 시대착오적 오류다. 우리는 결코 성서로부터 현대 천체물리학이나 생물학이나 신경과학을 발견하고자 해서는 안 된다. 고대 문서인 성서 안에서 현대의 과학 이론을 발견하고자 하는 것은 "잘못 놓인 관심의 오류"다. 성서는 하나님이 세상을 창조하셨다고 선언하지만, 우주의 물리적 과정에 대한 과학적 설명은 제공하지 않는다. 우주의 물리적 과정에 대한 설명은 과학에 의해 주어진다. 그런데 과학은 우주의 의미와 목적을 설명할 수는 없다. 이는 신학에 의해 제시된다. 과학은 자연 과정의 메커니즘을 설명하는 반면, 신학은 자연 과정의 의미와 목적을 제시한다.

문자적으로 해석된 성서와 과학을 일치시키려 해서는 안 된다. 고대에 기록된 성서가 오늘날 과학 이론을 확증한다거나 오늘날의 과학이 성서의 주장을 확증한다고 주장해서는 안 된다. 성서의 과학화나 과학의 성서화는 모두 그릇된 비역사적, 문자주의적 성서 해석의 산물이다. 과학과 신학의 대화는 성서의 과학화나 과학의 성서화를 목표로 하지 않는다. 우리가 추구하는 대화의 목적은 성서에 대한 문자적, 비역사적 해석에 기초한 성서의 과학화나 과학의 성서화가 아니라 성서 저자가 고대의 세계관 안에서 당시 언어로 기록한 성서를 통해 들리는 하나님의 말씀을 오늘의 세계관과 언어 안에서 올바로 듣고자 하는 데 있다.

3. 성서의 권위와 기능

우리는 성서로부터 오늘의 과학 이론을 지지하거나 이와 반대로 거부하기 위한 권위 있는 근거를 기대해서는 안 된다. 성서의 권위는 고대의 신화적 세계관과 언어를 반영하는 진술이 현대의 과학적 세계관에 대한 하나님의 설명인 것처럼 문자적으로 이해될 수 있다는 데 있지 않다. 우리가 성서 안에서 오늘날의 과학 이론과 조화되는 것처럼 보이는 진술을 발견하든지 또는 이와 반대로 모순되는 것처럼 보이는 진술을 발견하든지, 성서는 오늘날의 과학 이론에 대해 아무런 권위 있는 주장을 하지 않는다. 다시 말하면 우리는 오늘날의 과학적 물음에 대한 대답을 성서로부터 듣고자 해서는 안 된다. 예를 들면 평평한 지구가 우주의 중심이라고 믿고, 하나의 대륙만을 알고 있었으며, 궁창이 그 위에 있는 물을 떠받치고 있다고 생각했던 고대 근동의 우주 지리학을 보여주는 성서는 오늘날의 과학적 우주 지리학에 대한 권위 있는 주장을 하지 않는다.

우리는 성서 저자의 세계관을 반영하는 문자적 의미에 집착하지 말고 저자의 세계관과 언어에 맞추어 그것을 통해 하나님이 말씀하시고자 하는 메시지, 즉 성서 본문의 진정한 의도와 목적이 무엇인지를 읽어내야 한다. 성서의 권위는 과학적 설명이 아닌 신학적 메시지에 있다. 우리는 성서로부터 당대의 세계관과 언어를 통해 저자가 증언하는 하나님의 말씀을 들어야 한다. 예를 들면 창세기 1-11장은 성서 전체의 신학적 서문을 이루는데, 핵심적인 주제는 다음과 같다. 1) 하나님은 어둠과 혼돈으로부터 빛과 질서를 창조하시는 창조주이다. 2) 창조 세계는 선하다.

3) 인간은 하나님의 형상으로 지음을 받은 고귀한 존재로서 특별한 사명을 부여받는다. 4) 인간의 불순종으로 죄가 세상에 들어왔다. 5) 구원이 필요하다. 그 이후의 구약성서 내용은 아브라함의 후손으로서 하나님의 백성으로 택함 받고 구원 받아 하나님과의 언약 관계 안으로 부르심을 받은 이스라엘 민족이 하나님께 불순종하고 실패를 거듭함에도 불구하고 이스라엘과 맺은 언약 관계에 신실하신 하나님의 역사를 보여준다. 그리고 신약성서는 예수 그리스도 안에 나타난 새 언약, 즉 모든 인간을 구원하기 위한 하나님의 자기희생적인 사랑의 복음을 들려준다.

하나님은 성서(특별 계시)와 과학(자연 계시) 모두를 통해 말씀하신다. 과학은 성서를 통해 들려오는 하나님의 말씀을 증명할 수도 없고, 이와 반대로 반증할 수도 없다. 그러나 과학은 성서에 기초한 신학과 좋은 대화 파트너가 될 수 있다. 신학은 성서에 기초하되 과학과의 대화를 통해 하나님의 창조 질서와 섭리에 대한 이해의 지평을 넓혀나가야 한다. 신학은 성서적인 창조주 하나님에 대한 신앙 안에서 우주의 기원과 방향과 목표를 알려주는 반면, 과학은 우주의 물리적 법칙과 지구 생명체의 진화 과정의 메커니즘을 알려준다. 과학과 신학은 신학을 과학화하거나 과학을 신학화함으로써 일치시킬 수 없지만, 서로 모순되거나 양립 불가능한 것도 아니다. 그 둘은 상호 보완적 관계 안에서 진리의 전체성을 이루는 타원의 두 초점을 구성할 수 있다.

V. 비판적 실재론의 관점에서의 성서 이해

이제 신학의 원자료인 성서의 비판적 실재론적 본성에 대해 살펴보자.

신학의 비판적이고 실재론적인 본성은 은유적 개념과 모델을 통해서 하나님께 접근한다는 사실에 있다. 신학의 은유적 개념과 모델은 잠정적이고 부분적인 것임에도 불구하고 하나님의 실재와 하나님과 세계의 관계성에 대한 신뢰할 만한 지식을 제공해 준다. 신학이 이처럼 비판적 실재론적 본성을 갖는 것은 근본적으로 신학의 자료와 규범이 되는 성서 자체가 그러한 본성을 갖기 때문이다. 순진한 실재론에 따르면 성서는 문자 그대로 하나님의 말씀이며, 따라서 문자 그대로 받아들이면 된다. 반면에 실증주의적 접근에 따르면 성서는 과학적, 역사적 기준으로 볼 때 오류와 허구로 가득 찬 고대 문서일 뿐이다. 그러나 비판적 실재론의 관점에서 볼 때, 성서는 은유와 해석을 통해 하나님의 실재와 하나님과 세계의 관계성을 지시한다. 성서는 하나님을 지시하고 예수 그리스도 안에 나타난 하나님의 구속으로 우리를 인도한다. 예수 그리스도는 성서가 가리키는 초점 지시 대상으로서 성서 권위의 원천이다.

비판적 실재론 관점에서의 성서 이해는 벤첼 반 호이스틴(Wentzel van Huyssteen)이 잘 보여준다. 그에 따르면 성서의 권위는 성서가 하나님 실재에 접근하기 위한 독보적이고 필수적인 인식론적 길로서 기능한다는 사실에 있다.[19] 성서는 은유와 해석을 통해 하나님의 실재를 지시하며, 우리에게 은유적 개념과 모델을 제공해 줌으로써 신앙 경험을 불러일으키고, 신앙 언어를 구조화하고, 신학 언어 형성을 위한 모델을 제공해 준다.[20] 성서는 하나님에 대한 신앙 경험을 불러일으켜 왔으며 오늘날에도 여전히

---

19 Wentzel van Huyssteen, "The Realsim of the Text: A Perspective on Biblical Authority," in *Essays in Postfoundationalist Theology* (Grand Rapids: William B. Eerdmans Publishing Co., 1997), 138.

20 Ibid., 133.

그러하다. 성서가 포함하고 있는 많은 은유적 언어는 신앙과 신학을 위한 언어를 제공해 왔다. 성서의 은유적 언어들 가운데 일부는 지배적 모델들이 되었으며, 이들은 신학 이론들을 낳았다. 예를 들면 요한복음의 로고스(말씀)와 하나님 아들 개념은 고대 교회에서 지배적인 기독론 모델이 되었으며 교회들의 에큐메니칼 회의를 통해 삼위일체론을 낳았다.

성서가 하나님의 실재로의 접근을 위한 독보적 지위를 가지고 있으며 신앙 경험을 불러일으키고 신앙의 언어와 신학적 이론을 위한 은유와 모델을 제공해 준다는 사실이 성서가 신학을 위한 토대주의적 기초가 된다는 것을 의미하지는 않는다. 모든 성서 해석자는 자신이 속한 전통의 영향사 안에서 형성된 이해의 선구조를 가지고 성서 해석 과정에 들어간다. 성서가 신학적 논증을 위한 순수한 토대라는 소박한 실재론적 토대주의는 불가능하다. 성서가 적어도 부분적으로 신학적 논증의 일부가 된다는 사실은 역사적으로 다양한 형태의 성서관과 성서 해석이 존재해 왔으며 존재한다는 사실에 의해 입증된다. "오직 성서로만"(*Sola Scriptura*)이라는 기치 아래 모였던 프로테스탄트 교회는 성서 해석의 차이로 인해 사분오열 되었다.

제임스 바(James Barr)에 따르면, "교리는 성서와 일치하여야 한다는 개신교의 주장은 단지… 성서가 놀라울 만큼 다양한 신학적, 교회적 입장들을 지지할 수 있다는 사실을 입증했을 뿐이다."[21] 이 말은 신학에서의 '자료에 의한 이론의 미결정성 문제'를 잘 표현한다. 신학자는 자신이 성서에 기초해서 이론을 세운다고 생각하지만, 사실상 어떤 이론을 지지하

---

21 James Barr, *Holy Scripture: Canon, Authority, Criticism* (Oxford: Clarendon, 1983), 32 이하.

기 위해 성서를 사용한다. 성서가 이론 지워진(theory laden) 자료일 수밖에 없다는 사실은 서로 다른 신학자들이 각기 다른 성서 본문들로부터 도출한 (도출했다고 믿는) 다양한 기준을 가지고 자기주장을 정당화한다는 사실로부터 명백해진다. (한국 개신교회가 잘 보여주듯이) 성서의 권위를 강조하는 보수적인 교회일수록 극심한 분열을 보이는 것은 성서 자체가 이론 지워진 자료로서 신학적 논증 또는 교리적 주장의 일부가 되어 있음을 입증한다.

성서는 글로 기록된 텍스트로서, 저자가 부여한 의미 안에 갇혀 있는 실재가 아니라 그 자신의 고유성을 지닌 실재가 된다. 그 자신의 고유성을 지닌 실재로서, 성서 본문의 의미는 저자의 일의적 의도에 갇혀 있지 않고 다의적 해석 가능성에 열려 있다. 성서는 해석자가 성서와의 상호적 대화 안에서 창조적이고 상상력 넘치는 방식으로 다양하게 성서를 해석하는 것을 허용하면서, 동시에 그 자체의 내적 패턴이나 한계로 인해 다른 해석들을 거부한다. 다시 말하면 성서는 서로 다른 신학자에 의해 서로 다르게 해석될 수 있도록 허용함과 동시에, 성서 자체의 고유한 내적 한계를 신학자의 해석에 부여한다.

텍스트를 과거 저자의 일의적 의미 안에 갇혀 있지 않고 역동적이고 창조적인 읽기에 개방되어 있으며, 동시에 내적 한계를 가지고 있는 실재로 이해하는 폴 리쾨르(Paul Ricoeur)도 비판적 실재론의 관점에서의 성서 이해를 잘 보여준다. 리쾨르에 의하면 성서 해석은 설명과 이해의 변증법 안에서, 즉 이해(최초의 이해)-설명-이해(전유)의 과정 안에서 이루어진다. 텍스트 이해의 과정은 소박한 최초의 이해로부터 시작된다. 텍스트의 센스(sense, 구조)와 지시체(reference, 주제, 세계)에 대한 설명 과정을 통해 최초의 이해가 검증 · 교정 · 심화되어 정교한 이해에 이른다. 설명이 구조화된 작품으로서의 텍스트 안의 객관적 센스에 대한 분석과 관계된다면, 이해는 텍스트 구조를 넘어 그 안에 내가 거주할 수 있는 가능적 세계 안의 지시체에 대한 전유와 관계된다. "이해는 설명을 선행하며, 동반하며, 종결지으며, 포괄(envelop)한다. 반면, 설명은 이해를 분석적으로 전개(develop)한다."22 "설명에서 우리는 명제와 의미의 영역을 해명하거나 펼쳐 보이는 반면, 이해에서 우리는 부분적 의미의 연쇄를 단번의 종합을 통해 전체로서 파악한다."23

센스와 지시체, 설명과 이해의 변증법 안에서 이루어지는 성서 본문의 이해 과정은 리쾨르의 성서 이해에 있어 비판적 실재론적 성격을 잘 보여준다. 텍스트의 의미에 대한 이해는 텍스트 '뒤'에 있는 저자의 일의적 의도에 갇혀 있지 않고, 텍스트 '안'의 센스(구조)에 대한 설명을 경유하여 텍스트 '앞'에 투사되는 지시체(주제, 텍스트의 세계)를 전유하는 것이다. 성서 본문의 의미에 대한 이해는 창조적 해석에 의해 개방되는 텍스트의 내적 패턴 또는 한계 또는 텍스트 자체 안에서 작용하는 생산적인 상상력에 의해 인도된다.24 성서의 중심적인 은유인 그리스도 안의 구속이나 하나님 나라와 같은 포괄적인 주제는 독자의 상상적 해석을 고무함과 동시에 해석의 여정을 텍스트 안에서 발견되는 의미에 제한시킨다. 비판적 실재론적 성서 이해에 있어서 이 점은 매우 중요하다. 성서의 의미는 성서와 해석자의 상호작용 안에서 여러 가지 이해의 현실화가 가능함에도 불구하

---

22 Paul Ricoeur, "Explanation and Understanding," in *The Philosophy of Paul Ricoeur: An Anthology of His Work*, eds. Charles Reagan and David Stewart (Boston: Beacon Press, 1978), 165.

23 Paul Ricoeur, *Interpretation Theory: Discourse and the Surplus of Meaning* (Fort Worth: Texas Christian University Press, 1976), 72.

24 Paul Ricoeur, "The Bible and the Imagination," in *The Bible as a Document of the University*, ed. Hans Dieter Betz (Chico, Calif.: Scholars Press, 1981), 50.

고 언제나 텍스트 자체에 의해 함축되고 한계 지워진다. 성서는 궁극적인 페러다임적 주제인 하나님의 실재와 예수 그리스도 안에 나타난 하나님의 구원을 지시한다. 성서가 전체적으로 이 궁극적 실재와 사건을 지시한다는 사실이 성서 실재론의 본질이다.

VI. 결론

이 장에서 필자는 오늘날 젊은 세대가 교회를 떠나는 원인 중 하나로 교회가 과학적 세계와 단절되어 있다는 인식을 지적하며, 바람직한 신학과 과학의 관계를 위한 방법론적, 성서 해석학적 성찰을 시도했다. 결론적으로 필자는 성서에 기초한 신학과 과학의 바람직한 관계를 다음 다섯 가지로 제시하고자 한다.

첫째, 성서는 과학 교과서가 아니라 신학적 메시지를 담은 문서로서, 고대의 언어와 세계관을 반영한 은유를 통해 하나님의 실재와 구속을 지시한다. 따라서 창세기의 창조 이야기를 현대 과학 이론과 일치시키려는 문자주의적 해석은 시대착오적인 범주 오류에 해당한다. 올바른 성서 해석은 성서 저자의 역사적 맥락과 의도를 고려하고 독자의 관심이 아닌 본문의 관심에 우선권을 둬야 한다.

둘째, 신학과 과학은 서로 다른 두 언어로서, 과학은 자연현상의 메커니즘을, 신학은 그 의미와 목적을 설명한다. 양자는 상호 보완적 관계에 있으며 서로의 독자적 영역을 존중해야 한다. 따라서 어떠한 형태의 환원주의(과학의 신학화, 신학의 과학화)도 바람직하지 않다.

셋째, 신학과 과학은 서로 무관하거나 무관심할 수 없다. 특히 오늘날 과학 시대에 그 둘은 매우 밀접한 관계에 있다. 아인슈타인의 말처럼 종교가 없는 과학이 절름발이라면, 과학이 없는 종교는 장님이다. 신학은 결코 과학이 밝혀내는 우주의 신비를 외면하거나 무시할 수 없다.

넷째, 신학과 과학은 양자택일이 아닌 조화 또는 공명의 가능성에 열려 있다. 따라서 상호적 이해와 공명의 가능성을 모색하는 진지한 열린 대화가 요구된다. 우리가 취해야 할 올바른 태도는 신학과 과학 각각의 고유한 독자적 영역을 인정함과 동시에, 그 둘을 분리하거나 대립시키지 않고 양자가 본유적으로 모순될 필요가 없다는 인식 아래 열린 대화를 통해 조화와 공명의 가능성을 신중하게 모색하는 것이다.

다섯째, 신학과 과학은 각각의 인식론과 존재론에 기반하지만, 모두 실재에 대한 해석적 접근을 통해 진리를 탐구한다. 비판적 실재론은 과학과 신학과 성서 모두를 위한 이론적 기반을 제공하며, 성서에 기초한 신학과 이성에 기초한 과학이 각자의 방식으로 진리를 추구할 수 있는 공통 토대를 마련한다. 신학과 과학은 서로에 대한 존중과 열린 태도를 가지고 진지하게 대화함으로써 서로를 더욱 풍성하게 하며 진리의 전체성을 향해 함께 나아갈 수 있다.

| 제2부 |

성서 해석학

제2장 성서의 우주론
제3장 구약성서의 창조신학

2장
성서의 우주론

I. 서론

우리가 종종 듣고 또 사용하는 '세계관'이란 단어는 임마누엘 칸트가
『판단력 비판』에서 사용한 개념이다.[1] 칸트는 '세계관'(Weltanschauung)
을 '세계를 직관하는 방식'으로 정의했다.[2] 그에게 '세계관'은 인식론적
문제와 관련된 철학적 개념이었다. 다시 말해 "우리가 어떤 대상을 안다고
할 때, 우리는 어떻게(어떤 인식 방식과 과정을 통해) 그 대상을 아는 것인가?"라
는 문제이다. 철학, 신학, 사회학, 문화학 등 여러 학문 분야에서 '세계관'은
한 개인이나 집단이 삶과 세계를 이해하는 근본적인 해석의 구조와 틀을
가리킨다. 인간은 단순히 객관적 사실을 보는 것이 아니라 이미 형성된

---

1 David K. Naugle, *Worldview: The History of a Concept* (Grand Rapids: Eerdmans,
　2002), 58.

2 Immanuel Kant, *Critique of Judgment: Including the First Introduction*, trans. and
　intro. Werner S. Pluhar, with a foreword by Mary J. Gregor (Indianapolis: Hackett,
　1987), 111-112.

세계관 속에서 현실을 경험하고 이해한다. 오늘날에는 '세계관'을 '인지적 환경'의 관점에서도 이해한다. '인지적 환경'이란 단순히 외부 환경이 아니라 한 사람이 '알고 있다고 여기는 것'과 '상대방도 알고 있을 것이라고 가정하는 것'까지 포함하는 내적 환경, 즉 대화나 사고가 이루어지는 공유된 지식의 장이라고 할 수 있다.

성서 해석은 성서 저자들의 세계관이 그들이 살았던 세계의 문화적 맥락의 영향을 받았다는 사실을 충분히 고려하는 해석이 되어야 한다. 특히 구약성서는 저자들이 살았던 고대 근동의 세계관과 인지적 환경의 영향을 반영한다. 이 영향들 가운데 가장 중요한 한 가지는 우주론적 세계관이다. 이 장에서는 구약성서가 삼층적 우주론으로 대표되는 당시 고대 근동의 세계관과 인지적 환경의 영향을 받았음을 확인하고, 성서 해석이 문화적 맥락의 영향을 충분히 고려하는 해석이 되어야 함을 논증하고자 한다. 먼저 고대 근동의 우주론을 살펴본 다음, 고대 근동 우주론의 맥락 안에서 성서의 삼층적 우주론을 고찰한다. 그리고 구약성서의 창조 이야기를 관련 본문들을 중심으로 살펴본 후에, 결론적으로 과학 시대에 있어서 성서의 권위에 대해 말하고자 한다.

II. 고대 근동의 우주론

메소포타미아, 가나안, 이집트 등의 방대한 문헌들이 19세기와 20세기 초에 처음 발견되고 번역되었다. 고대 근동 지역에서 발견된 수천 개의 설형문자 및 상형문자 문헌들의 재발견은 우리에게 풍성한 문화적 자료를 제공했다. 특히 학자들은 이 문헌들과 구약성서의 유사성에 매료되었다. 1872년 조지 스미스(George Smith)는 오늘날 「아트라하시스 서사시」(Atrahasis Epic) 및 「길가메시 서사시」(Gilgamesh Epic)의 일부로 알려진 바빌로니아 홍수 이야기를 발견했다. 그는 그 내용이 창세기 6-9장의 노아 홍수 이야기와 놀라울 정도로 유사하다는 점을 보고하였고, 이를 통해 고대 근동 신화와 성서 전승의 연관성 연구가 본격적으로 시작되었다. 고대 이스라엘과 유다는 고대 근동의 문화적 세계의 일부였다. 존 월튼(John Walton)은 이렇게 말한다.

이스라엘이 고대 세계의 다른 나라들과 많은 개념과 관점을 공유했다고 기대하는 것은 당연하다. 이것은 단지 문헌이 차용되거나 복사되었다는 것을 의미하지 않는다. 이것은 이스라엘이 주변 민족들에게 영향을 받았다는 것을 의미하는 것도 아니다. 오히려 우리는 단순히 고대에 존재했던 공통된 개념적 세계관을 인식하는 것이다. 그러므로 우리는 이스라엘이 고대 세계에 의해 영향을 받았다고 말하지 말아야 한다 — 그들은 그 세계의 일부였던 것이다.3

고대 근동 문헌들은 고대 이스라엘 세계를 이해하기 위한 필수적인 맥락을 제공한다. 고대 근동인들은 우주를 땅, 하늘, 바다 삼층 구조로 이해했다. 바빌로니아 창조 서사시 「에누마 엘리시」에서는 깊음의 담수(압수, Apsu)와 바닷물(티아맛, Tiamat), 두 가지 물만 존재하는데, 마르둑(Marduk)이 티아맛의 몸을 둘로 갈라서 한쪽은 하늘이 되고, 다른 한쪽은 땅이 되었다.4 메소포타미아의 창조 서사시 「아트라하시스」는 아누(Anu),

---

3 John H. Walton, *The Lost World of Genesis One: Ancient Cosmology and the Origins Debate* (Downers Grove, IL: IVP Academic, 2009), 13-14.

4 Stephanie Dalley, *Myths from Mesopotamia: Creation, the Flood, Gilgamesh, and*

엔릴(Enlil), 에아(Ea)가 하늘, 땅, 바다의 통치권을 나누는 것으로 시작한다.[5] 이와 같은 삼층 구조는 이집트의 멤피스 신학에도 나타난다.[6] 메소포타미아에서 이집트까지 그리고 그 사이의 모든 지역에서 고대 근동인들은 일관되게 우주를 땅, 하늘, 바다 삼층 구조로 이해했다.

1. 땅

고대인들은 땅을 구(球)가 아니라 평평한 원반 모양으로 이해했다. 수평선은 땅의 끝을 의미했다. 땅이 끝나는 곳에서 우주 바다가 시작되었다. 바빌로니아인들은 땅이 원반 모양의 원형으로 바다에 둘러싸여 있다고 이해했다.[7] 이집트인들도 땅을 원반 모양으로 이해했다.[8] 월튼에 따르면, "이집트인들은 지구를 주름진 가장자리를 가진 평평한 원반으로 이해했다. 원반 안쪽은 이집트의 평평한 범람원이고, 주름진 가장자리는 외국 땅에

Others, Oxford World's Classics (Oxford: Oxford University Press, 1989), 238-277, esp. 255-257; W. G. Lambert, *Babylonian Creation Myths, Mesopotamian Civilizations 16* (Winona Lake, IN: Eisenbrauns, 2014), 3-277.

5 W. G. Lambert and A. R. Millard, *Atra-hasis: The Babylonian Story of the Flood* (Winona Lake, IN: Eisenbrauns, 1999), 42-45; Dalley, *Myths from Mesopotamia*, 1-38.

6 James P. Allen, trans., "From the Memphite Theology," in *Context of Scripture*, vol. 1, *Canonical Compositions from the Biblical World*, eds. William W. Hallo and K. Lawson Younger Jr. (Leiden: Brill, 1997), 39.

7 이러한 이해는 메소포타미아의 「에타나 서사시」(Etana Epic)에서 발견된다. Benjamin R. Foster, *From Distant Days: Myths, Tales, and Poetry of Ancient Mesopotamia* (Bethesda, MD: CDL, 1995), 112-113.

8 Othmar Keel, *The Symbolism of the Biblical World: Ancient Near Eastern Iconography and the Book of Psalms*, trans. Timothy J. Hallett (Winona Lake, IN: Eisenbrauns, 1997), 37.

해당하는 산맥 지대의 테두리였다."[9] 고대인들에게 바다는 땅의 끝을 나타내며, 그들은 땅끝 너머에 무엇이 있는지 알지 못했다. 그곳은 미지의 세계였다.

고대인들은 땅이 물로 둘러싸여 있다고 생각했기 때문에 땅이 어떻게 떠 있는가 하는 것은 수수께끼였다. 메소포타미아의 자료들 가운데는 하늘을 지탱하는 산들이 지하 세계, 즉 저승에 뿌리를 두고 있어서 땅을 지탱한다는 묘사를 보여주는 자료들이 있다.[10] 그런가 하면 기원전 1595년 부터 기원전 1157년까지 바빌론을 통치했던 카시트(Kassite) 왕조 시대의 경계석(kudurru)은 삼층 구조의 우주론과 함께 우주 바다로부터 네 기둥이 솟아 나와 땅의 기초를 제공하고 있는 모습을 보여준다.[11] 이집트는 땅의 기초 문제에 대한 또 다른 해결책을 보여준다. 이에 따르면 우주 바다는 지구 표면 바로 아래에 존재한다. 지구를 떠 있게 하는 것은 바로 그 자체의 부력이다. 고대 이집트인들은 땅이 물에 의해 둘러싸여 있다고 믿었기 때문에 땅이 물 위에 떠 있다고 생각했다.[12]

---

9 John A. Wilson, "Egypt: The Nature of the Universe," in *The Intellectual Adventure of Ancient Man: An Essay on Speculative Thought in the Ancient Near East*, eds. Henri Frankfort et al., 4th ed. (Chicago: University of Chicago Press, 1946), 45.

10 Wayne Horowitz, *Mesopotamian Cosmic Geography*, Mesopotamian Civilizations 8 (Winona Lake, IN: Eisenbrauns, 2011), 98. 「갈가메시 서사시」에도 이와 같은 묘사 가 나타난다. Maureen Gallery Kovacs, *The Epic of Gilgamesh* (Stanford, CA: Stanford University Press, 1989), 76.

11 H. W. F. Saggs, *Babylonians: Peoples of the Past* (Berkeley: University of California Press, 2000), 113-127; Bill T. Arnold, "Babylonians," in *Peoples of the Old Testament World*, eds. Alfred J. Hoerth, Gerald L. Mattingly, and Edwin M. Yamauchi (Grand Rapids: Baker, 1994), 43-75.

12 James P. Allen, *Genesis in Egypt: The Philosophy of Ancient Egyptian Creation Accounts*, Yale Egyptological Studies 2 (New Haven, CT: Yale University Press,

고대인들은 땅 아래에 저승세계가 있다고 믿었다. 고대 메소포타미아의 세계관에서 저승은 '돌아올 수 없는 땅'이었다. 부활의 희망은 없었으며, 죽은 자가 할 수 있는 최선은 평화롭게 쉬는 것이었다. 산 자는 적절한 장례 의식과 제물을 제공함으로써 저승에서의 죽은 자의 고통을 경감할 수 있고, 죽은 자는 산 자에게 은혜를 베풀 수 있다고 여겨졌다.[13] 이집트인들은 저승을 '침묵을 사랑하는 땅' 그리고 '아름다운 서방(West)'이라고 불렀다.[14] 고왕국 시대(기원전 약 2650~2150년)의 피라미드 문헌에서는 죽은 왕들이 신들 사이에 거하기 위해 하늘로 올라갔다.[15] 그러나 이집트 역사 대부분 동안 죽은 자들의 거처는 지하에 있었다. 이집트에서 대체로 저승은 야간 태양이 지나가는 길이며, 그 광선이 죽은 자들의 무감각한 영혼에 생명을 부여하는 곳으로 이해되었다.

고대 근동 전역에서 지하 세계는 죽은 자들의 거처로 이해되었다. 그곳은 악마와 지하 세계의 존재들이 거주하는 곳이었다. 저승은 모든 인간의 궁극적인 도착지였으며 지상에서의 삶으로 돌아올 어떤 기대도 없는 곳이었다.

2. 하늘

고대인들에게 하늘은 견고한 구조로 여겨졌다. 이집트에서는 하늘이

1988), 4.

13 T. J. Lewis, "Dead," in *Dictionary of Deities and Demons in the Bible*(DDD), 223-231.

14 John H. Taylor, *Death and the Afterlife in Ancient Egypt* (Chicago: University of Chicago Press, 2001), 13.

15 Miriam Lichtheim, *Ancient Egyptian Literature*, vol. 1, *The Old and Middle Kingdoms* (Berkeley: University of California Press, 1973), 44, Utterance 440.

평평한 지붕처럼 여겨졌던 반면, 메소포타미아에서는 돔 형태로 여겨졌다. 하늘의 견고함은 여러 이유로 필요했다. 첫째, 견고함은 위의 물을 막는 장벽 역할을 했다. 둘째, 견고함은 신들과 그들의 거처를 위한 바닥을 제공했다. 셋째, 그것은 천체들이 고정되는 천장이었다. 궁창(firmament)이라고 불린 이 견고한 구조는 물리적 지지 체계를 필요로 했다. 이집트에서는 궁창이 "기둥, 지팡이, 홀(笏)로 떠받쳐지거나 혹은 세계의 극단에 있는 산 위에 놓여 있다"고 여겨졌다.[16] 메소포타미아인들은 하늘 지지 체계에 대해 두 가지 견해를 가지고 있었는데, 하나는 궁창이 높은 산에 의해 지탱된다는 것이며, 다른 하나는 궁창이 장막과 같아서 그것을 지탱하기 위해 기둥과 줄이 필요하다는 것이었다.[17]

메소포타미아 문헌에서 하늘은 아래 하늘과 위 하늘로 나누어진다. 아래 하늘은 보이는 하늘, 관측 가능한 하늘을 의미한다. 그 안의 거주자는 별, 행성, 별자리이며, 이 모든 것이 별이라고 불렸다.[18] 고대인들에게 수수께끼 중 하나는 이 천체 광명체들이 '휴식 시간' 동안 어디에 있는가 하는 것이었다. 태양은 어디로 내려갔다가 매일 아침 반대편 지평선에 떠오르는가? 달과 별자리는 낮 동안 어디에 숨는가? 이집트인들은 태양이 서쪽 지평선에서 동쪽 지평선으로 이동하며 저승을 통과한다고 생각한

---

16 Edward Wright, *The Early History of Heaven* (Oxford: Oxford University Press, 2000), 13.

17 이에 대한 묘사는 「에누마 엘리시」에서 찾아볼 수 있다. 여기서 마르둑은 티아맛의 시체를 취해 그것을 하늘의 장막(궁창)으로 만듦에 있어서, 그 장막이 견고하게 자리 잡도록 밧줄로 고정시킨다. Horowitz, *Mesopotamian Cosmic Geography*, 265.

18 Hermann Hunger and David Pingree, *Astral Sciences in Mesopotamia* (Leiden: Brill, 1999); Francesca Rochberg, *The Heavenly Writing: Divination, Horoscopy, and Astronomy in Mesopotamian Culture* (Cambridge: Cambridge University Press, 2004).

반면, 메소포타미아인들은 태양이 달과 다른 행성들과 동일한 경로를 따른다고 보았다.[19] 또한 태양의 야간 거처가 궁창 위, 곧 위쪽 하늘에 있다는 견해도 있었다. 태양, 달, 별 같은 모든 천체가 관문을 통해 위 하늘과 아래 하늘을 출입했다고 여겨졌다.[20] 위 하늘은 본래 신들에게만 속한 영역이었다. 메소포타미아인들은 위쪽 하늘을 물 위에 놓인 물리적 영역으로 여겼다. 그 바닥은 견고하여 거주자들이 서고 앉고 혹은 다른 일을 수행할 수 있는 것으로 여겼다.

3. 바다

고대인들은 물을 두 가지 형태, 즉 민물과 바닷물로 나누어 생각했다. 메소포타미아에서는 이 두 근원을 각각 압수(Apsu)와 티아맛(Tiamat)으로 의인화했다. 티아맛은 '바다'를 의미하는 아카드어 탐투(tāmtu)에서 유래했으며, 압수는 깊음의 신이었다. 고대인들은 땅이 원초적 물에서 솟아나왔다고 믿었고, 이를 우주 바다라 불렀다. 메소포타미아와 이집트에서는 원반 모양의 땅이 우주 바다에 의해 위, 아래, 사방으로 둘러싸여 있다고 생각되었다.

고대인들에게 비가 하늘에서 쏟아지는 것은 하늘 위에 물의 저수지가 존재한다는 것을 보여주는 것이었다.[21] 창조의 시초에 하늘 위의 물로부터 땅을 보호하기 위해 장벽, 즉 궁창이 만들어졌다. 만일 이 궁창이 없었다면,

---

19 Herman Hunger and David Pingree, *MUL.APIN: An Astronomical Compendium in Cuneiform*, AfO 24 (Horn, Austria: Berger & Söhne, 1989), ii, 1-6.

20 Horowitz, *Mesopotamian Cosmic Geography*, 266.

21 Ibid., 262.

우주 바다의 파괴적인 홍수가 하늘로부터 땅으로 쏟아져 내리고, 깊음의 샘에서 터져 나오고, 해안에 몰아쳐서 땅을 뒤덮을 것이라고 여겼다. 우주적 물은 혼돈의 근원으로 간주되었으며, 그 주인공은 거대한 바다뱀이었다. 우가릿의 「바알 서사시」에서 이 바다뱀은 일곱 머리를 가진 리탄(Litan)으로 의인화되었다.[22] 심연의 혼돈적 힘을 대표하는 이 바다뱀은 바빌론의 경계석(kudurru)에도 나타난다.

깊음의 물은 신비로서 두려움을 불러일으켰다. 모든 육지의 물은 깊음과 연결되었다. 곧 "지표 바로 아래의 지하수, 늪과 습지의 물, 강의 물, 바다의 물 그리고 먼 우주의 물들"[23]이 모두 깊음과 이어져 있다고 여겨졌다. 깊음은 두려움의 대상이었는데, 저승과 연결된다는 점에서도 그러했다. 깊음의 신 압수(Apsu)와 저승이 동일시되거나 압수가 악한 영들이 거주하는 저승으로 이해되었음을 보여주는 증거가 있다.[24]

고대 근동의 우주론은 다음과 같이 요약될 수 있다. 고대 근동인들은 우주가 땅-하늘-바다의 삼층적 구조로 이루어져 있다고 믿었다. 땅은 평평한 원반 모양으로, 물로 에워싸여 있으며, 기초 기둥들에 의해 지탱되거나 우주 바다 위에 떠 있는 것으로 여겨졌다. 땅 아래에는 심연 또는 깊음과 죽은 자들의 저승 그리고 저승의 신과 악령들이 있었다. 땅 위의 하늘에는 지붕 또는 천장과 같은 견고한 궁창이 있었다. 궁창은 높은 산이나 기둥 혹은 줄에 의해 지탱되었으며, 하늘은 위 하늘과 아래 하늘로

---

22 리탄(Litan)은 이후 성서의 리워야단(Leviathan)과 비교된다. Michael D. Coogan and Mark S. Smith, eds., *Stories from Ancient Canaan*, 2nd ed. (Louisville: Westminster John Knox, 2012), 138; Christoph Uehlinger, "Leviathan," in *DDD*, 511.

23 Horowitz, *Mesopotamian Cosmic Geography*, 335.

24 Ibid., 342.

나누어져 있다. 아래 하늘은 천체들이 박혀 있는 곳이었고, 위 하늘은 신들이 거주하는 곳이었다. 궁창은 아래 하늘과 위 하늘을 나눌 뿐 아니라 강우를 조절하는 중요한 역할을 했다. 궁창의 문 또는 창문은 위에 있는 물 저장소로부터 비, 우박, 눈의 강수량을 조절했다. 온 땅을 둘러싼 우주적 물은 하늘의 창들을 통해 비로 내리거나 강, 시내와 물줄기를 통해 지하에서 솟아오르는 것으로 여겨졌다. 결론적으로 고대 근동 세계는 지역과 민족에 따라 세세한 차이는 있었지만, 공통적으로 삼층적 우주론을 공유했다.[25]

III. 성서의 우주론

고대 이스라엘인들의 세계관은 기본적으로 고대 근동 전역에 널리 퍼져 있던 세계관과 동일하다. 월튼이 말하듯이, "이스라엘인들은 별이 태양이라는 사실을 몰랐으며, 지구가 둥글고 우주 공간을 움직이고 있다는 사실도 알지 못했다. 태양이 달보다 또는 공중에 날아다니는 새들보다도 훨씬 더 멀리 있다는 사실도 몰랐다. 그들은 하늘이 기체가 아니라 물질적이라고 믿었고, 신의 거처를 지탱하기에 충분히 견고하다고 생각했다."[26] 성서 저자들은 고대의 동시대인들과 동일한 용어와 개념적 틀을 사용하여 우주의 구조를 묘사했다. 따라서 성서에 나타난 우주론적 세계관은 고대 근동과 동일한 하늘-땅-바다의 삼층적 구조를 보여준다. 성서에 나타난

---

25 삼층적 우주론은 고대 근동 지역뿐 아니라 고대 세계 전반에 걸쳐 보편적이었다고 할 수 있다.

26 고대에서 행성과 별 사이의 구분은 오늘날과 달랐고 항상 일관되지도 않았다. Walton, *The Lost World of Genesis One*, 16.

이러한 삼층적 우주관은 이스라엘인들이 독자적으로 만든 것이라기보다 고대 근동의 인지적 환경과 문화적 영향 안에서 형성된 것이다.

성서에서 삼층적 우주관을 보여주는 대표적인 본문들은 다음과 같다. 출애굽기 20장 11절은 십계명의 네 번째 계명인 안식일에 관한 계명을 진술하면서 하나님의 창조를 삼층적 구조로 묘사한다. "이는 엿새 동안에 나 여호와가 하늘과 땅과 바다와 그 가운데 모든 것을 만들고 일곱째 날에 쉬었음이라." 잠언 3장 19-20절과 8장 22-31절도 삼층적 우주관을 보여준다. 잠언 3장 19-20절은 하나님이 지혜로 우주를 삼층적 구조로 창조하셨다고 기술한다. "여호와께서 지혜로 땅을 세우셨으며, 명철로 하늘을 세우셨고, 그의 지식으로 깊음이 갈라지며, 구름에서 이슬이 내리느니라." 잠언 8장 22-31절은 지혜의 선재와 창조적 역할을 노래하는 본문으로, 23-26절은 산, 언덕, 들, 흙 등 땅에 관한 내용이고, 27-28절은 궁창과 하늘에 관한 내용이며, 29절은 바다의 경계를 묘사한다. 여기서 27절의 '궁창을 해면에 두르실 때에'라는 표현은 (지혜가) 궁창을 만들어 위의 물과 아래의 물을 나눔으로써 창조 질서의 공간 구조를 마련하는 것을 기술한다. 에스라는 율법책을 낭독한 후 언약 갱신 기도에서 하나님의 창조를 삼층적 우주관의 관점에서 말한다. "오직 주는 여호와시라. 하늘과 하늘들의 하늘과 일월 성신과 땅과 땅 위의 만물과 바다와 그 가운데 모든 것을 지으시고…"(느 9:6). 요한계시록에서는 천사가 하나님의 심판을 경고하며 하늘과 땅과 바다와 물들의 근원을 만드신 하나님을 경배하라고 외친다. "하나님을 두려워하며 그에게 영광을 돌리라. 이는 그의 심판의 시간이 이르렀음이니 하늘과 땅과 바다와 물들의 근원을 만드신 이를 경배하라"(계 14:7).

1. 땅

고대 히브리인들은 땅을 둥근 구(球)로 생각하지 않고 기둥 위에 놓인 평평한 원반 형태로 생각했다. 성서 저자들은 '땅끝'이란 표현을 사용했는데(예, 단 4:10-11), 이는 땅을 구(球)로 생각하면 쓸 수 없는 표현으로서, 땅이 평평하다는 생각을 전제한다. 성서 저자들이 땅을 원반 형태로 이해했다는 사실은 잠언 8장 27절에 잘 나타난다. 이 구절에서 '궁창을 해면에 두르실 때에'(개역개정)에 대한 정확한 번역은 '깊은 물 위에 둥글게 금을 그으셨을 때'(새한글성경)이다. 즉, 궁창을 원 모양으로 만들어 하늘의 물이 땅을 덮지 못하도록 막으셨다는 것이다. 여기서 원은 지평선을 가리킨다고 할 수 있다.[27] 지평선이 원형이라는 것은 땅이 원반 형태임을 의미한다.

성서는 땅이 기둥이나 기초에 의해 지탱된다고 말한다. 집, 성전, 궁전의 기초를 묘사할 때 사용되는 단어가 땅의 기초를 묘사할 때도 동일하게 사용되었다. 즉, 성서 저자들은 땅의 기초를 집이나 성전, 궁전의 기초와 같은 것으로 보았다. 예를 들면 욥기 38장 4-6절에서 하나님은 욥에게 다음과 같이 말씀한다. "내가 땅의 기초를 놓을 때 네가 어디 있었느냐? … 그것의 주춧돌은 무엇 위에 세워졌으며, 누가 그 모퉁잇돌을 놓았느냐?" 성서에는 히브리인들이 이집트인들처럼 땅이 우주 바다 위에 떠 있다고 생각했다는 증거는 발견되지 않는다.

땅 아래 깊은 곳에는 죽은 자들의 거처가 있었다. 구약성서에서 이곳은 스올(Sheol), 아바돈(Abaddon), 무덤, 구덩이 혹은 단순히 땅이라고 불린

---

27 John N. Oswalt, *The Book of Isaiah: Chapters 40-66*, NICOT (Grand Rapids: Eerdmans, 1998), 67; R. N. Whybray, *Isaiah 40-66*, NCB (Grand Rapids: Eerdmans, 1981), 56-57.

다.[28] 스올은 깊은 어둠의 장소로서(욥 17:13; 애 3:6), 죽은 자들의 영원한 거처다. 스올로 내려가는 자는 다시 땅 위로 돌아오지 못한다. "스올로 내려가는 자는 다시 올라오지 못할 것이오니, 그는 다시 자기 집으로 돌아가지 못하겠고 자기 처소도 다시 그를 알지 못하리이다"(욥 7:9-10). 저승이 멸망, 파멸, 파괴를 뜻하는 아바돈으로 표현되듯이, 고대 이스라엘인들에게 무덤은 죽은 자들의 마지막 안식처였다. 이는 고대 이스라엘인들이 주변 민족들과 동일한 방식으로 저승을 이해했음을 보여준다.

2. 하늘

고대 근동의 다른 민족과 마찬가지로 고대 히브리인들은 하늘의 가장 높은 부분에 하나님이 계시고, 하늘의 낮은 부분에 해, 달, 별, 구름, 새들이 있다고 생각했다. 하늘의 이 두 부분 사이에 궁창이 있었다. 성서 저자들이 견고한 천장 또는 지붕으로 묘사한 궁창은 하나님의 보좌가 있는 전의 바닥 역할을 하기도 했다. 이들은 궁창을 여러 방식으로 표현했는데, 그중 하나는 천막에 비유하는 것이었다.[29] "그가 하늘을 차일같이 펴셨으며, 거주할 천막같이 치셨고"(사 40:22). 또한 고대 히브리인들은 궁창을 돔과 같은 구조로 이해하기도 했다. 이 돔 형태의 궁창을 표현하기 위해 라키아(raqiaʻ)란 용어가 사용되었다. 이 용어의 어근은 "두드려서 펴다, 얇게 펼치다, 금속을 망치로 두들겨 얇게 만들다"라는 뜻으로, 라키아는

---

28 구약성서 속 내세관에 대한 자세한 연구는 Philip S. Johnston, *Shades of Sheol: Death and Afterlife in the Old Testament* (Downers Grove, IL: InterVarsity Press, 2002) 참고.

29 Mark S. Smith, *The Priestly Vision of Genesis 1* (Minneapolis: Fortress, 2010), 76.

펴서 넓게 펼쳐진 얇은 금속판과 같은 것을 연상시킨다. 라키아는 하늘을 위와 아래로 나누는 견고한 돔 또는 장막 같은 구조로 이해되었다. 창세기 1장 6-8절은 하나님이 "물이 윗물과 아랫물로 나뉘도록 궁창을 만드셨다"라고 묘사한다. 여기서 궁창은 위의 물(천상수)과 아래의 물(바다, 강, 지하수)을 나누는 경계/구조물로 이해된다. 궁창이 견고한 구조로 여겨졌다는 것은 구약성서의 여러 본문에 분명히 드러나는데, 그 견고한 구조물은 기둥(삿 16:25; 왕상 7:6; 욥 26:11)과 기초(삼하 22:8, 18; 겔 41:8)를 필요로 했다. 고대 히브리인들은 궁창의 지지 구조가 산에 의해 제공된다고 생각했다(욥 26:11).[30]

궁창은 위의 물과 아래의 물 그리고 위 하늘과 아래 하늘을 분리했다. 위 하늘이 하나님과 그의 사자들을 위해 예비된 곳이었다면, 아래 하늘은 별자리, 새, 구름의 영역이었다. 우리는 이 아래 하늘을 땅에서 볼 수 있는 하늘(sky)로 부른다.[31] 태양, 달, 별, 행성은 아래 하늘의 가장 높은 층에서 관찰되었다. 하늘을 가로질러 움직이는 태양과 달은 땅 밑으로 내려갔다가 다음 날 반대쪽 지평선에서 떠오른다고 생각되었다(시 50:1; 전 1:5; 말 1:11).[32] 그러나 별과 행성의 경우에는 다른 설명이 필요했다.

---

30 John E. Hartley, *The Book of Job*, NICOT (Grand Rapids: Eerdmans, 1988), 366; Samuel Rolles Driver and George Buchanan, *A Critical and Exegetical Commentary on the Book of Job: Together with a New Translation*, ICC (New York: Charles Scribner's Sons, 1921), 1:222.

31 John H. Walton, *Ancient Near Eastern Thought and the Old Testament: Introducing the Conceptual World of the Hebrew Bible* (Grand Rapids: Baker Academic, 2006), 168.

32 Luis I. J. Stadelmann, *The Hebrew Conception of the World*, AnBib 39 (Rome: Pontifical Biblical Institute, 1970), 66. Stadelmann은 "구약성서 어디에도 태양이 지고 다시 뜨는 사이에 그것이 지나가는 영역에 대한 언급이 없다. 성서 저자들은 태양이

태양이 떠오를 때 별자리가 사라지고 해 질 무렵 다시 나타나는 현상에
대해서는 다음과 같은 이해들이 성서에서 발견된다. 하나는 야간에 빛나는
천체들이 낮에는 훨씬 더 밝은 태양에 의해 빛을 잃었다는 것이다.[33]
별들은 단지 '작은 빛'으로 밤을 다스리기 위해 존재했다(창 1:16; 렘 31:35).
다른 하나는 별들이 낮 동안 하늘의 방으로 물러가 머물렀다가 밤에
다시 나왔다는 것이다(느 4:21; 욥 9:7).

하나님이 하늘 높은 곳에 거하신다는 믿음은 유대교와 기독교를 포함한
대부분의 종교에서 가장 널리 공유된 신념 가운데 하나였다. 궁창 위의
하늘, 곧 위쪽 하늘은 신을 위한 공간으로 여겨졌다. 하나님의 보좌는
하늘에 있다(시 11:4). 에스겔은 궁창 위에 있는 하나님의 하늘 보좌에
대한 환상을 보여준다. "그 머리 위에 있는 궁창 위에 보좌의 형상이
있는데, 그 모양이 남보석 같고, 그 보좌의 형상 위에 한 형상이 있어
사람의 모양 같더라"(겔 1:26). 하나님은 궁창 위의 위쪽 하늘에 있는 우주적
성전에서 모든 피조 세계를 다스리신다.

고대 근동에서 위쪽 하늘은 신들의 영역이었다. 구약성서에도 위쪽
하늘에는 보좌에 앉으신 하나님이 계셨으며, 하나님과 더불어 다른 신적
또는 반(半)신적 존재들도 있었다. 즉, '하늘의 만군'(왕상 22:19), '하나님의
아들들'(욥 1:6; 2:1), 가브리엘(단 8:16; 9:21)과 미가엘(단 12:1) 같은 천사들,
하나님을 모시는 '스랍들'(사 6:2), 하나님의 보좌를 운반하는 그룹들(겔
10장)이 그들이다.[34] 구약성서에서 이 존재들은 통칭해서 '신의 회의'(di-

지하 세계를 지나간다는 개념을 받아들이지 않았다"라고 지적한다.

33 Edouard Lipiński, "Shemesh," *DDD*, 810.

34 Samuel A. Meier, *Themes and Transformations in Old Testament Prophecy*
(Downers Grove, IL: IVP Academic, 2009), 19.

vine council)라고 불린다. 그리고 사탄(욥 1:6-12; 2:1-7; 슥 3:2)도 위쪽 하늘에 있었다. 이스라엘의 신앙이 고대 근동의 다른 민족들의 신앙과 다른 점은 위쪽 하늘의 다른 신적 또는 반신적 존재들이나 아래 하늘의 별들이 하나님처럼 숭배되는 것을 허용하지 않았다는 점이다.

3. 바다

고대 근동의 다른 민족들처럼 고대 이스라엘인들도 땅이 사방에서 물, 즉 우주 바다로 둘러싸여 있다고 생각했다. 하나님께서 물을 통제하지 않으신다면, 우주 바다는 재앙의 잠재력을 지니고 있었다. 앞서 언급한 바와 같이 구약성서에서 하나님은 궁창을 만드심으로써 신적 영역과 인간의 영역, 위의 물과 아래의 물을 나누셨다(창 1:6-8; 시 148:4). 고대 이스라엘인들은 궁창 위의 하늘 저수지에 저장된 물이 적절한 때에 궁창의 수문 또는 창문이 열림에 따라 땅에 비가 내린다고 믿었다(신 28:12; 욥 38:22; 시 137:7; 렘 10:13; 암 9:6). 이 수문 또는 창문은 구약성서 여러 곳에서 언급된다(창 7:11; 8:2; 왕하 7:2, 19; 사 24:18; 말 3:10).

메소포타미아인들이 우주의 물을 민물인 심연(압수, Apsu)과 짠물인 바다(티아맛, Tiamat)로 나누었다면, 고대 이스라엘인들은 테홈(těhôm)과 얌(yām)으로 나누었다. 테홈은 보통 지하의 물을 가리키며,[35] 얌은 우주 바다를 가리킨다. 테홈은 심연의 물로서 시냇물과 강의 근원이며(신 8:7;

---

35 테홈은 때로 지하수의 넘침으로 인한 '홍수'(창 2:6)나 방대한 물의 집합체를 가리키기도 한다(창 1:2). David Toshio Tsumura, *Creation and Destruction: A Reappraisal of the Chaos-kampf Theory in the Old Testament* (Winona Lake, IN: Eisenbrauns, 2005), 50.

욥 38:16; 잠 8:24, 겔 31:3-5), 때로 스올과 동일시되었다(욥 26:5; 시 69:14-15; 욘 2:3-5).

하나님은 강수만이 아니라 우주를 둘러싼 모든 물을 다스리신다(시 77:14; 135:6; 암 7:4; 합 3:10). 우주 바다에 대한 하나님의 통제가 없다면 땅은 물의 범람과 홍수로 인해 재앙을 맞게 된다. 창세기의 홍수 이야기는 우주 바다에 대한 하나님의 주권을 잘 표현한다(창 6:17; 7:11-12). 창세기 1장의 창조 이야기에서 하나님은 위의 물과 아래의 물을 나누시고, 바다에서 땅을 분리하셨다. 창세기 6-7장의 홍수 이야기는 이 창조를 뒤집는 것이다. 위의 물과 아래의 물이 함께 땅으로 쏟아져 들어와 온 땅이 우주적 물에 뒤덮이게 된 것이다. 이 사건은 하나님께서 깊음의 경계를 제거하시고 하늘의 수문을 여셨기 때문에 일어난 사건이었다.

구약성서에 나오는 리워야단(Leviathan), 라합(raḥav), 탄닌(Tannin), 얌(yām) 등의 용어는 고대 근동에서 사용되던 용어를 차용한 것이다. 리워야단은 가나안의 우가릿 전승의 리타누(Ltn/litānu)에 해당하며,[36] '땅을 둘러싼 태초의 바다 괴물'로 묘사된다.[37] 리워야단은 오직 하나님만이 제압하실 수 있는 우주 바다의 혼돈을 상징한다(욥 41:1; 사 27:1). 라합은 혼돈의 힘, 특히 바다 괴물을 가리키는데, 하나님에 의해 제압된다. "그는 능력으로 바다를 잔잔하게 하시며 지혜로 라합을 깨뜨리시며"(욥 26:12), "주께서 바다의 파도를 다스리시며, 그 파도가 일어날 때에 잔잔하게 하시나이다. 주께서 라합을 죽임당한 자같이 깨뜨리시고, 주의 원수를 주의 능력의 팔로 흩으셨나이다"(시 89:9-10). 탄닌은 큰 바다 괴물, 용

---

36 A. Emerton, "Leviathan and ltn: The Vocalization of the Ugaritic Word for Dragon," *VT* 32 (1982): 327-31.

37 Uehlinger, "Leviathan," in *DDD*, 511.

혹은 뱀을 가리키며, 문맥에 따라 신화적 혼돈 세력 또는 단순히 큰 동물(특히 바다 괴물, 악어, 큰 뱀 등)을 의미한다. 창세기 1장 21절은 하나님이 '큰 바다 짐승들'(탄닌)을 창조하셨다고 말한다. 그러나 이사야 27장 1절은 하나님이 리워야단과 함께 혼돈의 괴물인 바다의 용(탄닌)을 죽이신다고 말한다. "그날에 여호와께서 그의 견고하고 크고 강한 칼로 날랜 뱀 리워야단, 곧 꼬불꼬불한 뱀 리워야단을 벌하시며 바다에 있는 용을 죽이시리라."

우가릿 문헌에서 야무(Yammu)는 바알 신과 대적하는 혼돈의 바다 신이다. 이러한 배경이 반영되어 구약성서에서 얌(yām)은 때때로 물리적 바다를 넘어 혼돈 세력의 상징이 된다. 시편 89장 9절이나 나훔 1장 4절에서 하나님이 "바다(얌)를 꾸짖으셨다"라고 하거나 하박국 3장 8절에서 여호와의 분노가 "바다(얌)를 향한다"고 묘사한다. 요한계시록 21장 1절의 "또 바다(얌)도 다시 있지 않더라"에서 얌은 단순한 자연적 바다가 아니라 하나님의 새 창조에서 제거될 혼돈과 죽음을 상징한다.

구약성서에서 리워야단, 라합, 탄닌, 얌 등은 고대 근동(특히 우가릿)의 혼돈의 물 또는 바다 신화를 배경으로 혼돈 세력을 상징하는 바다짐승(괴물, 용, 뱀)과 바다 신들로서 하나님에 의해 제압되는 악의 세력을 가리킨다. 시편 74절 13-14절 "주께서 주의 능력으로 바다(얌)를 나누시고 물 가운데 용들(탄닌)의 머리를 깨뜨리셨으며 리워야단의 머리를 부수시고…"는 창조주 하나님이 얌과 탄닌과 리워야단으로 대표되는 바다의 혼돈 세력을 제압하신 사건을 시적 언어로 표현한 것이다.

성서의 우주관이 고대 근동의 넓은 세계관과 다음과 같은 공통점을 가진다는 사실은 놀라운 일이 아니다. 고대 근동과 성서에서 땅은 구형이 아니라 평평한 원반으로 여겨졌으며 기초 기둥들에 의해 지탱되는 것으로 이해되었다. 땅 깊은 곳에는 스올(저승)이 있었다. 하늘은 돔 혹은 천막 같은 구조인 궁창에 의해 위와 아래로 나뉘었다. 아래 하늘에는 새, 별, 행성이 있었고, 위 하늘은 신들과 천사들을 위한 영역이었다. 땅은 아래위와 사방으로 우주 바다로 둘러싸여 있었다. 위 바다는 궁창에 의해 떠받쳐졌으며 궁창에 난 창을 통해 내리는 비의 근원이 되었다. 아래 바다, 곧 깊음은 샘, 우물, 강, 호수의 근원지였다. 바다는 혼돈의 근원이나 잠재적 혼돈의 힘으로서, 하나님에 의해 통제되거나 제압되어야 했다.

고대 히브리인들의 우주관과 다른 고대 근동 세계의 우주관 사이에는 또한 차이점도 있다. 카일 그린우드(Kyle Greenwood)는 이를 다음과 같이 요약한다.[38] 첫째, 성서에서는 땅이 우주 바다 위에 떠 있다는 개념에 대한 증거를 찾을 수 없다. 둘째, 성서가 생명나무에 대해 여러 차례 언급하지만, 이는 고대 근동 문헌에서처럼 우주의 세 층을 묶는(창 2:9; 3:22-24; 계 22:2) 기능이 아니라 하나님의 성소 중앙에 자리한 나무로서 기능한다. 셋째, 고대 근동에서 성행했던 천체 숭배는 성서에서 배격된다. 마지막으로 고대 근동에서는 천체들이 교대 근무를 마친 후 하늘의 방으로 들어갔으나, 성서에는 그러한 증거가 전혀 없다.

구약성서 저자들은 당시 고대 근동의 우주론을 거부하고 오늘날의 과학적 우주론을 제시하고자 한 것이 아니다. 그들은 바빌론 포로기로 대표되는 당시의 고통스러운 역사적 현실 속에서 악과 혼돈의 세력을 고대 근동 세계의 삼층적 우주론적 세계관과 언어로 표현함과 아울러, 그에 대한 창조자 하나님의 절대적인 주권을 증언하고자 했다.

이제 고대 근동의 삼층적 우주론적 세계관과 언어 안에서 기록된

---

38 Kyle Greenwood, *Scripture and Cosmology: Reading the Bible Between the Ancient World and Modern Science* (Downers Grove, IL: IVP Academic, 2015), 102.

구약성서의 창조 이야기들에 대해 살펴보자.

IV. 구약성서의 창조 이야기

고대 이스라엘에는 하나의 창조 이야기만 존재한 것이 아니라 다양한 창조 전승들이 존재했다. 구약성서 전체에 걸쳐 최소한 열세 개의 본문에서 창조 이야기가 기술된다. 즉, 창세기 1장, 2장, 출애굽기 20장 8-11절, 느헤미야 9장 6절, 욥기 38장 2-11절, 시편 8장 3-8절, 19편 1-6절, 74편 12-17절, 95편 1-7절, 104편 1-17절, 136편 1-9절, 잠언 8장 22-36절, 이사야 40장 12절 등이다. 이 이야기들은 서로 다르지만, 기본적으로 고대 근동의 하늘-땅-바다의 삼층적 우주론을 공유한다. 이 본문들 가운데 몇 개의 주요 본문에 나타나는 창조에 관한 묘사를 살펴본다.

1. 창세기 1장

창세기 1장의 창조 이야기에서 처음 사흘은 혼돈으로부터 질서를 만들어 다음 사흘 동안 창조될 피조물들이 거할 공간을 형성하는 시기였으며, 이후의 사흘은 그 공간을 채우는 시기였다. 1장 2절은 창조 이전의 상태를 이렇게 묘사한다. "땅이 혼돈하고 공허하며 흑암이 깊음 위에 있고 하나님의 영은 수면 위에 운행하시니라"(창 1:2). 이 구절을 원어에 가깝게 직역하면, 창조 이전에 땅은 혼돈하고 공허하며(tōhû wābōhû) 바다는 원초적 깊음(테홈, tehōm) 상태에 있었다는 것이다. 여기서 '혼돈과 공허'와 '깊음'은 물리적 무를 뜻한다기보다 무질서 상태를 의미한다.

이것들은 하나님이 질서와 목적을 부여하실 무대의 배경이며, 창조가 무에서(*ex nihilo*) 유를 만드는 행위가 아니라 혼돈에서 질서를 세우는 행위임을 시사한다. 고대 근동 신화에서는 신들이 혼돈의 바다(예: 티아맛, Yammu)와 싸워 승리해야 창조가 시작되지만, 창세기에서는 하나님이 어떤 대적과도 싸우지 않으신다. 혼돈과 공허와 깊음(테홈)은 하나님의 창조 행위에 의해 제압되어야 할 실재일 뿐이다.

첫째 날, 하나님은 빛을 창조하심으로써 빛과 어둠, 즉 낮과 밤의 질서를 만드셨다. 빛을 창조하셨다는 것은 단순히 광선을 만든 게 아니라 시간과 주야의 질서를 세우신 것을 의미한다. 둘째 날, 하나님은 하늘에 궁창(라키아)을 만들어(창 1:6), 위의 물과 아래의 물(바다)을 나누셨다. 셋째 날, 하나님은 물과 땅을 나누어 땅이 식물을 내게 하셨다. 태양이 존재하기 전에 땅에서 식물이 난다는 것은 이 창조 이야기가 우주와 물질의 과학적 기원을 설명하기 위한 것이 아님을 분명히 드러낸다(사실 태양이 없으면 땅, 즉 지구도 존재할 수 없다).

넷째 날, 하나님은 하늘에 광명체, 즉 해와 달과 별을 만들어 각기 빛(낮)과 어둠(밤)을 주관하게 만드셨다. 이 광명체들은 견고한 하늘 천장, 즉 궁창에 붙박이로 고정된 것으로 여겨졌다.[39] 다섯째 날, 하나님은 바다 생물과 공중의 새들을 만들어 각기 바다와 땅을 채우셨다. 여기서 '큰 바다 짐승'(창 1:21)은 바다 괴물 탄닌(tannīn)이다. 고대 근동 신화에서는 혼돈의 바다 괴물인 탄닌이 성서에서는 하나님의 피조물일 뿐이다.[40]

---

39 Paul H. Seely, "The Firmament and the Water Above: Part I: The Meaning of raqia' in Gen 1:6-8," *WTJ* 53 (1991), 228.

40 John Collins C., *Genesis 1-4: A Linguistic, Literary, and Theological Commentary* (Phillipsburg, NJ: P & R, 2006), 241.

여섯째 날, 하나님은 육상 생물과 인간 남녀를 창조하셨다. 인간은 바다의 물고기, 하늘의 새, 땅의 생물들을 다스림으로써 삼층적 우주 전체를 하나로 묶는 중심이 되도록 창조되었다.

일곱째 날, 하나님은 창조를 마치고 안식하시며 그날을 거룩하게 하셨다. 이 구절은 제사장 신학을 반영한다. '안식'(šābat)과 "거룩하게 하다"는 제사장적 어휘다. 제사장 전승에서는 창조 세계 자체가 하나님의 성전으로 이해되었다. 하나님의 안식은 단순히 피곤해서 쉰다는 뜻이 아니다. 고대 근동에서 신이 신전에 들어와 '쉬는 것'은 왕좌에 앉아 다스리는 행위를 의미했다.[41] 안식은 하나님이 왕좌에 앉으심을 의미한다. 제사장 신학은 공간(성소, 제단)뿐 아니라 시간도 거룩하게 구별했다. 일곱째 날은 단순한 휴식일이 아니라 거룩하게 구별되는 날이다. 안식일을 지키는 것은 창조주 하나님을 기억하고 경배하는 것을 의미한다.

2. 창세기 2장

창세기 1장(1:1-2:4a)과 2장의 창조 이야기는 문학적 구조와 신학적 강조점에서 뚜렷한 차이가 있다. 1장이 우주적이고 질서정연한 제사장 전승(P)의 창조 이야기라면, 2장은 인간, 관계, 에덴동산을 중심으로 한 야웨 전승(J)의 인간학적 이야기이다. 다시 말하면 1장이 우주론적 차원에서 창조 질서와 안식일 신학을 강조한다면, 2장은 인간 중심적 관점에서 하나님과의 직접적 관계 안에서 인간의 본질(흙에서 빚어짐, 하나님의 생기를

---

41 출애굽기 40장에서 성막이 완성되고 제사장이 직무를 시작하는 구조와 창세기 1장에서 7일 창조 후 하나님이 안식하시는 구조가 평행을 이룬다.

받음), 남녀의 상호 보완성과 언약적 관계("한 몸을 이룰지니라")를 강조한다고
할 수 있다. 그린우드는 두 이야기의 차이를 아래와 같은 도표로 보여준다.[42]

	창세기 1장	창세기 2장
이야기 초점	우주 창조	남자와 여자 창조
배경	우주	에덴동산
하나님 이름	하나님 (Elohim)	야웨 하나님 (Yahweh Elohim)
등장인물	하나님	하나님, 남자, 여자
창조 기간	일곱 날	"그날"(on the day)
창조 방식	하나님의 말씀: "하나님이 말씀하시되"	하나님의 활동: 하나님이 심으시고, 취하시고, 사람에게 직접 말씀하시고, 빚으시고, 남자의 갈빗대를 취해 여자를 만드심
창조 유형	일반적: 하나님; 땅; 물; 식물; 큰 광명과 작은 광명; 공중의 새; 바다 생물; 땅의 생물; 인류	구체적: 네 개의 강; 세 지역의 이름; 세 보석의 이름; 두 사람(남자와 여자)의 이름; 두 나무의 이름; 한 분 하나님의 이름
창조 순서	식물(3일째), 새와 물고기(4일째), 땅의 동물(5일째), 인간(6일째)	사람(2:7), 식물(2:8-9), 땅의 동물과 새(2:18-20), 여자(2:21-25)

이 도표에서 특히 창조 순서의 차이가 이목을 끈다. 1장에서는 우주적
차원에서 빛, 궁창, 땅과 바다, 식물, 해·달·별, 동물, 인간(남녀가 동시에)의
순서로 창조되는 반면, 2장에서는 땅의 차원에서 아담, 식물, 동물, 하와의
순서로 창조된다.

---

42 Greenwood, *Scripture and Cosmology*, 110.

3. 욥기 38장

욥기 38장은 하나님께서 폭풍 가운데서 욥에게 말씀하시며 창조 세계의 질서와 광대함을 보여주시는 장면이다. 이 본문은 고대 근동에서 공통적으로 나타나는 삼층적 우주 구조—하늘, 땅, 바다/저승—의 특징을 잘 보여준다.

땅은 건축물처럼 기초와 주춧돌을 가진 것으로 묘사된다. "내가 땅의 기초를 놓을 때에 네가 어디 있었느냐?"(욥 38:4) 땅이 혼돈의 물 위에 세워진 고정된 구조물로 여겨진다. 바다는 하나님의 경계(문, 빗장)에 의해 제한된다. "바다가 그 모태에서 터져 나올 때에 문으로 그것을 가둔 자가 누구냐?"(욥 38:8) 하나님은 바다의 경계를 정하심으로써 땅을 보전하신다.

하늘은 단순한 공간이 아니라 눈과 우박을 저장하는 창고로 묘사된다. "네가 눈 곳간에 들어갔었느냐? 우박 창고를 보았느냐?"(욥 38:22) 이 구절은 궁창 위에 물과 눈이 보관된다는 고대 히브리인들의 생각을 보여준다.

인간이 닿을 수 없는 깊은 곳에 바다의 심연과 스올이 있는 것으로 묘사된다. "네가 바다의 샘에 들어갔었느냐? 깊은 물 밑으로 걸어 다녀 보았느냐? 사망의 문이 네게 나타났느냐?"(욥 38:16-17) 여기서 '바다의 샘'과 '깊은 물 밑'(테홈)은 인간이 접근할 수 없는 혼돈한 우주의 심연을 가리키며, '사망의 문'은 스올(저승)의 입구를 의미한다.

욥기 38장의 삼층 구조는 다음과 같이 도표화될 수 있다.

영역	본문	내용
하늘	욥 38:22, 31-33	눈과 우박의 창고
땅	욥 38:4-7, 25-27	땅의 기초와 경계
바다	욥 38:8-11, 16-17	바다의 문, 깊은 물, 사망의 문

4. 시편 74편 12-17절, 104편

시편 74편에서 저자는 창조주 하나님의 권능을 선포한다. 하나님은 광명체들을 그 자리에 두심으로써 하늘의 지배권을 나타내셨다. "낮도 주의 것이요 밤도 주의 것이라 주께서 빛과 해를 마련하셨으며"(시 74:16). 하나님은 땅의 경계를 세우심으로써 자신의 주권을 드러내셨다. "주께서 땅의 경계를 정하시며…"(시 74:17). 하나님은 혼돈의 바다를 제압하심으로써 자신의 권능을 보여주셨다. "주께서 주의 능력으로 바다를 나누시고 물 가운데 용들의 머리를 깨뜨리셨으며, 리워야단의 머리를 부수시고 그것을 사막에 사는 자에게 음식물로 주셨으며"(시 74:13-14). 하나님은 바다를 위의 물과 아래의 물로 나누시고 바다 용(탄닌)의 머리를 깨뜨리시며, 리워야단의 머리를 부수심으로써 혼돈의 바다를 제압하신다.

시편 104편은 매우 광범위한 창조 서술을 보여준다. 이 시편은 다음과 같은 삼층적 우주론 구조에 따라 구성되어 있다.[43]

1. 하늘의 창조 (2-4절)

2. 땅의 창조 (5-23절)

---

43 Patrick D. Miller, "The Poetry of Creation: Psalm 104," in *God Who Creates: Essays in Honor of W. Sibley Towner*, eds. W. P. Brown and S. D. McBride Jr. (Grand Rapids: Eerdmans, 2000), 87-103.

A. 땅과 물의 창조 (5-9절)

B. 생육과 삶을 위한 물의 공급 (10-13절)

C. 집과 음식의 공급 (14-18절)

D. 피조물을 위한 시간의 제공 (19-23절)

E. 간주(間奏) (24절)

3. 바다의 창조 (25-26절)

4. 종결부 (27-35절)

시편 104편에서 하늘은 하나님의 거처다. 이 거처는 위쪽 하늘에, 궁창 위의 물 위에 있다. "물에 자기 누각의 들보를 얹으시며"(시 104:3). 여기서 물은 궁창에 의해 붙들려 있는 위의 물을 가리킨다. 보통 깊은 물과 지상의 수로들은 바다와 연관되며, 새들은 하늘과 연관된다. 그러나 여기서는 땅의 범위가 훨씬 넓어져서 우주 바다에서 분리된 모든 것—산과 계곡, 샘과 시냇물, 육지 동물, 물새, 둥지를 트는 새들, 채소와 식물까지—을 포함한다. 해와 달도 비록 하늘에 두어졌지만, 땅의 피조물들을 위해 기능한다. 시편 74편에서는 하나님의 권능이 바다를 제압하심에 의해 드러났다면, 시편 104편에서는 하나님의 위대하심이 바다의 친근한 피조물들—심지어 그 안에서 뛰노는 리워야단까지 포함하여—을 통해 드러난다.[44] 여기서 리워야단은 길들여야 할 바다 괴물이 아니라 단지 바다에 속한 또 하나의 피조물로 묘사된다.

이스라엘 민족이 하나님의 창조 행위를 기억하는 것은 예배의 중요한

---

[44] 시편 104편에서 리워야단은 "바다에서 뛰노는 단순한 피조물"로 탈신화화되었다. 바다 자체도 혼돈의 상징이 아니라 오히려 "하나님의 축복 아래 있는 영역"으로 제시된다. Craig C. Broyles, *Psalms*, NIBC 11 (Peabody, MA: Hendrickson, 1999), 400.

부분이었다. 그들은 예배를 통해 태초에 만물을 창조하신 하나님의 권능이 오늘의 혼돈과 어둠의 역사적 현실 가운데서 새로운 창조를 가져오기를 기원하였다. 구약성서에 나타나는 여러 창조 이야기의 특징은 다음 세 가지로 요약될 수 있다. 첫째, 구약성서의 창조 이야기들은 시적이고, 은유적이며, 의인화된 언어를 사용한다. 둘째, 이 이야기들은 삼층적 구조의 우주론적 세계관을 보여준다. 하나님은 하늘과 땅과 바다를 창조하셨다. 셋째, 이 이야기들은 우주 전체에 대한 하나님의 주권적 권능을 강조한다. 하나님은 자연의 힘들과 전투를 벌이시는 것이 아니라 그것들을 제압하시고 그 맡겨진 목적에 복종하도록 명령하시는 창조주 하나님이다.

V. 결론: 과학 시대의 성서의 권위

고대의 지구 중심적, 삼층적 우주론은 16세기에 코페르니쿠스의 지동설로 무너졌다. 그리고 20세기 이후 상대성 이론과 빅뱅 우주론의 등장으로 우주는 시간적으로 유한하고 공간적으로 팽창하는 동적 체계로 이해되었다. 성서의 우주론이 오늘날의 과학적 우주론과 다르다는 사실은 새로운 발견이 아니다. 고대 근동의 우주론적 문헌들이 발견된 이래 성서 주석자들은 고대 이스라엘의 우주론과 주변 민족들의 세계관 사이의 유사성을 잘 알게 되었다. 고대 근동 세계의 삼층적 우주론을 반영하는 성서의 문화적 맥락을 무시하고 성서가 오늘날 과학적 우주론을 위한 권위를 갖는다고 주장하는 것은 시대착오적인 오류이며 성서의 권위를 잘못된 자리에 세우고자 하는 것이다.

19세기 미국의 대표적인 보수적 개혁주의(칼빈주의) 신학자 찰스 하지

(Charles Hodge)는 오늘날 과학적 발견의 빛 아래에서 성서를 해석하는 것이 중요하다고 말했다. 과학은 지구에 기둥이 없으며, 하늘에 돔이 없고, 태양이 지구 주위를 돌지 않는다는 것을 입증했다. 하지는 묻는다. "우리는 성서가 태양이 지구 주위를 돈다는 거짓을 가르치도록 만드는 방식으로 성서를 해석할 것인가, 아니면 과학으로 성서를 해석하여 둘을 조화시키도록 할 것인가?"[45] 기독교의 증언은 자연 세계에 관해 잘못된 주장을 하면서 동시에 초자연적 세계에 관한 문제들에 대한 믿음을 기대할 때 설득력을 잃는다.

성서 주석가들은 근대 이전의 성서 언어를 설명하기 위해 '신적 적응'(divine accommodation)이라는 개념을 사용해 왔다. 즉, 하나님은 성서를 기록한 인간 저자의 인지 능력에 맞추어 말씀하신다는 것이다. 하나님은 자신의 언어를 인간의 언어로 낮추신다. 하나님은 인간의 유한한 관점 그리고 때로는 잘못된 관점을 직접 교정하지 않고 그것을 수용하여 우리와 소통하신다. 아퀴나스는 『신학대전』(질문 68, 문항 3)에서 궁창이 물과 물을 나눌 수 없는 세 가지 이유를 제시한다.[46] 첫째, 모든 물은 본질적으로 화학적 구성에서 동일하므로—아퀴나스의 용어로는 "같은 종에 속하므로"— 물은 "장소에 의해 구별될 수 없다." 둘째, 설령 물의 종들이 나누어진다고 하더라도 "종들을 나누는 것은 궁창이 아니다." 셋째, "아래의 물은 궁창까지 닿지 않는다는 것이 분명하다." 따라서 아퀴나스는 궁창이 물을 나눌 수 없다고 단언한다.

아퀴나스는 고대의 삼층적 우주론 자체를 거부한다. 그는 성서가 문자

---

45 Charles Hodge, "The Bible in Science," *New York Observer*, March 26, 1863, 98-99.

46 St. Thomas Aquinas, *Summa Theologica*, trans. Fathers of the English Dominican Province (New York: Benziger, 1948), 1:340-341.

적으로는 그렇게 읽힐 수 있지만, 그것이 의도된 의미는 아니라고 주장한다. 그는 다음과 같이 말한다. "우리는 모세가 무지한 백성에게 말하고 있었음을 고려해야 하며, 그들의 연약함에 맞추어 감각으로 분명히 드러나는 것만을 제시했음을 기억해야 한다."[47] 고대인들이 더 높은 차원의 우주 개념을 이해할 수 없었기 때문에, 하나님은 그들의 무지에 맞추어 자신의 언어를 낮추셨다.[48] 그러므로 아퀴나스에게 성서는 과학적 탐구와 일치하지 않을 수도 있다. 그러나 그것은 성서가 독자들을 잘못 인도하기 때문이 아니라 이미 독자들이 잘못된 길에 들어섰기 때문이다. 올바른 우주론을 지식이 부족한 세대에게 가르쳐봐야 이해하지 못할 것이므로, 하나님은 그들의 수준에 맞추어 내려오셔서 그들의 이해에 따라 말씀하셨다는 것이다.

아퀴나스처럼 존 칼빈도 신적 적응 교리를 말했다. 궁창 위의 물 문제는 칼빈에게도 난제였다. 물이 궁창 위에 존재한다는 것을 문자 그대로 받아들이는 것은 어려운 일이었다. 그는 이렇게 말했다. "하늘 위에 물이 있어야 한다는 것은 상식에 반하고 믿기 어려운 일로 보인다… 내 생각에, 여기서 다루어지는 것은 보이는 형태의 세계일 뿐이다. 천문학이나 다른 난해한 학문을 배우고자 하는 사람은 다른 곳으로 가야 한다."[49] 그는 본문을 과학적으로 깊이 연구하는 데는 관심이 없었지만, 과학적 탐구를 통해 성서를 더 잘 이해할 수 있도록 돕는 사람들을 거부하지도 않았다.

칼빈은 성서에 나타나는 신적 적응에 관해 이렇게 말한다. "성서는

---

47 Ibid., 1:341.

48 Ibid., 1:336, 347.

49 John Calvin, *Commentaries on the First Book of Moses Called Genesis*, trans. J. King, Calvin's Commentaries 1 (Grand Rapids: Baker, 1979), 79.

인간의 어리석음과 무지를 고려하여, 평범한 사람들이 사용하는 방식으로 관습적으로 말한다."[50] 하나님은 고대 히브리인의 문화적 환경 속에서 말씀한다. 우상 숭배가 고대 세계에 만연했기 때문에, 성서는 이스라엘의 참 하나님과 이웃들의 거짓 신들을 대조한다. 비록 이스라엘의 하나님은 열방의 신들을 합법적 신으로 보지 않으셨을지라도 말이다. 칼빈에 따르면 성서가 하나님이 몸, 입, 귀, 손, 발 등이 있는 것처럼 표현하는 것은 실제로 그러한 기관들을 가지셨기 때문이 아니라 우리의 제한된 능력에 맞추어 하나님에 대한 지식을 우리에게 전달하기 위한 것이다. 이를 위해 하나님은 자신의 높으심을 낮추셔야 했다.[51] 또한 칼빈은 신적 적응의 관점에서 구약의 하나님과 신약의 하나님을 화해시킨다. "바울은 유대인을 어린아이에, 그리스도인을 청년들에 비유한다. 사실상 하나님께서 유대인 들을 그들의 연령에 맞는 기초적 교훈으로 제한하셨으나, 우리를 더 견고하 고 보다 성숙한 훈련으로 이끌어 오셨다."[52] 하나님은 우리 인간의 발달 단계에 맞추어 말씀하신다. 하나님의 자녀들이 그분의 성품을 더 많이 알고 성장함에 따라 하나님은 더 성숙한 방식으로 그들에게 말씀하실 수 있다는 것이다.

신적 적응 교리는 하나님께서 특정 문화의 관습에 따라 말씀하신다는 사실을 상기시켜 준다. 하나님은 성서 저자들을 통해 말씀하실 때 오늘날 과학적 우주론과 언어로 말씀하신 것이 아니라 성서 저자들의 인지 환경인 고대 근동의 삼층적 우주론과 언어로 말씀하셨다. 그러므로 성서는 결코

---

50 John Calvin, *Institutes of the Christian Religion*, ed. John T. McNeill, trans. Ford
 Lewis Battles, LCC 20 (Philadelphia: Westminster, 1960), 1:99 (1.11.1).
51 Ibid., 1:121 (1.13.1).
52 Ibid., 1:463 (2.11.13).

오늘을 위한 과학 교과서가 아니다. 성서의 주요 기능은 하나님께서 인류의 구원을 위해 역사 속에서 행하신 일을 보여주는 것이며, 궁극적으로 우리를 위해 구속을 이루신 예수 그리스도를 증언하는 것이다. 여기에 성서의 권위가 있다.

3장
구약성서의 창조신학
― 창세기 1-3장을 중심으로

I. 서론

구약학자들은 창세기의 창조 이야기가 두 개의 본문(1:1-2:4a와 2:4b-3:24)으로 구성된다고 본다. 첫 번째 본문이 우주의 창조를 보여준다면, 두 번째 본문은 인간의 창조(그리고 타락)에 관해 이야기한다. 이 창조 이야기들은 기본적으로 문자적이 아닌 비유적으로 해석되어야 하는 문학 장르다. 이 두 이야기를 문자적으로 해석할 때, 우리는 즉시 두 이야기의 불일치로 인한 당혹함에 직면하게 된다. 1장의 첫 번째 창조 이야기에 따르면 식물은 셋째 날(넷째 날 해와 달과 별이 창조되기도 전에) 창조되고 인간은 여섯째 날에 창조되었다. 그러나 2장의 두 번째 창조 이야기에서는 아담이 창조되기 이전에는 식물이 존재하지 않았다고 언급된다(창 2:5). 이러한 불일치는 이 두 이야기가 서로 다른 시대 또는 저자들에 형성된 전승들임을 지시한다. 구약학자들은 1장 1절-2장 4a절의 이야기를 제사장 문서(P 문서, BC 6세기경), 2장 4b절-3장 24절의 이야기를 야웨 문서(J 문서, BC 10세기경)로

분류한다.[1]

이 장의 목적은 창세기 1-3장을 중심으로 구약성서의 창조신학을 고찰함으로써 올바른 성서 해석의 길을 제시하는 데 있다. 즉, 창세기 1장의 우주 창조 이야기, 2장의 인간 창조 이야기, 3장의 타락 이야기를 고찰하며, 필요한 경우 다른 구약성서 본문들을 참고한다. 이 장의 주요 논지는 다음 세 가지다.

첫째, 창세기 1장 1절-2장 4a절은 물질적 우주의 기원에 대한 과학적 기술이 아니라 혼돈으로부터 질서를 세우시는 하나님의 창조 과정에 대한 문학적 묘사다. 창조 이야기는 하나님이 경계를 설정하고 기능을 부여하는 질서화 과정을 통해 우주적 왕국을 수립함을 묘사하며, 일곱째 날의 안식은 창조의 완성과 하나님의 성전적 통치를 상징한다. 구약성서 전반에 나타나는 이스라엘의 창조신앙은 이를 뒷받침한다.

둘째, 창세기 2장은 인간의 생물학적 기원에 대한 과학적 설명이 아니라 하나님의 형상으로서 하나님과 특별한 관계에 있는 인간의 존엄성을 증언하는 신학적 내러티브다. 인간의 하나님 형상은 모든 피조물을 대표하고 모든 피조물을 향해 하나님을 대리하는 청지기로 부름을 받았음을 의미한다. 흙과 하나님의 생기(느샤마)로 구성된 '네페쉬'(살아있는 존재)인 인간은 하나님의 형상으로서 모든 피조물을 대표하고 돌보는 소명을 부여받았다.

셋째, 창세기 3장은 인간의 죄가 하나님이 세우신 질서를 파괴하고 하나님과의 관계를 단절시킨다는 신학적 메시지를 전한다. 원죄 개념은

---

1 구약성서의 문서설에 대해서는 버나드 W. 앤더슨/김성천 역, 『구약성서 탐구』 (서울: CLC, 2017), 55-57 참고.

죄의 결정론적인 생물학적 유전을 의미한다기보다 모든 인간이 그 영향을 피할 수 없는 사회적 현실, 즉 왜곡된 관계성 안에서 죄가 반복·축적되는 사회적이고 도덕적인 현실을 의미하는 것으로 이해될 수 있다. 그리고 인간 존재에 있어 생물학적, 심리학적, 사회학적 요소들은 상호작용 안에서 서로 영향을 주고받는다.

II. 우주 창조

창세기의 창조 이야기의 목적은 우주의 물리적 기원을 설명하는 데 있지 않다. 다시 말하면 그 목적은 하나님이 '어떻게' 우주와 인간을 창조하셨는지 설명하는 것이 아니라 이스라엘의 하나님이 온 우주와 인간의 창조자와 주권자이심을 선포하는 데 있다. 우주의 물리적 기원에 관한 문제는 고대 근동인들의 관심사가 아니었으며, 당시 성서 저자의 관심사도 아니었다. 더욱이 성서 저자가 살았던 고대의 세계관은 오늘날 과학적 세계관과는 거리가 멀다. 당시의 천문학은 천동설적 세계관을 전제하는 점성술이었다. 일찍이 오리게네스는 창세기의 창조 이야기에서 첫째, 둘째, 셋째 날에는 태양도 달도 별도 없고, 첫째 날에는 심지어 하늘도 없었는데, 그날들에 저녁과 아침이 있었다는 말이 논리적인가 하는 물음을 제기한 바 있다.[2] 우주의 물리적 기원에 관한 오늘날의 과학적 물음에 대한 답을 찾기 위해 성서의 문자적 해석에 골몰하는 것은 시대착오

---

2 Conor Cunningham, *Darwin's Pious Idea: Why the Ultra-Darwinists and Creationists Both Get It Wrong* (Grand Rapids: Eerdmans, 2010), 381.

적인 "잘못 놓인 관심의 오류"다.

1. 창세기 1:1-2:3의 창조 이야기

창세기 1장 1절-2장 3절의 첫 번째 창조 본문에서 성서의 우주론은 물질의 부재가 아닌 질서의 부재에서 출발한다. 이 이야기의 주제는 "무로부터 창조"라고 불리는, 우주라는 물리적 공간의 기원에 관한 것이 아니라 '혼돈', '공허', '흑암'으로 표현되는 무질서를 정복하고 하나님 보시기에 선한 질서를 확립하는 것이다. 하나님은 물로 표현되는 태고의 혼돈을 창조하지도 않았지만 말살하지도 않았다. 여기서 태고의 혼돈은 창조에 의해 완전히 사라지는 것이 아니라 경계에 의해 제한된다.

엿새 동안의 창조 과정 이야기는 우주의 물질적 기원과 생성에 대한 역사적 기록이 아니라 태초의 혼돈과 무질서 상황에서 영역을 나누고 경계를 세워 질서를 수립하는 과정에 대한 문학적 묘사이다. 이제 본문을 한 절씩 자세히 살펴보자.

1장 1절 "태초에 하나님이 천지를 창조하시니라"는 "무로부터 창조" 교리를 지지하는 독립적인 창조 행위를 의미하는 구절로 이해될 수 없다. 창조 본문에서 천지(하늘과 땅)는 서로 다른 날, 즉 하늘은 둘째 날, 땅은 셋째 날에 창조되었다. 그리고 2장 1절에 가서야 "천지와 만물이 다 이루어지니라"라고 선언된다. 따라서 1장 1절은 독립적이고 예비적인 창조 행위를 가리키는 것이 아니며, "하나님이 하늘과 땅을 창조하기 시작하셨을 때"로 번역하는 것이 적절하다.

1장 2절은 창조가 시작되기 직전의 모습을 "땅이 혼돈하고 공허하며 흑암이 깊음(테홈) 위에 있고 하나님의 영(바람)이 수면(물) 위에 운행하시니라"로 표현한다. 이 구절은 창조가 시작되기 전에 이미 어떤 물질이 존재하고 있음을 보여준다. 즉, 혼돈하고공허한 땅과 바람(하나님의 영)이 불고 있는 깊은 바다를 전제한다. 자문적으로 본다면 창조 이전에 이러한 땅과 물이 있다는 것은 모순이다. '혼돈하고 공허하며'의 히브리어 תהו ובהו (tohu wa-bohu)는 물질의 부재가 아니라 질서, 기능, 목적의 부재를 가리킨다. 질서 없는 것은 아직 창조되지 않은 것, 존재하지 않는 것을 의미한다.[3] 창조 이전의 상태는 물질이 아닌 질서가 없는 상태이다. 창세기의 창조 이야기에서 우주의 물질적 기원에 관한 과학적 설명을 기대하는 것은 "잘못 놓인 관심"이다.

창조의 첫째 날에는 빛이 창조된다(창 1:3-5). 여기에 창조되었다는 언급이 없는 어둠은 그렇다면 어디에서 왔는가? 혼돈하고 공허한 땅이나 물처럼 어둠은 이미 태곳적부터 존재하는 것으로 전제되고 있다. 그리고 또한 (태양이 아직 없는데) 빛은 어디서 왔는가? 빛은 태곳적 혼돈의 어둠을 완전히 몰아내지 않고 어둠과 교차한다. 즉, 빛은 낮을 의미하고 어둠은 밤을 의미한다. "하나님이 빛을 낮이라 부르시고 어둠을 밤이라 부르시니"(창 1:5). 따라서 첫째 날의 창조는 빛과 어둠이라는 대상적 실재의 창조가 아니라 빛과 어둠으로 표현되는 낮과 밤, 즉 하루를 단위로 하는 날과 시간의 창조를 의미한다. 하루라는 단위의 날이 있어야 "저녁이 되고 아침이 되니"라는 표현이 가능하지 않겠는가? 다시 말하면 첫째 날의 빛과 어둠의 창조가 '저녁과 아침'이라는 날과 시간의 경계로 빚어진다고 할 수 있다.[4]

---

3 Robert C. Bishop, Larry L. Funck, Raymond J. Lewis, Stephen O. Moshier, and John H. Walton, *Understanding Scientific Theories of Origins: Cosmology, Geology, And Biology in Christian Perspective* (Downers Grove: InterVarsity Press, 2018), 110.

둘째 날의 창조(창 1:6-8)에서 태곳적 혼돈을 상징하는 물의 영역은 하늘 위의 물과 아래의 물로 경계가 설정된다. 즉, 하나님은 하늘(궁창)을 가로막 삼아 한 덩어리였던 물을 위의 물과 아래의 물로 나눈다. 여기서 하늘, 즉 궁창(라키아)은 위에 있는 물을 막고 있는 단단한 돔 또는 창문을 의미하거나 윗물과 아랫물 사이에 만들어진 공간을 의미한다. 고대인들은 하늘에 있는 물이 수문 같은 것에 의해 가두어져 있으며, 이 수문이 열림으로써 비가 오는 것으로 생각했다(창 7:11-12). 하나님이 비를 조절하는 기능을 하는 궁창을 만드셨다는 것은 인간이 살아가는 공간적 환경을 만드셨다는 것을 의미한다.

셋째 날의 창조(창 1:9-13)에서는 아래의 물을 한곳으로 모아 땅이 드러나게 만듦으로써 물(바다)은 땅과의 경계에 의해 제한된다. 앞서 언급한 바와 같이 태양과 달과 별이 생기기도 전에 이 셋째 날에 땅은 "풀과 씨 맺는 채소와 각기 종류대로 씨 가진 열매 맺는 나무"를 낸다(창 1:11-12). 물론 문자 그대로 이해하면 불가능한 일이다. 여기서 저자는 식물이 자라나게 하는 땅의 기능을 말하고자 했을 것이다.

처음 사흘 동안 하나님은 인간 실존을 지지하는 다음 세 가지 주요 기능을 확립하신다. 1) 낮과 밤의 순환(시간), 2) 환경적 질서(공간), 3) 풍요와 음식(생명 유지). 이러한 우주 질서는 인간이 피조물 중에서 정점과 초점에 놓이도록 준비한다.[5] 즉, 창조 이야기는 물질이 창조됨에 관한 것이라기보다는 우주가 (인간을 위해) 질서 있게 만들어짐에 관한 것이다.

---

4 그러나 오늘날 과학 시대에 우리는 하루(낮과 밤)가 지구가 태양 주위를 한 바퀴 자전함으로써 생기는 것임을 알고 있다. 오늘날 우리는 태양 없는 지구의 하루(낮과 밤)를 생각할 수 없다.

5 Bishop et al., *Understanding Scientific Theories of Origins*, 101.

이어지는 창조의 다음 사흘 중 넷째 날은 첫째 날, 다섯째 날은 둘째 날, 여섯째 날은 셋째 날과 각각 평행 관계에 있다. 넷째 날에 창조된(창 1:14-19) 하늘의 광명체(태양, 달, 별)는 "낮과 밤을 나뉘게 하고 징조와 계절과 날과 해를 이루게"(창 1:14) 하는 것이다. 즉, 그것들의 기능은 날과 계절의 질서를 세우는 것이다(창 1:14, 18). 물론 고대 이스라엘인들은 달이 스스로 빛을 내는 광명체가 아니라 단지 태양 빛을 반사하는 위성이라는 사실을 알지 못했을 것이며, 별을 멀리 떨어져 있는 태양과 같은 항성으로 여기지는 않았을 것이다.

다섯째 날의 창조(창 1:20-23)에서 하나님은 물(바다)에서는 물고기가 번성하고 하늘에서는 새가 번성하도록 축복함으로써 창조된 생명의 풍성함을 드러낸다.

여섯째 날의 창조(창 1:24-31)에서 하나님은 땅이 생명체를 내도록 하심으로써 동물들을 간접적으로 만드신다. 이것은 자연의 자기 조직화 원리에 기반한 진화론적 사고와 조화될 수 있다. 그렇지만 당시 저자가 현대의 과학적 사고를 지니고 있었음을 의미하지는 않는다. 인간은 창조의 절정으로서 맨 마지막에 창조된다. 하나님은 인간을 하나님의 형상으로 창조하시고, 생육하고 번성하여 땅에 충만하며, 땅을 정복하고, 모든 생물을 다스리도록 하신다. "심히 좋았더라"라는 최상급 표현은 인간의 창조 이후에만 나타난다.

엿새에 걸친 창조 이야기를 정리하면 다음과 같다. 우선 창조의 날들은 3+3의 패턴으로 나뉜다. 첫 3일은 형태를 조성하고 경계를 구분하는 날들이다. 즉, 첫 3일 동안 빛(낮)과 어둠(밤)(첫째 날), 하늘(궁창) 위의 물과 아래의 물(둘째 날), 바다와 땅(셋째 날)의 영역이 나누어지고 경계가 세워진다. 그리고 다음 3일은 만들어진 형태를 채우고 첫 3일 동안 준비된 공간에 거주할 생명체들이 만들어진다. 즉, 해, 달, 별로 빛(낮)과 어둠(밤)을 채우고(넷째 날), 새와 물고기로 하늘과 바다를 채우고(다섯째 날), 짐승과 사람으로 땅을 채운다(여섯째 날). 첫 3일과 다음 3일이 서로 대칭되는 구조적 틀 안에서 우주적 질서가 수립된다.

창세기의 창조 이야기는 우주의 물질적 기원에 관한 설명이라기보다는 혼돈으로부터의 질서와 기능 수립에 관한 이야기이며, 하나님은 우주의 질서와 기능을 수립하심으로써 자신의 왕국을 완성하고 안식하신다. 창조가 완성되고 하나님이 안식하신 일곱째 날(창 2:1-3)은 저녁과 아침의 반복이 없는 완전한 날이다. 창조 이야기에서 하나님의 안식은 단지 창조가 끝난 이후의 쉼 또는 휴식이 아니라 그 자체가 창조의 목적이다. 고대 근동 세계에서 안식은 단지 일을 마치고 휴식하는 것을 의미하지 않고 질서화 과정의 완성으로서 신의 통치가 수립되었음을 의미한다. 존 월튼(John H. Walton)에 따르면 바벨로니아의 창조 이야기인 「에누마 엘리쉬」(Enuma Elish)에서 마르두크는 혼돈의 신 티아마트를 물리치고 우주의 질서를 확립한 후에 자기 성전을 건축한다. 창세기를 기록한 제사장 신학에서 성전은 우주의 중심이다. 하나님의 안식은 우주의 중심이자 미시 우주인 성전에서 일어난다.[6]

하나님이 성전에서 안식한다는 것은 단순히 가만히 휴식을 취한다는 것을 의미하지 않는다. 그것은 하나님이 질서가 세워진 우주의 전 영역을 다스리는 통치권을 취함을 의미한다. 성서의 안식 신학과 고대 근동의 성전 사상을 바탕으로 볼 때, 일곱째 날이 창조 이야기에서 가장 중요한

---

6 고대 근동의 우주론과 성소의 관계에 대해서는 존 H. 월튼 "고대 우주론을 반영하는 창세기 1장,"『창조 기사 논쟁』, 348-359 참고.

날이라고 할 수 있다. 일곱째 날 없이는 나머지 엿새도 의미를 지니지 못한다. 하나님께서는 우주가 거룩한 공간으로 기능하도록 질서를 부여하셨다. 그리고 그 안에 거처를 정하시고, 자신의 임재로 안정을 유지하며 통치하신다.[7] 지리 모스칼라(Jiri Moskala)는 창세기 1-2장에서 안식일은 단순한 쉼이 아니라 '창조 완료의 선언'이자 '우주 질서 정립의 완성'을 상징한다고 주장한다.[8] 또한 스티븐 겔러(Stephen A. Geller)도 제사장 문헌(P)이 창세기 창조 이야기 속에 안식일 개념을 내재화시켜, 안식일을 단순한 율법 규정이 아니라 우주적이고 성소적인 질서의 일부로 제시한다고 본다.[9]

2. 구약성서의 창조 이야기에 나타나는 이스라엘의 창조신앙

창세기와 아울러 구약성서에 여럿 등장하는 이스라엘의 창조 이야기는 이방 종교의 창조 이야기와 비교할 때 차이점과 유사점을 모두 보여준다. 「에누마 엘리쉬」에서 에아의 아들 마르두크는 태곳적부터 존재하는 것이 아니라 어느 시점에 등장한다. 마르두크는 자신이 죽인 태곳적 신 티아마트의 주검으로부터 이 세상을 창조한다. 즉, 마르두크는 바다의 신 티아마트를 재료로 삼아 세상을 창조한다. 그리고 주검 사이로 바닷물이 빠져나오지 않도록 빗장과 기둥을 설치하여 하늘을 만들었다. 마르두크의 주권은

---

7 Bishop et al., *Understanding Scientific Theories of Origins*, 111-112.

8 Jiri Moskala, "The Sabbath in the First Creation Accounts," *Journal of the Adventist Theological Society* 13, no. 1 (Spring 2002): 55-66.

9 Stephen A. Geller, "Sabbath and Creation: A Literary-Theological Analysis," *Journal of the Ancient Near Eastern Society* (JANES), *Special Supplement: David gavra tava: Studies in Honor of David Marcus* (2022), 30-44.

본래부터 있던 것이 아니라 투쟁에서 승리함으로써 다른 신들에 의해 인정을 받은 것이다.

예헤즈켈 카우프만(Yehezkel Kaufmann)은 창조 이야기에 있어 이스라엘 종교와 이방 종교의 차이점을 다음과 같이 지적한다. 이방 종교는 "신들이 탄생하고 활동하는 태고적 영역"을 전제하는 반면, 창세기 1장에서 하나님은 어떤 자연적 배경도 없이 말씀으로 세상을 창조한다.[10] 「에누마 엘리쉬」와 달리 창세기에는 하나님의 탄생 신화가 나타나지 않는다. 창세기에서 하나님의 주권은 투쟁에서 승리함으로써 다른 신들에 의해 인정받은 것이 아니라 본래부터 있던 것으로 나타난다.[11]

다른 한편 이스라엘의 창조 이야기와 「에누마 엘리쉬」 사이에는 유사점도 발견된다. 예를 들면 창세기 1장에서 하나님이 물을 창조했다는 내용이 발견되지 않는다. 물은 태초부터 존재하는 것처럼 나타난다. 하늘(궁창)은 위의 물을 떠받치기 위해 둘째 날에 창조되었다(창 1:7-8). 하나님은 다른 신들과 의논하여 인간을 창조하는 것처럼 보인다(창 1:26). 창세기 1장과 달리 시편 74편 12-17절은 하나님이 바다 괴물들과의 전쟁에서

---

10 Yehezkel Kaufmann, *The Religion of Israel* (New York: Schocken, 1972), 25, 69.
11 성서의 창조 이야기와 고대 근동의 창조 신화의 차이점은 다음과 같다.

성서	고대 근동 문헌
일신론	다신론
세계는 하나님이 말씀으로 창조됨	세계는 신들의 투쟁의 결과로 생겨남
구조와 질서	혼돈과 사건
하나님은 성별이 없음	신들이 성별이 있고 성적으로 자유로움
인간은 하나님의 형상으로 창조됨	인간은 신들의 노예로 만들어짐
하나님의 안식	신들의 끊임없는 불안

Kenneth J. Turner, "The Kindness of God: A Theological Reflection of Min, 'Kind'," in *Genesis Kinds: Creationism and the Origin of Species,* Center for Origins Research Issues in Creation, eds. Todd C. Wood and Paul A. Gardner (Eugene, OR: Wipf & Stock, 2009), 31-64.

승리함으로써 땅의 경계를 정하고 세상의 질서를 확립했음을 다음과 같이 노래한다. "하나님은 예로부터 나의 왕이시라 사람에게 구원을 베푸셨나이다. 주께서 주의 능력으로 바다를 나누시고 물 가운데 용들의 머리를 깨뜨리셨으며, 리워야단의 머리를 부수시고 그것을 사막에 사는 자에게 음식물로 주셨으며, 주께서 바위를 쪼개어 큰물을 내시며 주께서 늘 흐르는 강들을 마르게 하셨나이다. 낮도 주의 것이요 밤도 주의 것이라. 주께서 빛과 해를 마련하셨으며, 주께서 땅의 경계를 정하시며, 주께서 여름과 겨울을 만드셨나이다." 이 신화에서 하나님은 자신을 대적하는 바다 괴물(타닌, 리워야단)을 쳐부수고 주권을 쟁취하는 것처럼 보인다. 이는 이스라엘 종교에 고대 근동의 전쟁 신화의 흔적이 잔존하고 있음을 보여준다.

존 D. 레벤슨(John D. Levenson)은 이스라엘 종교에서 창조 세계의 질서는 본질적으로 전복될 수 없는 것이 아니라고 본다. 그에 의하면 질서를 위협하는 요소들은, 그것이 인간의 죄든지 바다의 용이든지 완전하게 제거되지 않고 살아남아 있던 것으로 여겨진다.[12] 창세기 6-9장의 노아 홍수 이야기는 이를 잘 보여주는데, 인간의 악은 창조를 무위로 돌릴 만큼 위협적이다. 이는 세상을 태곳적 물의 혼돈 상태로 되돌리는 것으로써 그 결과 윗물과 아랫물의 분리가 사라지고, 물과의 분리로 생겨났던 마른 땅도 사라진다(창 1:6-7; 7:11). 노아 이야기에서 홍수는 원초적 혼돈으로의 회귀 또는 재현을 의미하며, 물의 물러감, 즉 혼돈의 제압과 창조 질서의 회복은 곧 구원을 의미한다.

이스라엘의 창조신앙이 지닌 특징은 하나님의 주권이 손상되는 혼돈과

---

12 존 D. 레벤슨, 『하나님의 창조와 악의 잔존: 하나님의 전능에 대한 유대교의 드라마』 (서울; 새물결플러스, 2019), 62.

무질서의 현실 속에서 하나님의 주권을 고백하고 그분의 주권적 행동을 호소하는 것이라는 사실에 있다. 이사야 51장 9-10절의 '혼돈과의 전쟁' 신화는 이러한 특징을 잘 보여준다. "여호와의 팔이여 깨소서 깨소서 능력을 베푸소서 옛날 옛 시대에 깨신 것같이 하소서 라합을 저미시고 용(탄닌)을 찌르신 이가 어찌 주가 아니시며 바다(얌)를 넓고 깊은(테홈) 물을 말리시고 바다 깊은 곳에 길을 내어 구속 받은 자들을 건너게 하신 이가 어찌 주가 아니시니이까?" 또한 위에서 인용한 시편 74편 12-17절의 경우도 그 문맥이 하나님의 주권에 대한 믿음을 유지하기 어려운 상황에서 하나님의 승리를 고취하는 내용이다. 이러한 이스라엘의 창조신앙은 그 신앙의 모태가 되는, 이스라엘의 역사 속에서 악과 고난을 겪은 경험을 반영한다. 기원전 6세기 포로기 시대에 이러한 창조신앙은 이미 이스라엘 신앙의 주된 요소로 자리 잡았다.

레벤슨은 다른 창조 신화와 구별되는 창세기 1장 1절-2장 3절의 독특성이 본문의 7단 구조에 있다고 파악한다. 그는 이 본문을 제사장 문서(P)의 통일된 저작으로 이해한다. 그러나 이 본문이 제사장 계열의 전승자에 의해 무로부터 창조된 것은 아니고, 이스라엘의 밖에 기원을 둔 전승이 유입된 후 기나긴 전승 과정의 마지막 단계에서 완성된 것으로 본다.[13] 이미 여러 차례 언급한 바와 같이 고대 근동에서 창조는 오늘날 인식처럼 우주 생성의 문제가 아니라 혼돈과 무질서 세력에 대한 질서 세력의 승리를 통한 우주 질서 갱신의 문제이다. 그리고 이것이 고대 근동에서 행해진 신년 축제의 핵심인데, 축제는 단지 명절을 기념하는 것이 아니라 창조 세계의 갱신을 기원하는 것이었다.[14] 레벤슨은 제사장 문서인 창세기

---

13 앞의 책, 142-143.

1장 1절-2장 3절의 7일 창조라는 틀의 기원을 유월절(봄)과 초막절(가을)의 7일 축제에서 발견한다.[15]

그러나 창세기 1장의 제사장 문서는 신년 축제가 아닌 안식일에 초점을 맞춘다. 제사장 문서에서는 창조가 종결되고 완성된 날, 이스라엘 백성이 창조를 모방하고 재연하는 날이 신년 초하루가 아니라 안식일이 된다. 제사장 문서 저자가 신년 축제와 관련된 경험을 일상 속에 정례화함으로써 일 년에 한 번 일어나던 세계의 갱신은 이제 매주 일어나는 사건이 되었다. 이는 제사장계 창조신학에서 창조의 완성이 안식일의 달성과 밀접한 관계가 있기 때문인데, 여기서 안식일은 하나님의 태곳적 안식을 모방한 재현으로 이해된다. 창세기 1장의 창조 이야기에서 7일째의 안식일만이 유일하게 태곳적 혼돈이 완전히 극복된 날로 나타난다. 이런 의미에서 미쉬나에서는 종말론적 미래를 "온전히 안식일인 날, 영생의 안식"이라고 일컫고, "안식일에 부르는 찬송시"인 시편 92편을 그 시기를 위한 특별한 찬가로 칭한다.[16]

III. 인간 창조

창세기 2장에 나타나는 두 번째 창조 이야기는 인간의 창조에 관한

---

14 바빌로니아의 신년 축제인 아키투 축제에서는 혼돈과 무질서를 물리치고 질서를 수립한 태곳적 사건을 재현함으로써 세계를 갱신하고 재창조하기 위해 창조 서사시 「에누마 엘리쉬」가 낭독되었다.

15 레벤슨, 『하나님의 창조와 악의 잔존』, 139-155.

16 앞의 책, 222-223.

이야기로서, 첫 번째 창조 이야기와 관계가 없는 것은 아니지만 서로 다른 기원과 전승 과정을 지닌 문서로 간주된다. 앞서 언급한 바와 같이 두 번째 창조 이야기는 야웨 문서(J)로 분류된다. 즉, 여기서 하나님의 이름은 야웨로 명기된다. 야웨는 이스라엘을 구원하시고 그들과 언약을 맺으시는 하나님의 명칭이다. 야웨 문서에서 창조주 하나님은 곧 구속자 하나님이다. 야웨 문서는 통일왕국 시대(기원전 약 950년경)에 유다 지역에서 형성된 자료로 추정된다.

창세기의 인간 창조 이야기는 메소포타미아 신화의 대홍수 서사시인 「아트라하시스」에서 마르두크가 신들을 위한 부역을 위해 인간을 진흙과 한 신의 피로 만드는 모습과 비교된다. 바빌로니아의 인간 창조가 신들이 하기 싫은 일을 대신하도록 하기 위한 것인 반면, 성서에서 인간은 하나님을 대리하여 모든 생물을 다스리기 위해(창 1:26-28) 창조되었다. 인간은 다른 피조물과 달리 하나님의 형상(image)과 모양(likeness)으로 창조되었다(창 1:26-27). 하나님은 다른 모든 것을 창조하실 때는 단지 "있으라"고 명령하시지만, 인간을 창조하실 때는 "우리가 사람을 만들자"고 특별히 계획하신다. 인간이 하나님의 형상(모양)으로 창조되었다는 성서의 구절은 기독교 인간학을 위한 근본 토대를 제공함과 동시에 그 형상에 대한 다양한 해석들(영혼, 지배력, 자유, 관계능력 등)의 원천이 되었다.

첫 번째 창조 이야기와 마찬가지로 두 번째 창조 이야기도 인간의 기원에 대한 과학적 또는 역사적 설명을 제공하기 위함이 아니다. 이 이야기는 신인동형론적으로 의인화된 하나님의 이미지를 가지고 인간의 창조를 묘사함으로써 인간 본성과 존재 목적을 그려내고자 한다. 하나님은 옹기장이처럼 흙을 빚어 사람의 형체를 만들고 흙(코)에 생기를 불어넣어 아담(생령)을 창조하시며, 아담의 갈빗대로 하와를 만드신다(창 2:7, 21-22).

물론 하나님은 사람처럼 몸을 지니신 분이 아니기에 손으로 흙을 빚어 사람을 만드시는 분도 아니다. 그리고 인간 존재를 구성하는 주된 물리적 요소는 흙이라기보다는 물이다. 또한 성인 여성이 하나의 갈빗대로 어떻게 만들어지는지 상상하기도 어렵다.

오늘날의 과학 지식을 굳이 언급하지 않아도 창세기의 이야기를 문자적으로 해석해서 인간의 기원에 대한 역사적 또는 생물학적 묘사로 받아들이는 것은 전혀 합리적이지 않다. 이는 인간이 언제, 어떻게 생겨났는지를 설명하기 위한 목적으로 기록된 역사적, 생물학적 기술이 아니라 하나님이 특별히 창조하신 인간의 존엄성을 표현하기 위한 은유적 이야기이다. 아담과 하와의 창조 이야기를 통해 고대의 성서 저자가 말하고자 하는 바는 인간이 어떤 존재로 창조되었는가 하는 것이다. 다시 말하면 이 이야기는 하나님이 직접 숨(생기)을 불어넣어 만드신 인간이 부여받은 하나님의 형상으로서 인간의 존엄성에 대하여 말하고자 한다.

창세기 2장 7절에 의하면, 인간의 몸은 흙으로 조성되고 영은 하나님에게서 온다. "여호와 하나님이 땅의 흙으로 사람을 지으시고 생기(느샤마, the breath of life)를 그 코에 불어넣으시니 사람이 생령(네페쉬 하야, living being[soul])이 되니라"(창 2:7). 이 본문에서 '생령', 즉 '살아있는 존재(영혼)'인 '네페쉬 하야'는 몸과 분리될 수 없는 몸의 생명 원리다. '네페쉬'는 해부학적으로 '목구멍', '목', '위장'을 가리키며, 종종 활력 또는 생명력을 의미한다. 이 단어는 인격 안의 어떤 비물질적 부분을 나타내기보다는 전체 인격을 나타낸다. 따라서 이 단어는 비물질적 실체로서의 '영혼'으로 번역되는 것보다 '인격', '자아', '나', '나 자신' 등으로 번역되는 것이 더 적합하다.

네페쉬, 즉 생령(살아있는 존재, 인격, 자아, 영혼)의 출현은 하나님의 영을 필요로 한다. 히브리인들은 하나님의 영을 은유적으로 숨, 생기, 바람(느샤마, 루아흐)으로 표현했다. 이 하나님의 영은 몸을 생동케(animate) 함으로써 네페쉬, 즉 생령을 창발시킨다. 이와 같은 사고는 비이원론적이고 전일적인 히브리적 인간 이해를 보여준다. 흙으로 만들어진 몸이 '생령', 즉 '살아있는 존재(영혼)'가 되는 것은 오직 영을 통해서다. 그러나 '생기'가 주어짐으로써 네페쉬가 되는 것은 인간만이 아니다. 다른 동물들도 네페쉬를 지닌다(창 1:20, 24, 30; 9:12, 15, 16). 인간이 동물들과 다른 점은 인간만이 '살아있는 영혼'을 가지고 있다는 점이 아니라 하나님과의 특별한 관계 안에 존재하도록 정해졌으며, 그 안에서 하나님을 향해 다른 피조물을 대표하고 하나님을 대신하여 다른 피조물을 다스리도록 특별한 지위와 소명을 부여받았다는 사실에 있다(창 1:26).[17]

근대 이전까지 교회는 전통적으로 창세기의 인간 창조 이야기를 문자적으로 해석해 왔다. 문자적 해석에 따르면 아담과 하와는 한 쌍의 부부로서 최초 인간이자 전 인류의 조상이며, 이들은 우주가 창조되던 엿새의 기간 중 마지막 날에 만들어졌다. 17세기 아일랜드 대주교 제임스 어셔(James Ussher)는 아담의 계보에 나타나는 모든 사람의 나이를 합산하는 문자적 성서 해석 방식을 통해 창조 시기를 BC 4004년으로 계산해 냈다.[18] 이와 같은 해석의 문제는 그 시기에 이미 중동 지방의 청동기 도시 문명이 발달했다는 사실에 있다. 고고학자들에 의하면 인류는 적어도 1만 년 이상 불과 도구를 사용하고 예술 작품을 만드는 문화를 이루며, 지구의

---

17 이에 대해서는 윤철호, 『인간』 (서울: 새물결플러스, 2017), 21-25 참고.

18 James Ussher, *Annals of the Ancient and New Testaments* (London: 1650); Andrew Dickson White, *A History of the Warfare of Science with Theology in Christendom*, vol. 1 (New York: D. Appleton and Co., 1896), 9.

전 대륙에 널리 분포되어 살아왔다. 이 모든 인류가 1만 년 전의 근동 지역에 거주했던 한 부부의 후손일 수는 없다.

과학자들은 모든 인간이 한 쌍의 조상에게서 나왔다고 보기에는 인류의 유전적 공급원(gene pool)이 굉장히 다양하다고 본다. 인류의 조상을 한 쌍으로 볼 경우, 오늘날 어떻게 일부 유전자에서 150개가 넘는 대립유전자[19]가 발견될 수 있는지 설명하기 어렵다. 하나님이 한 쌍의 인간만을 특수하게 창조해 인류 역사를 시작하셨다면, 각 유전자의 대립유전자는 기껏해야 네 개였을 것이다. 그리고 현재와 같은 인류의 유전적 다양성이 나타나기 위해서는 몇 세대 동안 그 유전자들 안의 돌연변이가 기적적으로 증가해야만 한다. 과학자들은 현 인류의 유전적 다양성에 근거하여 인류의 조상이 15만 년 전에 최소한 약 1~10만의 개체로 구성된 집단으로 존재했을 것으로 추정하며, 현 인류가 가진 다양한 유전자는 이 한 무리의 초기 인류가 지녔던 유전자들로부터 내려온 것으로 본다.[20]

또한 문자적 성서 해석에 따라 아담과 하와를 최초 한 쌍의 인간으로 간주할 때 다음과 같은 풀리지 않는 성서 주석적 의문들이 생긴다. 가인의 아내(창 4:17)는 어디서 왔는가? "무릇 나를 만나는 자마다 나를 죽이겠나이다"(창 4:14)에서 '나를 만나는 자'와 "그(가인)를 만나는 모든 사람에게서

---

19 대립유전자란 하나의 유전자가 가질 수 있는 여러 코드 중 하나로, 한 생명체의 유전자는 대부분 양쪽 부모에게서 하나씩 물려받은 복제본 두 개로 구성된다. 만약 이 두 복제본의 내용이 똑같다면(예를 들어 둘 다 검은색 털 유전자), 그 유기체는 그 유전자에 대해 단일한 대립유전자를 가지고 있다고 볼 수 있다. 반대로 두 복제본의 내용이 다른 경우(하나는 검은색 털 유전자, 다른 하나는 갈색 털 유전자), 그 유기체는 그 유전자에 대해 두 개의 대립유전자를 가지고 있다고 볼 수 있다. 데보라 하스마·로렌 하스마, 『오리진』(*Origins*) (서울: IVP, 2012), 224.

20 앞의 책, 258, 278.

죽임을 면하게 하시니라"(창 4:15)에서 '모든 사람'은 어디서 왔는가? 그리고 가인은 도시(성)를 세우고 그 도시를 자기 아들의 이름을 따서 명명한다(창 4:17). 이 도시에 살았으며 건설을 도운 사람들은 과연 어디서 왔는가? 이 모든 구절은 아담 가족 외에 다른 사람들이 이미 존재하고 있었음을 지시한다.

이와 같은 구절들은 창세기의 이야기가 인간의 역사적 기원에 관한 관심으로 기록된 것이 아님을 함축한다. 저자가 인간의 역사적 기원에 관해 말하고자 했다면, 결코 다른 사람들의 존재를 암시하는 내용을 쓰지 않았을 것이다. 다수의 사람과 도시에 관한 언급들은 저자의 삶의 자리를 (저자가 의도했든지 의도하지 않았든지) 반영하는 것으로 이해하는 것이 적절하다. 근대 이전에는 성서 텍스트의 역사성에 대한 이해가 부족하고 과학이 현대처럼 발전하지 못했기에, 창세기에 대한 문자적, 역사적 해석이 갈릴레오 이전의 천동설처럼 별다른 도전을 받지 않았다. 그러나 오늘날 과학 시대에 창세기의 창조 이야기를 문자적, 역사적으로 해석함으로써 오늘의 고인류학적, 생물학적 지식과 조화시키려는 시도는 "잘못 놓인 관심"에 의한 것이다.

그럼에도 불구하고 현대인이 벗어나기 힘든 역사적 관점을 가지고 인간이 하나님의 형상으로 창조되었다는 이야기를 인간의 기원에 대한 이해로 확장한다면, 하나님께서 고대 인류 역사의 어느 시점에 특정한 사람들을 택하시어 하나님의 형상이란 선물을 은혜로 주셨다고 할 수 있을 것이다. C. S. 루이스는 인간 안의 하나님 형상의 출현에 대해 다음과 같이 기술했다. "때가 찼을 때 하나님은 이 생물체의 심리적, 생리적 육체 위에 '나' 그리고 '나를'이라고 말할 수 있는 새로운 종류의 의식이 임하도록 하셨다. 그것은 자신을 객체로 바라볼 수 있고, 하나님을 알며,

진선미에 대한 판정을 내릴 수 있고, 흐르는 과거의 시간적 흐름을, 시간을 넘어선 곳으로부터 인지할 수 있는 의식이었다.”21

앞서 서술한 바와 같이 인간이 하나님의 형상으로 창조되었다는 것은 인간이 존재론적으로 다른 동물이나 사람과 구별되는 특수한 구성 요소(영혼)를 부여받았음을 의미하는 것은 아니다. 창세기 2장 7절에서 영혼으로 번역되어 온 ‘네페쉬’는 구약성서에서 다른 모든 동물에게도 주어진 것으로 나타난다. 인간의 하나님 형상은 인간이 하나님과의 특별한 관계, 즉 하나님 앞에서 모든 피조물을 대표하고 모든 피조물을 향해 하나님을 대리하는 청지기로 부름 받았음을 의미한다. 고대에 기록된 성서는 하나님의 형상으로서의 인간 창조가 진화 과정의 결과로 이해될 수 있는가 없는가에 대해서는 아무런 말을 하지 않는다.

IV. 타락과 원죄

전통적으로 교회는 동산 중앙에 있는 나무의 열매를 먹으면 “너희가 죽을까 하노라”라는 창세기 3장 3절을 문자적으로 해석하여 아담의 범죄로 인해 인간이 죽을 수밖에 없는 존재가 되었다고 가르쳐 왔다. 여기서 죽음은 육체적 죽음을 의미하는가? 그러나 인간이 지구상에 출현하기 전에 이미 오랜 생명의 역사 속에서 죽음은 유한한 모든 피조물의 피할 수 없는 운명이었다. 창세기 3장에 나오는 에덴동산에서의 타락 이야기에서 인간은 하나님과 대화할 뿐만 아니라 뱀과도 대화한다. 뱀이 인간과

---

21 C. S. Lewis, *The Problem of Pain* (San Francisco: HarperSanFrancisco, 1996), 72-76.

대화한다는 것을 문자 그대로의 사실로 받아들일 사람은 없을 것이다.[22] 최근 연구는 고대 근동에서 뱀은 혼돈의 생물로 간주되었다는 사실을 지적한다. 뱀은 사탄이 아니라 하나님이 창조하신 들짐승 가운데 하나다(창 3:1). 월튼은 창세기 1장이 질서와 성소에 관한 이야기라면, 창세기 3장에서 죄는 비질서라는 측면에서 중요한 의미가 있다고 본다.[23] 여기서 인간의 죄는 하나님처럼 되고자 한 것이며, 이 죄는 낙원으로부터의 추방, 즉 하나님과의 관계에서 단절과 소외를 가져왔다. 이것은 비질서와 혼돈의 상황을 의미한다.

전통적으로 기독교는 창세기 3장에서 아담과 하와가 선악과를 따 먹음으로써 에덴동산에서 쫓겨나는 이야기 그리고 바울이 아담의 죄의 영향을 언급한 로마서 5장 12절, 고린도전서 15장 22절 등의 구절에 근거하여 원죄론을 발전시켰다. 그런데 구약에서는 창세기 본문을 제외하면 아담과 하와의 죄에 대한 언급이 거의 없다. 기독교 역사에서 원죄론을 처음으로 공식화한 신학자는 아우구스티누스다. 그는 인류가 아담과 하와에게서 죄를 물려받았다는 생각을 부정하는 펠라기우스에 대응하기 위해 이 교리를 발전시켰다. 아우구스티누스는 에덴동산에서 아담의 불순종으로 인해 인간의 본성에 죄가 들어왔고, 그 죄가 출산을 통해 모든 인류에게 유전된다고 주장하면서, 그 원죄로 인해 모든 인간은 죄의 본성을 지니고 태어나며, 구원받기 위해서는 하나님의 은혜가 반드시 필요하다고 강조했다.

---

22 뱀이 저주를 받아 배로 기어다니게 되었다는 것(3:14)도 문자 그대로 받아들이기 어렵다. 저 유명한 스코프스 재판에서 피고인 측 변호인 클래런스 대로우는 윌리엄 제닝스 브라이언에게 "뱀이 그 이전에는 어떻게 움직였는지 아십니까? 꼬리로 걸었나요?"라고 질문을 던졌다.

23 월튼, 『아담과 하와의 잃어버린 세계』, 271.

그러나 성관계를 통한 죄의 생물학적 유전으로 인해 인간은 태어날 때부터 죄를 짓지 않을 수 없는(*non posse non peccare*) 존재로 태어난다고 주장하는 전통적인 결정론적 원죄론은 오늘날 더는 받아들여지기 어렵다. 진화생물학의 발전은 인류 최초의 부부가 저지른 범죄로 인해 인간 역사가 타락 이전과 이후 시대로 나뉜다는 생각을 받아들이기 힘들게 만들었다. 아담의 타락 이전에 순수한 상태에서 에덴 같은 낙원의 시기가 있었다는 생각도 문자 그대로 받아들이기는 어렵다. 창세기 3장은 죄의 역사적 기원이라기보다는 죄의 보편성에 관한 이야기로 이해되는 것이 적절하다. 그렇지만 우리는 보편적인 죄의 역사적 기원을 고인류학적 관점에서 생각해 볼 수는 있다. 즉, 우리는 최초의 호모 사피엔스 종이 조화로운 관계 안에서 상호 협력적인 공생의 공동체를 이루고 있던 시기가 있었을 가능성을 생각해 볼 수는 있다. 작은 규모의 원시 수렵·채집 사회에서 공생의 공동체적 관계가 유지되고 강한 도덕의식이 있었다면, 그것이 아주 이상한 일은 아닐 것이다.

그러면 인간의 역사 속에서 죄는 언제 시작되었을까? 인류학자들은 인간의 자기반성적 의식이 발달하고 자기의 죽음과 존재의 유한성에 대한 인식이 생겨남에 따라 인간의 종교성, 즉 내세와 신을 인식하는 능력이 발달했을 것으로 본다. 키스 워드(Keith Ward)는 진화 과정에서 최초로 의식적인 도덕적 선택을 한 순간, 그리하여 '인류의 타락'이 시작된 지점이 있었다고 제안한다.[24] 자기반성적 능력이 발달하였을 때, 인간은 자기의 능력을 신과 공동체 안의 타자와 공생적 관계를 맺는 데 사용하기보다는 이기적 목적으로 개인을 위해 사용함으로써 이른바 '타락'을 초래했

---

24 Keith Ward, *God, Faith and the New Millennium* (Oxford: Oneworld, 1998), 42.

다고 볼 수 있다. 워드는 원죄가 초기 인간 또는 선행 인류 집단이 혈연적 유대감과 이타주의가 아닌 욕망과 공격성을 향한 내재적 성향을 현실화시킨 것으로 이해될 수 있다고 말한다.

이에 대해 셀리아 딘-드러먼드는 다음과 같이 묘사한다. "타락과 원죄는 신에 대한 인간의 인식이 인간 공동체 내부에서 그리고 그 공동체를 넘어 다른 동물에게도 적대감을 형성한 것으로 알려진 자기 파괴 방식을 허용한 그 첫 번째 상황을 보여준다."[25] 고인류학적 관점에서 말하자면 창세기의 타락 이야기는 선사 시대의 인구 규모가 작았던 어느 시기에 발생한 인류 역사에서의 존재론적 전환을 상징하는 사건으로 이해될 수 있다. 다시 말하면 타락이란 원시 수렵·채집 사회에서 유지되었던 공동체적 공생 관계의 왜곡과 그로 인한 도덕적 공동체 의식의 파괴를 의미한다고 할 수 있다.

여러 세대에 걸쳐 이러한 파괴적 성향이 관련 유전 메커니즘을 작동시킴으로써 이제는 이기적이고 공격적인 성향이 인간의 본성이 되었다. 원죄란 초기의 인간 개인 또는 집단이 내재한 이타주의적 성향이 아닌 이기주의적 성향을 현실화시키고, 이 현실화된 성향이 여러 세대에 걸쳐 반복·증폭·축적된 것이라고 할 수 있다. 따라서 진화론적 관점에서 "원죄는 자기중심적이고 파괴적인 행동을 향한 자연스러운 성향으로서, 이 성향은 인간의 유전 암호에 뿌리를 두며 동시에 반복된 문화화에 의해 발현된다."[26] 오늘날 생물학의 후성적 유전(epigenesis) 이론은 후성적

---

25 셀리아 딘-드러먼드, "아담 안에서 모두가 죽는다?," 윌리엄 T. 카바노프·제임스 K. A. 스미스 편/이용중 역, 『인간의 타락과 진화: 현대 과학과 기독교 신앙의 대화』(서울: 새물결플러스, 2019), 103.

26 Ward, *The Big Questions in Science and Religion*, 81.

으로 형성된 (이기적이고 파괴적인) 인간의 속성이 유전적 메커니즘에 의해 후손에게 전달될 수 있음을 시사한다.

원죄의 이기적이고 파괴적인 유전적 메커니즘은 단지 개인의 생물학적 차원이 아니라 공동체라는 사회학적 차원에서 이해될 수 있다. 즉, 원죄의 상황은 인간의 이기심으로 인해 관계가 왜곡된 공동체 안에 태어나 그 왜곡된 악의 영향을 피할 수 없는 상황을 가리킨다고 할 수 있다. 창세기의 타락 이야기에 등장하는 유혹자 뱀은 이 피할 수 없는 공동체적 악의 불가항력적인 영향력을 상징한다(물론 뱀에 의해 유혹을 받는 것은 인간 개인의 내면이다). 원죄란 인간이 태어난 왜곡된 사회적 상황으로 인해 그 속에서 악한 성향을 지니게 된다는 사실을 가리킬 수 있다. 이런 의미에서 드러먼드는 원죄를 "사람이 세대마다 다른 피조물들을 포함한 타자들의 불완전한 공동체 속에 태어나는 것"27으로 해석한다. 왜곡된 공동체 안에서 죄는 하나님과 다른 사람들과의 관계 왜곡과 단절로 나타난다. 죄책이 원죄를 통해 유전된다기보다는, 원죄가 죄인이 되지 않는 것이 불가능한 왜곡된 사회적 상황을 낳는다. 다시 말하면 비극적 운명으로서의 원죄 상황이 바로 죄인 되지 않기가 불가능한 왜곡된 사회적 상황이라고 할 수 있다.

오늘날 과학은 인간 존재를 생물-심리-사회(bio-psycho-social) 요소의 통합적 구성으로 이해한다. 즉, 인간의 인격은 생물학적, 심리학적, 사회적 요소의 상호작용을 통해 형성된다. 그리고 인간 안에서 이 세 요소는 서로 분리되지 않고 영향을 주고받는다. 이와 같은 오늘날의 이해는 원죄와 죄의 유전 개념을 새롭게 바라보는 데 도움이 된다. 원죄 개념은 각 인간의 내면에 죄를 향한 보편적인 경향성이 있다는 것 그리고 최초 인간들에

---

27 드러먼드, "아담 안에서 모두가 죽는다?," 107.

의해 왜곡되고 그 이후에 사회적으로 더욱 왜곡된 공동체적 관계의 영향을 모든 개인이 받을 수밖에 없음을 의미한다. 과거 세대들이 반복적으로 강화한 행동은 인간의 이타적 유전자를 억압하였고, 하나님의 존재에 대한 인식을 마비시킴으로써 영적 죽음을 가져왔으며, 인간과 동물의 고통을 크게 증대시켰다고 할 수 있다.

그러나 원죄 개념이 여전히 유효하다면, 이는 원죄로 인해 모든 인간의 자발적 선택이 불가능해졌다는 의미에서가 결코 아니다. 우리는 조상의 악한 유산을 강제적이 아닌 자발적으로 물려받는다. 아담이 모든 사람을 대표한다는 말은 단지 아담으로 인해 모든 사람이 필연적으로 죄를 지을 수밖에 없게 되었다는 것이 아니라, 죄로 인해 왜곡된 공동체의 영향 안에서 모든 사람이 내면의 탐욕으로 인해 아담처럼 각자 스스로 죄를 짓는다는 것을 의미한다.

V. 결론

성서는 과학 교과서가 아니며, 창세기 1장은 천체물리학 교과서가 아니다. 창세기의 세계 창조 이야기는 BC 6세기의 자연과학, 즉 바빌로니아 인들의 세계관과 언어를 사용하여 (그러나 그들에 대항하여) 하나님을 세계의 창조자로 증언한 것이다. 창세기 1장을 문자 그대로 과학적으로 이해하고 싶은 사람이 있다면, 그는 지구가 다음과 같다는 사실을 믿어야 할 것이다. 1) 지구는 둥글지 않고 평평하다. 2) 하늘은 투명한 대기가 아니라 견고한 돔이다. 3) 해와 달과 별은 땅을 둘러싼 하늘 돔을 따라 움직인다. 4) 하늘 위에는 큰 바다가 있다.[28]

고대의 성서 저자는 우주가 시간의 경과와 무관하게 항상 안정적이고 고정된 상태를 유지한다는 세계관 안에서 살았다. 창조 이후에 세계가 안정되고 고정된 정상상태를 유지·보존한다는 우주론은 하나님의 우주 창조가 태초의 짧은 시간, 즉 24시간이 하루인 엿새 동안의 기간에 완전하게 다 완성되었다는 문자적 성서 해석에 의해 정당화된다. 그러나 오늘날 우리는 우주가 약 138억 년 전에 한 점에서 폭발적으로 팽창하며 시작되었으며 그 후 지금까지 빛의 속도로 팽창하고 있다는 빅뱅 우주론의 세계관 안에 살고 있다. 이에 따르면 우주는 특이점이라고 불리는 최초의 순간이나 그 이후의 짧은 시간에 창조가 완결된 것이 아니라, 최초의 시간으로부터 지금까지 138억 년 동안 빛의 속도로 팽창하면서 비가역적이고 역동적인 진화 과정을 계속하고 있다. 따라서 창세기의 창조 이야기를 문자 그대로 해석하여 세계가 태초에 엿새 동안에 완성되었다고 주장하는 것은 빅뱅 우주론의 세계관 안에 살아가는 현대인들을 향해 지구가 평평하며 천체가 지구를 중심으로 돈다고 주장하는 것과 다름없는 시대착오적인 것이다.

물론 성서 본문 중에는 현대 과학과 공명 또는 일치하는 부분이 있을 수 있다. 예를 들면 창세기 1장 3절의 "빛이 있으라"와 같은 구절은 빅뱅 우주론에서의 최초의 빅뱅 상황과 공명하는 것처럼 보일 수도 있다. 그러나 이 구절이 빅뱅 우주론을 권위 있게 확증해 주는 것은 아니다.[29] 또한 하나님의 영에 의해 흙으로 지음 받은 몸으로부터 살아있는 인간 존재(자아, 영혼)가 창발되는 과정을 그려내는 창세기의 이야기는 플라톤적인 서구 기독교 전통의 이원론적 인간 이해보다 오늘날 과학의 창발론적 인간

---

28 데보라 하스마·로렌 하스마, 『오리진』, 152.
29 월튼, 『아담과 하와의 잃어버린 세계』, 30.

이해와 공명하는 면이 있다. 이런 의미에서 성서 저자는 인간의 본성에 대해 (하나님의 영감에 의한) 탁월한 통찰력을 지니고 있었다고 할 수 있다. 그렇지만 창세기 본문이 곧 오늘날의 창발적 진화론을 위한 생물학적 근거를 제공해 주는 것은 아니다.

창세기 1장의 창조 이야기는 기독교의 전통적인 "무로부터 창조" 교리를 가르치는 이야기가 아니다. 고대 교회 이래로 전승된 "무로부터 창조" 교리는 우주의 물질적 기원에 대한 헬레니즘 세계의 관심을 반영한다. 물론 이 교리가 창조 이야기와 관계가 없다는 말이 곧 교리가 잘못됨을 의미하는 것은 결코 아니다. 오히려 반대로 매우 중요한 신학적 의미를 지니는데, 이 교리는 이원론적 세계관을 거부하고 오직 하나님만이 온 우주와 만물의 유일한 창조자이며 근원임을 확증한다. 그러나 우리는 창세기로부터 우주의 물질적 기원이나 생명체의 발생 과정에 대한 과학적 정보를 찾으려고 해서는 안 된다. 창세기는 우주의 나이나 크기 그리고 지구와 지상의 생명체가 어떤 물리적 과정을 통해 어떠한 순서로 생겨났는지에 대해 아무것도 알려주지 않는다.

대신 창세기는 하나님의 통치권, 창조의 선함 그리고 하나님의 형상으로서 인간의 존엄성에 대해 가르친다. 창세기의 하나님은 흑암 가운데에서 빛을, 혼돈에서 질서를 창조하셨으며, 텅 빈 세상을 선한 피조물로 채우신 창조자이다. 그리고 구약성서 전반에 걸쳐 하나님은 흑암과 혼돈의 역사 속에서 빛과 질서를 창조하기 위해 행동하시는 구원자이다. 따라서 성서에서 창조자 하나님과 구원자 하나님은 동일한 하나님이다. 이 성서의 가르침은 당시의 독자를 위한 메시지였던 것처럼 또한 오늘의 독자를 위한 메시지다.

창세기 1장이 천체물리학 교과서가 아닌 것처럼, 창세기 2장은 고인류학이나 생물학 교과서가 아니다. 창세기 1장이 우주의 물질적 기원이나 발생 과정에 관한 관심을 가지고 기록되지 않은 것처럼, 창세기 2장은 인간의 역사적 기원이나 형성 방식에 관한 관심을 가지고 기록된 것이 아니다. 창세기 2장 이야기는 아담과 하와를 인류의 기원인 최초의 인간으로 제시하기 위한 것도 아니며, 인간이 어떤 방식(신인동형론적인 방식)으로 만들어졌는지를 설명하기 위한 것도 아니다. 성서는 최초 인간의 유전학적 기원이나 인간 출현 방식의 메커니즘에 대해 아무것도 주장하지 않는다. 창세기 2장은 하나님의 형상으로 창조된 인간의 존엄성과 소명을 증언한다.

창세기 3장의 타락 이야기는 고난으로 점철된 이스라엘 민족의 역사적 경험 속에서 형성된 물음, 즉 "왜 세상에 악과 고통과 죽음이 있는가?"라는 실존적 물음에 대답하기 위한 영감 넘치는 이야기이다. 창세기 3장은 하나님의 형상으로 창조된 인간의 보편적인 비극적 운명의 근원에 대해 말하고자 한다. 다시 말하면 창세기 저자는 아담의 타락 이야기를 통하여 인간의 보편적이고 비극적인 운명인 악과 고통이 인간의 죄에 의해 초래되었음을 말한다. 여기서 죄의 본질은 하나님처럼 되고자 하는 것이며, 그 결과는 하나님과의 관계 단절과 소외, 즉 비질서의 상태라고 할 수 있다.

성서의 창조 이야기와 현대 과학을 문자적으로 일치시킬 수도 없지만, 서로 모순되거나 대립하는 것도 아니다. 하나님의 목적론적 행위를 증언하는 성서와 그 목적의 실행을 위한 메커니즘을 설명하는 과학은 서로 모순되거나 대립할 필요가 없다. 하나님의 창조 활동은 2차적 원인의 사용을 배제하지 않는다. 하나님은 땅에 모든 생물을 내라고 명하신다(창 1:11, 24). 구약성서에서 동물이 땅의 산물이고 네페쉬로서의 인간이 동물과 유사하다면, 진화 과정을 통해 이루어지는 하나님의 계속적 창조 활동을 배제할 이유가 없다. 성서가 진화 과정을 배제한다는 주장은 창세기의 신인동형론적 창조 이야기를 문자적으로 해석하여 창조의 메커니즘을 마치 마술사가 수천만 종의 생물체를 순식간에 전 지구상에 뿌려놓는 마술을 부리는 것처럼 이해하는 경우에만 가능하다. 올바른 성서 해석에 근거한다면, 인간이 진화 과정을 통해 출현하면 안 될 이유는 없다. 그러나 진화 과정이 창조의 관점에서 이해되기 위해서는 진화론에 함축된 무신론적 전제들이 극복되어야 한다. 즉, 진화 과정의 우연성이 하나님의 계속적이고 새로운 창조와 구원의 행동을 향해 열려 있어야 한다(사 48:6-7).

| 제3부 |

과학과 신학

4장
과학적 자연신학과 하나님의 섭리

I. 서론

오늘날 과학 시대에 신학은 이 세계가 자연과학이 밝혀내는 자연법칙에 따라 운행됨과 동시에 하나님의 섭리 안에 운행되는 세계임을 논증해야 하는 과제를 안고 있다. 역사를 돌이켜 보면 과학과 신학의 관계가 그리 우호적인 것은 아니었다. 코페르니쿠스와 갈릴레이 이래 교회와 과학자 사이에는 심각한 갈등이 빚어져 왔다. 코페르니쿠스의 지동설은 천동설에 근거한 기독교 세계관에 혁명적인 전환을 가져왔다. 교회는 지동설에 동조하던 조르다노 브루노를 화형시켰다. 그리고 갈릴레이는 교회 법정에서 강압적으로 자신의 주장을 번복해야 했다. 17세기 뉴턴 물리학이 등장한 이래 과학의 합리주의적 세계관과 기독교 세계관의 대립은 더욱 심화되었고, 19세기에 이르러 다윈의 진화론은 전통적인 기독교 인간론에 대한 정면 도전으로 간주되었다.

오늘날 많은 현대인이 과학 지식이 종교의 영역을 대체할 것으로 생각하는 반면, 적지 않은 기독교인이 게토화된 교회 내 영역에서 신앙의 순수성을 지키고자 한다. 이러한 상황에서는 과학과 종교가 열린 대화를 통해 서로 이해하는 태도를 기대하기 힘들다. 그러나 20세기 초 양자물리학과 같은 새로운 과학 이론이 출현한 이래 과학과 신학 간에 대화의 분위기가 증대하고 있다. 이 장에서는 신학과 과학의 대화를 추구하는 과학적 자연신학의 관점에서 하나님의 섭리를 새롭게 이해할 수 있는 길을 모색하고자 한다.

II. 과학적 자연신학의 전망

자연과학과 신학, 두 영역 사이에는 차이점이 있다. 자연과학은 측정과 실험 가능한 물리적 대상을 탐구하는 반면, 신학은 물리적 자연 세계에 대한 지적 이해를 넘어 인간과 자연을 구원하는 진리에 대한 실존적 응답을 요구한다. 이 같은 차이점에도 불구하고 두 영역은 공통으로 인식론적, 실재론적 세계관과 관계되는 진리에 관심을 갖는다. 이 진리를 향한 접근은 모두 유한하고 불완전하며, 따라서 언제나 새로운 이론에 의해 수정될 가능성에 열려 있다. 이와 같은 과학과 신학의 차이점과 공통점은 두 영역 사이의 상호 보완적인 대화의 가능성을 함축한다.

오늘날 과학 시대에 세계 안에서의 하나님의 창조적 섭리 활동을 설명하고자 할 때, 신학은 과학과 대화하려는 태도를 가져야 한다. 이 같은 태도를 지닌 기독교 자연신학이 '과학적 자연신학'(scientific theology of nature)이다. 과학적 자연신학은 고전적 자연신학처럼 하나님의 존재를 증명하려는 프로메테우스적인 시도를 하기보다는 세계 안에서의 하나님의 창조적 섭리를 적절하게 이해하기 위한 맥락과 기초를 제공하고자 한다. 존 폴킹혼(John Polkinghorne)에 따르면, "이 새로운 자연신학은 신 존재 증명에 대하여 말하려 하지 않는다는 점에서 그리고 유신론적 신앙을 현재 일어나고 있는 일에 대한 통찰력 있는 설명으로 제시하는 겸허한 역할에 만족한다는 점에서, 옛 유형의 안셀름과 토마스 아퀴나스의 자연신학과 구별된다."[1] 과학적 자연신학은 이성에 의한 신 존재 증명을 시도하지는 않지만, 우주의 합리적이고 심미적인 구조를 발견해 가는 과정에서 하나님의 신비를 경험할 수 있다고 믿는다. 왜냐하면 과학이 밝혀내는 우주의 법칙은 바로 하나님께서 창조하신 질서이기 때문이다. 이런 의미에서 폴킹혼은 "우주의 합리적 아름다움은 실로 그 우주의 존재를 부여잡고 있는 정신(the Mind)을 반영한다"[2]라고 말했다.

과학적 자연신학은 과학에 맞서는 경쟁자가 되려고 하기보다는 더욱 넓고 심원한 맥락 속에서 과학과 상호 보완 관계를 수립하고자 한다. 과학 자체는 우주의 구조와 자연법칙을 합리적으로 이해하지만, 왜 그것이 비합리적이지 않고 합리적인지를 설명하지는 못한다. 과학적 자연신학은 보이는 우주의 합리적 구조를 보이지 않는 창조주 하나님의 합리적 정신을 반영하는 존재론적 유비로 이해한다. 그리고 우주의 물리적인 합리적 패턴과 구조, 역사적 과정 그리고 생명체의 진화 과정에 대한 목적론적 메타 담론을 제공한다. 즉, 과학적 자연신학은 세계의 물리적, 역사적, 생물학적 변화와 발전 과정을 하나님의 섭리에 의한 목적론적 인과론의 관점에서 설명하고자 한다.

사실상 과학은 언제나 모종의 세계관을 전제하기에 결코 철학이나

---

1 John Polkinghorne, *Belief in God in an Age of Science* (New Haven and London: Yale University Press, 1998), 10.
2 Ibid., 4.

종교와 무관할 수가 없다. 고전적인 아리스토텔레스의 물리학은 모든 존재는 각기 어떤 목적을 위해 존재한다는 목적론적 구조를 지니고 있었다. 그의 물리학은 의미의 범주를 바탕으로 하고 있었으며, 그에게 세계는 의미의 질서정연한 결합, 즉 코스모스였다. 세계 안에서 의미의 구조를 파악하면 최고의 의미를 추론할 수 있다고 보았기에, 그의 물리학은 신의 존재를 증명할 수 있었다.[3] 그러나 정확하게 말하자면 아리스토텔레스의 물리학이 보여주는 목적론적 구조는 신의 존재 증명을 위한 것이었다기보다는 신의 존재에 대한 전제에 기초한 것이었다.

그러나 근대에 들어 자연과학은 의미의 물음을 도외시하게 되었다. 사실 뉴턴이 자연과학의 수학적 원리에 관한 책을 쓴 것은 데카르트의 철학에 대항하여 자연현상에 내재하는 신의 역할을 입증하기 위해서였다. 결코 무신론자가 아니었던 뉴턴은 정신이 우리의 몸을 움직이는 것처럼 신도 우주를 움직인다고 생각했다. 하지만 그는 자연을 엄밀하게 기계론적이고, 수학적이고, 인과율적으로 설명하는 것을 강조했기에, 기계론적인 자연 이해의 창시자로 간주되었다. 그 후 의미를 묻는 질문은 과학자들에게서 외면되어 왔다. 다윈은 『종의 기원』에서 생명의 진화 과정을 설명하면서 우주의 설계자로서의 신에 관한 목적론적 논증을 자연선택, 즉 환경에 대한 적응에 의한 적자생존의 원리라는 생물학적 인과론으로 대체했다. 그리하여 세계에 의미와 목적을 부여하는 신이나 목적론적 세계관은 들어설 자리가 없게 되었다. 근대 이래로 많은 과학자가 과학의 과제는 기계론적 인과론을 통해서 자연현상을 설명하는 것이며 의미나 가치평가와는 아무런 관계가 없다고 생각해 왔다. 학문의 가치중립성에 대하여

---

3 한스 페터 뒤르 외/여상훈 옮김, 『신, 인간 그리고 과학』 (서울: 시유시, 2000), 49.

막스 베버(Max Weber)는 "경험에 토대를 둔 학문은 무엇을 할 수 있는지를 가르쳐줄 수 있을 뿐, 무엇을 해야 하는지에 대해서는 아무것도 말해주지 않는다"[4]라고 하였다.

그러나 오늘날의 과학은 물리 세계가 신적 목적을 반영한다는 이해를 가능케 하는 과학적 자연신학의 가능성을 열어주고 있다. 20세기 양자물리학의 발전은 고전 물리학에 기초한 세계상을 무너뜨렸다. 양자물리학은 원자가 전통적인 의미에서의 '작은 물질'이 아니라는 사실을 밝혀냈다. 원자를 구성하는 전자나 핵 등이 물질이라고만 할 수 없는 성질을 가지고 있음이 드러났다. 폴 디렉(Paul Dirac)은 1927년 빛을 양자역학적으로 설명함으로써 최초로 양자장 이론(quantum field theory)을 고안해 냈다. 이 발견은 양자장이 불연속적으로 양자화(quantised)되어 있는 속성들(입자의 특성을 보여주는 반응)과 넓게 전개된 장의 속성들(파동의 특성을 보여주는 반응)을 모두 보여준다는 사실을 통해 파동/입자의 역설을 가장 만족스럽게 해결해 주었다.[5] 전자나 핵 등은 물질이라기보다는 '장'(場, field)[6]이라고 하는 편이 정확한데, 그런 장이 서로 응집하여 우리가 입자라고 부르는 것이 생겨난다. 물질이 아니라 비물질적 퍼텐셜(potential)[7]이라고 할 수

---

4 Max Weber, *On the Methodology of the Social Sciences*, trans. and eds. Edward A. Shils and Henry A. Finch (New York: Free Press, 1949), 92.

5 Polkinghorne, *Belief in God in an Age of Science*, 27.

6 물리학에서 말하는 '장'은 눈에 보이지 않는 '힘'으로, 일정한 공간 내에서 사물의 배열에 영향을 미친다. 가장 잘 알려진 예로는 중력장, 전기장, 자기장 등이 있다. 자석의 N극과 S극 사이에 쇳가루를 뿌리면 자력이 미치는 자기장의 모습을 눈으로 직접 확인할 수 있다.

7 양자역학에서 potential(퍼텐셜) 또는 potential energy(위치 에너지)는 입자가 공간 내 특정 위치에 있을 때 가지는 에너지의 분포를 의미하며, 해당 입자의 운동 상태 및 파동함수의 형태를 결정짓는 핵심 요소다. 다시 말하면 퍼텐셜은 입자가 공간 속 위치에 따라 가지는 에너지 분포로서, 입자가 어떤 위치에 존재하기 쉬운지, 어떤 에너지를 갖는지

있는 장이 원자 세계를 구성한다. 이 퍼텐셜이 스스로 물질이 되는 능력을 지니고 있다고 여겨진다. 따라서 장이 우주 전체를 구성하는 유일한 요소인 셈이다. 장은 지극히 짧은 순간에 퍼텐셜을 만들어 내고, 바로 그 순간 세계가 새로이 탄생한다는 것이다.

이렇게 세계가 순간순간 새롭게 만들어지는 과정에도 변함없이 이전 상태를 반복하는 '활기 없는 현상들'이 있는데, 그것이 바로 입자이다. 이렇게 이전 상태가 그대로 반복되는 부분도 있지만, 현재의 상태가 시간이 지나면서 어떻게 변할지는 원칙적으로 정해져 있지 않다. 바로 다음 순간 전자에 어떤 일이 일어날지는 전혀 예측할 수 없는 것이다. 다만 퍼텐셜의 응집, 즉 퍼텐셜이 물질로 바뀌는 현상이 일어날 확률만을 제시할 수 있을 뿐이다. 양자 세계에서 미래는 예측할 수 없지만, 모든 것이 완전히 제멋대로 발생하는 것은 결코 아니다. 미래는 비결정적이지만, 동시에 한계를 가지고 있으며, 어느 정도의 일정한 구조를 유지한다.[8] 원자 안에서 는 우주를 구성하는 모든 것들이 서로 영향을 주고받는다. 그러므로 이제 세계를 태엽 장치와 같은 기계로 설명하는 뉴턴식의 이론 대신, 파동과 입자들이 인과관계를 엄밀하게 따르지 않는 예측 불가능한 형태로 연결되 어 우주를 이룬다는 이론이 지배적인 학설이 되었다. 그리고 양자장 이론은 애초에 물질이란 존재하지 않으며 보이지 않는 에너지장들의 불규칙한 자극이나 파동만 존재할 뿐이라고까지 주장하기에 이르렀다.

양자 이론에서 '객관적인 물리 현실'은 관찰자와 상관없이 독자적으로

결정한다.

8 그러므로 아인슈타인이 1926년 12월 4일 막스 보른(Max Born)에게 보낸 편지에서 양 자물리학이 미래의 예측 불가능성을 주장한다고 비판하면서 "신은 주사위 놀음을 하지 않는다"라고 말한 것은 적절한 표현이 아니다.

존재하는 것이 아니다. 닐스 보어(Niels Bohr)의 이론에 바탕을 둔 '코펜하겐 양자 이론'에 의하면, 관찰자가 어떤 대상을 측정하여 물리학적인 단위로 나타내지 않으면 그 대상은 존재한다고 할 수 없다. 즉, 관찰 대상과 관찰자(또는 측정기기)는 서로 분리될 수 없는 일체를 이룬다. 양자 이론에 따르면 우리는 세계의 바깥에 있는 외부 관찰자의 입장에서 세계를 기술할 수 없다. 세계는 나뉘어 있지 않고, 나뉠 수 없는 그 무엇이다. 아직 나누어지지 않은 '온전한 그 무엇'이 분화되면서 하위구조를 만들어 내다가 결국 입자 같은 상태가 된다. 즉, 양자 이론에서는 '이미 쪼개져 있는 것들'이 서로 영향을 주고받는 것이 아니라 시간의 흐름에 따라 분화가 진행되는 것이다.

이러한 양자물리학의 세계는 과학적 자연신학을 위한 함의를 갖는다. 물리학자이자 철학자인 한스 페터 뒤르(Hans-Peter Dürr)는 신학자가 '하나님의 숨결'(루아흐, 영)이라고 일컫는 것에는 자연과학이 기술하는 것과 같은 구조가 내포되어 있다고 본다. 즉, 그는 비물질적인 기본 구조인 장[9]에서 물질적인 것이 생성되는 것은 바로 하나님의 숨결이 응결되면서 물질이 형성되는 것과 유사하다고 주장한다.[10] 물리학자 에른스트 파스쿠알 요르단(Ernst Pascual Jordan)은 양자 운동이 예측을 불허한다는 사실은 바로 인간이 자유의지를 가지고 있음을 입증한다고 주장한다.[11] 물론

---

9 이것은 장이 비물질적이라는 말은 아니다. 단지 장은 전체성을 가지고 있으며 입자로 이루어진 것이 아니고 물질과는 거리가 멀다는 점에서, 물질적이라기보다는 정신적인 것에 가깝다고 할 수 있다. 뒤르, 『신, 인간 그리고 과학』, 227-228.

10 앞의 책, 222.

11 Marij van Strien, "The Vienna Circle's Opposition to the Metaphysical Aspects of Quantum Mechanics," *HOPOS: The Journal of the International Society for the History of Philosophy of Science* 3, no. 2 (2013): 278-279.

양자역학으로 인간의 자유의지를 설명하는 데는 한계가 있다. 자유의지는 우리가 자신의 의지로 뭔가를 할 수 있음을 뜻하는 반면, 양자역학은 앞으로 일어날 일을 확실하게 예측하는 것은 불가능하며 다만 확률적으로 말할 수밖에 없다고 주장한다. 그러나 이러한 물리학의 변화와 더불어 적어도 우리는 물리학 이론과 신학이 서로 충돌하지 않는다고 생각할 수 있다. 세계가 순간순간 새롭게 태어난다는 양자 이론이 사실이라면, 바로 이 지점에서 이전 물리학의 기계론적 결정론을 극복하고 기독교의 창조론 또는 섭리론과 현대 물리학이 만나는 접촉점을 발견할 수 있는 것이다. 왜냐하면 실재의 본성이 결정론적 인과율에 닫혀 있지 않고 비결정론적 개방성을 갖는다면, 이는 세계 안에서 하나님의 행동을 위한 가능성이 열려 있음을 의미하기 때문이다.

양자물리학은 세계의 미래가 기계론적 인과론에 의해 미리 결정되지 않고 단지 통계적인 확률로만 결정될 뿐이라는 사실과 아울러, 이 세계는 인식 주체와 인식 대상을 분리할 수 없는 총체적 구조를 지닌다는 사실을 발견해 냈다.[12] 객관화되고, 대상화되고, 분절화되고, 분리된 현상은 결코 실재의 본질이 아니다. 세계의 본질은 전체성, 통전성에 있다. 양자 이론은 우리의 관찰 대상이 처음부터 객관적인 사물이 아니라 양자가 통합된 상태이거나 모여 있는 상태로 있다가 적극적인 관찰 행위를 통해서 비로소 객관적으로 확인할 수 있는 사실로 바뀐다는 것을 밝혀냈다. 객관적인 관찰 행위는 관찰자와 관찰 대상이 하나로 녹아있는 비객관적 일체성을 깨뜨리는 행위이다. 여기서 출현하는 현실은 앞선 원인에 의해 영향을

---

12 이에 관해서는 베르너 하이젠베르크/김용준 역, 『부분과 전체』 (서울: 지식산업사, 2005), 특히 7장 "자연과학과 종교에 대한 첫 대화", 17장 "실증주의, 형이상학 그리고 종교" 참고.

받는 인과율의 범주를 무시하는 것은 아니지만, 고전적인 결정론적 인과율에 따라 예측 가능한 것이 아니라 다만 상대적인 확률로서 예측될 수 있을 뿐이다. 말하자면 세계는 거대한 기계장치가 아니라 시간의 흐름에 따라 변화하는 강물이나 의식의 흐름 같은 것이다. 베르너 하이젠베르크(Werner Heisenberg)는 "양자 이론은 어떤 사실의 관련을 분명하게 이해할 수 있지만, 그것에 대한 표현은 추상과 비유로만 가능하다는 것을 알게 해주는 놀라운 예"[13]라고 말한다. 말하자면 종교적인 체험에서 볼 수 있는 '형언할 수 없는 상태'가 양자 이론에 의해 외적인 경험으로 확장된다고 유비적으로 이해할 수 있다. 이런 의미에서 양자물리학의 세계는 자연에 대한 과학적 언어와 하나님의 섭리에 대한 신학적 언어를 연결하고자 하는 과학적 자연신학의 가능성을 열어준다고 할 수 있다.

III. 과학적 자연신학 관점에서의 하나님의 섭리

이제 과학적 자연신학의 전망을 제공해 주는 두 학자의 이론을 소개함으로써 하나님의 섭리를 설명하기 위한 통찰력을 얻고자 한다. 먼저는 수리 물리학자로서 영국 왕립학회 회원이며 영국 국교회 목사인 존 폴킹혼이며, 다른 한 사람은 저명한 독일 개신교 신학자 볼프하르트 판넨베르크다.

---

13 Werner Heisenberg, *Physics and Beyond: Encounters and Conversations* (New York: Harper & Row, 1971), 63.

1. 폴킹혼의 비판적 실재론, 양자 차원의 존재론적 개방성, 능동적 정보를 통한 하나님의 활동

폴킹혼에게 있어 인식과 실재 사이에는 논리적 필연성에 의한 것이 아니지만 모종의 연결고리가 있다. 예를 들면 양자계에서 위치와 운동량에 관한 하이젠베르크의 불확정성 원리는 흔히 인식론적 원리로 이해되지만, 이를 양자적 존재들이 분명한 위치와 운동량을 갖지 않는다는 존재론적 불확정성의 원리로 동일시하여 볼 수 있는 것이다. 폴킹혼은 인식 경험과 실재 사이의 연결고리를 전제하고 인식론적 정보 입력과 존재론적 믿음 간의 상관성을 극대화하려는 자신의 시도를 '비판적 실재론'이라고 명명한다. 이러한 접근 방식은 늘 비판에 열려 있으며 또한 경험을 의미 있게 구성하는 힘이 실재와의 상관성으로부터 유래한다.[14] 폴킹혼은 과학의 진보가 세계의 실재적 본성을 이해할 수 있는 능력을 증대시킨다고 믿는다는 점에서 '실재론자'이다. 그런데 과학의 지식은 절대적 진리가 아니라 어느 정도 부분적이며 수정 가능한 근사치이다. 따라서 경험으로부터의 완고한 추론이 아니라 경험에 대한 창조적 해석이 요구된다. 이런 의미에서 그는 '비판적' 실재론자이다.[15]

폴킹혼은 과학에서의 비판적 실재론의 인식론적 특징을 다음 여섯 가지로 제시한다.[16] 1) 우리는 '총체적 설명' 지식 이론을 거부하고 그 대신 보다 단편적인 성취들을 귀하게 여겨야 한다. 우리는 그 무엇에 관해 옳기 위해 모든 것에 관해 옳을 필요는 없다. 2) 과학 방법의 본질을

---

14 Polkinghorne, *Belief in God in an Age of Science*, 53, 97-98.

15 Ibid., 104.

16 Ibid., 105-110.

추출하는 것은 불가능하다. 과학 방법들은 각기 과학의 복합적인 실천의 어느 측면들을 보여주지만, 과학적 탐구를 위한 보편적 약정서를 작성하는 것은 가능하지 않다.[17] 3) 과학적 사고에서 이론과 실험은 불가분리하게 뒤얽혀 있다. 이미 해석된 사실이 아닌 의미 있는 과학적 사실이란 없다. 이론과 실험 사이에는 순환적 관계가 있다. 4) 보편적 인식론이란 없으며, 어떤 실재는 그 실재의 독특한 본성에 순응하는 방식을 통해서만 알려질 수 있다. 5) 비록 사회적 요인들이 과학적 지식의 성장을 촉진하거나 저해할 수 있음에도 불구하고, 그 요인들이 과학적 지식의 성격을 결정하지는 않는다. 6) 과학적 실재론은 우리의 실제적인 과학함의 경험을 이해하기 위한 최선의 방식이다. 유한한 경험에 기초하여 신뢰할 만하고 결실 있는 추론을 할 수 있는 일반적 필연성이란 존재하지 않는다. 그럼에도 불구하고 과학적 실재론의 가장 중요한 확신은 경험에 기초한 이해가 실재에 대한 신뢰할 만한 안내가 된다는 것이다.

폴킹혼은 과학적 실재론에서 신학적 실재론으로 나아간다. 그는 버나드 로너간(Bernard Lonergan)의 말을 자신의 모토로 삼는다. "하나님은 모든 아르키메데스적인 유레카의 외침 안에서 어렴풋이 드러나는 비제약적 이해의 행위이며, 영원한 황홀이다."[18] 진리에 대한 추구는 궁극적으로 하나님에 대한 추구이다. 폴킹혼은 과학의 비판적 실재론의 여섯 가지 특징에 상응시켜 신학에서의 비판적 실재론을 설명한다.[19]

---

17 마이클 폴라니에 따르면 과학은 공동체 안에서의 도제(徒弟)를 통해 습득된 암묵적 기술에 의지하여 이루어지는 인간의 활동인데, 이 공동체는 물리적 세계에 관한 진리를 추구하는 보편적 목적을 지닌 공동체로서 또한 현재의 결론이 수정 가능성에 열려 있어야 한다는 사실을 인정한다. Michael Polanyi, *Personal Knowledge* (London: Routledge and Kegan Paul, 1958).

18 Bernard Lonergan, *Insight* (London: Longman, 1958), 684.

1) 지시되는 실재는 관용적이다. 즉, 우리는 상호적인 담화 이전에 전적인 동의가 요구되지 않으며, 지식과 통찰의 나눔이 처음에는 전체적이라기보다는 부분적이라는 사실을 인식해야 한다.

2) 과학 지식의 인격적 특성 때문에 단일한 방법론적 공식 안에 정형화된 과학이란 없으며 과학적 지식을 보증해 주는 확실한 토대도 없다. 이와 유사하게 세계의 종교 전통들 안에 각기 심원하고 권위 있는 영적 경험의 역사가 있다는 사실은, 그 전통들이 (그들의 경쟁적인 인지적 주장의 불일치에도 불구하고) 서로를 향해 말할 수 있는 중요한 것들을 가지고 있다고 추측할 수 있는 근거가 된다.

3) 과학에서의 이론과 실험, 해석과 사건의 순환성은 과학과 신학의 또 다른 유사성을 구성한다. 신학에서 우리는 이해하기 위해 믿어야 한다고 말해 왔으며, 전통에의 헌신이 필수적이다. 판단을 위한 중립적인 아르키메데스의 점은 존재하지 않는다. 그러나 또한 우리는 믿기 위해서 이해해야 한다. 신앙은 문자적으로 받아 적은 명제를 무비판적으로 수용하는 것이 아니다. 모든 영은 검증되어야 한다(살전 5:21).

4) 보편적 인식론은 없다는 인식 그리고 실재에 대한 우리의 지식은 그 실재의 독특한 본성에 순응해야 한다는 사실에 대한 인식은 올바른 신학의 수립을 위한 전제다. 다른 피조물이 알려지는 방식과 달리 하나님은 신적 본성에 적합한 방식으로 알려진다. 토런스가 말한 바와 같이, "하나님이 어떻게 알려질 수 있느냐 하는 것은 시종일관 하나님이 실제로 알려지는 방식에 의해 결정되어야 한다."20

---

19 Polkinghorne, *Belief in God in an Age of Science*, 110-123.
20 Thomas F. Torrance, *Theological Science* (Oxford University Press, 1969), 9.

5) 사회 문화적 요인은 과학에서보다 종교에서 더 크고 중요한 영향력을 발휘한다. 종교는 특수한 전통에 의해 형성된 특수한 공동체 안에서 수행된다. 그러나 이것은 신학이 순수하게 사회적 구성물이라는 것을 의미하지는 않는다. 과학이 문화로부터 상대적으로 독립적인 것과 유사하게 자연신학은 문화로부터 상대적으로 독립적이다.

6) 우리가 지적 능력을 지닌 인간으로서 합리적으로 명료한 우주 안에 살며 이 우주의 패턴과 과정에 대하여 많은 것을 이해할 수 있는 것은, 우주가 창조되었기 때문이며 우리가 창조자의 형상으로 창조된 피조물이기 때문이다. 과학의 가능성은 인간에게 주어진 하나님 형상의 결과이다. 따라서 비판적 실재론은 하나님의 신실성에 대한 신학적 믿음에 의해 보증되고, 지식의 통일성은 한 분이신 참된 하나님의 통일성에 의해 보증되며, 올바른 동기를 가진 믿음의 진실성은 하나님의 신뢰성에 의해 보증된다.

폴킹혼은 이렇듯 비판적인 과학적-신학적 실재론의 토대 위에서 하나님의 섭리 활동에 대한 과학적 자연신학의 설명을 제시한다. 그는 하나님과 피조물의 관계를 인간과 몸의 관계적 유비를 통해 설명한다. 하나님은 마치 우리의 자아가 몸으로 체현되어 있듯이 우주 안에 체현된 분으로서, 우리를 구성하는 몸을 우리가 전체적으로 통제하듯이 우주를 통치하신다. 물론 이 유비는 한계를 지니고 있다. 첫째, 만일 인간의 몸처럼 세계가 하나님의 몸이라면 하나님의 신경계가 몸인 세계의 어딘가에 있어야 할 것이다. 둘째, 우리는 정신과 몸이 유기체적인 상호 연관성 속에 통일된 영육 일원론적 실재로서, 몸이 변화하면 우리 자신도 변화하며, 몸이 죽으면 우리 자신도 죽는다. 그러나 하나님은 우주의 변화에 종속되는 분이 아니다. 그러므로 이 유비로 하나님과 세계의 관계를 표현하는 데는 한계가 있다. 하지만 폴킹혼은 이러한 한계를 충분히 고려한다면, 하나님의 목적론적 섭리를 우주의 자연법칙과 연관 짓기 위하여 이 유비를 사용할 수 있다고 본다. 즉, 우리는 나 자신과 몸의 관계에서, 몸의 부분들이 전체인 나를 구성하는 상향식 관계뿐 아니라 전체로서의 나 자신이 몸 부분들에 행위를 지시하는 하향식 관계를 생각해 볼 수 있는데, 이 하향식 인과율은 하나님과 세계의 상호작용 방식에 대한 유비가 될 수 있다.[21]

그럼에도 여전히 이 유비에서 제기되는 문제는 전체를 구성하는 개별 요소들의 상호작용으로 형성된 물리적 인과성의 그물망 안에서, 이와 별개로 전체론적 인과 원리가 작용할 수 있는 공간, 즉 하나님이 세계 안에서 행동하실 수 있는 '인과적 접점'(causal joint)이 과연 어디에 있느냐 하는 것이다. 그에 따르면, 전체론적 인과율이 존재한다면 전체 안의 부분들 간 관계 구조는 위로부터의 작용에 개방적이어야 한다. 즉, 세계 안의 관계 구조에 존재론적 틈이 있어야 한다. 이 틈이 바로 인과적 접점으로 기능할 수 있다.

양자역학은 양자 사건의 불확정성과 예측 불가능성에 존재론적 해석을 부여하는 경향이 있다. 즉, 이러한 점에서 인과적 접점을 위한 틈새가 존재하는 것처럼 보인다. 그러나 폴킹혼에 따르면 양자 이론은 양자 수준의 효과가 어떤 방식으로 증폭되어 고전 물리학의 수준에서 열린 가능성을 만들어 내는지 설명하지 못한다. 즉, 우리는 미시 세계와 거시 세계가 어떻게 서로 맞물려 있는지를 완전히 이해하지 못하고 있다. 폴킹혼은 양자 사건을 통한 신적 행위를 주장하는 이들을 일컬어 이 현상이 실제로 어떻게 섭리적 개입의 효과적인 장소로 이해될 수 있는지 설명하지 못한다

---

21 Polkinghorne, *Belief in God in an Age of Science*, 57-58.

고 한다.[22]

이러한 상황에서 폴킹혼은 거시적인 혼돈계 안에서 인과적 접점을 위한 개방성을 발견한다. 즉, 그는 혼돈계가 '이상한 끌개'(strange attractor)를 따라 움직이는 방식에서 개방적 전개의 모델을 발견한다. 그에 따르면 이상한 끌개의 위상 공간(phase space)을 따라 흐르는 많은 궤도의 서로 다른 형태는 극히 미세한 교란이 시스템을 한 경로로 밀어내면서 생기는 결과인데, 이 같은 다양한 경로의 산개적(散開的, diverging) 성격은 혼돈계가 아주 작은 변화에도 극도로 민감하다는 사실을 반영한다. 폴킹혼에 의하면 바로 이 민감성이 예측 불가능성을 만들어 낸다.

비판적 실재론의 관점에서 폴킹혼은 혼돈계에서의 인식론적 불확실성을 존재론적 개방성으로 해석하면서 두 가지 인과 원리를 제시한다.[23] 첫째, 이상한 끌개를 따라 흐르는 경로들은 모두 동일한 에너지 수준을 갖기 때문에, 여기서 말하는 인과성은 에너지와 관련된 새로운 유형의 인과성이 아니다. 에너지의 총량에는 변화가 없다. 위상 공간을 통과하는 다양한 경로에서 서로 다른 점은 각각 나타내는 역동적 전개의 패턴이며, 이는 정보의 입력과 연관 지어 이해할 수 있다. 둘째, 혼돈계가 미세한 변화에 민감하다는 것은 개별적 수준에서 혼돈계의 변화가 이해되어야 하기보다는 전체 환경의 영향으로부터 혼돈계가 고립될 수 없음을 의미하며, 따라서 전체론적(holistic) 접근이 필요함을 의미한다.

따라서 폴킹혼은 혼돈계의 존재론적 개방성 안에서 미래의 행동 패턴을 결정하는 전체론적 성격의 새로운 인과 원리가 작용할 수 있다고 주장한다.

---

22 Ibid., 60.

23 Ibid., 62.

그에 따르면 육신을 가진 인간은 에너지와 정보로 행동하지만, 순수한 영이신 하나님은 오직 정보를 통해서만 행동하신다. 즉, 하나님은 '능동적 정보'(active information)를 통해 작용하는 하향식(top-down) 인과율을 통해 행동하신다. 다시 말해 하나님의 섭리적 상호작용은 순전히 위로부터의 정보 입력을 통해서만 이루어진다.[24] 폴킹혼은 하나님의 지속적인 '능동적 정보' 입력 행위가 계속적 창조를 인도하고 유인하는 성령의 숨겨진 활동을 가리키는 기독교 사상의 오랜 전통을 세속의 언어로 번역한 것이라고 말한다.[25]

폴킹혼에 의하면 우주는 정적인 '있음'(is)이 아니라 '되어감'(becoming)의 장이다. 그리고 하나님은 세계의 되어감의 시간성에 참여하신다. 하나님이 세계를 시간성 속에서 아신다면, 그것은 하나님이 아직 존재하지 않은 미래를 아실 수 없음을 함축한다. 진정으로 타자가 존재하도록 허용하는 하나님의 창조 행위에는 신적 능력의 자기 비움(케노시스)뿐 아니라 신적 지식의 자기 비움도 포함된다. 즉, 하나님의 전지(全知)는 되어감의 과정에

----

24 폴킹혼은 이에 관해서 세 가지 과학적 진술을 제시한다. 첫째는 어떻게 혼돈계의 민감성을 양자 시스템의 불확정성, 개방성과 결합해 미시 세계의 양자역학과 거시 세계의 혼돈 역학을 통합하는 하나의 통일이론을 구축할 것인가 하는 난제에 관한 것이다. 둘째는 만일 전체론적인 능동적 정보에 의한 위로부터의 작용, 즉 하나님의 섭리가 가능하게 된다면 뉴턴적인 결정론적 방정식은 부분이 위로부터의 힘이 표출되는 전체의 맥락으로 부터 고립될 수 있는 특수한 상황, 즉 단편적인 하위집합 속에서만 적용된다고 할 수 있다는 것이다. '결정론적 혼돈'(deterministic chaos), '융통성 있고 맥락적인 자연법칙', 일리야 프리고진(Ilya Prigogine)의 '전체론적이고 개방적인 역학 이론' 등은 폴킹혼에게 능동적 정보에 의한 위로부터의 인과율을 가능케 해주는 개념들이다. 셋째는 능동적 정보를 통한 인과율의 특성으로서 '정보'는 에너지를 전달해 주는 것이 아니라 방향을 결정해 줌으로써 양자적 실재의 운동에 영향을 미친다는 것이다. 따라서 봄(Bohm)의 '유도파'(guiding wave)의 경우처럼 이 정보는 에너지의 손실이 없기 때문에 그 효과가 소멸하지 않는다는 것이다. Ibid., 62-67.

25 Ibid., 72.

있는 열린 세계를 창조하실 때 하나님 자신에 의해 제한되었다. 폴킹혼의 하나님은 우주 전체의 악보를 지은 작곡가라기보다는 우주적 연주 속에서 비할 데 없는 기지를 발휘하는 위대한 즉흥 연주자이다. 시간적 과정 속의 하나님은 고전적 유신론의 무시간적 하나님보다 피조물과의 관계에서 더 상처받기 쉽다. 반면 무시간적 하나님은 악과 신정론의 문제에 취약하다. 폴킹혼은 무시간적, 결정론적, 통제적 하나님보다 시간적이며 피조물의 자기 형성과 세계의 개방성을 허용하는 하나님에 대한 이해가 오늘날의 과학적, 신학적 사유와 더 깊은 조화를 이룬다고 믿는다.[26] 그렇지만 '결정론적 혼돈'으로 표현되는 혼돈계가 인식론적 불확실성을 넘어 존재론적 개방성을 갖는다는 폴킹혼의 주장에 동의하지 않는 과학자도 많다.

2. 판넨베르크의 창조신학과 '장'으로서의 하나님의 창조적 섭리

판넨베르크는 자연법칙을 우연성과 대립하는 것으로 보지 않는다. 오히려 그는 우연으로 일어나는 구체적인 개별적 사건들을 추상화하고 무시간적으로 획일화시킨 것으로서 이를 이해한다.[27] 자연법칙은 우연적으로 주어진 자료들을 전제로 한다. 과학 공식은 각 맥락의 우연성을 무시하고 자연현상들에 일어나는 획일성에 관심을 집중하기 때문에, 실재는 숨겨진다. 만일 우리가 법칙에만 초점을 맞춘다면 실제 사건 과정이 철저하게 이에 따라 결정된다는 잘못된 결론을 내리게 된다. 즉, 결정성이

---

26 Ibid., 74.

27 Wolfhart Pannenberg, *Toward a Theology of Nature: Essays on Science and Faith,* ed. Ted Peters (Louisville: Westminster/John Knox Press, 1993), 9.

주제화되는 반면, 우연성은 무시된다.

　판넨베르크는 자연을 역사적 실재로 파악한다. 즉, 자연의 실제적 과정의 우연적 사건들은 각기 시간적으로 유일회적이며 비가역적이다.[28] 판넨베르크에게 자연이 본질적으로 역사적이라는 것은 자연과학과 신학 간 대화의 문이 열려 있다는 것을 의미한다. 왜냐하면 역사는 신학자들이 하나님의 우연적이고 유일무이한 행동에 대하여 말해 온 범주이기 때문이다. 태초에 창조 질서가 단번에 영원히 완성되고 그 뒤로는 더 이상 아무런 변화도 일어나지 않는다는 잘못된 창조신학은 신학과 자연과학이 서로를 이해하는 데 걸림돌이 되어 왔다. 오늘날 신학은 자연과학과 대화를 통해, 생명은 돌이킬 수 없는 방향으로 진화하며 그 과정에서 우연적인 사건과 변화들이 끊임없이 새롭게 발생한다는 사실을 확증한다. 하나님은 자유에 의해 세계의 역사 안에서 늘 새롭고 예측 불가능한 방식으로 역사하신다. 하나님의 창조적인 섭리 행위는 필연적 법칙을 보여준다기보다 우연적 현상에 가깝다. 세계의 존재 자체가 하나님의 자유로운 사랑의 행위의 결과이며, 따라서 우연적이다.

　판넨베르크는 원자 단위에서 이루어지는 모든 기본적인 현상이 근본적으로 불확정적이라는 사실을 양자물리학에서 발견함으로써 신학적인 현상적 우연성 개념과 공명하는 과학적 우연성 개념을 확증한다고 본다. 소립자, 예를 들면 전자는 물질적인 것이 아닌 잠재적인 그 무엇, 그 근거를 확인할 수 없는 양자적 상태로 존재하며 예측할 수 없게 돌발적으로 생겨난다. 또한 전자가 어떤 움직임을 보일지 법칙에 따라 예측하는 것도

---

28 자연 과정의 우연성, 비가역성, 역사성 속에서의 하나님의 보전과 다스림에 대하여는 Ibid., 19-22 참고.

불가능하다. 전자 하나가 어떻게 움직일지에 대해서는 오직 통계상의 확률로만 이야기할 수 있을 뿐이다.[29] 양자물리학의 세계는 한편으로는 일정한 형태를 보여주기에 자연법칙의 적용 대상이 되면서, 동시에 다른 한편으로는 근본적인 우연성의 현상을 보여준다.

따라서 판넨베르크는 고전적 물리학과 달리 오늘날 양자물리학이 하나님의 '창조적' 섭리를 위한 초월적 영역을 개방한다고 본다. 영국의 물리학자이며 화학자인 마이클 패러데이는 비물질적 실재인 '장'을 모든 물질적 존재의 운동과 현상의 근원으로 생각했다. 판넨베르크는 이 '장' 개념을 신학에 응용하여 하나님의 창조적 섭리를 설명한다. 그는 물리학의 '장' 개념이 성서와 고대 철학의 프뉴마(영) 개념을 구체화한 것이라고 주장하는 과학사학자 막스 얌머의 사상을 수용해 '장'과 영의 관계를 설명한다.[30] 영처럼 '장'을 파악하는 데는 빛과 같은 물질적 매개가 필요하지 않다. '장'은 아주 포괄적인 성격을 가지며 모든 사물을 투과한다. '장' 이론은 힘이 오직 운동 가운데 있는 물체의 직접적인 결과이며, 따라서 원거리 행위는 배제된다는 이전의 관점을 뒤엎는다. 패러데이에게 있어서 힘의 '장'은 물체 이전의 독립된 실재이며, 물체(소립자)는 힘의

---

29 아인슈타인은 이런 현상이 우리의 지식 부족으로 생긴다고 보고 "신은 주사위 놀이를 하지 않는다"고 말했다. 그는 아무것도 정해지지 않은 듯한 소립자의 움직임 속에 숨어 있는 법칙성을 언젠가는 발견하게 되리라고 믿었다. 그러나 그 뒤에 이루어진 여러 실험을 통해 원자를 구성하는 입자의 세계에서 발생하는 일이란 정말로 예측 불가능하다는 사실이 입증되었다. 전자는 일정한 시간 동안 일정한 공간 속에서 움직이는 것이 아니라 한 장소에서 파괴되고는 다른 장소에서 다시 만들어진다. 그리고 그 파괴와 생성 사이에는 아무런 연결이 없다. 따라서 소립자들은 일정한 공간 안에서 이동하는 것이 아니라 확률적으로 분포된 양자 상태의 변화로 인해 한 곳에서 사라졌다가 다른 곳에서 생겨난다고 할 수 있다. Ibid., 24-25.

30 '장'과 성령의 관계에 대하여는 Ibid., 37-41 참고.

'장'의 현현이다. 물체와 덩어리는 이차적 현상으로, '장'의 특정한 장소와 지점에서의 역동적 힘의 집중 현상이다.

판넨베르크는 프뉴마가 미세한 물질로 이루어져 있다는 스토아학파의 유물론적 입장이나, 신적 프뉴마(영)를 실체 없는 이성적 누스로 이해한 오리겐의 견해가 프뉴마(영)의 본래적 의미와 다르다고 본다. 그는 고대의 프뉴마론에서 프뉴마가 물질적 실체 개념이며 매개물을 필요로 한다는 내용을 제외하면 프뉴마는 오늘날의 '장'에 가까운 것이 된다고 본다. 그는 세 위격 안에서 드러나는 신성을 '장', 즉 영으로 이해할 때, 하나님을 물질적 존재로 보는 견해를 거부하는 오리겐의 입장을 따르면서 동시에 프뉴마의 원뜻도 놓치지 않을 수 있다고 주장한다.[31] 판넨베르크에게 있어서 신학의 '장'은 물리학의 '장'과 같지는 않지만, 물리학의 '장'의 근거라고 할 수 있다.

판넨베르크는 기독교의 하나님이 단지 세계의 밖 저편에 존재하는 초월적 실재가 아님을 강조한다. 성서는 하나님을 '영'(요 4:24)과 '사랑'(요일 4:28)으로 묘사한다. 영을 의미하는 성서의 단어인 루아흐와 프뉴마의 원뜻은 '공기의 움직임', '숨', '바람'이다. 그러므로 하나님이 영이란 말은 "하나님이 모든 것에 침투하는 바람, 때로는 조용한 숨으로 때로는 거센 폭풍으로 모든 것에 침투하여 지배하는 바람이라는 뜻"이다.[32] 무소부재한 하나님은 모든 사물 안에 동시에 존재하면서도 빛의 속도 따위에 구애받지 않기에, 상대성 이론에서 말하는 '동시성의 역설'[33]에 얽매이지 않는다.

---

31 뒤르, 『신, 인간 그리고 과학』, 309.

32 앞의 책, 35, 308.

33 '동시성의 역설'은 특수 상대성 이론에서 등장하는 개념으로, 동시에 일어난 사건이 관측자에 따라 다르게 보일 수 있다는 사실에서 생기는 현상을 말한다. 즉, 두 사건이 동시에

판넨베르크는 영이 "역장과 같다"라고 말하지 않고, 영이 "역장이다"라고
말한다.

판넨베르크에게 있어서 하나님은 삼위일체적 관계의 '장' 안에서 세계
를 감싸고 계신다. 우리는 믿음 안에서 삼위일체의 아버지와 아들과 성령의
관계에 참여함으로써 하나님의 내적 생명을 함께 나누게 된다.[34] 아버지
하나님은 세계의 창조자로서 세계와 마주하고 있으면서 세계와 구별되는
존재인 동시에, 세계 안으로 들어온 아들과 분리될 수 없고, 아버지와
아들로부터 나와서 세계를 채우고 세계 안에 현존하는 성령과도 분리될
수 없는 존재다. 이와 같은 삼위일체 하나님의 숨결이 이 세계 안에 창조적으
로 현존하면서 모든 사물을 항상 새롭게 창조해낸다.[35]

테드 피터스는 판넨베르크의 '장' 이론의 신학적 함의를 세 가지로
기술한다.[36] 첫째, 힘은 물체적 존재를 요구하며, 물체적 몸을 소유하지
않은 하나님은 힘을 가질 수 없다는 뉴턴 이후의 환원주의가 '장' 이론에
의해 극복되었다. 둘째, '장' 이론은 부분에 대한 전체의 우선성을 주장한다.
하나님과 전체는 상관적 범주이다. 하나님은 모든 것을 규정하는 실재로서
전체 우주의 통일적 근거이다. 신적인 것으로 간주된 전체 실재 개념은
모든 개별적인 우연 사건 안에서 하나님의 현존과 활동을 이해할 수
있게 해 준다. 셋째, 판넨베르크는 자연 세계 안에서 활동하는 하나님의
영을 '장' 이론을 통해 이해한다. 성령은 아버지로부터 아들을 출생케

일어났는지는, 그 사건을 관측하는 사람이 어떤 상태(운동 중인지 정지 상태인지 등)에
있는지에 따라 달라질 수 있다는 것이다.

34 뒤르, 『신, 인간 그리고 과학』, 73.

35 앞의 책, 36-37.

36 Pannenberg, *Toward a Theology of Nature*, 13-14.

하며, 우주를 창조하고, 구속을 촉진하고, 만물을 통일시키는 사랑이다.

하나님의 본질로서의 성령을 '장'과 동일시하고 하나님의 본질인 '장'과 창조 세계의 '장'을 유비적 관계 안에서 설명하는 판넨베르크의 견해가 하나님의 초월성을 약화한다는 일각의 비판이 있음에도 불구하고, 그의 창조신학은 세계 안에서 하나님의 섭리 활동을 이해하기 위한 하나의 참신한 과학적 자연신학의 시도를 보여준다.

IV. 결론: 포스트토대주의적 과학적 자연신학과 하나님의 섭리

세계 안에서 하나님의 섭리적 행동을 이해함에 있어 과학적 자연신학은 결정론적인 고전적 유신론과 대조된다. 고전적 유신론에 따르면 세계와 인간의 운명은 신적 예정에 의해 영원 전에 결정되어 있으며, 자연 과정과 인간 역사의 우연성(contingency)은 신적 결정론으로 대체되고, 세계의 미래는 닫혀 있다. 이러한 견해는 비결정성과 우연성 그리고 자기 조직화 과정에서 창발적으로 진화하는 세계에 대한 자연과학의 증거 그리고 하나님의 형상으로 지음 받은 인간의 자율성에 대한 성서의 증언과 배치된다. 오늘날 자연과학이 밝혀낸 자연의 역사성과 우연성에 대한 인식으로 인해 유신론적 결정론은 더 이상 유지되기 어렵게 되었다.

탈근대적 시기인 오늘날에는 고전적 유신론의 결정론뿐만 아니라 뉴턴의 고전적 물리학에 기초한 근대 과학의 토대주의적[37] 결정론도

---

37 '토대주의'(foundationalism)란 개념은 합리주의적으로든지 경험론적으로든지 어떤

무너졌다. 근대의 기계론적, 결정론적 인과 원리는 하나님을 세계 밖으로 추방하거나(이신론 또는 무신론) 하나님을 세계와 동일시하고(범신론) 세계의 모든 실재와 과정을 결정론적 자연법칙으로 전부 설명하고자 했다. 여기서는 하나님의 주체성이 인간의 이성으로 대체되고 신학적 목적론이 과학적 인과론으로 환원되었다. 그러나 이러한 과학적 결정론은 상대성 이론과 양자물리학의 등장 이후 설 자리를 잃게 되었다.

오늘날 과학에서는 절대성이 아닌 상대성, 결정론적 인과론이 아닌 비결정론적 우연성, 부분이 아닌 전체, 분리가 아닌 통합이 실재의 근본 원리가 된다. 양자역학의 세계는 비결정적이다. 분리된 형태의 소립자 배후에는 분리되지 않은 전체적인 그 무엇, 즉 장이 있다. 미시적 양자 이론과 아울러 거시적 혼돈 이론은 대상적 실재에 대한 객관적이고 명증한 지식을 추구하는 근대적 토대주의가 불가능함을 드러냈다.

그러나 오늘날의 과학이 곧바로 하나님의 존재와 섭리를 입증하는 것은 물론 아니다. 오늘의 탈근대적인 상황에서는 과학에서의 상대성, 우연성, 불확실성, 비결정성으로 인한 해체주의적 반토대주의의 유혹이 존재한다. 해체주의적 반토대주의는 과학이 경험적, 논리적, 인식론적 토대 위에 세워져 있다는 생각에 도전한다. 또한 과학적 지식은 본질적으로 우발적이며, 사회적으로 구성되고, 언어적으로 매개된다고 주장한다. 이 같은 해체주의적 반토대주의는 극복되어야 할 탈근대적 유혹으로서, 과학의 신뢰도를 약화할 뿐 아니라 하나님의 창조적 섭리에 기초한 기독교의 목적론적 세계관과 정면으로 대립한다.

우리는 전근대적인 유신론적 결정론, 근대적인 과학의 결정론적 토대

지식 또는 신앙에 대한 확고한 인식론적 토대를 정당화할 수 있다는 입장을 가리킨다.

주의 그리고 탈근대적인 해체주의적 반토대주의를 넘어서는 포스트토대
주의적(post-foundationalistic)[38] 과학적 자연신학의 전망을 모색해야 한다.
이 신학은 하나님의 섭리와 과학이 밝혀내는 비결정론적인 자연 과정(그리
고 인간의 자율적 주체성)을 통합하는 통전적 인과론을 수립하고자 한다.
이 신학은 하나님의 창조와 섭리를 비결정론적이며 동시에 목적론적인
관점에서 이해한다.

하나님의 창조는 영원 전에 수립된 결정론적 설계에 따라 세계와
인간의 운명이 결정되도록 만드는 것이 아니다. 하나님의 창조는 태초에
완성되어 그 후 아무런 변화가 없는 닫힌 우주를 만들어 내는 것이 아니다.
하나님은 '되어감'의 과정 가운데 있는 열린 우주를 창조하셨다. 우주는
빅뱅 이후 지금까지 빛의 속도로 팽창하면서 역동적인 변화의 과정 가운데
있다. 하나님의 창조는 하나님의 자기 제한 또는 자기 비움(kenosis)을
전제한다. 즉, 하나님의 창조는 피조물에게 자기 조직화의 힘과 자유를
허용하는 것이며, 따라서 시간과 역사 안에서의 비결정성, 우연성, 개방성
을 허용하는 것이다.

---

38 포스트토대주의는 보편적 토대주의와 인식론적 상대주의, 즉 비토대주의 양자를 비판하
고 중도적 입장을 추구한다. 다음과 같은 글들은 이러한 포스트토대주의 입장을 잘
보여준다. "합리성에는 중립적이고 맥락으로부터 자유로운 기준이 존재하지 않는다.
… 그러나 이것이 곧 상대주의를 의미하는 것은 아니다. 합리성이란 공동체 내에서
일관성과 정당화를 통해 형성되는 것이다." Nancey Murphy, *Beyond Liberalism and
Fundamentalism: How Modern and Postmodern Philosophy Set the Theological
Agenda* (Valley Forge, PA: Trinity Press International, 1996), 51-53. "우리는 절대적
인 기초를 추구하는 시도를 넘어서야 하며, 그렇다고 해서 '무엇이든 허용되는' 상대주의
에 빠져서는 안 된다. 대안은 공동체, 전통 그리고 대화적 합리성에 뿌리를 둔 포스트토대
주의적 비전이다." Stanley J. Grenz and John R. Franke, *Beyond Foundationalism:
Shaping Theology in a Postmodern Context* (Louisville: Westminster John Knox
Press, 2001), 38.

하나님은 비결정성, 우연성, 미래 개방성을 본유적 특징으로 하는 창조 질서를 수립하셨으며, 하나님께서 인간에게 주신 자유는 유한하지만 진정한 자유이다. 하나님은 세계와 인간의 운명을 영원 전에 결정하는 전제 군주적 신이 아니다. 하나님의 섭리는 세계가 꼭두각시 인형처럼 입력된 프로그램대로 움직이도록 하는 일방적인 조종이 아니다. 영원 전의 하나님의 예정으로 말미암아 세계의 미래가 결정되어 있다고 주장하는 고전적 유신론의 결정론적 세계관에서는 시간적 우연성 안에서 가치와 선(善)과 미(美)를 위한 인간의 노력이 무의미해지며, 세계의 악과 고통에 대한 책임이 하나님께 돌아가게 된다. 하나님의 사랑의 창조적 섭리 활동에 수반되는 필연적인 변화무쌍함은 우연적 시간의 전개를 통해 가장 자연스럽게 표현된다.[39]

하나님은 세계를 초월해 계시면서, 동시에 세계의 모든 피조물을 포용하고 그 안에 현존하시며 그리고 그것들을 통하여 활동하신다. 하나님은 스스로 만드신 창조 질서를 임의로 깨뜨리고 개입하는 신(Deus ex machina)이 아니다. 하나님의 섭리는 자기 제한적이고 상호적인 방식, 즉 물리 세계의 인과율을 무시하거나 인간의 자율성을 억압하지 않는 방식으로 이루어진다. 하나님의 목적론적 섭리는 하나님 자신의 케노시스, 즉 자기 비움 안에서 이루어진다. 이 하나님의 자기 비움이 가장 결정적으로 예수 그리스도의 고통 당하는 사랑 안에 나타났다.

화이트헤드는 미래를 향해 세계를 인도하시는 하나님을 '세계의 모험가'와 '세계의 시인'으로 표현했다. 전자는 세계의 미래가 어떤 세계 외적

---

39 W. H. Vanstone, *Love's Endeavour, Love's Expense* (London: Darton, Longman and Todd, 1977).

요인에 의해 일방적으로 결정될 수 없다는 사실을 함축하며, 후자는 하나님이 '부드러운 갈릴리인 예수' 안에서 계시된 바와 같이 설득, 비전의 제공 그리고 고통당하는 사랑에 의해서 세계를 인도하신다는 사실을 함축한다. 화이트헤드는 이와 같은 하나님을 "세계를 이해하며 함께 고통 당하는 위대한 동료"[40]로 묘사한다. 위르겐 몰트만(Jürgen Moltmann)은 십자가 위에서 "심지어 아우슈비츠조차도 성부의 비통한 슬픔과 성자의 자기를 내어줌과 성령의 능력 안으로 삼키어진다"[41]라고 했다.

예수 그리스도의 생애와 십자가에 나타난 하나님의 자기 비움과 자기희 생적인 사랑이 세계와 인간의 구원과 완성이라는 하나님의 목적을 성취하 기 위한 유일한 능력이다(고전 1:18). 세계의 넘쳐나는 고통과 비극과 절망에 도 우리가 하나님의 목적론적 섭리가 완성되는 종말론적 미래에 대한 희망을 결코 포기하지 않는 까닭은 예수 그리스도 안에 나타난 하나님의 자기 비움과 사랑의 힘이 궁극적으로 승리할 것을 믿기 때문이다. 종말론적 미래에 하나님은 자기 제한을 해체하고 온 우주에 충만하게 거하실 것이며, 우주는 새롭게 변화되어 하나님의 신성에 참여하게 될 것이다. "이는 하나님이 만유의 주로서 만유 안에 계시려 하심이라"(고전 15:28). "보라 내가 만물을 새롭게 하노라"(계 21:5).

---

40 Alfred North Whitehead, *Process and Reality* (New York: The Free Press, 1978), 351: "God is the great companion—the fellow sufferer who understands."
41 Jürgen Moltmann, *The Crucified God* (New York: SCM Press, 1974), 278.

제5장
신학과 과학의 대화
— 창조신앙과 진화

I. 서론

서구 신학에서 고대와 중세 그리고 근대에 이르기까지 신학의 주요 파트너는 철학이었다. 고대 교부들의 신학은 플라톤(오리게네스)과 플로티누스(아우구스티누스) 철학의 영향을 받았으며, 중세 교회의 신학은 아리스토텔레스 철학(아퀴나스)의 영향 아래 형성되었다. 그리고 근대의 신학자들은 칸트(리츨)와 헤겔(스트라우스)의 영향을 받았으며, 근대 이후에도 하이데거(불트만, 매쿼리), 화이트헤드(과정신학) 등의 철학이 기독교 신학에 많은 영향을 주고 있다.

그러나 무엇보다 근대 과학이 혁명적으로 발전한 이래 오늘날 신학은 과학과 뗄 수 없는 밀접한 관계를 맺게 되었다. 하지만 불행하게도 근대 이래 기독교와 과학은 서로 대립하거나 서로를 경계하는 관계를 지속해왔다. 기독교는 과학의 진화론적, 인과론적 세계관이 기독교의 창조론적, 목적론적 세계관에 대한 도전이 된다고 간주하고 이를 배척하였으며,

과학은 기독교가 여전히 프톨레마이우스적인 구시대의 지구 중심적, 인간 중심적 세계관에 사로잡혀 있다고 비판했다.

신학은 성서의 언어에 의존한다. 성서의 언어와 과학의 언어는 성격이 매우 다르기에 쉽사리 조화될 수 없는 것이 사실이다. 전자는 고대의 신화론적 세계관을 반영하는 반면, 후자는 현대의 과학적 세계관을 반영한다. 성서의 실존적, 고백적, 은유적 언어와 과학의 실증적, 기술적(記述的) 언어는 조화되기 어렵다. 그러나 이 두 언어가 단지 양립 불가능하거나 모순되는 것도 아니다. 양자 사이의 불필요한 대립이나 불신은 바람직하지 못하다. 두 언어는 상호 보완적인 관계 안에서 열린 대화의 과정을 통해 서로를 더 잘 이해할 수 있다. 오늘날 신학자들과 과학자들 양쪽에서 대화의 필요성에 대한 인식이 점차 증대되고 있다. 이 장에서는 이와 같은 인식에 기초하여 신학과 과학 사이의 대화를 수행하고자 한다. 보다 구체적으로 성서와 과학, 구약성서의 창조신앙, 기독교의 창조신앙과 진화론, 과학의 방법론적 자연주의, 계속적 창조와 창발적 우연성, 인간의 창조와 창발적 진화 등의 주제를 차례대로 고찰한 후 결론을 맺고자 한다.

II. 성서와 과학

성서는 하나님을 창조주로 증언한다. 즉, 하나님이 이 세계를 창조하셨으며 오늘도 창조적 섭리 활동을 계속하신다고 증언한다. 하나님의 세계 창조에 관한 성서의 이야기는 창세기 1-2장에 나타난다. 창세기 1장-2장 4a절에 나타나는 첫 번째 창조 이야기는 제사장 문서(P)로서 고대 바벨론 문명의 세계관을 반영하는 언어로 쓰였다. 근대 이전의 기독교 전통에서는 창세기의 창조 이야기와 그 이후에 나타나는 인간의 계보를 문자적으로 해석하는 전통에 따라 하나님이 세계와 만물을 수천 년 전에 엿새 동안 만들었다는 생각이 지배적이었다. 근대 이전 시대는 천동설이 지배하던 시기였기 때문에 이러한 문자주의적 성서 해석이 별다른 도전을 받지 않았다. 그러나 코페르니쿠스와 갈릴레이에 의해 천동설이 무너지고 근대 이후 천문학, 지질학, 인류학, 생물학 등의 분야에서 혁명적인 과학적 발전이 이루어진 오늘날에도 여전히 문자주의적인 성서 해석에 기초해 이른바 젊은 지구론을 고수하는 것은 시대착오적 오류가 아닐 수 없다. 그와 같은 성서 해석은 계보에 대한 문자적, 산술적 계산으로서는 정확하지만, 문제는 산정한 아담의 시기가 이미 중동 지방에 상당한 수준의 청동기 도시 문명이 발달한 시기였다는 점이며, 따라서 오히려 아담이 모든 인류의 조상이라는 주장이 신빙성 없음을 스스로 드러내고 만다는 것이다.

잘못된 문자주의적 성서 해석은 성서를 통해 하나님이 말씀하시고자 하는 본래적 주제를 놓치고 오히려 현대인에게 성서가 걸림돌이 되도록 만든다. 창세기의 창조 이야기의 본래적 주제는 무엇인가? 독일의 구약학자 게르하르트 폰라트(Gerhard von Rad)에 따르면 창세기 1-2장이 말하고자 하는 본래적 주제는 오직 지고하신 하나님 한 분만이 계심을 말하는 것이다. 하나님의 말씀과 행동에 의해 혼돈으로부터 질서가 수립되었다. 모든 피조물과 인간은 하나님께 전적으로 의존한다. 그리고 인간은 하나님께 대한 순종과 더불어 교제로 부름 받는다.[1] 이것이 성서가 말하는 창조

---

1 Gerhard von Rad, *Genesis* (London: SCM, 1961), 41; 게르하르트 폰 라드, 『국제성서주석 1: 창세기』 (서울: 한국신학연구소, 1981).

이야기의 본래적 주제다.

창세기의 저자(P 문서)는 이와 같은 주제를 표현하기 위하여 기원전 6세기 바벨론의 세계관을 반영하는 언어를 사용했다. 따라서 창세기는 기원전 6세기의 제한된 자연 지식에 빚지고 있다. 예컨대 바다에 견줄 만한 거대한 양의 물이 구름 위 하늘에 있다는 생각이 하나의 사례다. 고대의 세계관에 따르면 구름 위의 물은 아래의 물, 즉 바다와 분리되어 있으며, 하나님은 구름 위에 있는 물이 쏟아져 내리는 것을 막기 위해 궁창, 즉 하늘의 돔을 만드셨다(창 1:6 이하). 그리고 궁창이 열려 궁창 위의 물이 밑으로 쏟아져 내림으로써 비가 내린다(창 7:11). 그러나 이러한 생각은 오늘날 더 이상 우리의 자연 지식이 될 수 없다. 창세기의 저자들이 그 시대의 제한된 자연 지식 안에서 쓴 창조 이야기를 현대적 의미의 과학적 설명으로 읽어서는 안 된다. 다시 말해 우리는 고대의 세계관 안에서 기록된 성서의 창조 이야기로부터 오늘날 과학의 생물학적, 지질학적, 천문학적 질문들에 대한 답변을 듣고자 해서는 안 된다.[2]

성서는 오늘날처럼 발달된 과학으로 자연을 체계적으로 연구하기 전에 기록된 고대의 책이기 때문에 오늘날의 과학을 위한 교과서로 읽어서는 안 된다. 그러나 또한 하나님이 온 자연 세계를 주관하신다는 성서 저자들과 기독교인의 신앙은 과학에 의해 무너지지 않는다. 현대 과학은 오히려 기독교의 신앙에 긍정적인 도움을 줄 수 있다. 성서의 저자들은

---

2 이 점은 일찍이 존 칼빈도 강조한 바 있다. 칼빈은 근대 과학이 발전하기 이전 시기의 대부분의 사람과 마찬가지로 성서의 문자적 해석에 근거해서 지구의 나이를 5천 년 정도로 추정했다. 그러나 그는 창세기 1장 6절의 궁창을 천문학의 관점에서 이해해서는 안 되며, 천문학은 천문학자에게 가서 배우라고 말했다. 천사무엘, "칼빈의 성서 해석과 자연과학,"「대학과 선교」11 (2006): 147-158; 칼빈/박건택 역,『구약설교집』1/1 (안산: 크리스천 르네상스, 2019), 537 참고.

하나님이 모든 자연 과정을 주관하신다는 믿음을 가지고 있었지만, 어떻게 하나님이 자연 과정을 통해 일하시는지에 대한 과학적 지식이 부족했다. 예컨대 그들은 하나님이 어떻게 낮과 밤과 계절을 만드시고 동식물을 자라게 하시는지에 대한 과학적 지식을 갖고 있지 않았다. 현대 과학은 하나님이 어떻게 낮과 밤과 계절을 만드시고 동식물을 자라게 하시는지를 태양계 안에서의 지구의 자전과 공전 그리고 생물학적, 화학적 과정 같은 자연법칙을 통해 이해 가능한 방식으로 설명해 줄 수 있다.

성서의 언어와 과학의 언어는 양자택일의 관계에 있지 않다. 어느 하나가 옳고 다른 하나가 잘못된 것이 아니며, 어느 한 관점에서 다른 하나를 흡수 통합할 수 있는 것도 아니다. 이 두 언어는 기본적으로 상호 보완적인 관계에 있다. 전자는 (하나님에 의한) 창조의 목적과 의미에 관심을 갖는 반면, 후자는 창조의 방법과 메커니즘에 관심을 갖는다. 그러나 또한 이 둘은 서로 분리되어는 안 되며 상호 대화를 통한 공명 가능성을 추구해야 한다. 궁극적으로 성서의 목적론적 세계관과 과학의 인과론적 세계관은 상호 보완적인 관계 안에서 전체적(holistic) 세계관을 구성한다. 그러므로 고대 바벨론 문명의 세계관 안에서 그 당시 언어로 표현된 구약성서의 창조신앙은 진화론을 포함한 오늘날 과학적 세계관과 언어 안에서 새롭게 이해되고 표현될 필요가 있다. 그렇다면 구약성서의 창조신 앙은 과연 어떤 것인가?

III. 구약성서의 창조신앙

구약성서에서 히브리인들의 창조신앙의 핵심은 우주라는 물리적 공간의 기원과 생성 과정에 관한 것이 아니라 혼돈과 무질서로부터 인간이 안전하고 평화롭게 거할 수 있는 우주적 질서의 창조와 이에 의한 창조주 하나님의 주권에 대한 확증에 있다. 존 월튼에 따르면 고대 근동의 우주론에는 물질적 우주의 형성에 관한 것이 없다.[3] 그에 따르면 구약성서가 쓰인 고대 근동에서 우주의 창조는 물질을 존재하게 만드는 과정이 아니라 기능과 역할, 질서, 사법권, 조직화, 안정성 등을 확립시킨 과정으로 여겨졌다. 우주 발생 이전의 상태는 물질의 비존재가 아니라 정체성, 다양성, 질서, 기능이 없는 세계의 특징을 보여준다.[4] 한마디로 혼돈과 무질서의 상태이며, 이는 물과 어둠에 의해 상징된다. 고대 근동의 문서들은 우주 생성 이전의 상태에 물과 어둠이 있었다는 고대의 세계관을 보여준다.[5] 창세기 저자도 창조 이전의 상태를 혼돈, 공허, 흑암(어둠), 수면(물)과 같은 이미지를 통해 표현한다. "땅이 혼돈하고 공허하며 흑암이 깊음 위에 있고 하나님의 영은 수면 위에 운행하시니라"(창 1:2). 이 구절에서 '혼돈(토후)과 공허(보후)'는 하나님의 창조 이전의 무질서 상태를 표현한다. 창조는 혼돈과 무질서로부터 질서와 기능과 목적이 부여되는 것으로서, 고대인들은 이를 통해 존재를 부여받는 것으로 이해했다. 창세기 저자는 혼돈과 무질서로부터 어떻게 질서가 창조되는지를 자신의 생활세계에서

---

3 John H. Walton, *Ancient Near Eastern Thought and the Old Testament* (Grand Rapids: Baker Academic, 2006); 신득일·김백석 역, 『고대 근동 사상과 구약성경』(서울: CLC, 2017), 256.

4 John H. Walton, *Genesis 1 as Ancient Cosmology* (Winona Lake: Eisenbrauns, 2011); 강성열 역, 『창세기 1장과 고대 근동 우주론』(서울: 새물결플러스, 2017), 250.

5 메소포타미아의 「에누마 엘리쉬」는 초기의 혼돈 상태를 하늘과 땅이 분리되지 않는 상태로 묘사한다. 그 중심에는 신들의 고대도시가 있었고 그 도시의 기원은 물이다. Walton, 『고대 근동 사상과 구약성경』, 267-269.

의 일상적 삶의 리듬이었던 엿새라는 시간의 틀 안에서 좌우 대칭적인 구조로 도식화한다.[6]

그러나 이와 같이 확립된 창조 질서는 영원토록 절대적인 안정을 보증하는 것이 아니다. 일단 질서가 세워져도 끊임없이 본래의 상태, 즉 혼돈과 무질서로 되돌아가려는 위협이 상존한다. 따라서 고대 근동에서 신들의 창조 행위는 단지 일회적인 것이 아니라 매 순간 질서를 회복하는 행위로 이해되었다. 구약성서 저자들에게서도 예외가 아니다. 존 레벤슨은 구약성서에 나타나는 고대 이스라엘인들의 창조신앙이 전통적인 서구 신학의 "무로부터 창조"가 아닌 "혼돈과 무질서로부터의 창조"임을 밝히면서, 창조 이후에도 남아 있는 악의 잔존, 즉 혼돈과 무질서로 인한 신정론의 문제를 여러 구약성서 본문을 통해 다룬다.[7]

레벤슨에 따르면 창세기 7-9장의 홍수 이야기는 하나님이 이 세상의 질서를 확립하신 창조 행위가 항구적인 것이 아니라는 사실을 함축한다. 인간의 (사회적 차원으로 확장된) 도덕적 혼돈에 대한 하나님의 심판은 자연 질서의 혼돈으로 나타난다. 궁창 위에 있던 물(혼돈)이 온 땅을 뒤덮을 정도로 쏟아져 내린 것은 혼돈이 다시 땅을 뒤덮음을 상징한다. 하나님은

---

6 하나님은 처음 3일 동안에는 첫째 날, 빛과 어둠을 나누시고, 둘째 날, 하늘(위의 물)과 바다(아래의 물)를 나누시고, 셋째 날, 바다와 육지를 나누신다(육지는 식물을 낸다). 그리고 다음 3일 동안에는 넷째 날, 빛(낮)은 해로 어둠(밤)은 달과 별로 주관하게 하시고, 다섯째 날, 하늘은 새로 바다는 물고기로 채우시며, 여섯째 날, 육지에는 동물과 인간을 창조하신다. 그리고 일곱째 날, 모든 창조 질서를 완성하시고 안식하신다.

7 이스라엘의 역사적 경험을 반영하는 이와 같은 구약성서의 창조신앙은 혼돈과 무질서와 악이 잔존하는 현실 속에서의 신정론의 문제에 대한 제의적이고 실천적 접근으로 나타난다. 즉, 부당한 악의 현실에 직면했을 때 그것을 설명하려고 씨름하기보다는 하나님께 그것을 날려버려 달라고 호소하면서(제의적) 악의 현실을 극복하기 위해 투쟁하는 것(실천적)으로 나타난다. 존 D. 레벤슨/홍국평·오윤탁 역, 『하나님의 창조와 악의 잔존』 (서울: 새물결플러스, 2019).

다시금 창조 질서를 회복하시겠다고 약속하신다. 그러나 이 약속은 혼돈과 무질서가 이 땅을 휩쓸고 지나간 후에 주어진다.

시편 74편도 하나님의 창조 질서가 혼돈과 무질서에 의해 도전받는 상황을 잘 보여준다.[8] 11-17절에서 저자는 혼돈과 무질서 가운데 다시 질서를 세우시는 하나님을 찬양한다. 그러나 이는 단순한 찬양이 아니라 바로 저자가 처해 있는 현재의 혼돈과 무질서의 상황 가운데서 하나님께서 다시금 질서를 세워달라는 탄원이다. 이 사실은 본문의 앞뒤 문맥을 보면 쉽게 알 수 있다. "하나님이여 대적이 언제까지 비방하겠으며 원수가 주의 이름을 영원히 능욕하리이까"(시 74:10). "여호와여 이것을 기억하소서 원수가 주를 비방하며 우매한 백성이 주의 이름을 능욕하였나이다. 주의 멧비둘기의 생명을 들짐승에게 주지 마시며 주의 가난한 자의 목숨을 영원히 잊지 마소서. 그 언약을 눈여겨 보소서 무릇 땅의 어두운 곳에 포악한 자의 처소가 가득하나이다"(시 74:18-20). 이 맥락은 하나님의 주권에 대한 믿음을 지탱하기 매우 어려운 혼돈과 무질서의 상황을 보여준다. 시편 74편은 다음과 같은 탄원으로 끝맺는다. "하나님이여 일어나 주의 원통함을 푸시고 우매한 자가 종일 주를 비방하는 것을 기억하소서 주의 대적들의 소리를 잊지 마소서 일어나 주께 항거하는 자의 떠드는 소리가 항상 주께 상달되나이다"(시 74:22-23). 이와 같은 현실과 희망의 변증법은 '혼돈과의 전쟁' 신화인 이사야 51장 9-11절과 앞뒤 문맥(사 51:7-8, 12-13)에

---

8 "주께서 주의 능력으로 바다를 나누시고 물 가운데 용들의 머리를 깨뜨리셨으며 리워야단의 머리를 부수시고 그것을 사막에 사는 자에게 음식물로 주셨으며 주께서 바위를 쪼개어 큰물을 내시며 주께서 늘 흐르는 강들을 마르게 하셨나이다 낮도 주의 것이요 밤도 주의 것이라 주께서 빛과 해를 마련하셨으며 주께서 땅의 경계를 정하시며 주께서 여름과 겨울을 만드셨나이다"(시 74:13-17).

도 나타난다. 여기서 저자는 기원전 6세기 바벨론 포로기의 절망적 상황 속에서 하나님을 향해 "오래전 옛날처럼 깨어나십시오"라고 거듭 부르짖고 있다.[9]

레벤슨에 따르면 이스라엘의 창조신학의 핵심은 "무로부터 창조"가 아니라 혼돈과 무질서를 초래하는 모든 대적을 물리치고 승리하신 하나님의 주권 아래 수립된 안전하고 평화로운 질서의 확립에 있다.[10] 그러나 이스라엘의 역사적 현실은 하나님의 주권이 당연시되고 있지 않음을 보여준다. 하나님의 주권은 종종 도전을 받으며 회복되고 재확인된다. 하나님의 주권이 당연한 것으로 전제되지 않고 신앙고백의 내용이 된 것은 창조 때 제압되었던 혼돈의 세력이 여전히 잔존하기 때문이다. 혼돈의 세력을 상징하는 바다 괴물 리워야단은 여전히 호시탐탐 기회를 노리고 있다. 하나님의 결정적 승리는 태초에 완성된 일이 아니라 앞으로 이루어 내야 할 미래의 일로 보인다. 구약성서의 묵시문학과 신약성서의 요한계시록은 역사적 현실 속에 잔존하는 악이 초역사적 차원에서 궁극적으로 극복된다는 메시지를 담고 있다. 이와 같은 성서의 창조신앙은 과학의 진화론적 세계관과 대립하는 것이 아니며, 오히려 공명 가능하다.

IV. 기독교 창조신앙과 진화론

근대 이후 오랫동안 교회 안에서 진화론은 기독교의 창조신앙과 충돌하

---

9 혼돈과의 전쟁 신화를 반영하는 창세기 6-9장, 시편 74편, 이사야 51장 등에 대한 자세한 설명은 레벤슨, 『하나님의 창조와 악의 잔존』, 59-80 참고.
10 앞의 책, 111-116.

는 것으로 여겨졌다. 보수적인 한국교회의 경우 이러한 상황은 지금도 크게 달라지지 않은 것으로 보인다. 보수 기독교인들이 창조신앙과 진화론이 대립한다고 보는 이유는 세 가지다. 첫 번째 이유는 많은 기독교인이 진화론을 유물론자 또는 무신론자의 이론으로 생각하기 때문이다. 실제로 진화론자들 가운데 리처드 도킨스나 스티븐 호킹 같은 유물론적 무신론자가 있는 것은 사실이다. 무신론적 또는 유물론적 진화론자들은 창조자 하나님 개념을 더 이상 유지될 수 없는 불필요한 가설로 간주한다. 따라서 보수적인 신앙을 가진 기독교인들은 진화론을 창조신앙에 대한 도전으로 간주하고 진화론을 반대한다. 그러나 진화론은 유물론이나 무신론과 동일시될 수 없다. 진화를 수용하는 과학자, 과학 교사, 일반인들 중에는 신실한 기독교인이 헤아릴 수 없이 많다.

보수적인 기독교인들이 진화론이 기독교의 창조신앙과 대립한다고 생각하는 두 번째 이유는 그들이 문자주의적 성서 해석에 기초한 근본주의적 신앙을 가지고 있기 때문이다. 그들은 성서에 대한 문자주의적 해석에 근거하여 우주와 지구의 나이를 수천 년으로 산정하고, 바로 우주와 지구가 생겨났던 시점에 인간(아담)이 창조되었다고 믿는다. 이러한 창조신앙은 138억 년 전에 빅뱅에 의해 우주가 탄생하고 45억 년 전에 지구가 생성된 이래 수십억 년 동안의 자연 과정을 통해 인간이 출현했다는 오늘날의 천체물리학, 지질학, 생물학, 고고학, 인류학 등의 과학적 증거들과 정면으로 충돌한다. 그러나 창세기의 창조 이야기에 대한 문자주의적 해석에 기초해서 하나님이 24시간이 하루인 엿새 동안의 날들에 우주를 창조했다고 믿거나 하나님이 마술사가 마술지팡이로 마술을 부리듯 한순간에 지구상의 수천만 종의 동식물(씨나 알이나 유생의 형태가 아니라 성체 형태로)을 단번에 동시다발적으로 창조했다고 믿는 것은 참으로 반지성적 난센스가 아닐 수 없다.

세 번째 이유는 전통적으로 교회가 세계 창조가 태초에 단번에 영원히 (once and for all) 완성되었다고 가르쳐 왔기 때문이다. 이 가르침에 따르면 하나님의 세계 창조는 태초에(엿새 동안에) 영원히 완결되었기 때문에 더 이상 하나님의 창조적 활동은 필요하지 않다. 태초의 창조 이후에는 단지 창조의 보존과 유지를 위한 섭리가 필요할 뿐이며, 창조 세계가 인간의 죄로 손상을 입은 이후에는 본래적 회복을 위한 구속 사역이 요청될 뿐이다. 그러나 위에서 고찰한 바와 같이 성서의 저자들은 세계 창조가 태초에 영원히 완결되어 더 이상 하나님의 창조적 활동이 필요 없다고 말하지 않는다. 오히려 그들은 이스라엘의 역사적 현실 속에서 끊임없이 경험되는 혼돈과 무질서의 위협 앞에서 다시금 새로운 질서를 창조하시는 하나님의 역동적인 창조 활동을 호소한다. 이 같은 성서의 창조신앙은 종말론적 새 창조의 완성을 향한 계속적 창조 개념을 내포한다. 그렇기에 열린 미래를 향한 끊임없는 변화의 과정에 있는 진화론적 세계관과 조화 또는 공명이 가능하다.

그러므로 성서에 기초한 기독교의 창조신앙은 진화론과의 대화를 통해 조화와 공명의 가능성을 모색해야 한다. 무엇보다 오늘날 과학 시대에 신학은 과학과의 대화를 통해 경청할 준비가 되어 있어야 한다. 몰트만은 "우리는 무엇보다 진화론에 반대하는 논쟁으로 인해 기독교의 창조론 안에 뿌리내린 편견과 편협성을 비판하고 제거해야 한다"[11]고 강조했다. 신학은 과학을 올바른 방향으로 이끌어야 함과 동시에 과학으로부터

---

11 Jürgen Moltmann, *God in Creation: A New Theology of Creation and the Spirit of God* (San Francisco: Harper & Row, 1985), 192.

배워야 하며, 가능한 한 자연 과정 안에서 하나님의 계속적 창조 행위를 오늘날의 과학적 이성을 가진 사람들이 이해할 수 있는 방식으로 설명할 수 있어야 한다.

그러면 진화론이란 무엇인가? 일반적으로는 지구상에서 생명의 생성·변화·발전 과정, 즉 생물학적 진화 과정에 대한 과학적 설명을 가리킨다. 진화론은 생물이 환경에 적응하면서 단순한 것으로부터 복잡한 것으로 진화하며, 제한된 환경 조건 속에서 생존과 번식을 둘러싸고 경쟁하며, 그 결과 상대적으로 더 유리한 형질이 다음 세대로 축적되는 과정을 설명하는 학설이다. 이에 따르면 최초의 단세포 생물로부터 오랜 기간에 걸친 변이를 통해 다양한 생물들이 지구상에 출현하게 되었다. 진화론에서 가장 중요한 개념은 '자연선택'(natural selection)이다. 이 개념은 환경에 더 잘 적응한 생물들이 생존하고 번식할 가능성이 더 높아지고, 세대를 거치며 개체군 내에 더 많이 퍼지는 과정을 가리킨다.

진화에 관한 사상을 처음 주창한 사람은 프랑스의 장 바티스트 드 라마르크(Jean-Baptiste Lamarck)였다. 그는 『동물 철학』(1809)[12]에서 두 가지 현상을 설명하고자 하였다. 하나는 가장 단순한 동물로부터 인간에까지 이르는 과정에서 점진적으로 증대하는 복잡성과 완전성이며, 다른 하나는 유기체(생물)의 놀라운 다양성이다. 이 같은 현상에 대한 설명으로 라마르크는 하나의 종이 매우 긴 기간에 걸쳐 다른 종으로 변화될 수 있다고 주장했다. 유기체는 기후의 변화, 지구 표면의 물리적 구조의 변화, 포식자들과 경쟁자의 변화들과 같은 환경에 적응하여 진화할 때만

---

12 Jean-Baptiste Lamarck, *Zoological Philosophy: An Exposition With Regard to the Natural History of Animals* (Forgotten Books, 2012).

멸종되지 않고 존속될 수 있다. 그러나 그는 새롭게 획득된 특성이 어떻게 유전되는가에 대해서는 제대로 설명하지 못했다.

진화론을 일반적인 사실로서 확신시킨 사람은 영국의 찰스 다윈이었다. 라마르크는 다윈의 길을 예비하였지만, 그 둘 사이에는 중요한 차이점이 있다. 라마르크에게는 환경의 변화가 우선성을 갖는다. 왜냐하면 환경의 변화가 적응을 위한 변이 행동을 유기체에 초래하기 때문이다. 대조적으로 다윈은 유기체 안의 변이로부터 시작하며 환경의 질서화 행동, 즉 자연선택은 그 뒤에 온다.

다윈은 『종의 기원』(1859)[13]에서 부모가 가진 형질이 후대로 전해져 내려올 때 자연선택을 통해 주위 환경에 더 잘 적응하는 형질이 선택되어 살아남음으로써 진화가 일어난다고 주장했다. 생물 개체는 같은 종이라도 다양한 변이를 나타내게 되는데, 이 중 자신의 생존과 번식에 유리한 변이로의 선택이 일어나서 후대까지 전해진다는 것이다. 이때 주위 환경의 자원이 한정되어 있기에 생물은 같은 종이나 다른 종의 개체와 경쟁해서 살아남아야 하는데, 이것이 바로 생존경쟁이다. 다윈은 진화 이론을 통해 생물의 다양성과 적응성이 미리 설계된 것이 아니라 원리적으로는 변이와 선택의 역사적 산물이라는 이해의 구조를 확립했다. 그의 자연선택 이론은 여전히 현대의 생물진화 이론의 기본 틀을 구성한다.

다윈의 진화론은 아우구스트 바이스만(August Weismann) 이후 신다윈주의로 발전되었다. 바이스만은 사용한 기관이 발달하고 유전된다는 라마르크의 '용불용설'에 반대해서 유전은 오직 생식세포를 통해서만 이루어지

---

13 Charles Darwin, *The Origin of Species by Means of Natural Selection, or the Preservation of Favoured Races in the Struggle for Life* (London: John Murray, 1859). 제1판은 1859년, 마지막 제6판은 1872년에 출판되었다.

며 체세포의 변화(근육 발달 등)는 다음 세대로 전달되지 않는다고 주장했다. 다윈주의는 주로 개체, 종 분화, 생물체에 관심을 두는 반면, 신다윈주의는 진화가 유전자, 표현형 그리고 집단 수준에서 어떻게 작용하는지에 관심을 기울인다. 진화의 단위는 개체군이다. 유전자, 개체, 종 역시 일정한 역할을 수행하지만, 생물의 진화를 결정하는 것은 바로 개체군의 변화다.[14] 신다윈주의는 진화를 돌연변이에 의해 도입된 유전자 빈도의 변화로 간주하고, 그 변화를 일으키는 여러 원인 가운데 자연선택을 가장 중요한 원인으로 본다.

변이의 원천에 관한 다윈의 주장은 1900년에 그레고르 멘델(Gregor Mendel)이 유전자변이(돌연변이)가 진화를 위한 원재료로 기능한다는 사실을 밝혀냄으로써 사실로 증명되었다. 그리고 1960년대에 들어 사실상 모든 개체군 안에 엄청난 양의 변이가 존재한다는 사실이 발견되었다. 이것은 한 종(種)이 새로운 환경의 스트레스에 신속하고 정확하게 반응할 수 있다는 것을 의미한다. 최근에 델타와 람다 등의 신종 변이 코로나바이러스가 급속히 발생하고 확산하는 것이 한 사례가 될 수 있다. 그리고 기름을 소화하는 박테리아, 인공적인 독을 해독하는 진딧물, 남극대륙에서도 성장하는 식물 등도 환경의 스트레스에 반응하여 새로운 변이가 발생할 수 있음을 입증하는 또 다른 사례가 될 수 있다.

진화론에 제기되는 질문은 해로운 변이를 걸러내는 기능을 하는 자연선택이 어떻게 완전히 새로운 발달을 가능케 하는가이다. 자연선택의 기능은 기존의 적응을 조절하는 데 국한되지 않는가? 말콤 지브스(Malcolm A. Jeeves)와 로버트 베리(Robert J. Berry)는 이에 대한 대답을 세 가지로 제시한

---

14 에른스트 마이어/임지원 역, 『진화란 무엇인가』 (서울: 사이언스북스, 2008), 36-37.

다. 첫째, 모든 유전적 특성이 변이의 대상이다. 둘째, 진화에서 새로움은 통상적으로 환경의 변화를 통해 생겨나는 기회에 의해 도입된다. 셋째, 매우 작은 선택 이익도 유전적 변화를 가져올 수 있다.[15]

과학자들은 진화에 대한 증거의 범주들인 화석 기록, 분자의 유사성 그리고 변이의 정도를 분석한 결과, 이 독립된 범주들의 증거가 일치함을 발견했다. 그들은 이러한 일치가 공통 조상론을 입증하는 증거라고 본다. 특히 오늘날 과학자들은 공통 조상론을 뒷받침하는 분명한 증거를 현대 유전학에서 발견한다.[16] 유전학에서는 유전적 유사성, 특히 '내포적 유사성 패턴'(nested pattern of similarity)에 대한 연구를 통해 모든 종이 공통 조상을 공유한다는 결론을 내린다. 이 연구에 따르면 가장 비슷한 유전자들을 공유하는 생명체들(예를 들면 포유류 내의)의 공통 조상이 가장 최근에 존재했고, 이보다 덜 유사한 유전자를 지닌 생명체들의 공통 조상(예를 들면 포유류와 조류와 파충류)은 그보다 오래전에 존재했다. 그리고 어떤 유전자는 많은 대립유전자를 가지고 있는데, 이는 곧 이 종을 일으킨 최초의 조상이 한 쌍 이상이었음을 의미한다. 만일 어떤 종이 한 쌍으로부터 유래했다면, 기껏해야 최초의 부모로부터 각각 두 개씩 물려받은 네 개의 대립유전자를 갖고 있어야 한다.[17] 그리고 밀접하게 관련된 종들은 동일한 대립유전자를 상당수 공유하는 반면에, 관련이 덜한 종 간의 동일한 대립유전자 수는 그보다 적었다. 과학자들은 이와 같은 패턴을 진화론과 공통 조상론을 뒷받침해 주는 증거로 간주한다.

---

15 Malcolm A. Jeeves and Robert J. Berry, *Science, Life and Christian Belief: A Survey of Contemporary Issues* (Grand Rapids: Baker Books, 1998), 126.

16 데보라 하스마 · 로렌 하스마, 『오리진』, 222-227 참고.

17 돌연변이로 대립유전자 수가 조금 늘 수는 있다.

일부 기독교인들이 진화론을 거부하는 이유 중 하나는 하나님의 창조가 자연적 생성으로 대체될 경우 세계와 세계의 모든 존재가 하나님의 창조적 손길 안에 있지 않고 자연법칙의 톱니바퀴 속에 있는 것처럼 보이기 때문이다. 진화론으로부터 유물론적 세계관이 형성될 가능성이 있는 것은 사실이다. 진화론에서 사용하는 '자기 조직화', '자기 재생산', '자기 초월' 등의 개념은 유물론적 무신론 같은 세계관을 설명하는 개념으로 오용될 위험이 있다. 그러나 진화론이 유물론적 세계관과 동일시될 수 있는 것은 아니다. 유물론적 세계관은 진화론 자체로부터 나온 것이 아니라 진화론에 대한 형이상학적 해석으로부터 나온 것이다.

칼빈 개혁주의 전통의 철학자 앨빈 플란팅가(Alvin Plantinga)는 과학적 진화론이 기독교 신앙과 양립 가능하다고 본다. 그에 따르면 진화론적 과정을 거쳐 살아있는 세상이 시작되었다는 사고와 기독교의 창조신앙 사이에는 어떠한 모순도 없다. 다시 말하면 진화를 이끄는 주된 과정인 자연선택 또는 임의적 유전자 돌연변이와 기독교 신앙 사이에는 어떠한 충돌도 없다. 이것은 하나님 자신이 설정한 목적을 성취하기 위해 그 과정을 지시·감독·지휘했기 때문이다. 플란팅가에 따르면 하나님은 자연선택을 위해 원 물질을 형성한 유전변이를 일으키신다. 즉, 적절한 때에 필요한 변이를 만들어 내기 위해 하나님은 자신이 창조하고자 의도한 피조물의 종류들을 일으키신다.[18]

---

18 Daniel C. Dennett and Alvin Plantinga, *Science and Religion: Are They Compatible?* (New York and Oxford: Oxford University Press, 2010), 63.

V. 과학의 방법론적 자연주의

플란팅가는 진화가 하나님 또는 다른 어떠한 손에 의해 인도되지 않는다고 주장하는 자연주의적 진화론은 과학적 진화론의 일부가 아니라고 간주하고 '자연주의에 대항하는 진화론'을 내세운다. 왜냐하면 진화가 계획되지 않았다는 자연주의적 사고와 결합된 진화론은 유신론적 종교와 양립될 수 없다고 보기 때문이다. 이런 이유로 그는 '방법론적 자연주의'를 하나님의 창조적 사역과 양립할 수 없는 '잠정적 무신론'으로 간주한다.[19] '방법론적 자연주의'란 초자연적인 원인과 설명을 배제하고 오직 관찰이나 실험을 통해 검증된 결과에 근거해서 이론을 수립하는 과학 원리를 의미한다. 플란팅가는 방법론적 자연주의가 초자연적 원인이 역사 속에 실제로 작용했을 가능성(기적)을 처음부터 배제한다고 비판한다.

그러나 진화 과정이 플란팅가의 주장처럼 단순히 외부 힘의 개입에 의해 인도되는 것은 아니라고 보는 생물학자들도 많다. 어난 맥멀린(Ernan McMullin)은 방법론적 자연주의에 기초한 진화론이 창조론과 양립 가능하다고 본다. 맥멀린은 방법론적 자연주의와 형이상학적 자연주의를 구분한다. "방법론적 자연주의와 형이상학적 자연주의의 구분은 필수적이다. 전자는 탐구의 목적을 위한 입장이며, 후자는 존재하는 것에 대한 신념이다. 이 둘을 혼동하는 것은 과학과 철학 모두를 오해하는 것이다."[20] 그는 방법론적 자연주의가 자연을 넘어서는 실재들의 가능성을 부정하지 않지

---

19 Alvin Plantinga, "When Faith and Reason Clash: Evolution and the Bible," *Christian Scholars' Review* 21 (1991): 8-32.

20 Ernan McMullin, "The Impact of Newton's Principia on the Philosophy of Science," *Philosophy of Science* 68, no. 3 (2001), 279.

만, 그것들이 과학적 탐구의 한계를 벗어난 것임을 분명히 한다고 말한다.[21] "과학은 그 본성상 현상을 자연적 원인에 따라 설명하려고 한다. 이는 초자연적인 것을 부정하기 때문이 아니라 그러한 원인은 과학이 요구하는 방식으로 검증할 수 없기 때문이다."[22]

진화론을 포함한 모든 과학은 방법론적 자연주의에 기초한다. 방법론적 자연주의는 초자연적인 실재를 부정하는 형이상학적 교리가 아니다. 이 원리는 초자연적인 실재를 부정하는 것이 아니라 경험적 방법으로 초자연적 실재를 탐구할 수 없다고 보는 것이다. 진화론을 포함한 모든 과학은 자연주의 범주를 넘어서는 하나님의 존재에 대해서는 입증할 수도 반증할 수도 없다. 만일 어떤 진화론적 과학자가 무신론을 주장한다면, 그는 과학자로서 실증적 주장을 하는 것이 아니라 철학자로서 형이상학적 주장을 하는 것이다.

과학은 지금까지 방법론적 자연주의에 기초하여 신뢰할 수 있는 방대한 자연에 관한 지식과 놀라운 기술적 진보를 이루어 낸 것이 사실이다. 이 원리는 과학자들이 지닌 종교적, 철학적 신념과 관계없이 누구나 접근 가능하고 검증 가능한 결과를 얻게 해 준다. 무엇보다 이 원리는 과학의 자리를 자연의 영역에 자리매김함으로써 과학자로 하여금 겸손히 자신의 한계 영역 안에 머물게 한다. 이 원리를 따르는 과학자는 신학자가 하나님의 자연 안에서의 초자연적인 행동(기적)을 증언할 때, 과학자로서 입증도

---

21 Ernan McMullin, "Plantinga's Defense of Special Creation," in *Intelligent Design Creationism and Its Critics: Philosophical, Theological, and Scientific Perspectives*, ed. Robert T. Pennock (Cambridge, MA: MIT Press, 2001), 30.

22 Ernan McMullin, "Science and Religion: Seeking Understanding," in *The Science and Theology Dialogue: What Can Theology Contribute?*, ed. Niels Henrik Gregersen (Geneva: World Council of Churches, 2002), 18.

반증도 할 수 없지만, 신앙의 여부에 따라 그 증언을 받아들일 수도 있고 받아들이지 않을 수도 있다.

VI. 계속적 창조와 창발적 우연성

몰트만은 창조를 세 가지 차원, 즉 최초의 창조(*creatio originalis*), 계속적 창조(*creatio continua*), 종말론적 창조(*creatio nova*)로 설명한다.[23] 최초의 창조는 하나님이 무로부터 세상을 창조하신 초기의 창조 행위이며, 종말론적 창조는 새 하늘과 새 땅을 향한 미래의 새 창조다. 계속적 창조는 하나님의 창조가 과거에 세계를 창조하심으로 완결된 것이 아니라 현재에도 진행되고 있는 지속적인 사건임을 표현한다. 몰트만에게 창조는 과거-현재-미래의 통합적 사건이다. 그에게 세계는 고정된 질서나 닫혀 있는 체계가 아니라 하나님의 지속적인 창조의 공간으로서 종말론적 미래의 완성을 향해 열려 있다. 계속적 창조는 단순한 보존이 아니라 새 하늘과 새 땅의 종말론적 비전을 향한 창조의 갱신 과정이다. "창조는 아직 끝나지 않았다. 그것은 계속되고 있으며, 영광의 나라에서 완성될 때까지 지속된다."[24]

창세기의 창조 이야기를 문자적으로 해석함으로써 창조가 최초의 엿새 동안에 완결되었으며 더 이상의 하나님의 창조적 행위는 없다고 주장하는 것은 올바른 성서 해석에 근거한 것이 아니다. 만일 하나님이

---

23 Moltmann, *God in Creation*, 12-13, 55, 87-88.
24 Ibid., 259.

엿새 동안 창조를 마치시고 이레째 안식하셨다는 것을 문자 그대로 받아들인다면, 하나님은 그 엿새 이후 지금까지 안식하셔야 하며 앞으로도 영원히 안식하셔야만 할 것이다. 여기에는 하나님의 계속적 창조를 말할 수 있는 여지가 없다. 계속적 창조는 미래를 향해 개방된 역사로서 미래의 종말론적 새 창조를 목표로 나아간다.

창조와 진화가 서로 대립적인 관계에 놓이는 것은 창조가 단번에 완결되고 완성된 창조로 여겨지는 최초의 창조로 환원되거나 진화론이 유물론적인 형이상학적 이데올로기, 즉 무신론으로 변질될 때이다. 그러나 하나님의 창조적 행위가 최초에 일회적으로 영원히 완결된 것이 아니라 혼돈과 무질서의 세력에 의해 끊임없이 위협 받는 역사의 과정 안에서 계속된다는 구약성서의 창조 사상은, 오늘날 과학이 발견한 진화적 우주의 빅 히스토리와 공명한다. 우주는 단지 평형상태에 머물러 있거나 순환·반복하는 닫혀 있는 체계가 아니다. 우주는 끊임없는 진화 과정 가운데 있다. 138억 년 전 대폭발로 시작된 우주는 엄청나게 빠른 속도로 팽창해 왔으며, 지금도 빛의 속도로 팽창하고 있다. 에드윈 허블(Edwin Powell Hubble)은 우리은하 밖의 은하들로부터 오는 빛의 적색편이25를 '날아감'(flight) 또는 후진 운동의 증거로 해석했는데, 적색편이는 우주가 폭발하고 팽창하고 있다는 과학 이론의 실증적 근거가 된다. 정지된 우주는 없다. 우주 전체와 그 안의 모든 물체는 유일회적인 운동과 비가역적인

---

25 천체의 스펙트럼선이 원래의 파장에서 파장이 약간 긴 쪽으로 치우쳐 나타나는 현상. 우주적 적색편이는 공간의 팽창 자체 때문에 빛의 파장이 길어지는 현상으로 지구에서 수백만-수십억 광년 떨어져 있는 천체들로부터 관측된다. 후퇴하는 천체들에서 도플러 효과에 의해 나타나는 것으로, 편이량을 조사하면 시선 방향의 후퇴 속도를 측정할 수 있다. 즉, 광속을 c, 원 파장을 λ, 적색편이량을 $\Delta\lambda$라 하면 후퇴 속도 $Vr = c \times \Delta\lambda/\lambda$가 된다.

역사 속에 있다. '자연의 역사' 개념을 주창한 칼 프리드리히 폰 바이츠제커 (Carl Friedrich von Weizsäcker)가 말한 바와 같이[26] 자연은 규칙적, 회귀적, 반복적 과정이 아니라 유일회적인 역사 속에 있다. 따라서 자연 속의 어떠한 상태나 사건도 시간의 과정 안에서 정확하게 반복되지 않는다.

우주와 마찬가지로 생명도 진화 가운데 있다. 점차 복잡한 물질 구조가 형성되고 점차 고도화된 생명 체계의 구성으로 나아가는 과정은 비평형적, 비가역적 과정이다. 물질과 생명 체계의 진화는 과거와 미래 사이의 질적 차이를 보여준다. 미래는 고정되어 있지 않고 부분적으로 비결정적이다. 모든 구조화된 물질은 부분적으로 비결정적인 개방된 가능성의 영역을 보여준다. 물질과 생명 체계의 진화 과정은 일직선적 인과율에 따르는 과정이 아니라 기본적 입자와 구조가 부채꼴 모양으로 성장하고 확장되어 가는 과정이다. 생명의 진화는 연속성과 질적 도약을 모두 보여준다. 이 진화의 과정에서 다수의 부분으로부터 새로운 구조와 조직 원리를 가진 전체가 출현함으로써 질적 도약, 즉 새로운 창발[27]이 일어난다.

자연 자체의 미결정성은 확률(개연성)과 우연성(우발성)의 영역을 개방 한다. 제임스 맥스웰과 베르너 하이젠베르크 이후, 뉴턴의 결정론적 인과 법칙에 기초한 기계론적 원리는 자연(양자 차원) 자체의 존재론적 비결정성 과 우연성을 포함하는 유연한 질서의 원리로 대체되었다. 그러나 세계의 창조와 진화 과정에 있어서 우연성은 단지 맹목적인 것이 아니다. 하나님의 창조적 활동 안에서 우연성과 목적성은 서로 대립하지 않는다. 우주의 존재 자체가 하나님의 자유로운 창조 행위라는 근본적인 우연성에 의해서

---

26 C. F. V. 바이츠제커/이신철 역, 『역사 속의 인간』 (서울: 에코리브르, 2007).

27 '창발' 또는 '떠오름'(emergence)이란 하위 수준의 부분적 구성 요소의 총합으로 설명 또는 환원 불가능한 새로운 특성이 상위 수준의 전체 구조에 출현하는 현상이다.

시작된 것이다. 우연성은 하나님의 계속적인 새로운 창조적 활동의 장이다. 진화는 기계론적이고 결정론적인 과정이 아니라 끊임없이 새로운 것을 산출하는 창발적 과정이다. 진화의 창발적 우연성은 하나님의 창조적 활동에 대하여 열려 있다.

성서에서 하나님의 창조적 활동은 이차적 원인의 사용을 배제하지 않는다. 창세기 1장에서 하나님은 땅에게 식물을 내라고 명하신다(창 1:11). 그리고 다시 동물들, 특히 포유동물들을 내라고 땅에게 명령하신다(창 1:24). 이 구절들에 따르면 무기질(땅)에서 유기체(동식물)가 그리고 생명의 초기 단계로부터 고등동물이 창발적으로 출현하는 것은 이상한 일이 아니다. 생명 진화의 모든 단계가 보여주는 생명의 자기 조직화의 특성은 하나님의 창조적 활동을 위한 이차적 원인으로 작용한다. 이 생명의 자기 조직화의 특성은 자의식과 자유의지를 지닌 인간의 출현을 위한 조건이 된다. 다시 말하면 자의식과 자유의지를 지닌 인간의 주체성은 가장 고상한 차원의 자기 조직화의 특성을 구현하는 창발적 주체성이다. 이와 같은 창발적 주체로서 인간의 출현은 단지 주어진 자연의 산물이 아니라 창조 세계 안에 현존하는 하나님의 영의 창조적 활동의 산물이다.[28] 하나님은 진화의 창발적 우연성 안에서 종말론적 목적을 향한 창조적 활동을 계속하신다. 자신의 선하심을 전달하고자 하시는 하나님의 자유로운 창조 안에서 진화의 창발적 우연성은 종말론적 목적, 즉 하나님의 영광스러운 미래로 인도된다. 하나님의 영은 진화하는 창조 세계 안에 현존할 뿐만 아니라 창조 세계를 종말론적 미래의 새 창조와 더불어 도래하는 하나님 나라로

---

28 볼프하르트 판넨베르크, "인간의 생명: 창조인가 진화인가," 테드 피터스 엮음/윤철호 외 역, 『과학과 종교』 (서울: 동연, 2002), 247-248.

인도하고 변화시켜 나가는 창조적 영이다.

VII. 인간의 창조와 창발적 진화

이제 인간의 창조와 진화에 관해 신학과 과학의 대화를 시도해 보자.
신학은 이 대화를 통해 진화론으로부터 배울 점이 있으며, 동시에 진화론에
올바른 방향을 제시할 책임이 있다. 인간은 '하나님의 형상'(*imago Dei*)이
면서 동시에 '세계(땅)의 형상'(*imago mundi*)이다. 우리는 인간을 이해하
고자 할 때 인간이 출현한 복합적인 배경, 즉 우주의 기원, 생명의 진화
그리고 의식의 역사 안에서 이해해야 한다. 인간이란 복잡한 생명 체계는
생명 진화 과정의 보다 더 단순한 모든 체계를 자신 안에 포함한다. 인간은
그 체계들로부터 창발적으로 출현했기 때문이다.

신학과 과학의 대화에 있어서 인류의 기원에 관한 고인류학적 문제를
해결하기 위해 문자적-역사적으로 해석된 성서의 아담과 하와 이야기를
제시하는 것은 아무런 도움이 되지 않는다. 미국 칼빈대학 교수인 데보라
하스마(Deborah Haarsma)와 로렌 하스마(Loren Haarsma)는 성서의 아담과
하와에 관해서 다섯 가지 고인류학적 시나리오를 제시한다.[29] 이 가운데
첫 번째 시나리오는 문자주의적 성서 해석자들이 지지하는 최근 조상설이
다. 이에 따르면 하나님은 최근(약 1만 년 전)에 아담과 하와를 처음 인간으로

---

29 다섯 가지 시나리오는 최근 조상설, 최근 대표설, 한 쌍의 고대 조상설, 고대 집단설,
   상징설이다. 이 가운데 어느 것도 모든 사람이 완전히 만족하는 것은 없다. 그러나 그
   가운데 비교적 가장 바람직한 시나리오는 있을 수 있다. 데보라 하스마·로렌 하스마,
   『오리진』, 276-297.

창조하셨다. 여기서 아담은 최초의 인간이기 때문에 아담 이전은 물론 그와 동시대에 살았던 사람도 당연히 없어야 한다. 그러나 이 시나리오는 다음과 같은 문제점을 드러낸다. 1) 가인과 그 아들들의 아내는 어디서 왔는가? 2) 하나님은 "가인에게 표를 주사 그를 만나는 모든 사람에게 죽임을 면하게"(창 4:15) 하셨는데, '모든 사람'은 어디서 왔는가? 3) 창세기 4장에서 아담 이후 불과 몇 세대 후에 상당한 인구를 가진 도시(성)가 여럿 생겼음을 확인할 수 있다. 이들은 어디서 왔는가? 4) 고고학적 증거들(도구 사용, 예술 작품, 불의 사용 흔적 등)은 인류가 전 세계의 모든 대륙에서 적어도 1만 년 이상 살아왔음을 증거한다. 이 민족들이 모두 대략 1만 년 전 근동 지역에 거주한 한 부부의 후손일 수는 없다. 그들이 지구 전체에 흩어지기에는 시간이 너무 짧다. 5) 현생 인류의 화석은 연대가 10만 년이 넘는 것들도 있다. 6) 이 시나리오는 오늘날 인류 집단 내의 유전적 다양성, 즉 어째서 일부 유전자에 150개가 넘는 대립유전자가 있는지 설명하기 어렵다.

그러므로 인류의 기원에 관한 고인류학의 문제는 창세기의 창조 이야기에 대한 문자주의적 해석을 통해 해결되지 않는다. 그러나 다른 한편 이 창조 이야기(J문서)에는 인간의 본질에 대한 히브리인의 (하나님의 영감에 의한) 영적 통찰이 담겨 있다. 창세기 2장 7절에 따르면 인간의 영혼은 흙으로 조성된 몸으로부터 하나님의 영에 의해 생겨난다. "여호와 하나님이 땅의 흙으로 사람을 지으시고 생기(니쉬마트 하임, 생명의 호흡)를 그 코에 불어 넣으시니 사람이 생령(네페쉬 하야, 살아있는 존재[영혼])이 되니라"(창 2:7). 이 본문에서 흙으로 지어진 몸이 생령, 즉 살아있는 영혼(존재)이 되게 하는 것은 생기, 즉 하나님의 영인 느샤마다. 히브리인들을 하나님의 영을 은유적으로 호흡(느샤마) 또는 바람(루아흐)으로 표현했다. 영혼(존재),

즉 네페쉬는 하나님의 영 느샤마에 의해 몸으로부터 생겨난다. 하나님의 영은 몸에 생명의 숨을 불어넣음으로써 몸을 생동케 하여 살아있는 존재(영혼)가 되게 한다. 다시 말하면 하나님의 영에 의해, 흙으로 조성된 몸으로부터 '생령', 즉 '살아있는 존재(영혼)'가 창발된다.[30]

불멸의 영혼이 천상의 세계(이데아)로부터 일시적으로 지상의 육신에 들어오는 것으로 이해했던 헬레니즘의 이원론적 인간 이해와 달리 살아있는 존재, 즉 영혼을 하나님의 영에 의해 몸으로부터 생동화되는 창발적 존재로 이해했던 고대 히브리인들의 인간 이해는, 정신 또는 마음으로서의 인격 또는 자아가 몸으로부터 창발되는 것으로 설명하는 오늘날 과학의 창발적 인간 이해와 공명이 가능하다.

하나님의 계속적 창조는 전 우주적인 창발적 진화 과정을 통해서 이루어진다. 하나님은 창조 세계의 전체 진화 과정을 통해서 마침내 자기의식을 지닌 자유로운 그리고 자신의 창조자를 알 수 있는 존재를 창조하셨다. 진화는 단지 결정론적, 기계적 과정이 아니라 창발적, 우연적 과정을 포함한다. 영국의 지질학자 찰스 라이엘(Charles Lyell)은 『인간의 태고(太古)』[31]에서 원시적인 인간 전 단계의 영장류가 존재했음을 보여주는 고고학적 증거에 따라 인류가 점진적인 진화 과정을 통해 출현했다고 논증한다. 그러나 그는 인류가 인간과 가장 가까운 동물 친척들과의 연속성 안에서 출현했다고 보지는 않았다. 그는 인간의 독특한 특징이 생명을 새롭고 더 높은 차원으로 이끈 급격한 유기체의 도약에 의해 창발되었다고 보았다. 로버트 허만(Robert L. Herrmann)은 인간의 기원이 단순한 점진적 변화나

---

30 에스겔 골짜기의 마른 뼈들이 생기, 즉 하나님의 영이 불어오자 살아나서 군대(생령)가 되는 장면(겔 37:1-10)도 이와 동일한 창발적 특징을 보여준다.

31 Charles Lyell, *The Antiquity of Man* (London: John Murray, 1863).

유전자 돌연변이의 축적만으로는 설명되지 않으며, 보다 고차원적인 창발의 원리를 통해 이해되어야 한다고 주장한다. 허만은 창발적 진화가 자연 내에 내재한 목적성 또는 방향성을 시사하며, 이는 신적 섭리나 목적론적 창조론과 연결될 수 있다고 본다. 다시 말해 인간의 출현은 자연의 우연한 산물이 아니라 하나님의 계획에 의해 나타난 창발적 결과로 이해될 수 있다는 것이다.[32]

정신 또는 영혼을 가진 인간의 창조가 오랜 세월에 걸친 다단계의 창발적 진화의 과정을 통해서 이루어졌다고 이해하는 것은 성서 저자가 고대의 세계관 안에서 그 당시 언어로 표현하고자 했던 창조신앙과 문자적으로 일치하는 것은 아니지만, 반드시 대립하거나 모순되는 것도 아니다. 왜냐하면 성서에 의하면 인간의 영혼(존재)은 하나님의 영, 즉 생기에 의해 몸으로부터 창발하며, 하나님의 영은 창발적 진화의 과정을 통해서 창조 활동을 계속하시기 때문이다. 판넨베르크에 따르면, "무기질로부터 첫 번째 유기체로 이행한 이래로 진화 과정에서 이루어진 생명의 창조적 자기 조직화는 신적인 바람의 불어옴, 즉 새로운 피조물들 안에 생명을 불어넣고 그리하여 예수 그리스도의 부활 안에서 모든 사멸을 극복할 때까지 생명의 진화를 통하여 부는 하나님의 영에 상응한다."[33]

---

32 Robert L. Herrmann, "Emergence of Humans and the Neurobiology of Consciousness," in *In Whom We Live and Move and Have Our Being*, eds. Philip Clayton and Arthur Peacocke (Grand Rapids: William B. Eerdmans, 2004), 122-124; *Is God the Only Reality? Science, Religion, and the Search for Meaning* (West Conshohocken, PA: Templeton Foundation Press, 2001).

33 판넨베르크, "인간의 생명: 창조인가 진화인가," 『과학과 종교』, 248-249.

VIII. 결론

신학과 과학의 관계에 있어서, 어느 한 관점으로 환원시키려는 신학의 과학화나 과학의 신학화는 모두 잘못된 것이다. '언어게임' 이론을 주창한 비트겐슈타인이 구별한 바와 같이 과학과 종교는 서로 다른 언어를 사용한다.[34] 전자는 자료, 경험적 증거, 인과관계, 확률 이론 등의 언어를 사용하는 반면, 후자는 상징, 표상, 시적 표현과 같은 언어를 사용한다. 비트겐슈타인에 따르면 우리는 이 두 언어를 어느 하나로 환원시키기보다는 각각의 독특성을 인정해야 한다. 두 언어는 전적으로 다르거나 서로 배타적인 것이 아니라 상호 보완적인 것이며, 따라서 서로 다툴 필요가 없다. 성서를 일컬어 자연과학을 설명하는 무오한 교과서라고 주장해서도 안 되며, 진화론으로부터 무신론적 이데올로기를 도출하려 해서도 안 된다.

성서의 언어를 과학적 사실이나 법칙을 증명하는 언어로 간주하고 문자주의적인 해석에 기초하여 과학을 성서의 언어로 환원시키고자 하는 창조과학 신봉자들의 태도는 유물론적 과학자들의 실증주의적 환원주의 못지않게 매우 잘못된 것이다. 더욱이 이들이 주장하는 이론은 과학계에서 전혀 인정받지 못하는 사이비 과학이다. 성서에 대한 문자주의적 해석에 근거하여 현 상태의 세계와 인간이 수천 년 전에 창조되었다고 주장하는 창조과학 신봉자들의 근본주의적 신앙은 교회와 사회 간 소통의 단절과 교회의 고립을 심화시킴으로써 미래 선교에 가장 큰 걸림돌이 될 것이다.

끝으로 우리는 성서의 창조신앙과 과학의 진화론 사이에 조화 또는

---

34 Ludwig Wittgenstein, *Philosophical Investigations* (New York: The Macmillan Company, 1965), 2, 7, 23.

공명의 가능성이 있음을 인식할 필요가 있다. 하나님의 창조적 행위가 태초에 일회적으로 영원히 완결된 것이 아니라 혼돈과 무질서의 세력에 의해 끊임없이 위협을 받는 역사의 과정 안에서 지속적으로 이루어진다는 성서의 창조신앙은 우주, 생명, 인간의 빅 히스토리에 대한 오늘날의 과학적 이해와 조화할 수 있다. 다시 말하면 성서에 기초한 계속적 창조 개념은 세계를 열린 미래를 향한 끊임없는 변화 과정 가운데 있는 것으로 이해하는 과학의 진화론적 세계관과 공명이 가능하다. 진화는 최초의 창조와 기본적으로 모순되지 않으며, 계속적 창조와 동연(同延) 관계에 있다. 진화론은 최초의 창조 이후 보존·유지의 관점에서 이해되어 온 전통적인 섭리론을 계속적 창조의 관점에서 새롭게 하는 데 도움이 된다.

6장
우주, 생명, 하나님
― 물리학과 신학 1

I. 서론

20세기 이후 과학의 눈부신 발전은 인간 존재와 우주의 본질에 대한 전통적 신학의 이해에 심대한 도전을 던졌다. 특히 현대 물리학―상대성 이론, 양자역학 그리고 우주론의 발달―은 시간, 공간, 인과성, 존재론에 대한 전통적 개념을 재정의하였으며, 이는 신학적 사유와 신앙적 세계관의 지평을 급격히 확장시켰다. 과학은 더 이상 신학과 무관한 독립된 탐구 영역이 아니라 우주와 존재의 궁극적 의미를 이해하고자 하는 신학과 본질적으로 교차하는 담론 공간이 되었다.

물리학은 자연현상에 대한 정량적 설명을 제공하고, 신학은 자연 안에 현존하고 활동하는 초월적 실재에 대한 통찰을 제시한다. 그러나 이 두 영역은 상호 배타적인 것이 아니라 인간 이해의 상호 보완적 차원을 드러낸다. 과학은 '어떻게'(how)의 질문에 탁월한 통찰을 주지만, '왜'(why) 라는 물음은 여전히 신학의 성찰을 필요로 한다. 물리학이 우주의 구조와 법칙을 탐구하는 반면, 신학은 그러한 질서의 궁극적 근거와 목적을 질문한다. 오늘날 물리학과 신학 간의 대화는 단순한 조화나 양립 가능성의 모색을 넘어서 보다 깊이 있는 통합적 사유를 요청한다. 이 대화는 두 학문이 각자의 방법론과 인식론을 존중하면서도 공동의 진리 탐구를 향한 열린 자세를 취할 때 비로소 가능해진다.

이 장에서는 이러한 전제 위에 오늘날 물리학이 밝혀내는 신비한 우주의 질서를 중심으로 과학과 신학 간의 대화를 모색하고자 한다. 먼저 고전적 물리학 패러다임을 대체한 양자역학과 혼돈 이론에 대해 고찰한다. 그리고 빅뱅, 우주의 미세 조정, 인간 원리에 대해 고찰한다. 그 후에 지구의 생명 출현과 진화 과정 그리고 하나님의 창조적 섭리에 대해 간략히 살펴본다. 이와 같은 고찰을 통해 우리는 우주의 미세 조정과 생명 친화성이 극단적으로 낮은 확률의 우연의 일치를 요구한다는 사실을 확인하고, 이러한 우주의 질서와 전개 방향이 하나님 존재와 설계를 지지하는 자연신학 논증의 근거가 될 수 있음을 주장하고자 한다.

II. 양자역학과 혼돈 이론

근대에 아이작 뉴턴이 정립한 고전 물리학의 세계관은 기계론적 세계관이었다. 고전 물리학은 거시적 세계에서 물체의 운동을 기계론적으로 설명하는 물리 법칙이다. 그 핵심은 다음 세 가지 운동 법칙과 만유인력 법칙으로 요약된다. 첫 번째는 관성의 법칙이다. 외부에서 힘이 작용하지 않는 한, 정지해 있는 물체는 계속 정지해 있고, 운동 중인 물체는 일정한 속도로 직선 운동을 계속한다. 두 번째는 가속도의 법칙이다. 물체에 작용하는 힘은 물체의 질량과 가속도의 곱과 같다. 세 번째는 작용과 반작용의 법칙이다. 어떤 물체가 다른 물체에 힘을 가하면, 그 물체도 동일한 크기의 반대 방향 힘으로 반작용한다. 네 번째는 만유인력 법칙이다. 만유인력 법칙에 따르면 두 물체 사이에는 질량의 곱에 비례하고 거리의 제곱에 반비례하는 인력이 작용한다. 만유인력 법칙은 지구의 중력, 행성 운동, 달의 공전, 행성의 궤도 등을 잘 설명할 수 있다.

뉴턴 역학은 낮은 속도, 약한 중력, 큰 물체에 대해서는 여전히 매우 정확하고 유용한 이론이지만, 다음과 같은 한계를 드러낸다. 첫째, 뉴턴 역학은 빛의 속도에 가까운 운동체에 대해 정확한 예측을 하지 못한다(입자 가속기에서 운동하는 전자, 우주선의 고속 이동 등). 둘째, 뉴턴의 만유인력 법칙은 약한 중력장에서는 잘 작동하지만, 블랙홀이나 중성자별 같은 강한 중력장에서는 잘못된 결과를 낸다. 셋째, 원자, 전자, 광자 등 미시적 입자의 운동은 확률적이며, 뉴턴의 결정론적 모델로는 설명할 수 없다. 넷째, 뉴턴 역학은 이론적으로 결정론적이지만, 초기 조건에 매우 민감한 혼돈계(날씨 변화 등)에서는 예측이 거의 불가능하다. 다섯째, 뉴턴 역학은 전자기력, 핵력 등 다른 힘의 상호작용을 포함하지 않으며, 전자기파 (빛 등)의 운동도 설명할 수 없다.

오늘날 이에 대한 해결책은 상대성 이론, 양자역학, 혼돈 이론 등으로 대표되는 새로운 물리학 이론들에 의해 제시되고 있다. 첫 번째 한계에 대한 해결책은 아인슈타인의 특수 상대성 이론으로서, 이 이론은 질량 증가, 시간 지연, 길이 수축 등 뉴턴 이론과는 다른 결과를 예측한다. 두 번째 한계에 대한 해결책은 일반 상대성 이론으로서, 이 이론은 중력을 힘이 아니라 시공간의 곡률로 설명한다. 세 번째 한계에 대한 해결책은 양자역학으로서, 양자역학은 파동-입자 이중성, 불확정성원리, 양자 얽힘 등의 개념을 제시한다. 네 번째 한계에 대한 해결책은 혼돈 이론으로서, 이 이론은 초기 조건에 민감하고 장기 예측이 불가능한 혼돈계에 대한 비선형 동역학 이론이다. 다섯 번째 한계에 대한 해결책은 전자기 및 기타 힘의 상호작용에 관한 맥스웰의 전자기이론, 표준모형(양자장론)이다. 이 가운데 특히 양자역학과 혼돈 이론은 과학과 신학의 대화에 있어서 중요하다. 이제 두 이론을 좀 더 자세히 고찰해 보고자 한다.

1. 양자역학

양자역학은 원자 및 아원자 수준에서 물질과 에너지의 운동을 설명하는 물리학의 근본 이론이다. 양자역학의 대표적인 두 가지 이론은 파동-입자 이중성과 불확정성원리다. 파동-입자 이중성이란 전자, 양성자, 광자와 같은 입자가 관측 방식에 따라 입자 또는 파동처럼 행동하는 것을 가리킨다. 입자의 특성은 국소화(局所化, localized)되어 있고, 충돌이 가능하고, 에너지를 전달할 수 있다는 데 있다. 파동의 특성은 회절, 간섭, 중첩 같은 현상을 나타낸다는 데 있다. 양자역학의 파동-입자 이중성 개념은 입자와 파동에 대한 고전적 개념을 무너뜨렸다. 1926년 에르빈 슈뢰딩거(Erwin Schrödinger)는 입자의 파동적 성질을 기술하기 위한 파동 방정식을 제안했다. 양자역학에서 파동함수(ψ)란 입자가 어디에 있고 어떻게 움직일지를 알려주는 확률 지도다. 입자가 딱 한 지점에 있다고 생각하는 고전 물리학과 달리 양자역학에서는 입자가 한 지점에만 있는 게 아니라 공간에 흩뿌려진 확률 구름처럼 존재한다. 이 확률 구름의 모양과 세기를 수학적으로 표현한 것이 바로 파동함수다. 파동함수는 입자의 위치를 말해주는 것이 아니라, 측정할 경우 특정 위치에서 입자가 검출될 확률을 규정한다.

불확정성원리는 우리가 물리적 시스템에 대해 알 수 있는 인식에 근본적 한계를 제시한다. 1927년 하이젠베르크는 중요한 물리량(위치와 운동량)이 양자 이론에서 쌍을 이루고 있다고 주장했다. 이 두 가지를 동시에 원하는 만큼 정확하게 측정하는 것은 불가능하다. 하나의 측정 정밀도를 높이면 다른 측정값의 정확성이 낮아진다. 예를 들어 전자의 위치를 측정하기 위해 전자기 복사(electromagnetic radiation)를 사용할 수 있다. 하지만 전자는 매우 작기 때문에 높은 에너지의 복사가 필요하다. 그런데 복사 에너지가 높아질수록 전자의 운동량(속도)이 더 크게 변화하게 된다. 따라서 위치를 정확하게 측정하려는 시도는 전자의 속도를 변화시키게 된다. 반대로 전자의 속도를 정확하게 측정하는 기술은 전자의 정확한 위치를 알 수 없게 만든다. 보수적인 시각에서 보면 이것은 인식론적 문제이다. 즉, 양자적 불확정성은 작은 규모에서 사용되는 측정 기법 자체에 내재된 인식론적 한계를 의미한다. 그러나 하이젠베르크는 이 한계를 실험의 산물이 아니라 자연 자체의 속성으로, 즉 인식론적인 것이 아니라 존재론적인 것으로 보았다.

양자 세계의 존재론적 불확정성은 닐스 보어와 하이젠베르크 등이 주도한 코펜하겐 해석에 의해 추인되었다. 이에 따르면 양자 상태는 입자가 어디에 있을 확률을 나타내는 파동함수로 표현되며, 실제로 입자의 위치는 측정 전까지 확정되지 않는다. 입자는 동시에 여러 상태, 즉 중첩 상태(superposition)에 있을 수 있다. 입자의 상태는 측정 순간에 하나의 값으로 결정된다. 측정이 일어나면 파동함수는 즉시 붕괴하여 하나의 특정 상태로 바뀐다. 이를 파동함수 붕괴라고 부른다. 코펜하겐 해석은 측정 행위 자체가 현실에 영향을 준다는 점을 강조하는데, 어떤 값을 측정하지 않으면 그 값은 존재하지 않는 것과 같다.

1980년대 초에 알랭 아스페(Alain Aspect)와 그의 연구팀은 양자역학의
핵심 개념인 양자 얽힘과 비국소성(non-locality)을 실증적으로 입증했다.[1]
그 실험 결과는 두 입자가 서로 멀리 떨어져 있어도 하나의 입자에 대한
측정이 다른 입자의 상태에 즉각적인 영향을 미친다는 것을 보여주었다.
양자역학은 고전 물리학의 국소적이고 상향적인 접근 방식, 즉 시스템을
독립적인 개체들의 집합으로 간주하고 시스템을 구성 요소의 개별 성질로
환원하려는 접근을 거부한다. 아스페의 실험은 양자 세계의 시스템이
국소적이 아니라 전체적(as a whole)으로 이해되어야 함을 보여준다.

로렌스 오스본(Lawrence Osborn)은 양자 세계관이 다음 네 가지 점에서
고전적 세계관과 결별한다고 말한다.[2] 첫째, 결정론은 확률에 대한 강조로
대체되었다. 비결정성은 단순히 관찰상의 한계가 아니라 세계 자체의
본질적인 특성으로 여겨진다. 둘째, 환원주의는 물리 체계에 대한 보다
전체론적인 접근법으로 대체되었다. 셋째, 국소성(정보가 즉시 전파될 수 없다
는 가정)은 원거리 상관관계, 즉 '얽힘'(entanglement)으로 대체되었다. 넷째,
연속성과 분할 가능성(두 점 사이에는 무한한 개수의 중간값이 존재한다는 가정)이
양자화(quantization)로 대체되었다. 즉, 특정 물리량에 대해 허용 가능한
값의 범위가 엄격히 제한된다.[3] 이러한 양자 세계관은 세계가 근본적으로

---

1 Alain Aspect, Philippe Grangier, and Gérard Roger, "Experimental Realization of
Einstein-Podolsky-Rosen-Bohm Gedankenexperiment: A New Violation of Bell's
Inequalities," *Physical Review Letters* 49, no. 2 (1982): 91-94; Alain Aspect, Jean
Dalibard, and Gérard Roger, "Experimental Test of Bell's Inequalities Using
Time-Varying Analyzers," *Physical Review Letters* 49, no. 25 (1982): 1804-1807.
2 Lawrence Osborn, "Theology and the New Physics," in *God, Humanity and the
Cosmos*, ed. Christopher Southgate et al., 3rd ed. (New York/London: T&T Clark,
2011), 142.
3 특히 넷째 항에 있어서 양자역학은 자연에 대한 이해 방식에 근본적인 변화를 가져왔다.

상호 의존성 안에 존재한다는 사실을 지시한다.

양자역학에서 전자나 광자 같은 양자 시스템을 표현하는 파동함수는 시스템이 가질 수 있는 모든 가능한 상태들의 중첩을 나타낸다. 입자는 여러 위치에 동시에 있거나 서로 다른 에너지를 동시에 가질 수 있는데, 이 정보가 모두 파동함수에 담겨 있다. 측정 전에 입자는 여러 가능성이 중첩된 파동 상태에 있다가 측정(측정 장치의 개입)에 의해 파동함수가 하나의 고유값 상태로 붕괴하며 입자처럼 행동한다. 파동함수가 붕괴한다는 것은 입자의 위치나 스핀 등에 대한 측정이 일어날 때 시스템이 가능한 결과 중 하나를 선택하는 것을 가리킨다. 즉, 퍼져 있던 중첩 상태에서 하나의 확정된 상태(우리가 관측한 상태)로 바뀐다.4

코펜하겐 해석에 따르면 고전적인 측정 장치가 양자 시스템 외부에 존재하며 결정론적 고전 법칙에 따라 기술된다. 이 장치와의 상호작용을 통해 양자 시스템은 가능한 상태들 가운데 하나의 명확한 상태로 관측(강제)된다. 그러나 파동함수의 붕괴가 단지 측정 장치에 의해 일어난다고만 볼 이유는 없다. 양자물리학자 유진 위그너(Eugene Wigner)는 파동함수의 붕괴가 물리적 상호작용 때문이 아니라 의식 자체, 즉 관찰자의 지각

뉴턴의 고전 물리학에서는 물리량이 연속적으로 변한다고 가정한다. 두 값 사이에는 항상 또 다른 값이 존재할 수 있다. 이러한 개념을 연속성과 무한 분할 가능성이라고 한다. 양자역학은 이러한 고전적 개념을 양자화(양자 단위화)라는 개념으로 대체한다. 여기서는 특정 물리적 성질(예: 에너지, 각운동량, 전하 등)이 정해진 이산적인 값들만 가질 수 있다. 그 사이의 값은 존재하지 않거나 최소한 이론적으로 허용되지 않는다. 예를 들면 원자 내의 전자는 특정한 에너지 준위에만 존재할 수 있다. 그 중간 에너지값에는 존재할 수 없다. 말하자면 전자는 경사로를 미끄러지는 것이 아니라 계단을 점프해서 오르는 것처럼 움직인다.

4 예를 들어 어떤 입자가 A 위치에 있을 확률이 30%, B 위치에 있을 확률이 70%였다가, 우리가 그것을 B에서 관측하면, 파동함수는 "입자는 B에 있다"라는 상태로만 남게 된다.

때문에 일어날 수 있다고 주장했다. "파동함수를 변화시키는 것은 상호 작용 자체가 아니라 그것이 관찰자의 의식에 남긴 인상이다."[5] 그의 유명한 사고 실험인 '위그너의 친구'(Wigner's Friend)에서 그는 실험실 안에서 양자 입자의 상태를 측정하는 한 관찰자와 실험실 밖에 있는 자신을 가정한다. 그는 실험실 안에 있는 친구가 측정 이후 결과를 확정적으로 안다고 느껴도 실험실 밖에 있는 자기가 그 결과를 인식하기 전까지는 실험실 전체가 여전히 양자 중첩 상태에 있다고 주장한다. 이는 의식적인 인식이 파동함수의 붕괴에 핵심적인 역할을 한다는 뜻이다.

존 아키볼드 휠러(John Archibald Wheeler)도 위그너와 유사한 주장을 펼쳤다.[6] 그는 '참여적 인간 원리'를 제시했는데, 이에 따르면 우주는 단순히 존재하는 것이 아니라 인간 관찰자의 참여를 통해 현실이 형성된다. 즉, 관찰자는 수동적으로 정보를 수집하는 존재가 아니라 현실의 구조에 능동적으로 영향을 미치는 존재로 간주된다. 이는 관찰과 의식이 현실의 구조에 본질적임을 시사한다.

위그너와 휠러는 '측정 장치'라는 모호한 개념을 '의식'이라는 구체적 개념으로 대체했다. 물리학에 의식이나 정신을 도입하는 것에 대한 논란을 불러일으켰음에도 불구하고, 그들은 양자역학에서 여전히 해결되지 않은

---

5 Eugene Wigner, "Remarks on the Mind-Body Question," in *Quantum Theory and Measurement*, eds. J. A. Wheeler and W. H. Zurek (Princeton: Princeton University Press, 1983), 174.

6 John Archibald Wheeler and Wojciech Hubert Zurek, eds., *Quantum Theory and Measurement* (Princeton: Princeton University Press, 1983); Alexei V. Nesteruk, "A Participatory Universe of J. A. Wheeler as an Intentional Correlate of Embodied Subjects and an Example of Purposiveness in Physics," *Journal of Siberian Federal University. Humanities & Social Sciences* 6, no. 3 (2013): 415-437.

문제들을 위한 중요한 통찰을 제공한다. 만일 의식이나 정신에 의해 양자 세계의 비결정적 상태가 하나의 특정한 상태로 결정될 수 있다면, 이는 정신과 물질이 서로 분리된 이원론적 실재가 아니며, (물질에 의해 정신이 영향을 받는 것처럼) 정신에 의해 물질이 영향을 받을 수 있음을 의미한다. 더 나아가 신학적 관점에서 볼 때, 이것은 영이신 하나님이 물리적 세계에 하향식 또는 전체-부분 인과율을 발휘하실 수 있음을 함축한다.

그렇다면 인간의 의식 또는 정신이란 무엇이며, 어떻게 생겨나는가? 로저 펜로즈(Roger Penrose)는 의식 자체를 양자 현상으로 설명한다. 펜로즈는 다음과 같은 질문에서 시작한다. "뇌세포처럼 물질적인 것이 어떻게 의식, 즉 자각, 이해, 창의성과 같은 풍부하고 신비로운 것을 만들어 낼 수 있을까?" 전통적인 신경과학에서는 뇌를 매우 복잡한 컴퓨터로 간주한다. 뉴런이 신호를 발화하고, 전기 신호가 이동하며, 모든 것이 고전 물리학으로 설명 가능하다고 본다. 그러나 펜로즈는 이러한 설명만으로는 인간 사고의 기이한 특성들, 예를 들어 추상적 진리를 이해하거나 깊은 통찰을 얻는 능력을 설명할 수 없다고 주장한다. 그는 인간 의식이 고전 물리학이나 뇌에 대한 기존의 컴퓨터 모델만으로는 완전히 설명될 수 없다고 강조한다. 의식은 단순한 계산이 아니며, 컴퓨터처럼 정해진 규칙만을 따르지 않고 비알고리즘적 특성을 포함한다. 즉, 전통적인 신경과학이나 인공지능으로는 설명되지 않는 무언가가 있다는 것이다.

펜로즈는 의식이 뇌 내부의 양자 과정에서 비롯된다고 주장한다. 그는 입자가 동시에 여러 상태에 존재할 수 있는 양자 중첩 상태에서 (측정 시) 하나의 상태로 파동함수 붕괴가 일어나는 순간이 바로 의식의 순간(결정을 내리는 순간이나 통찰이 떠오르는 순간)과 연결될 수 있다고 본다. 이를 설명하기 위해서 펜로즈는 스튜어트 하메로프(Stuart Hameroff)와 함께 '조율된 객관적 붕괴'(Orchestrated Objective Reduction, Orch-OR) 이론을 제안한다. 그 핵심 아이디어는 다음과 같다. 뉴런 내부에 마이크로튜불(microtubules)이라는 미세한 구조가 있는데, 이 구조가 양자 상태를 유지할 수 있다. 마이크로튜불 내의 양자 중첩 상태가 객관적 붕괴를 겪을 때, 시공간 구조에 따라 물리적으로 의미 있는 방식으로 의식이 발생한다. 즉, 이 붕괴 현상이 바로 의식의 한순간이다.[7]

비유적으로 설명하면 의식은 '지휘 되는 양자 오케스트라'라고 할 수 있다. 뇌 안의 수십억 개의 뉴런이 각자 다양한 정보와 신호를 갖고 연주자처럼 자리 잡는다. 이때 연주자들은 전통적인 악보가 아닌 양자 상태(중첩)라는 특별한 악보를 보고 있다. 각 연주자는 아직 어떤 멜로디로 연주할지 정하지 않고 마음속에 여러 곡을 동시에 상상하고 있는 상태다(양자 중첩). 이는 의식이 결정되기 이전 잠재 상태다. 지휘자가 등장하여 우주의 리듬(시공간 구조)을 감지하고는 연주자들에게 단 하나의 멜로디를 선택하라고 지시한다. 이 순간이 바로 양자 붕괴(Orch-OR)의 순간이며, 모든 연주자가 하나의 멜로디로 연주를 시작한다. 그리고 바로 이 순간이 우리가 '의식'을 느끼는, 즉 직관이 떠오르거나 결정을 내리는 순간이다.

---

7 Roger Penrose, *Shadows of the Mind: A Search for the Missing Science of Consciousness* (Oxford: Oxford University Press, 1994), 457. 펜로즈는 이 책에서 인간의 의식이 단순한 계산이나 알고리즘으로 설명될 수 없으며 양자역학이 필수적이라고 주장한다. 특히 그는 뉴런 내의 microtubules가 양자 중첩 상태를 유지하고, 이러한 상태의 붕괴가 의식의 순간과 연결된다고 설명한다. Stuart Hameroff and Roger Penrose, "Orchestrated Reduction of Quantum Coherence in Brain Microtubules: A Model for Consciousness," *Mathematics and Computers in Simulation* 40, no. 3-4 (1996): 453-480. 이 논문에서 펜로즈와 하메로프는 'Orch OR'(Orchestrated Objective Reduction) 이론을 제안하며, 의식이 뉴런 내 마이크로튜불에서 발생하는 양자 계산과 관련이 있다고 설명한다.

의식은 양자 붕괴의 순간에 출현한다는 펜로즈의 이론은 의식의 비알고리즘적 특성을 설명하는 창발적 이론이라고 할 수 있다. 그런데 우리의 관심은 "의식이 양자 붕괴로부터 출현하는가?" 하는 것만이 아니라 "과연 의식이 양자 붕괴를 가져오는가?" 하는 것이다. 만일 한편으로 양자 붕괴로부터 출현한 의식이 다른 한편으로 양자 붕괴를 가져온다면, 이는 물질과 정신이 이원론적 실재가 아니라 불가분의 관계에서 상호작용하는 실재임을 지시한다. 정신은 물질로부터 창발하지만, 물질로 환원되지 않고 물질에 인과적 효력을 미친다.

나아가 우리의 궁극적 관심은 "'조율된 객관적 붕괴'의 순간을 결정하는 지휘자는 누구(어떤 의식, 정신)인가?" 하는 것이다. 오케스트라의 비유에서 우리는 하나의 멜로디가 선택되는 '조율된 객관적 붕괴'의 순간을 결정하고 우주적 오케스트라의 연주를 이끄는 지휘자가 바로 하나님이라고 생각할 수 있다.

2. 혼돈 이론

뉴턴의 고전 물리학이 지닌 한계는 미시적인 양자 세계의 불확정성에 의해서뿐만 아니라 거시적인 혼돈 체계의 비선형성에 의해서도 드러난다. 뉴턴 역학은 엄밀한 법칙을 따르는 결정론적 체계다. 그러나 실제 자연에서는 작은 차이가 큰 변화를 만들어 내는 혼돈적 현상이 나타난다(기상 시스템). 뉴턴 역학만으로는 예측 불가능한 혼돈적 현상을 설명하기 어렵다. 앙리 푸앵카레(Henri Poincaré)는 뉴턴 역학으로는 설명할 수 없는 물리적 시스템이 존재함을 입증했는데, 그는 뉴턴의 법칙이 두 물체 문제(예: 지구와 태양)는 쉽게 설명할 수 있지만, 하나의 물체만 더 추가해도 시스템이 극도로 복잡해진다는 것을 발견했다. 이것이 바로 세 물체 문제이다. 예를 들면 태양, 지구, 달과 같은 세 개의 질량체가 서로의 중력에 의해 어떻게 운동하는가 하는 문제는 지구와 태양 사이의 문제보다 훨씬 난해하다. 더욱이 우주의 수많은 물체가 상호작용하는 복잡계에서는 더할 나위 없다. 푸앵카레는 복잡계에서는 초기 조건의 아주 작은 변화가 결과에 극적인 차이를 만들어 낼 수 있음을 밝힘으로써 현대 혼돈 이론의 토대를 마련했다.8

혼돈 이론의 핵심 개념은 다섯 가지다. 1) 결정론적 시스템: 혼돈계는 미래 거동이 초기 조건과 물리 법칙에 의해 완전히 결정되는 시스템이다. 2) 초기 조건에 대한 민감성: 아주 작은 시작점의 변화가 시간이 지나면서 극적으로 다른 결과를 초래할 수 있다(나비 효과). 3) 비선형성(nonlinearity): 출력이 입력에 비례하지 않는 비선형 시스템이다. 4) '이상한 끌개'(strange attractors): 혼돈계에서 상태 공간(모든 가능한 상태의 공간) 내의 궤적은 절대 반복되지 않지만, 복잡한 특정 형태의 '이상한 끌개' 구조 주위를 맴돈다.9 5) 프랙탈 구조(fractal structure): 혼돈계는 전체 모양이 부분에도 반복되는 자기 닮음의 구조, 즉 프렉탈 구조를 보여준다.

---

8 Henri Poincaré, *New Methods of Celestial Mechanics*, trans. D. Goroff (Boston: American Institute of Physics, 1993).

9 수학적으로 혼돈 상태에 있는 시스템은 종종 '이상한 끌개'라 불리는 복잡한 패턴 주위에서 질서 있는 행동을 보인다. '이상한 끌개'는 물리학과 수학의 혼돈 이론에서 나온 개념으로, 특히 겉보기에는 혼란스러워 보이지만 결정론적인 규칙을 따르는 동역학계의 움직임을 설명하는 데 사용된다. 동역학계는 날씨 패턴, 유체 흐름, 행성의 궤도처럼 일정한 규칙에 따라 시간이 지남에 따라 변하는 모든 시스템을 말한다. '이상한 끌개'는 다음과 같은 특성을 보여준다. ① 프랙탈 구조처럼 보인다(무한히 복잡하지만 한정된 공간 안에 존재). ② 초기 조건에 민감한 의존성을 보인다(아주 작은 차이도 전혀 다른 결과를 초래). ③ 시스템의 진화가 정확히 반복되지 않지만, 동시에 무작위로 흩어지지도 않는다.

혼돈 이론과 관련해서 두 가지 점을 기억할 필요가 있다. 하나는 혼돈계가 결정론적 시스템이라는 점이다. 이 시스템에서는 뉴턴 역학의 운동 법칙이 유효하다. 미래는 과거에 의해 결정된다. 이런 의미에서의 혼돈은 '결정론적 혼돈'이라고 불릴 수도 있다.[10] 그러나 여기서는 초기 조건에 매우 민감하기 때문에 관련된 물리 법칙이 결정론적임에도 불구하고 미래의 상태를 예측하는 것이 불가능하다. 혼돈 이론은 물리 법칙이 알려져 있더라도 시스템의 예측 가능성에는 한계가 있음을 보여준다. 혼돈적 무작위성은 완전한 무작위성이 아니라 제한된 범위 내에서의 무작위성, 다시 말해서 결정론적 제약이 가해진 무작위성이다. 혼돈적인 상황에 결정론적 요소가 존재한다는 사실은 우리가 무작위적이라고 생각했던 많은 현상이 생각보다 예측 가능할 수도 있음을 함축한다. 즉, 혼돈적 상황의 결정론적 요소는 현상적 무작위성이 예측 가능한 패턴으로 묶이게 됨을 의미한다.

혼돈 이론과 관련해서 기억해야 할 또 한 가지 점은 혼돈 시스템에서는 한 수준에서의 구성 요소 간 상호작용이 다른 수준에서의 복잡한 전체 포괄적인 상태나 행동을 유발할 수 있다는 점이다. 이 전체 포괄직 상태니 행동은 개별 구성 요소에 대한 지식만으로는 예측할 수 없다. 개별 요소로 구성되지만, 그로서 환원되지 않는 전체 포괄적 상태나 행동이 창발한다. 물리학은 창발 현상의 존재를 확증할 수는 있지만, 창발 현상의 메커니즘에 대한 설명을 제시하지는 못한다. 창발 현상은 자연 질서 안에 결정론적 물리 법칙으로 설명할 수 없는 우연성의 영역이 존재한다는 사실을 보여준

---

10 Alan Cook, "Uncertainties of science," in *Science Meets Faith: Theology and Science in Conversation*, ed. F. Watts (London: SPCK, 1998), 25-41.

다. 양자역학의 우연성에서와 마찬가지로, 폴킹혼과 같은 신학자는 자연법칙을 깨뜨리고 개입하는 방식이 아닌 하나님의 직접 행동을 위한 자리를 혼돈계의 우연성 영역에서 발견한다.

III. 빅뱅과 우주의 미세 조정

1. 빅뱅과 무로부터 창조

현대 과학은 우주의 기원을 빅뱅 이론으로 설명한다. 빅뱅의 핵심은 우주가 약 138억 년 전 매우 작고 뜨겁고 밀도 높은 상태의 한 점에서 엄청난 폭발적 팽창(Big Bang)이 일어나며 시작되었다는 것이다. 이 빅뱅과 더불어 공간과 시간이 생겨났다. 초기에는 에너지와 기본 입자만 있었으나, 시간의 흐름에 따라 원자, 별, 은하의 구조가 형성되었다. 우주는 변함없는 정적인 상태가 아니라 빅뱅 이래 지금까지 빛의 속도로 팽창을 계속해 오고 있다.

빅뱅 이론을 뒷받침하는 대표적인 두 가지 증거는 적색편이 현상과 우주 배경 복사다. 1929년 에드윈 허블(Edwin Hubble)은 멀리 있는 은하들이 적색편이(redshift) 현상[11]을 보이며 지구에서 멀어지고 있다는 것을

---

11 적색편이를 가장 간단하게 설명하는 방법은 도플러 효과의 사례로 보는 것이다. 도플러 효과란 기차가 접근하거나 멀어질 때 기적 소리의 높이가 변하는 현상을 의미한다. 이 설명에 따르면 은하들이 우리로부터 멀어지고 있기 때문에 빛이 붉어지는 것이다. 적색편이의 정도는 후퇴 속도의 척도가 되므로, 허블은 먼 은하일수록 가까운 은하보다 더 빠르게 후퇴하고 있음을 보여줄 수 있었다.

발견했다. 이것은 우주가 정지해 있는 것이 아니라 끊임없이 팽창하고 있음을 보여주며, 팽창을 거슬러 올라가면 과거에 우주는 한 점에 가까운 상태였다는 것을 암시한다. 이는 "태초에 폭발적 시작이 있었다"라는 빅뱅 이론과 일치한다.

1965년 펜지어스(Penzias)와 윌슨(Wilson)은 우주 전역에서 오는 약한 마이크로파 신호를 우연히 발견했다. 이 우주 마이크로파 배경 복사 (Cosmic Microwave Background)는 온도가 약 2.7K(켈빈)에 해당하며 모든 방향에서 균일하게 관측된다. 이 복사는 빅뱅 직후 약 38만 년이 지난 후 우주가 충분히 식어 빛이 자유롭게 이동할 수 있게 된 순간의 흔적으로서, 오늘날까지 우주를 가득 채우고 있으며 빅뱅의 잔광이라고 불린다.

고대 근동의 세계관을 반영하는 창세기 1장으로부터 오늘날의 과학적 우주론을 끌어내려고 한다면 시대착오적인 오류임이 분명하다. 빅뱅 우주론과 더불어 우주가 시작도 끝도 없이 영원히 변하지 않는 상태로 존재한다는 전통적인 정상 우주론이 무너졌으며, 이와 더불어 창세기에 대한 문자적 해석에 근거해서 창조가 태초의 엿새 동안에 완성되고 그 이후는 단지 창조의 유지를 위한 신적 섭리만 있다고 주장하는 전통적인 기독교의 창조신앙도 무너졌다.

그러나 빅뱅 이론은 우주의 시작이 있음을 보여준다는 점에서 기독교의 전통적인 "무로부터 창조"(*creatio ex nihilo*) 교리와 공명하는 것처럼 보인다. 가톨릭교회의 프란치스코 교황은 빅뱅 이론이 기독교의 "무로부터 창조" 교리와 조화될 수 있다고 보았다. 그는 2014년 10월 27일 바티칸의 교황청 과학원(Pontifical Academy of Sciences) 총회에서 연설을 통해 빅뱅 이론과 진화론이 기독교의 창조신앙과 모순되지 않는다고 밝혔다.

"오늘날 세계의 기원으로 제시되는 빅뱅 이론은 신의 창조적 개입과 모순되지 않으며, 오히려 그것을 필요로 한다. 자연의 진화는 창조 개념과 상충하지 않는다. 왜냐하면 진화는 진화할 수 있는 존재들의 창조를 전제로 하기 때문이다."

또한 프란치스코 교황은 창세기의 창조 이야기를 읽을 때, 신을 마치 모든 것을 할 수 있는 마법 지팡이를 가진 마술사로 상상하는 위험이 있다고 경고하며, 신은 그런 존재가 아니라 모든 것에 생명을 주는 창조주라고 강조했다. 물론 우리는 단순히 빅뱅 이론이 무로부터 창조와 일치한다고 말할 수는 없다. 그러나 적어도 우리 우주가 영원한 것이 아니라 시작(그리고 끝)이 있다는 사실에 있어서 과학과 신학은 공명할 수 있다. 이런 의미에서 프란치스코 교황의 발언은 가톨릭교회가 과학적 발견을 수용하는 자세를 보여주며, 과학과 신앙이 서로 충돌하는 것이 아니라 상호 보완적일 수 있음을 시사한다.[12]

2. 우주의 미세 조정

오늘날 물리학자들은 생명체가 존재할 수 있는 물리적 조건이 몇몇 기본 물리 상수의 값에 매우 민감하게 의존한다는 사실을 인식하게 되었다.

---

12 이전 교황들도 비슷한 입장을 보여준다. 교황 비오 12세는 "빅뱅은 창세기의 '빛이 있으라' 와 조화를 이룬다"라고 말했으며(1951), 교황 요한 바오로 2세는 과학은 '어떻게'를, 신앙은 '왜'를 설명한다고 강조했다(1981). 이에 관한 내용은 조지 V. 코인, S. J. "진화론 과 인간: 대화하는 교황," 테드 피터스 엮음/윤철호 외 역, 『과학과 종교』(서울: 동연, 2002), 265-278 참고.

만약 이 상수들이 조금이라도 다른 값을 가졌다면, 우리가 알고 있는 생명체는 진화할 수 없었을 것이다. 우주에서 생명이 존재하기 위해서는 다음과 같은 물리 상수들이 정확히 조율되어야 한다. 첫 번째는 질량 사이의 인력을 결정하는 중력 상수다. 중력이 너무 크면 별이 빨리 붕괴하고, 너무 작으면 별과 행성의 형성이 불가능하다. 두 번째는 원자 간 전자기력의 세기를 결정하는 전자기 상수다. 전자기 상수가 너무 크면 화학 결합이 불안정하고, 너무 작으면 원자 결합이 불가능하다. 세 번째는 양성자와 중성자를 결합하는 강한 핵력이다. 이 핵력이 조금만 약해도 원자핵이 붕괴하며, 너무 강하면 헬륨보다 무거운 원소 생성이 불가능하다. 네 번째는 우주의 암흑 에너지 밀도다. 이 밀도는 우주의 팽창 속도를 결정한다. 이 밀도가 너무 크면 은하가 형성되기도 전에 팽창하고, 너무 작으면 우주가 붕괴한다. 생명체의 출현을 위해서는 이들 상수가 미세하게 조율되어야 하며, 소수점 아래 수십 자리만큼의 미세한 변화도 생명체 출현의 가능성을 없애버린다.

펜로즈는 우주의 시작 상태가 매우 낮은 엔트로피(매우 높은 질서)를 가졌다고 주장하며, 이는 통계 역학적으로 극도로 가능성이 희박한 조건이라고 본다. 펜로즈는 우주의 매우 낮은 초기 엔트로피와 그에 따른 정밀 조정이 가능할 확률에 관해 다음과 같이 말한다. "이제 우리는 창조주의 조준이 얼마나 정밀했는지를 알 수 있다. 그 정밀도는 $1/(10^{-10^{123}})$의 정확도 였다. 이것은 실로 경이로운 수치이다. 일반적인 십진법 표기로는 이 수 전체를 완전히 써내는 것이 사실상 불가능하다."[13] 그의 요지는 열역학

---

13 Roger Penrose, *The Road to Reality: A Complete Guide to the Laws of the Universe* (London: Jonathan Cape, 2004), 730.

제2법칙(엔트로피 증가 법칙)이 우주 전체에 적용되기 위해서는 우주의 초기 상태가 엄청나게 특별하고 고도로 정돈된 상태여야 했다는 것이다. 그는 이러한 초기 조건 덕분에 이후 우주는 구조 형성(은하, 별, 행성)과 복잡성의 진화를 가능하게 하는 열역학적 방향성을 갖게 되었다고 설명한다. 그러나 그는 이와 같은 극도의 정밀성을 곧바로 설계자나 하나님과 연관시키지는 않는다. 그는 신 존재의 가능성을 명시적으로 부정하지 않지만, 설계자를 과학적 설명에 도입하는 데는 매우 신중하다. 왜냐하면 신의 개입을 전제하는 것이 설명 능력은 주지 않고 과학의 탐구를 멈추게 할 위험이 있다고 보기 때문이다. 그는 설명되지 않은 영역을 위한 더 깊은 물리 이론이 있을 수 있다고 본다.

폴 데이비스(Paul Davies)는 펜로즈보다는 신학적 사유에 조금 더 개방적이다. 그도 우주가 매우 가능성이 희박한 정도로 매우 정밀하게 조율되었다고 말한다. 그에 따르면 "만약 중력의 세기가 $1/10^{40}$만큼만 달라졌더라면, 태양과 같은 별은 존재하지 않았을 것이고, 우리도 존재하지 않았을 것이다."[14] 그는 이처럼 물리 법칙들이 생명에 적합하게 조율되어 있다는 사실은 결코 단순한 우연으로 여기기 어렵다고 본다. 자연법칙의 생명 친화성은 설명을 요구한다. 그러나 "과학은 우주가 생명체에게 적합하도록 조율된 것처럼 보이는 이유를 설명하지 못한다."[15] 데이비스는 이런 조율 현상을 '우주적 우연의 일치'라 부르며, 과학적 설명의 가능성과 철학적/신학적 사유의 가능성을 동시에 열어둔다.[16]

---

14 Paul Davies, *The Goldilocks Enigma: Why Is the Universe Just Right for Life?* (Mariner Books: New York, 2006), 108.

15 Ibid., 3.

16 그러나 그는 어떤 확립된 종교에 대한 믿음의 필요성을 말하지는 않는다.

3. 인간 원리

우주의 물리 상수가 왜 지금과 같은 생명 친화적 값을 갖는가를 설명하기 위한 개념으로 '인간 원리'(anthropic principle)를 말하는 과학자들이 있다. 인간 원리는 우주의 상수와 법칙이 왜 생명에 정확히 맞도록 조율되어 있는지에 대한 문제를 다룬다. 여기에는 '약한 인간 원리'와 '강한 인간 원리' 두 형태가 있다. '약한 인간 원리'는 물리적 및 우주론적 상수들의 관측값이 그것을 관찰할 생명체의 존재라는 조건에 의해 제한된다고 주장한다. 존 바로우(John D. Barrow)와 프랭크 팁러(Frank J. Tipler)는 이를 다음과 같이 설명한다. "모든 물리적 및 우주론적 양의 관측된 값은 동일한 확률로 존재하는 것이 아니라 탄소 기반 생명이 진화할 수 있는 장소가 존재해야 한다는 요구와 우주가 그 안에서 이미 생명의 진화가 일어났을 만큼 충분히 오래되어야 한다는 요구에 의해 제한된다."[17] 이 원리에 따르면 관측자로서 우리의 존재 자체가 우주론적 선택 효과로 작용한다. 우리는 생명체가 존재할 수 있는 우주만을 관찰할 수 있다. 왜냐하면 우리가 존재하고 있기 때문이다. 우리가 우주를 관찰할 수 있다는 사실 자체가 우주가 생명체가 존재 가능한 조건을 갖추고 있다는 것을 전제로 한다. 즉, 우주의 조건들은 무작위가 아니라 관찰자의 존재 가능성에 의해 필터링된 것이라는 것이다.

이 원리는 우주가 생명체를 위해 설계되었거나 미세 조정되었다는 것을 의미하지 않는다. 단지 생명이 존재할 수 있는 조건을 가진 영역(또는

---

17 John D. Barrow and Frank J. Tipler, *The Anthropic Cosmological Principle* (Oxford: Oxford University Press, 1986), 16.

그런 우주) 안에 우리가 존재한다는 뜻이다. 이 원리에 따르면 중력 상수가 조금만 달랐더라도 별이 형성되지 않았을 것이고, 따라서 생명도 존재할 수 없었을 것이다. 하지만 우리는 존재하므로, 생명이 가능한 조건이 맞는 우주에 있는 것이다.

'강한 인간 원리'는 한 걸음 더 나아가 우주가 의식 있는 생명체의 출현을 필연적으로 이끌어야 하는 속성을 가져야 한다고 주장한다. 이 원리는 우주는 생명체(특히 지적 생명체)가 출현하도록 설정되어 있어야 한다는 주장이다. 즉, 우주의 구조는 생명의 등장을 필연적으로 허용해야 한다. 바로우와 팁러는 강한 인간 원리를 다음과 같이 정식화한다. "우주는 반드시 우주 역사의 어느 단계에서 생명이 발전하는 것을 허용하는 특성을 가져야만 한다."[18]

강한 인간 원리는 우주의 구조 속에 목적이나 필연성이 있음을 암시한다. 즉, 생명은 단순한 부산물이 아니라 우주의 근본 구조에 내재된 것이라는 주장이다. 이 원리는 목적론적 진술로 해석될 수도 있으며(우주가 생명을 위해 설계되었다) 또는 특정 조건을 가진 우주에서의 생명의 필연성에 관한 진술로 볼 수도 있다. 이 원리에 따르면 우주는 의식 있는 생명체가 존재하도록 되어 있어야 했기에 현재와 같은 특성을 지니며 또는 우주의 법칙상 의식이 필연적으로 나타나야 하기 때문에 현재 의식이 존재하는 것이다.

약한 인간 원리와 강한 인간 원리를 비교하면 다음과 같다.

항목	약한 인간 원리(WAP)	강한 인간 원리(SAP)
성격	관측 편향(선택) 효과	생명체를 위한 목적이나 필연성 암시
함의	우리는 생명이 가능한 우주를 관측할 수밖에 없다.	우주는 생명체가 존재할 수 있도록 (또는 그렇게 설계되어) 있어야 한다. 생명이 우주의

---

18 Ibid., 21.

	우리는 존재할 수 있기 때문에 여기에 있는 것이다.	코드에 내재되어 있음을 암시. 우주는 우리가 반드시 존재하게끔 되어 있다.
철학적 성향	자연주의적임. 목적론 없이 설명	형이상학적 또는 신학적 뉘앙스

인간 원리는 다중우주론과 결합하여 이해될 수도 있다. 다중우주론(multi-verse hypothesis)은 수많은 우주가 존재하고, 각각 다른 물리 상수를 가진다고 가정한다. 인간 원리가 다중우주론과 결합하면, 설계자 없이 정밀 조정이 가능하다는 과학적 해석의 가능성이 증대된다고 할 수 있다. 다중우주론에서 특히 약한 인간 원리는 목적이나 설계를 가정하지 않고 왜 우주가 이러한 특성을 갖는지를 설명하는 데 사용된다.

4. 우주의 미세 조정과 설계

기독교 과학자, 철학자, 신학자들 가운데 다수가 우주의 미세 조정을 하나님 존재의 개연성을 뒷받침하는 자연신학적 설계 논증의 근거로 제시한다. 분석 철학자이자 신학자인 윌리엄 레인 크레이그(William Lane Craig)도 그중 한 사람이다. 크레이그는 우주의 물리적 상수들이 생명 친화적인 값을 가질 확률이 극히 낮음에도 불구하고 우주의 생명 가능성에 필요한 물리적 상수들이 극도로 정밀하게 조정되어 있다고 말한다.[19]

---

19 첫째, 만약 중력 상수가 $1/10^{60}$만큼이라도 달랐다면, 우주는 생명체가 존재할 수 없는 곳이 되었을 것이다. 둘째, 암흑 에너지 밀도는 우주의 팽창 속도를 결정하는 상수로서 10^{-120}의 오차만 있어도 생명체 형성이 불가능하다. 셋째, 양성자와 중성자의 질량비, 강한 핵력과 약한 핵력의 비율 등도 아주 정밀한 값이 필요하다. William Lane Craig, *Reasonable Faith: Christian Truth and Apologetics*, 3rd ed. (Wheaton, IL: Crossway, 2008), 157-175.

그는 이러한 정밀 조율이 오직 신적 설계에 의해서만 설명될 수 있다고 본다. "이런 정밀 조율 현상은 단순한 우연이나 물리 법칙으로 설명하기 어려우며, 가장 개연성 있는 설명은 지적 설계자에 의해서만 가능하다."[20] 폴킹혼도 우주의 미세 조정은 단순한 우연이 아니라 신적 목적성을 반영한다고 본다. 즉, 그것은 신의 창조 행위와 깊은 관련이 있다. 폴킹혼은 말한다. "우주가 그토록 정밀하게 조율되어 있다는 사실은 단지 우연의 결과로 보기 어렵다. 이는 창조주의 목적성이 존재함을 암시한다."[21]

기독교 신앙의 관점에서 우주의 미세 조정 또는 인간 원리[22]는 신적 설계를 지시하는 증거로 받아들여질 수 있다. 즉, 우주의 미세 조정은 우주가 이성적인 탄소 기반 생명체의 진화를 허용 또는 필요로 하도록 설계된 증거로 사용될 수 있다. 하나님은 적어도 우주의 한 부분에서는 생명을 발생시킬 수 있도록 우주의 초기 조건을 정밀하게 조율하셨다. 다시 말하면 하나님은 초기 우주의 급속한 팽창 중에 일정한 구조가 보존되도록 우주의 법칙과 매개변수를 설정함으로써 생명으로 이끄는 가능성을 창조하셨다고 할 수 있다. 그리고 강한 인간 원리는 이 사실을 확증한다고 볼 수 있다.

우리가 속한 우주와 다른 방식으로 조율됨으로써 다른 법칙과 체계

---

20 Ibid., 161.

21 John Polkinghorne, *Belief in God in an Age of Science* (New Haven: Yale University Press, 1998), 22.

22 그러나 인간 원리는 자칫하면 인간 중심적 원리가 될 우려가 있다. 즉, 인간 원리가 창조의 궁극적 목표가 이성적인 탄소 기반 생명체, 즉 인간의 출현이라는 주장과 동일시되면 인간 중심적 원리가 된다. 성서는 이러한 인간 중심적 원리를 지지하지 않는다. 창세기 1장의 창조 이야기에서 창조의 궁극적 목표는 6일째 인간 창조에 있지 않고 7일째 하나님의 안식에 있다.

형성이 가능한 또 다른 우주가 과연 존재하는지에 대해서는 미지수다. 그러나 우리가 알고 있는 우주는 분명히 생명 친화적으로 조율되었다. 별들, 무거운 원소들 그리고 그 원소들을 포함한 행성들이 응집할 수 있는 2세대 별들이 출현했으며, 적어도 한 곳에서는 생명의 발생지가 된 행성, 즉 지구(그리고 인간)가 출현했다. 이와 같은 제로 확률에 가까운 우주의 미세 조정과 생명 친화적 우연의 일치들은 신적 설계의 관점에서만 가장 단순하고도 이해 가능한 방식으로 설명될 수 있다. 창조자 하나님의 설계를 인정하는 것은 간단히 틈새를 노린 논증이 아니다. 왜냐하면 이는 단지 과학이 아직 설명하지 못한 틈새를 신의 개입을 통해 설명하려는 시도가 아니라 극히 가능성이 희박한 미세 조정과 생명 친화적 우연의 일치를 설명할 수 있는 가장 단순하고 명료한 길이기 때문이다. 이것은 가장 단순한 설명이 가장 옳을 가능성이 높다는 '오컴의 면도날' 원칙과도 부합된다. '틈새'란 단어는 우주를 창조하신 하나님을 믿는 신학을 위한 단어라기보다는 오히려 광대한 우주의 신비 가운데 이제야 극히 작은 부분을 이해하기 시작한 과학을 위한 단어일 것이다.

IV. 지구에서 생명의 출현과 진화, 하나님의 창조적 섭리

생명체의 출현을 위해서는 우주 수준의 조율 외에도 지구 같은 행성이 다음 같은 조건을 충족해야 한다. 즉, 적절한 거리의 항성(골디락스 존), 액체 상태의 물 존재 가능성, 자기장 및 대기(유해한 우주 방사선 차단), 안정적인 궤도와 기후, 판 구조 활동을 통한 지질 순환 등이다. 지구에서 생명이 출현하고 초기 생명체가 인간처럼 자기의식적 존재로까지 진화할 확률은 우주에서 미세 조정과 생명 친화적 우연의 일치를 통해 생명체가 존재할 수 있는 행성이 생겨날 확률과 마찬가지로 극히 희박하다.

우주에서처럼 지구에서의 자연 과정도 법칙과 우연성에 의해 진행된다. 특히 진화 과정의 우연성을 강조한 대표적인 과학자가 고생물학자인 스티븐 제이 굴드(Stephen Jay Gould)다. 굴드는 다음과 같은 말로 진화 과정의 우연성을 강조했다. "생명의 테이프를 되감아 초기의 버지스 셰일 시대로 돌아가서, 동일한 시작점에서 재생한다면, 인간과 같은 지능이 다시 등장할 가능성은 극히 희박하다."[23] 이 말은 진화가 단순한 점진적 발전이 아니라 예측 불가능한 사건들의 연속으로 이루어졌다는 그의 주장을 잘 보여준다. 굴드는 생명의 역사에서 일어난 다양한 사건이 우연히 결합되어 현재의 생명 다양성이 형성되었으며, 이 과정에서 인간이 출현한 것도 우연적인 결과임을 강조한다. 예를 들어 그는 우연적 요인에 의한 대멸종 사건과 같은 사건들이 오늘날의 생물권 형성에 결정적인 기여를 했다고 본다. 그는 또 매우 다양한 생명체가 남아 있는 버제스 셰일(Burgess Shale)의 여러 생물 분류군 중 어느 것도 다른 것보다 더 생존 가능성이 높아 보이지 않았음에도 불구하고 오직 피카이아(Pikaia)라는 벌레만이 오늘날의 척추동물로 이어졌음을 우연성의 사례로 제시한다.

키스 워드도 자연 과정의 우연성을 강조한다. 그런데 그는 이 우연성이 유신론적 목적성과 대립하는 개념이 아니라고 주장한다. 그는 다윈의 자연선택 이론의 한계를 지적한다. "자연선택만으로 본다면, 이와 같은 우주에서 이성적 존재가 등장할 가능성은 극히 낮아 보인다. … 이성적

---

23 Stephen Jay Gould, *Wonderful Life: The Burgess Shale and the Nature of History* (New York: W. W. Norton & Company, 1989), 48-49.

존재가 출현할 가능성을 높이려면, 결국 이성의 출현이 언젠가는 불가피하게 되도록 사건들의 확률에 어떤 가중치가 부여되어야 할 것이다. … 자연선택에 의한 진화는, 유신론적 목표 지향적 과정이라는 개념과 양립하기에는 훨씬 더 불안정하고 불확실한 과정으로 보인다. … 그렇기 때문에 하나님의 지속적인 인과적 활동이 지구상 생명의 실제 진화 과정에 나타나는 의식과 의도성의 증대를 가장 잘 설명해 준다."[24] 워드는 우연으로 여겨지는 자연의 과정이 하나님의 인도하심을 받는 목표 지향적 과정이라고 주장한다.

한편 콘웨이 모리스(Conway Morris)는 굴드나 워드와 다른 견해를 제시한다. 모리스는 지구와 같이 생명을 낳을 수 있는 행성이 존재할 확률은 매우 낮지만, 일단 그런 행성이 형성되기만 하면 복잡하고 지적인 생명이 탄생할 가능성이 매우 높다고 본다. 즉, 지구의 상황과 구성이 복잡한 생명을 낳기에 극히 유리했다고 주장하는 그에 따르면, 지구의 생물권은 특정한 진화적 결과들을 낳도록 구조화되어 있다.[25] 만일 모리스의 견해가 옳다면, 여기서 하나님은 생명을 낳기에 매우 유리한 시스템을 만들어 놓으시고 그 시스템이 자율적으로 전개되도록 허용하신 분으로 그려질 수 있다.

하나님의 창조 질서는 우연과 법칙의 상호작용 안에서 전개된다. 하나님의 창조적 섭리는 자연법칙을 통해 간접적으로(일반 섭리) 그리고 우연성

---

24 Keith Ward, *God, Chance and Necessity* (London: Oneworld Publications, 1996), 77-78.

25 Simon Conway Morris, ed., *The Deep Structure of Biology: Is Convergence Sufficiently Ubiquitous to Give a Directional Signal?* (West Conshohocken: Templeton Foundation Press, 2008).

을 통해 직접적으로(특별 섭리) 이루어진다. 전자가 결정론적이라면, 후자는 비결정론적이다. 이 같은 두 가지 방식으로 전개되는 하나님의 창조적 섭리 안에서 진화 과정을 통해 자기의식적이고 자유의지를 지닌 존재인 인간이 출현했다고 할 수 있다.

그러나 진화 과정의 세계는 양면적인 모습을 보여준다. 한편으로 세계는 우연적이고, 파괴적이며, 낭비적이고, 잔인하며, 고통으로 가득 차 있다. 지금까지 존재했던 생물 종의 99%가 멸종했다. 다른 한편으로 세계는 질서 정연하고, 생명 친화적이며, 복잡성과 조화가 증대하며, 의식을 지닌 고차원적 생명을 창발시킨다. 세계의 고통과 악(죽음을 포함해서)은 인간의 타락이 초래한 결과인가? 물론 인간의 죄가 고통과 악의 현실을 심화시킨 것은 사실이다. 그러나 인간의 출현 이전에도 죽음은 모든 생물의 운명이었으며, 자연 세계에는 약육강식과 자연재해 등으로 인한 고통이 있었다. 세계의 고통과 악의 문제, 즉 신정론 문제는 영원한 신학적 난제이다.

V. 결론

이 글에서 우리는 현대 과학, 특히 물리학과 신학의 대화를 통해 우주와 생명 그리고 하나님의 창조와 섭리에 관해 고찰했다. 먼저 우리는 뉴턴 역학의 기계론적 세계관이 갖는 한계와 이를 대체한 현대 물리학의 주요 성과인 양자역학과 혼돈 이론에 대해 살펴보았다. 양자역학은 불확정성원리와 파동-입자 이중성, 얽힘 등의 개념을 통해 자연의 근본적 비결정성과 상호 의존성을 보여주며, 혼돈 이론은 결정론적 법칙 속에서도 초기 조건에 대한 극단적 민감성이 미래 예측의 불가능성을 초래함을 보여준다. 이러한 과학적 발견은 단순히 물리 법칙의 기술에 그치지 않고, 세계 안에서 하나님의 창조와 섭리에 대한 이해를 위한 새로운 가능성을 열어준다.

특히 우주의 기원과 미세 조정과 관련한 물리학의 발전은 신학과의 대화 가능성을 열어준다. 빅뱅 이론은 우주의 유한한 기원을 말한다는 점에서 기독교의 무로부터 창조 교리와 공명하는 면이 있다고 할 수 있다. 그리고 우주의 물리 상수들이 극도로 희박한 확률 속에서 생명 친화적으로 정밀하게 조율되어 있다는 사실은 우주에 대한 목적론적 해석의 정당성을 지지한다고 할 수 있다. 이 장에서 살펴본 과학자들은 공통으로 이러한 우주의 미세 조정이 극도로 낮은 확률의 가능성으로서, 단순한 우연으로 보기 어렵다는 데 동의한다. 말하자면 그것은 기적 중의 기적이다. 과학이 방법론적 자연주의에 충실한 한, 이와 같은 우주의 신비에 대한 물리학의 발견이 곧 직접적으로 초월적 설계자의 존재를 증명한다고 주장할 수는 없을 것이다. 그러나 신학적 관점에서 그것은 창조자 하나님의 설계에 대한 분명한 증거로 받아들여질 수 있다. 물론 하나님의 설계는 전적으로 결정론적인 것이 아니라 자연 과정의 자기 조직화, 우연성, 개방성을 허용하는 것이다.[26]

세계는 기본적인 물리적 실재의 차원으로 환원될 수 없다. 환원론적 물리주의는 오늘날의 과학적 증거와도 모순된다. 코펜하겐 해석은 물리적 현실이 의식 또는 '전체 측정 상황'(닐스 보어)에 의해 영향 받을 수 있음을 암시한다. 위그너는 양자역학 연구가 의식의 내용이 궁극적 실재임을 지시한다고 주장한다. "양자역학의 법칙을 완전히 일관된 방식으로 정식화

---

26 양자역학과 혼돈 이론이 밝혀낸 물리적 자연의 존재론적 비결정성과 우연성은 세계 안에서의 신적 행위를 위한 장을 열어 놓는 것으로 이해될 수 있다. 이에 관해서는 다음 장에서 자세히 고찰할 것이다.

하려면 의식에 대한 언급 없이는 불가능했다." "외부 세계에 대한 연구 자체가 우리 의식의 내용이 궁극적 실재라는 결론으로 이끌었다."[27] 인간 의식이 존재하는 세계는 측정과 수학적 설명이 가능한 규칙성만으로 이루어진 세계가 아니라 규칙성에 대한 설명이 불가능한 평가, 결정, 목적의 세계다. 이런 의미에서 워드는 "이 세계는 비물리적 인과관계가 중요한 역할을 하는 인격적 세계"이며, "인과관계에 대한 적절한 설명은 비물리적 인과관계가 긍정적인 역할을 할 수 있는 자연법칙에 대한 설명을 제공해야 한다"고 주장한다.[28]

이러한 맥락에서 우리는 우주가 비물리적, 순수 의식적, 영적 실재인 하나님의 창조적 영향에 대해 본유적으로 열려 있다고 말할 수 있다. 우주가 영적 실재인 하나님에 의해 창조되고 인도된다고 믿는 신앙은 과학적으로 증명해 낼 수 있는 논증도 아니지만, 반대로 단지 반과학적이고 비합리적인 억견도 아니다. 오늘날의 과학은 우주의 근저에 우주적 의식 또는 지능이 존재한다는 생각으로 우리를 인도할 수 있다. 물론 이것이 곧 창조자 하나님에 대한 기독교의 믿음과 동일하지 않을 수 있다. 그러나 오늘의 과학은 창조자 하나님에 대한 기독교 신앙과 양립 불가능하지 않을 뿐만 아니라, 그러한 영적 실재에 대한 합리적이고 일관된 설명을 가능케 하는 데 도움을 줄 수 있다.

영적 실재는 실험·측정·반복할 수 있는 대상에 집중하는 과학의 대상이 아니다. 영적 실재에 접근할 수 있는 길이 있다면, 이는 직접적인 정신적 인식에 의한 것이어야 한다. 설령 그러한 인식이 물리적 사건을

---

27 Wigner, "Remarks on the Mind-Body Question," 168, 171.
28 Ward, *The Big Questions in Science and Religion*, 267-268.

통해 매개된다 하더라도, 영 자체는 물리적으로 관찰될 수 없다. 영적 실재에 대한 직접적 인식은 물리적 실재만 다루는 과학의 범위를 벗어난다. 따라서 비물리적, 영적 실재의 존재 여부를 과학은 판단할 수 없다. 우주를 물질적 측면에서 완전히 설명할 수 있다고 주장하면서 영적 실재의 존재를 부정하는 것은 과학이 아니라 유물론적 철학이다. 그러나 물리적 우주가 본유적으로 의식의 창조적인 영향과 목적에 열려 있다면, 초자연적 원인이 있다고 긍정하는 것이 현대 과학의 통찰에 더욱 부합하는 것으로 보인다. 기독교는 이 초자연적 원인이 성서가 증언하는 순수 의식적, 영적 실재인 창조자 하나님이라고 믿는다.

창조자 하나님이 진화 과정을 통해 창조적 섭리를 수행하신다는 사실은 세계의 고통과 악의 문제, 즉 신정론 문제에 대한 걸림돌이 아니라 오히려 최선의 답변이 될 수 있다. 왜냐하면 진화 과정의 자기 조직화, 우연성, 개방성을 허용하는 하나님의 창조적 섭리 개념만이 세계의 고통과 악에 대한 책임을 하나님께 돌리지 않을 수 있기 때문이다. 하나님의 설계는 진화 과정의 우연성을 허용하는 설계다. 이런 의미에서 사우스게이트는 "진화적 창조가 하나님께서 지금의 생물권이 지닌 아름다움, 다양성, 감각 능력, 정교함 등이 생겨나도록 하시기 위해 사용하실 수 있는 유일한 방식"[29]이었다고 주장한다.

그러나 하나님의 창조적 섭리는 진화 과정의 우연성을 그대로 방치하지는 않는다. 하나님은 모든 차원의 우연성 안에서 행동하신다. 즉, 하나님은

---

29 Christopher Southgate, "A test case: divine action," in *God, Humanity and the Cosmos*, ed. Christopher Southgate (London/New York: T\&T Clark, 2011), 307; Christopher Southgate, *The Groaning of Creation: God, Evolution and the Problem of Evil* (Louisville: Westminster John Knox Press, 2008), 15-16.

양자 세계의 물리학적 비결정성 안에서, 진화 과정의 생물학적 우연성 안에서 그리고 자율적 자유의지를 지닌 인간의 마음에 능동적 정보를 제공하고 설득하심으로써 자연의 과정과 인간의 역사를 인도하신다. 하나님은 공감적 사랑 안에서 모든 고통당하는 피조물과 함께 계신다. 그리고 변혁시키고 구원할 수 있는 모든 것을 그렇게 하신다. 이 함께 고통당하는 하나님의 공감적 사랑이 결정적으로 계시된 곳이 예수 그리스도의 십자가이며, 이 변혁과 구원의 종말론적 선취가 예수 그리스도의 부활이다.

제7장
하나님은 세계 안에서 어떻게 활동하시는가
— 물리학과 신학 2

I. 서론

오늘날 과학 시대에 신학의 주요 관심사 중 하나는 하나님의 섭리 행위가 어떤 방식으로 이 세계 안에서 이루어지는가 하는 것이다. 과연 하나님은 이 세계에 어떤 방식으로 영향을 미치시는가? 하나님은 자연 과정과 인간 역사 안에서 어떤 방식으로 행동하시는가? 세계 안에서 영향을 미치는 하나님의 행위를 어떻게 과학적 세계관과 사고를 지닌 현대인들이 이해할 수 있는 방식으로 설명할 수 있을까? 이 장에서는 이 문제를 고찰하고자 한다.

세계 안에서의 신적 행위에 관한 연구는 미국 버클리의 지언과힉과 신학 센터(CTNS), 바티칸 천문대, 교황청 과학원의 공동 협력으로 1988년부터 2003년경까지 "하나님의 행위 프로젝트"(Divine Action Project)로 수행된 바 있다. 여기에 다수의 우주론자, 물리학자, 생물학자, 신경과학자, 철학자, 신학자 등이 학제 간 대화와 연구에 참여했다. 이 프로젝트는 기독교 신앙과 최첨단 과학 사이의 바람직한 관계를 수립하고 하나님과 세계의 상호작용을 새롭게 이해하기 위한 신학-과학 대화의 획기적인 이정표라고 할 수 있다.[1]

이 장에서는 환원론적 물리주의의 오류 그리고 법칙과 우연성에 관해 고찰하고, 세계 안에서의 신적 행위에 대한 잘못된 세 가지 견해를 제시한 후, 주요 신학자들의 견해를 네 가지 유형으로 분류하여 고찰할 것이다. 이 네 가지 유형은 첫째, 전체-부분 영향(아서 피콕), 둘째, 혼돈계의 불확정성(존 폴킹혼), 셋째, 창발적-하향식 인과율(필립 클레이턴), 넷째, 양자역학의 불확정성(낸시 머피, 로버트 러셀, 토마스 트레이시, 조지 엘리스)이다. 필자는 결론적으로 이 유형들의 각기 다른 상대적 적절성에 대한 인식에 근거해서 이들을 세계 안에서의 신적 행위 방식에 대한 설명의 전체성을 구성하는 부분들로 이해할 것을 제안함과 아울러 이러한 인식에 근거한 필자 자신의 견해를 개진하고자 한다.

II. 환원론적 물리주의의 오류

기독교인들은 통상적으로 세계 안에서 하나님의 행위를 자연법칙을

---

1 회의 자료집은 Robert John Russell 외 편집으로 다음과 같은 제목들로 출판되었다. *Quantum Cosmology and the Laws of Nature* (1993), *Chaos and Complexity* (1995), *Evolution and Molecular Biology* (1998), *Neuroscience and the Person* (1999), *Quantum Mechanics* (2001). 이들은 모두 *Scientific Perspectives on Divine Action*이라는 부제를 달고 있으며, 이 부제가 이후 마지막 저서(2009)의 제목이 되었다. 이 여섯 권의 책은 각각 특정 과학 분야에 초점을 맞추어 자연법칙을 존중하면서도 세계 안에서의 특별한 신적 행동이 가능한지를 학문적으로 탐구한 것으로, 오늘날 신학과 과학의 대화에 가장 큰 영향을 끼친 자료 중 하나로 평가받고 있다.

통한 일상적인 행위와 자연법칙을 위반하는 기적적인 행동으로 구별해 왔다. 여기에 일반적으로 공유되는 전제는 자연법칙이 엄격하고 보편적인 규칙이며, 하나님이 직접적으로 행동하기 위해서는 이를 깨뜨리는 기적이 요구된다는 것이다. 이러한 전제는 근대적인 과학적 세계관에 기초한 자연법칙에 대한 이해에서 비롯된다. 그러나 자연법칙이란 인위적으로 고립된 물리 현상의 특정 측면을 수학적 설명이나 모델로 기술한 것이다. 자연법칙이 물리 현상의 모든 면에 대한 모든 정보를 제공하거나 결정론적 인과론에 기초하여 사물의 운동을 완전히 예측한다고 보기 어렵다. 오히려 자연법칙은 종종 비결정론적이고 확률적인 예측만을 제시한다. 세계 안에 서 하나님의 직접적 행위란 단지 자연법칙을 깨뜨리는 사건이 아니라 결정론적 인과론에 기초한 예측이 불가능한 비결정론적, 확률적 영역에서 발생하는, 따라서 결정론적 자연법칙으로는 설명할 수 없는 놀라운 사건을 지시한다고 할 수 있다.

근대 과학의 발견 가운데 하나는 관찰된 세계가 미시적 물리 차원에서 극소한 기본 입자들의 상호작용으로 재기술될 수 있다는 것이다. 이러한 발견에 근거해 일부 과학자는 모든 기본 입자의 운동을 설명하는 것이 곧 세계를 완전하고 철저하게 설명하는 길이라고 주장했다. 이는 환원론적 물리주의라고 불리는데, 워드의 표현을 빌리면 "수학적 설명의 우아함과 모든 물리적 운동이 물질의 가장 작은 구성 요소의 운동에 의해 전적으로 결정된다는 신념에 기초한 순수한 믿음의 표현"[2]이다.

그러나 환원론적 물리주의는 오늘날 과학적으로 성립되지 않는다.

---

2 Keith Ward, *The Big Questions in Science and Religion* (West Conshohocken, PA: Templeton Foundation Press, 2008), 258.

양자물리학에서 입자의 모든 속성, 즉 운동량과 위치를 동시에 완벽하게 아는 것이 불가능함을 말하는 하이젠베르크의 불확정성원리는 양자 세계에 대한 정확하고 완전한 설명 자체가 불가능함을 보여준다. 양자물리학은 우리가 어떤 초기 상태를 정확하게 알 수 있고 그 이후의 행동을 확실하게 예측할 수 있다는 믿음을 무너뜨렸다. 양자물리학에서 기본 입자는 힐베르트(Hilbert) 공간의 확률 파동으로 밝혀졌다. 다시 말하면 입자는 단단한 점이 아니라 여러 가능성이 중첩된 파동 상태로 존재하며, 그 파동은 힐베르트 공간이라는 추상적인 수학 공간에서 기술된다. 기본 입자 차원은 직관적인 의미의 실재로서 존재하지 않는 것처럼 보인다. 모든 과학적 설명을 가장 근본적인 차원의 물리적 실재로 환원할 수 없는 까닭은 그 차원 자체가 불확정적인 모호성 가운데 있기 때문이다.

양자물리학에서 입자들은 확정된 위치에 개별적으로 있지 않고 서로 얽혀 있다. 이것은 멀리 떨어져 있는 입자들 사이에도 상호작용이 있음을 함축한다. 나아가 복잡한 물리 구조의 운동을 설명하기 위해서는 입자가 실험실 조건에 격리되어 있을 때의 운동 방식만이 아니라 그 입자가 속한 전체 구조 그리고 전체 우주 안에서 다른 모든 부분과의 상호작용을 고려해야 함을 시사한다. 더욱이 우주 전체가 끊임없이 진화하는 실재다. 진화하는 우주의 상태는 서로 다른 두 시점(時點)에서 같지 않다. 즉, 비가역적이다. 정확한 예측은 같은 상태가 계속 유지될 때만 가능하다. 따라서 진화하는 우주에서 일어나는 모든 운동을 근본적인 물리 차원에 관한 기술을 통해 완전히 설명하는 것은 불가능하다. 물리적 실재의 가장 낮은 차원을 파악하고 그에 따라 이후의 모든 사건을 설명할 수 있다는 환원론적 물리주의는 성립되지 않는 것이다.

III. 법칙과 우연성

근대의 고전 물리학인 뉴턴 역학은 기계적, 결정론적 세계관을 보여준다. 프랑스 수학자 피에르-시몽 라플라스(Pierre-Simon Laplace)는 뉴턴 역학에 지배받는 세계가 완전히 결정론적이라고 보았다. 라플라스는 1814년에 발표한 저서 『확률론에 관한 철학적 에세이』(*Essai philosophique sur les probabilités*) 서문에서 우주의 모든 상태는 이전 상태에 의해 완전히 결정되며, 충분한 정보와 계산 능력을 가진 존재는 미래와 과거를 완전히 예측할 수 있다고 주장했다. 그는 우연성을 단지 인간의 무지 때문에 발생하는 것으로 간주했다. "우연은 사실상 존재하지 않으며, 모든 현상은 원인에 의해 필연적으로 결정된다."[3] 이러한 사고는 근대의 결정론적 인과론의 세계관을 대표한다.

만일 물리적 인과관계의 네트워크가 결정론적 법칙에 의해 닫혀 있다면, 하나님은 자신이 세우신 물리 법칙을 위반하지 않고는 직접적으로 행동하실 수 없다. 그러나 이 위반은 자기모순이 된다. 그러므로 근대 이래 세계의 전개 과정에 대한 물리학적, 생물학적 설명에서 하나님은 뒤로 밀려나게 되었고, 이신론 또는 무신론이 득세하게 되었다. 그러나 오늘날 우리는 고전 물리학의 결정론적 세계관 안에 살고 있지 않다. 우리가 사는 세계는 라플라스의 주장처럼 예측 가능한 결정론적 세계가 아니라 하이젠베르크의 불확정성원리와 힐베르트 공간의 파동함수로 표현되는 확률적이고 비결정론적인 세계다. 다윈의 진화론 역시 법칙과

---

3 Pierre-Simon Laplace, *A Philosophical Essay on Probabilities*, trans. Frederick Truscott and Frederick Emory (New York: Dover, 1951), 4.

우연성의 복합적 관계를 보여준다. 자연선택이라는 법칙은 유전적 돌연변이라는 우연한 사건을 기반으로 작동한다. 생명의 진화는 일정한 방향성을 갖지만, 그 경로는 본질적으로 예측 불가능하다. 프랑수아 자코브는 이를 '우연을 조직하는 법칙'[4]이라고 표현했다. 즉, 법칙은 우연한 사건들을 구조화하며, 그 과정에서 복잡성과 질서가 창발한다. 복잡계 이론과 비선형 동역학 이론으로 표현되는 복잡한 시스템에 있어서 단순한 법칙들이 다양한 우연적 요소와 상호작용하면서 예측 불가능한 결과를 만들어 낸다.

따라서 오늘날 과학에서 법칙과 우연성은 서로 반대되는 개념이 아니라 과학적 설명의 핵심을 구성하는 두 축이다. 즉, 오늘날 과학에서 법칙은 고전적 세계관에서처럼 절대적이고 결정론적인 인과관계가 아니라 가능성의 규칙으로 이해되며, 우연성은 단지 무지의 결과가 아니라 자연 자체의 본유적 본성으로 간주된다. 법칙과 우연성은 이분법적 관계가 아니라 상호 보완적 관계에 있다. 법칙은 우연성을 포함하는 방식으로 재정의되었으며, 확률적 법칙은 과학적 설명의 주요한 틀이 되었다. 또한 우연성은 창조성과 다양성의 원천으로 재해석되고 있다.

법칙과 우연성은 하나님의 창조 질서의 두 측면이다. 법칙은 경험적 관찰과 검증을 통해 입증된 자연현상 간의 보편적, 반복적 관계를 규칙 또는 수학적 공식으로 표현한 과학적 진술로서, 특정 조건에서 앞으로 일어날 현상들을 예측할 수 있게 해 준다. 자연법칙은 하나님이 세우신 창조 질서로서, 하나님의 특별한 개입 없이도 유지되는 세계의 규칙적

---

4 François Jacob, *The Possible and the Actual*, trans. Matthew Cobb (New York: Pantheon Books, 1982), 37.

과정을 지시한다. 이처럼 하나님의 특별한 개입 없이 자연법칙에 의해 세계의 규칙적 과정이 유지되는 것을 전통적인 신학 용어로 하나님의 일반 섭리라고 할 수 있다.

그러면 우연성이란 어떤 현상을 가리키는가? 크리스토퍼 사우스게이트(Christopher Southgate)는 우연성을 세 가지 관점에서 설명한다.[5] 첫째는 동전 던지기 결과와 같은 경우다. 그런데 이 경우, 만약 우리가 관련된 모든 변수의 정확한 값을 충분히 알고 있다면, 특정한 던지기에서 동전이 어느 쪽으로 떨어질지 역학 법칙에 따라 예측할 것으로 기대할 수도 있다.[6] 그러나 동전 던지기의 결과에 결정적인 영향을 미치는 초기 조건(동전 던지기에 가해지는 힘의 세기, 방향, 각도 등) 자체가 근본적으로 우연적 성격을 갖기에, 여전히 우연성이 지배적 특성이라고 할 수 있다. 둘째는 서로 다른 인과적 사슬에서 비롯된 것처럼 보이는 사건들이 우연히 조우하는 경우다. 6천5백만 년 전 지구에 떨어져서 공룡의 멸종을 초래한 소행성의 궤도는 지구상에 공룡을 만들어 낸 것과는 다른 인과적 사슬에 속해 있었다. 이 서로 다른 인과적 사슬의 우연한 만남이 공룡의 멸종을 가져왔다. 진화 과정은 이러한 종류의 우연성에 큰 영향을 받기에 예측이 불가능하다. 우연성 개념이 사용되는 세 번째 경우는 양자 수준에서의 확률적 사건 결과를 기술하는 방식에서이다. 하이젠베르크의 불확정성원리와 이에 대한 코펜하겐 해석에 따르면 양자 수준에서는 우리의 지식이 제한될

---

5 Christopher Southgate, "A test case: divine action," in *God, Humanity and the Cosmos*, 307; *The Groaning of Creation: God, Evolution and the Problem of Evil* (Louisville: Westminster John Knox Press, 2008), 277-278 참고.

6 따라서 피콕은 이러한 결과들을 우연이라고 부르는 것은 해당 사건을 일으키는 인과 요인들에 대한 우리의 지식이 불완전하다는 고백일 뿐이라고 본다. Arthur Robert Peacocke, *Creation and the World of Science* (Oxford: Oxford University Press, 1979), 90.

뿐만 아니라 사건들 자체에 존재론적 불확정성, 즉 우연성이 존재한다.

우연성은 어떤 사건이나 상태를 인과적 법칙의 관점에서 설명할 수 없어서 생겨난 개념이다. 그러나 인과적 법칙의 관점에서 설명할 수 없다는 것이 곧 목적 없음이나 목적론과 모순됨을 의미하지는 않는다. 우연성은 신적 목적론과 양립 불가능한 개념이 아니다. 오히려 우연성은 하나님이 스스로 만드신 자연법칙을 깨뜨리지 않고 행동하실 수 있는 장이 될 수 있다. 법칙과 우연성 안에서 전개되는 세계 과정에 있어서 법칙을 통한 일반적 섭리만을 인정하고 우연성 안에서의 특별한 신적 행위를 인정하지 않으면 이신론이 되고, 둘 다 부정하면 무신론이 된다. 그러나 이신론이나 무신론은 살아 계신 하나님의 창조적 섭리를 믿는 기독교인의 선택지가 될 수 없다.

IV. 하나님의 행위에 관한 잘못된 세 가지 견해

그러면 세계 안에서의 신적 행위를 어떤 방식으로 설명할 수 있는가? 먼저 오늘날 신학자들로부터 폭넓은 공감을 얻지 못하는 세 가지 견해가 있다. 첫 번째는 '유신론적 자연주의'(theistic naturalism)다. 이 견해의 지지자들은[7] 개별 상황에서 하나님의 특별한 행위를 설명하기 위해 구체적인 인과적 접점을 찾으려는 시도를 거부한다. 이들은 하나님이 인과적 접점

---

7 대표적으로 윌렘 B. 드리스와 고든 카우프만이 있다. Willem B. Drees, *Religion, Science and Naturalism* (Cambridge: Cambridge University Press, 1996), 93-106; Gordon Kaufman, *God the Problem* (Cambridge, MA: Harvard University Press, 1972).

안에서가 아니라 전체로서의 세계와 역사와의 관계 속에서 자연주의적 방식으로 우주를 섭리하신다고 주장한다. 이에 따르면 세계는 하나님이 창조하신 자연 질서를 따라 운행된다. 세계 안에서의 하나님의 자유로운 행동 가능성은 용납되지 않는다. 여기서는 섭리론이 창조론 범주 안으로 흡수되어 버리며, 따라서 이신론과 별로 다를 바 없는 것처럼 보인다.

두 번째는 초자연적 '개입'(intervention)으로서의 신적 행위를 주장하는 견해다. 이 견해에 따르면 하나님은 필요하다면 언제든지 자연법칙을 깨뜨리거나 정지시키고 초자연적으로 세계의 과정 안에 개입하실 수 있다. 이러한 하나님의 모습은 '*Deus ex machind*(기계장치의 신)라고 불린다. 그러나 이 같은 개입은 하나님 자신이 세운 창조 질서를 스스로 위반하는 비일관적인 행위로 간주된다. 더욱이 초자연적인 신적 개입 행위 개념은 세계의 고통과 악의 현실로 말미암는 신정론의 문제를 더욱 해결하기 어렵게 한다.

세 번째는 이른바 '틈새의 신'(God of gaps) 논증이며, 과학이 아직 설명하지 못하는 틈에 신이 개입함을 가정한다. 즉, 자연주의적 설명의 부재 또는 불완전성에 근거하여 초월적 신(설계자)의 개입을 주장한다. 오늘날에는 '환원 불가능한 복잡성'(irreducible complexity) 개념에 의존하는 지적 설계론이 틈새의 신 논증을 대표한다고 할 수 있다. 지적 설계론자인 마이클 베히(Michael J. Behe)의 환원 불가능한 복잡성에 기초한 지적 설계 논증에 따르면, 어떤 생물학적 시스템(박테리아 편모 등)은 모든 구성 요소가 동시에 존재해야만 기능하며, 하나라도 빠지면 작동하지 않으므로 점진적 진화를 통해 생겨날 수 없다고 주장한다. 그러나 이러한 논증은 바람직하지 않다. 왜냐하면 과학의 발전에 따라 틈새가 메워질수록 하나님의 행위 영역은 점점 축소되기 때문이다. '환원 불가능하다'는 주장은 과학적 무지의 표현일 수 있다. 오늘날 과학자들은 베히가 지적 설계의 증거로 제시한 '환원 불가능성' 사례들에 대해 실제로 그렇지 않다는 과학적 설명을 제시한다.[8]

오늘날 세계 안에서 신적 행위를 설명하는 다양한 방식들 가운데 우리가 고려할 수 있는 유의미한 설명은 대체로 네 가지 유형으로 구별될 수 있다. 첫째는 세계 안에서의 하나님의 행위 가능성을 특수한 인과적 접점이 아닌 전체성에서 발견하는 전체-부분 영향 유형, 둘째는 인과적 접점을 혼돈계의 불확정성에서 찾되 국소적 관점이 아닌 전체적 관점을 강조하는 맥락주의 유형, 셋째는 창발 이론에 기초한 하향식 인과론 유형, 넷째는 양자역학의 불확정성에서 인과적 접점을 찾는 유형이다. 이러한 유형들 사이에는 차이점과 유사점이 병존하며, 배타적으로 대립하기보다는 긴장 관계 안에서 상호 보완적인 서로 다른 강조점을 보여준다고 할 수 있다.

V. 전체-부분 영향: 아서 피콕

먼저 하나님의 행위를 자연 질서 안에서의 구체적인 인과적 접점에서 발견하려 하기보다는 전체적 관점에서 설명하는 유형으로서 '전체-부분 영향'(whole-part influence) 유형이 있다. 이는 우주를 하나님의 몸으로 이해하는 유비 방식에 잘 나타난다.[9] 즉, 하나님과 세계의 관계는 인간의

---

8 이에 관해서는 Michael Ruse, *Can a Darwinian be a Christian?: The Relationship Between Science and Religion* (Cambridge/New York: Cambridge University Press, 2000), 115-119 참고.

마음과 몸의 관계와 유사하다. 따라서 마음이 몸에 영향을 주는 것과 같은 방식으로 하나님은 세계에 영향을 주신다. 이러한 하나님의 행위는 '국소적-초점적'(localized-focal)이라기보다는 '전체적-비초점적'(holistic-nonfocal)이라고 할 수 있다. 그러나 이 유비를 지나치게 밀어붙이면 인간이 몸의 감각에 의존하듯이 하나님이 세계에 예속되어 세상의 입력에 의존하게 되거나, 반대로 세상이 하나님께 너무 예속되어 인간이 마치 몸의 기관인 것처럼 자유롭게 행동할 수 없게 된다는 약점이 있다.10

아서 피콕(Arthur Peacocke)도 마음-몸 유비의 한계를 인식한다. 그에 따르면, "인간의 몸 안에서 '나'는 하나님이 세상을 초월하는 방식과 같은 방식으로 몸을 존재론적으로 초월하지 못한다."11 그러나 그는 이러한 인식을 전제로 하여 하나님과 세계의 관계를 인간의 마음과 몸의 관계로 비유한다. "자연적 위계질서에 대한 새로운 이해, 적어도 일부 고차원 개념들이 환원 불가능하다는 인식 그리고 의식과 뇌 사이의 관계에 대한 새로운 평가는 이제 이러한 유형이 전개되는 맥락을 변화시키고 있다."12

피콕의 신관은 만유재신론적이다. 즉, 그는 하나님을 세계의 전체 맥락으로 이해하며 세계 안의 하나님의 내재성을 강조한다. 그는 생물학이 보여주는 자연의 창조성을 하나님의 편재를 보여주는 징표로 이해한다.

---

9 샐리 맥페이그가 이 유형을 잘 보여준다. 그녀는 자신의 유형을 '행위자적-유기체적'(agential-organic) 유형이라고 부른다. Sallie McFague, *The Body of God: An Ecological Theology* (London: SCM Press, 1993), 140 이하.

10 John Polkinghorne, *Science and Providence* (London: SPCK, 1989), 18-21.

11 Arthur Peacocke, "God's interaction with the world: the implications of deterministic 'Chaos' and of interconnected and interdependent complexity," in *Chaos and Complexity: Scientific Perspectives on Divine Action*, eds. R. J. Russell, N. Murphy, and A. Peacocke (Vatican City: Vatican Observatory 1995), 285.

12 Arthur Peacocke, *Theology for a Scientific Age* (London: SCM Press, 1993), 203.

그는 세상 안에서 신적 행위를 위한 특정한 인과적 접점을 찾고자 하는 시도에 부정적이다. 하나님의 행위에 대한 국소적-초점적 설명은 "다양한 수준에서 다양한 방식으로 서로 얽혀 있는 복잡계 세계에서 인과성이 작용하는 여러 층위를 충분히 반영하지 못한다"[13]고 보기 때문이다. 이런 이유로 그는 하나님이 물리적 우주의 맥락으로서 세계 전체에 영향을 미치신다고 주장한다.

단, 피콕의 견해는 다음과 같은 점에서 유신론적 자연주의와 구별된다. 즉, 화학적 비평형 상태의 시스템이나 생태계에서처럼 그는 전체 시스템의 속성이 부분들에 영향을 미치는 방식으로 하나님이 전체를 통해 부분들에 영향을 미치신다고 설명한다. 이런 의미에서 그는 '하향식 인과율'보다 '전체-부분 영향'이라는 표현을 선호한다.[14] 다시 말하면 피콕은 세상 전체에 대한 하나님의 일반적인 행위가 개별적인 부분들에 특정한 효과를 가져올 수 있음을 인정한다. 문제는 그러한 일의 구체적 가능성에 대해 그가 아무런 설명도 하지 않는다는 점이다.

VI. 혼돈계의 불확정성: 존 폴킹혼

폴킹혼은 하나님이 자연의 물리 법칙을 무시하거나 초월적으로 개입하

---

13 Peacocke, "God's interaction with the world," 282.

14 Arthur Peacocke, "The Sound of Sheer Silence: How Does God Communicate with Humanity?," in *Neuroscience and the Person: Scientific Perspectives on Divine Action*, eds. R. J. Russell, N. Murphy, T. Meyering, and M. Arbib (Vatican City and Berkeley, CA: Vatican State Observatory and Center for Theology and the Natural Sciences, 1999), 215-247.

는 방식이 아니라 자연에 내재된 불확정성과 개방성을 통해 세계 안에서 활동하신다고 본다. 그는 인간에게 자유의지가 주어진 것처럼 자연 세계에도 일정한 자유가 부여되었다고 주장한다. 이것을 그는 '자유 과정 변호'(free-process defense)라는 개념으로 말한다. "나는 하나님의 위대한 창조 행위 속에서 하나님이 물리 세계가 자기 자신이 되도록 허용하셨다고 믿는다. 이는 하나님과 대립하는 마니교적 방식이 아니라 사랑(Love)이 사랑하는 자에게 주는 자유의 선물로서의 독립성 안에서 이루어진다. 우주는 스스로 자기 자신이 될 기회를 부여받는다."15 이처럼 폴킹혼은 하나님께서 피조물이 자율적으로 존재하도록 허용하셨음을 강조한다.

이 같은 맥락에서 폴킹혼은 하나님의 행위에 대한 이해가 과학적 이해와 양립 가능해야 한다고 말한다. "만약 하나님이 세상 안에서 활동하신다면, 그것은 과학이 우리에게 보여주는 세계의 성격과 일치하는 방식이어야 한다."16 그는 하나님이 자신이 창조·유지하시는 물리 법칙의 규칙성을 존중하심과 동시에, 물리 세계의 불확정성 속에서 행동하실 수 있다고 본다. 그러나 폴킹혼은 피콕과 마찬가지로 양자 불확정성을 세계 안에서의 신적 행위를 위한 인과적 접점으로 보지는 않는다. 그는 양자 이론이 불연속성과 불확정성뿐 아니라 연속성과 결정성도 포함하고 있기 때문에, 이로써 하나님의 행위를 설명하는 데는 어려움이 있다고 본다.17 또한 양자역학의 확률적 세계와 거시 세계 사이의 연결은 여전히 잘 이해되지 않고 있으며, (초기 조건의 미세한 변화가 큰 효과를 초래하는) 혼돈적 작용과 동등한 것이 양자 시스템 내에 있을지의 여부도 알려지지 않았다. 양자

---

15 Polkinghorne, *Science and Providence*, 66.

16 Polkinghorne, *Belief in God in an Age of Science*, 49.

17 Ibid., 152.

변동의 효과는 증폭을 위해 특별히 설계된 장치가 없다면 보통 상쇄되어 사라진다. 따라서 양자 수준 효과의 증폭은 의문스럽다는 것이다.

폴킹혼은 거시적 혼돈계(예: 기상 패턴)의 불확정성에서 하나님의 행위 가능성을 발견하고자 한다.[18] 그는 혼돈 이론이 비개입적 신적 행위, 즉 자연법칙을 위반하지 않으면서도 자연 세계 안에서 하나님이 행동하시는 방식을 과학적으로 설명하는 타당성을 제공한다고 본다. 복잡계의 비선형 시스템은 그 전개 조건에 있어 극도로 민감하며, 매우 빠르게 예측 불가능하게 전개된다. 따라서 혼돈 이론에 지배되는 체계에서는 초기 조건의 극히 미세한 변화가 결과에 극적인 영향을 줄 수 있다. 폴킹혼은 혼돈계의 예측 불가능성이 단지 인식론적이 아닌 실재론적 불확정성에 대한 단서를 제공한다고 본다. 다시 말하면 혼돈계는 인지적으로 예측 불가능할 뿐만 아니라 본질적으로 비결정적이며, 따라서 미래에 열려 있다. 폴킹혼은 이러한 혼돈계의 예측 불가능성과 개방성이 하나님의 행위를 위한 가능성을 제공한다고 본다. 기상 패턴이나 뇌의 신경망과 같은 혼돈계에서는 초기 조건에 대한 민감성 때문에 아주 미세한 영향만으로도 자연법칙을 넘어서지 않으면서 결과에 영향을 줄 수 있다. 폴킹혼은 다음과 같이 말한다.

세계는 결정론적 법칙의 철권에 의해 고정된 경로에 갇혀 있지 않다. 양자 이론과 혼돈 이론을 통해 우리가 파악하는 미래의 불투명함은 피조물들이 그들 자신이 되고 그들 자신을 형성할 수 있도록 허용하시는 신적 겸비의 결과일 수 있다. 이러한 세계에서, 하나님은 간섭자로 간주되지 않고도 행동

---

18 Polkinghorne, *Science and Providence*, 28-30 참고.

하실 수 있다.[19]

그는 하나님이 혼돈계에 '능동적 정보'를 입력함으로써 영향을 미칠 수 있다고 주장한다. 하나님이 에너지의 투입 없이 능동적 정보를 주입하여 시스템이 에너지가 동일한 경로들 사이에서 시스템의 '이상한 끌개'를 따라 움직이게 하실 수 있으며, 이를 통해 거시 세계의 시스템들에 영향을 주실 수 있다는 것이다. 그에 따르면 이러한 이해는 틈새의 하나님 유형이 아니다. 여기에서는 과학이 설명할 수 없는 빈틈에 하나님이 개입하시는 것이 아니라 과학이 설명하는 불확실성과 개방성이 내재된 세계의 구조가 세계 안에서의 신적 행위를 가능하게 하기 때문이다. 이런 의미에서 폴킹혼은 말한다. "극히 미세한 원인에 대한 혼돈계의 개방성은 하나님의 섭리적 행위가 실제로 작동할 수 있는 자리를 제공하며, 하나님은 우주의 교향곡을 숨겨진 작곡가처럼 이끌어 가신다."[20]

여기서 주목할 점은 폴킹혼이 혼돈계에서의 신적 행위의 현실화를 국소적 메커니즘이 아니라 전체 맥락적 관점에서 이해할 것을 강조한다는 것이다. 혼돈계는 능동적인 정보 입력을 통한 하향식 인과율에 열려 있다. 그는 말한다. "나는 우리나 하나님이 세계와 상호 관계를 가질 때, 바람직한 결과를 얻기 위해 초기 조건의 미세한 세부를 정밀하게 조정함으로써 그렇게 한다고는 생각하지 않는다. 이 제안의 전체적인 취지는 조각조각을 영리하게 조작하는 것이 아니라 전체적이고 총체적인 상황의 관점에서 표현된다."[21] 그는 부분들의 행동이 전체적 맥락에 영향을 받는다고 보는

---

19 Ibid., 46.

20 John Polkinghorne, *The Faith of a Physicist* (Minneapolis: Fortress Press, 1994), 119.

이러한 견해를 '맥락주의'(contextualism)라고 한다. 전체 맥락을 강조한다는 점에서는 피콕과 유사하지만, 폴킹혼은 피콕과 달리 혼돈 시스템의 끌개(attractor)를 따라 시스템의 경로를 선택하시는 하나님의 행위에 관심을 기울이며 예수의 부활과 같은 하나님의 특별한 행위 가능성을 변호하고자 한다. 그러나 폴킹혼의 주장처럼 혼돈계의 인식론적 불확정성이 실재론적 개방성을 지시하는가에 대해서는 과학자들 사이에 논란이 있다.

VII. 창발적-하향식 인과율: 필립 클레이턴

필립 클레이턴(Philip Clayton)은 폴킹혼처럼 하나님이 자연 세계의 자율성과 구조를 존중하심을 강조한다. 클레이턴은 케노시스(kenosis), 즉 기독론적 자기 비움의 개념에 기초하여, 하나님께서 자신을 제한하심으로써 피조물의 진정한 자유와 피조물의 책임 있는 참여를 가능하게 하신다고 주장한다.[22] 하나님은 자연법칙과 세계의 자율적 구조를 깨뜨리지 않고 행동하신다. 이것이 어떻게 가능한가? 클레이턴은 피콕의 만유재신론적인 전체-부분 하나님의 행위 모델을 바탕으로 하면서, 양자 수준에서의 특별한 신적 행위 가능성도 인정한다. 먼저 그는 로버트 러셀이나 토마스 트레이시처럼 양자 불확정성이 신적 행위의 개념적 공간이 될

---

21 John Polkinghorne, "The Metaphysics of Divine Action," in *Chaos and Complexity: Scientific Perspectives on Divine Action*, eds. R. J. Russell, N. Murphy, and A. Peacocke (Vatican City: Vatican Observatory, 1995), 154.
22 케노시스적 하나님의 행위에 대해서는 Philip Clayton, *God and Contemporary Science* (Edinburgh: Edinburgh Academic Press, 1997), 121-135 참고.

수 있음을 인정한다. 즉, 양자 수준의 사건들은 결정론적으로 확정되어 있지 않기 때문에, 하나님은 물리 법칙을 깨뜨리지 않고 결과에 영향을 미칠 수 있다는 것이다. 클레이턴은 하나님이 양자 수준에서 확률적 사건의 결과를 조정하거나 특정 방향으로 유도할 수 있다고 본다. 그러면서 이를 아직 과학이 설명하지 못하는 틈을 메우는 '틈새의 신' 유형으로 오해하지 않도록 주의해야 한다고 말한다.[23]

세계 안에서의 신적 행동에 대한 클레이턴의 주된 설명은 창발(emergence) 이론과 하향식 인과율 개념을 중심으로 이루어진다. 그에 따르면 우주는 물리적 입자에서부터 생명, 의식, 사회적 구조에 이르기까지 다층적인 창발적 수준으로 구성되어 있다. 세계는 다층적 수준의 시스템, 즉 기초 물리학(원자, 분자), 화학(복합 화합물), 생물학(살아 있는 세포, 유기체), 심리학(의식, 인지), 사회학(공동체, 문화)으로 구성된다. 보다 낮은 수준으로부터 보다 높은 수준이 창발된다. 상위 수준은 하위 수준으로부터 창발되고 하위 수준에 의존하지만, 하위 수준에 의해 완전히 결정되지는 않는다. 즉, 정신적, 사회적 시스템은 물리적 과정으로부터 창발되지만, 물리적 입자로 환원되지 않는다. 창발된 상위 수준의 시스템은 하위 수준의 시스템에 의해 영향을 받을 뿐만 아니라 하위 수준에 영향을 줄 수 있다. 따라서 창발된 시스템은 전체가 부분에 영향을 미치는 방식으로 물리적 세계에 하향식 영향을 줄 수 있다.

클레이턴은 하나님의 창조 활동이 세계 안에서 복잡성의 새로운 수준들이 창발하는 과정을 포함한다고 본다.[24] 물론 하나님은 창발적 존재가

---

23 양자역학의 틀 안에서의 신적 행위 가능성에 대한 클레이턴의 설명은 Ibid., 163-169, 215 참고.
24 하나님의 행위가 자연의 창발적 구조와 과정들을 통해 어떻게 이해될 수 있는지에 대한

아니시지만, 하나님은 창발적 역동성을 통해 상위 수준의 시스템(정신, 사회)에서 자연법칙을 깨뜨리지 않고 행동하실 수 있다. 즉, 하나님은 시스템 전체 수준에서 정보적 패턴이나 조직적 구조에 영향을 주는 방식으로 행동하신다. 예를 들면 하나님은 뇌로부터 창발된 정신 활동의 패턴에 영향을 주심으로써 뇌와 몸 전체에 영향을 주실 수 있다. 비유하자면 입자 하나하나가 아니라 교향곡 전체를 조율하듯 시스템의 흐름과 리듬에 영향을 준다는 것이다. 이는 자연법칙을 위반하지 않는 하나님의 하향식 인과율이 가능함을 시사한다. 이 점에서 클레이턴의 하향식 인과율은 피콕의 전체-부분 영향과 유사하다.

VIII. 양자역학의 불확정성: 낸시 머피, 로버트 러셀, 토마스 트레이시, 조지 엘리스

양자역학은 물리 세계의 인과율 체계가 결정적으로 닫혀 있지 않고 미결정적으로 열려 있음을 밝혀 주었다. 이미 언급한 바와 같이 코펜하겐 해석에 따르면 양자 수준에서는 사건들 자체에 존재론적 불확정성이 존재한다. 만약 인식론적인 불확정성에 그치는 것이 아니라 존재론적 불확정성이 존재한다면, 이는 물리 법칙만으로 모든 사건의 결과를 결정할 수 없다는 것을 의미하며, 따라서 자연 질서의 비결정성, 우연성, 개방성을 통해 하나님이 행동하실 수 있는 길을 열어 놓는 것이 된다. 따라서 일군의

클레이턴의 자세한 설명은 Philip Clayton, *Adventures in the Spirit: God, World, Divine Action* (Minneapolis: Fortress Press, 2008), 79-91 참고.

신학자들은 이 존재론적 불확정성 개념에 근거하여 세상 안에서의 신적 행위에 대한 설명을 시도한다. 양자 수준에서의 신적 행위 가능성을 주장하는 신학자들은 양자 수준에서 법칙은 통계적 효력만 갖는다고 본다. 따라서 양자 불확정성의 영역 안에서 이루어지는 하나님의 행위는 자연법칙을 위반하는 개입적 행위가 아니다. 이 접근은 과학이 이미 밝혀낸 사실, 즉 양자 수준의 존재론적 불확정성에 기초하기에 단순한 틈새의 하나님 논증과는 구별된다.

오늘날 세계 안에서의 신적 행위를 양자 수준의 불확정성과 연결하여 설명하는 신학자는 낸시 머피(Nancey Murphy), 로버트 러셀(Robert J. Russell), 토마스 트레이시(Thomas Tracy), 조지 엘리스(George F. R. Ellis) 등이 있다. 이들의 견해는 신적 행위를 위한 특정한 인과적 접점을 말한다는 점에서 '국소적-초점적' 관점이라고 할 수 있다. 그리고 여기서 신적 행위의 효과는 미시적 수준에서 거시적 수준으로 나아간다. 즉, '상향식 인과율'을 보여준다. 그러나 이들은 다음과 같은 질문들에 대해 서로 다른 입장을 취한다.[25] 각각을 살펴보면, 하나님이 모든 양자 사건에 개입하시는가(머피), 의식 수준에 도달한 존재가 생기기 전까지의 모든 사건에 개입하시는가(러셀), 선택된 사건에만 개입하시는가(트레이시) 아니면 인간 뇌 상태에만 초점을 맞춘 특정 사건에만 개입하시는가(엘리스) 하는 점이다.

머피는 하나님이 모든 양자 사건을 결정하실 수 있다는 견해를 제시한다.[26] 즉, 모든 양자 수준의 사건마다 하나님의 개입이 일어난다는 것이다.

---

25 Southgate, "A test: divine action," in *God, Humanity and the Cosmos*, 291 참고.

26 Nancey Murphy, "Divine Action in the Natural Order," in *Philosophy, Science, and Divine Action*, eds. F. LeRon Shults, Nancey Murphy, Robert John Russell (Leiden: Brill Academic Publishers, 2009), 263-304.

하나님의 활동은 전면적이고, 지속적이며, 세밀한 수준까지 이른다. 하나님은 모든 작은 물리적 변동이나 결과에까지 직접 관여하신다. 이에 대해서는 자유의지 문제가 제기될 수 있는데, 만일 모든 양자 사건에 하나님이 개입하신다면 피조물(특히 인간)의 자유는 어떻게 보장되는가 하는 점이다.

러셀은 하나님이 양자 중첩 상태의 다양한 잠재적 가능성 중 하나를 선택하여 현실화시키시며, 양자 수준에서의 신적 행위가 거시적 차원의 사건이 발생하도록 이끈다고 본다. 그러나 그는 하나님이 모든 양자 사건에 개입하시지만, 의식이 어느 정도 나타난 이후에는 하나님의 개입 방식이 변화할 수 있다고 본다.[27] 존재가 복잡해지고 의식이 창발하면, 하나님은 점점 더 그들의 자율성을 인정하신다. 이 견해에 제기되는 문제는 의식의 정도를 어디서부터 인정할 것인가이다. 동물부터인가, 초기 인간부터인가?

트레이시는 하나님이 선택된 사건에만 개입하신다고 본다.[28] 하나님의 개입은 보편적이 아니라 선택적이다. 하나님은 특정 목표나 계획에 따라 언제, 어디에 개입할지를 선택하신다. 이에 대해서는 신정론 문제가 제기된다. 하나님이 선택적으로 개입하실 수 있다면 왜 악을 더 자주 막지 않으시는가? 어떤 사건은 택하고, 어떤 사건은 택하지 않으시는 이유는 무엇인가?

엘리스는 하나님은 선택된 사건, 특히 인간의 뇌 상태에 개입하신다고 주장한다.[29] 하나님의 선택적 개입이 트레이시보다도 더 구체적인데,

---

27 Robert Russell, "What We Learned from Quantum Mechanics About Noninter-ventionist Objective Divine Action in Nature — and Its Remaining Challenges," in *God's Providence and Randomness in Nature: Scientific and Theological Perspectives*, eds. Robert John Russell and Joshua M. Moritz (West Conshohocken: Templeton Press, 2018), 133-172, 특히 150.

28 Thomas F. Tracy, ed., *The God Who Acts: Philosophical and Theological Explorations* (Eugene: Wipf & Stock, 1994).

주로 의식적 존재들(특히 인간)의 뇌 활동에 집중된다. 하나님은 뇌 사건에 초점을 맞추어 사고, 결정, 인식 등에 개입하신다. 하나님은 특별히 의식과 마음의 등장에 가장 깊이 개입하신다. 여기서는 자유의지 문제가 심화된다. 하나님이 인간의 뇌 상태에 영향을 주신다면, 인간의 책임성과 자유는 어떻게 설명할 것인가?[30]

한 가지 기억할 사실은 이들 중 누구도 양자 수준의 불확정성을 통한

---

29 George F. R. Ellis, "Ordinary and Extraordinary Divine Action: The Nexus of Interaction," in *Scientific Perspectives on Divine Action: Twenty Years of Challenge and Progress*, eds. Robert John Russell, Nancey Murphy, and Ted Peters (Vatican City and Berkeley, CA: Vatican Observatory Publications and Center for Theology and the Natural Sciences, 2008).

30 네 신학자의 견해를, 예를 들어 암 투병 중이던 사람이 기적적으로 치유된 상황에 적용하면 다음과 같을 것이다.
① Murphy(모든 양자 사건에 개입): 하나님은 이 환자의 몸속 수많은 세포 안에서 일어나는 모든 양자 수준의 사건에 지속적으로 관여하신다. 그 사람의 치유는 하나님이 몸속 양자 세계를 세밀하게 조정하셨기 때문에 발생했다. 모든 자연적 세포 변화에 하나님의 손길이 있었다.
② Russell(의식이 생길 때까지 개입): 환자가 생명이 생길 때부터 의식이 자라기 전까지는 하나님이 몸속 양자 사건에 개입하셨다. 그러나 이제 환자가 의식적 존재가 되었으므로, 하나님은 과거보다 덜 직접적으로 관여하시고 환자의 자율성과 환경에 맡기신다. 환자의 초기 생명 과정은 하나님의 세밀한 인도가 있었지만, 현재는 자연적 회복 과정과 인간 의지(치료받으려는 의지)가 더 큰 역할을 한다.
③ Tracy(선택된 사건에만 개입): 하나님은 이 세상 모든 세포, 모든 사람을 매번 다 간섭하시지는 않고 특별한 경우, 특별한 목적이 있을 때만 선택적으로 개입하신다. 이 환자의 기적적 치유는 하나님이 특별히 선택하여 이번 사건에만 개입하신 결과다. 그러나 왜 어떤 사람은 기적을 경험하고 어떤 사람은 그렇지 않은지는 설명하기 어렵다.
④ Ellis(인간 뇌 상태에 선택적으로 개입): 하나님은 선택적으로 이 환자의 뇌 상태(믿음, 희망, 결단)에 집중적으로 개입하신다. 환자의 정신과 의지가 병과 싸우려는 방향으로 강화되도록 뇌 활동에 영향을 주신다. 치유 자체보다는, 환자가 긍정적인 마음가짐을 갖고 치료에 임하게끔 하나님의 개입이 일어난다. 하나님의 개입은 직접 세포를 조작하는 것이 아니라 환자의 정신을 고무시키는 쪽에 초점이 있다.

하나님의 국소적-초점적 행위만이 세계 안에서 하나님의 행위를 설명하는 유일한 방식이라고 생각하지 않는다는 점이다. 예를 들면 머피는 양자 불확정성에 기반한 설명을 혼돈 이론과 하향식 인과율 모두가 자리 잡을 수 있는 새로운 인과론적 형이상학적으로 확장한다.[31] 이들은 양자 수준에서의 존재론적 불확정성의 효과들이 거시 세계의 사건에 유의미한 차이를 만들 수 있도록 증폭될 수 있다고 본다. 물론 이 증폭 메커니즘에 대해 모두가 동의하는 설명은 아직 존재하지 않는다. 그러나 특별한 신적 행위의 증폭이 가능한 자리에 대해 러셀은 유전물질의 돌연변이, 펜로즈는 인간 뇌에서의 신경 사건을 제안한다. 매우 흥미로운 이 제안들은 앞으로 더 연구될 필요가 있다.[32]

IX. 결론

세계 안에서의 신적 행위는 자연주의, 초자연적 개입, 틈새의 하나님 등의 방식으로는 설명될 수 없다. 앞서 살펴본 네 가지 하나님의 행위

---

31 Nancey Murphy, "Divine action in the natural order: Buridan's ass and Schrödinger's cat," in *Chaos and Complexity: Scientific Perspectgives on Divine Action*, eds. R. J. Russell, N. Murphy, and A. Peacocke (Vatican City: Vatican Observatory, 1995), 338-357.

32 돌연변이에 대해서는 Robert John Russell "Special Providence and Genetic Mutation: A New Defence of Theistic Evolution," in *Evolution and Molecular Biology: Scientific Perspectives on Divine Action*, eds. R. J. Russell, W. R. Stoeger, and F. J. Ayala (Vatican City and Berkeley, CA: Vatican Observatory and Center for Theology and the Natural Sciences, 1998), 191-223; 뇌 속 양자 사건에 대해서는 Roger Penrose, *Shadows of the Mind: A Search for the Missing Science of Consciousness* (Oxford: Oxford University Press, 1994), 7장 참고.

방식, 즉 전체-부분 영향, 혼돈계 불확정성, 창발적-하향식 인과율, 양자 불확정성 접근은 하나님이 물리 법칙을 깨뜨리지 않으면서도 우주, 생명, 정신 과정 안에서 섭리적으로 행동하실 수 있는 길을 제시한다. 이 방식들은 자연의 법칙, 우연성, 개방성을 하나님이 섭리적 행위의 통로로 사용하신다는 관점을 보여줌으로써 과학과 신학의 연결 모델을 제공한다. 세계 안에서의 신적 행위에 관한 유형들은 서로 다른 점이 있음에도 불구하고 반드시 대립할 필요는 없다. 그것들은 각기 강점과 약점 안에서 상대적 적절성을 지니며, 따라서 모두 세계 안에서의 하나님의 행위 방식에 대한 부분적인 설명들로서 이해될 수 있다. 하나님이 이 다섯 가지 유형 모두를 통해서 자유롭게 행동하실 수 있다고 말하지 못할 이유가 없다.

하나님의 창조는 태초에 단번에 완성된 것이 아니라, 종말론적 미래의 완성을 향해 나아간다. 하나님의 창조와 섭리는 법칙과 우연성이라는 두 축으로 구성된다. 자연법칙은 세계의 규칙성과 예측을 가능하게 하고, 우연성은 창발적 새로움의 출현을 가능하게 한다. 하나님은 미래를 향해 열려 있는 역동적 우주를 창조하시고, 법칙과 우연성 안에서 세계의 과정을 유지함과 동시에 창발적 새로움을 가져오심으로써 세계를 종말론적 미래의 완성을 향해 인도하신다.

우리는 세계 안에서 하나님의 행위를 의식, 특히 반성적인 자기의식과 마음을 가진 인간 존재의 출현 전과 후로 나누어 생각할 필요가 있다. 인간이 출현하기 이전 물리적 세계에서는 하나님의 행위가 대체로 일반 섭리의 차원에서 이루어졌다고 할 수 있다. 다시 말하면 하나님의 행위는 자연주의적인 방식, 즉 자연법칙을 통한 간접적인 방식으로 이루어졌다고 할 수 있다. 물론 자연법칙은 그 안에 비결정성과 우연성을 포함한다.

인간 존재가 출현한 이후 하나님은 물리적 세계를 향한 일반 섭리를 지속하심과 동시에, 특히 인간과의 관계에 있어서 자유의지를 존중하는 방식으로 행동하신다. 즉, 인간과의 관계에 있어서 하나님은 일방적으로 결정하거나 강요하지 아니하며, 인격적이고 대화적인 방식으로 행동하신다. 폴킹혼과 화이트헤드의 표현을 빌리면 하나님은 '능동적 정보' 또는 '원초적 목적'(initial aim)을 제공하심으로 인간을 설득하고 인도하신다. 전체-부분 영향을 표현하는 마음과 몸의 유비는 (한계에도 불구하고) 이와 같은 하나님의 행위를 이해하는 데 도움이 된다.

그러나 인간은 너무도 자주 하나님이 제공하는 '능동적 정보'와 '원초적 목적'에 올바로 응답하는 데 실패한다. 그렇기에 일반 섭리뿐 아니라 특별 섭리로서의 신적 행위가 요청된다. 하나님의 특별한 섭리 행위에 있어서는 (전체-부분 방식과 아울러) 양자 수준(그리고 혼돈계)의 우연성 안에서의 국소적-초점적 방식의 행위가 중요해진다. 또한 우리의 기도에 대한 하나님의 응답도 국소적-초점적 방식의 행위로 나타날 수 있다. 물론 이 경우에도 하나님의 국소적-초점적인 상향식 인과율과 전체론적인 전체-부분 인과율 또는 하향식 인과율은 양자택일의 관계에 있지 않으며, 조화될 수 있다.

과학은 세계의 구조와 질서를 이해하는 강력한 도구를 제공한다. 그러나 과학이 발견하는 법칙은 자연 과정에 대한 절대적 규정(prescription)이 아니라 일반화된 기술(description)이며 근사치적 기술이다. 더욱이 과학은 세계의 의미와 목적을 설명할 수 없으며, 이에 대해서는 신학을 필요로 한다. 그러므로 과학과 신학은 상호 배타적이 아니라 상호 보완적이다. 하나님은 우주의 시작과 미세 조정, 생명의 출현과 진화 그리고 인간 존재의 역사 속에서 창조적인 섭리 행위를 지속하신다. 하나님은 단순히 틈새를 메우는 존재가 아니라 우주와 생명 전체의 창조자이자 보존자이며,

법칙과 우연성 안에서 행동하시는 사랑과 지혜의 하나님이다. 과학과 신학의 대화는 우주와 생명과 인간의 기원, 과정, 의미, 목적에 대한 이해 그리고 궁극적으로 모든 것의 원천인 사랑과 지혜의 하나님에게로 우리를 인도할 수 있다.

8장
신경과학과 신학
― 뇌와 마음에 관한 이해를 중심으로

I. 서론

이 장은 뇌와 마음에 관한 이해를 중심으로 신경과학과 신학이 대화함으로써 두 학문 분야 간의 소통과 상호 이해를 모색하는 것을 목적으로 한다. 신경과학은 관찰, 측정, 실험에 기초한 실증 과학이고, 신학은 성서와 기독교 전통에 기초한 신앙의 학문이다. 서로 다른 학문 분야 간의 대화에는 무엇보다 상호 존중과 열린 마음이 요청된다. 먼저 오늘날 영향력 있는 세 명의 신경과학자 제럴드 에델만(Gerald Edelman), 풀러 토리(E. Fuller Torrey), 앤드루 뉴버그(Andrew Newberg)의 뇌와 마음에 관한 이해를 고찰할 것이다.

에델만은 1972년에 항체의 다양성을 설명하는 구조적 기초를 밝힌 공로로 노벨생리의학상을 수상했으며, 그 후 연구 초점을 발달생물학으로 옮겨 1975년에 최초로 뇌의 회로에서 발달하는 신경세포 사이의 대화를 담당하는 분자의 존재를 규명했다. 그는 뇌의 조성, 연결, 구조, 기능 그리고 진화에서 얻은 통찰을 한데 묶어 '신경 다윈주의' 이론을 발전시켰다. 데카르트적인 실체이원론이나 속성이원론에 대항하여 마음을 자연으로 되돌려놓고자 하는 그는 다윈처럼 형태가 마음을 인도한다고 본다. 즉, 자연선택의 결과로 의식과 마음이 출현한다고 본다. 마음은 우주에서 가장 복잡한 물질적 대상인 뇌에서 생겨난다. 따라서 에델만은 뇌에 대한 신경생물학적 연구가 마음을 이해하기 위한 필수 조건임을 강조한다.

토리는 정신의학·뇌과학 전문가로, 특히 정신분열증(조현병)과 양극성 장애의 생물학적 원인을 뇌 수준에서 연구해 왔다. 그는 호미닌[1]의 뇌 진화에 대한 정보를 다섯 연구 분야, 즉 호미닌의 두개골 연구, 고고학 유물 연구, 인간과 영장류의 사후 뇌 연구, 살아있는 인간과 영장류의 뇌 영상 연구, 아동 인지 발달 연구를 통해 제시한다. 그는 개인의 인지 발달 순서가 종의 진화적 발달 순서와 유사하기에, 아동의 인지 발달이 호모 사피엔스를 포함한 호미닌 인지 발달의 진화적 재구성을 돕는 단서로 활용될 수 있다고 본다.

뉴버그는 '신경신학'(neurotheology)의 개척자로, 뇌 과학과 종교·영성 경험의 관계를 과학적으로 탐구해 왔다. 그는 종교적인 영적 체험을 신경학적으로 설명하고자 하며, 이로써 영적 체험의 실재가 부정되는 것은 아니라고 주장한다. 그에 따르면, 만약 신이 우리 앞에 나타난다면 신경학적으로 만들어지는 현실의 해석 외에 신의 존재를 체험할 수 있는 다른 방법이 없다. 물질적 대상 경험과 영적 체험 모두 뇌의 처리 능력과 마음의 인지적

---

1 호미니드(hominid)는 현생 인류, 침팬지, 고릴라, 오랑우탄을 모두 포함하는 '대형 유인원' 분류이며, 호미닌(hominin)은 호미니드 중에서 인간과 인간의 모든 직계 조상을 가리키는 좁은 분류다. 호미니드에는 현생 인류(호모 사피엔스), 호모 에렉투스, 호모 하빌리스 등의 고대 인간과 오스트랄로피테쿠스 등이 포함된다.

기능을 통해 실재적인 것으로 만들어진다는 것이다.

이어지는 글에서는 먼저 뇌, 마음, 신 인식의 관계에 대해 간략하게 기술하고, 세 신경학자의 견해를 비교 고찰한 뒤, 뇌의 진화 과정을 통한 마음의 출현을 목적론적 인과론 그리고 무한한 마음이신 하나님의 관점에서 설명하고자 한다.

II. 뇌, 마음, 신 인식

신경과학은 뇌를 중심으로 연구하기에 이 학문과의 대화를 위해서는 먼저 뇌에 대한 기초 지식이 요구된다. 인간 뇌의 평균 무게는 1.6kg 정도밖에 안 되지만 우주에서 가장 복잡하고 정교한 물질적 대상이다. 인간의 뇌는 적어도 10^{15}개의 연결을 갖는 10^{11}개의 세포들로 이루어져 있다. 그리고 뇌에는 1천억 개의 신경세포(뉴런)와 1조 개의 신경아교세포가 있다. 하나의 뇌에 있는 신경섬유의 총길이는 16만 킬로미터로서, 지구를 네 바퀴 돌 수 있다. 모든 생명체의 뇌는 화학적 자극과 전기 전달이라는 원리에 따라 작동한다.

뇌에서 가장 중요한 장소인 대뇌피질은 회백질로 이루어진 대뇌의 표면 부분으로 약 100억 개의 신경세포로 구성되어 있다. 각 신경세포는 시냅스라는 곳에서 다른 신경세포와 연결된다. 대뇌피질에만 10억의 100만 배만큼의 시냅스가 있다. 대뇌피질은 언어, 기억, 사고와 같은 고도의 기능을 담당하며 감각영역, 운동영역 그리고 이 둘을 연결하는 연합영역으로 구분된다. 대뇌피질에서 신경 자극의 홍수를 의미 있는 지각으로 분류됨으로써 세계가 지각된다. 뇌는 좌우 두 반구로 나뉘며 각 반구는 전두엽(이마엽), 두정엽(마루엽), 후두엽(뒤통수엽), 측두엽(관자엽)으로 구성된다. 전두엽은 추상적 사고, 창조, 판단 운동과 언어 중추, 두정엽은 통증, 신체 자세 인식 등 감각중추, 측두엽은 청각, 감각 언어, 기억 중추 그리고 후두엽은 시각중추다. 우측 반구와 좌측 반구는 뇌량은 약 2억 개의 섬유로 이루어진 섬유 다발인 뇌량에 의해 연결된다.

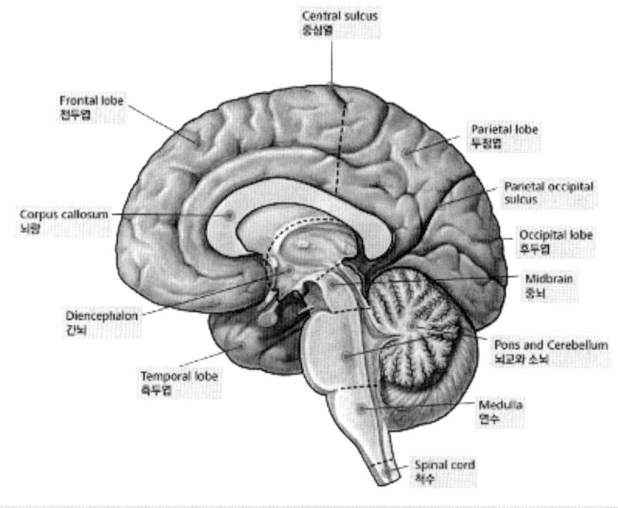

뇌의 구조

복잡성의 증대로 나아가는 뇌의 진화로 생명체는 환경을 더 정밀하게 지각하고 환경 적응 능력을 더 효과적으로 지니게 된다. 생물의 진화 과정에서 뇌의 복잡성이 증대됨에 따라 의식이 출현했고, 이는 인간에게서 절정에 이르렀다. 인간의 정신적 능력은 뇌의 크기와 복잡성이 증대함으로써 생겨났다. 인류 화석 자료는 100만 년이 채 되지 않는 진화 과정 동안 인류의 두개골 용량과 뇌 크기가 현저히 커졌음을 보여준다. 그리하여 마침내 자신이 만들어 낸 지각을 돌아볼 수 있는 능력, 즉 자기 인식 능력을 지닌 자아 또는 마음이 출현했다.

토리에 따르면 뇌 영상 연구와 사후의 뇌 연구는 사람 뇌의 어느 영역이 먼저 진화했고 어느 영역이 최근에 진화했는지를 보여준다. 가장 최근에 진화한 뇌 영역은 '(말이집 형성) 지연 영역(terminal areas)'이라고 불린다. 이 영역은 우리를 고유한 인간으로 만들어 주는 대부분의 인지 기능과 결부된 영역과 일치한다. 뇌 영역들을 연결하는 백색질 연결로(백질로) 가운데 가장 최근에 진화한 네 개의 백질로는 가장 최근에 진화한 뇌 영역들을 연결한다.[2]

비물질적인 마음은 신경생물학적 물질인 뇌의 생화학 물질들의 역동적 배열에 의해 만들어진다. 뉴버그에 의하면 뇌가 감각, 인지, 감정의 데이터를 모으고 처리하는 물리적 구조들의 집합이라면, 마음은 뇌의 지각 과정에서 생겨나는 생각, 기억, 감정이다.[3] 그리고 이 마음 안에서 종교적 의식이나 신 인식이 생겨난다. 뇌에 종교적 의식이나 신 인식을 관장하는 특정한 '신의 부위'가 따로 존재하는 것은 아니다. 신에 대한 인식과 사고는 연결 섬유에 의해 이어지는 뇌의 여러 영역의 네트워크에서 출현하는 통일적 자아로서의 전인격적인 마음의 활동이다.

---

2 E. 풀러 토리/유나영 역, 『뇌의 진화, 신의 출현: 초기 인류와 종교의 기원』 (서울: 갈마바람, 2019). 29-31.

3 앤드루 뉴버그 외/이충호 역, 『신은 왜 우리 곁을 떠나지 않는가』 (서울: 한울림, 2001), 54.

III. 신경과학과 마음: 제럴드 에델만

마음이란 무엇인가? 에델만은 마음을 이해하는 것이 과학적으로 가능함을 밝히고자 한다. 그에 따르면 마음은 하나의 과정이지 실체가 아니다. 과학은 물질로부터 마음이란 과정이 발생할 수 있음을 보여준다. 에델만은 마음이 물질의 특별한 배열에 따른 특별한 종류의 과정이라고 본다. 즉, 어떤 특별한 종류의 생물학적 구성이 정신적 과정을 낳는다. 정신적 과정은 뇌 구조의 수많은 다른 수준에서 일어나는 복잡한 뇌 체계의 작동에서 비롯된다.4 에델만은 뇌에 대한 상세한 생물학적 기술 없이는 마음에 관한 기술이 불가능함을 강조한다. 그는 자신의 원칙을 다음과 같이 밝힌다.

자연 속에서 마음이 처음 나타났던 방식과 상충하지 않는, 마음을 자연 속으로 되돌려 놓는 길이 있어야만 한다. 그 방식들은 우리가 진화론에서 배운 바에 의해 조율되어야 한다. 진화의 과정에서, 육체는 마음을 갖게 되었다. 그러나 마음이 체현(embodiment)되었다고 말하는 것으로는 충분치 않다. 어떻게 그렇게 되었는지를 말해야 한다. 그렇게 하기 위해 우리는 뇌와 신경계를 그리고 그들이 일으키는 구조적이고 기능적인 문제를 고찰해 보아야 한다.5

에델만에 의하면 마음의 기초를 이루는 뇌 구조는 진화의 역사에서 생겨났다. 즉, 의식이란 속성에 대한 설명에 필요한 것은 신체와 뇌 속에서

---

4 제럴드 에델만/황희숙 역, 『신경과학과 마음의 세계』 (고양시: 범양사, 2020), 24.
5 앞의 책, 35.

진행되는 새로운 형태의 진화다. 에델만은 심리적 과정이 어떻게 생리적 과정과 연결되는지를 '뉴런 집단 선택설'(theory of neuronal group selection, TNGS)로 설명한다.[6] 이 이론의 기본 개념은 발생 선택(다양한 해부적 신경망, 즉 일차적 레퍼토리를 만드는 신경망 산출), 경험 선택(다양한 회로, 즉 뉴런 집단의 일차적 레퍼토리 형성) 그리고 재입력과 지도화(지각 범주와 기초 제공) 등이다. 이를 통한 뇌 기능의 선택이 심리적 기능 발생의 근본적인 토대로 간주된다. 이 이론은 환경의 압력이 여러 종 가운데 가장 적합한 종을 선택하듯이, 뇌로의 압력은 뉴런의 집단을 선택해서 뉴런들 사이의 연결을 강화하며, 이때 선택의 단위는 뉴런이 아니라 서로 연결되어 있고 상호작용하는 뉴런들의 집단이라는 이론이다.

에델만은 1차적 의식과 고차원적 의식을 구별한다. 1차적 의식은 세계의 사물들을 정신적으로 자각하는 상태, 즉 현재에 심상을 갖는 상태다. 이 의식에는 아직 과거와 미래가 없으며, 비언어적이고 비의미론적인 동물이 소유하는 의식이다. 침팬지와 대부분의 포유류 동물 그리고 몇몇 조류가 일차적 의식을 갖는다. 반면 고차원적 의식은 자기 행동이나 감정에 대해 사고하는 의식으로서 자기가 의식하고 있다는 사실을 의식한다. 이 의식에는 과거, 현재, 미래가 있다. 또한 감각기관, 즉 감각 수용체가 관계되지 않는 정신적 사건에 대해 직접적인 자각을 나타낸다. 이 의식은 일차적 의식과 함께 우리 인간이 가지고 있는 의식이다.

에델만은 진화나 발생 과정 중 일차적 의식이 어떻게 나타나는지를 물리학적 가설, 진화론적 가설, 감각질 가설의 세 가지로 설명한다.[7]먼저

---

6 앞의 책, 128-132, 151-152.
7 앞의 책, 170-175.

물리학적 가설은 의식이 물리학 법칙에 위배되지 않으며, 영혼이나 유령 따위는 축출되어야 한다는 주장이다. 진화론적 가설은 종의 진화 과정 중 어떤 시점에서 의식이 표현형적 특성으로 발생한다는 주장이다. 그리고 감각질이란 현상적 상태로서, 인간인 "우리에게 대상이 어떻게 보이는가"라는 것을 의미한다. 감각질은 자각에 수반되는 개인적 혹은 주관적 경험이나 감정, 감각의 집합으로 이루어지며, 오직 개인에 의해서만 일인칭적으로 직접 경험된다. 따라서 우리는 물리학에서와 같은 방식으로 현상적 심리학을 구성할 수 없다. 그러나 감각질은 모든 인간 안에 존재하기 때문에, 한 개인에 의해 직접 감각질로 경험되는 것은 다른 개인과 공유될 수 있다. 의식에 관한 과학적 연구는 개인이 감각질을 경험하는 동안 그것을 기록하고 상호 연관시킴으로써 가능하다.

일차적 의식만을 가진 동물은 심상을 가지고 있지만, 이것이 자아라는 관점에서 그 이미지를 볼 수 있는 능력은 아니다. 동물은 실제 시간에서의 연속 사건들, 즉 기억된 현재에 얽매여 있다. 이러한 일차적 의식을 넘어 과거, 현재, 미래 개념을 갖는 고차원적 의식이 출현한다. 고차원적 의식에서는 '의식의 의식'이 가능하며 감정, 정서, 사고, 환상, 자기, 의지 등의 영역을 형성한다. 이 의식은 상상력에 의한 인공적 대상의 영역을 형성하며 과학, 수학, 논리학 등을 낳는다.

에델만에 의하면 고차원적 의식은 언어 능력에 의한 사회적 커뮤니케이션에 의해 가능하다. 고차원적 의식에는 사회적 기반을 가진 자아를 만들 수 있는 능력과 과거와 미래의 술어로 세계를 모형화할 수 있는 능력, 직접 자각할 수 있는 능력 등이 포함되는데, 언어를 통한 기호 기억 없이는 이런 능력들이 발생하지 못한다. '지각적 자력 작용'이 일차적 의식을 만들고, '의미론적 자력 작용'이 고차원적 의식을 만든다. 고차원적 의식은

의미론적 능력이 진화하면서 시작되며, 언어의 습득과 기호적인 지시에 이르러 꽃을 피운다.[8]

진화 과정에서 대뇌피질에 언어의 생성과 범주화를 담당하는 뇌 영역인 브로카(Broca) 영역과 베르니케(Wernicke) 영역이 생겨났다. 진화의 전체 기간 중 고차원적 의식은 대단히 짧은 시기에 일어났다. 왜냐하면 호모 사피엔스가 출현한 상대적으로 짧은 진화 기간에 뇌 크기에 큰 변화가 일어났기 때문이다. 이것은 희귀한 돌연변이의 결과로 상대적으로 큰 규모의 형태적 변화가 발생했음을 의미한다.[9]

마음에 대한 에델만의 견해는 한마디로 '신경 다윈주의'라고 할 수 있다. 그 주요 내용은 다음과 같다.[10] 첫째, 마음에 대한 설명을 위해 생물학 자체를 넘어설 필요가 없다. TNGS의 가정들(발생적 선택과 변이, 시냅스 선택, 재입력 시스템 내의 차등 증폭)은 모두 생물학에 기초한 원칙들이다. 이 외에 의식을 설명하기 위한 다른 원칙은 필요 없다. 둘째, 튜링 기계나 컴퓨터로서의 뇌의 작동에 대한 일반적 설명을 배제한다. 셋째, 사유 실체와 연장 실체를 전제하는 데카르트적 실체이원론이나 심리학은 독자적인 용어로만 기술될 수 있다는 속성이원론은 배제하지만, 선택적 시스템과 비선택적 물질 체계 사이의 구분은 인정한다. 여기서 '선택적 시스템'이란 생물학에 기초한 살아있는 정신적(심리적) 시스템을 말한다.

생물학에 기초한 에델만의 인식론은 그의 표현을 따르면 '세련된' 또는 '교묘한' 유물론이다.[11] 그는 발생과 진화라는 사실이 목적론, 즉

---

8 앞의 책, 199, 222.

9 앞의 책, 190-192, 198.

10 앞의 책, 238-239.

11 앞의 책, 238, 240.

최종 원인이나 궁극적 목표에 대한 교설을 부정한다고 주장한다. 그러나 동시에 진화가 일반적 목표나 목적 그리고 가치를 지니도록 동물을 선택할 수 있고, 그 결과 동물이 목적 실현적 시스템을 체현한다는 점을 인정한다. 그는 마음이 물질 체계에서 생겨났지만 목표와 목적 지향적이며, 그럼에도 불구하고 역사적 산물이고 진화와 관련된 강제의 산물이라고 주장한다. 이러한 사실은 우리의 지식과 자유에 제약을 부과한다. 에델만은 이에 관한 자기 입장을 '한정 실재론'(qualified realism)으로 명명한다.[12] 즉, 진화론적 형태의 소산으로서 우리가 구성되는 방식에 의해 우리의 사고가 제한된다. 생물학적으로 기초한 인식론과 한정 실재론에 따르면, 지식은 단편적이며 수정이 가능하다. 데카르트식 확실성은 없다.

에델만은 물리학과 달리 생물학적으로 기초한 인식론은 가치의 문제를 외면할 수 없다고 본다. 어떤 생물학적 시스템도 가치에서 자유롭지 않다. 생물학적 가치계(생리적 기능, 배고픔, 성적 욕구 등)는 개인적 목표나 목적을 만드는 고차원적 구성물의 밑바탕을 이룬다. 고차원적 의식(성자, 순교자 등)은 생물학적 가치를 초월하거나 부정할 수 있다. 그러나 우리 대부분은 진화론적으로 선택된 생물학적 가치를 부정할 수 없고 또 그래서도 안 된다. 왜냐하면 우리의 도덕적 결정에 공통 근거를 제공하기 때문이다.

에델만은 우주와 인간을 기계론적 물리학의 관점에서 이해하는 계몽주의적 환원주의가 현대 신경과학과 현대 물리학에 의해 반박된다고 본다. 고차원적 의식을 가진 인간의 행동을 분자적인 상호작용에 대한 이론으로 환원하는 것은 어리석은 일이다. 인간 자아는 유전학이나 면역학에서 나온 개체성만을 뜻하지 않고, 발생적 또는 사회적 상호작용에서 나온

---

12 앞의 책, 239-240.

인간적 개체성을 뜻한다. 마음의 작용은 뉴턴식 인과율을 넘어선다. 고차원적 의식은 물리학에서의 시간적 연속에 대한 기술을 넘어선다. 사회에서 개별적인 자아는 역사적인 사건이다.

따라서 에델만은 인간이 어느 정도 자유의지를 갖는다고 주장한다. 물론 인간의 자유는 무의식, 생화학적 변화, 초기의 사건 등과 같은 많은 제약 조건에 영향 받는다. 그러나 에델만은 프로이트가 주장한 강한 심리학적 결정론은 성립하지 않는다고 주장한다. 인간은 자신의 역사와 형태에 의해 제약을 받음에도 불구하고 상상의 자유를 지니며, 세계를 다양하게 지시하고 세계의 사건들에 인과적 영향을 끼칠 수 있으며, 미래에 대한 계획과 희망을 말할 수 있다. 그러면서 인간은 자기 죽음을 상상할 수 있다는 점에서 비참하기도 하다.[13]

에델만에게 있어서 의식적인 배경이 없는 사고는 없다. 그러나 의식에 대한 생물학적 이론은 사고의 필요조건은 되어도 충분조건은 못 된다. 사고는 사회 문화적 가치의 제약을 받는 기예다. 이를 습득하기 위해서는 사물에 대한 경험 이상이 요구된다. 사고, 개념, 믿음은 언어적 경험을 지닌 사람들과의 사회적 상호작용을 통해서만 개별화될 수 있다. 신경과학의 자료를 아무리 많이 모아도 사고를 설명할 수 없다. 심리학을 신경과학과 생물학으로 환원하려는 시도는 실패한다. 그렇지만 에델만에 따르면 이것은 의식에 대한 그리고 의미 구성에 대한 생물학적 설명 없이 인지심리학을 이해할 수 없다는 주장과 모순되지 않는다. 우리는 진화 과정에서 대뇌피질에 언어의 생성과 범주화를 담당하는 뇌 영역(브로카, 베르니케)이 생겨났음을 다시 기억할 필요가 있다.

---

13 앞의 책, 252-253.

에델만은 마음의 고차원적 산물로서 사고와 함께 감정, 정서, 예술을 제시한다. 정서는 가장 복잡한 정신 상태나 과정이다. 시, 그림, 교향곡 등을 통해 기호적이고 형식적으로 감정과 정서를 전달하는 예술은 역사, 문화, 특수 훈련, 기예에 의해 제약되는 의식 상태로서, 과학적 분석 방법을 따르지 않는다. 그러나 그는 정신과학과 자연과학 사이에 방법론적 차이가 있긴 하지만, 심리학이 생물학으로부터 스스로 자율적임을 선언할 수는 없다고 강조한다.[14] 즉, 사고를 플라톤주의적 이성으로 이해해서는 안 된다는 것이다.

IV. 뇌의 진화와 신의 출현: 풀러 토리

토리는 인간의 뇌가 진화 과정에서 다섯 단계의 인지 발달을 거친 후에 신이 출현했다고 본다. 그는 인지 발달을 다음과 같이 다섯 단계로 설명한다.[15]

1. 인지 발달의 다섯 단계

인지 발달의 초기 단계는 '호모 하빌리스: 더 영리한 자아'이다. 호미닌 이 공통 조상으로부터의 진화 과정에서 침팬지 계통과 갈라진 후 400만 년이 흐른, 약 200만 년 전에 동아프리카에 살던 일부 호미닌이 더 큰

---

14 앞의 책, 261-262.
15 토리, 『뇌의 진화, 신의 출현』, 51-215.

뇌를 지닌 집단으로 등장하면서 '호모 하빌리스'가 출현했다. 그들의 크고 영리한 뇌는 선조보다 50% 이상 컸으며, 진화된 영역에는 지능과 관련된 전두엽(이마엽)과 두정엽(마루엽)의 특정 부위들이 포함되어 있다. 이들이 만든 돌날과 같은 정교한 석기는 영리한 지능을 암시한다.

두 번째 단계는 '호모 에렉투스: 인식하는 자아'이다. 약 180만 년 전에 출현한 '호모 에렉투스'는 약 30만 년 전까지 존재했다. 이들은 나무 오르기를 거의 포기하고 땅으로 내려온 직립보행 호미닌이다. 이들의 뇌는 호모 하빌리스보다 약 60% 컸으며(평균 약 1,000cm³), 불을 통제하고 이용한 최초의 호미닌이다. 이들은 오늘날 생후 2년 된 유아에게서 처음 발견되는 자아 인식 능력을 지녔다. 동물 가운데는 침팬지, 코끼리, 돌고래 등이 자아 인식 능력을 가진 것으로 여겨진다. 그러나 비인간 영장류의 자아 인식은 2~3세 아이의 인식에 해당하는 초기적 형태 이상으로 진전되지 않는다. 인간의 뇌에서 자아 인식과 관련된 영역은 가장 최근에 진화한 앞띠다발, 앞섬엽, 아래마루소엽이다. 호모 에렉투스는 지능과 자아 인식을 갖추었으나, 아직 다른 호미닌이 무슨 생각을 하는지 온전히 이해하지는 못했다.

세 번째 단계는 '옛 호모 사피엔스: 공감하는 자아'이다. 호모 에렉투스는 70만 년 전부터 여러 갈래의 호미닌 집단으로 분화되었는데, 이 중 일부를 '옛 호모 사피엔스'라고 통칭한다. 여기에는 유럽의 네안데르탈인, 인도네시아의 호모 플로렌시스, 시베리아의 데니소바인이 포함된다. 약 20만 년 전의 네안데르탈인은 현생 호모 사피엔스(1,350cm³)보다 큰 뇌(1,480cm³)를 가졌다. 그들은 영리했고, 자아 인식과 타인에 대한 인식을 갖추었다. 이들은 집단의 다른 성원을 돌보았으며, 죽은 동료를 매장하는 관습이 있었다. 타인을 보살핀다는 것은 타인과의 공감 능력을 시사한다.

오늘날 인간은 4세 무렵부터 이러한 능력을 갖추기 시작한다.

네안데르탈인의 뇌는 뇌두개가 높아지고 마루엽이 확대되었다. 또한 뇌 영상 연구는 앞띠다발, 섬엽, 안쪽이마앞겉질이 타인에 대한 이해에 중요한 역할을 하는 것을 밝혀냈다. 또 섬엽과 아래마루 영역을 포함하여 겉질에 널리 분포된 거울 신경세포 네트워크도 타인의 마음을 이해하는 능력의 신경학적 토대로 간주될 수 있다. 이와 같은 마음 이론은 신에 대한 믿음의 중요한 전제 조건이 된다. 신의 마음을 상상할 수 있으려면 먼저 마음 이론을 습득해야 한다. 우리는 신이 우리 마음을 읽을 수 있어서 우리가 무슨 생각을 하는지 안다고 믿는다.[16] 네안데르탈인은 타인의 행동에 대해 생각하고 예측하는 능력을 지녔지만, 신이 자신에 대해 어떻게 생각하는지를 성찰하게 하는 이차 순위 마음은 갖추지 못했기에 신을 믿었을 가능성은 희박하다. 이들은 자기 사고에 대한 성찰 능력, 과거와 현재에 대한 상세한 인식을 이용하여 미래를 계획하는 능력이 부족했다.

네 번째 단계는 '초기 호모 사피엔스: 성찰하는 자아'이다. 현생 인류를 연상시키는 '초기 호모 사피엔스'의 독특한 행동을 보여주는 고고학 증거는 약 10만 년 전부터 중동과 아프리카 남단의 동굴과 바위 그늘에 살았던 이들에게서 발견된다. 이들이 도래하는 곳에서 다른 인류들은 소멸했다. 20만 년간 존재했던 네안데르탈인도 약 4만 년 전에 소멸했다. 이들은

---

16 윌 저비스는 마음 이론의 중요성을 이렇게 말했다. "사람들이 서로의 마음을 표상하고 추론할 수 있게 해 주는 바로 그 능력이 초자연적인 마음 또한 표상하고 추론할 수 있게 해준다. … 그러므로 마음 지각은 종교적 인지의 절대적 기초를 이룬다. … 마음 지각은 신에 대한 믿음의 인지적 토대일 수 있다." 저비스는 타인의 마음을 이해하는 데 어려움을 겪는 사람은 신에 대한 믿음도 약할 것으로 추론했다. W. M. Gervais, "Perceiving Minds and Gods: How Mind Perception Enables, Constrains, and Is Triggered by Belief in Gods," *Perspectives on Psychological Science* 8 (2013): 380-394.

장신구를 걸치고 몸을 치장했는데, 이것은 타인이 자신을 어떻게 생각하는지 인식하게 되었다는 것을 의미한다. 즉, 이들은 성찰하는 자아를 가지고 있었다. 오늘날 아동은 인지 발달 과정에서 6세 무렵에 이와 같은 이차 순위 마음 능력을 획득한다. 이 능력은 자신을 대상으로 볼 수 있게 하며, 자신에 대해 생각하는 자신을 생각하는 능력도 포함된다.[17] 자기성찰 능력을 획득함으로써 우리에 대한 신의 생각을 우리가 어떻게 생각하는지를 생각할 수 있는 능력, 즉 신과 대화할 수 있는 인지 능력을 획득했다. 그러나 아직 10만 년 전의 초기 호모 사피엔스에게 신이 존재했다는 것은 의심스럽다.

PET, MRI 등의 뇌 영상에 의해 자기성찰적 사고로 활성화되는 주요 부위 네 곳이 확인되었는데, 이는 1) 앞띠다발과 섬엽, 2) 아마극, 가족 이마앞겉질, 눈확이마겉질, 3) 앞띠다발 뒤쪽 중심선의 뒤띠다발, 4) 관자엽 가장 앞쪽 부위인 관자극이다. 자기성찰적 사고와 관련된 뇌 영역의 발달과 동시에 백질로도 계속 발달한 것으로 보인다.

다섯 번째 단계는 '현생 호모 사피엔스: 시간 속의 자아'이다. 약 6만 년 전 이후 호모 사피엔스는 아프리카로부터 전 세계로 퍼져나가 더 오래된 호미닌 집단과 교배했으며, 결국 그들을 대체했다. 현생 호모 사피엔스의 특징으로 여겨지는 새로운 행동 양식이 출현한 것은 약 4만 년 전부터였다. 이 시기부터 현생 호모 사피엔스는 정교하고 다양한 도구, 무기, 기억장치, 장신구를 제작했으며, 약 2만 8천 년 전부터는 일상용품이

---

17 떼이야르 드 샤르뎅은 자기성찰 능력의 발달을 "호모 사피엔스의 인간화이자, 자기 자신을 향한, 대상으로서의 자기 자신을 파악하는 의식이며… 단지 아는 것을 넘어서 자기 자신을 아는 것"이라고 말했다. Pierre Teihard de Chardin, *The Phenomenon of Man* (New York: Harper and Row, 1965), 165.

나 귀중품을 망자와 함께 매장하는 장례 관습을 갖추었다. 현생 사피엔스가 보여주는 새로운 행동들 가운데 알타미라동굴 벽화(1만 4천 년 전)와 같은 예술의 등장이 특히 주목할 만하다.

현생 호모 사피엔스는 자전적(autobiographical) 기억을 발전시켰다. 즉, 이들은 과거의 사건을 고려하여 미래의 행동을 계획했다. 자전적 기억으로 이들은 자신을 미래에 투사할 수 있었으므로 다가올 죽음도 인식하게 되었다. 이들은 죽음의 의미를 이해한 최초의 호미닌이다.[18] 죽음에 대한 성숙한 이해는 사람 뇌의 인지 발달에서 마지막 단계인 9세나 그 이후부터 발달하기 시작한다. 많은 인류학자가 자기 죽음에 대한 인식을 종교적 사고의 원동력으로 간주한다.[19] 뇌가 자기성찰적, 시간적 자아를 진화시키고 현생 호모 사피엔스가 죽음을 불안해하면서, 약 4만 년 전에 죽은 뒤에도 영혼은 계속 산다는 생각이 자리 잡기 시작했다.

현생 호모 사피엔스의 뇌는 시간적 자아와 함께 진화했다. 자전적 기억과 관련된 뇌 영역은 타인에 대해 생각할 때 활성화되는 영역들과 동일하다. 이 중에는 앞띠다발, 아래마루소엽의 일부, 여기에 인접한 뒤위 관자 영역 등이 있다. 그리고 또한 이마앞겉질, 특히 이마극과 눈확이마겉

---

18 테오도시우스 도브잔스키의 말을 빌리면, "자신이 죽을 것임을 알지 못한 조상으로부터 자신이 죽을 것임을 아는 존재가 나왔다." Theodosius Dobzhansky, *The Biology of Ultimate Concern* (New York: New American Library, 1967), 69.

19 에드워드 B. 타일러는 종교적 사고의 출현을 진화적 관점에서 기술했다. 즉, 그는 원시인들이 죽음과 꿈에 대한 이해를 토대로 최초의 종교적 개념을 발달시켰다고 보았다. 그는 조상 혼령이 꿈에 나타나거나 잠든 사람의 영혼이 육체를 벗어나 저승을 방문하는 꿈이 육체의 죽음 이후에도 내세에 영혼이 존재한다는 결론으로 이어졌다고 주장한다. Edward B. Tylor, *Primitive Culture: Researches Into the Development of Mythology, Philosophy, Religion, Language, Art and Custom*, 2 vols. (1871; New York: Holt, 1874), 2:1-2.

질 그리고 뒤띠다발과 이와 인접한 위마루 영역, 소뇌 등도 자전적 기억 과제에 의해 활성화된다.

토리에 의하면 호미닌은 약 4만 년 전 현생 호모 사피엔스에 이르러 과거 경험을 활용하여 미래를 계획하는 자전적 기억 능력을 발달시킴으로써 인지적 진화의 중요한 다섯 단계를 형성했다. 그리고 각 단계는 뇌의 해부학적 변화를 수반했다. 현생 호모 사피엔스는 "나는 어디에서 왔는가?"(과거), "나는 왜 여기 있는가?"(현재), "죽은 뒤에 나는 어떻게 되는가?"(미래)라는 질문에 대한 해답을 신과 종교에서 찾게 된다.[20]

2. 신의 출현

다섯 단계의 인지 발달 이후에 신이 출현했다. 토리는 신의 출현 과정을 두 단계로 설명한다.[21] 첫 단계는 '조상과 농경: 영적 자아'이다. 1만 1~2천 년 전에 호모 사피엔스는 수렵·채집에서 정착 농경으로 이행했다. 따라서 식물의 작물화와 동물의 가축화가 시작되었다. 1995년 터키 동남부 괴베클리 테페에서 1만 1,500년 전에 건설된 조상숭배 의식이 치러진 것으로 보이는 최초의 성소 또는 사원이 발견되었다. 세상을 떠난 조상이 산 사람을 돕는다는 믿음이 조상숭배 종교를 낳았는데, 이는 이미 수렵·채집 사회에서부터 시작되었다.[22]

---

20 토리, 『뇌의 진화, 신의 출현』, 214-215.

21 앞의 책, 219-327.

22 제임스 콕스에 따르면, "조상숭배 이전에 내세에 대한 믿음이 진화했으며, 내세에 대한 믿음의 존재가 조상숭배의 후속 진화를 자극했다." 지고의 신 개념은 훨씬 나중에 나타났다. James L. Cox, *The Invention of God in Indigenous Societies* (Durham: Acumen, 2014), 4.

괴베클리 테페가 건설된 시기에 즈음하여 중동의 비옥한 초승달 지대에서 식물 재배가 시작되었다는 증거가 있다. 그리고 비슷한 시기에 동물의 가축화도 시작되었다. 농경과 조상숭배는 함께 발달했다. 전자는 생계유지를 위해, 후자는 위급할 때의 원조를 기대한 것이었다. 최초 신의 출현은 7~8천 년 전이나 그 이전에 일어났을 것인데, 그 출현 전에 두 가지 일이 일어났다. 첫째, 혼령 중 일부가 아주 막강해졌다. 즉, 일부 조상령이 신격화되었다. 둘째, 일정 수 이상의 사람들이 한곳에 모임에 따라 서로 경쟁하는 혼령 간의 위계를 확립할 필요성이 대두되었다. 사람들의 합의로 높은 지위를 부여받은 혼령이 신으로 승격되었다.[23] 역사적 기록으로 확인할 수 있는 완전히 발달한 모습의 신은 약 6,500년 전 메소포타미아에서 나타났다.

토리에 의하면 4만 년 전에 자전적 기억과 시간을 앞뒤로 투사하는 능력을 갖춘 현생 호모 사피엔스가 1만 1천 년 전에 와서야 식물을 재배하기 시작한 것은 계획 능력의 발달에 시간이 필요했기 때문이다. 인간의 뇌에서 계획을 담당하는 중추는 가족이마앞겉질로서, 이 영역은 가장 늦게 발달된 영역에 해당한다. 이마옆에서 뒤가쪽이마앞겉질이 20대 초반이 되어야 완전한 성숙에 이른다는 사실이 이를 뒷받침한다. 7천 년 전 무렵 호모 사피엔스의 가쪽이마앞겉질과 백질로가 한층 더 발달하면서 우리가 현대적 자아와 결부시키는 인지 과정과 행동이 가능해졌을 것으로 보인다.

---

23 괴베클리 테페가 의식의 중심지로 기능하던 1만 1천 년 전의 세계 인구는 약 500만 명 정도로 추정된다. 메소포타미아의 사원에서 신을 숭배하던 6천 년 전에는 세계 인구가 약 1억 명으로 증가했고, 2천 년 전에는 3억 명으로 증가했다고 추산된다. Gregory Cochran and Henry Harpending, *The 10,000 Year Explosion: How Civilization Accelerated Human Evolution* (New York: Basic, 2009), 65.

현생 호모 사피엔스, 즉 인간은 이제 식물과 자신의 영적 자아를 둘 다 키워 갈 수 있게 되었다.

신 출현의 두 번째 단계는 '정부와 신: 유신론적 자아'이다. 역사적으로 기록된 최초의 신은 메소포타미아의 물의 신 엔키(Enki)다. 엔키에게 봉헌된 6,500년 전 무렵의 사원이 메소포타미아의 에리두에서 발굴되었다. 세계 최초의 문명으로 여겨지는 메소포타미아 문명은 4,300~6,500년 전에 출현했다. 메소포타미아 종교의 주된 테마 두 가지는 삶에 필요한 식량을 제공하는 비옥한 땅과 죽음 이후의 운명이다. 가장 오래된 고전인 「길가메시 서사시」는 죽음과 내세에 대한 메소포타미아인의 염려를 보여준다. 길가메시는 약 4,700년 전 고대도시 우루크의 왕이었다. 그는 영생의 비밀을 찾기 위한 여정에 나서지만, 결국 죽음의 운명을 피할 수 없다는 사실을 깨닫게 된다.

우루크 시대라고 불리는 5,200~6,500년 전까지는 인간 생존의 중요한 힘들인 자연, 생명, 죽음과 결부된 신들이 메소포타미아인의 사고를 지배했다. 그러나 이후 4,350~5,200년 전까지 왕조 시대에 이르러 신의 성격은 변화하였다. 도시국가 간의 충돌과 전쟁이 심해짐에 따라 신은 전쟁에 깊이 관여하는 존재로 인식되었고, 신을 모시는 사원은 사회·정치적 중심지가 되었다. 이 시기 메소포타미아의 도시국가 간 전쟁은 신들 간 권력 다툼으로 이해되었다. 신이 부분적으로 세속화되는 동안 세속 권력은 스스로 모종의 신적 권위를 갖게 되었다. 이렇게 종교와 정치, 성과 속은 그 시초부터 한데 얽히게 되었다.

신과 종교의 출현에 있어 마지막 국면은 2,800년 전부터이다. 농업혁명이 시작될 때 500만 명이었던 현생 호모 사피엔스는 2~3억 명으로 증가했다. 기원전 800~200년까지 600년에 걸친 '축의 시대'(axial age)가 태동했다. 칼 야스퍼스가 이 몇 세기를 축의 시대로 정의한 것은 모든 위대한 발전들이 중국, 인도, 서양에서 동시다발적으로 이루어졌기 때문이다.[24] 이 시기에 유교, 힌두교, 불교, 조로아스터교, 유대교가 탄생했고, 유대교는 후대에 기독교와 이슬람교를 낳았다.[25]

현생 호모 사피엔스, 즉 인간은 영리하고, 자기를 인식하고, 남에게 공감하고, 자기를 성찰할 뿐만 아니라, 자신을 과거와 미래로 투사할 수 있는 자전적 기억 능력을 지닌 존재로 진화했다. 자기 자신을 과거와 미래로 투사할 수 있는 능력은 자기의 죽음을 내다볼 수 있게 함으로써 현생 호모 사피엔스를 종교적 인간으로 만들었다. 토리에 따르면 종교는 뇌 진화의 결과인 죽음의 두려움에 대한 해결책으로 생겨났다. 꿈에 나타나는 조상들의 혼령에 대한 경험에 기초해서 조상숭배가 시작되었으며, 인간 사회의 복잡화와 더불어 신이 출현했다는 것이다.

---

24 Karl Jaspers, *The Future of Mankind* (Chicago: University of Chicago Press, 1961), 135.

25 토리는 이 종교들의 다섯 가지 측면에 주목한다. 첫째, 이들 모두 죽음의 문제에 대한 해답을 제시했다. 둘째, 종교는 집단에 소속되면서 얻는 심리적 지원, 물리적 보호, 사회 복지, 일자리나 경제적 향상의 기회 등의 혜택을 제공한다. 셋째, 종교는 정치적 지배와 연계하여 발전한다. 성과 속은 불가분의 관계를 맺고 있다. 넷째, 개별 종교의 성패는 대개 그 추종자들의 경제, 정치, 군사적 성공에 의해 결정된다. 불교와 기독교가 세계 종교가 된 주요한 이유는 인도 황제 아쇼카와 로마 황제 콘스탄티누스가 그 종교를 받아 들였기 때문이다. 다섯째, 새로운 종교는 주로 보다 오래된 종교의 신들과 신학을 차용함 으로써 등장한다. 한 예로 유대-기독교의 인류 창조, 대홍수, 바벨탑 개념은 메소포타미 아 종교에서 가져온 것으로 여겨진다. 토리, 『뇌의 진화, 신의 출현』, 322-326.

V. 신경학과 영적 체험: 앤드루 뉴버그

뉴버그는 신경과학자로서, 영적 및 종교적 경험의 생물학적 기초를 연구하는 데 집중해 왔다. 그는 수십 년 동안 뇌 영상기법(SPECT 및 PET 스캔)을 활용하여 기도, 명상, 종교 의례, 심지어 트랜스 상태나 영매술 활동에 참여하는 사람들의 뇌 활동을 연구해 왔다. 이러한 분야는 흔히 '신경신학'이라고도 불린다.

뉴버그는 종교가 신화에 바탕을 둔다고 주장한다. 초기 인간은 고차원적 사고 기능을 수행하는 대뇌피질 덕분에 위험을 예상하고 창조적이고 정교한 방식으로 해결할 수 있었으며, 열악한 환경에 성공적으로 적응할 수 있었다. 정신적 속성을 지닌 인간은 죽음의 위협 문제뿐만 아니라 죽음의 필연성에 대한 이해에서 생겨나는 존재론적 문제들과 대면하게 되었다. 신화는 죽음, 고통, 불안, 악과 같은 존재론적 문제와 함께 시작된다. 호모 사피엔스의 직계 조상인 호모 에렉투스는 언어와 말을 만들어 내는 데 필요한 복잡한 신경조직을 가진 뇌를 지녔으며, 따라서 물질세계를 초월하는 영적 실재를 지각하고 신화 이야기를 통해 그 실재를 표현할 수 있는 능력을 지니고 있었다. 뉴버그에 따르면 초기 인류는 존재의 신비를 신화로 표현했다.[26] 그는 또한 신화가 생물학적, 신경학적 기원을 갖는다고 주장한다. 즉, 신화는 마음에 불현듯 떠오른 영감처럼 신경학적으로 만들어진 직관적 경험을 통해 태어난다는 것이다. 그리고 그는 이 신화에 근거해서 종교가 생겨난다고 주장한다.

---

26 신화는 문자적 의미의 이면에서 논리와 이성만으로는 할 수 없는 방식으로 인간을 가장 근본적인 부분과 연결해 주는 보편적인 상징과 주제를 제시한다. 뉴버그, 『신은 왜 우리 곁을 떠나지 않는가』, 88.

뉴버그는 종교의식(儀式)의 목표가 더 높은 실재와 영적으로 일체감을 느끼게 하는 것이라고 본다. 즉, 종교의식은 영적 초월로 경험되는 일체 상태를 가져온다. 신비주의자들의 명상의 목표는 신의 존재와의 일체감을 통한 신비로운 통합 상태에 도달하는 것이다. 종교의식은 성서 또는 신화 이야기의 실체를 신경학적으로 구현한다. 즉, 종교의식은 영적 이야기를 영적 체험으로, 믿음을 느낌으로 전환시킨다. 뉴버그는 종교의식에서 경험하는 초월적 일체감을 신경생물학적으로 설명하고자 한다. 인간이 신의 존재를 체험할 수 있는 길은 신경학적으로 만들어지는 현실의 해석 외에 없다. "뇌의 신경 경로를 통하지 않고서는 신이 여러분의 머릿속에 들어올 수 있는 다른 방법은 없다."[27]

뉴버그에 따르면, "초월적 일체의 상태를 만들어 내는 의식(儀式)의 능력은 리드미컬한 의식적 행위가 시상하부와 자율 신경계에 그리고 궁극적으로는 나머지 뇌에 효과를 미친 결과"[28]이다. 기도, 명상 등의 종교의식은 혈압을 낮추고, 심박동을 감소시키고, 호흡 속도를 늦추며, 코르티솔 호르몬의 수준을 떨어뜨리고, 면역계의 기능에 긍정적인 변화를 가져온다. 초월적 일체의 상태에 대한 뉴버그의 신경학적 설명에 따르면, 자신을 외부 세계와 구별하고 공간상에서 자신의 위치를 파악하게 하는 뇌의 정위연합영역의 정보 수입로가 해마회에 의해 차단될 경우, 정위연합 영역이 신경 입력 정보를 공급받지 못함에 따라 자아의 경계가 허물어짐으로써 일체의 상태에 이르게 된다.[29]

뉴버그는 종교적 신비체험이 단지 신경증적 착각이나 병리학적 상태가

---

27 앞의 책, 61.

28 앞의 책, 129.

29 앞의 책, 130.

아니라 분명히 실재하는 지각에 일관성 있게 반응하는 건전하고 건강한 마음에 의해 생겨날 수 있다고 본다.[30] 종교에서 신비체험이란 자신보다 더 큰 무엇과 진정한 정신적 일체감을 느끼는 것을 말한다. 다시 말해 그것은 물질적 존재를 넘어 영적으로 절대자와 연합되었다는 느낌의 체험이다. 신비체험에 이르는 첫 단계는 의식적인 마음을 잠재우고 자아의 열정과 미혹으로부터 정신을 자유롭게 하는 것이다. 자신에서 벗어나 정신적 일체에 도달하는 신비체험의 메커니즘은 사람의 뇌 속에 있으며, 신을 향해 자신을 다가가게 하는 마음에 의해 작동된다.

뉴버그는 신비체험의 신경생물학에 관해 말한다. 그에 따르면 일체, 즉 하나 됨의 상태는 신경학적 기능 때문에 가능하다. 일체의 상태는 자신이라는 감각이 사라지고 자신이 더 큰 현실감 속에 흡수된 결과로 일어난다. 종교의식의 리드미컬한 행위로 인해 뇌의 정위 영역에 들어오는 신경 입력 정보의 수입로를 차단하는 메커니즘이 작동될 때, 이 작동이 초월적인 영적 일체의 순간을 가져온다.[31]

뇌는 신경학적 진화 과정을 통해 신비체험을 할 수 있는 마음을 발달시켰다. 그러나 자연선택이 왜 이러한 발달을 허용했는지 그 이유를 찾기는 어렵다. 이러한 신경학적 발달이 과연 생존에 얼마나 도움이 되는지는 분명치 않아 보이기 때문이다. 뉴버그는 신비체험의 신경생물학이 최소한 부분적으로는 성적 황홀감(오르가슴)과 관계된 메커니즘으로부터 생겨났을 것으로 본다. 물론 물리적 촉각의 결과로 발생하는 성적 황홀감과는 달리 초월적 신비체험에는 더 높은 인지적 구조들이 관계한다.

---

30 앞의 책, 149.
31 앞의 책, 167-169.

신비체험, 즉 절대적 일체 상태가 신경학적으로 실재한다는 사실은 무엇을 의미하는가? 뉴버그에게 이 사실은 영적 실재가 신경학적으로 증명됨을 의미하지는 않는다. 그러나 또한 신비체험이 신경학적 현상 이상의 의미가 없음을 뜻하는 것도 아니다. 뉴버그가 주장하는 바는 "과학적 연구는 자아가 없는 마음이 존재할 수 있고, 자아가 없는 인식이 존재할 수 있음을 지지해 준다"[32]는 것이다. 그는 절대적 일체 상태의 신경학적 구성 요소에서 신비적 영성의 의미를 탐구하는 과학적 기반을 발견하고자 한다.

뉴버그의 신경신학은 단지 신경과학이 종교를 연구하는 것이거나 종교가 신경과학을 논평하는 것이 아니라, 과학과 영성이 서로 영향을 주고받는 양방향 경로다. 뉴버그는 영적 상태와 관련된 뇌의 활동을 과학적으로 엄밀하게 연구하면서도, 종교나 영성을 반박하거나 부정하는 태도를 취하지 않는다. 그는 영적 체험이 뇌에서 어떻게 나타나는지를 탐구하지만, 영적 체험을 단순한 환상으로 치부하지 않는다. 오히려 그는 영적 체험이 단순한 허상이 아니라 생물학적으로 실재한다는 점을 강조하며, 영적 체험에 열려 있는 태도를 보여준다.

VI. 세 신경과학자에 대한 비교 평가

지금까지 세 명의 신경과학자 에델만, 토리, 뉴버그의 견해를 살펴보았다. 이들은 모두 뇌의 진화 과정의 결과로 마음이(토리와 뉴버그의 경우는

---

32 앞의 책, 184.

신과 종교도) 출현했다는 것을 과학적 사실로 받아들인다. 에델만은 의식을 1차원(비언어적, 동물적)과 고차원(언어적, 시간과 자아를 포함한 인간적)으로 구분하고, 뇌의 진화적 구조 변화가 이 차이를 만든다고 본다. 그의 '뉴런 집단 선택설'(TNGS), '신경 다윈주의', '한정 실재론'은 기본적으로 유물론적 관점에 기초한다. 따라서 그의 신경과학에는 신이나 목적론을 위한 자리가 없다. 그는 목적론적 사고를 거부하면서, 자연선택의 결과로써 동물이 목적 실현적 시스템을 체현한다는 점을 인정한다. 그러나 그는 마음이 목표와 목적 지향적임에도 불구하고 역사적 과정의 산물이자 진화와 관련된 강제의 산물이라고 주장한다. 그에게 마음의 출현은 진화적 적응의 결과다. 그리고 모든 진화 과정은 우연(강제)에 의한 것이다. 그의 강조점은 인간의 모든 정신 활동이 생물학적 토대를 가진다는 사실에 있다.

토리는 뇌의 진화 과정을 통해 자전적 기억을 지닌 시간적 자아 그리고 최종적으로 영적 자아와 유신론적 자아가 출현하게 된 과정을 기술한다. 그는 뇌의 진화적 발달을 5단계로 나누고, 종교가 자기성찰 능력과 자전적 기억 능력의 산물이라 본다. 즉, 인지적 진화가 종교의 출현을 가능케 했으며, 신을 믿는 종교의 출현은 진화의 부산물이다. 뇌의 진화에 따라 죽음의 두려움이 생겼고, 이에 대한 해결책으로 종교가 생겨났다. 토리가 신의 출현을 진화적 적응이 아니라 진화의 부산물로 간주하는 까닭은 신에 대한 믿음이 진화적으로 불리할 가능성도 있기 때문이다.[33]

---

33 『끔찍한 일들의 백과사전』에 따르면, 누구의 신이 참된 신인가를 증명하기 위한 전쟁이 고대 메소포타미아의 도시국가 사이에서 벌어졌고, 이 전쟁은 세계 최초의 문명이 종말을 맞는 데 기여했다. 가나안 풍요의 신 바알 추종자들과의 대결에서 승리한 야웨의 선지자 엘리야는 바알 추종자 450명을 죽였다. 인간이 저지른 역사상 최악의 만행 100건

뉴버그는 종교의식과 믿음이 어떻게 뇌에 영향을 끼치는가를 신비체험을 중심으로 신경학적으로 설명한다. 토리와 다르게 그는 신에 대한 믿음을 진화적 적응으로 간주한다. 즉, 신의 출현은 자연선택에 유리한 진화적 적응에 해당한다. 종교는 집단의 생존 가능성을 높여준다. 믿음을 가진 집단은 자원도 더 잘 공유하고, 외부 위협에 대하여 집단을 더 잘 방어하며, 대체로 협력적이다. 신을 믿는 믿음은 죽음을 인식함으로 초래되는 불안을 견딜 수 있게 해 주고 생존확률을 높여준다.[34] 그러나 뉴버그가 신의 출현이 자연선택에 유리한 진화적 적응에 해당하며 믿음이 생존확률을 높여준다고 보는 것이 곧 그가 진화 과정이 하나님께서 의도하신 목적을 향해 나아간다는 기독교적인 세계관을 가지고 있다는 증거는 아니다.

뉴버그는 영적 체험을 신경학적으로 설명할 수 있다고 주장한다. 이 주장은 영적 체험이 신경학적 사건으로 환원된다는 것이 아니라, 신경학적 사건이 아닌 영적 체험은 불가능하다는 것이다. 뉴버그에게 있어서 영적 체험이 신경학적으로 설명 가능한 것처럼, 신경생물학적 차원이 신비체험, 즉 절대적 일체 상태에 열려 있다. 그의 목표는 신경과학을 통해 종교적 영성을 부정하는 것이 아니라 이해하는 것이다. 그는 과학자로서 방법론적 자연주의에 충실하면서, 동시에 영적 체험, 즉 신비적인 절대적 일체 경험의

가운데 25건이 신들의 전쟁이었다. Matthew White, *The Great Big Book of Horrible Things: The Definitive Chronicle of History's 100 Worst Atrocities* (New York: W. W. Norton, 2011); 토리, 『뇌의 진화, 신의 출현』, 355-356.

34 정기적으로 교회에 출석하는 사람은 고혈압, 심장병, 불안, 우울증 등의 발병률과 자살률이 더 낮은 것으로 알려져 있다. 종교적 실천(특히 예배 참석)과 정신 및 신체 건강의 연관을 종합적으로 정리한 다음 리뷰를 참고하라. Tyler J. VanderWeele, "Religion and Health: A Synthesis," *Handbook of Religion and Health*, eds. Harold G. Koenig et al., 2nd ed. (Oxford: Oxford University Press, 2012), 433–447.

고유한 독특성(*sui generis*)에 열려 있다. 따라서 그의 입장은 기독교 신앙과 양립 또는 조화 가능하다고 할 수 있다.

VII. 마음의 창발과 목적론적 인과론

기독교 신앙에 있어 860억 뇌 신경세포들의 경이로운 네트워크 시스템이 형성되는 진화 과정에서 의식과 마음이 출현했다는 과학자들의 설명을 거부할 이유는 전혀 없다. 의식이 주변 환경을 인식하고 지각할 수 있는 주관적 경험을 가리킨다면, 마음은 인지, 감정, 기억, 신념, 생각, 상상력 등 보다 광범위한 정신적 과정을 가리킨다. 마음은 일차적 의식을 포함하는 이차적 의식이라고 할 수 있다. 인간의 마음은 자기의식적이고 반성적인 능력, 과거-현재-미래의 자전적 기억, 죽음의 운명으로 인한 존재의 유한성에 대한 인식 그리고 자기 초월적 상상력을 갖는 자아이다. 죽음으로 인한 존재의 유한성에 대한 인식과 자기 초월적 상상력에 기초하여 종교적, 영적 자아가 출현한다. 이 영적 자아로서의 마음을 기독교에서는 영혼이라고 부른다.

마음은 생물학이나 신경학으로 다 설명할 수 없는 신비이다. 신경생물학은 순수한 물리적 입자들의 복잡한 집합체인 뇌가 어떻게 생각, 감정, 꿈, 이미지, 의도와 같은 비물리적인 마음을 만들어 낼 수 있는지를 설명할 수 없다. 다윈주의자들이 뇌가 형성되는 진화 시점까지는 우주에 물리적 힘의 상호작용 외에 아무것도 없다고 강변할 수도 있다. 가능성이 매우 희박하지만, 이론적으로는 분자가 복잡한 덩어리로 뭉치는 경향이 있다는 사실에 의해 우연히 복잡한 뇌가 발달한다고 주장할 수도 있다. 그러나 분자의 물리적 집합체는 기쁨이나 슬픔의 감정을 만들어 낼 수 없다. 우리는 뇌의 신경세포 집합으로부터 어떻게 주관적 의식과 마음이 출현하는지 알지 못한다.

뇌의 신경세포의 네트워크 시스템 전체로부터 창발되는 마음은 신경세포의 물리적 총합으로는 설명되지 않는 새로운 차원의 실재다. 마음과 함께 단순한 생물학적 생존 가치를 넘어서는 고차원적 가치와 목적에 대한 추구가 생겨난다. 마음은 자신이 가치 있다고 여기는 것을 얻기 위해 주위의 환경을 변화시킬 수 있으며, 자기 몸을 지시하고 통제할 수도 있다. 물론 마음은 여전히 뇌와 몸의 복잡한 물리적 구조에 심대하게 의존한다. 그러나 이 구조는 또한 자신이 생성한 마음에 의해 영향을 받는데, 매우 놀라운 인과적 변화라 할 수 있다. 마음은 뇌 신경세포의 총합만으로 설명될 수 없는 새로운 차원의 인과적 영향력을 발휘한다. 이 인과율은 단순히 물리적 법칙이 물질적 요소에 작용하는 것과는 다르다. 이는 부분으로부터 전체로의(부분-전체) 인과율, 아래로부터 위로의(상향식) 인과율이 아니라 전체로부터 부분으로의(전체-부분) 인과율, 위로부터 아래로의(하향식) 인과율이다. 물론 하향식과 상향식 인과율은 상호적인 관계에 있다. 그러나 이 전체-부분 하향식 인과율의 존재는 마음이 물질적 요소로 환원될 수 없는 새로운 차원의 고유한 독특성을 지닌(*sui generis*) 창발적 실재임을 의미한다.

대부분의 다윈주의자는 의식을 유기체의 생존과 번식 가능성을 높이는 핵심적인 형질로 간주한다. 의식과 목적 지향적 주체성은 높은 진화적 적응 가치를 지니며, 환경을 의식적으로 인지하고 정보를 통합함으로써 생존경쟁에서 유리하게 작용한다. 이는 의식이 단지 물리적 과정의 부산물이 아니라 유기체의 행동을 조절하고 선택을 최적화하는 인과적 기능을 수행함을 시사한다. 우주는 인간을 통해 비로소 자신의 구조를 이해하고 더 나은 환경을 만들고자 하는 목적에 적응하기 시작했다. 많은 다윈주의자는 이 현상을 수많은 무작위적 복제 오류가 만들어 낸 결과라고 주장한다. 그러나 과연 마음의 출현이 단지 뇌의 복잡한 물질적 상호작용이 낳은 예측 불가능한 우연일 뿐인가? 자신의 의도에 따라 행동을 조절하는 마음이 단지 맹목적인 물리 법칙의 작동에 따른 우연한 결과로 출현했다고 보는 것이 과연 설득력이 있는가?

물질적 우주의 진화 과정은 자체의 물질성을 넘어서는 새로운 실재, 즉 의식과 마음을 향해 나아가도록 설계된 것으로 보인다. 진화한 유기체로서 마음을 지닌 존재의 목적은 가치의 파악과 실현에 있다. 우주의 진화 과정을 통해 출현한 마음의 존재 의의는 단지 우연적 자연선택이 아니라 마음이 스스로 파악하고 지향하는 본유적 가치의 관점에서 온전히 설명될 수 있다. 다시 말하면 마음의 존재에 대한 가장 근본적인 설명은 목적론적 관점에서만 주어질 수 있다. 의도된 가치를 지향하는 마음의 출현은 '목적론적 인과론'에 의해서만 설명될 수 있는 새로운 차원의 실재가 창발된 것을 의미한다.

마음은 뇌의 복잡한 물리적 구조의 우연한 부산물이 아니라 바로 뇌의 복잡한 물리적 구조가 존재하는 목적이다. 마음의 주관적, 현상적 경험은 뇌가(그리고 뇌와 화학 분자의 복잡한 인과적 상호작용이) 바로 그러한 구조를 갖는 이유다. 다시 말하면 마음의 출현은 진화의 목적이다. 진화의 전체 과정은 고도로 구조화된 중추신경계만이 제공할 수 있는 마음의 출현을 향해 질서화된 것으로서 합리적으로 설명된다. 인간의 뇌 구조가 현상적 경험, 즉 마음을 창발시키도록 설계되었다고 이해하는 것이 가장 합리적인 추론이며, 이것이 기독교의 목적론적 인과론이다.

VIII. 결론: 유한한 인간 마음, 무한한 하나님 마음

마음이라는 놀라운 신비가 수많은 오류의 결과로 생겨났다고 설명하는 것보다 우주의 진화 과정 전체가 자기 인식과 목적과 가치를 추구하는 존재를 생성하도록 설계되었다고 하는 것이 훨씬 설득력이 있다. 복잡성 증대를 향해 나아가는 물리적 시스템의 진화 과정은 새로운 형태의 가치를 실현하기 위해 물리적 세계를 파악·해석·이해·형성할 수 있는 마음의 출현을 목표로 한다. 물질 우주에서 오랜 진화 과정을 통해 출현한 마음에 대한 궁극적인 설명은 그 진화 과정의 자연법칙과 우연성을 함께 포괄하는 하나님의 마음에 있다. 지고의 완전성을 지닌 자존적 존재로서 모든 현실태와 창조자이자 모든 가치의 원천인 하나님을 인정하는 것이 자연의 진화 과정으로부터 출현한 마음, 즉 인간에 의한 가치 실현과 하나님의 마음과 상호 인격적 관계와 신비적 합일을 목표로 하는 우주의 존재와 과정을 설명할 수 있는 유일한 길이다.

하나님은 자신 안에 존재 목적을 가진 자존자(*causa sui*)이자 지고한 선의 가치로 충만한 '무한한 마음'(the Infinite Mind)으로서, 가능한 선의 가치를 실현할 수 있는 '유한한 마음'을 만들어 내신다. 오직 이 하나님의 존재만이 왜 물리적 우주가 그토록 불가능해 보일 정도로 복잡한 진화 과정을 통해 자체의 물리적 본성을 이해하고 변화시킬 수 있는 마음의 출현을 가져왔는지 설명할 수 있다. 물질적 우주는 무한한 하나님의 마음으로부터 나오며, 마음의 출현을 향해 나아가며, 무한한 마음이신 하나님께로 돌아간다. "만물이 주에게서 나오고 주로 말미암고 주에게로 돌아감이라"(롬 11:36). 워드는 하나님을 이렇게 묘사한다. "이름도 형태도 없는 그분(우주적 마음)은 무한한 깊이, 무한한 존재의 바다다. 그 표면에서는 모든 존재가 파도의 거품처럼 생겨났다가 사라지지만, 깊은 곳은 평온하고 아무런 방해도 받지 않는다. 그러나 모든 존재는 무한한 바다에서 흘러나온 바다의 일부다. 그들의 힘은 주어진 것이지만 결코 소유할 수 없으며, 결국 그것을 주신 분께로 돌아가야 한다."35 뉴버그가 말하는, 절대자와 연합됨을 경험하는 인간의 영적 신비체험은 종말론적인 하나님과의 연합의 역사 내적 선취라고 할 수 있다.

하나님이 우주를 창조하신 목적은 우주의 물질로부터 마음이 출현하여 하나님의 마음 안에 있는 가치를 세계 안에서 창조적으로 구현하는 것이다. 하나님은 무한한 마음으로서 물질적 우주의 창조자일 뿐만 아니라 모든 창조적 가능성의 원천이다. 하나님의 우주 설계는 결정론적인 것이 아니라 자연법칙과 함께 우주 과정의 우연성과 자기 조직화와 미래 개방성을 포괄한다. 워드에 의하면 하나님은 모든 가능성을 아신다는 의미에서 전지하며, 모든 가능한 존재를 가져오실 수 있다는 의미에서 전능하며, 언제나 선을 목표로 행동하신다는 의미에서 지고하게 선하다.36 하나님은 존재의 필연성과 행동의 자유가 궁극적으로 통일된 실재로서, 위대한 가치의 실현과 피조물과의 인격적 교제와 합일을 위해 우주를 창조하시고, 우주의 과정을 통해 우주에 존재할 수 있는 모든 가능한 가치들 가운데 최상의 창조적 가치들의 집합을 실현해 가신다.

우주는 단지 외부로부터 임의로 부과된 규칙에 따라 각 부분이 결합된 시계 장치 같은 결정론적이고 비인격적인 메커니즘이 아니다. 상대성 이론, 양자역학, 혼돈 이론이 밝혀낸 우주는 지속적으로 역동적인 상호작용

---

35 Keith Ward, God, *Chance and Necessity* (Oxford: Oneworld, 1996, 2009), 60.
36 Ibid., 58.

을 하는 역장들로 구성되며, 비결정성, 우연성, 미래 개방성을 본유적 특성으로 갖는다. 우주는 시계 같은 기계장치라기보다는 '상호작용하는 에너지의 창발적 그물망(emergent web)'[37]과 같은 것이다. 하나님은 단지 필요할 때마다 자연법칙을 깨뜨리고 세계에 개입하여 기적적으로 문제를 해결하는 외부의 시계공이나 '기계장치의 신'(*Deus ex machina*) 같은 존재가 아니다. 하나님은 무한한 우주적 마음으로서, 시간과 변화의 유한한 세계의 너머에 계시지만, 그 세계를 감싸안으신다. 하나님은 무한히 멀지만, 어떠한 거리도 하나님과 세계를 분리할 수 없다. 하나님은 자연의 진화 과정 안에 현존하면서 물질적 본성에 내재된 잠재력으로부터 창발적 가능성을 현실화해 가신다. 하나님은 자연이 그 목적을 실현하기에 적합한 방식으로 자연법칙을 만드시고 창발적 우연성과 미래 개방성 안에서 자연의 과정을 인도하신다. 유한한 마음을 지닌 인간은 무한한 마음이신 하나님의 형상으로서, 하나님의 마음 안에 있는 선의 가치를 세계 안에 구현함으로써 세계의 종말론적 완성을 위한 하나님의 창조적 섭리에 동참하도록 부름 받는다.

---

37 Ibid., 57. 여기서 창발은 비결정론적인 새로움의 출현을 의미한다.

9장
신경심리학과 신학
― 말콤 지브스를 중심으로

I. 서론

이 장에서는 말콤 지브스(Malcolm A. Jeeves)를 중심으로 신경심리학과 신학의 대화를 수행하고자 한다. 지브스는 영국 케임브리지대학에서 자연과학을 전공했으며, 현재 세인트앤드루스대학의 심리학과 명예교수이다. 그는 신실한 신앙을 지닌 그리스도인이자 인지심리학자 또는 신경심리학자로서 평생 기독교 신앙과 신경과학 그리고 진화생물학 등의 학제 간 대화를 수행해 오고 있다.

전통적으로 심리학의 과제는 사람들이 정신과 감정의 문제를 해결하도록 도움을 주는 데 있었기에, 상담학과 임상심리학 등과의 긴밀한 관계 안에서 발전되었다. 그러나 오늘날에는 정신과 뇌를 연결하거나 정신의 진화론적 출현을 추적하는 일이 주된 관심사가 되고 있다. 특히 20세기에 발명된 fMRI(기능적 자기공명영상), PET(양전자 단층촬영) 등은 인간의 정신 상태 연구에 혁명적인 발전을 가능하게 했다. 오늘날 인지 혁명의 시대에 심리학은 신경과학과의 연계 속에서 신경심리학의 형태로 그리고 진화생물학과의 연계 속에서 진화심리학(또는 비교심리학)의 형태로 전개되고 있다.

이 장에서는 여덟 가지의 주제를 중심으로 지브스의 사상을 고찰한 후에 필자의 소견을 간략히 제시하고자 한다. 차례대로 고찰할 주제는 다음과 같다. 첫째, 과학과 종교를 주제로 과학의 객관성과 주관성, 과학과 종교의 지식 살핀다. 둘째, 진화론과 기독교 신앙을 주제로 우연성과 목적론을 살핀다. 셋째, 결정론과 자유를, 넷째, 이중 양상 일원론을, 다섯째, 창발성과 하향식 인과율을 살핀다. 여섯째, 동물의 마음 읽기를 주제로 하여 도덕감각, 이타주의를 논하고, 일곱째, 인간의 독특성과 하나님의 형상을 논한 뒤, 마지막으로 종교적 경험과 신경심리학을 고찰한다.

II. 과학과 종교: 과학의 객관성과 주관성, 과학과 종교의 지식

19세기까지 물리적 지식의 확실성은 의심할 바 없는 것으로 여겨졌다. 과학적 관찰, 측정, 귀납법적 추론 과정은 전적으로 그 대상에 의해 결정되기에 객관적인 것으로 간주되었다. 자연법칙의 객관성은 일반적 통념이 되었다. 그러나 모든 물질적 입자의 위치와 속도를 앎으로써 우주의 과거를 밝히고 미래를 예측할 수 있다는 라플라스의 객관주의 과학은 오늘날 더 이상 설 자리가 없다.

지브스는 '과학 방법론'이라는 도식적 이해가 잘못되었다고 지적한다. 통념적으로 과학은 실험실에서 수행되는 객관적 실험을 통해서 그리고

누구나 사용 가능한 방법을 기계적으로 적용해서 분명한 결론을 도출한다
고 이해된다. 그러나 이처럼 지나치게 도식적인 과학 이해는 잘못된 것이다.
지브스에 따르면 실제로 과학 방법을 구성하는 두 요소인 실험적인 측면과
이론적인 측면은 결코 쉽사리 분리될 수 없다.[1] 물론 과학적 지식은 상대적
으로 객관적이고 비인격적인 특성을 갖지만, 지브스는 과학적 진술에
대해 완전히 비주관적·비인격적이며, '과학 방법론'이라고 불리는 무오한
절차가 있다고 여기는 것은 잘못되었다고 지적한다. 이는 인식 대상에
대한 인식 주체의 참여를 고려하지 못하는 것이다.[2]

지브스에 의하면 과학적 연구에서는 관찰에서 이론으로 자동적으로
불가피하게 인도되는 왕도란 존재하지 않는다. 해석되지 않은 사실이란
없다. 관찰에서 이론으로 향하는 과정의 매 단계에서 과학자는 실재의
많은 국면 가운데 어느 지점에 연구를 위한 초점을 둘지 결정해야 한다.
이러한 맥락에서, 연구 초기부터 과학자의 자료는 '이론 지워진'다. 과학자
는 결코 모든 사실을 모으고자 하지 않으며, 자신이 관심을 기울이는
어느 특정한 물리적 국면에 중요한 의미가 있다고 결정한다. 그는 자신이
연구하는 실재의 측면들을 더 잘 이해할 수 있게 해 줄 것으로 믿는
사실들을 관찰이나 실험을 통해 확보한다.

물론 과학자는 다만 가설로부터가 아니라 자료로부터 시작한다. 그러

---

1 Malcolm A. Jeeves, *The Scientific Enterprise and Christian Faith* (London: Tyndale
  Press, 1969), 36-37.
2 마이클 폴라니는 『인격적 지식』에서 경험 과학의 지식이 비인격적인 객관적 지식이라는
  주장을 비판한다. 이 책에서 그는 인식 주체와 동떨어진 지식은 없으며, 인식 대상에 대한
  인식 주체의 인격적 참여는 깊이 스며들어 있으며 불가피하다고 강조한다. Michael
  Polanyi, *Personal Knowledge: Towards a Post-Critical philosophy* (Chicago:
  University of Chicago Press, 2015).

나 우리가 자료에 관련시키는 정신적 구조가 이론의 시작이 될 수 있다. 지브스는 과학의 발전에 추론적 사고가 중요한 역할을 한다고 말한다. 일단 예비적인 일반화를 형성하고, 우리는 이에 기초하여 앞으로 뒤따를 것에 관해 추론한다. 지브스에 따르면 과학의 실제적 수행은 '과학 방법론'의 도식적이고 논리적인 분석과는 철저히 다르다. 과학자들은 서로 다른 많은 전제를 갖고 과학의 과업에 임한다. 전제 없는 과학은 존재하지 않는다.[3]

특히 양자역학은 물리적 지식에 대한 해석에 관찰자를 더욱 근본적인 방식으로 끌어들인다. 즉, 양자물리학자들은 측정 도구와 측정 대상 사이의 상호작용을 양자 이론의 기초로 삼는다. 오늘날 물리학은 빛과 물체의 움직임과 그 상호작용을 온전히 기술하기 위해서는 때로 파동과 입자의 물리적 개념이 교호적이고 상호 보완적으로 사용되어야 한다는 사실을 발견했다. 지브스가 인용하는 물리학자 제라두스 시주(Geradus J. Sizoo)에 따르면, "현대 물리학에서는 연속성 개념과 불연속성 개념, 인과성 원리와 확률 원리가 동등한 조건으로 사용된다. 이 개념들과 원리들은 물리적 현상의 전체 실재를 파악하기 위해서 요구되는 두 가지 접근을 나타낸다. 이 두 가지 접근 방식은… 두 가지 종류의 실험, 즉 관찰자가 관찰 대상과의 관계에서 취하는 두 가지 방식과 상관적이다. 그리고 이 두 가지 방식은 물리적 지식을 획득하는 과정에서 서로를 보완해야 한다."[4] 시주는 물리학

---

3 Jeeves, *The Scientific Enterprise and Christian Faith*, 38-39, 41.

4 Ibid., 46. '두 가지 접근'이란 연속성 개념과 인과성 원리에 기반한 접근(고전 물리학이나 상대성 이론)과 불연속성 개념과 확률 원리에 기반한 접근(양자역학)을 말한다. 전자는 물리 세계가 시간과 공간 속에서 연속적으로 변화하고 인과관계에 따라 결정론적으로 움직인다고 보는 반면, 후자는 세계가 본질적으로 불연속적인 양자적 사건들로 이루어져 있으며 사건들의 결과는 확률적으로만 예측 가능하다고 본다. 그리고 '두 가지 종류의

적 실재를 제대로 이해하려면 연속성과 인과율을 중시하는 고전적 접근과 불연속성과 확률성을 따르는 양자적 접근을 상호 보완적으로 사용해야 하며, 이는 관찰자와 관찰 대상 사이의 관계 그리고 실험 방식의 이중성을 인식할 때 비로소 가능한 통합적 이해라고 말한다.

그러나 지브스는 과학이 인격적 요소를 지닌다는 것이 사적이라는 의미가 아님을 분명히 한다. 한 과학자의 주장과 이론은 과학 공동체 안에서 동료 과학자들에 의해 검증되고 확증되어야 한다. 국제적으로 공동의 전통을 공유하는 과학 공동체에 의해 검증되고 확증된 과학 이론은 객관성과 보편성을 획득한다. 이러한 객관성과 보편성을 추구하는 과학자는 동료 과학자들과 유사한 조건에서 유사한 실험을 하면 그와 같은 결과를 얻을 것이며, 따라서 과학 공동체 안에서 과학적 지식의 상대적 적절성을 확증하는 상호 주관적 검증을 통한 합의에 대한 신뢰를 갖고 연구에 임한다.[5]

지브스는 과학자가 물리학에서 생물학으로 그리고 다시 사회과학과 행동과학으로 나아감에 따라 과학자의 인격적 참여가 더욱 자신의 연구 과정에 영향을 준다고 본다. 과학자의 인격적 참여의 정도와 범위는 그가 연구하는 실재의 성격에 따라 다양하며 하나의 연속체를 형성한다. 이 연속체는 순수하게 비인격적이고 객관적인 과학과 인격적 자아의 주관적 영역을 나누는 절대적인 이분법과 대조된다. 객관-주관 관계성 연속체의 한쪽 끝에 물리학이 있고, 중간에 생물학과 행동과학이 있으며, 다른

실험'이란 관찰자가 체계에 영향을 거의 미치지 않고 현상을 있는 그대로 관찰하는 수동적 관찰(고전 물리학)과 관찰자의 측정 행위가 실험 대상에 영향을 주어 결과에 개입하게 되는 능동적 관찰 또는 개입적 측정(양자역학)을 가리킨다.

5 Ibid., 50-51.

쪽 끝에 미학과 종교가 있다.6

지브스에 따르면 과학 연구를 위해 자연 안에 주어진 자료가 있는 것처럼, 종교적 가치평가를 위해서는 역사 안에 주어진 자료(이스라엘 민족의 역사, 그리스도의 말씀과 행동에 대한 기록, 초기 그리스도인들의 경험, 교회의 역사 등)가 있다. 종교 자료를 연구함에 있어서 우리는 인격적 지식에 이르지 못하고 객관적 지식에 머물기 쉽다. 객관적 지식으로부터 인격적 지식으로 나아가고자 한다면, 인격적 만남으로 인도하는 양방향 교통 가능성에 자신을 개방해야 한다. 연속체의 다른 쪽 끝에 있는 과학과 달리, 종교적 지식에서는 인식 주체와 인식 대상이 심대하게 인격적으로 상호작용한다. 그러나 지브스는 과학에서처럼 기독교 신앙에서도 그리스도인 간에 상당한 정도의 상호 주관적인 검증과 합의가 존재한다고 강조한다.7

지브스는 과학과 신앙을 관련시키는 두 가지 방식을 소개한다.8 하나는 물리학의 상보성(相補性) 원리9를 적용하는 것이다. 일련의 사건들을 정당하게 다루기 위해서는 하나 이상의 개념적 틀 또는 서로 다른 개념적 차원들의 관점에서 그를 설명하는 것이 필요하다. 물론 이 논리적 상호 보완성의 원리가 오용되지 않고 적절하게 사용되려면 적절성의 기준이 요구된다. 다른 하나는 C. S. 루이스(Lewis)의 전위(轉位, transposition) 개념을 사용하는 것이다.10 루이스는 동일한 감각 경험이 그 경험이 발생한

---

6 Ibid., 49-50.

7 Ibid., 52-53.

8 Ibid., 156-158.

9 미시적 세계의 현상을 기술하는 데는 파동과 입자 같은 서로 반대되는 개념의 짝을 함께 사용한다는 원리이다.

10 C. S. Lewis, "Transposition," in *Transposition and Other Addresses* (London:

상황적 맥락과 그 경험을 해석하는 관점에 따라 다른 방식으로 해석될 수 있음을 지적한다. 경험과 주관적 해석은 일대일 상응 관계가 아니다. 높은 차원의 시스템이 낮은 차원의 시스템 안에 표현되려면, 낮은 차원 안의 각 요소에 한 가지 이상의 의미를 부여할 때만 가능하다. 루이스에 의하면 과학과 신앙의 관계는 피아노곡과 오케스트라곡의 관계와 같다. 낮은 차원의 매체(피아노, 과학)만을 아는 사람은 높은 차원(오케스트라, 영적 진리)으로 전위할 수 없다. 반면 높은 차원은 낮은 차원을 포괄한다. 과학은 사건들의 설명에서 아무것도 빠뜨리지 않는다. 그러나 기독교 신앙은 동일한 사건들에서 더 높은 영적 매체로부터 새로운 의미를 본다.[11]

III. 진화론과 기독교 신앙: 무작위성(우연성)과 목적성

지브스에 따르면 다윈의 중요한 업적은 진화의 메커니즘을 뒷받침하는 풍부한 증거들을 제시함으로써 과학계에 진화에 대한 확신을 불어넣어 준 데 있다. 코페르니쿠스, 갈릴레오, 뉴턴의 이론보다 다윈의 진화론이 가져온 충격이 큰 까닭은 다른 이론들은 물리적 우주와 지구에 관한 것인데 반해, 다윈의 이론은 인간 자신에 관한 것이기 때문이다. 이제 인간은 자신의 분석적 연구 대상이 되었다. 진화론에서 '자연선택'은 자연에서 작동하는 것으로 증명된 가장 적합한 메커니즘으로 간주된다. 즉, 과학자들은 대부분 자연선택을 광범위한 진화적 변화 패턴을 위한

Geoffrey Bles, 1949), 9-20.

11 Jeeves, *The Scientific Enterprise and Christian Faith*, 158.

적절한 메커니즘으로 받아들인다. 지브스는 현재로서는 신다윈주의 진화론이 화석 기록 자료의 설명을 위한 최선의 모델을 제공한다고 본다.

지브스는 기독교 신앙과 과학적 진화 메커니즘의 발견 사이에는 원칙적으로 아무런 충돌이 없다고 본다. 창세기 1장은 창조의 과학적 메커니즘을 설명하는 책이 아니다. 따라서 진화론은 신앙을 위협하지 않는다. 우리가 하나님의 창조를 말할 때, 하나님이 자연 과정을 통해 창조하셨을 가능성을 배제하는 것이 아니다. 여기서 기억해야 할 사실은 윌리엄 페일리(William Paley)의 하나님의 결정론적 설계 개념에 기초한 목적론적인 자연신학 논증은 『종의 기원』 이후 더 이상 세계 안에서 하나님의 창조적 행동에 대한 설명으로 가능하지 않게 되었다는 것이다. 보수적인 기독교인들이 진화론을 거부하는 이유는 자연선택의 우연성이 자연 세계의 목적성과 모순된다고 생각하기 때문이다. 그러나 지브스는 우연성 또는 무작위성이 목적성의 반대 개념이 아니라고 본다. 그에 따르면 무작위성이란 어떤 대상의 본유적 속성이 아니라 단지 모든 대상이나 사건이 동등한 선택 기회를 갖는 발생의 방식을 의미한다.[12] 그는 자연선택 안의 무작위성이 논리적으로 반드시 무목적성을 의미하지 않는다고 강조한다. "궁극적인 목적에 대한 인식은 무작위성에 의해 반드시 해를 받지 않는다. 중요한 문제는 무작위성을 제거하는 것이 아니라 목적을 인식하는 것이다."[13] 지브스에 따르면 목적성에 대한 기독교인의 믿음은 과학이 아니라 신앙에 근거한 것이며, 마찬가지로 무신론자의 무목적성에 대한 믿음도 물리적 증거가 아니라 특수한 형이상학적 추측에 근거한 것이다.[14]

---

12 Ibid., 103-104.

13 Ibid., 105.

14 Ibid., 106.

IV. 결정론(뇌)과 자유(정신)

20세기 중반 신경과학계에서는 모든 정신과 뇌의 기능이 뇌 생리학과 신경 활동에 의해 결정되고 이를 통해 설명될 수 있다는 물질주의적인 미시결정론적 견해가 큰 영향을 미쳤다. 이 상향식 접근은 모든 행위의 원인을 미시적 차원의 뇌 기능에 귀속시킨다. 행동주의 심리학자 버러스 스키너(Burrhus F. Skinner)는 이렇게 주장한다. "우리가 인간사의 분야에서 과학의 방법을 사용하고자 한다면, 우리는 행동이 법칙적이고 결정론적인 것이라고 가정해야 한다."[15] 그러나 실제로 대부분은 자신이 선택의 자유를 가지고 있다는 사실을 의심하지 않는다. 따라서 심리학에서 결정론과 자유의 문제는 다음과 같은 물음으로 표현된다. "만일 나의 뇌가 물리적으로 결정론적인 시스템이라면, 어떤 의미에서 내가 선택의 자유를 가지고 있다고 말할 수 있는가?"

지브스는 이에 관한 몇 가지 견해를 소개한다.[16] 첫 번째는 실체론적 이원론이다. 이에 따르면 인간의 몸은 결정론적 실체지만, 정신은 비결정론적 실체이며, 따라서 인간은 선택의 자유를 가지고 있다. 지브스는 이러한 이원론적 인간관을 잘못된 것으로 본다. 정신은 이원론적 방식으로 뇌로부터 독립된 실재가 아니다. 뇌의 손상은 정신적 장애를 초래한다. 실험심리학자들은 동일한 사건을 정신적(심리적) 또는 물리적(생리적) 관점에서 연구하는 것이 필요하다고 보지만, 인간을 하나의 통일체로 간주하는 것을 선호한다.

두 번째는 양상 이원론(dualism of aspect)으로, 인간의 구조를 단일한

---

15 Burrhus F. Skinner, *Science and Human Behaviour* (New York: Macmillan, 1953), 6.

16 Jeeves, *The Scientific Enterprise and Christian Faith*, 136-139.

통일적 범주로 이해하지 않는 견해이다. 이에 따르면 과학적 개념은 특수한 목적을 위한 엄격하게 제한된 기능에만 봉사한다. 자유와 결정론은 두 다른 언어로 표현된 개념이다. 자유롭게 선택하는 사람이 사용하는 '행위자 언어'가 있고 또한 선택의 사건을 관찰하는 과학자가 사용하는 '목격자 언어'가 있다. 두 언어는 모두 인간의 자유 경험을 온전히 다루는 데 필요하다. 심리학자 칼 로저스(Carl R. Rogers)는 닐스 보어처럼 우리의 경험 안에 있는 자유와 결정론이란 모순적인 두 요소가 빛에 관한 파동 이론과 입자 이론처럼 양립 불가능하지만 둘 다 참된 것이라고 본다.[17] 지브스는 이에 대한 입장을 밝히지는 않았지만, 그가 지지하는 (다음 항목에서 다룸) '이중 양상 일원론'이 '양상 이원론'과 조화되기는 어려워 보인다.

지브스는 인간에게 자유의지가 있음을 정당화하는 두 가지 이론을 소개한다. 하나는 결정론과 자유의지가 양립할 수 있다고 주장하는 '양립주의'이며, 다른 하나는 자연과 뇌가 기능하는 방식에 나타나는 비결정성에 의해 자유의지가 가능하다는 '자유의지론'이다. 이 이론은 비결정성을 확보하기 위해 하이젠베르크의 불확정성원리에 의지한다.[18] 뇌의 미시적 차원에서의 불확정성 또는 미결정성이 정신의 자유의지를 위한 여지를 마련한다는 것이다.

---

17 Carl R. Rogers and Burrhus F. Skinner, "Some Issues Concerning the Control of Human Behaviour," *Science* 124 (1956), 1057; Jeeves, *The Scientific Enterprise and Christian Faith*, 135-136. 닐스 보어는 파동-입자 모델의 상호 보완성 개념을 확장하여 자유와 결정론을 인간을 기술하는 상호 보완적인 개념으로 이해한다.

18 Malcolm A. Jeeves, *Minds, Brains, Souls and Gods: A Conversation on Faith, Psychology and Neuroscience* (Downers Grove: InterVarsity, 2013), 42-43. 하이젠베르크의 불확정성원리란 한 쌍의 물리량을 정확히 측정하는 데 근본적인 한계가 있다는 이론이다. 즉, 입자(전자)의 운동량이나 위치 하나를 놓고 보면 정확한 측정이 가능하지만, 둘 중 하나를 선택해 정확하게 측정하면 나머지 하나를 측정할 때의 정확성은 떨어진다.

지브스는 뇌 기능에 관한 이론 중 어느 하나를 명시적으로 지지하지는 않는다. 그는 뇌의 활동에 대한 기계론적 설명 가능성의 문제를 미래의 연구 과제로 남겨놓는다. 그러나 그는 뇌에 대한 기계론적 입장이 옳다는 가정 아래, 이 경우에도 인간의 선택이 기계론적 결정론을 따르지 않는다는 도널드 맥케이(Donald M. MacKay)의 입장을 따른다. 맥케이에 의하면, "뇌의 기능이 시계 장치와 같이 기계적이라고 하더라도… 우리의 선택은 고유의 비결정성을 갖는다. 이 비결정성은 그 어떤 사전 예측에 의해 속박될 수 없다."[19] 뇌에 대하여 완전한 기계론적 설명이 가능하다고 해도 그것이 우리의 자유를 제거할 수 없다는 것이다. 그러므로 지브스는 결정론과 자유의지가 양립할 수 있다고 주장하는 '양립주의' 입장을 지니고 있다고 볼 수 있다. 이에 대해서는 결론에서 다시 다룰 것이다.

V. 이중 양상 일원론(dual-aspect monism)

지브스는 인간을 정신·생물학적 통일체로 이해한다. 오늘날 신경심리학은 fMRI(기능성자기공명영상) 등에 의한 뇌 연구를 통해 정신 기능과 행동의 장애가 구체적이고 국소적인 뇌 손상에서 온다는 다양한 증거를 발견했다. 지브스는 정신과 뇌를 통일적인 복잡한 시스템의 상호 의존적인

---

19 Donald M. MacKay, ed., *Christianity in a Mechanistic University and Other Essays* (Downers Grove, IL: IVP, 1965), 63-64. "기계적인 것은 뇌지 사람이 아니다. 선택하는 것은 사람이지 뇌가 아니다." Donald M. MacKay, *Freedom of Action in a Mechanistic Universe* (Cambridge: Cambridge University Press, 1967), 38; Jeeves, *The Scientific Enterprise and Christian Faith*, 152.

두 양상으로 본다.[20] 정신 활동은 물리 화학적 시스템인 뇌의 결정론적인 물리 작용에 의존한다. 이 시스템에 이상이 생기면 정신 활동에도 변화가 발생한다. 마찬가지로 정신 활동의 변화는 뇌의 물리 화학적 시스템에 변화를 초래한다.

　지브스는 정신 활동이 뇌와 상호작용하며 뇌에 의존하지만, 뇌의 활동으로 환원되지 않음을 강조한다. 즉, 그는 인간의 정신이 뇌의 신경 활동으로 환원될 수 있다는 환원주의를 거부한다. 그는 자신이 로저 스페리(Roger Sperry)의 도움을 받았음을 밝힌다. 스페리는 뉴런을 구성하는 원자와 분자 수준에서 발생하는 상향식 미시결정론(microdeterminism) 못지않게 하향식 영향도 동일한 비중을 두어야 한다고 강조한다. 그는 뇌 조직의 계층 질서에서 가장 높은 사령탑의 위치에 있는 주관적 속성, 즉 의식이 하부의 생물·물리·화학적 활동에 통제력을 발휘한다고 말한다.[21] 지브스는 낸시 머피의 '비환원론적 물리주의'[22]가 자신의 견해와 유사하다고 말한다. 이에 따르면 인간은 전적으로 물리적이지만, 물리적으로 환원되지는 않는다. 뇌는 행동에 영향을 줄 수 있는 정신적 속성과 경험의 창발을 가져올 만큼 충분히 복잡하다.[23] 그러나 지브스는 '물리주의'라는 용어는 인간의 정신적 측면보다 물리적 측면을 우위에 두고 유물론적 견해를

20 Jeeves, *Minds, Brains, Souls and Gods*, 34-35.

21 Roger Sperry, *The Oxford Companion to the Mind*, ed. R. L. Gregory (Oxford: Oxford University Press, 1987), 164-165.

22 이에 대해서는 윤철호, "비환원론적 물리주의 인간 이해: 낸시 머피를 중심으로," 『인간: 인간의 본성과 운명에 대한 학제간 연구』(서울: 새물결플러스, 2017), 313-349 참고.

23 Nancey Murphy, "Nonreductive Physicalism: Philosophical Issues," in *Whatever Happened to the Soul? Scientific and Theological Portraits of Human Nature*, eds. Warren S. Brown, Nancey Murphy, and H. Newton Malony (Minneapolis, MN: Fortress Press, 1998), 127-148.

지지하는 것처럼 보일 위험이 있다고 본다.[24]

지브스에 따르면 과학적 증거는 뇌와 몸의 물리적 하부구조에서 발생하는 것과 정신 과정에서 발생하는 것 사이의 상호 의존성을 보여준다. 그는 이를 '본유적 상호 의존성 또는 자연적으로 내재하는 상호 의존성'으로 부른다. 육체적인 것을 정신적인 것으로, 정신적인 것을 육체적인 것으로 환원할 수 없다. 따라서 정신과 몸의 관계는 이중적이다. 그러나 그는 자신이 두 종류의 실체를 전제하는 이원론자가 아니라 '이중 양상 일원론자'(dual-aspect monist)라고 말한다. 여기서 '일원론'이란 기본적으로 '물리주의'와 같은 의미다. '이중 양상'이란 한정어는 인간의 본성을 적절히 기술하기 위해 적어도 두 차원(양상)의 기술, 즉 신경과학에 의해 제공되는 물리적 기술과 우리의 주관적 경험 안에 나타나고 심리학적으로 연구되는 정신적 기술이 필요하다는 사실을 표현한다.[25] 즉, 복잡한 시스템 전체에 대한 온전한 설명을 위해서는 물리적 차원과 정신적 차원의 설명이 모두 요구된다.

VI. 창발성과 하향식 인과율

오늘날에는 몸과 뇌로부터의 상향식 인과율만을 인정하는 환원론적 물리주의를 논박할 수 있는 자유의지와 하향식 인과율의 실재가 인지적

---

24 Jeeves, *Minds, Brains, Souls and Gods*, 85.

25 Malcolm A. Jeeves and Warren S. Brown, *Neuroscience, Psychology, and Religion* (West Conshohocken, PA: Templeton Press, 2009), 111; Jeeves, *Minds, Brains, Souls and Gods*, 40, 85.

연구에 의해 지지되고 있다. 지브스는 신경과학과 관련한 자유의지의 문제에 대해 심리학자 마이클 가자니가(Michael Gazzaniga)의 견해를 소개한다. 가자니가는 『뇌로부터의 자유』[26]에서 환원주의의 오류를 비판한다. 그는 차량 부품 연구를 통해 교통의 흐름을 설명할 수는 없는 것처럼, 신경과학은 자유의지 같은 거시적 차원의 현상을 미시적 차원의 설명으로 담아내려는 시도를 버려야 한다고 주장한다. 그에 따르면 어디에서 자동적 과정이 끝나고 자기 주도적인 책임 있는 행동이 시작되는지 뇌과학은 정확히 밝혀낼 수 없을 것이다. 올바른 판단과 자유의지 같은 사회적 구성물에 대한 설명은 그보다 훨씬 더 요원하다. 생물학적 과정의 관점에서 정의하려는 시도는 결국 바보 게임이나 마찬가지다.[27] 물론 과학 실험은 의지라는 의식적 경험의 신경적 토대를 더 풍성하게 이해할 수 있게 한다. 그러나 어떤 특수한 실험을 근거로 자유의지에 대한 보편적 인간 경험을 부인하거나 거부하는 것은 전혀 과학적이지 않다.

오늘날 물리 법칙을 따르는 요소들로 구성된 시스템이 원자 · 물리 · 화학 법칙의 결정론을 초월하는 인과율을 구현한다는 증거들이 제시되고 있다. 지브스는 이 사실을 '창발성'과 '하향식 인과율'의 관점에서 설명한다. 이 두 개념은 함께 어떻게 정신적 과정과 도덕적 행위가 생물학적 시스템 안에 체화되어 있으면서, 동시에 진정한 행동의 원인이 될 수 있는지를 보여준다. 지브스는 뇌와의 관계에서의 자유의지에 대한 믿음을 이 두 개념으로 설명하면서, 정신 과정과 도덕적 행위 주체가 진정한 행동의 원인으로 인정될 수 있다고 주장한다.[28]

---

26 Michael Gazzaniga, *Who's in Charge* (New York: Ecco, 2011); 가자니가/박인균 역, 『뇌로부터의 자유』 (서울: 추수밭, 2012).

27 Jeeves, *Minds, Brains, Souls and Gods*, 63.

'창발성'은 생물체와 같은 복잡한 존재가 그 구성 요소 안에 없는 속성을 가질 수 있음을 가리킨다. 아메바의 활동은 창발적 속성의 한 사례다. 창발성의 다른 이름은 '역동적 시스템 이론'으로서, 구성 요소들 사이의 고도의 비선형적 상호작용이 특징인 복잡한 시스템에서 어떻게 인간(정신)의 행동 같은 새로운 인과적 힘을 지닌 속성이 생겨날 수 있는지 설명한다. 뇌의 전체적인 정신 작용은 고도로 복잡한 뇌피질로부터 창발한다. 다시 말하면 인간의 대뇌피질을 구성하는 수백만 개의 뉴런이 상호 연결된 역동적 시스템으로부터 새로운 인간의 인지적 속성이 창발한다.[29]

지브스에 의하면 환경의 변화가 복잡한 역동적 시스템(뇌)의 평형상태를 무너뜨릴 때, 그 시스템은 새로운 환경에 적응하기 위해 자신을 재조직함으로써 새로운 상호작용의 패턴을 만들어 낸다. 이 새로운 패턴은 상호작용하는 요소들(뉴런)이 서로의 활동을 제약함에 따라 형성된다. 개별적 요소들(뉴런)의 집합체가 새로운 역동적 시스템(뇌)이 된다. 이 상향식 상호작용이 더 높은 차원의 패턴(전체 뇌 기능)을 창조한다. 이러한 시스템의 지속적 재조직화는 변화하는 환경에 대한 적응을 넘어서 점차 복잡한 형태의 시스템을 만들어 내며, 이 복잡하고 비선형적인 역동 시스템은 낮은 차원의 물리, 화학, 뉴런의 작용으로 설명될 수 없는 고차원의 창발적 속성을 산출한다. 그리고 다시 이 고차원의 창발적 속성은 시스템의 구성 요소들에 대하여 하향식 인과율을 발휘한다. 지브스는 정신 활동의 창발적 현상(사고, 결정, 의식, 기억, 언어, 표상, 믿음)이 역동적인 뉴런 시스템 안에서 변화 패턴

---

28 Jeeves and Brown, *Neuroscience, Psychology, and Religion*, 112-117; Jeeves, *Minds, Brains, Souls and Gods*, 44-46.

29 Jeeves and Brown, *Neuroscience, Psychology, and Religion*, 112-115; Jeeves, *Minds, Brains, Souls and Gods*, 45.

(shifting pattern)으로 작동하는데, 이는 낮은 차원의 신경·생리학적 현상에 하향식 인과율을 발휘한다고 말한다.[30]

VII. 동물의 마음 읽기, 도덕감각, 이타주의

진화심리학은 자연선택이라는 진화 법칙에 기초해서 인간의 사고와 행동을 연구한다. 존 투비(John Tooby)와 레다 코스미데스(Leda Cosmides)가 "유전된 인간 정신의 구조가 진화 과정의 산물이라는 사실에 의해 형성된 심리학"으로 정의하는 진화심리학[31]은 어떻게 인간이 오늘날과 같은 특별한 속성을 지닌 동물이 되었는지에 관심을 기울인다. 다윈은 공감 능력이 인간 이외의 종들에게도 어느 정도 존재한다고 말했다. 타자의 마음을 읽어내는 능력은 인간만의 전유물이 아니다. 비인간 영장류도 다른 동물의 심리 상태를 이해하는 능력을 지니고 있다. 신경생리학자 자코모 리촐라티(Giacomo Rizzolatti)는 원숭이 뇌의 전두엽에 있는 신경이 그 원숭이가 어떤 특정한 행동을 시작할 때만 활성화되지 않고 다른 원숭이가 동일한 행동을 수행할 때도 활성화됨을 발견했다.[32] 그가 '거울 신경'이라고 명명한 이 신경은 타자의 행동을 모방하고, 그 행동의 의도를 추론하고, 마음을 읽고 공감할 수 있는 신경적 기초가 된다. 진화심리학자

---

30 Jeeves and Brown, *Neuroscience, Psychology, and Religion*, 115.

31 Jerome H. Barkow, Leda Cosmides, and John Tooby, eds., *The Adapted Mind: Evolutionary Psychology and the Generation of Culture* (New York: Oxford University Press, 1992), 7.

32 Giacomo Rizzolatti et al., "Premotor Cortex and the Recognition of Motor Actions," *Brain Research. Cognitive Brain Research* 3, no. 2 (1996): 131-141.

들과 신경과학자들은 진정한 공감을 (진화론적 의미에서) 새로운 인지적 능력이라고 본다. 공감 능력은 상당 부분 확장된 전전두피질에 의해 수행되는 것으로 여겨지며, 이타적 행동을 가능하게 한다. 따라서 공감은 높은 수준의 인지 테스트를 통과할 수 있는 동물과 인간에게 국한된다.

그런데 적자생존을 동력으로 하는 자연선택과 공감적 이타주의가 어떻게 조화될 수 있는가? 지브스는 이에 대한 진화론의 두 가지 답변을 소개한다.[33] 첫째, 이타주의자의 개별적 생식의 성공에 드는 비용보다 이타주의자 유전자의 복제본을 가진 친척들의 생식 성공의 이득이 더 크다면, 이타주의를 선호하는 유전자가 미래 세대에 퍼질 수 있다. 이것을 '혈연선택'이라고 부른다. 둘째, 이타주의가 충분한 보답을 받으면, 이타주의를 선호하는 유전자가 퍼질 수 있다. 이것을 '호혜적 이타주의'라고 부른다. 이 이론에 따르면 이타적으로 보이는 행동의 출현이 생물체가 자신의 유전적 생존을 위해서 가까운 친족을 돕는 '혈연선택'의 과정에 의해 설명될 수 있으며, 이러한 행동은 상호적 생존 방법인 '상호적 이타주의'에 의해 다른 생명체에게까지 확장된다는 것이다.

진화생물학자 프란시스코 아얄라(Francisco J. Ayala)는 도덕감각을 인간이 인간 아닌 조상에게서 진화한 동물로서 발전시킨 능력 가운데 하나로 본다. 도덕감각이란 자신의 행동이 타인에게 미치는 영향을 그들의 입장에서 고려하는 것이며, 이는 이타주의로 발전된다. 이타주의는 '다른 이들의 행복에 대한 사심 없는 배려나 헌신'[34]으로 정의된다. 아얄라는 도덕률이

---

33 Jeeves, *Minds, Brains, Souls and Gods*, 121-122; Jeeves and Brown, *Neuroscience, Psychology, and Religion*, 83.

34 Francisco J. Ayala, "The Difference of Being Human: Morality," *Proceedings of the National Academy of Science* 107 (May 11, 2010), 9016; Jeeves, *Minds, Brains,*

문화적 진화의 결과로 생겨났다고 본다. 그는 문화적 진화가 더 효과적인 형태의 적응이기 때문에 생물학적 진화를 능가하는 독특한 진화 양태라고 본다. 그러나 아얄라는 인간의 윤리적 행동이 단순히 동물 안의 진화된 사회적 행동으로부터 생겨났다는 생각을 거부한다. 그는 다른 동물과 구별되는 인간의 이타주의의 핵심 척도는 윤리를 위한 자기 인식 능력이라고 말한다. 즉, 자기 행동 결과를 예측할 수 있는 능력, 가치판단 능력, 가능한 행동 경로들 사이에서 선택할 수 있는 능력이 그것이다. 아얄라는 이러한 자기 인식적인 윤리적 능력을 인간의 독특한 특성으로 본다.[35]

한편 사회신경과학은 뇌의 작용뿐만 아니라 사회적 상호작용에도 관심을 기울인다. 이 연구는 생물학적 시스템과 사회적 맥락이 상호 의존되어 있음을 밝혀낸다. 환경적, 대인관계적 요인들은 유전자의 표현, 뇌 발달, 개인의 성장에 영향을 미친다. 우리는 생물학적 존재로서 사회적 맥락 안에 살아간다. 마음과 행동에 내재하는 메커니즘은 생물학적 접근이나 사회적 접근 어느 하나로는 온전히 설명될 수 없고 다층적인 통합적 분석을 요구한다.

지브스는 신경적, 인지적 복잡성으로부터 창발하는 새로운 속성이 복잡한 사회 문화적 환경에서 발전한다고 말한다. 인간의 종교적 경험도 마찬가지다. 인간의 독특성은 고양된 정신적 능력과 복잡한 사회 문화적 환경의 상호작용 안에서 형성된다.[36] 지브스는 고고학자이자 인류학자인 앨리슨 브룩스(Alison Brooks)의 '사회적 지능'(social intelligence) 개념을 소개한다. 브룩스는 현생 인류의 진화 과정에서 사회성과 상호작용 능력의

Souls and Gods, 112에서 재인용.

35 Jeeves and Brown, *Neuroscience, Psychology, and Religion*, 125.

36 Ibid., 118.

중요성을 강조한 연구를 수행해 왔다. 그녀는 인간의 독특한 인지적 능력들이 각기 오랜 계통발생의 진화 역사 속에서 발전되었다고 본다. 사회적 지능은 기초적인 차원의 인지적 능력들 전체에 대한 통합적 사용으로부터 창발한다. 브룩스에 의하면 사회적 지능은 여섯 가지 기능을 요구하는데, 1) 추상적 사고, 2) 미래에 대한 계획 안에서의 협조 능력, 3) 행동, 경제, 기술 혁신을 통한 문제 해결, 4) 상상의 공동체, 5) 상징적 사고, 6) 마음 이론(다른 사람이 나와 다른 생각과 욕구를 지니고 있을 수 있다는 것을 이해할 수 있는 능력)이 그것이다.[37] 그녀는 사회적 지능을 인간 진화의 결정적 요소로 본다.

VIII. 인간의 독특성과 하나님의 형상

진화생물학에 따르면 영장류의 이타적 행동은 동물의 오랜 진화의 역사 동안 발전되어 출현한 것이다. 지브스는 도덕적으로 행동할 수 있는 능력이 뇌의 진화 과정을 따라 진화했다는 사실을 부인할 필요가 없다고 본다. 진화의 사실이 이타적 행동의 가치를 떨어뜨리는 것이 아니므로, 인간 행동의 소중한 측면들에 대한 자연주의적 설명을 두려워할 필요가 없다. 지브스는 예수 그리스도의 자기희생과 자기 비움 안에 나타난 아가페

---

37 Alison Brooks, "What Is a Human? Archaeological Perspectives on the Origins of Humanness," in *What Is Our Real Knowledge of the Human Being*, Scripta Varia 109 (Vatican City: Pontificia Academia Scientiarum, 2007), 35; Richard G. Klein and Alison S. Brooks, *The Dawn of Human Culture* (New York: Wiley, 2002), 9-12, 118-126; Jeeves and Brown, *Neuroscience, Psychology, and Religion*, 118.

사랑을 확증하기 위해 비인간 영장류 안에 이타적 또는 자기희생적 행동의 요소가 나타난다는 사실을 부인할 필요가 없다고 강조한다.[38]

　다른 한편 지브스는 진화의 사실이 결코 인간을 영장류에 '불과한' 존재로 만드는 것도 아니라고 말한다. 인간이 고상한 원숭이에 '불과하다'는 생각은 인간의 인지와 행동의 윤리적, 도덕적, 종교적 독특성을 무시하는 것이다.[39] 동물 안에 있는 도덕적 감각, 도덕적 행위, 자기희생처럼 보이는 것들은 그 내면의 메커니즘과 사고 패턴에 대해 아무것도 말해주지 않는다. 다른 동물들의 자기희생은 인간의 경우처럼 자기인식을 전제하지 않는다. 지브스는 인간이 다른 영장류에 '불과하다'는 환원주의를 논박하기 위해 프란스 드발(Frans de Waal)의 말을 인용한다. "다른 동물이 도덕적 행동에 상당하는 방식으로 행동한다고 해도, 그 행동이 반드시 우리와 같이 숙고를 거친 결과라고 할 수 없다. … 동물은 도덕적인 철학자가 아니다."[40] 이타주의와 상호 협력이 비인간 영장류의 삶에서 중요한 역할을 한다고 해도, 이타적 행동 범위에서 인간과 다른 영장류는 중요한 차이가 있다. 비인간 영장류의 이타주의는 혈연과 호혜적 상대에게 강하게 치우쳐 있다. 그들의 이타주의는 낯선 대상을 향해서는 나타나지 않으며, 자원을 자기들만을 위해 불공평하게 분배하는 데 아무런 거부감이 없다.

　지브스는 인간 창조에 대한 성서의 기록이 인간과 다른 동물들과의

---

38 Jeeves, *Minds, Brains, Souls and Gods*, 126-127; Jeeves and Brown, *Neuroscience, Psychology, and Religion*, 89-90.

39 Jeeves and Brown, *Neuroscience, Psychology, and Religion*, 84-85.

40 Frans de Waal, *Good Natured: The Origin of Right and Wrong in Humans and Other Animals* (Cambridge, Mass.: Harvard, 1997), 209; Jeeves, *Minds, Brains, Souls and Gods*, 122; Jeeves and Brown, *Neuroscience, Psychology, and Religion*, 85에서 재인용.

해부학적, 유전자적, 신경학적 차이를 전제하는 이원론적 인간 이해를 보여주고 있지 않다고 말한다. 전통적으로 서구 기독교는 육체와 구별되는 불멸의 영혼이 있다고 믿는 플라톤의 이원론적 세계관의 영향 아래에서 창세기 2장 7절을 영혼의 존재를 뒷받침하는 증거 본문으로 사용했다. 즉, 이 본문은 '생기'에 의해 비물질적인 영혼이 몸에 불어넣어져서 인간이 창조됨을 묘사하는 것으로 해석되었다. 그러나 이러한 해석은 올바른 것이 아니다. 지브스는 이 본문에 대한 구약학자 로슨 스톤(Lawson G. Stone)의 해석을 소개한다.[41]

스톤에 의하면 이 본문에서 '네페쉬'는 아담의 본성을 이루는 구성 요소가 아니다. 하나님의 호흡(생기)이 불어 넣어지자, 흙이 '살아있는 네페쉬'(생령)가 된 것이다. '살아있는 네페쉬'라는 용어는 아담이란 존재의 전체성을 나타낸다. 아담은 네페쉬를 '가진' 것이 아니라 그 자신이 '살아있는 네페쉬'다. 이 용어는 동물에게도 사용된다(창 1:20, 21, 24, 30). 다른 동물도 살아있는 네페쉬다. 따라서 창세기 2장 7절의 네페쉬는 인간을 다른 동물과 구별하는 영원한 초월적, 영적 실재로서의 영혼이 아니다. '네페쉬 하야'는 다른 동물과 같이 살아있는 생명체로서의 아담을 가리킨다.[42] 그러므로 지브스는 인간의 하나님 형상에 대한 신학적 이해가 인간의 해부, 유전자, 신경학에 근거할 수는 없다고 본다. 그는 인간의 하나님 형상은 고인류학적 기록에 흔적을 남긴 어떤 특성이 아니라 관계성을

---

41 Lawson G. Stone, "The Soul: Possession, Part or Person? The Genesis of Human Nature in Genesis 2:7," in *What about the Soul?*, ed. Joel B. Green (Nashville: Abingdon, 2004), 47-62; Jeeves, *Minds, Brains, Souls and Gods*, 77.
42 현대어 번역 성서인 새영어성경(New English Bible: NEB)은 영혼을 하나의 사물, 별개 의 실체가 아니라 살아있는 사람 전체를 가리키는 것으로 번역한다(예, 눅 12:19).

가리키는 것이라고 말한다.[43] 인간의 하나님 형상은 구조적, 기능적, 관계적 요소들의 연합으로부터 생겨나는 것이다.

IX. 종교적 경험과 신경심리학

종교적 경험과 신경심리학의 관계에 대한 지브스의 견해는 이중적이다. 먼저 그는 종교적 경험의 초월성을 강조함으로써 신경심리학과의 단절을 강조하는 이원론적 입장을 거부한다. 그러나 동시에 종교적 경험을 신경심리학적으로 설명하는 환원주의도 거부한다. 한편으로 지브스는 종교적 경험을 심리·생리학적으로 설명하는 것이 가능하다고 본다. 종교적 회심은 뇌의 생화학적 변화를 동반하는 것으로 기술될 수 있다. 즉, 회심의 순간에 일어나는 뇌의 전기적 활동의 변화가 기록될 수 있다. 우리는 종교적 회심에서 발생하는 변화를 생화학적, 생리학적, 심리학적 관점에서 설명할 수 있다. 종교적 경험에 대한 심리학의 설명은 종교적 관점과 경쟁하지 않는다. 만일 종교적 경험에 대한 자연적, 심리학적 설명을 거부해야만 하나님을 믿을 수 있다고 생각한다면, 그것은 하나님이 단지 예기치 못한 비상한 사건들 안에서 활동하시는 분이 아니라 우리의 모든 삶의 순간을 지탱하고 계시는 분임을 잊어버리는 것이다.[44]

다른 한편 지브스는 종교적 경험에 대한 신경심리학적 설명이 하나님에 대한 믿음이 환영임을 보여주는 것을 의미하지 않는다고 강조한다. 생화학

---

43 Jeeves and Brown, *Neuroscience, Psychology, and Religion*, 127.
44 Jeeves, *The Scientific Enterprise and Christian Faith*, 127.

적 관점의 설명이 심리학적 관점의 설명을 불필요한 것으로 만들지 않는 것처럼, 다양한 심리·생리학적 관점의 설명이 종교적 관점의 설명을 불필요하게 만들지 않는다. 물론 비기독교인은 종교적 관점의 설명이 불필요하다고 말할 수 있지만, 지브스는 종교적 관점의 필요성을 다음과 같이 주장한다. "기독교인의 경험을 구성하는 사건의 전체 흐름은 오직 그가 그 경험을 그 경험이 주장하는 것, 즉 그와 하나님의 인격적 대화로 받아들일 때만 가장 심층적인 차원에서 그에게 타당한 것이다."[45] 지브스에 의하면 동일한 사건에 대한 다양한 제한된 범주의 관점에서의 기술들이 틈새를 가지고 있다는 것이 아니다. 그 기술들은 온전하게 과학적 차원에서 정당할 수 있다. 지브스가 주장하는 바는 종교적 경험이 다른 차원에 있다는 것이다. 즉, 인간의 현상을 정당하게 다루기 위해서는 그 현상을 하나님과의 관계 안에 있는 인간의 관점에서도 기술해야 한다는 것이다.[46]

근래에는 인간의 뇌 안에서 하나님을 감지하는 영역, 즉 '신 모듈'을 탐색함으로써 종교적 영성을 위한 신경적 토대를 제시하려는 시도들도 있다. 마이클 퍼싱어(Michael A. Persinger)에 따르면 종교 경험은 측두엽 발작이라고 알려진 측두엽 안에서의 짧은 시간 동안의 국지적 전기 활동에

---

45 Ibid., 126.

46 지브스에게 사회학과 종교의 관계도 심리학과 종교의 관계와 같다. 한편 기독교인은 종교의 사회적 기능을 연구하는 사회학자의 활동을 신앙에 위협이 된다고 볼 이유가 없다. 기독교인은 사회과학의 독자적인 영역을 인정해야 한다. 다른 한편 사회학자는 종교적 신앙의 참과 거짓을 판단할 수 없다. 그러한 판단은 사회과학의 범주를 넘어서는 것이다. 기독교의 초월적 주장에 대해 사회학은 침묵할 수밖에 없다. 과학과 종교의 영역 또는 차원은 서로 다르다. 지브스는 모버그(David O. Moberg)의 말을 인용한다. "심리학에서처럼 사회학에서도 인간의 경험의 영적 차원에 대한 결정적인 과학적 증거를 찾고자 하는 것은 잘못된 것이다. 왜냐하면 그 증거라는 것에 대한 반대의 해석이 언제가 가능하기 때문이다." Ibid., 129.

의해 초래된다. 퍼싱어는 우리가 신을 경험하는 이유가 측두엽이 진화론적으로 발달했기 때문이라고 주장한다.[47] 그러나 종교적 경험에서 뇌의 활동이 측두엽에 국지화되어 있다는 주장은 지나치게 단순화된 것이다. 지브스에 따르면 최근의 연구 결과는 종교적 경험이 특정한 어느 한 신경계뿐 아니라 평소에 종교와 상관없는 활동에 개입하는 여러 계가 동시에 활성화되어야 일어남을 보여준다. 즉, 종교적 경험에는 뇌의 주요 신경 전달계가 모두 참여한다.[48]

지브스는 정신에서 일어나는 모든 일에 상응하는 뇌의 부위가 있을 것으로 보는 것을 합리적인 추정으로 여긴다. 종교적 경험이 뉴런을 따라 이어지는 전자의 유동과 시냅스에서의 신경전달물질의 흐름에서 나타나는 관찰 가능한 변화를 수반하는 것은 이상한 일이 아니다. 그러나 지브스는 뇌 안에서 종교적 경험을 위한 국지적인 '신 감지 영역' 또는 '신 모듈'을 찾으려는 시도를 '틈새의 신' 접근법을 들여오는 시도로 간주한다.[49] 그는 전인적 관점에서 성서의 인간 이해는 뇌, 몸, 정신과 감정을 포괄하는 온전한 존재가 참된 영성을 가능하게 함을 강조하는 과학의 기술(記述)과 공명한다고 본다.[50]

---

47 Michael A. Persinger, "Religious and Mystical Experiences as Artifacts of Temporal Lobe Function: A General Hypothesis," *Perceptual and Motor Skills* 57 (1983): 1255-1262; idem, *Neuropsychological Bases of God Beliefs* (New York: Greenwood Press, 1987); Jeeves, *Minds, Brains, Souls and Gods*, 236-237.

48 Alexander A. Fingelkurts and Andrew A. Fingelkurts, "Is Our Brain Hardwired to Produce God, or Is Our Brain Hardwired to Perceive God? A Systematic Review on the Role of the Brain in Mediating Religious Experience," *Cognitive Precessing* 10 (2009): 301, 307; Jeeves, *Minds, Brains, Souls and Gods*, 139.

49 Jeeves, *Minds, Brains, Souls and Gods*, 138.

50 Ibid., 134.

실험심리학자 저스틴 바렛(Justin L. Barrett)은 인간과 조상 종들과 비인간 영장류 사이에 강한 생물학적, 인지적 연속성이 있다는 사실에 근거하여 종교적 사고가 진화의 산물로 간주될 수 있다고 본다. 인지과학 연구에 따르면 종교가 자체의 적응력 덕분에 살아남았다는 것이다. 즉, 종교적 사고와 실천은 더 협조적이고 친사회적인 공동체를 낳으며, 따라서 종교의 끈으로 묶여 있는 개인들이 더 협조적인 사회를 이룰 가능성이 크다는 것이다. 바렛은 종교적 사고를 '자연스러운 믿음'으로 설명하며, 이는 인지 메커니즘의 진화 결과라고 주장한다. 즉, 인간 두뇌가 초감지 대리 기제(HADD)를 포함한 다양한 모듈을 통해 초자연적 존재를 감지하도록 진화했으며, 이러한 기제가 종교적 믿음과 의식이 발전할 수 있는 토대를 제공했다는 것이다.[51] 지브스도 종교의 필요가 진화의 산물이라는 최근의 증거가 종교를 부정하는 설명으로 이해될 수 없음을 분명히 한다. 그러나 그는 종교의 심리학적, 진화론적 기원에 대한 통찰이 종교의 참과 거짓에 대한 판별을 가능하게 하지 못함을 강조한다. "심리학적 설명은 존재하지 않는 하나님을 불러낼 수도 없고, 역사 속에서 자신을 계시하신 하나님을 제거할 수도 없다."[52]

지브스는 우리의 삶의 영적 차원이 우리의 생물학적 구성 요소와 뇌의 인지적 과정 안에 체화(embodied)되어 있으면서, 동시에 사회적 맥락 안에 뿌리 박혀(embedded)있다고 말한다. 특히 그는 종교적 영성이 사회 문화적 맥락 안에서 형성됨을 강조한다. 종교적 경험과 믿음과 실천은 사회적 맥락, 즉 신앙 공동체 안에 뿌리를 내리고 있다. 그는

---

51 Justin L. Barrett, *Why would Anyone Believe in God?* (Lanham, MD: AltaMira Press, 2004).

52 Jeeves, *Minds, Brains, Souls and Gods*, 180.

말한다. "영적 경험은 어떤 형태의 신경 사건에 대한 우리의 해석을 인도하는 사회 문화적 변수라고 할 수 있다. 다시 말하면 뉴런이 우리의 종교를 창조하는 것이 아니라 반대로 우리의 종교가 우리의 뉴런 경험을 해석한다."[53] 지브스는 기독교 영성이 단지 뇌의 내적 속성이 아니라 기독교 공동체 안에 뿌리를 내리고 있음에 의해 생겨남을 강조한다.

X. 결론

지브스는 과학과 종교(신학)의 관계 그리고 인간의 육체와 정신의 관계에 대한 이해에 있어서 이원론과 환원주의를 모두 거부한다. 그는 뇌의 활동과 종교적 경험을 이원론적으로 분리하지 않고, 신경심리학의 연구가 종교적 경험과 연관된 특정한 뇌의 영역이나 활동 패턴이 있음을 보여줄 수 있다고 본다. 그러나 이 연구는 우리의 종교적 경험이 육체 안에 체화된 것임을 지시하는 것일 뿐, 그 경험이 외부의 어떤 실재와 연결되어 있는가에 관해서는 아무것도 말해줄 수 없다. 따라서 지브스는 종교적 경험이 뇌의 특정 부위의 활동에 불과하다는 환원주의도 거부한다. 다른 한편 그는 또한 영적 활동과 연관된 뇌 활동이 있다는 사실이 하나님의 존재를 입증할 수 있다는 주장도 거부한다. 물론 과학자는 개인적 삶에서 하나님의 존재를 믿을 수 있다. 그러나 과학자는 과학적 증거에 기초한 주장과 개인적인 신앙 또는 불신앙을 구별해야 한다.

지브스는 언어, 마음 이론, 사회적 관계, 도덕적 행동, 이타주의와

---

53 Jeeves and Brown, *Neuroscience, Psychology, and Religion*, 133-134.

같은 인간의 독특한 능력이 진화론적 기원을 갖는다는 진화심리학의 수용이 기독교의 창조신앙과 인간론을 결코 훼손하는 것이 아님을 강조한다. 그는 인간과 다른 동물 사이의 복잡미묘한 경계가 인간에 대한 종교적 관점을 훼손하지는 않는다고 본다. 왜냐하면 인간의 독특성은 신경생물학적 증거가 아니라 신학적 전제에 기초하기 때문이다. 진화심리학은 인간이 하나님의 형상으로서 하나님과의 인격적 관계로 부름을 받았다는 기독교 인간론에 관해 아무것도 말할 수 없다. 지브스는 인간의 기원을 진화론적으로 다 설명할 수 있다고 주장하는 진화심리학적 환원주의를 거부함과 동시에, 기독교인이 진화심리학의 연구 결과를 수용함으로써 창조자 하나님의 위대함과 창조의 경이로움에 대한 새로운 이해에 마음을 열어야 한다고 강조한다.

지브스에게 인간은 불멸하는 비물질적 영혼이 육체 또는 뇌에 갇혀 있는 이원론적 존재가 아니라 정신·육체적 통일체다. 그는 정신·육체적 통일체로서의 인간에 대한 이해에 있어서 성서와 신경심리학이 충돌하지 않는다고 믿는다. 인간은 물리 육체적 존재이지만, 인간의 존재와 행위는 단순히 물리적으로 환원될 수 없다. 지브스의 '이중 양상 일원론'에 따르면 정신적 측면과 육체적 측면은 '이원론'이 아닌 '이중성'을 나타내는 상호 의존의 관계에 있다. 우리의 정신적, 영적 삶은 몸(뇌)의 시스템 안에 체화되어 있으며, 동시에 사회와 문화 안에 뿌리박혀 있다. 정신은 몸과 뇌 전체의 역동적 시스템으로부터 창발한다. 그리고 이 창발된 정신은 뇌와 몸에 하향식 인과율을 발휘한다.

이와 같은 지브스의 인간 이해는 '창발적 정신론'이라고 명명할 수 있다. 실재는 물리, 화학, 생물, 심리, 정신, 영 등의 다층적 차원으로 구성된다. 이 다층적 차원들의 아래에서 위 차원으로의 창발적 전이와 더불어 자유의 가능성이 점차 증대된다. 그리고 심리적 차원에서 자유 선택을 위한 인간의 정신적 자아가 창발한다. 이 인간의 정신적 자아 차원에서 자기 인식 안에서의 자유로운 선택에 대한 책임과 윤리의 문제가 대두된다. 그리고 또한 이 정신적 자아의 차원에서 하나님과의 인격적 만남과 관계를 통한 영적 차원이 열린다. 여기에서 제기되는 물음은 이것이다. 그렇다면 이것은 실재의 스펙트럼의 맨 아래 차원, 즉 물리적 차원은 전적으로 결정론에 의해 지배된다는 것을 전제하는가?

지브스는 하나님이 모든 창조 세계를 매 순간 붙들고 계심을 강조한다. 영적 차원은 육체적으로 체화되고 또한 사회 문화적으로 뿌리박혀 있다. 그리고 우리가 관찰하고 연구할 수 있는 실재 전체가 매 순간 만물을 붙들고 계시는 창조자의 변함없는 신실한 사랑을 나타낸다.[54] 따라서 지브스는 '틈새의 신' 접근법을 거부한다. 하나님이 이미 만물을 붙들고 계시기 때문에 하나님이 영향력을 행사할 수 있는 틈새를 발견하기 위한 시도는 필요 없다는 것이다. 그는 뇌 안에서 '신 감지 영역'(퍼싱어에 따르면 측두엽)을 발견하려는 노력을 틈새를 발견하기 위한 시도의 하나로 간주한다.[55] 또한 하이젠베르크의 불확정성 영역에서 신적 행위의 가능성을 발견하고자 하는 것도 그러한 시도로 간주하는 듯하다.[56]

지브스는 뇌의 기능이 시계 장치처럼 기계적이라고 하더라도 우리의 선택은 고유의 비결정성을 갖는다고 주장한다. 즉, 그는 뇌에 대한 완전한

---

54 Ibid., 136.

55 Jeeves, *Minds, Brains, Souls and Gods*, 138, 140.

56 그러나 세계와 인간 안에서 하나님의 행동을 이해 가능한 방식으로 설명하기 위해 하이젠 베르크의 불확정성원리를 사용하는 것을 '틈새의 신' 접근법으로 단정하는 것에는 많은 학자들이 동의하지 않을 것이다.

기계론적 설명이 가능하다고 해도 그것이 우리의 자유를 제거할 수 없으며, 따라서 결정론과 자유의지가 양립 가능하다고 주장한다. 그는 어떻게 기계론적 뇌 기능과 인간 정신의 자유를 조화시킬 수 있는가에 대해서는 아무런 설명도 시도하지 않는다. 그러나 이와 같은 그의 견해는 '기계적 뇌'와 '선택하는 인간'의 이원화를 발생시키는 문제를 초래할 수 있다. 이러한 이원화는 뇌가 인간의 모든 의식적 결정 행위의 기초를 이룬다는 신경과학적 전제와 충돌한다. 만약 뇌의 결정이 전적으로 기계적이고, 그 기계적 결정을 초월하는 선택 주체가 별도로 있다면, 그것은 지브스 자신이 거부하는 실체론적 이원론 또는 이중 인과론과 크게 달라 보이지 않는다. 뇌의 기능이 기계적이라고 하더라도 우리는 자유의지를 가지고 있다는 내용의 글이 포함된 『과학의 과업과 기독교 신앙』(1969)을 쓸 당시의 지브스는 아직 창발 개념에 대한 충분한 이해가 없던 것으로 보인다. 그러나 2000년 이후의 저술에서 지브스는 뇌의 전체적 역동적 시스템으로부터 하향식 인과율을 지닌 정신이 어떻게 창발하는지 설명한다. 그럼에도 불구하고 뇌의 기계론적 결정성을 가정하는 그의 전제에 대해서는 여전히 의문이 제기될 수 있다.

하이젠베르크의 불확정성원리로 대표되는 양자역학의 존재론적 비결정성은 오늘날 과학자들의 광범위한 지지를 얻고 있다.[57] 뇌의 기계론적

---

57 존재론적 비결정론을 지지하는 물리학자들로서 크리스 이샴(Chris Isham), 폴 데이비스(Paul Davies), 이안 바버(Ian Barbour), 로버트 러셀(Robert Russell) 등을 들 수 있다. 로버트 러셀은 존재론적 비결정론에 관한 '코펜하겐 해석'을 따라 자연에 근본적인 우연성의 요소가 있다고 본다. 그러나 그는 무신론자의 주장과 달리(그리고 많은 기독교인의 오해와 달리) 자연 안의 우연성은 하나님의 부재와 목적 없는 세계를 함축하지 않고, 세계 안에 현존하시며 목적을 가지고 활동하시는 하나님을 함축한다고 주장한다. 그에 따르면 하나님은 양자 차원의 자연 과정이 선행하는 자연의 사건들에 의해 불충분하게 결정되도록 우주를 창조하셨다. 자연은 '자연적으로' 비결정적이다. 하나님은 비개입주

결정성보다는 미시적 차원의 비결정성을 전제하는 양자역학이 인간 정신의 자유와 인간 안에서 하나님의 행동 가능성을 더욱 이해 가능한 방식으로 열어준다고 할 수 있다. 비결정성은 신 모듈과 같이 단지 국지적 영역의 속성이 아니라 자연의 물리적 시스템과 인간의 뇌 전체의 본유적 속성이다. 비결정성의 영역에서 하나님의 행동은 결정론적 법칙을 깨뜨리고 개입하는 방식이 아니라 높은 확률과 함께 낮은 확률의 가능성을 현실화시키는 방식이 될 수 있다. 여기에서 하나님의 행동과 종교적 경험을 말하는 것은 틈새의 신을 끌어들이는 것을 의미하지 않는다. 왜냐하면 비결정성, 우연성, 개방성은 과학이 설명하지 못하는 틈새가 아니라 과학이 밝혀낸 자연의 본유적 속성이기 때문이다.

지브스는 과학의 독자성과 정당성을 인정하면서, 동시에 종교적(영적) 차원이 과학적(심리적) 차원을 초월한다고 주장한다. 그에게 이것은 동일한 사건에 대한 다양한 제한된 범주의 과학적 기술들이 틈새를 가지고 있다는 것이 아니다. 그 기술들은 과학적 차원에서 온전하게 정당화될 수 있다. 지브스의 주장은 이와 다른 차원이 있다는 것이다. 즉, 인간의 현상은 하나님과의 관계라는 관점에서도 기술되어야 한다는 것이다. 이러한 의미에서 종교적 차원과 과학적 차원은 구별된다. 그러나 동시에 지브스는 단지 초자연적이 아닌 자연적(과학적)으로 설명 가능한 자연적 사건들

의적으로, 즉 양자 물리 법칙을 위반하지 않고 그 법칙에 따라 행동하신다. 하나님은 양자 사건이 충분한 자연적 원인 없이 발생하는 우주를 창조하시고, 이 자연의 과정 안에서 자연적 원인과 함께 양자 사건이 발생하도록 하신다. Robert John Russell, "Divine Action and Quantum Mechanics: A Fresh Assessment," in *Quantum Mechanics: Scientific Perspectives on Divine Action*, eds. Robert John Russell, Philip Clayton, Kirk Wegter-McNelly, and John Polkinghorne (Notre Dame: University of Notre Dame Press, 2001), 295-296.

안에서 하나님의 창조적 활동이 지속적으로 이루어짐을 누차 강조한다. 물론 이것은 그의 과학적 결론이 아니라 신앙적 확신에 의한 것이다. 이와 같은 지브스의 입장은 신앙의 토대 위에 서서 신앙의 영역과는 구별되는 과학의 독자적 영역을 인정하고 가능한 한 자연과 인간 경험에 대한 과학적 설명을 추구하는 방법론적 자연주의(형이상학적 자연주의가 아닌)를 충실히 따르는 것이라고 할 수 있다.

마지막으로 지브스의 입장에 대해 다음과 같은 비판적 쟁점이 제기될 수 있다. 즉, 과학과 종교의 차원을 구별하면서도 동시에 두 차원이 하나의 사건 안에서 병존함을 주장하는 그의 접근은 '설명 이원론'으로 비판받을 수 있다. 동일한 현상에 대해 과학적 설명과 종교적 설명을 독립적으로 제시하면서 둘 사이의 구체적 연결고리를 충분히 설명하지 못한다면, 이는 단순 병렬적 설명이 되거나 설명의 일관성을 해칠 수 있다. 그는 하나님의 창조적 활동이 자연적으로 설명 가능한 사건들 안에서 일어난다고 주장한다. 그러나 만일 모든 사건이 자연주의적으로 설명 가능하다면, 그로부터 하나님의 활동이 어떻게 구별되고 인식 가능한가라는 문제가 발생한다. 이는 "하나님의 행위는 보이지 않으면서도 항상 일어난다"라는 식의 검증 불가능한 주장으로 받아들여질 수 있다. 여기서 과학적 설명과 신학적 설명은 상호작용보다는 영역 분리(Non-overlapping Magisteria, NOMA)에 가까운 것처럼 보이며, 따라서 과학과 신학 간의 상호적 대화나 연계 또는 통섭(consilience)의 가능성이 제한된다고 할 수 있다.

| 제4부 |

생명, 진화, 창조

10장
진화론, 우연성, 목적성

I. 서론

이 장은 과학의 진화론과 기독교의 창조론 사이의 대화를 위해 생명의 진화와 진화론에 대해 살펴보는 것을 목적으로 한다. 진화론을 수용하는 과학자들이나 가르치는 교사들을 유물론자나 무신론자와 동일시하는 시선이 더러 있다. 그러나 이것은 잘못된 편견이다. 과학 방법이 초월적 실재를 위한 자리를 만들지 않는 것은 사실이다. 그러나 과학자가 곧 유물론자나 무신론자인 것은 결코 아니다. 실제로 많은 과학자가 경건한 그리스도인이다. 하나님을 믿으면서 동시에 과학 이론인 진화론을 비판적으로 수용하는 것이 얼마든지 가능하다. 이를 위해서는 무엇보다 진화론에 대한 정확하고 올바른 이해가 선행되어야 한다.

따라서 이 장에서는 지구상에서의 생명 진화의 역사를 중심으로 진화론의 주요 내용을 살펴보고, 이를 중심으로 과학과 신학 간의 대화를 수행하고자 한다. 그리하여 필자는 진화 과정의 우연성 안에 나타나는 패턴과 방향성이 신적 인과성이나 목적성과 대립하는 개념이 아님을 논증하고자 한다. 그것은 과학의 범주 너머의 차원에서 오는 신적 인과성이나 목적성에 열려 있다. 무엇보다 인간의 인격적, 도덕적 자유는 결정론적 설계나 자연법칙이 아닌 우연성 안에서 적절하게 구현될 수 있다. 필자는 목적론적 창조신앙의 관점에서 우주의 비결정적 본성과 진화 과정의 우연성 안에 나타나는 패턴과 방향성의 이유가 결정론적 자연법칙 안에 닫혀 있지 않고 우연성에 열려 있는 우주적 정신 또는 창조자의 설계를 지시한다는 사실을 논증하고자 한다.

이 장의 목차는 다음과 같이 구성된다. 먼저 진화의 사실과 과학 이론으로서의 진화론을 살피고, 생명의 진화와 인간의 기원 그리고 다윈 이후의 진화론을 살핀다. 나아가 개체군적 진화와 돌연변이와 자연선택을 주제로 고찰한 뒤, 진화 과정의 우연성과 목적성을 논한 다음, 필자의 결론을 제시하고자 한다.

II. 진화의 사실

과학자들이 말하는 진화의 사실이란, 모든 유기체가 훨씬 더 단순한 형태로부터 그리고 시초에는 아마도 무생물로부터 자연적 원인에 의해 발전한 것을 의미한다. 진화의 사실은 진화의 경로 또는 계통발생(phylogenies), 즉 진화하는 생물 계통이 시간에 따라 실제로 거쳐온 과정을 포함한다.[1] 다윈이 진화의 사실을 처음 주장한 사람은 아니다. 그 이전에도

---

1 Michael Ruse, *Can a Darwinian Be a Christian?* (Cambridge: Cambridge University Press, 2001), 12-24; Michael Ruse, "Is there a limit to our knowledge of evolution?," *BioScience* 34, no. 2 (1984): 100-104 참고.

진화의 사실을 주장한 사람들은 있었다. 예를 들면 라마르크는 유기체가 생애 동안 획득한 특성이 후손에게 유전되기 때문에 유기체가 변화한다고 주장했다. 그러나 다윈은 처음으로 진화를 단순한 가설 이상으로 만든 사람이다. 그는 생물학 전반에 걸쳐 진화의 사실을 입증하는 증거를 수집하여 진화의 사실을 생물학적으로 설명했다.

마이클 루스(Michael Ruse)에 따르면 진화의 사실은 다음 다섯 가지 학문 분야에서 입증된다.[2] 1) 고생물학: 대략 점진적인 화석의 연속성이 존재하는데, 이 점진적인 화석의 연속성은 멸종된 형태에서 오늘날 우리 주변에서 보는 것들과 거의 차이가 없는 생물체의 잔해에 이르기까지 나타난다. 이것은 생물체의 진화적 발전을 보여준다. 2) 생물지리학: 동물과 식물은 지구상에 무작위로 흩어져 있지 않다. 예를 들어 갈라파고스 제도의 새와 파충류는 섬마다 비슷하면서도 다르고 또한 대륙의 종들과 유사하면서도 차이가 있다. 이것은 그 조상들이 대륙에서 건너와 섬들에서 다양하게 분화되었음을 보여준다. 3) 해부학: 전혀 다른 종에 속하는 생물들이 서로 형태가 유사한 뼈와 신체 부위를 가지고 있음에도 불구하고 그 기능은 완전히 다르다. 대표적인 예가 포유류의 앞다리이다. 인간의 팔은 물건을 잡는 데 사용되고, 말의 다리는 달리는 데, 물개의 지느러미는 수영하는 데, 박쥐의 날개는 나는 데, 두더지의 앞발은 땅을 파는 데 사용된다. 이러한 상동성(homology)은 진화의 사실을 보여준다. 4) 분류학 (계통학): 생물들은 하위 단계에서는 많은 그룹(종)이 존재하고, 상위 단계로 올라갈수록(종 → 속 → 문) 점점 더 포괄적인 그룹이 형성된다. 이러한 분류체계는 공통 조상을 반영한다. 5) 발생학: 성체의 형태가 매우 다른 생물

---

2 Ruse, *Can a Darwinian be a Christian?*, 12-18.

종들도 배아 단계에서는 동일하다. 이는 공통된 진화적 기원을 가리킨다.

진화의 경로는 화석에 잘 나타난다. 19세기 중반에 이르러 학자들은 화석 기록의 패턴을 해석해 냄으로써 지구 역사의 기본 개요를 밝혀냈다. 즉, 초기 해양생물(예: 삼엽충)에서 시작하여 척추동물, 어류, 양서류, 파충류 그리고 조류와 포유류로 이어지는 흐름이 파악되었다. 약 5억 5천만 년 전의 캄브리아기에서는 생명체의 대폭발이 일어났다. 이는 약 45억 년에 달하는 지구 역사 혹은 약 37억 년에 달하는 생명 역사에서 보면 아주 작은 부분에 불과하다.

진화의 경로에서 이른바 '잃어버린 고리'를 보여주는 화석들도 많이 발견되었다. 그중의 하나가 19세기 후반 발견된 시조새 화석이다. 시조새는 파충류와 새의 경계를 잇는 다리 역할을 하는 생물로서, 파충류의 뇌, 독립된 발가락과 꼬리, 이빨을 가지고 있었지만, 동시에 새의 비행 장치를 갖추고 있었다.[3] 또한 에오히푸스(Eohippus)의 발견은 말의 계통발생학을 위한 계시적 사건으로 간주된다. 에오히푸스는 다섯 개의 발가락을 가진 채 대초원을 달리던 작은 동물이었다. 이를 통해 오늘날의 단일 발굽을 가진 말이 과거 개 크기 정도의 생물로부터 진화했음을 추적할 수 있게 되었다.[4]

---

3 John Alan Feduccia, *The Origin and Evolution of Birds* (New Haven: CT: Yale University Press, 1996).

4 Henny Fairfield Osborn, *The Age of Mammals in Europe, Asia and North America* (New York, Macmillan, 1910).

III. 과학 이론으로서의 진화론

과학의 과제는 자연 세계의 특성들을 물리적으로 설명하는 것이다. 관찰에 근거한 설명으로서의 진화론은 자연 세계의 진화 과정을 설명하는 과학 이론이다. 테드 피터스(Ted Peters)와 마르티네스 휴렛(Martinez Hewlett)은 과학의 방법을 다음과 같이 설명한다.[5] 첫 단계는 자연 세계의 현상을 객관적으로 관찰하고 측정하여 자료를 모으는 것이다. 두 번째 단계는 그 관찰을 설명할 수 있는 가설을 세우는 것이다. 여기서 관찰은 반복 가능한 것이어야 한다. 세 번째 단계는 가설에 대한 실험 테스트를 하는 것이다. 과학 가설은 실험 테스트의 결과에 대한 예측을 제시할 수 있어야 한다. 충분한 테스트 이후에 가설이 성립되면, 네 번째 단계에서 과학은 이 가설 또는 설명 모델을 '이론'(theory)이라고 부른다. 그리고 장기적으로 충분한 테스트로써 이론의 타당성이 입증되면, '법칙'(law)이라고 불린다.

진화론은 과학 이론이다. 과학에서 이론은 사실을 조직화하는 방식으로서, 거듭 테스트 과정을 거친다. 좋은 이론은 아직 반증에 의해 거짓으로 드러나지 않은 이론이다. 다윈 이론은, 일부의 주장에도 불구하고, 과학계에서 아직 과학적 반증에 의해 논파되지 않은 이론이다. 과학에서 이론이란 자료와 실험의 형태 안에서 사실에 의해 지지되는 것이다. 다윈이 1859년 『종의 기원』을 출간한 이래 지난 160여 년 동안 물리학, 화학, 지구과학, 생물학과 같은 다양한 분야의 과학자들이 진화론 연구에 참여했으며

---

5 Ted Peters and Martinez Hewlett, *Can You Believe in God and Evolution?: A Guide for the Perplexed* (Nashville: Abingdon Press, 2008), 25.

많은 발전을 이루어 냈다. 그동안 진화론은 세계적으로 권위 있는 SCI급 저널에 발표된 수많은 논문을 통해 그 타당성이 검증되고 입증되었다.

몇 가지 예를 들면 우주의 나이는 우주의 팽창 속도를 역으로 계산하여 138억 년이라는 것이 정설이 되었다. 그리고 각 생물의 최초 출현 시기는 화석들에 대한 동위원소 측정이나 분자시계 방법으로 밝혀진다. 오늘날 전 세계에 '진화'라는 단어를 사용하는 저널명은 50여 개나 된다. 세계 최고의 권위를 자랑하는 SCI 저널인 「네이처」(*nature*)는 2017년부터 「자연 생태와 진화」[6]라는 제목의 자매 저널을 발행하고 있다.[7] 이 같은 과학계의 현황은 진화론이 전 세계 과학자들에 의해 사실로 인정되고 있음을 보여준다. 진화론이 과학 이론이 아니라고 주장하는 사람이 있다면, 그는 일반 평신도나 대중을 위한 강연에서 그렇게 주장하지 말고, 전 세계 과학자들에게 권위를 인정받는 SCI급 저널에 진화론을 뒤집을 수 있는 논문을 발표하고 그 타당성을 과학자들에게 검증받아야 할 것이다.

다윈의 진화론은 다른 과학 이론들과 구별되는 점이 있다. 그것은 진화가 매우 오랜 세월에 걸쳐 일어나며, 진화 과정이 우연적이라는 사실이다. 우리가 관찰하는 결과는 자연선택이 작용하는 조건에 크게 의존한다. 우리가 가진 진화의 자료는 본성상 역사적인 것이다. 역사는 실험실에서 쉽사리 반복될 수 없다. 그렇지만 진화를 지지하는 사실들은 헤아릴 수 없이 많다. 진화론은 화석 기록에서부터 모든 생명 체계를 구성하는 단백질 구조에 대한 분석에 이르는 광범위하고 다양한 유형의 증거 자료들에 의해 지지된다. 이 이론은 아직 그 어떤 관찰에 의해서도 무효화되지

---

6 *Nature Ecology & Evolution* accessed July 6, 2025, https//www.nature.com/nate-colevol/.

7 김익환, 『진화론과 창세기의 하모니』(서울: 창하, 2019), 16.

않았다.[8]

과학 이론은 절대적 진리가 아니다. 과학 이론은 실재의 근사치에 이르게 해주는 하나의 모델로서, 미래의 연구를 안내하고 새로운 지식으로 인도하는 개념적 틀을 제공한다. 과학 이론은 새로운 연구에 영감을 주며, 새로운 연구는 끊임없이 이 이론을 테스트한다. 과학적 과업은 반증 (falsification)의 과정을 요구한다. 즉, 모든 이론은 언제나 실험 테스트를 거쳐야 하며, 이로써 새로운 이론으로 대체될 수 있다. 과학은 이와 같은 변화에 열려 있다. 그러나 진화론은 그 자체가 진화 과정에 있으면서, 과학적 반증에 의해 결정적인 오류가 드러나거나 새로운 이론으로 대체된 적이 없으며, 전 세계 과학 공동체에 그 정당성을 인정받는 과학 이론으로서 객관적 보편성과 신뢰성을 갖는다.

IV. 생명의 진화

지구는 처음 생성되었을 때 불덩어리였다. 그러나 지구가 점차 식어가자, 약 38억 년 전에 생명이 생겨났다. 어떻게 비생명 물질에서 생명이 나타날 수 있었을까? 에른스트 마이어(Ernst Walter Mayr)는 모든 조건이 적당하게 조성되었을 때 38억 년 전에 우연히 생명이 생겨났다고 주장한다.[9] 무생물과 구별되는 생명체의 핵심적 특성은 자기 복제 능력, 즉 주변 환경으로부터 화학물질들을 모아 또 다른 자신을 만들어 내는 능력에

---

8 Peters and Hewlett, *Can You Believe in God and Evolution?*, 26-27.
9 에른스트 마이어/임지원 역, 『진화란 무엇인가』(서울: 사이언스북스, 2008), 101.

있다. 최초의 생명체는 원핵생물(박테리아나 고세균)이다. 지구에서 가장 오래된 37억 7천만 년 전의 미생물 화석이 캐나다 퀘벡에서 발견되었다. 이 화석은 열수구 근처 침전물로부터 만들어진 것으로 추정되는데, 이는 최초의 단세포 생물이 뜨거운 열수구 근처에서 생겼을 가능성을 시사한다.[10] 약 22억 년 전에는 단순한 구조의 원핵생물이 핵, 소포체, 미토콘드리아, 색소체 등의 구조를 갖춘 진핵생물(원생생물, 곰팡이)로 진화했으며, 이로 인해 다세포 생물이 출현하게 되었다. 그리고 이는 약 15억 년 전에 광합성 진핵생물(식물, 녹조류, 홍조류, 갈조류)의 등장을 가져왔다.

과학자들은 선캄브리아기 후기, 특히 원생대인 7억 6천만 년 전후로부터 초기의 다세포 동물(스펀지류, 해면동물)의 조상이 바다에 출현하기 시작한 것으로 본다. 지금까지 발견된 최초의 동물 화석은 선캄브리아기 말기(약 5억 5천만 년 전)의 것이다. 캄브리아기 초기(5억 4천3백만 년 전)에는 다세포 진핵생물이 번성했다.[11] 이 시기의 지층에서 발견된 화석 기록에 따르면 약 35개에 이르는 현존하는 골격을 가진 모든 동물의 문이 캄브리아 초기의 약 천만 년 동안에 폭발적으로 등장했다. 어떻게 이렇게 짧은 기간에 급격한 신체 구조의 변화가 일어날 수 있었을까? 마이어는 두 가지 대답을 소개한다. 첫째, 지구의 대기에 변화(산소 농도의 증대)가 생기거

---

10 M. S. Dodd et al., "Evidence for Early Life in Earth's Oldest Hydrothermal vent Precipitates," *Nature* 543 (2017): 60-64.

11 International Commission on Stratigraphy(ICS)에 따르면, 캄브리아기의 시작은 약 5억 3,880만 년 전(Treptichnus pedum의 최초 출현)이며, 종료는 약 4억 8,685만 년 전(conodont Iapetognathus fluctivagus의 출현)으로 정의된다. 국제 공식 지층 기준 (Global Stratotype Section and Point, GSSP)을 따름. 자세한 내용은 *International Chronostratigraphic Chart*, ICS, 2023판 참고. https://stratigraphy.org/ICSchart/ ChronostratChart2023-02.pdf.

나 바닷물의 화학 조성에 변화가 생겼기 때문일 수 있다. 둘째, 진화에 의해 포식 동물이 등장해서 그로부터 몸을 보호할 외골격을 만들어 내야 할 필요성이 대두했기 때문일 수 있다.[12] 최초의 물고기는 다양한 형태의 동물들이 출현한 약 5억 3천만 년 전의 캄브리아기에 생겨난 것으로 보인다.

바다에 출현했던 식물이 육상으로 진출함으로써 육상식물이 출현했다. 최초의 육상식물이 출현한 것은 약 6억 년 전으로 추정된다. 육상식물에 이어 육상동물도 바다에서 출현했던 절지동물이 육지로 진출함으로써 약 4억 5천만 년 전에 출현했다. 2006년 발견된 다리를 가진 물고기 화석 틱타알릭(Tiktaalik)은 7천7백만 년 전의 화석으로서, 물고기(지느러미)와 육상척추동물(척추, 공기 호흡) 사이의 연결고리 역할을 한다.[13]

생물학자들은 다양한 동물의 화석 연구와 분자생물학적 분석을 통해 양서류로부터 파충류, 파충류로부터 조류 그리고 조류로부터 포유류가 진화한 것으로 본다. 파충류의 한 종인 공룡은 약 2억 4천만 년 전인 중생대 트라이아스기에 처음 출현하여 쥐라기와 백악기에 번성하다가 백악기 말인 6천5백만 년 전 멸종했다. 중생대 말기에 살았던 시조새(Archaeopteryx) 화석은 새와 공룡의 중간 단계를 보여준다. 시조새는 새처럼 난생이고 깃털을 가졌으나, 뼈가 비어 있지 않고 가슴뼈가 발달하지 않아 새처럼 날지는 못했다.

---

12 마이어, 『진화란 무엇인가』, 131.

13 E. B. Daeschler et al., "A Devonian Tetrapod-like Fish and the Evolution of the Tetrapod Body Plan," *Nature* 440 (2006): 757-763.

V. 인간의 기원

과학의 유전적, 생물학적, 고고학적 증거는 포유류의 공통 조상으로로부터 약 5,500~8,500만 년 전에 갈라져 나온 영장류(Primates)에서 인간이 진화했음을 시사한다. 가장 오래된 초기 인간의 조상은 약 290~390만 년 전에 살았던 호미닌(hominin)종 오스트랄로피테쿠스(Australopithecus)로 알려져 있다. 이 호미닌종은 1974년 에티오피아에서 유명한 화석 '루시'가 발견되면서 알려졌다. 이 종이 다른 영장류와 구별되는 결정적 특징은 직립 이족 보행을 했다는 점이다. 당시 이들의 뇌 크기는 약 375~500cc로 현대인(1,200cc)보다 훨씬 작았다. 오스트랄로피테쿠스는 유인원과 인간의 해부학적 특징을 동시에 지님으로써 나무에 살던 조상으로부터 완전한 이족보행 호미닌으로의 이행에 대한 중요한 정보를 제공한다는 점에서 인류 진화의 결정적 연결고리로 평가받는다.

이후 인류의 진화는 우리가 속해 있는 사람 속(屬, Homo)[14]으로 이어진다. 사람 속은 약 250만 년 전에 오스트랄로피테쿠스로부터 갈라져 나왔다. 고고학자들은 호모 속 화석을 약 200만 년 전의 아프리카 주거지에서 발견했다. 호모 속으로 분류되는 최초의 종은 호모 하빌리스(Homo habilis)로, 약 240만 년 전에 출현한 초기 호모 속의 구성원으로 여겨진다. 호모 하빌리스는 초기 호미닌에 비해 뇌 크기가 더 크고 단순한 석기 도구를 사용한 것이 특징이다. 호모 하빌리스의 화석은 주로 동아프리카에서 발견되었으며, 원시적인 호미닌에서 발전된 호모 속 구성원으로의 진화

---

14 사람 속(Homo)에는 호모 하빌리스, 호모 에렉투스, 네안데르탈인, 데니소반인, 호모 사피엔스가 포함된다.

단계를 보여준다.

그리고 사람 속으로부터 인간의 직접 조상인 호모 에렉투스(Homo erectus)가 180만 년 전에 출현했다. 도구를 만들고 두 발로 걷는 호모 에렉투스는 아프리카에서 처음 나타났으며, 자바, 중국, 중동, 유럽으로 퍼져 나갔다. 아프리카 이외 지역에서의 호모 에렉투스 화석은 유럽(조지아, 180만 년 전), 아시아(중국 베이징, 인도네시아, 160만 년 전) 등에서 발견되었다. 호모 에렉투스의 긴 생존 기간에 뇌 용량은 점점 증가하여 우리 인간의 뇌와 거의 비슷하게 되었다.[15] 뇌의 크기는 평균 약 900~1,100cc로 인지 능력이 향상되었음을 보여준다. 호모 에렉투스는 손도끼와 절단기 같은 정교한 석기 도구와 함께 최초로 불을 사용했다. 이 종은 호모 사피엔스 (Homo sapiens)를 포함한 후대 호미닌의 직계 조상으로서 진화 사슬에서 중요한 연결고리로 여겨진다.[16]

현대 인류의 직접적인 조상 인간인 호모 사피엔스는 인간과 같은 사람 속(屬) 종(種)인 네안데르탈인(Neandertals), 데니소반인(Denisovans) 등으로부터 약 60만 년 전에 유전적으로 분기한 것으로 추측된다. 그리고 해부학적으로 완성된 호모 사피엔스는 약 30만 년 전 아프리카에 처음 출현한 것으로 알려져 있다.[17] 동아프리카에서는 약 19만 5천 년 전의

---

15 P. Thomas Schoenemann, "Hominid Brain Evolution," in *A Companion to Paleoanthropology*, ed. D. R. Begun (Chichester, UK: Wiley-Blackwell, 2013), 136-164 참고.

16 David Pilbeam, "The descent of Hominoids and Hominids," *Scientific American* 250, no. 3 (1984): 84-97; Milford Howell Wolpoff and Rachel Caspari, *Race and Human Evolution* (Boulder: Westview, 1997).

17 Carina M. Schlebusch et al., "Southern African Ancient Genomes Estimate Modern Human Divergence to 350,000 to 260,000 Years Ago," *Science* 358, no. 6363 (2017): 652-655; Daniel E. Lieberman, *The Story of the Human Body: Evolution, Health,*

호모 사피엔스 화석이 발견되었다. 동아프리카에서 호모 사피엔스가 등장한 시기와 비슷한 시기에 유럽과 서아시아에 존재했던 네안데르탈인의 화석이 이 지역들에서 발견되었다. 네안데르탈인은 체격이 컸기 때문에 뇌도 우리 뇌보다 10% 더 컸지만, 호모 사피엔스와 달리 새로운 기술을 발명하는 데 뛰어나지 못했다.[18] 이것이 네안데르탈인의 화석 기록이 약 3~4만 년 전에 갑자기 사라진 이유인지 모른다. 호모 사피엔스의 역사가 약 30만 년 전으로 거슬러 올라간다는 사실은 오늘날 화석과 유전체 분석 결과로 확인되며 또한 구석기 중기인 약 30~50만 년 전에 인간이 돌칼과 같은 정교한 도구를 사용했다는 고인류학의 연구 결과와 대체로 일치한다.

약 10만 년 전에는 현생 인류인 현대 호모 사피엔스(호모 사피엔스 사피엔스)가 아프리카 또는 중동 지방에서 나타났다. 호모 사피엔스와 가까운 친척인 네안데르탈인은 약 20만 년경에 나타나 약 3~4만 년 전까지 호모 사피엔스와 공존하다가 (어쩌면 호모 사피엔스에 의해) 멸종되었다. 네안데르탈인과 호모 사피엔스는 둘 다 아픈 자에 대한 공감, 죽은 자의 매장, 미래 삶에 대한 준비, 제의와 상징 사용과 같은 정신적 특성을 보여준다. 도구를 만들고 사냥했던 호모 에렉투스로부터 공감적인 예술가와 신 숭배자로서의 호모 사피엔스로의 전이는 매우 특별한 창발이라고 할 수 있다. 대럴 포크에 의하면, 고고학적 증거는 약 10만 년 전에 인간의

---

and Disease (New York: Pantheon, 2013), 47-51. 호모 사피엔스로 분류되는 가장 오래된 화석은 모로코의 Jebel Irhoud에서 발견된 약 30만 년 전의 화석이다. Ian Tattersall, *Masters of the Planet: The Search for Our Human Origins* (New York: Palgrave Macmillan, 2012), 109-113.

18 Ian Tattersall, *The Strange Case of the Rickey Cossack and Other Cautionary Tales from Human Evolution* (New York: Palgrave Macmillan, 2015).

진화에 극적인 변화가 있었음을 암시한다. 이 시기에 인류는 실재에 대한 인식을 묘사하는 데 상징을 사용하여 사고하는 능력을 획득했다. 언어는 대상을 상징적으로 표현하는 하나의 형식이다. 예술과 영적인 표현도 추상적(상징적)인 사고 형식을 요구한다. 포크는 상징적 인식이라는 특성으로 인해 인류가 세상을 혁명적으로 바꾸는 여정을 시작하게 되었다고 본다.[19]

화석 기록은 호모 사피엔스가 아프리카에서 출현한 이래 오랫동안 그곳에 머물렀다가 약 10만 년 전부터 아프리카 대륙 밖으로 진출하기 시작했음을 보여준다.[20] 이들 가운데 일부가 약 6만 년 전 유럽과 아시아 대륙으로 이주한 것으로 알려져 있다. 과학자들은 유전자 분석을 통해, 추적 가능한 조상이 비아프리카계인 모든 사람이 약 5만 년에서 7만 년 전에 아프리카를 떠난 천여 명 남짓한 집단의 후손임을 밝혀내었다.[21]

약 4만 5천 년경에는 현대 호모 사피엔스로부터 크로마뇽인이 나타나 1만 년 전까지 생존했다. 크로마뇽인은 프랑스 아키텐주 도르도뉴의 크로마뇽 동굴에서 맨 처음 발견된 후기 구석기시대의 화석인류로서 현생 인류의 직접적 조상이다. 중국 저우커우뎬(周口店)에서 발견된 산딩둥인(山頂洞人)과 일본 오키나와에서 발견된 미나토가와인도 화석 현생 인류라고 불린다. 이들은 동굴 벽화와 같은 예술적 표현력을 보여준다. 신경생물학

---

19 대럴 R. 포크, "인간의 기원," 윌리엄 T. 카바노프 · 제임스 K. A. 스미스 편/이용중 역, 『인간의 타락과 진화: 현대 과학과 기독교 신앙의 대화』(서울: 새물결플러스, 2019), 57.

20 Chris Stringer, *Lone Survivors: How We Came to Be the Only Humans on Earth* (New York: Times Books, 2012), 46.

21 Eugene E. Harris, *Ancestors in Our Genome: The New Science of Humsn Evolution* (New York: Oxford University Press, 2015) 참고.

의 관점에서 말하자면, 예술과 기술과 공감력을 지닌 호모 사피엔스의 출현은 더욱 커지고 복잡해진 뇌의 덕분이다. 복잡한 뇌의 네트워크로부터 정신과 의식이라고 하는 새롭고 독특한 속성이 창발되었다.[22]

VI. 다윈과 그 이후의 진화론

종의 점진적 변화, 즉 진화의 사실은 다윈 이전에 이미 화석 자료에 기초해 널리 받아들여져 있었다. 다윈의 역사적 업적은 종의 점진적 변화를 설명할 수 있는 과학적 메커니즘을 제시했다는 사실이다. 즉, 그는 『종의 기원』[23]에서 종들의 점진적 변화의 메커니즘으로서 '자연선택'(natural selection)이란 가설을 이에 대한 증거와 함께 제시했다. 그는 세계가 끊임없이 변화하고 진화한다는 사실을 입증함으로써 세계가 고정불변하는 존재의 계층구조[24]로 이루어져 있다는 당시의 기독교적 세계관에 혁명적 변화를 일으켰다.

다윈은 지구상의 모든 생명체가 한 생명으로부터 기원하였으며, 따라서 모든 생물이 공통 조상을 가진다는 공통 유래(common descent) 이론을 수립했다. 그는 공통 조상으로부터 점진적인 변형에 의해 지구의 모든 생명체가 생겨났으며, 이 변형에 의한 생명체의 계승과 발전이 자연선택

---

22 창발적 진화를 통한 현생 인류의 출현 과정에 대해서는 Ian Tattersall, *Becoming Human: Evolution and Human Uniqueness* (New York: Harcourt, 2002) 참고.

23 이 책의 정식 제목은 『자연선택에 의한 종의 기원에 관하여』(*On the Origin of Species by Means of Natural Selection*)이다.

24 존재의 계층구조는 위로부터 아래로, 인간-영장류-동물-식물-무생물로 이루어진다.

과정을 통해 일어났다고 주장했다. 그러나 그는 한 종이 자연적으로 선택한 특성이 어떻게 다음 세대로 유전되는지 정확하게 알지 못했다. 유전의 메커니즘은 후에 멘델의 유전학에 의해 밝혀졌다. 멘델의 유전자 연구와 진화론의 통합은 20세기 중반에 이루어졌다. 멘델 이후 DNA와 분자 차원에서 유전자의 기능을 발견함에 따라, 진화 과정을 세포와 분자 차원에서 이해하게 되었다. 한 개체군의 변이는 DNA 코드의 미세한 변화에서 비롯된다. 이 변화는 예측할 수 없는 방식으로, 즉 무작위로 발생한다. DNA가 어떻게 변하는지 안다고 해도 우리는 실제로 돌연변이나 변이 사건에서 무엇이 변할지 예측할 수 없다. 유전학과 자연선택 이론이 통합된 이론을 일반적으로 '신다윈주의'라고 부른다.

다윈을 따라 진화론자들은 지구의 모든 생명체를 약 38억 년 전에 출현했던 하나의 단 세포 생명체로부터 유래한 것으로 본다. 즉, 현존하는 모든 종이 공통 조상으로부터 유래했다. 지구상에 출현한 최초의 생명체는 박테리아나 세균과 같은 단순한 생명체로서, 정보를 담은 분자인 DNA를 가지고 스스로 복제했을 것이다. 무생물로부터 생명체가 발생한 과정에 적합한 가설은 아직 발견되지 않았다. 진화론자들의 주된 관심사는 어떻게 화학물질이 결합되어 생명체를 형성할 수 있는지가 아닌, 생명체가 시간의 흐름 속에서 어떻게 변화했는지에 있다.

종 내에서의 세대를 거듭하며 발생하는 유전자 빈도의 소규모 분화를 소진화라고 하고, 종의 경계를 넘어 새로운 종이 분화하는 것을 대진화라고 한다. 코로나바이러스가 백신에 대한 방어 체제를 갖추기 위해 계속 새로운 변이를 만들어 내는 것이 소진화의 좋은 예다. 진화론에 따르면, 매우 오랜 기간의 돌연변이로 인해 만들어진 새로운 유전 정보에 의해 새로운 종이 출현할 수 있다. 종 분화로 인해 두 개체군 사이의 생식적 격리가 일어나 더 이상 이종 교배가 불가능하게 되는 것이 대진화이다. 모든 종이 공통 조상으로부터 유래했다는 것은 진화 과정이 무수한 대진화 변이를 통한 종 분화의 반복을 통해 이루어져 왔음을 의미한다.

종 분화, 즉 생물 종이 달라지는 분화는 DNA에 변이가 생김으로써 발생한다. 침팬지와 인간의 유전자는 98.5~99.4%가 유사하다.[25] 이것은 약 1%의 유전자 차이가 종의 분화라는 커다란 차이를 만들어 낼 수 있음을 의미한다. 우연히 일어난 DNA의 변이들 가운데 배우자에게 선택될 확률이 높거나 환경에 더 잘 적응하는 변이들이 살아남아 변형된 혈통이 이어진다. 이것이 다윈이 말하는 자연선택이며, 종 분화를 일으키는 원인이다. 인간의 DNA 배열 전체를 해독해 내는 인간게놈 프로젝트에 의해 완성된 유전자 지도는 인간과 다른 척추동물이 공통 조상으로부터 진화했다는 가설을 뒷받침해 준다.

진화를 지지하는 분명한 증거는 오래된 지층에서 발견되는 멸종한 생물의 흔적, 즉 화석 기록에서 발견된다. 오랜 암석층에서는 오늘날 볼 수 있는 동물보다 더 단순한 동물들의 화석들이 발견된다. 고대 지층에서 현대 지층으로 이행하는 겹겹이 쌓인 많은 층에서 점진적으로 변화해 가는 동식물들의 화석이 발견된다. 최초 생명의 흔적을 보여주는 화석은 약 35억 년 전의 것이다. 그러나 특정 생물이 화석으로 보존되는 것 자체가 매우 희귀한 사건이다. 생물이 죽은 직후에 침적물이나 화산재에 파묻혀야만 화석이 될 수 있기 때문이다. 그러므로 실제 화석 기록은

---

25 D. E. Wildman et al., "Implications of Natural Selection in Shaping 99.4% Nonsynonymous DNA Identity between Humans and Chimpanzees: Enlarging Genus Homo," *Proceedings of the National Academy of Sciences* 100 (2003): 7181-7188.

불완전하고 불연속적이며, 따라서 진화의 모든 계통에 불가피한 단절 또는 공백이 존재하게 된다. 다행히 간혹 이를 메워주는 화석이 발견되기도 하는데, 시조새 화석은 조류가 파충류의 후손임을 보여주는 경우이다.

화석 기록 외에, 동물과 식물의 지리적 분포를 연구하는 생물지리학도 진화를 지지하는 증거를 제공한다. 예를 들면 아프리카와 남아메리카는 약 1억 년 전에는 곤드와나 대륙의 일부였으며, 약 8천만 년 전 분리되어 지리적으로 완전히 갈라졌다. 그 결과 두 대륙의 생물상은 각기 다른 진화 경로를 따르게 된다. 구체적으로 아프리카에서는 발달된 태반을 가진 코끼리, 하마, 기린, 영장류와 같은 유제류(Eutherians)가, 남아메리카 에서는 특이한 척추 구조를 가진 아르마딜로, 나무늘보, 개미핥기와 같은 빈치류(Xenarthrans)가 출현했다. 아프리카와 남아메리카의 동물상이 이 처럼 매우 다른 까닭은 서로 분리된 후 오랜 기간 각 대륙의 생물상이 다른 환경에서 제각기 진화 과정을 겪었기 때문이다. 오늘날 분자생물학의 발전은 유전자를 구성하는 분자들의 구조가 진화적 변화를 겪는다는 사실을 밝혀냈다. 분자생물학은 계통발생학적 관계에 대한 가장 중요한 정보의 원천으로 자리 잡게 되었다. 특히 대부분의 분자가 오랜 시간을 놓고 볼 때 비교적 규칙적인 속도로 변화를 겪는다는 사실에 근거한 분자시계는 (적당한 화석 기록이 존재하지 않는 경우에) 진화 계통의 지질학적 연대를 확인할 수 있는 길을 열어주었다. 예컨대 분자생물학자들은 분자시 계를 이용하여 인간과 침팬지가 서로 갈라져 나온 시점을 5~8백만 년 전으로 추산한다.[26]

---

26 Richard E. Lenski and John H. Miller, *Evolution: Making Sense of Life*, 2nd ed. (Greenwood Village, CO: Roberts and Company Publishers, 2015), 225-230.

VII. 개체군적 진화

마이어에 따르면 다윈의 진화론은 본질주의의 유형론적 사고가 아닌 개체군적 사고에 기초한다.[27] 본질주의는 피타고라스학파와 플라톤에 의해 세워진 세계관이다. 본질주의는 다양한 자연현상을 본질에 따라 각각의 유형으로 구별한다. 기독교 신앙도 이를 보여주는데, 모든 종은 처음부터 개별적으로 창조되었으며, 각 종의 개체들은 하나님이 창조한 최초의 한 쌍의 자손들이다. 따라서 각 유형의 본질은 항구적으로 불변한다. 반면 다윈은 생물의 모든 종을 고정된 유형이 아니라 무수한 가변적인 지역적 개체군으로 파악했다. 여기에서 개체군이란 최소 교배 단위로서, 국지적 장소에서 번식할 수 있는 한 종의 개체들로 이루어진 집단을 가리킨다. 종과 개체군은 본질주의적 유형이 아니다. 이들은 본질적으로 규정되는 것이 아니라 유전적으로 고유한 특성을 지닌 개체들로 이루어진 생물 개체군이다. 개체군의 구성원들은 저마다 모두 다르다.

마이어는 진화의 단위를 유전자가 아닌 개체군이라고 주장한다. 개체 수준에서 표현형은 변하지만, 유전자와 유전자형은 변하지 않는다. 진화가 실제로 일어나는 장소는 개체군이다. 즉, 진화란 한 세대가 다음 세대로 이어지는 과정에서 개체군 내 모든 구성원의 유전적 구성 변화를 의미한다. 마이어는 개체군적 사고와 개체군적 변이에 대해 다음과 같이 기술한다.

모든 유기체와 유기적 현상들은 고유의 특성으로 이루어져 있으며 오직 통계적 맥락에서만 집단적으로 기술될 수 있다. 개인 그리고 모든 종류의 생물

---

27 마이어, 『진화란 무엇인가』, 154-160, 171-177.

개체들은 개체군을 형성하며 우리는 이 개체군의 산술적 평균과 통계적 편차를 알아낼 수 있다. 그러나 여기서 평균은 단지 통계적으로 추상화된 개념일 뿐이고 현실성을 띠고 있는 것은 오직 개체군을 이루고 있는 개체들이다. … 유형론자들에게는 유형(idos)이 현실이고 변이는 환영이다. 그러나 개체군적 사고의 신봉자들에게는 유형(평균)은 추상적 개념이고 오직 변이만이 현실이다.[28]

다윈에게 생명의 세계는 불변의 본질이 아니라 가변적 개체군으로 이루어져 있다. 따라서 그의 진화론은 개체군의 변이성(variability)에 기초한 이론이다. 세대마다 유전적 변이가 만들어지는데, 많은 수의 자손 가운데 소수의 개체만 살아남아 다음 세대를 생산한다. 환경에 잘 적응할 수 있는 특징을 가진 개체들이 성공적으로 생존하고 번식할 확률이 높다. 적응 특징은 대체로 유전자에 의해 결정되므로, 이러한 개체들의 유전자형이 자연선택 과정에서 선호된다. 그 결과 환경 변화에 가장 잘 대처할 수 있는 유전자형을 가진 개체(표현형)가 계속 생존하므로, 전체 개체군에서 유전적 조성이 끊임없이 변화하게 된다. 마이어는 진화는 개체군 수준에서 일어나기 때문에 항상 점진적으로 일어난다고 주장한다.[29]

그러나 때때로 진화는 매우 급격한 변화에 의해 초래되는 것처럼 보인다. 화석 기록을 보면 새로운 종의 출현이 매우 즉각적으로 일어나는 것처럼 보인다. 그리고 우리는 자연에서 점진적 변화 대신 많은 불연속성을

---

28 Ernst Mayr, "Darwin and the Evolutionary Theory in Biology," in *Evolution and Anthropology: A Centennial Appraisal* (Washington, D.C.: Anthropological Society of America, 1959), 1-10; 마이어, 『진화란 무엇인가』, 173에서 재인용.
29 마이어, 『진화란 무엇인가』, 162-165, 180.

발견한다. 본질주의 진화론의 하나인 변환주의(transmutationism)에 따르면, 본질(유형)은 점차 진화할 수 없는 것이므로 돌연변이 또는 도약을 통해 단번에 새로운 유형이 생겨난다. 돌연변이로 갑자기 새로운 종류의 개체가 생겨나고 이 개체들과 그 자손이 새로운 종을 형성한다는 이론은 도약 진화론이라고 불린다. 그러나 다윈의 개체군적 사고를 따르는 마이어는 본질주의에 기초한 도약 진화론을 거부한다. 그는 개체군적 사고에 근거하여 진화가 점진적으로 일어난다고 주장한다. 화석 기록에 이러한 점진성이 완전하게 나타나지 않는 것은 화석의 불완전성과 불연속성, 즉 보존과 발굴의 우연적 속성 때문이라고 본다. 마이어는 한 개체군에 속하는 모든 개체가 동시에 동일한 돌연변이를 겪을 수는 없으며, 따라서 즉각적으로 새로운 종이 탄생하는 것은 불가능하다고 주장한다. 그는 돌연변이에 의해 탄생한 새로운 한 개체가 전체 종의 변환을 가져올 것이라는 추론에 동의하지 않는다. 더욱이 개체의 유전자형은 수백만 년 동안의 자연선택을 통해 섬세하게 조화를 이루고 균형 잡힌 시스템이기 때문에, 대부분의 돌연변이는 해롭거나 치명적인 결과를 가져온다. 따라서 유전자형 전체에 격변을 일으킬 만한 대규모 돌연변이에 의해 생육 가능한 개체가 탄생하기를 기대하기는 어렵다는 것이다.

대체로 신다윈주의 진영은 마이어와 마찬가지로 점진적 변화와 자연선택에 기초한 진화론을 지지한다. 이들은 돌연변이와 자연선택의 누적적 효과가 충분히 복잡한 구조와 새로운 종을 만들어 낼 수 있다고 주장하며, 단번에 새로운 유형이 출현한다는 주장은 유전학적으로 비현실적이라고 본다. 그러나 스티븐 굴드와 나일스 엘드레지는 화석 기록이 실제로는 점진적 변화가 아니라 불연속적인 종 출현을 보여준다고 주장하면서, '단속 평형 이론'(punctuated equilibrium)을 제안했다.[30] 이 이론은 진화가 오랜 시간 동안 안정적 상태(stasis)를 유지하다가, 지리적 고립 같은 조건 아래에서 비교적 짧은 시간 동안 빠르게 변화하여 새로운 종이 생긴다고 설명한다. 굴드는 마이어가 화석 기록의 불연속성을 보존 편향으로 해석한 것을 비판하며, 불연속성 자체가 진화 패턴일 수 있다고 주장한다.

오늘날 많은 진화생물학자는 마이어의 점진주의 모델과 굴드의 단속 평형 이론을 상호 보완적으로 본다. 즉, 대체로 진화는 점진적으로 일어나지만, 작은 격리 집단에서의 빠른 변화도 가능하다는 것이다. 다니엘 데닛(Daniel Dennett) 같은 철학자도 진화는 "점진적인 과정이지만, 그 속도는 환경적 조건에 따라 달라질 수 있다"고 주장하며 이 둘을 통합하려는 입장을 보여준다.[31]

VIII. 돌연변이와 자연선택

진화론을 구성하는 두 가지 핵심 개념은 돌연변이와 자연선택이다. 종의 변화는 유전자의 돌연변이가 여러 세대에 거쳐 점진적으로 초래하는 결과다. 돌연변이 중 대부분은 변이에 영향을 주지 못하며, 생존에 해로운 것도 많다. 그러나 일부는 숙주 개체의 생존과 번식의 효율성을 증진한다. 이 유익한 돌연변이가 종에 속한 다른 개체들보다 더 많은 후손을 얻게 해줌으로써 그 변이가 개체군 전반에 확산해서 지배적인 개체가 될 때

---

30 Niles Eldredge and Stephen Jay Gould, "Punctuated Equilibria: The Tempo and Mode of Evolution Reconsidered," *Paleobiology* 3, no. 2 (1977): 115-151.

31 Daniel Dennett, *Darwin's Dangerous Idea* (New York: Simon & Schuster, 1995), 271-278.

종의 변화가 발생한다. 이 과정은 다른 개체들과의 생존경쟁과 환경에서 살아남기 위한 생존 투쟁 안에서 전개된다. 이 과정의 결과가 바로 자연선택이다. 자연선택은 단지 한 개체가 홀로 벌이는 생존경쟁에 근거한 것만은 아니다. 한 개체는 공동체 전체의 생존과 유익을 위해 자신에게 해가 되는 활동을 할 수도 있다.

먼저 돌연변이에 관해 보다 자세히 살펴보자. 돌연변이는 유전자 풀에 변이성을 공급해 준다. 유전자의 돌연변이는 감수분열 시 복제 과정에서의 오류로 발생할 수도 있고,[32] 화학적 이유나 환경적 요인에 의해 발생할 수도 있다. 유전자들은 대개 현재 상태에서 가장 적절하게 작용할 수 있도록 진화되어 있기에, 돌연변이는 대부분 부정적인 영향을 초래한다. 그러나 집단 차원에 있어서 생명은 돌연변이를 통해 변화하는 환경에 적응해 나갈 수 있다. 집단 내에는 새로운 환경에 가장 적합한 돌연변이를 지닌 개체가 있게 마련이기 때문이다. 따라서 돌연변이는 생명의 연속성을 위해 필수적인 과정이다. 페니실린이 처음 발명되었을 때 이 약은 수많은 종류의 세균에 대해 놀라운 효과를 발휘했다. 그러나 유전자 돌연변이에 의해 내성을 획득한 변종 세균들이 생겨나고 이들이 점차 개체군 안에서 증가함에 따라, 마침내 페니실린에 대한 내성을 가진 종으로의 진화가 이루어진다. 이 같은 사례는 오늘날의 다양한 코로나바이러스 변이들의 출현에서도 찾아볼 수 있다.

모든 변화가 점진적으로(개체군적으로) 이루어지는 것은 아니다. 예외적으로 단번에 새로운 종이 탄생하는 염색체 현상도 있다. 물론 이러한 현상은 근연종인 품종 사이에서 염색체 수의 증감을 볼 수 있는 배수성

---

32 세포분열과 배우자 형성 과정에서 DNA 분자의 복제 과정에 오류가 발생할 수 있다.

(polyploidy) 식물과 단성생식을 하는 일부 하등동물 집단의 경우에 한정된다.[33] 어쨌든 급격한 진화의 가능성은 열려 있다. 또한 돌연변이에 의해 변이가 발생할 경우 새로운 종이 급격하게 탄생하기 위해 모든 개체가 동시에 동일한 돌연변이를 겪어야 하는 것은 아니다. 급격한 환경의 변화로 인해 개체군 내 기존의 모든 개체가 급격히 멸종하고 돌연변이를 겪은 소수의 개체만 살아남을 수도 있다. 이 경우 우리는 몇몇 개체 안에서의 돌연변이에 의해 급격하게 새로운 종이 출현했다고 말할 수 있다. 그렇다면 성공적인 돌연변이가 점진적으로 개체군에 통합되고 일정 기간 기존의 표현형과 공존하다가 점진적으로 원래의 유전자를 완전히 대체하는 것이 일반적이라 할지라도, 돌연변이에 의한 새로운 개체의 탄생이 (전체 종[개체군]의 변환을 가져오지 않아도) 전체 종의 다른 개체들과는 구별되는 새로운 종의 급작스러운 출현을 말하는 것이 가능하다.

마이어는 비록 새로운 유전자들은 모두 돌연변이에 의해 생성되지만, 자연적 개체군에서 실제로 자연선택의 대상이 되는 대부분의 표현형 변이는 '유전자 재조합'(recombination)을 통해 일어난다고 본다. 장기적으로 볼 때 개체군 내의 유전자의 빈도는 자연선택과 확률적 작용에 따라 결정되는 것이지, 돌연변이의 빈도에 따르는 것이 아니라는 것이다. 자연선택의 대상은 유전자나 유전자형이 아니라 유전자형과 환경의 상호작용 결과물인 표현형이다. 마이어는 돌연변이가 유전자 풀에 변이성을 공급해 주지만 자연선택의 재료를 제공하는 표현형의 변이는 감수분열 과정에서 일어나는 염색체 구조의 재조합에 의해 생겨난다고 말한다.[34]

---

33 마이어, 『진화란 무엇인가』, 164, 357-358.
34 앞의 책, 230.

유성생식에서 배우자(정자와 난자)를 형성하기 전에 두 번에 걸쳐서 일어나는 감수분열 과정에 의해 부모 유전자형의 완전히 새로운 재조합이 이루어진다. 그리고 부모로부터 받은 유전자형의 완전히 새로운 조합에 의해 만들어진 배우자(반수체)들은 모두 서로 다른 고유의 독특한 유전자형과 표현형을 갖게 된다. 양성을 가진 종의 개체군에서 유성생식은 가장 큰 변이의 원천이다. 변이는 감수분열 과정에서 유전자 재조합을 통해 발생하는데, 이 과정은 어떠한 결정론적 인과 법칙보다는 확률적 우연성에 지배받는다. 즉, 유전자 재조합은 부모 염색체의 유전자형에 의해 허용 가능한 범위 안에서 발생하는 우연적인 사건이다.

새로운 종의 출현은 언제나 국지적 개체군의 형태로 나타난다. 대개 좋은 서식지는 서로 단절되어 있어 개체군들도 서로 격리되어 있다. 자연선택이란 실제적으로 제거의 과정이다. 환경에 적응한 개체들은 살아남고, 적응하지 못한 개체들은 도태되어 유전자 풀에서 제거된다. 따라서 적응이란 생물의 어떤 특성이 자연의 선택을 받는 것이기에 철저히 수동적인 과정이라 할 수 있다.

IX. 진화 과정의 우연성과 목적성

진화론은 인류가 하나의 종으로 지금 여기에까지 이른 진화 과정을 자연선택 이론으로 설명한다. 그러나 자연선택이라는 하나의 이론만으로 진화 과정이 결코 다 설명되지는 않는다. 오늘날 생물학자들은 인류가 출현하기까지 우연성이 얼마나 큰 역할을 했는지 인식한다. 과학에서 '우연성'은 사건이나 결과가 자연법칙에 의해 미리 결정되는 것이 아니라 선행 조건이나 우연한 사건 발생에 따라 좌우된다는 것을 의미한다. 즉, 상황이 달랐다면 결과도 달라질 수 있음을 내포한다. 과학철학에서는 우연성이 필연성과 대비된다. 즉, 우연적인 것은 다르게 될 수도 있었던 반면, 필연적인 것은 그렇지 않다는 점에서 차이가 있다. 물리학에서는 우연성이 양자역학에서처럼 물리 법칙으로 엄격하게 결정되지 않고 초기 조건에 따라 달라지는 사건을 의미한다. 진화생물학에서 우연성이란 진화의 과정이 무작위 돌연변이나 환경 변화와 같은 사건들에 의해 형성되며, 그 세부적인 진행이 예측 불가능하다는 것을 의미한다.

다윈이 제안한 두 가지 기본 메커니즘, 즉 '돌연변이'와 '자연선택' 자체가 우연성의 요소를 내포한다. 먼저 돌연변이에 대해 말하자면, DNA가 복제될 때 전사(傳寫, transcription) 과정에서 각 인간 세대마다 약 100개의 변이 복제가 나타난다. DNA는 식물과 동물의 몸을 형성하는 단백질 구성을 위한 코드이기 때문에, 이 변이 복제는 종종 미세하게 다른 방식의 몸 형성을 위한 코드화를 초래한다. 이 돌연변이들은 무작위적이다. 그 가운데는 해로운 것도 있고 이로운 것도 있다. 따라서 생물학자들 간에는 진화에 방향이 없다는 견해가 널리 퍼져 있다.

이러한 돌연변이들 가운데 일부는 자연선택에 의해 선택된다. 이는 어떤 지적이거나 의도적인 행동의 형태에 의해서가 아니라, 일상적으로 작용하는 자연법칙에 따라 진행되기 때문에 '자연적'이다. 많은 돌연변이는 자연환경 속에서 생존에 실패함으로써 제거되고, 일부 돌연변이는 환경에 보다 잘 적응함으로써 살아남아 다음 세대로 전달된다. 우리 인간의 출현 역시 이러한 진화 과정을 따른다. 약 6천5백만 년 전 소행성의 지구 충돌로 공룡이 멸종함으로써 공룡의 시대가 막을 내렸고, 이후 포유류가 폭발적으로 증가하여 인간의 출현이 가능하게 되었다.[35]

이처럼 돌연변이와 자연선택의 과정에서 우연성의 역할이 매우 크다. 굴드는 진화 역사가 예측 불가능성과 우연성에 의해 전개되며, 따라서 얼마든지 매우 다른 방식으로 전개될 수도 있었다고 주장했다. 그는 버지스 세일의 화석이 생존에 실패한 유기체일 가능성이 크며, 따라서 이 화석은 인간이 진화의 결과로 출현하지 못했을 수도 있음을 보여준다고 주장했다.[36] 그는 생명을 진화의 예정된 정점에 인간이 꼭대기에 있는 나무로 보지 않았다. 그는 생명을 제멋대로 자라는 덤불로 보았다. 여기서 인간은 다른 많은 잔가지 중의 하나일 뿐이다. 모든 가지가 꼭 필요한 것이 아니라 DNA 복제 과정에서의 일련의 우연성과 복제 오류에 의해 생겨난 것이다. 진화의 방향은 존재하지 않는다.[37]

그러나 진화 과정은 전혀 다른 결과가 될 수도 있거나 그 무엇이라도 일어날 수 있다는 의미에서 무작위적인 것은 결코 아니다. 겉보기에 무작위적인 것으로 보이는 생물학적 복제와 돌연변이 과정은 엄격한 물리 법칙의 제약이 수반된다. 콘웨이 모리스는 버지스 세일 화석으로부터 굴드와 다른 결론을 도출했다. 특정 생명체가 생존에 실패하는 것은 환경에 충분히 적응하지 못한 결과라는 것이다. 이 환경은 물리 화학 법칙을 반영하며, 이러한 법칙들은 생존 가능한 생명체의 종류를 좁은 범위로 제한한다. 따라서 적응에 실패한 생명체의 멸종도, 지적 생명체의 출현도 단지 우연이 아니다. 물리 법칙, 물리적 환경의 특성 그리고 복제와 돌연변이에 수반되

---

35 포크, "인간의 기원," 62-63.

36 Steven Jay Gould, *Wonderful Life: The Burgess Shale and the Nature of History* (New York: W.W. Noron & Company, 1989), 289; *Rock of Ages* (New York: Ballantine Publishing Group, 1999).

37 그러나 후에 굴드는 진화의 전 과정이 철저히 우연성에 의한 것이라는 자신의 견해를 다소 수정했다.

는 물리적 제약으로 인해 탄소 기반 생명체가 출현할 수밖에 없었다는 것이다.

모리스에 따르면 원리적으로 생물학적 형태의 전망은 거의 무한하지만, 실제로 현실화가 가능한 길의 수는 매우 제약되어 있다.[38] 돌연변이가 일어나는 유기체의 경로를 한 곳에 수렴하도록 만드는 물리적 제약 때문에, 단백질 초공간(hyperspace)을 통과할 수 있는 길은 단지 일부일 뿐이다. 많은 길이 있을 수 있지만, 생명의 진화가 일어나는 곳이면 어디서나 반복될 가능성이 큰 다수의 해결책으로 수렴된다. 모리스에 의하면 지적 생명체의 가능성은 이미 우주의 기본 구조 안에 놓여 있다. 그러나 그는 생명체를 매우 희귀하거나 지구에서만 볼 수 있는 것으로 간주한다.[39]

워드는 이러한 모리스의 견해가 굴드의 견해 못지않게 야심 찬 추측을 보여준다고 평가한다. 워드에 의하면 인간은 원시 지구의 점액 물질에서 흘러나온 단순한 세포에서 수백만 년에 걸쳐 진화했다. 이 과정은 복제, 돌연변이, 환경에 대한 적응의 연속이자 많은 파괴, 충돌, 고통이 수반되었다. 또한 이 과정은 세포와 기능하는 유기체를 형성하기 위해 다양한 물리적 개체 간의 많은 협력과 조정이 필요했기 때문에, 단순의 투쟁과 갈등의 이야기만은 아니다. 한편 다른 모든 가능성을 고려해 볼 때 유기체 출현의 당위성은 거의 없어 보이지만, 다른 한편으로는 물리적 우주의 기본 구조 안에 내재한 자연적 발전처럼 보인다.[40] 과학은 이 모든 진화

---

38 Simon Conway Morris, *Life's Solution* (Cambridge: Cambridge University Press, 2003), 11.

39 Simon Conway Morris, "Does Biology Have an Eschatology?," in *The Far Future Universe*, ed. George Ellis (Philadelphia: Templeton Foundation Press, 2002), 159, 172.

40 Keith Ward, *The Big Questions in Science and Religion* (West Conshohocken, PA:

과정이 맹목적 우연성에 의해 일어났는지, 아니면 지적 설계자의 의도와 목적에 의해 일어났는지에 관해 답을 줄 수 없다. 과학이 할 수 있는 일은 지구 위에 고통이나 죽음이 있기 전에 인간을 창조했다는 전통적인 기독교 교리가 사실이 아님을 밝히는 것과 같은 일이며, 큰 질문에는 답을 할 수 없다.[41]

만일 진화 과정이 단순히 맹목적 우연성에 의해서만 진행된다면, 굴드의 말처럼 진화 과정의 시초로 돌아가 다시 진화 과정을 되풀이할 때 우리 인간과 똑같은 존재가 출현하게 될 가능성은 거의 없다고 할 수 있다. 따라서 인간 존재의 출현은 다시 되풀이될 수 없는 기적과 같은 것이다. 물론 굴드는 이 기적이 하나님의 섭리에 의한 것이라고는 생각하지 않는다. 단지 우연히 일어난 일일 뿐이라고 보는 그는 우연성을 목적성과 반대되는 개념으로 이해한다. 그러나 우연성은 목적성과 반드시 대립할 필요가 없다. 프랜시스 콜린스(Francis S. Collins)도 굴드처럼 오늘 우리의 우주가 (우연히) 존재할 가능성이 매우 희박하다고 말한다. "우주의 모든 물리적 상수가 복잡한 생물 형태를 유지할 수 있는 안정된 우주로 귀결되는 데 필요한 값들을 취할 확률은 거의 극미하다. 그런데 그것이 바로 우리가 관찰하는 매개변수들이다. 요컨대 우리의 우주는 존재할 가능성이 매우 희박하다."[42] 그러나 콜린스는 굴드와 달리 존재할 가능성이 매우 희박한 우리 우주가 하나님의 창조적 섭리에 의해 존재하게 되었다고 믿는다. 다시 말하면 하나님께서 복잡한 생물 형태를 유지할 수 있는 안정된 우주로 귀결되는 데 필요한 모든 물리적 상수의 값을 우주에 부여하심으로

Templeton Press, 2008), 67.

41 Ibid., 68.

42 Francis S. Collins, *The Language of God* (New York: Free Press, 2006), 74.

써 우리의 우주가 존재하게 되었다는 것이다.

진화 과정의 우연성은 목적성과 대립하는 것이 아니다. 우연성은 결정
론적 자연법칙이나 인과론적 필연성에 속하지 않는다는 의미이지 단지
목적이 없다는 것을 의미하지 않는다. 과학자가 관측, 관찰, 실험을 통해
인과관계를 확인할 수 없는 사건이나 현상은 모두 우연성에 귀속된다.
우연성은 목적에 대해서는 아는 바가 없다는 것, 즉 불가지론을 의미한다.
따라서 우연성은 무목적성과 동일시될 수 없다. 우연성은 단지 자연법칙의
예외 사항이 아니라 하나님이 창조하신 우주의 근본 속성이다. 하나님은
자연법칙과 우연성 안에서 세계의 과정을 종말론적 미래를 향해 이끌어
가신다.

X. 결론

오늘날 과학계는 진화의 사실을 화석 자료, 동식물의 지리적 분포,
유전자 분석 등의 수많은 증거에 의해 입증되는 명백한 사실로 받아들인다.
진화론은 진화의 사실을 과학적으로 설명하는 이론이다. 절대다수의 생물
학자들과 관련 분야의 과학자들은 진화론을 지구상의 다양한 생명체들이
발전하게 된 사실에 대한 신뢰할 만한 설명으로 받아들인다. 그럼에도
진화론에 치명적인 문제가 발견되어 폐기 직전이라는 과장되거나 근거
없는 주장을 퍼뜨리는 사람들이 여전히 없지 않다. 다윈 이래 과학자들은
지속적으로 진화론을 수정 보완하고 발전시켜 왔으며, 진화론 자체가
진화 과정 가운데 있다. 그리고 지금까지 발전된 진화론으로 여전히 설명하
지 못하는 부분들도 많이 있다. 수십억 년에 걸친 생명 진화의 메커니즘을

어떻게 불과 2백 년 전에 시작된 과학적 연구로 다 설명해 내기를 기대할 수 있겠는가? 그러나 진화론의 한계를 인정하는 것이 곧 진화론의 과학적 타당성을 부인하는 것은 아니다. 그리고 진화론자들이 모두 돌연변이와 자연선택만으로 진화의 모든 것을 설명할 수 있다고 생각하는 것도 아니다. 특히 기독교 신앙을 가진 과학자들은 결코 그 두 요소가 진화 과정을 설명하는 전부라고 생각하지 않는다. 그러나 진화가 두 요소로 충분히 설명되지 않는다는 사실이 과학 이론으로서 진화론의 타당성을 부정할 수 있는 근거가 되는 것은 아니다.

과학 이론은 절대적 진리가 아니다. 한 과학 이론의 타당성은 언제나 반증 또는 비판 가능성에 열려 있다. 이것이 과학의 본성이다. 그러나 반증 가능성에 열려 있다는 것이 곧 그 과학 이론의 타당성이 감소되거나 부정됨을 의미하지는 않는다. 한 과학 이론의 객관적 타당성은 관련 분야의 세계 과학 공동체의 동료 평가(peer review)에 의해 검증되고 인정됨으로써 확보된다. 이러한 동료 평가 방식의 검증을 거부하고 자신이 세운 이론의 타당성을 주장하는 사람은 학자가 아니다. 역사적 사례들은 권위 있는 전문 학술지나 학술대회가 아니라 대중과 언론을 통해 연구를 발표하고 선전하는 대중 선동가들이 결국 사기꾼으로 판명되었음을 보여준다. 만일 진화론이 폐기되어야 한다면, 공교육을 위한 현재 과학 교과서의 모든 관련 내용이 폐기되어야 할 것이다. 진화론은 그 자체가 진화 과정을 보여줌으로써 지구에서 생물의 역사와 오늘날 수없이 다양한 생물의 존재를 이해 가능한 방식으로 설명하는 이론으로서, 세계 과학 공동체가 인정하는 정상 과학 이론이다.

그러나 또한 이는 기독교인이 진화론을 무비판적으로 수용해야 함을 의미하지 않는다. 앞서 언급한 바와 같이 진화론은 자체가 진화 과정에 있으며 반증 또는 비판 가능성에 열려 있는 과학 이론이다. 오늘날에는 경쟁, 이기심, 생존에 대한 신다윈주의적 강조를 지나치게 일방적인 것으로 간주하는 생물학자들이 적지 않다. 브라이언 굿윈(Brian Goodwin)은 말한다. "우리는 경쟁적인 것만큼 협력적이며, 이기적인 것만큼 이타적이며, 파괴적이고 반복적인 것만큼 창조적이고 놀이적이다. 그리고 우리는… 창조적인 진화적 창발의 주체이다."[43] 진화 과정에는 경쟁과 파괴도 있지만, 복잡성, 질서, 지적 의식을 향한 창발적 자기 조직화의 성향도 있다. 더욱이 인간에게는 (하나님의 형상을 반영하는) 공감적 사랑과 이타적 자기희생과 같은 영적, 도덕적 본성이 있다. 이와 같은 성향과 본성은 하나님의 창조 기획의 종말론적 완성을 위한 (충분조건은 아니더라도) 필요조건이 될 수 있다.

진화론은 본유적으로 방법론적 자연주의에 기초하는 과학 이론으로서 한계를 갖는다. 진화론은 진화의 자연적 메커니즘은 설명할 수 있어도 진화의 방향과 목적에 대해서는 말할 수 없다. 그리고 진화의 방향과 목적과 괴리된 진화의 자연적 메커니즘에 대한 과학적 설명은 그 자체만으로는 결코 온전한 설명이 될 수 없다. 진화의 방향과 목적은 기독교의 창조신앙 안에서 제시될 수 있다. 따라서 과학과 신학은 상호 보완적인 관계 안에서 대화해야 할 필요성을 갖는다.

우주의 미세 조정과 진화 과정의 패턴과 방향성은 우주적 정신 또는 창조자의 설계를 암시한다. 그런데 이 설계는 결정론적 자연법칙 안에 닫혀 있지 않고 우연성에 열려 있는 설계다. 양자 차원의 불확정성으로부터

---

43 Brian Goodwin, *How the Leopard Changed Its Spots* (London: Weidenfeld and Nicolson, 1994), xiv.

유기체의 진화 과정(돌연변이와 자연선택)의 우연성 그리고 인간의 도덕적 자유에 이르기까지 우주는 우연성, 비결정성, 불확정성, 개방성을 본유적 특징으로 갖는다. 유물론적 과학자들은 '우연성'을 인과성과 대립하거나 목적성이 없는 무작위성을 의미하는 개념으로, 따라서 무신론적 함의를 지닌 개념으로 사용한다. 그러나 우연성은 단순히 초월적 인과성이나 목적성과 대립하는 개념이 아니다. 우연성이란 방법론적 자연주의를 따르는 과학 범주 안에서 인과적으로 설명할 수 없는 불가지성을 표현하는 개념이다. 이 우연성은 과학의 범주 너머의 차원에서 오는 초월적 인과성이나 목적성과 대립하지 않으며, 오히려 그것에 열려 있다. 만일 어떤 과학자가 그러한 가능성을 차단한다면, 방법론적 자연주의에 충실한 것이 아니라 형이상학적 자연주의나 환원론적 과학주의라는 철학에 사로잡혀 있음을 의미한다. 다시 말하면 우연성 개념으로 신적 인과성이나 목적성의 가능성을 차단하는 과학자는 과학적 판단을 하는 것이 아니라 유물론적인 철학적 판단을 하는 것이다.

우주의 불확정적 본성과 진화 과정의 우연성 안에 나타나는 패턴과 방향성은 초자연적 또는 신적 인과성이나 목적성을 지시한다. 양자물리학의 불확정성, 생물학의 우연성(돌연변이와 자연선택) 그리고 인간의 정신적 자유, 이 세 차원 사이에는 비결정성, 우연성, 미래 개방성이라는 공통된 존재론적 유비가 있다. 인간의 정신적 자유는 물리생물학적 사건이 완전히 결정되지 않고 다른 선택 가능성이 열려 있을 때만 가능하다. 기독교 신앙은 진화 과정의 우연성 안에서 발견되는 패턴과 방향성의 이유를 (결정론적 설계나 법칙이 아닌) 우연성 안에서 적절하게 실현될 수 있는 인간의 정신적 자유 안에서 그리고 궁극적으로 창조자 하나님의 설계에서 발견한다. 이것이 기독교의 인간 원리이며, 목적론적 창조신앙이다.

11장
자연선택과 하나님의 창조적 섭리

I. 서론

진화 현상은 의심할 수 없는 명백한 사실이다. 진화론은 진화라는 사실의 메커니즘을 설명하기 위한 과학 이론이다. 다윈의 진화론의 핵심은 자연선택이다. 이 이론에 따르면 생물체는 유전자 코드의 복제 과정에서 미세한 돌연변이를 일으키며, 수많은 복제 생물체가 여러 세대에 걸쳐 생존을 위해 다른 생물체와 경쟁하며 자연의 힘에 맞서 끊임없는 투쟁을 벌인다. 생명을 위한 이러한 투쟁으로 인해, 아무리 미세한 변이도 그 생물체에 유익이 된다면 그 생물체를 보존하는 경향이 있으며, 따라서 일반적으로 그 자손에게 유전된다.[1] 그리고 자연선택을 통해 유전된 변이가 오랜 세월 동안 누적됨으로써 종 분화가 일어난다. 다윈의 자연선택이 전제하는 일반적인 법칙은 "번식하고, 변이하고, 강한 것은 살고 약한

---

1 Charles Darwin, *The Origin of Species by Means of Natural Selection* (1st published 1859; Harmondsworth: Penguin, 1985), 115.

것은 죽는다"[2]라는 것이다.

진화 현상은 명백한 사실이지만, 진화 이론인 자연선택이 진화의 사실 전부를 다 올바로 설명할 수 있는 것은 아니다. 자연선택은 하나의 과학 이론으로서 과학적 타당성을 갖는다. 그러나 동시에 반증 가능성에 열려 있다. 진화 과정을 약자가 멸종되고 강자가 땅을 차지하는 무자비한 생존 투쟁에 의한 자연선택으로만 설명하는 것은 사실의 전부가 될 수 없다. 진화 과정의 메커니즘은 단지 무자비한 생존 투쟁이 아니라 협동과 이타주의의 중요성도 함께 보여준다. 무엇보다도 진화 과정을 무자비한 생존 투쟁으로만 설명하는 이론은 하나님의 창조적 섭리를 믿는 기독교 신앙과 조화되기 어렵다.

이 장에서는 다윈의 자연선택 이론을 중심으로 진화론을 살펴보고, 자연선택 이론이 생명 진화의 패턴 전부를 설명할 수는 없음을 지적할 것이다. 그리고 유물론적 진화론자인 리처드 도킨스와의 대화를 통해, 그의 '이기적 유전자' 개념과 '진화의 우연성(무작위성)' 개념의 문제점을 비판적으로 고찰할 것이다. 그러한 후에 "자연선택의 우연성과 기독교의 목적론적 세계관" 그리고 "세계 안에서 하나님의 창조적 섭리 행위"에 관해 논증할 것이다.

II. 자연선택 이론과 생명 진화의 패턴

다윈은 획득 형질의 유전을 완전히 부정한 적은 없지만, 진화의 메커니

---

2 Ibid., 263.

즘을 '자연선택' 개념에서 발견했다. 이 개념은 '적자생존'으로도 불린다. 다윈은 동식물 사육자들이 품종 개량을 위해 원하는 개체만 선택적으로 교배시키는 방식에서 유추하여, 자연에서도 유사한 선택이 일어난다고 주장했다. 그의 자연선택 개념은 인구의 증가는 필연적으로 가용 자원을 초과하게 되며, 그 결과 생존경쟁이 불가피하게 발생한다는 토머스 로버트 맬서스의 사상의 영향을 반영한다. 생존이 가능한 개체 수보다 더 많은 개체가 태어나는 한, 모든 경우에 생존경쟁이 발생할 수밖에 없다. 생존경쟁은 같은 종, 다른 종 개체들과의 또는 생존 환경과의 싸움으로 나타날 수 있다.[3]

생존경쟁과 더불어 모든 생명체의 보편적 특징인 자연적으로 발생하는 변이가 자연선택을 구성한다. 인간의 생존과 번식에 유리한 변이는 다음 세대로 전달될 가능성이 가장 크며, 반대로 해로운 변이는 선택 과정에서 제거된다. 다윈은 이러한 '유리한 변이의 보존과 해로운 변이의 제거 과정'을 자연선택이라고 불렀다.[4] 다윈은 생물체의 가장 근본적인 특징을 기능적 복잡성에서 찾았다. 즉, 생물체는 단순히 우연히 조합된 존재가 아니라 생존과 번식을 가능하게 하는 적응 기능을 갖는 유기체이다.『종의 기원』의 핵심 전제는 자연선택이 바로 이러한 적응 기능을 만들어 내는 힘이라는 것이다. 다윈은 자연선택이 작용할 새로운 변이가 정확히 어떻게 발생하는지는 알지 못했다. 그러나 변이가 생물체의 필요에 부합하도록 방향성을 가지고 발생하는 것은 아님을 단언했다. 이러한 의미에서 변이는 무작위적이며, 모든 것은 자연선택의 작용에 달려 있다. 모든 개체군에는

<hr>

3 Charles Darwin, *On the Origin of Species* (London: John Murray, 1869), 63.
4 Ibid., 80-81.

변이들이 발생하며, 이들의 생존경쟁에 의한 자연선택이 일어난다.

다윈은 변이가 다양한 형태와 크기로 나타나지만, 자연선택에서 중요한 변이는 반드시 작은 것이어야 한다고 보았다. 만약 너무 큰 돌연변이가 발생한다면, 그 개체는 기존 환경과 적응적으로 부조화를 이루게 되어 도태될 가능성이 크다. 따라서 진화는 점진적일 수밖에 없다. 급격한 도약은 있을 수 없다. 다윈은 자연선택을 개체 수준에서 이해했다. 즉, 진화는 종과 종 사이의 경쟁이 아닌 개체와 개체 사이의 경쟁에서 이루어진다. 이것은 적응이 집단(종)을 위한 것이 아니라 언제나 개체의 이익을 위한 것이라는 사실을 함축한다.

그러나 다윈은 변이가 왜 발생하는지 그리고 어떻게 한 세대에서 다음 세대로 유전되는지에 대해 거의 알지 못했다. 유전의 원리에 대한 비밀은 20세기 초반 멘델의 유전학에 의해 밝혀졌다. 멘델 이후 과학자들은 유리한 변이가 왜 단 한두 세대 만에 소멸되지 않는지 그리고 자연선택이 어떻게 장기적으로 의미 있는 변화를 초래하는지 이해할 수 있게 되었다. 그리하여 1940년경 다윈의 자연선택 이론과 멘델의 유전학을 결합한 '합성 진화 이론' 또는 '신다윈주의'가 탄생했다.

다윈주의자는 일반적으로 자연선택이란 가설만으로 모든 사실을 만족스럽게 설명할 수 있으며 하나님이란 가설은 필요 없다고 주장한다. 자연선택 이론에서 돌연변이는 발전의 방향을 지니지 않은 우연적 사건이다. 변이가 일어난 생물체 가운데 일부는 번식에 더 효율적이기에 다른 생물체 대부분을 도태시키는 끊임없는 생존 투쟁에서 살아남는 경향이 있으며, 이러한 돌연변이가 여러 세대에 걸쳐 일어나면 그 결과로 탄생한 생물체가 환경에 최적화된 생존자이자 번식자가 된다는 것이다. 따라서 자연선택 원리는 특정 진화 경로를 다른 경로보다 가능성이 더 큰 것으로 만들 수 없다. 자연선택 이론에서는 발전적인 돌연변이의 발생이나 그 변이에 호의적인 환경 혹은 생존 투쟁에서 더 복잡한 생물체가 선택될 것임을 보장하는 장치가 존재하지 않기 때문이다.

그럼에도 불구하고 진화 경로는 전반적으로 복잡성이 증대하는 방향으로 진전되어 왔다. 지구상의 생명 진화는 인간 원리라고 불리는 우주의 미세 조정과 유사한 패턴 또는 방향성을 가지고 전개되어 인간을 출현시켰다. 이 생명 진화의 패턴과 방향성은 어떻게 설명될 수 있는가? 진화 과정이 무작위적 변이의 누적을 통해 이루어진다면, 진화의 최종 결과가 반드시 인간이어야 할 이유가 없다. 진화 과정에 의해 지금의 인간과는 다른 종의 생명체가 출현했을 수도 있다. 그렇다면 인간으로의 진화는 우연인가? "나는 필연적 발전 법칙을 믿지 않는다"[5]라고 했던 다윈은 인간 또한 진화 과정의 일부라는 확신을 갖고 있었다.[6] 그는 진화 과정에 목적이 있다는 생각을 거부하는 한편, 자연선택이 진보하는 방향으로 나아간다고 말하기도 했다. "자연선택은 오직 각 존재의 이익을 위해서만 작동하기 때문에 모든 육체적, 정신적 속성은 완전성을 향해 진보하는 경향이 있다."[7]

아서 피콕은 진화적 변화에 복잡성 증대의 경향이 내재한다고 본다. 즉, 생물학적 진화 과정에서 전반적으로 복잡성이 증가하는 경향을 보여 왔다.[8] 이러한 경향의 원인은 무엇인가? 그것은 더 복잡한 생물체가 희소한

---

5 Darwin, *The Origin of Species by Means of Natural Selection*, 348.

6 그는 인간 종에 대한 생각을 『인간의 유래』(1871)에서 전개했다. Charles Darwin, *The Descent of Man*, eds. James Moore and Adrian Desmond (London: Penguin Books, 2004).

7 Ibid., 459.

8 Arthur Peacocke, *Theology for a Scientific Age* (London: SCM Press, 1993), 66-67.

자원을 차지하기 위한 경쟁에 더 유리하므로 복잡성을 향한 돌연변이에 가중치가 부여되기 때문이라고 할 수 있다. 에너지(식량)를 얻고, 경쟁자를 물리치고, 자신을 복제하는 데 더 효율적인 개체가 선택된다. 이러한 효율성을 증가시키는 한, 복잡성이 선호된다. 따라서 먹이를 구하고 싸우고 번식하는 데 조금이라도 더 뛰어난 생물체가 자연스럽게 선택된다고 할 수 있다.

그러나 자연에서는 예기치 않은 우연적인 사건들(지질학적, 기상학적 변화, 화산 폭발, 운석의 충돌 등)이 종종 발생하기 때문에, 효율성을 증가시키는 요인들이 복잡성의 증대를 보장하는 것은 아니다. 경쟁 상황에서 더 효율적인 복제자가 점진적으로 발달하는 자연선택은 진화의 중요한 요소임이 분명하지만, 진화 과정에 대한 모든 설명이 될 수는 없다. 가장 효율적인 복제자는 초기에 더 복잡한 형태를 모두 죽이는 암세포와 같은 존재일 수도 있다. 따라서 자연선택의 원리는 모든 인과적, 환경적 조건이 맞으면 (적절한 환경에서 적절한 돌연변이가 발생하면) 더 복잡성과 조직을 갖춘 생물체가 선택될 가능성이 크다고 말할 수는 있지만, 특정 진화 경로를 더 가능성이 큰 것으로 만들 수는 없다.

다윈의 자연선택은 인간 존재의 출현을 확실하게 가능한 것으로 만들지 못한다. 돌연변이는 무작위적이며 어떤 방향으로 발전하는 경향을 지니고 있지 않다. 자연선택 이론은 더 복잡한 생물체가 살아남을 것이라고 말할 수 없다. 생존경쟁에서 누가 승자가 될지가 아니라 누가 살아남았는지만 말할 수 있는 이 이론에 따르면, 높은 생존 능력을 지닌 돌연변이가 실제로 살아남는다. 그러나 과연 살아남은 생명체의 특성을 단순히 생존 능력으로 다 설명할 수 있는가? 이를 생존 능력에만 국한해 설명하는 것은 마치 인간의 문화를 오로지 경제적 힘의 관점에서 해석하려 했던 마르크스의 유물론처럼 지나치게 단순화하는 것이다. 예술, 문학, 철학 등의 인간 문화가 단지 생존 가치로 환원될 수 없듯이, 지각을 지닌 복잡한 생명체가 지닌 모든 다양한 특성의 발달을 자연선택 이론만으로 설명하는 것은 지나치게 단선적이다.

자연선택은 특정한 환경 조건에서 제공되는 돌연변이에 대해서만 작동할 수 있다. 따라서 생명의 진화를 설명하는 데 자연선택의 원리보다 돌연변이의 과정과 생태계 변화의 성격이 더 중요한 요인이 될 수 있다. 엘드레지와 굴드의 단속 평형 이론에 따르면 점진적 진화가 일어나는 오랜 기간 사이에, 비교적 유전적으로 고립된 상태에서 가끔씩 도약에 의한 급격한 유전적 변화가 발생한다. 이러한 변화는 일단 발생한 후에는 자연선택의 대상이 되지만, 선택적 통제 이전에 발생한다.[9] 즉, 이러한 변화가 진화 과정에서 매우 중요한 역할을 한다는 것을 의미한다. 이는 자연선택 자체가 진화를 이해하는 데 필요한 부분이지만, 결코 진화에 대한 완전한 설명은 아님을 시사한다.

굴드는 점진적 진화와 단속 평형이 교차하는 진화 과정을 철저히 우연적 과정으로 이해한다. 그러나 자연선택 이론에는 의식 있는 복잡한 생명체가 돌연변이에 의해 출현하고 적대적인 환경에서 가장 잘 살아남을 가능성이 있음을 설명할 근거가 거의 없다. 그러므로 생명 진화의 패턴, 즉 진화가 단순성에서 복잡성으로, 무의식에서 의식으로, 가치를 파악할 수 없는 상태에서 가치를 창조하고 향유할 수 있는 상태로 전개되는 이유를 무작위적 우연성에서 찾기보다 목적론적 인과성이나 설계에서

---

9 Niles Eldredge and Stephen Jay Gould, "Punctuated Equilibria: An Alternative to Phyletic Gradualism," in *Models in Paleobiology*, ed. Thomas J. M. Schopf (San Francisco: Freeman, Cooper, 1972), 82-115.

발견하는 것이 훨씬 합리적이다.

III. 리처드 도킨스와의 대화 1: 이기적 유전자에 대하여

다윈의 자연선택 이론은 자연을 끊임없는 생존을 위한 투쟁에서 적자만
이 살아남는 냉혹한 전쟁터로 묘사한다. "자연의 전쟁으로부터, 기근과
죽음으로부터… 보다 더욱 고등한 동물의 출현이 곧바로 뒤따른다."[10]
자연을 잔인한 투쟁의 장으로 본 다윈의 관점이 맬서스에게서 영향받았
음은 잘 알려진 사실이다. 맬서스는 자신의 저서 『인구론』에서 인구의
자연적 증가는 기하급수적이지만 식량은 산술급수적으로밖에 증가하지
않기 때문에, 과잉인구로 인한 식량부족은 필연적이며 빈곤과 죄악이
많이 발생하는 것은 불가피하다고 주장했다. 다윈은 1836년에 『인구론』을
읽은 후에 진화의 기제가 적자생존, 즉 자연도태라는 것을 깨닫게 되었다고
한다.

자연에 숱한 고통과 투쟁이 있는 것이 사실이다. 죽음은 모든 생명체의
운명이며, 지구상에 나타났던 수많은 종이 멸종되었다. 모든 동물은 생존을
위해 다른 생명체를 파괴해야 한다. 그러나 자연의 삶을 강자는 살아남고
약자는 죽는 약육강식으로 단정하는 것은 적절치 않다. 전체적으로 볼
때 자연은 잘 조화되고 통합된 상호작용의 그물망이다. 다윈도 진화 과정이
아름다움, 조화, 복잡성을 무한히 증가시키는 방식으로 계속될 것이라고
말한 적이 있다. "나는 변화의 한도, 모든 유기체 간의 상호 적응의 아름다움

---

10 Darwin, *The Origin of Species by Means of Natural Selection*, 459.

과 무한한 복잡성에는 한계가 없다고 본다."[11]

리처드 도킨스는 인간은 "유전자라는 이기적인 분자를 보존하기 위해 맹목적으로 프로그램된 로봇, 즉 생존 기계"[12]에 불과하다고 주장했다. 그러나 유전자를 그렇게 이기적인 존재로만 볼 수는 없다. 물론 유전자는 성공적으로 복제되어야 하지만, 단순히 자신을 복제하기 위해서가 아니라 전체 몸을 만들기 위해 DNA는 존재한다. 그리고 어느 단계에 이르러 이 몸으로부터 의식을 지니고 가치를 창조하는 존재가 창발된다. 도킨스 자신도 몸을 만드는 것은 협력적 과업임을 인정한다. 모든 유전자가 다른 유전자를 제거하기 위해 경쟁하는 것은 아니다. 사실상 "선택은 타자와 협력적인 유전자를 선호해 왔다."[13] 그러나 그는 그러한 협력 자체가 유전자의 복제를 극대화하기 위한 것이라고 주장한다.

유전자는 같은 염기서열을 가진 다른 유전자와 협력하거나 이들이 모두 공존할 수 있는 몸을 협력적으로 구축함으로써 자신이 가진 염기서열을 가장 잘 복제할 수 있는 것이 사실이다. 그러나 각 유전자가 자신이 가진 것과 같은 모든 염기서열이 복제될 수 있도록 노력한다는 사실은 유전자가 이타적이라는 사실을 함축한다. 실제로 몸을 구성하는 표현형 (phenotypal) 차원에서 협력은 자기 생존에 관한 관심보다 훨씬 더 중요한 유전자의 특성이 된다. 유전자가 하는 일은 단순히 뉴클레오티드 서열을 정확하게 복제하는 것이 아니다. 유전자는 돌연변이를 일으켜 적어도 일부의 더 나은 복제 서열을 만들어 낸다. 따라서 유전자가 하는 일은 더 나은 서열, 즉 더 나은 생명체를 만들기 위한 코드가 포함된 서열을

---

11 Ibid., 153.

12 Richard Dawkins, *The Selfish Gene* (London: Granada Publishing, 1978), x.

13 Ibid., 50.

만들기 위해 협력하는 것이다. 각 유전자는 더 나은 버전을 생산하기 위해 다른 많은 유전자와 협력함으로써 자신의 개별적인 삶을 포기한다.

몸의 각 세포는 DNA의 코드에 의해 형성될 뿐만 아니라 전체 유기체 안의 위치에 따라 발달한다. 마치 전체의 성격이 부분의 성격과 기능을 결정하는 것처럼 보인다. 개별 세포의 발달은 전체 유기체의 필요와 밀접한 관련이 있거나 전체 유기체의 필요에 의해 결정되는 것처럼 보인다. 개별 세포의 발전은 전체 유기체에 의존한다. 이것은 전체 유기체가 개별 세포의 행동에 하향식 영향력을 행사함을 의미한다. DNA는 유기체 안에서만 잠재력을 발휘하는, 조화롭게 통합된 세포 통일체의 발달로 변환되도록 코딩되어 있다.

도킨스는 DNA 염기서열로서 유전자의 생존이 살아있는 유기체의 '효용 기능'(utility function)이라고 주장한다. "극대화되는 것이 DNA의 생존이라는 사실을 받아들이면 모든 것이 이해가 된다."[14] 그러나 유전자의 생존은 진화에서 극대화되지 않는다. 진화 과정은 유전자 물질의 돌연변이에 의해, 즉 유전자가 더 나은 유전자로 대체됨에 의해 진행된다. 지속되는 것은 DNA 염기서열이 지닌 코드화된 정보이지 물질 자체가 아니다. 그리고 DNA 코드는 점진적으로 재배열되어 더 복잡한 신체를 구성하는 더 정교한 프로그램을 형성한다.

도킨스에게 중요한 것은 유기체의 몸이 아니라 수단과 방법을 가리지 않고 자신의 생존을 추구하는 이기적인 유전자다. 그는 인간이 뇌에 목적을 가지고 있다는 생각은 착각이며 생존을 위한 이기적 투쟁만이 있을 뿐이라

---

14 Richard Dawkins, *River out of Eden* (London: Weidenfeld & Nicholson, 1955), 106.

고 주장한다. 물론 무의식적 차원의 DNA 분자에서 어떤 목적을 발견할 수 있다고 생각하는 것은 무리일 것이다. 목적은 의식의 차원에서 발견될 수 있다. 그러나 분명한 사실은 인간은 몸으로부터 창발된 의식과 함께 목적을 지니고 있다는 사실이다. 자연은 단지 이기적 유전자에 의한 무자비한 생존경쟁의 장이 아니라 조화로운 복잡성을 향해 끊임없이 진화해 가는 창발적 전체성이다. 생명체 안에는 생존을 위한 경쟁과 투쟁이란 메커니즘만이 아니라 더욱 고차원적인 생명체로 진화하기 위한 협동과 자기희생의 메커니즘도 (가장 낮은 차원의 생명체에서부터) 작동한다. 맹목적인 생존 본능만이 아니라 진선미의 가치를 실현하기 위한 노력도 진화를 이끄는 원동력이다.

진화 과정의 복잡성 증대의 경향은 마침내 자기의식, 이성, 자유의지를 지닌 인간의 창발을 가져왔다. 이를 지니지 않은 다른 동물들과 달리, 인간은 자신의 판단과 행동에 대한 도덕적 책임을 져야 한다. 죄란 무엇인가? 죄란 이기적 욕망과 의지의 굴레에 갇혀 다른 생명체들과 조화로운 관계의 그물망을 파괴하는 것을 말한다. 이것은 바로 모든 생명체의 조화로운 관계 그물망의 종말론적 완성을 향해 진화 과정을 인도하는 하나님의 의도와 목적을 거스르는 불순종의 죄다. 이 죄는 최초의 인간(호모 사피엔스)이 지상에 출현한 이후 세상에 들어왔으며 인간의 역사와 더불어 더욱 심화되었다.[15]

인간의 차원에 있어서 다윈의 '생존 투쟁'이나 도킨스의 '이기적 유전

---

15 그러나 인간의 죄가 세상에 죽음을 들여온 것은 아니다. 인간의 출현 이전에 이미 모든 생명체에게 죽음이란 유한한 피조물의 보편적 운명이었다. 인간의 죄가 초래한 것은 육체적 죽음이 아니라 하나님과의 관계의 단절로서의 영적 죽음이라고 할 수 있다. 그리고 죄는 죽음에 대한 두려움과 공포를 가져왔다.

자' 같은 개념들은 인간을 동물 차원으로 격하시키는 표현이거나 이기적 욕망과 의지의 굴레에 갇혀 다른 생명체와의 조화로운 공생 관계의 그물망을 파괴하는 타락한 인간에 대한 표현일 수 있다. 그러나 이러한 개념들만으로는 인간 사회의 보편적 도덕 질서, 진선미의 가치를 실현하기 위한 노력 그리고 생물학적 친족 관계를 넘어서는 인간의 이타적 사랑을 설명하기 어렵다. 인간의 도덕적 양심과 종교적 가치관은 생존 투쟁에서 경쟁자를 제거하고자 하는 욕구를 억제하며 나아가서 원수까지도 용서할 수 있게 한다. 인간의 모든 본성과 행위를 이기적 유전자의 차원으로 해소하는 도킨스의 유물론적 환원주의는 인간의 도덕적 양심과 종교적 가치관을 올바로 설명할 수 없다.

IV. 리처드 도킨스와의 대화 2: 진화의 우연성(무작위성)에 관하여

생명체의 출현과 진화 과정에 대한 오늘날의 생물학적 설명은 다음과 같이 요약될 수 있다. 단순한 하위 원자·원소들이 모여 비교적 안정적인 분자 복합체가 형성되면, 이 복합체 중 일부가 엄청나게 복잡한 핵산 서열, 즉 DNA의 이중 나선구조를 형성하여 스스로 복제하기 시작한다. 4개의 뉴클레오티드의 긴 사슬로 이루어진 DNA의 기능은 고유한 물리적 속성을 지닌 생명체를 만들어 내는 것이다. DNA의 뉴클레오티드 서열은 배아 발달, 신체 형태 및 행동 패턴의 구성을 위한 고유한 구성 코드를 형성한다. 생명체의 진화에 있어 DNA의 기능이 매우 중요하다. DNA의 구성 요소에 발생하는 돌연변이에 의해 생명체에 진화가 일어난다. DNA

염기서열의 돌연변이는 관련 물리적 속성에 변화를 일으킨다. 이러한 변화가 복제 과정에서 계속 일어나 누적됨으로써 복잡한 감각 기관과 같은 것들이 발달하게 된다.

생명체의 진화에서 결정적으로 중요한 것은 화학 원소의 복잡한 조합으로부터 자기 복제적 분자들이 형성되는 것이다. 즉, 스스로 복제본을 만들어 내는 놀라운 속성을 지닌 복잡한 분자 사슬이 형성되는 것이다. 분자의 뒤섞임과 재결합에 대한 순수한 물리학적 설명으로는 복제 생명체가 출현할 가능성이 거의 없다. 도킨스는 자기 복제적 생명체의 존재 가능성이 극히 희박하지만, 충분한 시간이 주어지면 가능성이 매우 낮은 일도 발생할 수 있다고 주장한다. 심지어 그는 "무한한 시간이 주어지면 모든 것이 가능하다"[16]라고 주장한다. 그러나 워드는 충분한 시간이 주어지면 일어날 수 있는 모든 일이 일어날 것이라는 도킨스의 주장이 '우주적 무차별성(promiscuity)의 오류'를 보여준다고 지적한다.[17] 워드에 따르면 하나의 가능한 상태조차도 반드시 존재해야 할 이유는 없다. 가능한 상태가 n개라면, 그 상태들이 모두 차례로 또는 언젠가는 반드시 존재해야 할 이유가 없다. 오히려 상태가 '루프'에 빠져 일부 상태가 반복적으로 실현되는 반면, 대부분의 다른 가능성은 끝내 현실화되지 않을 수 있다. 더욱이 일부 가능한 상태는 다른 많은 가능한 상태의 실현을 배제할 수 있기 때문에, 모든 가능한 상태가 존재한다는 것은 논리적으로 불가능하다.

도킨스는 자기 복제적 이중 나선의 대칭으로 묶인 원소들의 조합으로부터 생식, 운동 그리고 의식이 가능한 존재의 형태가 출현하는 과정에서

---

16 Richard Dawkins, *The Blind Watchmaker* (Harmondsworth: Penguin, 1991), 139; *The Selfish Gene*, 16.

17 Keith Ward, *God, Chance & Necessity* (Oxford: Oneworld, 2009), 117.

일어나는 모든 돌연변이가 복제의 실수이며, 그 과정은 목표나 진보 없이 분자를 맹목적으로 재가공하는 것이라고 주장한다. 그에 따르면 돌연변이는 무작위적이다. 즉, 돌연변이는 신체의 향상을 향한 성향을 지니고 있지 않다. 돌연변이는 대부분 중립적이거나 해로우며, 일부 돌연변이가 더 안정적이거나 복잡한 생명체를 만들어 내는 것은 우연이다. 모든 진보는 자연선택의 누적 효과에서 비롯된다.[18] 다시 말하면 진보란 일부 돌연변이로 인해 복제자 향상이 더 효율적으로 되어 가장 잘 살아남는다는 것을 의미한다. 돌연변이 과정 자체에서 어떤 향상으로 이어지는 것은 없다. 도킨스에 따르면 돌연변이를 무작위적이지 않은 방향으로 유도할 수 있는 메커니즘은 알려지지 않았다. 유리한 방향으로 진화를 이끄는 것은 오직 선택뿐이다.[19]

그러나 도킨스의 주장처럼 돌연변이가 단순히 무작위적이며 자연선택만이 유기체의 진보를 설명할 수 있는 유일한 요소인 것은 아니다. 돌연변이가 무작위적이란 것은 아무 이유 없이 일어나는 것을 의미하지 않는다. 즉, 여기서 무작위적이란 단지 혼란스러운 변화를 의미하지 않는다. DNA 구성 요소의 재조합 과정에서 돌연변이는 X-선, 방사성 물질 및 다양한 화학물질 등에 의해 발생한다. 돌연변이는 또한 배아에서의 위치, 다른 재조합 요소들과의 관계 등 환경적 요인에 의해 영향을 받는다. 돌연변이가 무작위적이라는 것은 유전적 변화를 일으키는 결정적인 원인을 특정할 수 없다는 의미에서이다.

---

18 도킨스는 자연선택은 더 효율적으로 복제하는 유기체가 더 많이 살아남는다는 단순한 진리를 반복적으로 적용함으로써 작동하기 때문에, "자연선택은 무작위와는 정반대"라고 주장한다. Dawkins, *The Blind Watchmaker*, 41.

19 Ibid., 312.

그러므로 DNA 돌연변이의 무작위성은 결코 아무 변이나 일어날 수 있다는 것을 의미하지 않는다. 이 무작위성은 여러 가지 환경적인 요인의 영향을 반영한다. 또 자연선택도 단순히 우연적인 것이 아니다. 환경에 잘 적응하는 개체가 더 높은 번식률을 갖게 되는 것은 결코 우연적인 사건만은 아니다. 따라서 돌연변이에 의한 유전적 변화는 예측이 완전히 불가능하다는 의미에서 무작위적인 것은 아니다. 이 변화는 (양자 세계와 마찬가지로) 확률적이다. 즉, 가능한 변화의 성격과 변화의 최종 결과는 확률적으로 예측될 수 있다. 유전적 변화는 모든 변화가 적응적인 것은 아니라는 점에서 무작위적이다. 그러나 돌연변이의 전반적인 과정은 전체 인과적 환경에서 볼 때 적응적이라고 할 수 있다. 무작위성이라는 개념은 전체 인과적 환경과 분리된 상태에서 손쉽게 사용할 수 있는 개념이다.

돌연변이에 의한 유전적 변화가 전부 또는 대부분 향상의 경향을 보이는 것은 아니다. 그렇지만 일부 변화가 복제 효율의 향상을 가져오는 것은 분명하며, 시간이 지남에 따라 널리 퍼지게 된다. 분명한 사실은 유전적 변화가 실제로 지속적인 신체적 향상을 가져왔다는 것이다. 유전적 변화가 지속적인 신체적 향상을 가져오기 위해서는 유기체의 초기 상태뿐만 아니라 돌연변이에 영향을 주는 물리적 환경 전체가 적절하게 조율되어야 한다. 전체 유전적 변화의 과정이 호의적인 물리적 환경에서 신체의 향상을 향한 방향으로 설정되기 위해서는 무한한 지능과 힘이 요청된다.

기독교 신앙은 이 무한한 지능과 힘을 지닌 존재가 하나님이라고 믿는다. 어떤 과정에 더 높은 확률을 부여하는 가설을 선택하는 것이 합리적이라면, 하나님 가설을 선택하는 것이 바로 그렇다. 기독교 신앙은 지속적인 신체적 향상의 경향과 사실이 무한한 지능과 힘을 지닌 하나님의 정신적 또는 영적 영향력에 의해 가장 잘 설명될 수 있다고 믿는다. 다시 말하면 기독교 신앙은 하나님이 기본 법칙과 원소를 설계하고, 유기체의 초기 상태와 물리적 환경 전체를 적절하게 조율하고, 복제 사슬을 만드는 분자 조합을 선택하고 보존함으로써 자기 복제 생명체의 생성을 가져오실 수 있다고 믿는다.

V. 자연선택의 우연성과 기독교의 목적론적 세계관

생명이 시작된 이후 생물체 진화의 역사 속에서 진보가 일어난 것은 사실이다. 원핵생물(세균)에서 단세포 진핵생물로 또 종자식물과 고등동물로 그리고 포유류에서 영장류, 유인원, 호미니드로 이어지는 과정의 맨 끝에 인간이 출현했다. 진보란 무엇인가? 에른스트 마이너는 진보를 경험적 의미로 규정한다. 즉, "이전보다 더 낫고, 더 효율적이며, 더욱 성공적인 무언가를 성취하는 것"을 진보로 본다. 그는 "생물이 신체 기관들 사이의 분화가 더 많이 이루어졌으며 환경 자원을 더 잘 이용하고 다양한 상황에 더 잘 적응할 수 있는 상태를 더 진보된 상태"라고 정의한다.[20] 즉, 자연선택의 결과물인 성공적인 적응성이 진보의 척도로 간주된다. 그러나 마이어는 많은 동식물의 계통이 복잡한 상태에서 단순한 상태로 진화해 왔으며, 점점 복잡해지는 경향과 더불어 점점 단순해지는 경향 역시 어디서든지 찾아볼 수 있다고 주장한다(기생충 등). 이를 통해 그는 모든 생명이 점점 더 복잡해지려는 내재적 경향을 지녔다고 가정하는 이론이 반박되었다고 주장한다.[21] 그러나 복잡성으로의 진보와 단순성으로의 퇴보의 양면성을

---

20 에른스트 마이어/임지원 역, 『진화란 무엇인가』 (서울: 사이언스북스, 2008), 42.

모두 포함하는 진화 과정 전체 안에서 전반적으로 복잡성의 증대라는 진보가 일어난 것은 부인할 수 없는 사실이다.

자연선택의 과정은 비결정론적이다. 비결정성이란 일어나는 모든 일이 단지 이전의 물리적 상태에 일반 법칙이 작용한 결과만은 아니라는 것이다. 폴 데이비스(Paul Davies)에 따르면, "원자 사건의 본유적인 통계적 특성과 미세한 변동에 대한 많은 물리적 시스템의 불안정성은 미래가 현재에 의해 결정되지 않고 열려 있음을 확증한다."[22] 단지 양자 수준뿐만 아니라 자연의 모든 차원에 물리 법칙으로 모두 설명할 수 없는 모호하고 복잡하며 독특한 측면들이 있다. 대부분의 자연현상을 과학 법칙으로 설명할 수 있지만, 예외적으로 비결정성의 영역이 있는 것이 아니라 본유적으로 비결정적 특성을 가진 자연 세계를 과학 법칙으로 설명하는 데 한계가 있는 것이다. 자연의 비결정성과 개방성은 인간의 자유를 위한 토대가 된다. 다시 말하면 자유를 지닌 인간의 출현 자체가 진화 과정의 비결정성과 개방성에 의한 것이다.

자연을, 투쟁을 통한 적자생존의 장으로 보는 다윈주의 진화론은 자연의 진화 과정이 어떤 목적을 지니고 있다는 생각과 함께 가기가 어려워 보인다. 다윈의 자연선택 이론은 진화 과정의 목적을 인식하는 데 실패한다. 이 이론은 어떤 일이 일어날지 예측할 수 없게 만들고, 전체 과정을 매우 불확실하게 만들며, 복잡성과 의식을 향한 어떤 경향도 기대할 수 없게 만든다. 유전자의 오작동과 돌연변이의 무작위성, 수백만 종의 멸종을 수반하는 진화 과정의 낭비와 파괴성은 신적 설계나 목적과 모순되는

---

21 앞의 책, 431.

22 Paul Davies, *The Mind of God* (New York/London: Simon & Schuster, 1992), 201.

것처럼 보인다. 오늘날 도킨스, 마이어, 굴드 같은 진화론자들은 자연선택 과정에 나타나는 적응의 인과 법칙과 근본적 우연성을 목적론과 대립하는 개념으로 이해한다.

과연 자연선택 과정의 우연성은 목적론적 세계관과 대립하는가? 우연성이란 결정론적인 인과관계를 발견할 수 없는 영역, 따라서 결과에 대한 예측이 불가능한 영역을 가리키는 말이다. 과학적으로 우연성의 영역은 불가지론의 영역이지 반목적론적 영역이 아니다. 과학 언어인 우연성은 형이상학적 또는 신학적 언어인 목적론과 모순되지 않는다. 따라서 우연성의 영역을 인정하는 진화론은 결코 기독교의 목적론적 세계관과 대립할 이유가 없다. 만일 우연성을 목적론과 대립하는 개념으로 이해한다면, 그것은 과학자로서 실증적 판단을 하는 것이 아니라 유물론적 철학자로서 형이상학적 판단을 하는 것이다. 진화적 우연성은 기독교의 목적론적 세계관과 대립하지 않으며, 자연 세계의 창발적 진화 과정은 하나님의 지속적인 창조적 섭리 활동과 함께 갈 수 있다.

다른 한편 진화론이 밝혀낸 자연선택의 우연성을 신학이 긍정하기 위해서는 하나님의 설계와 목적을 결정론적 인과율의 관점에서 이해하는 전근대적인 사고에서 벗어나야 한다. 하나님은 최초에 단번에 자기 완결적인 결정론적 세계를 창조하고 안식에 들어가신 것이 아니라, 하나님의 창조 목적을 위해 스스로 자신을 형성해 가는 역동적인 진화 과정 시스템을 창조하시고 창조적 섭리를 계속하신다. 하나님의 설계는 자연선택의 비결정성을 포괄하며, 하나님의 창조 목적은 이 과정을 통해 성취된다. 다시 말하면 하나님은 자기 조직화의 복잡성을 발전시키는 방향으로 나아가는 자연 과정을 설계하시고, 그 과정 안에서 지속적으로 영향력을 행사함으로써 자신의 창조 목적을 성취해 가신다.

생물학의 물리 법칙의 관점에서 볼 때 유전자 돌연변이는 무작위적, 즉 확률론적이다. 유전자 변화에서 오작동과 무작위성이라는 요소는 비효율적인 것처럼 보인다. 그러나 겉으로 보기에 무작위적인 요소는 사실상 과정 자체를 비결정론적으로 유지하면서 목표 지향적인 결과를 달성하기 위한 필수적 요소다. 이 비결정론적 과정은 자유의지를 지닌 인간의 자유로운 행동을 위한 공간을 예비한다. 겉보기에 낭비적인 것처럼 보이는 개체와 종의 멸절은 사실 시스템 외부에서 기적적인 영향을 미치는 강제적인 '개입'을 허용하지 않으면서 유기 생명체의 점진적인 향상을 달성하기 위해 불가피하다. 다시 말하면 자연선택의 우연성을 포함하는 진화의 메커니즘은 결정론적이고 일방적이 아닌 비결정론적이고 상호적인 관계 안에서 자연과 인간의 과정을 인도함으로써 창조 세계에 진선미의 가장 위대한 가치를 구현하고자 하는 하나님의 창조 계획과 목적을 성취하기 위한 최상의 시스템이다.

돌연변이와 자연선택 과정은 (복잡성의 방향에서 벗어나는) 많은 확률적 편차를 허용하는 무작위적 비결정성을 포함하는 방식으로 자기 조직화의 복잡성이라는 방향으로 나아가 마침내 의식을 지닌 인간 존재의 출현을 가져온다. 기독교 신앙은 인간 정신의 출현을 단지 원자들의 맹목적인 충돌로 인한 우연한 부산물이 아니라 하나님의 창조 목적을 이루기 위해 태초부터 의도된 계획에 의한 것으로 이해한다. 이 계획은 진화의 우연성을 포괄하는 것으로서, 하나님은 스스로 세우신 창조 질서와 법칙을 깨뜨림 없이 진화의 우연적 과정 안에서 행동하심으로써 창조 목적을 이루어 가신다.

VI. 세계 안에서의 하나님의 창조적 섭리 행위
— 로버트 러셀을 중심으로

하나님은 우주를 창조하실 때 존재론적 비결정성과 창발적 진화의 우연성을 포함하는 자연법칙을 창조하셨다. 그리고 하나님은 자연의 확률적 법칙과 유한한 행위자의 자유와 양립할 수 있는 방식으로 세계에 선한 영향력을 행사하신다. 기독교 신앙은 하나님이 과학이 탐지할 수 없는 방식으로 물리적 사건의 결과에 영향을 미칠 수 있다고 믿는다. 하나님의 영향력은 질량이나 에너지처럼 정량화할 수 있는 속성이 아니므로 물리적으로 탐지할 수 없지만, 우주의 모든 부분에 영향을 미치는 궁극적인 힘이다.

우주 안에 신적 인과율이 존재한다는 것은 모든 물리적 과정이 결정론적인 물리적 인과관계로 다 설명될 수 없음을 함축한다. 물리학, 특히 양자물리학은 완전한 결정론적 예측이 원칙적으로 불가능함을 보여준다. 물리적인 자연법칙은 완전히 결정론적이지 않고 우연성을 포함한다. 아서 피콕은 자연법칙과 우연성을 대립의 관계로 보지 않고 통합적인 관점에서 이해한다. 즉, 하나님은 자연법칙과 우연성 모두를 통해 자연 안에서 물리적, 화학적, 생물학적 새로움을 창조하신다.[23] 자연의 모든 사건은 하나님의 목표와 의도에 따라 어떤 식으로든 영향을 받는다. 현대 물리학은 그러한 영향의 가능성이 과학에 의해 배제될 수 없음을 보여준다. 하나님은 돌연변이와 자연선택의 과정에 (자연법칙을 방해함 없이) 지속적인 인과적

---

23 Arthur Peacocke, *Creation and the World of Science* (Oxford: Clarendon Press, 1979).

영향력을 행사하며, 그 과정을 복잡성 증대의 방향으로 그리고 인간의 출현으로 인도한다.

그러므로 자연선택 이론과 기독교 신앙의 차이는 명백하다. 자연선택 이론은 유기체가 우연히 살아남았기 때문에 의식이 있는 생명체로 진화했다고 설명하는 반면에, 기독교 신앙은 의식이 있는 생명체가 되기 위해 유기체가 진화한다고 설명한다. 하나님은 모든 존재와 가치, 물질과 의식의 유일한 원천으로서, 창조적 섭리 행위 안에서 진화 과정의 우연성과 목적성을 통합한다.

양자 수준의 존재론적 비결정론을 확증하는 '코펜하겐 해석'은 자연에 근본적인 우연성의 요소가 있음을 지시한다. 그러나 무신론자의 주장과 달리 그리고 많은 기독교인의 오해와 달리, 자연 안의 우연성은 하나님의 부재와 목적 없는 세계를 함축하지 않는다. 토마스 트레이시는 세계 안에서 하나님의 행위가 양자물리학의 영역에서 가능하다고 본다.[24] 트레이시에 따르면 비개입주의적 하나님의 행위 이론은 "개방되고 동시에 질서화된, 우연성과 자연법칙을 원활하게 통합하는" 세계를 요구한다. 양자물리학은 이것을 제공한다. 양자 사건의 확률적 분포는 거시적 차원의 질서화된 결정론적 구조를 낳는다. 그러나 양자 사건은 선행하는 조건에 의해 전적으로 결정되지 않기 때문에 존재론적 개방성은 남아 있다.

트레이시처럼 로버트 러셀도 우연성이 세계 안에 현존하며 목적을 가지고 활동하시는 하나님을 위한 함의를 내포하고 있다고 본다.[25] 이제

---

24 Thomas F. Tracy, "Particular Providence and the God of the Gaps," in *Chaos and Complexity*, eds. Russell et al. (Notre Dame: The University of Notre Dame Press, 1995), 289-324.

25 Robert John Russell, "Divine Action and Quantum Mechanics: A Fresh Assessment,"

양자 수준을 통한 세계 안에서 하나님의 섭리적 행위에 관한 러셀의 설명에 대해 좀 더 자세히 살펴보고자 한다. 러셀에 따르면 하나님은 양자 수준의 자연 과정이 선행하는 자연의 사건들에 의해 불충분하게 결정되도록 우주를 창조하셨다. 자연은 '자연적으로' 비결정적이다. 하나님은 자연의 인과율을 중단시키는 것이 아니라 존재론적으로 비결정적인 것으로 창조하고 유지하신다. 하나님은 양자 물리 법칙을 위반하지 않고 그 법칙에 따라, 즉 비개입주의적으로 행동하신다. 하나님은 양자 사건이 충분한 자연적 원인 없이 발생하는 우주를 창조하시고, 이 자연의 과정 안에서 자연적 원인과 함께 양자 사건이 발생하도록 하신다.[26] 러셀은 양자 수준에서 하나님의 행위를 다음과 같이 기술한다.

> 만일 양자역학이 철학적으로 (코펜하겐 해석에서 발견되는 것처럼) 존재론적 보편성의 관점에서 해석된다면, 우리는 매개되는 하나님의 직접적 행위에 대한 상향식, 비개입주의적, 객관적 접근을 수립할 수 있다. 거시적 차원에서의 하나님의 간접적인 일반 및 특별 섭리 행위는 적어도 부분적으로 양자 수준에서의 하나님의 객관적, 직접적 행위로부터 생겨난다. 그리고 이 양자 수준에서의 하나님의 행위는 슈뢰딩거 방정식에 의해 지배되는 원소 과정의 시간 전개를 유지하는 것 그리고 '양자 사건'이라고 언급되는 비가역적 상호 작용을 가져오기 위해 자연과 함께 행동하는 것 둘 다 안에서 일어난다.[27]

---

in Robert John Russell, Philip Clayton, Kirk Wegter-McNelly, and John Polkinghorne eds., *Quantum Mechanics: Scientific Perspectives on Divine Action* (Notre Dame: The University of Notre Dame Press, 2001), 296.

26 Ibid., 295.

27 Ibid., 293.

양자 과정은 일상적인 경험 세계와 뉴턴 물리학의 일반적인 특성을 낳는다.[28] (볼츠만의 통계가 인과적 결정론을 가리키는) 고전적인 일상적 세계가 실제로 (FD와 BE 통계가 존재론적 비결정론을 가리키는) 양자 세계의 산물이라는 사실은 놀라운 일이다. 러셀은 이것을 하나님의 섭리 개념, 즉 일반 섭리와 특별 섭리 개념으로 설명한다.

러셀에 따르면 양자 수준에서 하나님의 비개입주의적 행동은 고전적 세계의 일반적 특성을 창조하고, 그 특성이 시간 속에서 유지되고 물리적으로 전개되도록 한다. 이는 일반 섭리 또는 지속적 창조라고 불릴 수 있다. 하나님은 양자 수준이 (슈뢰딩거 방정식에 의해 지배되는) 시간 진화의 과정에 있을 때 그리고 다른 미시적, 거시적 시스템들과의 비가역적 상호작용(양자 사건, 측정)의 과정에 있을 때, 이 양자 시스템을 유지하신다.[29] 즉, 시간 진화와 비가역적 상호작용 동안 미립자와 시스템은 자체의 FD 또는 BE 속성을 유지한다. 그리고 이 속성은 우리가 일상의 자연 세계로 경험하고 고전적 자연법칙과 고전적 통계학의 관점에서 기술하는 고전적인 '육중한 물질'(bulk matter)의 속성을 설명한다. 이 일상적인 경험 세계의 유지는 바로 하나님의 일반 섭리(지속적 창조)에 의한 것이다. 따라서 일반 섭리는 양자 시스템의 시간 진화와 비가역적 상호작용 과정 동안 양자 시스템의

---

28 러셀에 따르면 이 양자 과정은 두 부류로 나뉜다. 첫째는 물질의 불가입성(두 개의 물체가 동시에 동일한 공간을 차지하지 못한다는 성질), 원소들의 화학적 속성 그리고 고체의 전기적, 열역학적 속성과 같은 거시적 속성들을 산출하는 과정이다. FD(Fermi-Dirac) 통계는 이러한 양자 과정을 기술하며 왜 양자 과정이 그러한 거시적 속성들을 낳는지를 설명한다. 둘째는 "일상적인 세계를 함께 결합하는" 과정이다. 즉, 전자기력과 중력의 상호작용을 산출하고, 초유동성과 초전도성과 같은 거시적 '양자' 현상을 창조하는 과정이다. 여기에서의 통계는 BE(Bose-Einstein)이며, 광양자와 중력 양자와 같은 입자는 보손(boson)이다. Ibid., 297-298.

29 Ibid., 298-299, 308.

존재와 속성을 유지하는 '직접적' 행동으로부터 '간접적'으로 생겨난다. 다시 말하면 하나님은 양자 과정과 통계의 결과로써 (간접적으로) 거시적인 구조와 상호작용을 창조하신다.[30]

또한 러셀에게 있어서 양자 사건, 즉 미시적 차원에서 거시적 차원으로의 비가역적 상호작용은 하나님의 직접적, 비개입주의적 행동이 간접적으로 거시적 차원에서의 특수한 사건을 불러일으킬 수 있는 영역을 구성한다. 양자 과정은 여러 가지 방식으로(예를 들면 일상적인 고전적 세계 안에서 발견되지만 참으로 '육중한' 양자 상태인 초유동성과 초전도성과 같은 현상을 통해 또는 고전적 세계에 특정한 고전적 결과를 가져오는 특수한 양자 과정을 통해) 거시적 세계에 특수한 결과를 낳는다.[31] 러셀은 이러한 특수한 거시적 결과를 낳는 양자 사건의 상호작용 속에서 하나님의 특별한 행위를 특별 섭리라고 부를 수 있다고 본다.[32]

러셀은 양자물리학의 관점에서 자연법칙과 우연성의 관계를 이해한다. 즉, 그는 우연성을 하나님의 비개입주의적 행동에 열려 있는 존재론적 비결정론(코펜하겐 해석) 안의 우연성 그리고 FD와 BE 통계 및 이것들이 고전적 차원의 질서와 갖는 관계에 나타나는 우연성의 관점에서 이해한다. 하나님은 양자 사건과 FD/BE 통계의 결합으로 이루어지는 양자역학의 우주를 직접 창조하심으로써 그리고 양자 사건의 비결정성의 시간 속에서 계속 창조자로 행동하심으로써, 간접적으로 고전적 영역의 질서와 새로움

---

30 Ibid., 309.

31 Ibid., 299.

32 러셀은 이러한 상호작용(양자 사건)은 슈뢰딩거 방정식에 의해 지배되는 양자 현상의 결정론적인 시간 전개가 비가역적 상호작용(측정)에 의해 붕괴하는 곳에서는 우주의 어느 장소와 시간에서도 '편만하게'(pervasive) 일어날 수 있다고 주장한다. Ibid., 310.

을 창조하신다. 따라서 하나님은 질서와 새로움, 이 모두의 하나님이다.[33]

러셀은 '하나님'을 과학의 한 설명으로 간주하지 않는다. 이것은 방법론적 자연주의를 따르는 그의 과학적 태도를 보여준다. 양자 수준에서 하나님의 직접적 행위는 과학으로부터 숨겨져 있다. 이러한 점에서 그의 접근은 지적 설계론과 구별된다. 즉, 그는 과학 이론에 신적 행위자나 설계자의 개념을 도입하지 않는다. 다만 그는 양자물리학이 철학의 렌즈를 통해 신학에 도입될 때, 그것은 비개입주의적인 하나님의 행위에 대한 새로운 신학적 접근을 제공한다고 본다.[34]

VII. 결론

도킨스는 유전적 변화와 진화 과정이 설계가 아닌 우연에 의한 것이라고 주장한다. DNA 염기서열이 감각 기관을 지닌 신체를 만드는 코드화된 정보를 담고 있다는 것, 우주선(cosmic rays)이 염기서열에 돌연변이를 일으키고, 그 결과 신체 기관의 물리적 속성에 적절한 정도의 돌연변이가 발생하여 적응적 변화(진화)가 일어나는 것 그리고 그러한 적응적 변화의 생존에 유리한 환경이 수천 세대에 걸쳐 조성되는 것, 이 모든 일이 발생할 가능성이 매우 희박하지만 그럼에도 불구하고 우연의 연쇄를 통해 일어날 수 있다고 도킨스는 주장한다.

도킨스가 주장하는 것처럼 우연의 연쇄를 통해 우주의 탄생이 인간의

---

33 Ibid., 309.
34 Ibid., 296.

출현에까지 이를 가능성은 얼마나 될까? 초끈이론의 추정에 따르면 그 확률은 원숭이 100마리가 멋대로 타자를 쳐서 셰익스피어 전집을 똑같이 써낼 가능성보다 100만 배나 낮다고 한다. 무작위 우연의 중첩이라는 설명은 여기서 설득력을 상실한다. 자연선택만 놓고 보면 우주에 지각 있는 존재가 존재할 가능성은 거의 없어 보인다. 자연선택 이론은 이성적인 생명체의 존재 가능성을 매우 희박하게 만든다. 자연선택은 더 정확한 정보처리 능력을 지닌 유기체가 존재하게 되면 그러한 유기체가 우선적으로 선택되어야 하는 이유를 설명할 수 있지만, 더 정확한 정보처리 시스템을 생성하는 초기 돌연변이가 발생할 확률을 더 크게 만들지는 못한다. 또 자연선택은 환경이 모든 생명체에 호의적으로 유지되게 만들 수 없으며, 더 복잡한 생명체에 대해서도 호의적이지 않다. 따라서 자연선택에 의한 진화는 매우 불안정하고 불확실한 과정이다.

기독교 신앙은 진화 시스템이 무한히 지혜로우신 창조자 하나님의 설계와 창조적 섭리 안에서 전개된다고 믿는다. 하나님은 우주와 생명의 진화 시스템을 창조하시고 그 시스템이 목적을 향해 나아가도록 인도하신다. 기독교 신앙은 단순한 유기 분자로부터 지각 있는 생명체로의 발전 과정을 보다 이해 가능한 방식으로 설명할 수 있다. 다시 말하면 하나님의 창조적 섭리 행위는 복잡하고 이성적인 생명체로의 진화 과정에 대한 최상의 설명을 제공할 수 있다.

하나님은 유한하거나 물리적인 존재가 아니므로, 하나님과 세계의 인과적 상호작용의 형태는 일반적인 물리적 인과관계와는 다르다. 그러나 세계의 과정이 하나님 없이 존재할 수 없는 방식으로 전개되기 위해서는 하나님에 의해 인과적으로 영향을 받아야 한다. 하나님은 궁극적 실재로서 매 순간 세계를 지탱하고 세계의 과정을 인도하신다. 하나님은 어떤 상태가 하나님의 직접적인 의도에 의해 존재하도록 결정하기도 하며, 직접 의도하지 않은 유한한 원인의 결과로 존재하도록 허용하기도 한다. 그러나 하나님은 창조 세계가 일반적 법칙이나 우연성에 의해서만 전적으로 결정되도록 내버려두시지는 않는다.

이미 살펴본 것처럼 러셀은 세계 안에서 하나님의 창조적 섭리 행위를 양자 수준의 비결정성 영역 안에서 비개입주의적 행위로 제시한다. 이 하나님의 행위는 그 효력이 부분에서 전체로, 즉 미시적인 양자 수준에서 거시적인 전체 유기체 차원으로 미치기 때문에, 여기서는 상향식 인과율이 작용한다고 할 수 있다. 이와 달리 피콕은 하나님의 행위 방식으로서 복잡한 전체의 특성이 부분의 특성에 영향을 미치는 전체-부분 또는 하향식 인과율을 제시한다.[35] 하나님이 우주 전체의 미래에 관해 가지신 의도는 우주의 각 부분에 영향을 준다. 즉, 하나님으로부터 우주의 모든 부분으로 내려가는 전체-부분 하향식 인과율이 작용한다. 러셀과 피콕이 제시하는 하나님의 행위 방식은 양자택일의 관계에 있지 않다. 즉, 그 두 방식은 모두 가능하다.

기독교 창조신앙은 진화에서 분명하게 나타나는 복잡성 증대의 성향은 오직 하나님의 창조적 섭리에 의해 가능하다고 믿는다. 즉, 진화의 전체적인 인과적, 환경적 조건이 복잡성 증가의 성향을 나타내고, 마침내 의식과 인간의 출현을 가져오도록 하나님에 의해 의도되고 인도된다. 진화 과정을 통한 하나님의 창조적 섭리의 목적은 무엇인가? 워드는 기독교 신앙의 관점에서 진화 과정의 종국에 관한 이해를 다음과 같이 기술한다.

---

35 Peacocke, *Theology for a Scientific Age*, 157-160.

하나님이 원하시는 것 그리고 그 과정이 결국 만들어 내는 것은 강자의 승리가 아니라 미덕, 선의, 연민, 사랑의 승리다. 진화의 궁극적 승리는 가장 무자비한 포식자나 가장 번식력이 뛰어난 복제자에게 돌아가지 않는다. 그 승리는 다양한 종류의 가치를 창조하고 숙고하는 데 협력하는 법을 배우고, 환경을 돌보고 더 완전하게 형성하는 법을 배우는 존재들에게 돌아갈 것이다. 그 승리는 과학적 이해, 예술적 성취, 존재에 대한 종교적 축제가 번성하는 문화를 만들 수 있는 생명체에게 돌아갈 것이다.[36]

하나님의 창조적 섭리는 하나님의 마음 안에 있는 진리와 선과 아름다움의 가치가 극대화되고 하나님에 대한 충만한 지식 안에서 사랑의 통치가 실현되는 샬롬, 즉 평화의 하나님 나라를 향해 세계 과정을 인도한다.

---

36 Ward, *God, Chance & Necessity*, 88.

12장
다원주의와 기독교
— 마이클 루스를 중심으로

I. 서론

오늘날 다윈주의와 기독교가 결코 양립할 수 없다고 주장하는 사람들은 양쪽 진영에 다 있다. 순수한 다윈주의를 강력히 옹호하는 도킨스는 다윈주의와 기독교 사이에 타협은 불가능하며 둘 중 하나를 선택해야 한다고 주장한다. 그는 "신이 존재하는 우주는 질적으로 완전히 다른 우주일 것이다"라고 주장한다.[1] 기독교의 진영에도 다윈주의와 기독교의 양립 불가능을 주장하는 사람들이 있다. 지적 설계론자인 필립 존슨은 이렇게 주장한다. "종교의 초자연주의와 과학의 자연주의 사이의 임시방편의 타협은 개인에게는 만족을 줄 수 있겠지만, 지적 세계에서는 설득력을 가지지 못한다. 왜냐하면 이는 서로 충돌하는 사고 체계를 억지로 조화시키

---

1 Richard Dawkins, "Obscurantism to the rescue," *Quarterly Review of Biology* 72 (1997), 399.

려는 시도로 인식되기 때문이다."2

　그러나 모두가 이러한 극단적인 견해를 가진 것은 아니다. 다윈주의와 기독교 간에 갈등이 있어 왔으며, 쉽게 해소되기 어려운 긴장이 있음은 사실이다. 그러나 둘 사이의 지나친 대립 구도는 바람직하지 않다. 몰트만은 진화냐 창조냐 하는 양자택일의 질문은 거짓된 충돌을 전제한 것이라고 강조한다.3 다윈 시대부터 오늘날까지 진화론을 수용하면서도 진실한 믿음을 가진 사람들이 언제나 존재해 왔다. 워드는 "과학적 진화 이론과 이끌어 가는 창조적 힘에 대한 종교적 믿음이 단순히 양립 가능할 뿐만 아니라 서로를 강화하는 관계에 있다고 생각할 모든 이유가 있다"라고 주장한다.4

　다윈주의와 기독교의 상호 공존을 바라보는 사람들 중에는 기독교인뿐만 아니라 비기독교인도 있다. 불가지론자인 스티븐 굴드는 과학과 종교의 영역은 서로 겹치지 않기에, 즉 "과학은 우주의 경험적 구성에 있어서, 종교는 적절한 윤리적 가치와 삶의 영적 의미를 탐구함에 있어서"5 각기 전문 영역이기 때문에 진화론과 기독교 사이에는 아무런 충돌이 없다고 본다. 굴드처럼 비기독교인인 생물철학자 마이클 루스(Michael Ruse)는 굴드보다 더 적극적인 관점에서 양자 사이에 조화와 공명의 가능성이 있음을 보여주고자 한다. 그는 다윈주의자가 기독인이 될 수 있고, 마찬가

---

2 Phillip E. Johnson, *Reason in the Balance: The Case against Naturalism in Science, Law and Education* (Downers Grove, Ill.: InterVarsity Press, 1995), 212.

3 Jürgen Moltmann, *God in Creation*, trans. Magaret Kohl (New York: Harper & Row, 1985), 190-214.

4 Keith Ward, *God, Chance and Necessity* (Oxford: Oneworld, 1996), 63.

5 Stephen Jay Gould, "Nonoverlapping magisteria," *Natural History* 106, no. 2 (1997), 18.

지로 기독교인도 다원주의자가 될 수 있다고 강조한다. 이 장에서는 루스의 견해를 중심으로 다원주의와 기독교의 바람직한 관계에 대해, 오늘날의 다원주의에 대해 그리고 우주와 생명의 기원에 대해, 인간의 마음에 대해 살피기로 한다. 그리고 이어서 우연성과 목적론, 방법론적 자연주의, 설계 논증과 다원주의, 신정론 등의 주제들을 중심으로 고찰하고자 한다.

II. 오늘날의 다원주의

오늘날 '다원주의'란 정확히 무엇을 의미하는가? 기본적으로 다원주의는 진화를 하나의 분명한 사실로 인정한다. 모든 생물체는 자연 과정의 법칙에 따라 오랜 기간 서서히 원시적 형태로부터 변화해 왔다. 다원주의자는 생명의 진화가 나무 형태로 분기하는 과정이라고 본다. 그리고 다원주의는 자연선택을 가장 중요한 진화의 메커니즘으로 받아들인다. 그러나 오늘날 자연선택만으로 유기체의 모든 변화를 설명하려는 사람은 없다. 루스는 이러한 한계를 지적하며 자연선택 이론으로는 설명하기 어려운 현상들을 제시한다.[6] 첫째는 차등 성장(또는 이형성, allometry)이다. 이는 생물의 특정 신체 부위가 다른 부위보다 빠르게 성장하면서 비적응적인 상태로 변하는 현상을 가리킨다. 아일랜드 엘크가 이에 해당할 수 있는데, 엘크의 큰 뿔은 어린 개체의 빠른 성장 단계에서 선택되었지만, 성체가 되었을 때는 적응에 불리한 요소가 된다. 둘째, 발달상의 제약이다. 자연선

---

6 Michael Ruse, *Can a Darwinian be a Christian?: The Relationship between Science and Religion* (Cambridge, New York: Cambridge University Press, 2004), 29.

택은 이미 주어진 재료로만 작동할 수밖에 없으며, 생물의 발달 과정에는 넘을 수 없는 한계가 존재한다. 셋째는 다면발현(pleiotropy)이다. 이것은 하나의 유전자(혹은 유전자군)가 다면적 영향을 가져오는 현상을 의미한다. 여러 형질에 동시에 미치는 어떤 영향은 매우 적응적이지만, 다른 영향은 적응적이지 않을 수 있다. 넷째는 유전적 부동(genetic drift)이다. 이는 유전적 변이가 풍부한 개체군에서 분리된 작은 개체군이 섬이나 고립된 환경에 정착하면 유전자 구성이 본래 개체군과 달라질 가능성이 크며, 따라서 빠른 진화를 유발할 수 있다는 것이다. 이 개념은 자연선택이 아닌 우연적 요인이 유전자 빈도를 바꿀 수도 있음을 시사한다. 이러한 현상들은 자연선택을 보완할 이론이 필요함을 지시한다.

이러한 보완 이론의 필요성으로 인해 오늘날 다윈주의 안에는 다양한 입장이 존재한다. 한쪽에는 도킨스 같은 철저한 다윈주의자들이 있다. 이들은 모든 진화적 변화는 결국 자연선택과 연결될 수밖에 없다고 주장한다. 따라서 이들은 적응의 증거를 끝까지 찾아내려는 태도를 보인다. 이들은 인간도 물론 자연선택의 영향을 받는다고 본다. 그러나 이들조차도 인간은 특별한 경우로서 자연선택을 보완하기 위한 이론이 필요함을 인정한다. 예를 들면 도킨스는 '밈'(meme) 이론을 제안했는데, '밈'이란 유전자가 생물학적 정보를 전달하는 것처럼 문화적, 정신적 진화를 담당하는 개념이다.

다른 쪽에는 자연선택이 가장 중요한 요소지만 다른 요인들도 중요하다고 보는 다윈주의자들이 있다. 특히 미국에서는 '유전적 부동'을 보조적인 진화 메커니즘으로 중요하게 보는 경향이 있다. 굴드, 리처드 레빈스(Richard Levins), 리처드 르원틴(Richard Charles Lewontin) 등은 자연선택을 중요한 요소로 보지만 극단적인 태도를 비판한다.[7] 이들은 진화의 많은 부분이 우연적 요인 또는 발달상의 제약에 의해 결정될 수 있다고 주장한다. 이들은 자연선택이 작동함에 틀림없다고 가정하지 않고, 정말 자연선택이 작동하는지를 입증해야 한다고 주장한다. 이들은 인간을 단순히 다른 유기체 세계의 하나로 보는 것에 거부감을 가진다. 이들에게 인간은 단순한 동물 이상의 존재일 가능성이 있다. 인간의 의식은 자연선택과 적응만으로 설명될 수 없다. 자연선택이 우리의 과거 진화에서는 중요한 역할을 했지만, 현대 인간에 이르러서는 의식과 그 산물(특히 언어와 문화)이 자율성을 가지게 되었다. 즉, 의식과 문화는 자연선택의 통제를 벗어났으며, 따라서 적응이 인간 사고와 행동을 지배하는 핵심 요소라고 볼 수 없다는 것이다.

굴드는 특히 이형동상(isomorphisms), 즉 상동성(homologies)을 적응만큼이나 중요한 것으로 간주한다.[8] 이형동상은 생물학적 개체들 사이에서 나타나는 구조적 또는 기능적 유사성을 의미하며, 이는 공통된 진화적 제약, 패턴 또는 과정으로 인해 발생한다. 굴드는 구조적 청사진(설계)과 깊은 상동성이 생명의 다양성을 형성하는 데 자연선택만큼 중요한 역할을 할 수 있다고 주장했다. 그리고 진화가 정통 다윈주의에서 예상하는 것보다 더 불규칙하고 급격한 변화를 겪으며 진행된다고 보았다. 앞서 언급한 바와 같이 그의 단속 평형 이론에 따르면, 진화는 장기간의 변화 없는 평형 상태와 평형 상태 사이의 갑작스러운 형태 변화(단속)로 이루어진다.[9]

7 Stephen Jay Gould, *The Mismeasure of Man* (New York: Norton, 1981); Richard Levins and Richard Charles Lewontin, *The Dialectical Biologist* (Cambridge, Mass.: Harvard University Press, 1985).

8 Stephen Jay Gould, *Ontogeny and Phylogeny* (Cambridge, Mass.: Belknap Press, 1977); Stephen Jay Gould, "Darwinian Fundamentalism," *The New York Review of Books* 44 (June 12, 1997): 34-37.

9 Eldredge and Gould, "Punctuated Equilibria: the Tempo and Mode of Evolution

자연선택이 진화의 중요한 요인인 것은 사실이지만, 자연 자체가 특정한 방식으로 복잡성과 조직화를 향하는 경향을 지닐 수도 있다. 또한 변화는 생식적 성공 여부와는 관계없이 자연적으로 발생할 수 있다고 주장하는 일부 학자도 있다.[10] 그렇지만 생물을 연구하는 과학자들 가운데 반다윈주의자는 극소수에 불과하며, 대다수가 생명의 자연적 기원, 가지처럼 분기하는 생명나무, 자연선택 그리고 적응이라는 다윈의 핵심 개념을 근간으로 유지하고 있다.

III. 우주와 생명의 기원

기원의 문제는 기독교인과 다윈주의자 모두에게 매우 중요한 문제다. 기원의 문제와 관련한 다윈주의와 기독교 사이의 첫 번째 잠재적 충돌은 창세기 처음에서 발생한다. 창세기는 하나님이 하늘과 땅 그리고 모든 존재를 단 6일 만에 창조하셨다고 기록하며, 창조 과정의 정점으로 아담과 하와가 등장한다. 성서에는 연대가 명시되어 있지 않지만, 구약성서에 등장하는 족보를 바탕으로 거슬러 올라가면 창조가 약 6천 년 전, 즉 기원전 4천 년경에 이루어졌다는 계산이 나온다. 창세기에는 창조 이후의 사건들도 기록되어 있는데, 그중에서도 인간의 죄에 대한 심판으로 전 인류와 동물 대부분을 물로 멸망시킨 대홍수 이야기가 두드러진다.

Reconsidered," 115-151; Eldredge and Gould, "Punctuated Equilibria: An Alternative to Phyletic Gradualism," 82-115.

10 Stuart Alan Kauffman, *The Origins of Order: Self-Organization and Selection in Evolution* (Oxford: Oxford University Press, 1993).

이러한 창세기의 내용은 생명체의 기원을 오랜 시간에 걸친 발달 과정으로 설명하는 진화론과 조화되기 어렵다. 진화론은 지구에서 생명의 역사가 약 38억 년에 걸쳐 진행되었으며 인간은 그 오랜 역사에서 비교적 최근에 등장한 존재일 뿐이라고 본다. 방주에 탄 노아의 가족과 동물들을 제외한 다른 모든 인간과 동물들의 몰살을 가져온 전 지구적인 대홍수 심판이라는 병목 현상을 지구상의 모든 생명체가 거쳐야 했다는 것은 진화론적 관점에서 받아들여질 수 없다.

기독교는 또한 인간이 한 쌍의 부부로부터 유래했다는 단일기원설을 가지고 있다. 모든 인간은 죄를 지은 최초의 인간 한 쌍의 후손으로서, 성적 결합과 생식을 통해 그들의 원죄를 물려받는다는 것이다. 이와 같은 교리는 진화적 사실과 배치된다. 아얄라에 따르면 호모 사피엔스가 단일한 한 쌍의 조상을 통해 전해졌다는 증거는 없으며, 오히려 이 종은 지구 전역에 걸쳐 널리 퍼져 있었던 것으로 보인다. "인류가 단 한 번의 단계에서 오직 한두 명의 개인으로부터 발생하여, 그들로부터 모든 인류가 유래했을 가능성을 설명할 수 있는 메커니즘은 없다."[11] 유전적 증거에 따르면 인간 집단의 규모가 몇천 명 이하로 줄어든 적이 없다. 모든 인류가 단 한 쌍의 죄인에게서 나왔다는 설명은 현대 과학이 설명하는 방식이 아니다.[12]

이와 같은 성서와 진화론의 충돌 원인은 근본적으로 성서에 대한

---

11 Francisco José Ayala, "Man in evolution: a scientific statement and some theological and ethical implications," *The Thomist* 31, no. 1 (1967), 15.

12 Francisco José Ayala, "Human nature: one evolutionist's view," in *Whatever Happened to the Soul? Scientific and Theological Portraits of Human Nature*, eds. W. S. Brown, Nancey Murphy, and H. Newton Malony (Minneapolis: Fortress Press, 1998), 31-48.

문자주의적 해석에 있다. 고대 교부들 가운데 문자적 성서 해석의 한계를
분명히 표현했던 교부는 오리게네스다. 오리게네스는 문자적 해석이 기본
이지만 문자적 해석이 명백히 사실과 어긋날 때는 도덕적 또는 영적(알레고
리적) 해석을 해야 한다고 주장했다. 아우구스티누스도 과도한 문자적
성서 해석이 이교도(당시에 특히 마니교)가 기독교를 공격할 빌미를 주게
될 것으로 보았다.13 아우구스티누스는 창세기의 저자 모세가 과학적
지식이 부족했던 고대 유대인들에게 맞춰 은유적, 상징적 방식으로 기록했
다고 주장했다. 즉, 모세가 한 말은 거짓이 아니지만, 반드시 문자 그대로의
진리를 의미하지도 않는다는 것이다.

16세기의 종교개혁자 루터와 칼빈은 성서의 문자적 의미를 강조했음에
도 불구하고 비교적 유연한 성서 해석의 태도를 취했다. 그들에게 중요한
것은 문자 그대로의 해석이 아니라 예수 그리스도에 대한 신앙이었다.
루터는 자신의 기독론적 해석 원리와 충분히 부합하지 않아 보이는 야고보
서를 "지푸라기 같은 책"이라고 평가절하했다. 칼빈도 문자적 의미의
중요성을 강조했지만, 그 역시 어느 정도의 해석이 필요하다는 점을 언급했
다. 그의 '적응' 개념은 성서가 때때로 과학적 지식이 부족한 사람들도
이해할 수 있도록 기록되었음을 표현한다. "모세는 상식이 있는 보통
사람이면 특별한 교육을 받지 않아도 누구나 이해할 수 있도록 대중적인
방식으로 기록했다. … 그는 배운 사람뿐만 아니라 배우지 못한 사람들에게
도 가르칠 사명을 받았으므로, 이 거친 교육 방법으로 낮추지 않고서는
자신의 직무를 다할 수 없었다. … 그러므로 모세는 대중이 쉽게 이해할

---

13 St. Augustine, *The literal Meaning of Genesis*, trans. J. H. Taylor (New York:
    Newman, 1982), I.19.39, 42-43.

수 있도록 자신의 표현을 조정한 것이다."[14]

16세기에 갈릴레오는 과학의 진리와 계시의 진리는 모두 하나님으로부터 온 것이며, 따라서 이 둘 사이에는 충돌이 없다고 보았다. 그는 종교가 우선시되어야 한다는 선입견 없이 과학이 자기 역할을 하도록 허용해야 한다고 주장했다. "감각 경험을 통해 우리가 직접 보는 것 혹은 필연적인 논증을 통해 입증된 어떤 물리적 사실이 그와 다른 의미를 갖는 것처럼 보이는 성서 구절 때문에 의심(또는 비난)받아서는 안 된다. … 하나님은 성서의 거룩한 말씀뿐만 아니라 자연 속의 사건들을 통해서도 탁월하게 계시된다."[15] 이러한 갈릴레오의 사고방식은 당시의 가톨릭교회 지도자들로부터 거부당했다. 그러나 19세기 말 이후 가톨릭교회는 성서와 과학의 관계에 대해 보다 균형 잡힌 입장으로 전환했다. 오늘날 가톨릭교회는 진화론이 단지 가설이 아니라 근거가 충분히 확립된 수용 가능한 이론임을 인정한다.[16]

기원 문제에 관한 논쟁은 20세기에 과학적 창조론자들에 의해 다시 촉발되었다. 헨리 모리스(Henry M. Morris)는 『창세기 홍수』(1961)에서 문자주의적 성서 해석에 근거하여 젊은 지구론을 주장했다. 이들이 주장하는 바는 1) 지구의 나이가 약 6천~1만 년, 2) 우주와 모든 생명체가 6일 동안 창조됨, 3) 전 지구적 노아 홍수가 지구의 모든 심층적 지질 구조를

---

14 John Calvin, *Commentaries on the First Book of Moses Called Genesis*, trans. J. King (Edinburgh: Calvin Translation Society, 1847-50), 1:86-87.

15 Galileo, "Letter to the Grand Duchess Christina," in *Discoveries and Opinions of Galileo*, trans. S. Drake (Garden City, N.Y.: Anchor, 1957), 182-183.

16 요한 바오로 2세는 서로 독립적으로 수행된 여러 학문 분야의 연구 결과들이 일치한다는 사실 자체가 진화론을 뒷받침하는 강력한 논증이 된다고 천명했다. John Paul II, "The Pope's Message on Evolution," *Quarterly Review of Biology* 72 (1997), 382.

형성함, 4) 진화적 변화 없이 생물들은 창조된 그대로 존재함 등이다. 그러나 이와 같은 창조과학의 주장은 과학과 성서 해석 양쪽에 심각한 문제를 지니고 있다. 먼저 이 주장은 과학적 증거와 모순된다. 1) 방사성 연대 측정, 화석 기록, 지층 분석에 따르면 지구의 나이는 약 45억 년이다. 2) DNA 비교 연구와 중간 화석들은 진화와 공통 조상을 뒷받침한다. 3) 전 지구적 홍수로는 지구의 복잡한 암석층 구조나 화석 기록의 질서를 설명할 수 없다. 4) 자연선택과 유전적 돌연변이의 관찰을 통해 종들이 시간이 지나면서 변화한다는 사실이 입증되었다. 창조과학은 종교적 결론을 먼저 정해놓고 이에 맞는 증거를 찾으려 하며 경험적 데이터에 기반하여 결론을 도출하는 과학적 방법과 상충한다. 이러한 문제들로 인해 창조과학은 과학계에서 사이비 과학으로 간주된다.

창조과학의 근본 문제는 문자주의적인 해석에 근거한 성서의 절대적 권위에 과학을 종속시키고자 하는 데 있다. 그러나 창세기의 처음 장들은 세계와 인간 창조(그리고 타락)의 기원에 관한 문자 그대로의 과학적 또는 역사적 기술이 아니다. 창세기 처음 장들의 창조 본문에는 서로 다른 두 가지 이야기가 결합되어 있다.[17] 첫 번째 창조 본문은 제사장(P) 문서로서, 기원전 6~5세기경, 즉 바벨론 포로기 혹은 그 이후에 제사장 집단에서 최종적으로 편집 · 기록한 것으로 추정된다. 이는 혼돈과 무질서로부터 우주의 질서를 창조하는 이야기를 통해 하나님의 주권과 신적 질서를 수립하는 것을 주제로 한다. 하나님을 야웨로 지칭하는 두 번째 창조 본문은 야웨(J) 문서로서, 기원전 10~9세기경, 즉 다윗 또는 솔로몬 시대 전후에 기록된 것으로 추정된다. 두 번째 창조 이야기는 왕(아담으로 상징됨)

---

17 첫 번째 본문은 1장-2장 4a절이며, 두 번째 본문은 2장 4b절-3장이다.

이 그의 백성(나머지 창조 세계로 상징됨)과 맺는 관계와 역할을 표현한다.[18] 창세기의 두 창조 본문은 서로 다른 시대적 상황 속에서 서로 다른 주제를 서로 다른 방식으로 표현한다.[19] 고대의 구체적인 역사적 상황 안에서 각기 특정한 신학적 주제를 당시의 세계관을 반영하는 언어로 기록한 창세기의 창조 이야기들을 문자 그대로 과학적, 역사적 사실로 해석함으로써 성서와 현대 과학 이론인 진화론이 서로 대립한다고 주장하거나 반대로 그 둘이 일치한다고 주장하는 것은 모두 시대착오적 오류가 아닐 수 없다.

루스는 다윈주의자가 기독교인이 될 수 있다고 주장한다. 그는 또 진화와 자연선택의 역할을 입증하는 증거가 충분하기에 기독교인들은 다윈주의를 거부할 수 없다고 주장한다. 물론 진화론자들 간에 의견 차이가 있다. 예를 들면 철저한 진화론자인 도킨스와 비교적 신중한 입장을 견지하는 굴드는 서로 다른 견해를 보여준다. 그러나 그 차이는 그들의 합의와 비교하면 미미한 수준이다. 다윈주의자들 간에 진화의 '경로와 원인'에 대한 의견이 다양하다는 것이 진화의 '사실'을 의심케 만드는 것은 아니다. 오늘날 생물학자들에게 진화의 '사실'은 지구가 자전하는 것만큼 확실한 과학적 사실이다. 루스는 기독교는 이와 같은 확실한 과학적 사실을 성서에 대한 문자주의적 해석으로 거부해서는 안 된다고 주장한다.[20]

---

18 Dianne Bergant and Carroll Stuhlmueller, "Creation according to the Old Testament," in *Evolution and Creation*, ed. Ernan McMullin (Notre Dame: University Notre Dame Press, 1985), 153-175.

19 첫 번째 이야기에서는 하나님이 남자와 여자를 함께 하나님의 형상대로 창조하는 반면, 두 번째 이야기에서는 하나님이 아담을 흙으로 빚어 창조한 후에 아담의 갈비뼈로 하와를 창조한다.

20 Ruse, *Can a Darwinian be a Christian?*, 60.

그러면 생명의 기원에 관한 과학자들의 설명은 어떠한가? 다윈은 사적인 편지에서 각종 암모니아와 인산염이 있는 따뜻한 작은 연못에서 번개와 같은 자연 작용 등을 통해 단백질이 형성될 가능성을 언급한 적이 있다.[21] 생명의 기원에 관한 본격적인 연구는 1920~1930년대에 영국의 존 홀데인(John B. S. Haldane)과 러시아의 알렉산드로 오파린(Alexander I. Oparin) 같은 과학자들에 의해 시작되었다. 이들이 세운 가설에 따르면 먼저 번개와 같은 자연적 과정에 의해 무기 분자로부터 생명의 구성 요소인 유기 분자가 생성되고, 다음으로 이 기본 유기 분자들이 결합하여 단백질과 아미노산 같은 거대 분자 사슬을 만들어 낸다. 그리하여 최종적으로 이 거대 분자 사슬들이 자기 복제를 함으로써 원시 생명체가 형성되기 전 단계인 '원시 생명 수프' 상태가 형성되며, 이후 세포 형성과 같은 추가적인 발전 단계를 거치면서 생명이 본격적으로 출현하게 된다.[22] 루스에 따르면 오파린-홀데인 가설의 첫 두 단계가 가능하다는 점은 현재 밝혀지고 있지만, 세 번째 단계는 여전히 불확실하다. 루스는 과학자들이 아직 생명의 기원에 대한 완전한 해답을 찾지 못한 것은 사실이며, 많은 연구가 여전히 가설적이고 잠정적인 부분이 있지만, 생명의 기원을 규명하기 위한 과학자들의 연구를 진지하게 받아들여야 한다고 강조한다.

루스는 생명의 기원에 있어서 하나님의 특별한 개입을 전제하고 기적에 호소하는 아우구스티누스적 관점은 재고되어야 한다고 주장한다. 그는 눈부신 과학의 발전으로 이미 생명의 기원에 관한 많은 연결고리가 완성되

---

21 Francis Darwin, ed., *The Life and Letters of Charles Darwin, Including an Autobiographical Chapter* (London: Murray, 1887), 3, 18.

22 S. Freeman and J. C. Herron, *Evolutionary Analysis* (Englewood Cliffs, N. J.: Prentice-Hall, 1998).

거나 제안되었으며, 조만간 어떤 방식으로든 해결될 가능성이 높다고 주장한다. "그렇다면 과학자들이 핵심적인 발견과 돌파구를 마련할 것이라고 기대하는 것이 비기독교적인 태도라고 볼 수 없다. 즉, 생명이 비생명에서 자연적으로 발생했다고 생각하는 것은 충분히 받아들일 수 있다. … 언젠가 생명이 무기물에서 비롯된 과정의 자연적 결과로 밝혀질 가능성을 단정적으로 부정하는 것은 매우 어리석은 일일 것이다."[23] 루스는 생명의 기원 문제에 대해 과학의 성공 가능성을 열린 마음으로 받아들이는 것이 타당하다고 주장한다. 그에 따르면 앙리 베르그송이 말하는 창조적 생명력(élan vital)과 같은 개념을 뒷받침할 물리적 증거는 없다. 결론적으로 루스는 생명이 무생물에서 자연적으로 진화했다고 이해한다고 해서 기독교 신앙이 불가능해지는 것은 전혀 아니라고 주장한다.[24]

IV. 인간의 마음(영혼)

루스는 동물들이 더 크고 정교한 뇌를 발전시키면서 원시적인 형태의 의식이 나타나기 시작했고, 이후 자연선택에 의해 발전되고 정교해졌을 것으로 추정한다. 의식과 정신은 약 50만~100만 년 전 사이에 출현한 호모 사피엔스와 더불어 생겨났다.[25] 뇌의 크기의 증대와 인지 능력의

---

23 Ruse, *Can a Darwinian be a Christian?*, 66.

24 Ibid., 67.

25 David Pilbeam, "The descent of Hominoids and Hominids," *Scientific American* 250, no. 3 (1984): 84-97; Milford Howell Wolpoff and Rachel Caspari, *Race and Human Evolution* (Boulder: Westview, 1997).

향상과 더불어 호모 사피엔스는 의식과 정신을 갖게 되었다. 의식이란 무엇이며, 어떤 기능을 하는가? 의식은 단순히 뇌의 전자적 작동의 부수적 현상에 불과한가? 루스는 그렇지 않다고 본다. 의식의 주요 기능 중 하나는 뇌에서 생성되는 모든 정보를 걸러내고 안내하며 조정하는 역할을 하는 것이다. 의식은 의식이 없는 존재들이 갖지 못한 힘과 유연성을 우리에게 준다. 그러나 물론 이것이 의식 자체를 설명하는 것은 아니다. 의식의 존재는 부인할 수 없지만, 우리는 의식에 대한 과학적 설명은 가지고 있지 않다.

플라톤과 데카르트 같은 이원론적 철학자들은 의식이 물리적 실체와는 별개의 존재이며 '사유하는 실체'는 '물질적 실체'와 구별된다고 주장했다. 그러나 다윈주의자를 포함한 많은 사람은 이러한 철학적 입장에 불편함을 느낀다. 정신과 육체라는 별개의 실체가 어떻게 상호작용할 수 있는지를 설명하는 것은 매우 어렵기 때문이다. 대부분의 사람은 정신과 육체를 같은 실체의 다른 양상으로 간주하는 일원론과 '동일성 이론'을 선호하며 의식이 어떤 방식으로든 물질적 실체의 한 표현이라고 주장한다. 물론 이것이 전통적인 의미에서 단순한 물질적 실체라는 뜻은 아니다. 루스는 의식이 독립적인 실체인지 아닌지와 관계없이 실재하는 것이 분명하며 진화의 힘에 영향을 받을 수 있는 것처럼 보인다고 말한다. 그는 우리가 이 이상을 말할 필요도 말할 수도 없으며, 단지 그것을 물리적 세계를 받아들이는 것처럼 주어진 사실로 받아들일 뿐이라고 한다.[26]

기독교의 인간 이해를 따르면 인간은 하나님의 형상대로 창조되었다. 고대 교회 이래 하나님의 형상은 이성적 영혼에 있는 것으로 이해되었다.

---

26 Ruse, *Can a Darwinian be a Christian?*, 73.

이 영혼은 죽음 이후에도 존재하며, 그것이 바로 불멸에 대한 희망의 근거가 된다. 하나님의 형상, 즉 이성적 영혼을 지닌 인간은 이성적 영혼이 없는 다른 동물과는 근본적으로 다르다. 따라서 기독교적 관점에서 볼 때, 자연선택을 통한 진화 과정에 의해 영혼이 출현한다는 것은 상상하기 어렵다.

루스에 의하면 기독교는 마음과 영혼을 실재로 보는 반면, 모든 것을 분자와 같은 요소로 환원하여 설명하는 다윈주의는 마음과 영혼 같은 고차원적 실체의 존재를 부정한다. 이는 기독교와 충돌할 수밖에 없다. 다윈주의적 설명에 따르면 분자생물학에서 DNA 분자에 관한 핵심은 모든 유전자가 서로 다른 하위 단위로 구성되는 것이 아니라 동일한 하위 단위들이 서로 다른 방식으로 배열됨으로써 다양한 정보를 생성한다는 것이다. 이것이 바로 유전적 코드의 본질이다. 조립되어 기능하는 DNA 분자는 새로운 실체가 아니다. 그것은 더 작은 실체가 질서 있게 배열된 것이다. 뇌도 마찬가지다. 분자들이 어떤 방식으로 배열되면 쓸모없는 물질이 되고, 다른 방식으로 배열되면 윌리엄 셰익스피어가 된다. 다윈주의가 설명하는 인간의 특수성은 우리가 질서 있게 배열되어 있으며, 따라서 다른 동물들에게는 불가능한 방식으로 기능할 수 있다는 것이다. 루스는 질서가 현실적으로 존재하지만, 분자가 실체인 것처럼 질서 자체를 실체로 간주해서는 안 된다고 주장한다. "우리는 실체 수준에서 다른 무언가를 가지고 있는 것이 아니라 적응적 목적을 위한 자연선택에 의해 우리가 다르게 구성되었기 때문에 다른 존재가 된 것이다."[27]

그런데 루스는 이와 같은 다윈주의 인간론이 아리스토텔레스와 아퀴나

---

27 Ibid., 79-80.

스의 인간론과 함께 갈 수 있다고 주장한다. 아리스토텔레스와 아퀴나스에게 있어서 영혼은 인간을 살아 있는 존재로 만드는 지적 능력과 동일시되지만, 물질적 실체의 의미에서 '사물'은 아니다. 오히려 그것은 존재를 질서 있게 만드는 원리와 '형상'(form)이다. 영혼은 실재하는 그 무엇이며 일종의 원인으로 작용할 수 있지만, 그 자체가 실체는 아니다. 아퀴나스에 따르면, "어떤 살아 있는 몸이 존재하는 것은, 그것이 특정한 종류의 몸이기 때문이다. 그리고 어떤 몸이 (다른 몸이 아닌) 그러한 몸으로 실제로 존재하는 것은, '실현 원리'(actuating principle)라고 불리는 어떤 원리에 의해 가능하다. 따라서 영혼은 생명의 근본 원리로서, 몸이 아니라 몸을 실현하는 것이다."[28] 즉, 영혼은 몸을 형성하고 우리의 삶의 모든 활동을 수행하게 하는 궁극적인 원리이다. 모든 유기체는 영혼을 가지고 있으며, 이것이 그들을 살아있게 만든다. 그러나 오직 인간만이 '지적 영혼'을 가진다. 이것이 바로 하나님의 형상이다.

루스는 다윈주의자와 아리스토텔레스주의자가 정보, 질서, 형상과 같은 핵심 개념을 공유한다고 본다. 그는 폴킹혼의 말을 인용한다. "내가 이해하는 영혼이란 거의 무한히 복잡하고 역동적인 정보-보유 패턴으로서, 살아있는 신체의 물질에 의해 매 순간 유지되며, 지상의 생애 동안 내 신체 구성 요소들의 변화 속에서도 지속적으로 발달하는 것이다."[29] 영혼은 어떤 방식으로든 '육화'되어야 한다. 영혼은 활성화하고, 형성하며,

---

28 St. Thomas Aquinas, *Summa Theologiae* (London: Eyre and Spottiswoode, 1970), part I, question 75, article 1.7.

29 John Polkinghorn, *Science and Christian Belief: Theological Reflections of a Bottom-Up Thinker* (London: SPCK, 1994), 163; Ruse, *Can a Darwinian be a Christian?*, 81.

정보를 부여하고, 추진하는 등 다양한 방식으로 작용하여 단순한 진흙
덩어리를 실제 인간으로 만든다.

　루스는 이와 같은 인간 이해는 인간이 자연선택을 통해 진화했다고
보는 다윈주의 관점과 크게 다르지 않다고 주장한다. 영혼은 하위 생명체에
서 진화해 왔으며, 동물의 영혼에서 인간의 영혼으로 단절 없이 이어진다.
루스는 이러한 인간 영혼의 진화가 신의 개입 없이 이루어졌다는 것을
의미하지는 않으며 특정 시점에서 신이 기적적으로 인간 영혼을 창조했을
가능성을 배제하는 것도 아니라고 본다. 그러나 다윈주의적 관점에서,
덜 정교한 질서와 사고 원리를 가진 생명체로부터 점진적인 발전이 있었을
것이라는 생각은 자연스러우며, 기적은 일회성 사건이 아니라 일상적인
삶의 부분이라는 것이다.[30] 그는 기독교인들이 다윈주의적 환원주의를
단순히 거부할 것이 아니라 새로운 신학적 기회로 삼을 것을 제안한다.

V. 우연성과 목적론

　진화론은 우연성을 포함한다. 사실 우연성이 너무도 근본적이어서
인간과 같은 존재가 진화를 통해 출현할 가능성은 극히 낮다고 할 수
있다. 다윈주의는 무작위 돌연변이에 작용하는 자연선택을 통해 이루어지
는 진화이다. 루스에 따르면 우연성이 나타나는 요인은 세 가지다.[31] 첫째는
돌연변이의 무작위성이다. 무작위적으로 발생하는 대부분의 돌연변이는

---

30 Ruse, *Can a Darwinian be a Christian?*, 82.
31 Ibid., 83.

생물에게 해롭고, 극히 드물게만 이로운 영향을 준다. 둘째는 자연선택의 기회주의적 성격이다. 자연선택은 상대적이고 기회적인 메커니즘이다. 생존하는 것은 생존에 성공했기에 생존하는 것이다. 절대적인 좋고 나쁨, 높고 낮음이 존재하지 않는다. 셋째로 자연선택은 다른 생물이나 자연의 힘과 같은 외부 환경의 영향에 의해 좌우된다. 이러한 요인들이 다윈주의적 진화론을 근본적으로 우연적인 것으로 만든다. 다윈주의적 관점에서는 인간이나 인간과 유사한 존재(즉, 지능과 도덕적 감각 등을 가진 존재)가 반드시 진화할 것이라는 보장이 전혀 없다.

이와 달리 기독교 신앙은 세계의 존재 자체가 우연히 생겨난 것이 아니라 하나님의 의도에 의해 창조되었으며, 인간이 우연적 존재가 아니라 창조의 초점이자 목적이라고 본다. 워드는 말한다. "수십억 개의 은하가 아무리 많아도, 그것들은 모두 인간의 존재를 목표로 하는 과정의 일부로 존재할 것이다."[32] 과연 우연성에 의해 지배되는 다윈주의 진화론이 이와 같은 기독교의 목적론적 세계관과 같이 갈 수 있는가?

루스는 이 문제에 대한 답변을 경험적 관점과 신학적 관점에서 소개하고 자신의 견해를 밝힌다. 먼저 경험적 관점에서, 진화에 방향성이 있을 가능성이 있다고 가정할 수 있다. 다윈을 비롯하여 자연선택이라는 인과적 메커니즘을 통해 방향성을 설명하려는 사람들이 있다. 오늘날 자연선택을 통한 방향성을 가장 강력하게 주장하는 학자는 도킨스다. 도킨스는 생물학적 '군비 경쟁'으로 생물들이 점점 더 나은 적응을 이루어 간다고 주장한다. 인간의 존재가 반드시 진화의 필연적인 결과였다고 단정할 수는 없지만, 인간의 등장은 단지 우연의 산물만이 아니라 합리적으로 예상이 가능한

---

32 Keith Ward, *God, Faith and the New Millennium* (Oxford: Oneworld, 1998), 22.

것이라는 것이다.

또 많은 진화론자가 자연선택이 생물이 모든 가능한 방향으로 진화할 수 있음을 의미하지는 않는다고 본다. 생물은 적절한 생태적 지위(niche)[33]를 찾아야 하는 필요성에 의해 제한되며, 모든 생태적 지위가 동일하지 않다. 이것이 바로 서로 기원이 매우 다른 생물들이 본질적으로 동일한 적응 경로를 취하는 '수렴 진화' 사례가 많은 이유이다.[34] 콘웨이 모리스(Simon Conway Morris)에 따르면, "캄브리아기 대폭발 이후 진화가 따를 수 있는 길이 수십억 개에 달한다고 해도, 실제 가능한 범위와 예상되는 결과는 훨씬 더 제한적이다."[35] 따라서 일정한 한계 내에서 진화 과정의 결과는 상당히 예측 가능할 수도 있다.

그러나 진화론자들은 진화의 경로가 단순한 형태에서 복잡한 형태로, 원시적 생명체에서 인간으로 진행되는 진보적 과정인지에 대해 서로 대립하고 있다. 굴드는 진보 개념이 "유해하고, 문화적으로 내재된, 검증 불가능하며, 작동 불가능하고, 난해한 개념으로, 우리가 역사의 패턴을 이해하고자 한다면 반드시 대체해야 할 개념"이라고 주장한다.[36] 이와 반대로 에드워드 윌슨(Edward Osborne Wilson)은 생명의 역사가 평균적

---

33 생물학에서 'niche'란 생물 및 비생물 요소들과 상호작용하는 방식을 포함하여 유기체가 환경에서 갖는 역할 또는 위치를 의미한다. 'niche'는 유기체의 서식지, 행동, 식습관, 번식 전략, 다른 종과의 관계 등을 포함한다.

34 가장 잘 알려진 예로는 물고기와 해양 포유류 그리고 가장 극적인 예로는 태반 포유류와 유대목 동물이 있다.

35 Simon Conway Morris, *The Crucible of Creation: The Burgess Shale and the Rise of Animals* (Oxford: Oxford University Press, 1998), 202.

36 Stephen Jay Gould, "On replacing the idea of progress with an operational notion of directionality," in *Evolutionary Progress*, ed. Matthew H. Nitecki (Chicago: University of Chicago Press, 1988), 319.

단순하고 적은 것에서 복잡하고 많은 것으로 진보해 왔다고 본다. "진보는 거의 모든 직관적 기준에서 생명 진화의 고유한 속성이며, 여기에는 동물 행동의 목표와 의도의 획득도 포함된다."[37]

루스는 다윈주의자가 인간의 출현이 단순한 우연 이상임을 보여주는 그림을 그릴 수 있다고 본다. '군비 경쟁은 점점 더 위로의 발전을 가져오며, 인간-유기체 유형의 생태적 지위(niche)가 그 도착을 기다리고 있을지도 모른다. 그러나 이는 여전히 불확실한 주장이다. 군비 경쟁이 실제로 작동한다 해도 비교적 진보와 절대적 진보 사이에는 여전히 커다란 간극이 존재한다. 그렇지만 루스는 신중하면서도 긍정적인 결론을 제시한다. 즉, 다윈주의가 인간이 독특하게 중요한 존재로서 필연적으로 등장할 운명에 있었다고 주장하지는 않지만, 기독교인은 다윈주의 속에서 인간의 특별한 의미와 그 출현의 개연성에 대한 믿음을 뒷받침할 수 있는 요소를 찾을 수 있다는 것이다.[38]

다윈주의의 우연성과 기독교의 목적론 사이의 접촉점을 찾기 위한 신학적 관점의 해결책 중 하나는 신의 설계가 양자 수준의 과정에 내재되어 있다는 것이다. 아사 그레이(Asa Gray)는 선택이 작용하는 돌연변이가 신에 의해 방향 지어진다고 주장한다.[39] 그리고 러셀과 폴킹혼에 의하면 양자 불확정성이 신이 행동할 수 있는 공간을 열어 준다. 필요한 돌연변이는 양자 수준의 효과로 인해 발생하는데, 전체적으로 보면 불필요하거나

---

37 Edward Osborne Wilson, *The Diversity of Life* (Cambridge, Mass.: Harvard University Press, 1992), 187.

38 Ruse, *Can a Darwinian be a Christian?*, 91.

39 Asa Gray, "Natural Selection not inconsistent with natural theology," *Atlantic Monthly* 6 (1860): 109-116, 229-239, 406-425.

방향이 없는 변화에 의해 평준화되기에 눈에 띄지 않는다는 것이다.[40] 그러나 루스는 하나님이 특정한 목적에 맞게 양자 사건을 조정할 수도 있다는 주장을 우리가 어떤 현상을 설명하지 못할 때, 그 틈새에 하나님을 끼워 넣으려는 '틈새의 하나님' 논증으로 간주한다. 그는 반문한다. "만약 하나님이 인간을 향한 돌연변이가 필요할 때 적절한 양자 사건을 일으킬 수 있다면, 왜 잘못된 양자 사건, 즉 극심한 고통과 불행을 초래하는 돌연변이가 일어나려 할 때 그것을 막을 수는 없는가?"[41]

루스는 또 다른 신학적 해결책으로 아우구스티누스적 관점을 소개한다. 이에 따르면 수많은 우연적 요소와 결합하여 인간 진화가 실제 이루어졌는데, 이것은 하나님이 하신 일이었다. 하나님은 모든 것을 미리 계획해 놓고 방관하는 비인격적 신이 아니라 적극적으로 개입하여 모든 것이 이루어지도록 이끄시는 분이다. 우연적인 것이든 아니든 모든 법칙과 사건은 하나님의 법칙과 사건이며, 하나님은 최종 결과를 미리 보셨고 의도하셨다. 여기서 핵심은 과학이 어떤 결론을 내리든 상관없이 결국 하나님이 승리하신다는 것이다.[42]

그러나 이 해결책은 다음과 같은 물음을 불러일으킨다. 첫째는 자유의

---

40 Robert John Russell, "Special providence and genetic mutation; a new defense of theistic evolution," in *Evolution and Molecular Biology: Scientific Perspectives on Divine Action*, eds. Robert John Russell, William R. Stoeger, and Francisco J. Ayala (Vatican City: Vatican Observatory Publications, 1998), 191-223; John Polkinghorne, *Science and Providence: God's Interaction with the World* (Boston: Shambhala, 1989).

41 Ruse, *Can a Darwinian be a Christian?*, 92.

42 Ernan McMullin, "Evolutionary contingency and cosmic purpose," in *Finding God in All Things*, eds. Michael Himes and Stephen Pope (New York: Crossroad, 1996), 156-157.

지의 문제다. 하나님이 모든 것을 철저히 통제하셨다면, 그분의 뜻에 따라 모든 일이 발생할 수밖에 없었으며, 창조된 존재들의 의도나 의지는 무의미한 것이 아닌가? 둘째는 악과 고통의 문제다. 물론 많은 악이 인간의 자유로운 행동에서 비롯된다고 주장할 수 있다. 그러나 자연적 악과 고통은 여전히 남아 있다. 만약 하나님이 인간이 등장하도록 모든 것을 통제하셨다면, 해로운 돌연변이도 결국 하나님의 책임이 아닌가? 지진, 홍수, 수많은 무고한 생명을 앗아가는 자연재해 역시 하나님의 책임이 아닌가?

VI. 방법론적 자연주의

많은 기독교인은 기적을 믿는다. 기적이란 자연법칙을 위반하거나, 자연법칙 위반하지는 않지만 초월하는 사건을 가리킨다. 반면 다윈주의는 자연법칙이 어디에나 적용된다는 전제에 기반한 자연주의적 이론이다. 이 다윈주의가 기적을 믿는 기독교인의 믿음과 조화를 이룰 수 있을까? 다윈주의적 자연주의를 무신론과 동일시하는 사람들이 있다. 이들 가운데 는 도킨스 같은 무신론자뿐만 아니라 필립 존슨 같은 지적 설계론자도 있다. 그러나 루스는 다윈주의가 곧 무신론이라는 주장에 동의하지 않는다. 그에 따르면 과학자로서 다윈주의자는 경험적 법칙의 규칙을 따를 수밖에 없다. 그러나 이것이 곧 이 법칙 너머에 실재가 존재하는지에 대한 입장을 결정하는 것은 아니다. 그러므로 루스는 '방법론적 자연주의'와 '형이상학 적 자연주의'를 구분한다.[43] 형이상학적 자연주의자는 무신론자로서, 맹목

---

43 Ruse, *Can a Darwinian be a Christian?*, 99.

적인 법칙이 비활성 물질에 작용하는 것 너머에 아무것도 존재하지 않는다
고 단언하는 사람이다. 반면 방법론적 자연주의자는 과학을 수행하는
데 있어서 법칙 외의 어떤 것도 고려하지 않겠다고 말하는 사람이다.
그러나 그는 법칙 너머에 더 많은 것이 존재할 가능성을 인정한다.

이와 같은 방법론적 자연주의 이해에 대한 반론도 있다. 알빈 플랜팅가
(Alvin Carl Plantinga)는 방법론적 자연주의가 반드시 신의 부정을 초래하지
않는다고 생각하더라도, 즉 형이상학적 자연주의로 직행하는 것이 아닐지
라도 그러한 경향이 있으며 결국 그 방향으로 나아가게 될 것이라고
주장한다.[44] 플랜팅가는 법칙의 지배를 중심에 두는 과학, 즉 자연주의적
과학을 반대한다. 그는 과학이 법칙뿐만 아니라 기적도 허용해야 한다고
주장한다. 그는 다윈주의의 방법론적 자연주의가 과학의 경계를 부당하게
제한함으로써 기독교를 과학의 범주 밖으로 밀어낸다고 비판한다.

플랜팅가는 또 만약 자연주의 진화론이 참이라면 우리의 이성과 인지
능력도 진화의 산물이 된다고 주장한다. 그러나 다윈주의 진화는 진리에
관심을 두지 않으며 오직 생존과 번식의 성공만을 목표로 한다. 따라서
우리의 이성과 인지 능력이 세계에 대한 진실을 알려줄 것이라는 보장이
없다. 그것들은 단지 우리가 생존하고 번식하기 위해 믿어야 하는 것(효과적
이지만 거짓될 수 있는)만을 우리에게 말할 뿐이다.[45]

이러한 플랜팅가의 주장에 대한 루스의 응답은 다음 네 가지로 요약될
수 있다.[46] 첫째, 사전적 정의에서 '과학'이라는 단어는 신을 언급하지

---

44 Alvin Carl Plantinga, "Methodological naturalism," *Perspectives on Science and Christian Faith* 49, no. 30 (1997): 143-154.

45 Alvin Carl Plantinga, *Warrant and Proper Function* (New York: Oxford University Press, 1993), 219.

않는 것을 의미하며, 방법론적 자연주의에 의해 특징지어지는 것이 사실이다. 과학 안에 신이나 기적을 포함시키는 플랜팅가의 과학 이해는 임의적인 것이다. 둘째, 방법론적 자연주의에서 형이상학적 자연주의로 쉽게 미끄러지는 것은 사실이나 그것은 단지 '경향'일 뿐이며, 방법론적 자연주의는 결코 신앙적 헌신을 과학이 아니라는 이유로 무시하지 않는다. 셋째, 플랜팅가가 기적을 강조하는 것은 그가 성서를 지나치게 문자적으로 해석하기 때문이다. 만약 창세기 이야기가 없었다면, 하나님이 고대의 생물 종을 기적적인 방식으로 창조했다는 것이 그럴듯하게 보이겠는가? 넷째, 신이 주신 능력인 감각과 이성을 사용하여 세계의 본질을 탐구하는 활동은 본질적으로 비종교적이라고 볼 수 없다. "우리는 모두 우리 자신, 우리의 힘과 능력에서 출발한다. 플랜팅가가 기독교인이 경험적 진화론적 전제로부터 출발하는 사람들과 공유할 수 없는 확고한 믿음의 토대를 갖고 있다고 진정으로 믿는다면, 그는 순진하거나 오만한 것이다."[47]

VII. 설계 논증과 다윈주의

하나님의 존재에 대한 기독교 자연신학의 논증은 목적론적 논증 또는 설계 논증이다. 대표적인 설계 논증은 윌리엄 페일리의 『자연신학』(1802)에서 발견된다. 페일리는 눈을 시계와 비교하면서, 시계에는 시계 제작자가 필요한 것처럼 눈은 눈을 설계한 자, 즉 하나님의 존재를 증명한다고

---

46 Ruse, *Can a Darwinian be a Christian?*, 101-102, 105-110.

47 Ibid., 110.

논증했다. 그러나 도킨스는 눈과 시계를 비교하는 페일리의 논증이 완전히 잘못되었다고 비판한다. 그는 자연선택은 어떠한 목적이나 계획도 가지고 있지 않다고 강조한다. "자연에서 시계 제작자의 역할을 한다고 말할 수 있다면, 그것은 눈먼 시계 제작자일 뿐이다."[48] 그는 다윈주의가 단순히 설계 논증이 작동하지 않는다는 것을 입증하는 것이 아니라 무신론이 참이라는 것을 입증한다고 주장한다.

오늘날 도킨스와 같은 무신론적 다윈주의자의 반대편에 과학적 관점에서 신적 설계를 주장하는 지적 설계론이 있다. 지적 설계론자들은 자연계의 복잡성과 질서가 무작위적 자연선택만으로는 충분히 설명될 수 없으며, 초월적 지성의 설계로만 설명될 수 있다고 주장한다. 지적 설계론자 마이클 베히는 세계가 설계된 증거가 생명체의 '환원 불가능한 복잡성'에 나타난다고 주장한다. 그는 '환원 불가능한 복잡성'에 대해 다음과 같이 설명한다. "환원 불가능한 복잡성이란 여러 개의 적절하게 조화된 상호작용하는 부분들로 구성된 단일 시스템을 의미한다. 여기서 부분들은 시스템의 기본적 기능에 기여하는데, 어느 한 부분이라도 제거되면 시스템은 기능을 멈추게 된다. 환원 불가능한 복잡한 시스템은 연속적으로 초기 기능을 향상시키면서 선행 시스템을 조금씩 계속 변화시킴으로써 직접적으로 생성될 수 없다. 즉, 환원 불가능한 복잡한 시스템의 전구체(precursor)가 어느 한 부분을 결여한 상태라면, 그것은 기능을 수행할 수 없다."[49]

---

48 Richard Dawkins, *The Blind Watchmaker* (New York: Norton, 1986), 5.

49 Michael J. Behe, *Darwin's Black Box: The Biochemical Challenge to Evolution* (New York: Free Press, 1996), 39. 베히는 모든 환원 불가능한 복잡성에 자연적 기원을 가질 가능성을 완전히 배제하지는 않는다. 그러나 복잡성이 증가할수록 간접적인 자연적 경로를 통해 이러한 시스템이 형성될 가능성은 급격히 감소한다는 것이다. Ibid., 40.

베히는 환원 불가능한 복잡한 생물학적 시스템이 점진적 진화 과정으로 형성될 수 없다고 주장한다.

루스는 베히의 논증을 아치형 다리의 예를 들어 논박한다.[50] 만약 아치형 다리를 처음부터 아무런 사전 준비 없이 쌓아 올리려 한다면, 돌들을 중간으로 옮기는 순간 계속해서 무너질 것이다. 따라서 먼저 임시 구조물을 세운 후 그 위에 돌들을 올려놓아야 한다. 그리고 돌들이 중앙에서 서로 맞물려 고정되면 더 이상 임시 구조물이 필요 없게 되어 제거할 수 있다. 이 임시 구조물이 존재했다는 사실을 모른다면 다리가 어떻게 세워졌는지 기적처럼 보일 수도 있다. 진화에서도 이와 같은 과정이 일어난다. 모종의 경로가 존재하고, 그 위에 여러 부품이 자리 잡고 있다가, 이 부품들이 연결되면서 새로운 기능이 만들어진다. 그러면 기존의 경로는 더 이상 필요 없게 되고 자연선택에 의해 제거된다. 이제 새로운 경로만 남게 되는데, 과거의 경로가 없었다면 새로운 경로도 존재할 수 없었을 것이다.

루스는 또한 생물학적 복잡성이 자연적 과정을 통해 형성될 수 없다는 베히의 주장을 반박하는 실제적인 과학적 사례로 '크렙스 회로'(Krebs cycle)를 제시한다. 크렙스 회로는 미토콘드리아에서 일어나는 일련의 화학 반응으로서, 음식으로부터 얻은 에너지를 세포가 사용할 수 있는 형태로 변환하는 회로다.[51] 이 회로는 무에서 갑자기 나타난 것이 아니다. 크렙스 회로를 구성하는 각각의 요소들은 원래 다른 목적을 위해 존재했으며, 이후 새로운 기능을 수행하도록 채택되었다. "크렙스 회로 문제에서

---

50 Ruse, *Can a Darwinian be a Christian?*, 117.

51 미토콘드리아에서는 아데노신 삼인산(ATP)이라는 에너지가 풍부한 복합 분자가 생성되는데, 이 분자는 근육 활동 등 신체가 필요로 할 때 아데노신 이인산(ADP)으로 분해된다.

중간 단계들은 각각 다른 목적에서도 유용했다. 따라서 회로의 완전한 설계는 매우 분명한 '기회주의적' 사례였다."[52]

베히의 논증에는 이 외에도 다음과 같은 문제점들이 있다. 첫째는 진화로 설명될 수 있는 복잡성과 설계자를 요청하는 환원 불가능한 복잡성의 경계가 모호하다는 것이다. 어디까지의 복잡성이 자연적 진화에 의한 것이고 어디부터가 설계자의 지적 설계에 의한 환원 불가능한 복잡성인가? 둘째는 과연 지적 설계는 언제 어떻게 이루어졌는가 하는 것이다. 베히는 거의 40억 년 전에 설계자가 모든 환원 불가능한 복잡한 생화학적 시스템을 포함한 첫 번째 세포를 만들었을 것으로 추정한다.[53] 그러나 만약 설계가 40억 년 전에 단번에 이루어졌다면, 당시에는 고등 동식물의 환원 불가능한 복잡성이 필요하지 않았을 터인데, 그것이 어떻게 무작위 돌연변이, 유전자 부동, 자연선택에 의해 제거되지 않고 남아 있었는가? 이와 달리 만약 설계가 점진적으로 이루어졌다면, 왜 다윈주의적 진화의 증거(예: 크렙스 회로)가 발견되는가?

셋째는 악의 문제다. 베히 유형의 설계자가 존재하며, 환원 불가능한 복잡성을 가진 유기체를 만들어 낸다고 가정해 보자. 그렇다면 끔찍한 테이-삭스(Tay-Sachs)병이나 겸형 적혈구 빈혈과 같은 돌연변이는 어떻게 설명해야 하는가? 그것은 우연의 산물인가, 아니면 진화의 탓인가? 왜 설계자는 이러한 문제를 해결하지 않는가? 왜 환원 불가능한 복잡성을

---

52 E. Meléndez-Hevia, T. G. Waddell, and M. Cascante "The puzzle of the Krebs Citric Acid Cycle: Assembling the Pieces of Chemically Feasible Reactions, and Opportunism in the Design of Metabolic Pathways during Evolution," *Journal of Molecular Evolution* 43 (1996), 302.

53 Behe, *Darwin's Black Box*, 227.

창조하는 설계자가 그리 복잡하지 않으면서도 절대적으로 끔찍한 것들을 허용하거나 심지어 만들어 내는가?[54] 하나님이 생명의 기원이나 크렙스 회로에 직접적인 책임이 있다면, 돌연변이로 인한 결함에 대한 책임에서도 자유로울 수 없다. 루스는 베히가 신 존재 증명을 위한 '틈새의 신' 논증을 새롭게 포장해서 제시했을 뿐이라고 지적한다.[55]

VIII. 신정론: 악, 원죄, 자유의지

기독교인에게 가장 큰 난제는 신정론의 문제다. 하나님이 전능하시고 선하시다면, 왜 악이 존재하는가? 하나님이 전능하시다면 악을 막을 수 있을 것이고, 선하시다면 악을 막고자 하실 것이다. 그렇다면 악의 현실은 어떻게 설명 가능한가? 이에 대해 다윈주의는 어떤 설명을 제시하는가? 악에는 인간이 초래한 도덕적 악과 자연적 과정에서 비롯된 물리적 악이 있다. 우선 물리적 악에 대한 다윈주의의 이해를 살펴보자. 다윈은 "나는 선하고 전능한 신이 애벌레의 살아 있는 몸속에서 영양분을 섭취하도록 의도적으로 맵시벌과 같은 곤충을 창조했다고는 도저히 믿을 수 없다"라고 말했다.[56] 수백만 종이 자연선택 과정에서 멸종되었다. 다윈은 말한다. "나는… 어느 곳에서도 설계와 자선의 증거를 볼 수 없다. 세상에는 너무 많은 비극이 있는 것처럼 보인다."[57] 진화론은 우주의 설계에 반하는

---

54 Ruse, *Can a Darwinian be a Christian?*, 120.

55 Ibid., 122.

56 Richard Dawkins, *A River Out of Eden: A Darwinian View of Life* (New York: Basic Books, 1995), 95. 1860년 5월 22일 다윈이 아사 그레이에게 보낸 편지에서 인용.

이론으로 여겨진다. 아얄라는 이렇게 말한다. 세계는 "초월적 지능, 지혜, 자비를 지닌 존재에게 돌려지기에는 적절치 않은 심대한 역기능, 낭비, 잔인함으로 가득 차 있다."[58] 자연은 잡아먹고 잡아먹히는 잔혹한 생존경쟁의 세계다. 도킨스는 "신이 있다면 피비린내 나는 잔혹한 스포츠를 즐기는 사디스트인가" 하고 묻는다. 그는 "우리가 관찰하는 우주는 근본적으로 설계도 없고, 목적도 없고, 선과 악도 없으며, 맹목적이고 무자비한 무관심만 있을 경우 우리가 예상해야 하는 바로 그러한 속성을 가지고 있다"라고 주장한다.[59]

다윈주의자는 고통과 악이 생명체가 창조되고 작동하는 방식에 기인한다고 본다. 즉, 고통은 생명의 본질 속에 자리 잡고 있으며 적응 과정과 밀접하게 연관되어 있다. 고통은 새로운 변이의 원천인 무작위 돌연변이에 의해 초래된다. 유익한 돌연변이 하나가 나타날 때마다 수백 개의 돌연변이가 나타나 재앙과 파멸을 초래한다. 테오도시우스 도브잔스키(Theodosius Dobzhansky)는 말한다. "환경에 완벽하게 적응한 종은, 필요한 때 요구되는 유전적 변이가 존재하지 않는다면 환경 변화로 인해 멸종될 수도 있다. 진화적 유연성은 오직 불리한 돌연변이에 의해 일부 개체를 죽음에 이르게 하는 잔인한 희생의 대가를 치러야만 얻을 수 있다."[60] 다윈주의는 물리적

---

57 Charles Darwin, *The Correspondences of Charles Darwin*, vol. 8, eds. Frederick Burkhardt and Sydney Smith (Cambridge: Cambridge University Press, 1985), 275.

58 Francisco Ayala, "Design without designer," in *Debating Design*, eds. William Dembski and Michael Ruse (Cambridge: Cambridge University Press, 2004), 56.

59 Dawkins, *River Out of Eden*, 133.

60 Theodosius Dobzhansky, *Genetics and the Origin of Species* (New York: Columbia University Press, 1937), 126-127.

악을 단순히 인간 세계의 문제만으로 보지 않는다. 비록 인간이 다른 동물보다 더 깊은 고통을 느낀다고 해도 인간의 고통이 다른 동물들이 느끼는 고통과 본질적으로 단절된 것은 아니다. 다윈주의는 어떤 생물체도 진화의 자연선택 과정을 거치지 않고는 적응적 복잡성을 획득할 수 없다고 본다. 물리적, 자연적 악은 자연선택 과정의 결과로 나타난다. 자연선택에는 물리적 고통이라는 대가가 따르지만, 이는 반드시 치러야 하는 비용이다.

루스는 기독교가 이와 같은 다윈주의를 긍정적으로 받아들일 수 있다고 주장한다. 왜냐하면 다윈주의는 하나님이 물리적 악을 허용하실 수밖에 없었던 이유를 이해 가능하게 설명하기 때문이다.[61] 하나님의 창조는 진화적 방식으로 이루어지기 때문에 불가피하게 물리적 악이 동반된다. 그리고 이 물리적 악에 대한 책임은 하나님께 돌려질 수 없다. 다윈주의는 세계의 고통과 악에 대한 책임을 직접 하나님께 돌리지 않을 수 있는 신정론의 길을 제시한다.

그렇다면 선하신 하나님이 처음부터 필연적인 고통과 악을 미리 알고 계셨음에도 불구하고 세상과 생명을 창조하셨다는 것이 어떻게 가능한가? 이에 대한 기독교의 대답은 신비와 믿음의 틀 안에서 주어진다. 즉, 하나님의 신비는 인간의 지성이 완전히 이해할 수는 없지만, 믿음으로 받아들이고 포용할 수 있다는 것이다.[62] 자연적으로 발생하는 고통이 아무리 끔찍해 보일지라도, 이는 하나님의 사랑 속에서 이루어진 계획의 일부이며 때가 차면 우리에게 드러날 것이다. 폴킹혼은 말한다. "고통의 신비는 크지만, 희망을 지속하는 신비 또한 그러하다."[63]

---

61 Ruse, *Can a Darwinian be a Christian?*, 137.

62 John Paul II, *Fides et Ratio: Encyclical Letter of John Paul II to the Catholic Bishops of the World* (Vatican City: L'Osservatore Romano, 1998), 14.

다원주의자는 이러한 대답에 동의할 수 있는가? 즉, 이성을 초월하는 신비와 믿음을 받아들일 수 있는가? 루스는 그럴 수 있다고 본다. 그에 따르면 우리의 이해는 일정 수준까지 도달할 수 있지만, 그 이상은 불가능하다. 다원주의자는 우리의 인식적 한계를 설명하고 받아들이는 데 별 어려움이 없다. 우리는 진화 과정을 통해 출현한 영장류로서의 생물학적 한계를 지닌다. 그리고 우리의 발전이 무한히 지속될 것이라는 보장도 없다. 우리는 한계에 부딪힐 수 있다. 그러므로 루스는 우리가 우리 자신의 한계에 대해 겸손함을 가져야 한다고 말한다. "다원주의자로서 당신은 자연선택을 통해 형성된 우리의 능력, 즉 정신적 능력을 포함한 우리의 모든 속성이 궁극적인 형이상학적 실재를 완전히 이해할 수 있다고 생각하는 것에 대해 회의적이어야 한다."[64] 그는 또 말한다. "다원주의는 물리적 고통을 강조하는 과학으로서, 물리적 고통과 그 고통을 극복하려는 신적 열망을 강조하는 종교인 기독교를 바라본다."[65] 기독교는 고통과 악이 궁극적으로 예수 그리스도의 십자가에 의해 극복된다고 증언한다. 하나님은 피조물의 기쁨과 고통에 무감한 존재가 아니다. 예수의 십자가 고통과 버림받음의 절망은 하나님이 우리가 느낄 수 있는 극한적인 육체적, 정신적 고통을 함께 느끼심을 잘 보여준다. 기독교는 모든 고통과 악이 십자가에 나타난 하나님의 고통받는 사랑에 의해 종말론적으로 극복된다고 믿는다.

그러면 인간의 도덕적 악, 즉 죄는 어떻게 존재하게 되었는가? 기독교는 이를 원죄 교리로 설명한다. 원죄 교리에 따르면 최초의 인간 아담이 타락함으로써 그 죄가 유전되어 모든 인간이 죄의 굴레에서 태어난다.

---

63 Polkinghorne, *Science and Providence*, 64.

64 Ruse, *Can a Darwinian be a Christian?*, 141.

65 Ibid., 134.

물론 아담 이야기를 문자 그대로 역사적 사실로 받아들일 수는 없다. 최초의 한 쌍의 조상이라는 개념 자체가 현대 진화생물학과 정면으로 배치된다. 그러나 루스는 아담과 하와 이야기를 은유적으로 해석할 용의가 있고, 동시에 다윈주의 진화론의 진실성과 적절성을 인정한다면, 원죄에 대한 자연스러운 이해가 가능하다고 본다. 오늘날 진화의 사실을 진지하게 받아들이는 신학자들도 도덕적 타락의 순간이 있었을 것으로 본다. 워드에 따르면 진화 과정에서 최초로 의식적인 도덕적 선택을 한 순간, 그리하여 인류의 타락이 시작된 지점이 있었을 것이다.[66]

다윈주의는 생존과 번식을 위한 투쟁에서 출발하며, 이 투쟁에서의 성공을 위한 적응으로 이끄는 변이의 선택으로 나아간다. 이러한 적응 중 상당수는 자기 이익을 우선시하는 이기주의적 성향을 포함한다. 이 이기주의적 성향은 기독교에서 원죄로 간주하는 것이다. 원죄는 인간의 생물학적 패키지의 일부로서 인간 존재와 함께한다. 우리는 부모로부터 그것을 물려받았고, 부모는 그들의 부모로부터 물려받았다. 루스는 원죄에 관한 한, 사회생물학적 인간과 기독교적 인간이 거의 동일하다고 주장한다. "둘 다 인간이 심대하게 자기중심적이고 이기적이며, 그러나 이에 진정한 도덕적 감각이 더하여져 함께 있다고 본다. 둘 다 인간이 참으로 죄악되며, 선함이 그 지배권을 놓고 싸우고 있다고 본다."[67]

그러면 원죄는 생물학적 결정론과 같은 것인가? 하등동물(말벌 등)은 생물학적 결정론의 특징을 잘 보여준다. 생물학적 결정론에서 유전자는 핵심적인 역할을 한다. 어느 정도는 인간 본성에 대해서도 생물학적 설명이

---

66 Ward, *God, Faith and the New Millennium*, 42.

67 Ruse, *Can a Darwinian be a Christian?*, 210.

가능하다. 그러나 다른 생물체와 달리 인간은 유전자 결정론으로 환원되지 않는다. 인간은 DNA의 명령에 따라 맹목적으로 춤추는 꼭두각시가 아니다. 인간은 반성적 자기 평가 능력과 자유의지를 지닌다. 인간은 이기적이고 탐욕적이면서, 동시에 타인을 향한 도덕적 감정을 지니고 있다. 물론 우리 안에는 원죄가 작동한다. 우리는 종종 욕망에 사로잡혀 도덕적 의지에 순종하거나 그것을 충족시키지 못한다. 그러나 우리는 자유의지를 지닌 자율적 존재로서 자신의 결정과 행동에 책임을 져야 한다. 인간의 하나님 형상은 (비록 죄로 인해 일그러졌어도) 원죄나 유전자 결정론에 의해 부정되거나 무시될 수 없는 자유의지를 가진 책임적 존재라는 사실에 있다.

IX. 결론

루스는 비기독교인 다원주의자이지만, 기독교 신앙에 열려 있다. 그는 다원주의와 기독교의 관계를 대립이나 모순의 관계가 아니라 양립 또는 조화가 가능한 관계로 이해한다. 따라서 그는 다원주의자가 기독교인이 될 수 있으며, 기독교인이 다원주의자가 될 수 있다고 주장한다. 그런데 그렇게 되기 위해서는 양쪽에 조건이 요구된다. 다원주의자는 우리 인간이 중간 단계 영장류로서 궁극적 신비를 꿰뚫어 볼 수 있는 능력을 갖추고 있지 않음을 인정해야 하며, 기독교인은 창세기에 대한 문자주의적 해석에서 벗어나야 한다. 이제 세 가지 개념을 중심으로 루스의 견해에 대한 비판적 숙고를 제시하고자 한다.

1. 방법론적 자연주의

루스는 과학자가 방법론적 자연주의에 충실해야 하지만, 방법론적 자연주의를 형이상학적 자연주의와 혼동해서는 안 된다고 말한다. 과학자는 자신의 한계를 알아야 한다. 그러므로 루스에게 과학의 방법론적 자연주의는 형이상학적 신비나 신앙에 열려 있다. 그러나 방법론적 자연주의와 형이상학적 자연주의가 구별되기 어려운 경우도 없지 않으며, 방법론적 자연주의가 무신론으로 미끄러질 위험성이 존재하는 것도 사실이다. 물론 루스의 방법론적 자연주의는 무신론으로 미끄러지지는 않는다. 그러나 그는 범신론 또는 이신론으로 미끄러질 가능성이 있는 것처럼 보인다. 그의 방법론적 자연주의는 진화 과정'으로서' 하나님의 내재적, 자연적 행위에 대해서는 열려 있지만, 진화 과정 '안에서' 하나님의 직접적 행위를 위한 가능성에 대해서는 열려 있지 않은 것처럼 보인다. 이러한 사실은 그가 양자역학의 불확정성 영역에서 하나님의 행동 가능성에 대한 논증을 '틈새의 신' 논증이라고 비판하는 데 잘 나타난다. 그러나 비결정적인 양자 세계에서 하나님의 행동에 대한 논증은 단순히 '틈새의 신' 논증과 동일시될 수 없다. 왜냐하면 이 논증은 지적 설계론자의 환원 불가능한 복잡성 논증처럼 과학으로 설명하기 어렵다고 주장되는 자연현상을 설명하기 위해 신을 불러들이는 것이 아니라 바로 과학에 의해 밝혀진 존재론적 비결정성 영역이 초월적 인과성, 즉 하나님의 행동에 열려 있음을 말하고 있기 때문이다. 물론 하나님의 행동에 대해 말하는 것은 과학이 아니라 신학이다.

루스의 문제점은 또한 생명의 기원에 대한 설명에서도 발견된다. 그는 생명의 자연적 기원, 즉 생명체의 진화 과정뿐만 아니라 생명체가 무생물로부터 자연적으로 진화한 과정을 장차 과학이 밝혀낼 수 있을 것(그리고 아마도 재현할 수도 있을 것)을 기대한다. 루스가 생명이 무생물로부터 '자연적'으로 출현했다고 말할 때, 이 '자연적'이란 말은 '내재적' 또는 '우연적'이란 의미를 포함하는 것으로 보인다. 그가 베르그송의 창조적 생명력(élan vital) 개념이 물리적 증거가 없다는 이유로 거부하는 것은, 방법론적 자연주의를 형이상학적 자연주의와 혼동해서는 안 된다는 자기의 말과 달리, 그 둘을 혼동하고 있음을 보여준다고 할 수 있다. 다윈주의자가 기독교인이 될 수 있고 기독교인이 다윈주의자가 될 수 있다는 루스의 주장이 세계 안에서 하나님의 자유로운 직접적 행동 가능성을 배제하고 진화론의 자연주의적 설명을 그대로 받아들여야 한다는 것을 의미한다면, 그것은 기독교를 범신론 또는 이신론적 종교로 만드는 것이 될 것이다.

기독교인이 믿는 하나님의 신비는 초자연적 신비이다. 그러나 그것은 또한 단지 자연을 초월하는 초자연적 신비일 뿐만 아니라 자연 한 가운데서의 신비이기도 하다. 자연 자체가 하나님의 초월적 신비를 향해 열려 있다. 따라서 방법론적 자연주의는 자연 안에서 하나님의 신비로운 행동에 열려 있어야 한다. 그리고 '자연' 또는 '자연적'이란 개념 자체가 고정화된 개념이 아니라 하나님의 창조적 행위에 의해 새롭게 정의되고 확장될 가능성에 열려 있어야 한다.

2. 일원론적 환원주의

루스는 자신의 다윈주의를 일원론적 환원주의라고 부른다. 그는 영혼의 실재를 인정하지만, 영혼을 몸과 구별된 실체로 이해하지는 않으며, 영혼을 몸의 진화적 과정의 결과로 이해한다. 그는 (생명의 기원과는 달리)

영혼이 하나님의 기적적 개입으로 창조되었을 가능성을 완전히 부인하지는 않는다. 그러나 그는 기독교인들도 다원주의적 사고의 자연스러움을 인정하고 그것을 새로운 신학적 기회로 삼을 것을 제안한다. 그러나 그가 하나님의 개입 가능성을 진심으로 인정한다면, 그의 다원주의는 단순히 일원론적 환원주의라고는 할 수는 없을 것이다.

진화 과정의 새로움(특히 영혼의 출현)은 창발적 우연성에 의해 비롯된다. 영혼은 몸으로부터 창발하지만, 몸으로 환원되지는 않는다. 마음은 뇌로부터 창발하지만, 뇌의 물리 화학적 작용으로 환원되지 않는다. 몸으로부터 영혼의 창발은 생명체의 자연적 진화 과정을 필요로 하지만, 그것으로 환원되지 않는다. 기독교 신앙은 진화 과정의 창발적 우연성이 하나님의 창조적 행위로부터 말미암는다고 믿는다. 하나님은 진화 과정에 창발적 새로움을 가져오신다. 몸으로부터 창발된 영혼은 몸과 같은 물질적 실체는 아니지만 단지 몸의 부수 현상이 아니라 인간의 자아를 대표하는 고유한 실재다. 인간의 자아를 대표하는 실재로서 영혼은 하나님 앞에서 책임적 자아로 서며 하나님의 구원의 은총 안에서 불멸의 실재가 된다.

3. 악과 신정론: 설계와 우연성

창조자 하나님을 믿는 기독교인이 세계가 하나님의 설계로 창조되었다고 믿는 것은 당연한 일이다. 그러나 이른바 지적 설계론의 근본적인 문제는 두 가지다. 첫째는 지적 설계론이 스스로 과학이라고 주장하는 데 있다. 그러나 과학계는 지적 설계론을 과학 이론으로 인정하지 않는다. 과학 이론이 되려면 검증과 반증이 가능해야 하는데, 지적 설계론은 초월적 설계자의 존재를 가정하기 때문에 반증할 수 없으며, 따라서 과학적 반증

가능성이 결여되어있다. 이런 이유로 2005년 미국의 도버 재판에서 법원은 지적 설계론이 과학이 아니라 창조과학의 변형이며, 공립학교에서 가르칠 수 없다고 판결했다.

지적 설계론의 두 번째 문제는 결정론적 설계 개념에 있다. 지적 설계론의 결정론적 설계 개념은 자연의 역사적 우연성을 포괄하지 못하며, 따라서 악에 대한 책임을 하나님께 돌리는 것 외에는 다른 방식으로 신정론의 문제에 답할 수 없다. 하나님의 설계 개념은 자연의 역사적 우연성을 포괄하는 것이어야 한다. 하나님이 자연의 우연적 과정을 통해 생명과 가치를 창조해 가신다는 사실은 하나님의 위대함을 손상하는 것이 아니라 더욱 고양시키는 것이다. 우연성을 포함하는 자연과 인간의 역사적 과정 외에 악과 신정론의 문제에 더 이해 가능한 방식으로 답할 수 있는 설계와 섭리의 길은 존재하지 않는다.

진화론은 낭비와 고통이 복잡한 생명체의 출현을 가져오는 과정에서 불가피한 것임을 우리에게 인식시켜 준다. 생물학적 고통과 죽음은 첫 번째 인간이 존재하기 오래전에 있었다. 그것들은 아담이 죄를 짓지 않았다면 피할 수 있었을 형벌이 아니다. 고통과 죽음은 진화 과정의 불가피한 요소들로서, 그것들이 없었다면 지적 생명체와 인간이 지구상에 출현할 수 없었을 것이다. 인간은 자신의 DNA 안에 진화의 역사를 지닌 복잡한 생명체이다. 기독교는 세계의 고통과 악에 대한 책임을 직접 하나님께 돌리지 않을 수 있는 신정론의 길을 다원주의로부터 배울 수 있다.

13장
창조와 진화 논쟁의 어제와 오늘

I. 서론

오늘날 진화론은 학교의 공교육 과정에서 지구상 생명의 복잡성과 시간에 따른 생물학적 변화를 주도하는 메커니즘을 합리적으로 설명하는 과학 이론으로 가르쳐지고 있다. 그러나 창조론을 믿는 기독교에 있어서 진화론에 관한 문제는 과학과 신앙의 관계에 대한 광범위한 논의를 반영하는 중요하고 복잡한 문제다. 역사적으로 이 갈등은 1859년 자연선택에 의한 진화론을 소개한 다윈의 『종의 기원』이 출판된 시점으로 거슬러 올라간다. 이 책은 성서에 대한 문자적 해석에 기초한 전통적인 창조신앙을 지닌 당시의 교회와 기독교인들로부터 격렬한 반발을 불러일으켰다.

다윈이 『종의 기원』을 출판한 다음 해인 1860년 옥스퍼드에서 열린 영국과학진흥협회 연례 회의에서 고생물학자 토마스 헉슬리(Thomas Henry Huxley)는 영국 성공회 주교인 새뮤얼 윌버포스(Samuel Wilberforce)와 인간의 기원에 관한 논쟁을 벌였는데, 다음과 같이 말했다. "당신은 발전이 창조주를 몰아낸다고 말한다. … 그러나 당신도 당신 자신이 원래

이 금색 연필 끝보다도 작은 물질 조각에서 비롯되었다는 사실을 알고 있다. … 나는 그런 기원(영장류로부터의 기원)에서 비롯되었다는 것을 수치스럽게 생각하지 않는다. 그러나 문화와 웅변의 재능을 편견과 거짓을 옹호하는 데 악용한 사람에게서 비롯되었다면 수치스럽게 생각할 것이다.”[1]

오늘날 진화론에 관한 교회의 입장은 교파나 국가에 따라 다양하다. 대체로 가톨릭교회와 영국 교회는 하나님이 자연적인 과정을 통해 일하시며, 따라서 진화론이 창조주 하나님을 믿는 믿음과 공존할 수 있다고 생각하고 진화론에 대해 열린 태도를 보인다. 반면 미국에서는 창조와 진화 논쟁이 단지 교회 내적인 문제가 아니라 사회적인 문제로 비화하여 법정에서의 재판을 통한 사법적 판결을 기다려야 했다. 이 장에서는 먼저 미국에서의 창조와 진화에 대한 사회적 법정에서의 논쟁 과정을 살펴보고, 오늘날의 유럽과 미국 그리고 우리나라의 가톨릭교회와 개신교회에서의 진화론에 관한 입장들을 고찰한 후, 간략하게 결론을 제시하고자 한다.

II. 미국에서의 창조와 진화 논쟁

미국에서 창조와 진화 논쟁은 공립 고등학교의 생물학 수업 시간에 무엇을 가르쳐야 하는가 하는 문제로 인해 촉발되었다. 고등학교 생물학 수업 시간에 진화론을 가르칠 것인가, 창조론을 가르칠 것인가를 놓고 논쟁을 벌인 대표적인 사건이 1925년의 존 스코프스(John Thomas Scopes)

---

1 Aldous Leonard Huxley, *The Life and Letters of Thomas Henry Huxley* vol. 1 (London: Macmillan, 1900), 200-201.

재판이다. 1925년 테네시주는 기독교 보수주의자들의 로비로 인해 다윈의 인간 진화 이론을 공립학교에서 가르치는 것을 금지하는 버틀러법을 통과시켰다. 이 법의 내용은 대학, 공립학교 또는 대중을 상대로 성서가 가르치는 하나님의 창조를 부인하는 행위 그리고 사람이 하등 차원의 동물로부터 기원하였다는 내용을 가르치는 행위를 금하는 것이었다. 그러나 고등학교 생물 교사인 스코프스(당시 24세)는 이를 어기고 학생들에게 진화론을 가르쳤다. 그러고는 버틀러법 위반 혐의로 자신을 고소했다. 그의 의도는 재판을 연방 대법원까지 끌고 가서 연방 헌법을 가지고 주 법률을 심의하도록 하는 것이었다.

그러나 재판은 연방법과 상관없이 주법에 의해 이루어졌다. 원고 측 변호인, 즉 검사는 반진화론법이 1925년 테네시주에서 입법되도록 캠페인을 벌였던 미국의 정치가 윌리엄 브라이언(William Jennings Bryan)이 맡았으며, 피고 측 변호, 즉 변호인은 미국 민권자유연합의 선도적 인물이었던 클래런스 대로우(Clarence Seward Darrow)가 맡았다. 대로우는 한때 브라이언의 민주당 대통령 경선 캠프에 참여한 적이 있었지만, 브라이언의 정치 성향, 특히 개신교 근본주의 성향에 실망해서 캠프를 떠났다.

대로우는 법정에서 성경 창세기 3장 14절("여호와 하나님이 뱀에게 이르시되 네가 이렇게 하였으니 네가 모든 가축과 들의 짐승보다 더욱 저주를 받아 배로 다니고 살아 있는 동안 흙을 먹을지니라")을 읽고 브라이언에게 물었다. "그게 뱀이 기어다녀야 하는 이유라고 생각하는가?" 브라이언이 대답했다. "나는 그렇게 믿는다." 대로우가 물었다. "그러면 그 이전에는 뱀이 어떻게 다녔는지 알고 있는가?" "모른다"라고 브라이언 답하자, "혹시 꼬리로 걸어 다녔다고 생각하지 않는가?"라고 대로우가 물었다. 브라이언은 "아니다. 난 모른다"라고 하였고, 청중은 폭소를 터뜨렸다.[2]

재판은 원고의 승소로 끝났으며, 재판장은 법정 최저액인 100달러 벌금을 피고에게 부과했다. 이 판결은 미국 연방 수정 헌법 1조에 명시된, 국가가 국교를 정하는 것을 금하는 국교 금지조항이 각 주의 공립학교 교육에 적용되지 않은 결과였다. 스코프스가 100달러 유죄 판결을 받아 브라이언이 승리한 듯 보였으나, 미국 전역에서는 대로우가 승리했다. 그리고 1927년 항소심에서 테네시 대법원은 기술적인 이유로 유죄 판결을 뒤집었다. 버틀러법은 1967년에야 폐지되었다.

그러나 그 후 1948년부터 연쇄적으로 이루어진 판결을 통해서 미국 연방 대법원은 공립학교 수업에서의 종교 교육, 학교가 후원하는 기도, 필수 성서 읽기를 폐지했다. 테네시주의 반진화론법은 진화론 자체가 아니라 단지 인간 진화를 가르치는 것을 금하는 법이었다. 브라이언도 성서에 대한 문자주의적 해석에 기초해서 젊은 지구론을 주장하는 창조과학을 가르쳐야 한다고 주장하지는 않았다. 그도 성서에 나타나는 창조의 날들이 광대한 지질학적 시대를 상징한다고 생각했다. 테네시주의 반진화론법은 1968년에 폐기되었다. 미국 연방 대법원은 1968년에 헌법 수정 제1조에 근거하여 "종교적 신념이나 주장을 이유로 지식을 교육하는 것을 방해할 수 없다"라고 판결함으로써 반진화론 법을 폐기했다.

1970년대에 미국이 국가 정책으로 과학과 기술에 지원을 집중함에 따라 과학 교육에 진화를 다루는 생물학 교과서들이 생겨났다. 그러자 보수적 기독교인들이 진화론에 대한 대안으로, 창세기의 처음 장들에 대한 문자적 해석에 근거하여 '창조과학'을 주장했다. 창조과학은 제7일

---

2 Michael Ruse, *Can a Darwinian be a Christian?: The Relationship between Science and Religion* (Cambridge, New York: Cambridge University Press, 2004), 2.

안식교이자 외판원인 조지 프라이스(George McCready Price)로부터 기원한다. 프라이스는 창세기의 노아 홍수 이야기에 대한 문자적 해석에 기초하여 홍수 지질학을 주장했다. 프라이스의 영향을 받은 남침례교인이자 버지니아주의 토목공학자인 헨리 모리스(Henry M. Morris)는 자신이 쓴 『창세기 홍수』(1961)에서 성서에 대한 문자주의적 해석에 근거해서, 우주가 1만 년 전에 하루가 24시간으로 이루어진 6일 동안에 창조되었다고 주장했다. 그에 따르면 성서가 인간과 모든 동물이 여섯째 날 창조되었다고 말하기 때문에, 공룡은 초기 인간과 함께 살았다. 그리고 그는 창세기에 기록된 노아 후손 계보를 문자 그대로 계산하여 노아 홍수가 5~7천 년 전에 일어났다고 주장했다. 모리스는 '창조 연구소'(Institute for Creation Research)를 설립하고 진화론에 반대하는 '창조과학'(creation science) 또는 '과학적 창조론'(scientific creationism) 운동을 시작했다. 창조과학 지지자들은 공립학교에서 진화론과 함께 창조과학을 가르쳐야 한다고 요구했다. 창조과학 지지자들이 문자주의적 성서 해석에 근거하여 주장하는 요점은 다음과 같다. 1) 지구의 나이는 약 6천~1만 년이다. 2) 우주와 모든 생명체가 하루가 24시간인 6일 동안 창조되었다. 3) 전 지구적 노아의 홍수로 인해 오늘날 지구의 모든 심층적 지질 구조가 형성되었다. 4) 생물들은 창조된 그대로 존재하며, 진화적 변화는 없다.

모리스의 주장은 공립학교의 생물학 수업에서 진화론뿐만 아니라 과학적 창조론, 즉 창조과학을 동등하게 가르칠 것을 의무화한 아칸소 주법 제590호가 통과되는 결과를 가져왔다. 그러자 미국 시민자유연맹(ACLU)이 이 법이 미국 헌법의 종교 설립 조항(정부의 종교 지지를 금지하는 조항)을 위반한다고 소송을 제기함으로써 1981년 아칸소주에서 또 하나의 법정 공방이 벌어졌다. 이 재판에서 과학자·신학자·철학자들은 창조과학이 과학이 아니라 종교적 신념임을 증언했다. 원고 측의 전문 증인 중한 사람인 생물학자 마이클 루스는 창조과학이 과학의 기준과 특성을 충족하지 못하는 이유에 대해 다음과 같이 말했다. "가장 중요한 이유는 창조과학이 필연적으로 초자연적인 창조주의 행위를 전제로 하기 때문이다. 창조과학 이론에 따르면 창조주는 초자연적인 방법과 힘을 통해 개입했다고 한다." "창조과학은 검증 가능하지도, 잠정적이지도 않다. 실제로 창조과학이 과학과 명확히 구분되는 속성 중 하나는 모든 답변에 대해 절대적인 확신을 갖는다는 점이다. … 반대되는 증거가 있어도 창조과학은 자신의 이론이 틀렸다는 것을 결코 인정하지 않는다. 이것은 과학의 잠정적 성격과는 정반대이며, 검증을 조롱하는 행위다."[3] 루스는 창조과학이 과학이 아니라 종교적 신념이라는 점을 분명히 했다.

1982년 1월 5일 아칸소주 리틀록 연방지방법원의 윌리엄 오버튼(William R. Overton) 판사는 창조과학이 과학이 아니라 종교적 신념이라고 판결하고 해당 법률이 미국 수정헌법 제1조 정교분리 조항을 위반한다며 해당 법률을 폐기했다. 이 재판을 통해 창조과학은 과학 교실로부터 추방당했다. 그 후 연방 대법원은 1986~1987년의 에드워드-아귈라드(Edwards v. Aguillard) 재판에서 창조과학은 과학으로 가장한 종교일 뿐이며, 따라서 국교 금지조항에 의해 다른 종교적 가르침들과 마찬가지로 공립학교 수업에서 가르쳐질 수 없다고 판결했다.

그러나 얼마 후 창조와 진화 논쟁은 지적 설계론을 주장하는 버클리 대학교 법학 교수 필립 존슨(Phillip Johnson)에 의해 새로운 양상으로

---

3 Michael Ruse, *But Is it Science? The Philosophical Question in the Creation/Evolution Controversy* (Buffalo, N.Y.: Prometheus, 1988), 304-306.

재현되었다. 존슨은 물리 법칙을 따르는 물질적 실재가 자연 안의 모든 것을 설명한다는 과학의 전제를 자신의 공격 표적물로 삼았다. 그는 이러한 과학의 전제는 실험실이나 교실에서 하나님을 배제하는 자연주의 또는 물질주의 철학을 반영한다고 비판했다. 그에 따르면 다윈주의는 종의 기원에 대한 최선의 자연주의적 설명이지만 잘못된 것이다. 그는 공립학교에서 특정한 종교 교리를 주장하는 창조과학이 가르쳐질 수 없다면, 자연 안에서 발견되는 설계의 과학적 증거에 기초한 지적 설계론이 진화론에 대한 과학적 반대 이론으로서 진화론과 함께 가르쳐져야 한다고 주장했다.

지적 설계론자들은 진화론의 허점과 틈새를 찾고 그것을 비판한다. 그리고 그 허점과 틈새는 설계에 의해서만 메워질 수 있다고 주장한다. 따라서 그들은 과학이 초자연적인 설명을 사전에 배제하지 말아야 한다고 주장한다. 다시 말해 그들은 과학 안에 물리적 현상에 대한 자연주의적 설명뿐 아니라 논리적인 추론에 의존하는 설명도 포함되어야 하며, 지적 설계론이 진화론에 대한 과학적 대안으로서 공립학교 과학 교육에서 가르쳐져야 한다고 주장한다.

존슨의 지적 설계론은 윌리엄 페일리가 생명체를 시계와 비교하면서 주장한 목적론적 설계론의 현대판이라고 할 수 있다. 즉, 시계의 정교한 작동이 시계를 만든 사람의 목적을 드러내는 것과 마찬가지로, 더욱 정교한 생명체의 복잡성은 목적을 가진 창조자의 존재를 증명한다는 것이다. 존슨의 지적 설계론이 페일리의 자연신학 설계론과 다른 점은 그가 지적 설계론을 과학 이론이라고 주장한다는 것이다. 이와 같은 지적 설계론의 주장을 가장 강력히 비판하는 사람들은 무신론적 진화론자들이다. 도킨스는 그의 책 『눈먼 시계 제작자』(1986)에서 미국의 교육과 과학 교과서를 뒤집기 위해 투쟁하는 창조론자들의 지적 설계론을 강하게 비판했다.

그에 따르면 맹목적이고 비의식적이며 자동적인 자연선택 과정은 모든 생명체의 존재와 형태를 위한 설명으로서, 아무런 목적을 갖지 않는 '눈먼 시계 제작자'이다.

교회 내 근본주의자들의 창조과학 또는 지적 설계론과 교회 밖의 무신론적 진화론이 날카롭게 대립하는 상황에서, 미국의 최고 과학자들로 구성되는 국립과학원(The National Academy of Science)은 현대의 진화론적 자연주의와 하나님에 대한 신앙이 양립할 수 있음을 표명했다. 1998년 국립과학원은 공립학교의 진화론 교육을 촉진하는 보고서에서 과학의 방법론적 자연주의가 종교와 충돌하지 않는다고 천명했다. 이에 따르면, "과학은 자연적 인과율을 통해 자연 세계를 설명하는 것에 국한된다. 과학은 초자연적인 것에 관해서는 아무것도 말할 수 없다. 하나님이 존재하는지 아닌지의 문제에 대하여 과학은 중립을 취한다."[4]

그러나 창조와 진화를 둘러싼 미국 내에서의 대립과 갈등은 쉽게 수그러들지 않았다. 2004년 조지아의 코브(Cobb) 카운티 교육위원회와 펜실베니아의 도버(Dover) 교육위원회는 생물 교과서에 진화론이 단지 하나의 이론일 뿐이라는 단서를 달기로 결정했으며, 도버 교육위원회는 지적 설계론을 생물학적 기원에 대한 대안적 설명으로 추천했다. 그러나 사법부는 두 지역 교육위원회의 반진화론적 결정을 위법으로 판결했다.

2005년 조지아 북부 연방지방법원 수석 판사인 클래런스 쿠퍼(Clarence Cooper)는 셀만(Selman) 대 코브(Cobb) 카운티 교육위원회 사건에서 "진화는 이론이지 사실이 아니다"라고 적힌 교과서 스티커를 위헌으로 판결했

---

4 Edward J. Larson, *The Creation-Evolution Debate: Historical Perspective* (Athens & London: The University of Georgia Press, 2007), 30.

다. 즉, 그는 진화론이 "단지 하나의 이론일 뿐"이라는 반진화론자들의 주장은 잘못된 것이며 그와 같은 단서는 헌법적 기준을 위반한다고 판결했다. 그는 그러한 단서에 의해 혜택을 받는 집단이 일반 기독교인이 아니라 기독교 근본주의자와 창조과학 지지자들이라고 보았다.

조지아에서와 마찬가지로, 펜실베니아 중부 연방지방법원 판사 존 존스 3세(John E. Jones III)는 2005년 12월 20일 키츠밀러(Kitzmiller) 대 도버(Dover) 교육구 사건에서 지적 설계론을 공립학교 과학 교과과정에 포함하는 것은 미국 수정 헌법 제1조의 종교 설립 조항을 위반한다고 판결했다. 그는 지적 설계론이 과학이 아니라고 판결하며 세 가지 근거를 제시했다.[5] 첫째, 과학과 달리 지적 설계론은 초자연적 설명을 불러들인다. 둘째, 지적 설계론은 진화론에 반하는 증거가 그 대안으로 설계론을 지지한다는 잘못된 논증에 의존한다. 셋째, 대부분 과학자들은 진화론에 대한 지적 설계론자들의 공격을 논박한다. 지적 설계론은 과학 공동체에서 수용되지 않는 이론으로서, 공적인 심사 과정(peer-review)을 통해 검증된 논문이 발표된 적이 없다. 요점을 말하자면, 지적 설계론은 경험적 검증과 반증 불가능하고 과학계가 인정하는 실험 결과가 없는 비과학적인 종교적 주장이라는 것이다.

III. 진화론과 오늘날의 교회

오늘날 진화에 관한 교회의 입장은 종교적 전통, 국가, 교파에 따라

---

5 Ibid., 34-35.

매우 다양하다. 유럽의 많은 교회는 진화에 대해 보다 수용적인 입장을 취하고 있으며 종종 진화를 종교적 신앙과 조화시킨다. 특히 로마 가톨릭교회는 진화와 신앙의 양립 가능성을 받아들이며 하나님을 궁극적인 창조주로 고백하는 한 신앙과 진화론 사이에 본질적인 충돌은 없다고 본다. 1950년에 교황 비오 12세는 회칙 「인류」(*Humani Generis*)에서 신의 창조를 배제하지 않는다면 진화를 정당한 과학 이론으로 인정한다고 천명했다. 1996년에 요한 바오로 2세는 교황청 과학원에 보낸 메시지에서 진화론은 '가설 그 이상'으로 잘 확립된 과학 이론이며 가톨릭의 가르침과 양립할 수 있음을 재확인했다. 그는 교회가 신앙과 진화론을 포함하는 과학 사이의 대화를 장려한다고 강조했다. 프란치스코 교황도 진화론은 충분한 지지를 받는 과학 이론이라고 거듭 강조했다. 그는 2014년 연설에서 하나님은 '마술 지팡이를 든 마술사'가 아니라 진화의 과정을 허용하는 창조주라고 말했다. "우리는 창세기에서 창조 이야기를 읽을 때 하나님이 전능한 마술 지팡이를 든 마술사라고 상상할 위험이 있다. 그러나 그것은 사실이 아니다. 하나님은 존재자들을 창조하셨고 그것들이 발전하여 충만함에 이르도록 각자에게 허락하신 내적 법칙에 따라 발전하게 하셨다"[6]

그러나 가톨릭교회는 인간의 다른 신체와 달리 인간의 영혼은 자연선택을 통한 생물학적 진화의 산물이 아니라 하나님의 직접적인 창조의 산물이라는 믿음을 견지한다. 비오 12세는 "가톨릭 신앙은 우리에게 영혼은

---

6 Pope Francis, "Address of His Holiness Pope Francis on the Occasion of the Inauguration of the Bust in Honour of Pope Benedict XVI," October 27, 2014, https://w2.vatican.va/content/francesco/en/speeches/2014/october/documents/papa-francesco_20141027_plenaria-academia-scienze.html. 이에 관해서는 David Marshall, ed. *Science and Religion: Christian and Muslim Perspectives* (Washington, DC: Georgetown University Press, 2012), 152-172 참고.

하나님이 직접적으로 창조하신 것이라고 믿도록 명한다"[7]라고 말했다. 마찬가지로 요한 바오로 2세는 과학적 관찰은 정밀하게 생명의 다양한 출현을 기술하고 파악할 수 있지만, 영적 차원으로의 전환은 과학적 관찰의 대상이 될 수 없으며, 궁극적으로 신학의 영역임을 강조했다.[8] "정신이 살아있는 물질의 힘으로부터 출현한다고 여기거나 또는 단지 이 물질의 부수 현상으로 여기는 진화론은 인간에 관한 진리와 양립될 수 없다."[9]이는 인간의 몸은 진화했지만, 영혼은 그렇지 않음을 의미한다. 가톨릭교회의 이러한 입장은 지금까지 유지되고 있다.

성공회와 루터교 등 유럽의 주류 개신교 교회는 일반적으로 진화를 기독교 신학과 조화될 수 있는 것으로 받아들인다. 예를 들어 영국 교회는 학교에서 진화론을 가르치는 것을 지지해 왔다. 한편 동방정교회는 진화론에 대해 목소리를 덜 내는 경향이 있지만, 과학적 세부 사항보다는 창조의 영적 의미에 초점을 맞추면서 중립적이거나 수용적인 입장을 취하는 경우가 많다. 미국의 교회들은 유럽보다 분열하는 양상을 보여준다. 물론 미국 가톨릭교회는 유럽 가톨릭교회와 마찬가지로 창조에 있어 하나님의 역할을 인정하는 한 진화를 수용한다. 그리고 미국 연합감리교회, 성공회, 장로교회와 같은 주류 개신교 교단은 일반적으로 하나님이 자연적인 과정을 통해 일하신다고 보며, 진화론을 신앙과 양립할 수 있는 것으로 간주한다. 반면 남침례교회 같은 보수적인 복음주의 교단이나 근본주의

---

7 Pope Pius XII, *Humani generis* (1950), §36. http://www.vatican.va/holy_father/ pius_xii/encyclicals/documents/hf_p-xii_enc_12081950_humani-generis_en.html.
8 John Paul II, "The Pope's message on evolution," *Quarterly Review of Biology* 72 (1997), 383.
9 Larson, *The Creation-Evolution Debate*, 13.

기독교 단체는 창세기 창조 이야기에 대한 문자적 해석에 기초하여 진화론을 거부하고 창조과학의 젊은 지구 창조론 또는 지적 설계론을 옹호한다.

여론 조사에 의하면 창조과학을 공립학교 생물 수업에서 가르칠 수 없도록 한 미국 대법원의 판결에도 불구하고, 40%에 가까운 미국 기독교인들이 모리스가 주장과 같은 성서적 창조론을 받아들이는 것으로 나타났다.[10] 창조과학은 계속 보수적인 교회와 기독교 기관에서 교육되고 있다. 미국에서 모리스의 『창세기 홍수』는 40쇄 이상 증쇄를 거듭하며 기독교 책방에서 여전히 잘 팔리고 있다. 지난 수십 년 동안 가정이나 기독교 교육기관에서 창조과학 교과서로 생물학을 배우면서 초등과 중등교육을 받는 학생들이 늘고 있다. 고등학교 이후의 과정에서 성경학교와 기독교 대학이 숫자와 규모 면에서 지속적으로 성장하고 있으며, 그 가운데 일부는 창조과학 친화적인 과학과 생물학을 가르치고 학위를 준다.

그렇다면 한국교회의 입장은 어떠한가? 진화론에 관한 한국교회의 입장은 교단과 신학적 입장에 따라 매우 다양하며, 이는 한국 기독교 신앙의 폭넓은 스펙트럼을 반영한다. 먼저 한국 가톨릭교회의 입장은 진화를 신앙과 양립할 수 있는 것으로 받아들이는 전 세계 가톨릭교회의 입장과 같이 간다. 한국 가톨릭 지도자들은 창조에 대한 과학적 설명과 신학적 설명의 차이를 강조하며 진화는 하나님의 창조 의지가 표현되는 수단이라는 생각을 지지한다.

개신교 교회들은 교단과 교회에 따라 입장의 편차를 보여준다. 대한예수교장로회(통합), 한국기독교장로회, 기독교대한감리회 등 한국의 주류 개신교 교단의 신학자들은 대체로 신학과 과학의 대화에 관심이 많다.

---

10 Ibid., 28-29.

이들은 대체로 진화론을 창조주 하나님에 대한 믿음과 모순되지 않는 자연 세계에 대한 과학적 설명으로 간주한다. 물론 이러한 입장과 다른 입장을 가진 교단과 교회와 신학자들도 없지 않다. 한국 개신교회에서는 진화론에 대한 신학적 논의가 신학자들의 학회나 학술대회 등을 통해 이루어지고 있지만, 일반 교회의 공적 포럼에서는 어려운 것이 현실이다. 이는 교권의 통제를 받는 교회의 분위기와 진화론에 대한 일반 대중의 부정적인 인식 때문이라고 할 수 있다.

보수적 성향이 강한 한국 개신교회에서는 대체로 아직 진화론에 대한 거부감이 큰 편이다. 보수적인 기독교인들이 진화론을 부정적으로 인식하는 가장 큰 이유는 진화론이 성서의 창조론과 대립하며, 따라서 기독교의 창조신앙과 맞지 않는다고 보기 때문이다. 이들은 성서의 창조 이야기에 대한 문자적 해석에 기초하여 하나님이 지금 보이는 모습의 세계와 인간을 직접 창조했다고 믿는다. 1981년에는 보수적인 한국 기독교인들이 미국 창조과학의 영향을 받아 한국창조과학회를 만들었다. 한국의 과학적 창조론자들은 대체로 성서, 특히 창세기의 창조 기록을 문자 그대로 해석하여 지구의 나이가 수천 년밖에 되지 않았다고 주장하는 젊은 지구 창조론을 고수한다. 창조과학 커리큘럼과 교재를 만들어 전 교인과 교역자를 교육하는 교회도 있다. 2012년에는 한국창조과학회와 관련 단체가 고등학교 과학 교과서의 내용 가운데 '시조새는 조류의 조상'이라는 기술과 '말의 진화 계통도'를 삭제하고 '후추나방 사례' 등의 자연선택 증거를 수정할 것을 요구하는 민원을 제기한 적이 있다. 그러나 이에 대해 한국분자·세포생물학회, 생물교육학회 등 50여 개 학회와 과학자 600여 명이 "과학 교육의 중대한 후퇴이며, 과학적 자율성 침해"라는 공동 성명을 발표했다. '2015 개정 교육과정'에서 진화론의 핵심 개념은 여전히 유지되었으며, '2022 개정 교육과정'에서도 진화론의 핵심 개념은 과학과 성취 기준에 명시되어 있다.

그러나 한국 개신교회 안에서도 이미 상당한 수준의 과학과 신학, 진화와 창조의 관계에 관한 연구와 논의가 이루어져 왔으며, 최근에는 이 분야를 전공한 젊은 신학자들이 새로운 장을 열고 있다. 물론 이들 사이에서도 다양한 견해가 존재한다. 그러나 적어도 한국조직신학회 같은 한국 신학을 대표하는 학술 단체의 경우, 진화와 창조가 상호 비판적으로 대화할 수는 있어도 서로 대립하지는 않는다는 견해를 가진 신학자들이 절대다수다. 이들은 한편으로는 진화론이 지닌 약점과 한계를 지적하면서, 다른 한편으로는 진화론이 하나님이 창조하신 자연법칙을 이해하기 위한 정당한 과학 이론임을 인정하고, 하나님이 우주적 진화 과정을 통해 지구의 생명과 인간을 창조하고 인도하심을 이해 가능한 방식으로 설명하고자 한다.

IV. 결론

진화론은 과학 이론이지만, 창조과학이나 지적 설계론은 과학 이론이 아니라는 것이 과학계의 결론이다. 과학 이론으로서의 진화론을 받아들이는 것이 곧 무신론을 의미하는 것은 결코 아니다. 미국 국립 보건원 연구소장으로서 국제 인간게놈 프로젝트를 이끌었던 미국의 유전학자 프랜시스 콜린스는 과학과 신앙, 진화와 창조가 양립할 수 있다고 보는 대표적인 과학자이자 개신교인 가운데 한 사람이다. 그는 진화의 과정에 하나님이 모종의 방식으로 참여하신다고 본다. 이 방식은 자연적으로 진화된 몸에 초자연적으로 창조된 영혼을 불어넣는 것을 포함한다. 그러나 콜린스는 동시에 진화론이 기독교 신앙의 영역에 대해 말할 수 없는 한계가 있음을 분명히 한다. 그는 "인간 유전자"(2002)라는 논문에서 다음과 같이 말했다. "과학은 누구를 사랑하는 것이 무엇을 의미하는지, 우리의 실존이 영적인 차원을 갖는 것이 무엇을 의미하는가에 대해 아무런 빛을 비추어줄 수 없으며, 우리에게 하나님의 본성에 대해 많은 것을 말해줄 수도 없을 것이다."[11]

이와 같은 과학 이론으로서 진화론의 한계는 진화와 창조가 대립 관계에 있음을 의미하는 것이 아니라 오히려 그 둘이 상호 보완적인 관계에 있음을 의미한다. 미국 국립과학원의 대다수는 무신론자들임에도 불구하고, 방법론적 자연주의를 따르는 과학은 초자연적 실재에 대해 말할 수 없으며, 따라서 하나님의 존재 여부에 대해 중립적이라고 천명했다. 과학은 하나님의 존재와 활동을 입증할 수도 없지만, 반증할 수도 없다. 다시 말하면 이들은 과학과 종교가 적어도 대립하거나 충돌할 필요가 없음을 밝힌 것이다. 진화와 창조, 과학과 종교 사이에는 단지 대립이 아닌 상호 보완, 공명 등 바람직한 다른 관계 모델들이 가능하다.

---

11 Ibid., 12.

14장
창조론의 유형들과 바람직한 기독교 창조론

I. 서론

이 장에서는 바람직한 기독교 창조론의 전망을 제시하고자 한다. 이를 위하여 우주와 생명의 기원 및 변화, 발전 과정에 대한 네 가지 창조론을 고찰할 것이다. 먼저 살펴볼 두 이론은 창조과학으로 불리는 과학적 창조론으로서, 젊은 지구 창조론과 오랜 지구 창조론이 여기에 속한다. 첫 번째 이론인 젊은 지구 창조론은 문자주의적으로 해석된 성서 언어를 과학 언어로 간주하고 성서를 유사 과학 교과서로 만듦으로써 과학 언어인 진화론을 거부한다. 두 번째 이론인 오랜 지구 창조론 역시 문자주의적으로 이해된 성서 언어를 재해석하여 이 재해석된 성서 언어에 과학 언어를 맞추고자 한다. 이 이론은 자연의 진화 메커니즘을 하나님의 직접적 행동으로 대체한다.

세 번째 이론은 지적 설계론이다. 이 이론은 성서 언어에 직접 의존하지 않고, 이성적으로 지적 설계자의 존재와 활동을 논증한다. 이 이론의 지지자들은 신적인 지적 설계자의 존재와 활동을 과학적으로 증명할 수 있다고 주장한다. 여기서 진화의 사실은 부분적으로 인정되나, 진화론은 무신론으로 규정되고 거부된다. 네 번째 이론은 유신론적 진화론 또는 진화적 창조론이다. 이 이론은 성서 언어와 과학 언어를 상호 보완적인 관계 안에서 이해한다. 다양한 스펙트럼을 보여주는 이 이론의 지지자들은 하나님이 진화라는 자연적 메커니즘을 통해 창조 사역을 수행한다고 믿는다. 따라서 이들은 창조론과 진화론 사이의 조화 또는 양립 가능성을 추구한다.

이 장에서는 이와 같은 창조론들을 차례로 고찰한 후에 성서 해석의 관점에서 비판적으로 평가하고 바람직한 창조론을 제시하고자 한다. 먼저 과학적 창조론, 즉 창조과학에 관한 논의로부터 시작해 보자. 창조과학은 성서에 나오는 창조에 관한 기록을 우주, 지구, 생명의 기원에 대한 과학적 설명이라고 믿는 신념 체계를 가리키는 용어다. 과학적 창조론자들은 창세기의 창조 이야기가 세계와 생명체가 어떻게 형성되었는지를 문자 그대로 과학적으로 정확하게 묘사한 것이라고 주장한다. 본래 창조과학은 젊은 지구 창조론을 가리킨다. 그런데 최근에 오래된 지구론을 말하는 창조과학이 생겨났다.

II. 과학적 창조론 1: 젊은 지구 창조론

창세기의 창조 이야기는 고대 세계관을 반영하는 언어로 기록되었기 때문에 문자 그대로 오늘날의 과학 언어로 직역될 수 없다. 그러나 성서의 역사성에 대한 이해가 부족했던 근대 이전의 기독교 전통에서는 창세기에 나타나는 창조 이야기와 인간의 계보를 문자적으로 해석하여 하나님이 세계와 만물을 수천 년 전에 엿새 동안에 만들었다고 생각하는 사람이 많았다. 제임스 어셔는 창세기 5장 이하에 나타나는 아담의 계보를 문자 그대로 종합해서 창조 시기를 기원전 4004년으로 계산해 냈다.[1] 지구의 나이에 대한 좀 더 세밀한 계산은 영국의 케임브리지 대학교 부총장이었던 존 라이트푸트(John Lightfoot)에 의해 행해졌다. 그에 따르면, "인간은 기원전 4004년 10월 23일 일요일 오전 9시에 창조되었다."[2]

근대 이후의 오늘날, 이러한 전근대적인 문자주의적 성서 해석은 과학적 창조론자들에 의해 계승된다. 이들은 창조에 관한 성서의 기록을 우주와 생명의 기원에 대한 과학적 설명으로 간주한다. 젊은 지구 창조론자들은 창세기 1-2장이 우주와 인간의 기원에 대한 과학적 설명을 제공한다는 믿음을 가지고 창조 이야기를 문자 그대로 해석하여 하나님이 1만 년이 안 되는 과거의 어느 시점에 24시간이 하루인 6일 동안에 세상과 모든 종류의 생물을 현재 형태로 직접 창조했다고 주장한다. 또한 인간은 지구가 창조되던 여섯 번째 날에 하나님에 의해 직접 만들어졌으며, 노아 이야기에서 묘사된 전 지구적 홍수가 지구 지질의 형성에 있어 중요한 사건이라고 주장한다.

젊은 지구 창조론은 제칠일안식일예수재림교 창립자 엘런 화이트(Ellen G. White)에 의해 주장되었다. 화이트는 하나님이 환상 중에 자신에게 노아 홍수가 모든 화석 기록을 만들었다고 알려주셨다고 주장했다. 같은 교파 출신인 조지 프라이스는 그의 환상을 바탕으로 사이비 과학적 내용을 추가해서 젊은 지구 창조론의 기원이 되는 홍수 지질학에 관한 책들을

---

1 Andrew Dickson White, *A History of the Warfare of Science with Theology in Christendom* (New York: D. Appleton and Co., 1896), 9.

2 Ibid., 256.

출판했다. 그 후 1960년대에 존 휘트콤과 헨리 모리스는 자신들이 쓴
『창세기 홍수』에서 노아 홍수가 지구상의 지질학적 증거를 남김없이
설명할 수 있다고 주장했다. 이들은 문자 그대로 이해된 성서의 기록이
지구의 나이가 젊다는 과학적 사실과 일치한다고 주장했다. 이들의 홍수
지질학은 과학적 창조론이라고 불리게 되었다. 이들은 진화의 사실을
거부한다. 헨리 모리스에 따르면 하나님이 각 종류가 그 자신의 특수한
구조 안에 머물도록 창조하셨기 때문에, 한 종류는 다른 종류로 변화할
수 없다. 변이는 각각의 종의 기본 틀 안에서만 일어날 수 있으며, 결코
그 틀을 넘어 확장될 수 없다.3 모리스는 성서의 하나님이 다윈이 묘사하는
무작위, 낭비, 잔인함으로 가득 찬 진화 과정과 조화될 수 없다고 주장한다.4

　　테드 피터스와 마르티네즈 휴렛은 과학적 창조론자들의 주장을 다음
여섯 가지로 소개한다.5 1) 우주와 만물은 하나님의 행동에 의해 무로부터
순식간에 창조되었다. 창조는 단번에 완전한 형태로 이루어졌기 때문에
그 이후에 계속되는 발전이나 성장은 없다. 2) 돌연변이와 자연선택은
단일한 기원점으로부터 모든 종류의 생명체가 발전한 것을 설명할 수
없다. 다윈의 자연선택 이론은 무신론적인 자연주의적 설명이다. 3) 모든
변화는 본래 창조된 동식물의 종류 안에서 오직 정해진 한계 안에서만
발생할 수 있다. 창세기 1장 1절-2장 4절에 나오는 '종류'(kinds)는 '종'(species)
을 의미한다. 한 종에서 다른 종으로 진화했다는 증거는 없다. 한 종에서

---

3 Henry M. Morris, *Scientific Creationism* (El Cajon, Calif.: Master Books, 1985),
　216-217.

4 Ibid., 228.

5 Ted Peters and Martinez Hewlett, *Can You Believe in God and Evolution?: A Guide
　for the Perplexed* (Nashville: Abingdon Press, 2008), 59-65.

다른 종으로의 변화, 즉 대진화는 거부하지만, 종 안에서 일어나는 소진화 차원의 자연선택에 의한 진화는 인정한다. 4) 공동의 혈통은 없다. 원숭이와 인간은 분리된 조상을 갖는다. 인류가 다양한 고등 영장류 가운데서 자연선택의 결과로 출현했다는 다윈의 주장은 거부된다. 모든 인류는 한 부모인 아담과 하와에게서 나왔다. 5) 지구 지질학은 전 세계적인 홍수를 포함하는 대재앙의 발생으로 설명된다. 화석은 지질학적으로 오랜 기간에 걸쳐 균일한 비율로 형성된 것이 아니라 창세기 6-8장에 나타나는 전 지구적인 노아 홍수 때(아브라함보다 3-5천 년 앞선 시기에) 일시에 형성되었다. 6) 지구의 나이는 만년 이하다. 그 근거는 다음 세 가지다. 첫째, 창세기의 창조 이야기와 족보에 따르면 창조는 엿새 동안에 일어났으며, 아담과 하와가 수천 년 전에 창조되었다. 둘째, 열역학 제2법칙이 빅뱅 우주론이 틀렸음을 입증한다. 이 엔트로피 법칙에 따르면 모든 체계는 충분한 시간이 지나면 결국 완전히 무질서하게 된다. 따라서 지구의 역사가 오래되었다면, 오랜 기간이 지난 후에 지구에서 질서와 생명이 출현할 수 없다. 셋째, 전 지구적인 노아 홍수가 지구를 격변시키고 모든 지층을 만들어 냈다. 그랜드 캐니언의 지층은 모두 노아 홍수 때 만들어진 것이다.

젊은 지구 창조론자 켄 햄(Ken Ham)의 주장을 직접 들어 보면 다음과 같다. 1) 하나님은 약 6천 년 전에 6일(문자 그대로 하루 24시간) 동안에 우주를 창조하셨다. 2) 하나님은 아담의 반역 때문에 피조물 전체를 저주하셨다. 3) 하나님은 노아의 때에 전 지구적인 대홍수로 세계를 파괴하셨다. 4) 하나님은 바벨탑에서 사람들을 서로 다른 언어를 쓰는 집단들로 나누셨다.6 햄은 창세기 1-11장을 문자 그대로 역사적 기술로 이해한다. 그에게

___

6 켄 햄, "젊은 지구 창조론," 켄 햄·휴 로스·데보라 하스마·스티븐 마이어/소현수 역,

창세기 1장의 '날'(욤, yom)은 문자 그대로 24시간의 하루다. 햄은 하나님이 몇백 만년씩 기다리실 필요 없이 초자연적인 방식으로 한순간에 모든 무생물과 생물(씨나 수정란 또는 유아가 아닌 성체)을 창조하셨다고 주장한다. 그는 창세기 5장과 11장에 나타나는 아담에서 아브라함까지의 계보를 문자적으로 해석하여 아담이 우주가 창조될 시점인 기원전 4천여 년 전에 창조되었다고 주장한다.

햄은 아담의 타락 전에는 죽음이 없었으며, 타락에 대한 하나님의 심판으로 육체적 죽음과 저주가 인간과 전체 피조물에 임했다고 주장한다. 그는 오래된 지구 창조론은 죽음이 사람보다 먼저 생긴 것으로 보기 때문에 사람이 죽음보다 먼저 생긴 것으로 보는 성서와 충돌한다고 주장한다. 그에 따르면 아담의 죄 때문에 하나님의 저주가 인간과 모든 피조물에 죽음과 고통을 가져왔으며, 창조와 타락에 관한 성서의 이야기는 세계가 6천 년 정도 되었음을 지시하기에 젊은 지구 창조론을 고수해야 한다.[7] 그는 노아 시대의 홍수는 전 지구적 사건으로서 그 목적이 죄 많은 인간뿐 아니라 방주에 타지 않은 모든 육상동물과 새 그리고 지구 자체를 파멸시키는 것이었다고 주장한다. 지구 전체를 덮는 홍수로 인해 모든 대륙에 수십억 개의 화석(사체)을 지닌 퇴적암층이 형성되었기에, 그는 에베레스트산에서도 해양생물의 화석이 발견된다고 본다. 또한 미국 그랜드캐니언의 암석층도 노아 시대의 전 지구적 홍수에 대한 지질학적, 고생물학적 증거라고 주장한다.[8]

햄은 자신이 진화론을 거부하는 이유를 정당화하기 위해 실험 과학과

『창조, 진화, 지적 설계에 대한 네 가지 견해』(서울: 부흥과개혁사, 2020), 23.

7 앞의 책, 68.

8 앞의 책, 38-40.

역사적 과학을 구별한다. 그에 따르면 생물학, 화학, 물리학, 공학, 의학 같은 실험 과학은 반복과 관측이 가능한 실험에 근거하지만, 역사지질학, 고생물학, 고고학, 우주론 같은 역사적 과학은 반복하거나 직접 관측할 수 없는 과거의 사건들을 재구성한다. 역사적 과학은 세계관에 크게 영향을 받는다. 그는 역사적 과학의 산물인 진화론이 두 가지 무신론적(자연주의적) 세계관의 가정에 기초한다고 주장한다. 첫째는 자연 또는 물질이 존재하는 전부라는 것이고, 두 번째는 모든 것이 시간, 우연 그리고 물질에 작용하는 자연법칙들로 설명되어야 한다는 것이다. 그는 천문학자들이 지난 2백 년 동안 반성서적인 자연주의적 세계관에 따라 우주의 진화에 대한 가설을 수립했다고 주장한다.9 그는 방사성 동위원소 연대 측정법이 자연주의적, 동일과정설의 가정에 기반하기에, 이 측정법으로 증명된 수백만 년 된 화성암층과 수성암층의 나이를 믿을 수 없다고 주장한다.

성서와 진화론을 대립시키고 양자택일을 요구하는 햄과 같은 젊은 지구 창조론자들은 과학에 대한 이해에서도, 성서 해석에서도 심각한 문제점을 드러낸다. 첫째, 이들은 과학과 진화론에 대한 잘못된 이해를 드러낸다. 햄은 역사적 과학과 실험 과학을 구별하고 전자는 후자만큼 신뢰하기 어렵다고 주장하지만, 그 차이가 과장되어서는 안 된다. 이 두 과학은 밀접하게 연관되어 있다. 즉, 동일하게 방법론적 자연주의에 기초하며 가설, 측정 또는 관측, 추론의 방식을 사용한다.

햄이 진화론을 받아들이는 기독교 과학자와 토론하면서도 진화론자가 무신론적 세계관의 가정에 기초한다고 주장하는 것은 어불성설이다. 진화론 자체는 무신론도 유신론도 아니다. 무신론적 관점에서 진화론을 해석하

---

9 앞의 책, 53.

는 사람이 있고, 유신론적 관점에서 진화론을 이해하는 사람이 있을 뿐이다. 진화론은 모든 과학이 전제하는 방법론적 자연주의를 따르는 과학자들의 연구 결론이다. 과학의 방법론적 자연주의는 과학의 영역 안에 초자연적 영역을 포함하지 않고, 과학적으로 실험, 관찰, 측정, 추론 가능한 자연현상 영역만을 포함한다.

따라서 과학자는 방법론적 자연주의를 따르는 과학의 한계를 인식해야 한다. (그리고 적어도 기독교 과학자는 과학의 한계를 인식한다.) 과학은 자연현상의 초자연적 원인에 대해서는 말할 수 없다. 즉, 과학은 초자연적 원인이나 원인 제공자의 존재 유무에 대해서는 단정할 수 없다. 어떤 과학자가 자연 또는 물질이 존재하는 전부이고 모든 것은 자연법칙으로만 설명되어야 한다고 주장한다면, 그는 과학자로서 방법론적 자연주의에 충실한 것이 아니라 형이상학적 자연주의에 빠진 것이다. 형이상학적 자연주의는 과학이 아니라 유물론적 철학이다.

둘째, 햄을 비롯한 젊은 지구 창조론자들은 성서 해석에 근본적인 문제점을 드러낸다. 창세기 1-11장은 역사적 사실을 포함하고 있을 수 있지만, 현대 역사 기술 방식이 아닌 고대 근동의 세계관과 사고방식을 반영하는 문학 장르다. 특히 창세기 1장을 문자 그대로 하루가 24시간인 6일 동안의 창조를 기술하는 것으로 이해하는 구약성서학자들은 거의 없다. 햄은 하나님이 문자 그대로 24시간의 하루를 의미하는 히브리 단어 '욤'(yom)을 사용하는 것을 선택하셨다고 주장한다. 그러나 이 단어를 선택해 사용한 것은 하나님이 아니라 고대 바벨론 시대에 살았던 히브리인 저자다. 하나님의 영감은 고대 저자에게 오늘날과 같은 과학적 지식을 갖게 하거나 과학적 언어를 문자적으로 불러주는 것이 아니다.

창세기 6-9장에 나오는 노아 홍수 이야기에 대한 과학적 창조론자들의 문자주의적 설명은 상식적 또는 과학적으로 전혀 설득력이 없다. 이들은 노아의 방주 안의 수천 종의 동물들만이 홍수로부터 살아남은 후에 빠른 속도로 수백만 종으로 진화했다고 주장한다. 이 주장대로라면 노아의 방주는 지구상의 동물들을 다 태우고 약 일 년 열흘 동안 물 위에 떠 있었다. 이것이 과연 가능한 이야기인가? 그리고 홍수 심판에서 물고기들만 하나님의 심판을 면제받았는가? 그리고 이들이 주장하는 종 분화 속도는 진화론에서 상상하는 속도보다 수백 배 또는 수천 배 빠르다. 노아의 홍수가 전 지구적으로 일어났다는 증거로 햄이 에베레스트산에서 발견되는 해양생물 화석을 제시하는 것은 전혀 설득력이 없다. 왜냐하면 히말라야산맥은 한때 인도 아대륙과 아시아 대륙 사이의 지각 충돌로 인해 구겨진 해저였기 때문이다.

노아의 홍수 이야기는 고대 근동 지역의 다양한 홍수 신화와 깊은 관련이 있다. 이 이야기들은 공통으로 한 인간이 신들의 경고를 받고 거대한 홍수에서 살아남아 인류의 새로운 시작점이 되는 서사를 공유한다. 고대의 대표적인 홍수 신화로서 전승 기원이 기원전 2700년까지 거슬러 올라가는 고대 메소포타미아의 「길가메시 서사시」가 있다. 이 서사시의 주인공 길가메시는 불사의 비밀을 찾기 위해 우트나피쉬팀을 찾아간다. 우트나피쉬팀은 신들의 명령으로 방주를 만들어 가족과 동물들을 태우고 대홍수를 피했다고 말한다. 6일 밤낮 동안의 대홍수 이후 배는 산꼭대기에 머물고, 우트나피쉬팀은 비둘기, 제비, 까마귀를 날려서 땅의 물기를 확인한다. 홍수 후 그는 신들에게 제물을 바치고 불사의 삶을 얻게 된다. 이 이야기의 신적 경고→방주→동물들 탑승→홍수→산에 정착→새를 날려 확인→제사라는 구조가 노아 홍수 이야기와 매우 유사하다. 「길가메시 서사시」는 노아 홍수 이야기의 문학적 원형 또는 배경 중 하나로 널리 인정된다. 이 외에도 고대의 홍수 신화로 「아트라하시스 서사시」(기원전 17세기경)와 수메르 전승의 즈우수드라 이야기(기원전 20세기 말경)가 있다. 노아의 홍수 이야기는 고대 근동의 광범위한 홍수 전승들 속에서 형성된 이야기다. 그러나 성서 저자는 홍수 이야기에 윤리적, 신학적 재해석을 가미하여, 이 이야기를 단순한 자연재해가 아니라 하나님의 심판과 구원, 언약의 이야기로 전환한다.

요약하면, 햄을 비롯한 젊은 지구 창조론자들은 성서와 진화론 둘 다에 대한 왜곡된 이해를 보여준다. 즉, 창세기 1-11장에 대한 문자주의적 해석과 진화론에 대한 무신론적 규정은 둘 다 잘못된 것이다. 창조과학은 성서로부터 하나님 말씀을 듣는 데도 실패하며, 과학 이론인 진화론을 올바로 이해하고 그것과 비판적으로 대화하는 데도 실패한다. 창조과학의 근본적인 문제는 창세기가 문자 그대로 우주와 인간의 기원과 그 이후의 과정에 대한 과학적 설명이라고 주장함에 있다. 여기서는 과학 언어가 문자주의적으로 해석된 성서 언어로 환원된다. 문자주의적으로 해석된 성서의 권위에 기초한 창조과학의 젊은 지구 창조론은 오늘의 과학 시대에 기독교 신앙의 지성적 신뢰성을 불신하게 만듦으로써 매우 치명적인 선교의 걸림돌이 될 뿐이다.

III. 과학적 창조론 2: 오래된 지구 창조론

근래에는 오래된 지구 창조론을 주장하는 과학적 창조론자들도 생겨났다. 이들도 창세기의 창조 이야기를 문자주의적으로 해석하며, 이 이야기가 지구의 기원에 대한 과학적 기술이라고 주장한다. 그러나 이들은 지구의 나이가 수십억 년이라는 과학적 증거들 때문에, 창세기의 창조의 날 단위를 매우 긴 지질학적 기간으로 해석한다. 오래된 지구 창조론은 휴 로스(Hugh Ross)에 의해 대표된다. 로스는 성서와 과학의 일치 모델을 주장한다. 그도 햄처럼 창세기 1-11장에 대한 문자주의적 해석에 근거하여 이 본문의 역사적 정확성에 대한 과학적 증거를 제시하고자 한다. 그러나 그는 젊은 지구 창조론자와 달리 창세기 1장의 창조 사건의 순서와 주류 과학적 연대기가 충돌하지 않고 서로 조화될 수 있다고 본다. 이러한 조화는 창세기 1장의 '날'(욤)을 24시간으로 보지 않고 긴 시대를 의미하는 것으로 보는 날-시대 창조론에 의해서 가능해진다. 날-시대 창조론은 창조의 날들을 순차적이고 서로 겹치지 않는 여섯 개의 긴 기간으로 본다.[10]

로스는 날-시대 이론이 성서와 과학의 건설적 통합을 가능하게 한다고 주장한다. 이 통합은 성령의 영감에 의해 가능하다. 그는 성령이 성서 저자들이 그들 자신이 이해하는 것을 훨씬 넘어 자연현상을 기술하도록 영감을 주었기 때문에, 고대에 기록된 성서가 오늘날의 과학과 완전히 일치한다고 주장한다. 성서는 자연의 기원, 구조 및 역사에 대한 자세하고 연대적으로 정확한 서술뿐 아니라 과학적 방법의 전조까지 제공한다.[11]

로스는 성서가 문자적으로 영감된 권위 있는 계시의 책이라는 성서관을 가지고 성서를 문자주의적으로 해석함과 동시에, 일반계시로서 자연의 기록의 신뢰성을 인정한다. 자연의 물리적 법칙과 상수가 불변하기 때문에 자연의 기록은 일관된 진리를 드러낸다. 로스는 인간의 하나님에 대한 첫 반역과 노아의 홍수가 쇠퇴의 시작이나 쇠퇴 속도의 극적 변화와

---

10 햄 · 로스 · 하스마 · 마이어, 『창조, 진화, 지적 설계에 대한 네 가지 견해』, 102-103.
11 앞의 책, 111, 118.

같은 물리학의 변화를 초래했다는 젊은 지구 창조론자의 주장에 동의하지 않는다. 아담 이전에도 쇠퇴의 법칙, 즉 열역학 제2법칙(엔트로피) 법칙이 우주 전체에서 완전히 작동하고 있었다. 성서의 어디에서도 아담의 범죄가 모든 생물에게 죽음을 가져왔다고 말하지 않는다. 바울(롬 5:12)은 단지 아담의 죄가 사람들 사이에 죽음이 시작되게 했다고 가르친다.[12]

로스는 첫 인간 아담과 하와가 마지막 빙하기(1만 2천~13만 5천 년 전)의 어느 초기에 출현했을 것으로 추정한다. 그는 인간이 네안데르탈인 및 다른 호미니드 종과 구별되는 종으로서, 하나님의 설계와 간섭에 의해 특수하게 창조되었다고 본다. 인간은 독특하게 하나님의 형상을 지닌 아담과 하와의 후손으로서, 인간만이 하나님, 죄, 도덕적 판단, 죽음 후의 삶에 대한 인식을 지닌다.[13] 그는 인류가 한 쌍의 조상으로부터 시작되었다는 사실에 대해 과학적으로 입증된 반론이 아직 없다고 주장한다.

창세기 1장의 날을 시대와 동일시 하는 로스의 날-시대론은 기본적으로 문자주의적 성서 해석에 근거한 것이다. 노아의 홍수가 메소포타미아 지역 이상을 침수시켰으며, 방주 안의 사람을 제외한 모든 사람을 멸절시켰다는 주장도 마찬가지다.[14] 로스는 문자주의적으로 이해된 성서의 내용과 과학을 일치시키고자 한다. 그에 따르면 창세기는 지구가 생명이 없는 천체로부터 인간의 집으로 변모하는 과정을 정확하게 서술한다. 즉, 창세기 1장의 창조 순서대로 땅의 초목(셋째 날)이 해양 동물(다섯째 날)이 생기기 전에 번성했으며, 새와 해양 포유류(다섯째 날)가 육상 포유동물(여섯째 날)보다 먼저 출현했다. 그리고 일곱째 날, 즉 인간 시대에는 하나님이

---

12 앞의 책, 105-106, 122.
13 앞의 책, 125-126.
14 앞의 책, 69-70.

새로운 생물 형태를 창조하시는 활동을 끝내셨다.

그러나 이러한 주장은 사실이 아니다. 실제로 창세기 1장에 기초해서 그가(햄처럼) 주장하는 창조의 순서는 과학이 말하는 순서와 일치하지 않는다. 그 차이는 아래 도표와 같다.

창세기	과학
지구가 태양, 달, 별(넷째 날)보다 먼저 존재함	많은 별이 태양보다 먼저 생성되고, 태양이 지구와 달을 탄생시킴
지구 전체를 덮은 대양이 먼저 생기고 그 후에 마른 땅이 생김	용융된 지구가 냉각되면서 마른 지각이 생기고 수백만 년 후에 바다가 생김
육상식물(셋째 날)이 해양 동물(다섯째 날)보다 먼저, 심지어 태양, 달, 별(넷째 날)보다도 먼저 창조됨	태양, 달, 별 없는 지구의 육상식물은 상상할 수 없음 해양 동물이 육상식물보다 먼저 생겨남
새(다섯째 날)가 육상동물(여섯째 날)보다 먼저 창조됨	육상동물이 새보다 먼저 생겨남

성서와 과학의 일치를 주장하는 로스의 오래된 지구 창조론은 성서의 권위에 의지하는 것을 제외하고는 지적 설계론과 유사하다. 로스는 성서가 증언하는 대로 하나님이 직접 개입하신 과학적 증거를 자연에서 발견할 수 있다고 주장한다. 즉, 성서의 하나님이 지적 설계자로서 자연의 역사를 통해 반복해서 개입하셨다는 것을 증명하는 과학적 증거가 있다는 것이다. 하나님의 직접적이고 기적적인 간섭이 없었다면 지구의 물리학, 화학은 태양 및 행성 변화와 동조되지 않아 지구는 생물이 살 수 없는 곳이 되었을 것이다. 성서는 하나님이 지구의 첫 생물을 창조하시기 위해 기적적으로 간섭하셨다고 선언한다. 하나님은 설계자로서 진화 계통수에서 멀리 떨어져 있는 종들이 똑같은 형태적 구조를 공유하도록 기적적으로 간섭하

신다.[15] 로스는 하나님의 기적적인 간섭을 입증하는 대표적인 사례로 캄브리아기 종의 폭발을 거론하면서, 이를 하나님의 초자연적 기적이 아닌 자연적인 진화론으로는 설명이 어렵다고 주장한다.[16]

그러나 하스마에 의하면 캄브리아기 폭발에 대한 진화론적 설명이 가능하다. 즉, 새로운 몸 구조들은 갑자기 생긴 것이 아니라 캄브리아기보다 1~4억 년 앞서 생겼다는 분자시계 증거가 있다는 것이다. 또한 하스마는 인류가 한 쌍의 조상으로부터 시작되었다는 사실에 대한 과학적으로 입증된 도전이 아직 없다는 로스의 주장을 반박한다. 하스마에 따르면 최초의 사람이 두 명이 아니라 수천 명이었다는 강력한 유전자 증거가 증가하고 있다. 현존 인류의 유전자 차이는 처음의 유전자 풀이 두 사람이 공급할 수 있는 것보다 훨씬 더 다양함을 보여준다는 것이다.[17] 로스에게 제기되는 또 하나의 신학적 물음은 "어떻게 하나님의 설계 개념과 기적적 간섭 개념이 함께 갈 수 있는가?" 하는 것이다. 하나님께서 영원 전에 완전한 설계를 따라 세계를 창조하시고 세계가 그 설계대로 운행된다면, 왜 하나님께서 수시로 세계의 과정 안에 기적적으로 간섭하셔야 하는가?

결론적으로 과학적 창조론자들(젊은 지구 창조론자 또는 오랜 지구 창조론자)은 성서와 과학 양자 모두에 대한 올바른 이해에 실패한다. 그들이 과학적 창조론을 주장하는 근본 이유는 성서의 문자적 무오류성에 대한 과도한 신념 때문이다. 그들은 고대의 세계관을 반영하는 성서 언어의 역사성을 무시하고 성서를 모든 시대에 문자주의적으로 적용 가능한 무시간적인 명제적 진리의 보고(寶庫)로 만든다. 이러한 성서 이해는 하나님이 성서

---

15 앞의 책, 119, 129-130.
16 앞의 책, 135-138.
17 앞의 책, 157-159.

저자들의 시대적 한계성에 맞추어 자신을 계시하셨다는 칼빈의 신적 적응 이론과도 배치된다. 영감은 고대에 살았던 저자의 역사적 한계를 뛰어넘어 21세기 과학이 밝혀내는 과학적 사실을 기술하도록 만드는 것은 아니다. 영감으로 기록된 성서의 권위를 받아들이는 것은 성서가 오늘날의 과학 이론과 일치되는 과학적 예측을 한다고 믿는 것과 아무런 관계가 없다. 또한 진화론, 빅뱅 이론, 방사성 연대 측정법 등 잘 정립된 과학 이론과 원리를 부정하는 과학적 창조론은 과학계에서 사이비 과학으로 간주된다. 과학적 창조론은 1987년 미연방대법원에서 과학 이론이 아니며, 따라서 공교육에서 과학 이론으로 가르칠 수 없다는 판결을 받았다.

IV. 지적 설계론

지적 설계론은 미연방대법원에서 과학적 창조론이 과학이 아니라는 판결 후에 그 대안으로 생겨났다. 그러나 지적 설계론자들은 과학적 창조론자들과 달리 성서 해석에 기초한 논증이 아닌 과학적 논증을 시도한다. 이들이 진화론을 전적으로 거부하는 것은 아니다. 이들은 진화론이 많은 자료에 대한 좋은 설명이 된다는 사실을 인정한다. 그러나 이들은 시간의 경과에 따른 변화로서의 진화는 인정하지만, 자연선택에 의해 생물학적 진화 과정이 지구상에 존재하는 생물체들이 지닌 복잡성을 설명할 수 없다고 본다. 즉, 특수한 환원 불가능한 복잡성의 현상에 대해서는 자연선택이 충분한 설명이 될 수 없으며, 설계자의 존재를 인정하는 것만이 유일한 설명이 될 수 있다는 것이다. 따라서 이들은 자연계의 환원 불가능한 복잡성이 지적 설계자의 개입을 증명한다고 주장한다. 예를 들면 박테리아

편모의 복잡성은 자연선택에 의한 점진적인 진화의 결과가 아니라 하나님의 초자연적 개입에 의해 단번에 만들어진 것임을 지시한다는 것이다.

지적 설계론자들은 하나님이 진화의 인과적 요소라고 주장한다. 그들은 지적 설계 형태의 신적 인과성이 환원 불가능한 복잡성을 지닌 사물들의 존재에 의해 과학적으로 수립될 수 있다고 주장한다. 그러한 복잡성을 지닌 사물들은 우연성을 통해 출현할 수 없고 지적 설계를 지시한다는 것이다. 필립 존슨은 과학의 적정한 경험적 활동과 방법론적 자연주의를 구별하고 자연주의적으로 접근하는 과학 방법론의 오류를 드러내고자 한다.[18] 그에게 방법론적 자연주의란 자연에 작용하는 초자연적인 인과적 요인들은 발견할 수 없다는 사실을 전제하고 물리 세계를 탐구하는 태도를 의미한다. 이와 반대로 그는 자연에 작용하는 초자연적인 인과적 요인들을 과학적으로 발견해 낼 수 있다고 주장한다.

존슨의 뒤를 잇는 지적 설계론자들로는 윌리엄 뎀스키(William Dembski), 마이클 베히(Michael Behe), 스티븐 마이어(Stephen C. Meyer)가 있다. 이들 가운데 마이어의 견해를 소개하면 다음과 같다. 그는 생명 시스템과 우주에는 방향성이 없는 물질적 과정보다 지적 원인으로 더 잘 설명되는 특징들이 있다고 주장한다. 예를 들면 DNA의 디지털 암호, 세포 내 미세 회로들과 기계들, 법칙과 물리 상수들의 미세 조정 등이다.[19] 그는 유전자 돌연변이라는 우연적 변이에 작용하는 자연선택이 새로운 생물 형태와 구조의 기원을 설명할 수 있다는 신다윈주의의 견해를 비판한다. 그는 우연적 돌연변이/자연선택 메커니즘은 지구의 생물의 역사에서 단 한 개의 새로운 단백질을

---

18 Philip Johnson, *The Wedge of Truth* (Downers Grove, IL: InterVarsity Press, 2000).
19 햄·로스·하스마·마이어, 『창조, 진화, 지적 설계에 대한 네 가지 견해』, 259.

(그리고 그것을 만드는 데 필요한 유전 정보를) 생성하는 데도 실패할 확률이 압도적으로 크다고 주장한다.[20] 즉, 생물 구조의 환원 불가능한 복잡성은 진화가 아닌 지적 설계자의 설계와 이에 따른 정보에 의해서만 설명이 가능하다. DNA의 정보는 지적 원인을 가리킨다. 잉크와 종이가 책 안의 정보를 만들 수 없는 것처럼, 화학과 물리학만으로는 정보를 생성할 수 없다. 정보는 지적 원인의 산물이다. 따라서 마이어는 생물의 변화가 맹목적이고 방향성이 없이 일어나는 것이 아니라 지적 존재의 설계와 인도에 의해 (목적과 방향을 가지고) 일어난다고 주장한다.

마이어는 지적 설계론이 성서의 창조 기간이나 지구의 나이에 대해 중립적인 입장이라고 한다. 그러나 그는 적어도 창세기 1장이 젊은 지구 창조론을 지지하지는 않는다고 본다. 넷째 날이 되기까지 시간을 표시하는 해와 달이 아직 존재하지 않았다면, 어떻게 창조의 처음 세 날 동안의 시간이 표시될 수 있겠는가? 따라서 그는 창세기에 묘사되는 창조의 날들은 지구에서 태양의 움직임을 통해 측정한 날이 아니라는 존 콜린스의 견해[21]에 동의한다.

지적 설계론의 문제점은 무엇인가? 첫째는 '환원 불가능한 복잡성' 개념에 근거한 논증에 관한 것이다. 이 논증은 '환원 불가능한 복잡성'이란 틈새 구조 안에서 초자연적인 신적 행위의 증거를 입증하고자 하는 '틈새의 신' 논증이다. 이 논증의 문제점은 만일 과학이 지적 설계라고 주장된 현상에 대한 자연적 설명을 발견하게 되면, 이 논증은 설 자리를 잃는다는 것이다. 그리고 이들이 제시하는 환원 불가능한 복잡성의 사례들이 과학자

---

20 앞의 책, 276.
21 앞의 책, 88-91; C. John Collins, *Science and Faith, Friend or Foes* (Wheaton, IL: Crossway, 2003), 77-96, 105-110.

들에 의해 논박을 당한다.22 그리고 또한 마이어의 주장처럼 새로운 정보는 언제나 초자연적 영역으로부터만 올 수 있는 것은 아니다. 새로운 정보는 자연환경으로부터도 올 수 있다. 예를 들면 코로나바이러스의 다양한 악성 변이들의 발생은 자연환경으로부터 주어지는 정보에 의한 것이지, 초월적인 지적 설계자에 의해 주어지는 정보에 의한 것이라고 보기 어렵다.

'환원 불가능한 복잡성' 개념에 근거한 논증은 자연 과정에 대한 이분법적 이해에 기초한다. 즉, 이 논증은 자연 과정을 '환원 가능한 복잡성'과 '환원 불가능한 복잡성'으로 나눈다. 그리고 전자의 경우는 자연적 진화의 메커니즘에 의해, 후자의 경우는 초자연적인 하나님의 개입에 의해 이루어진다고 주장한다. 그러나 어디까지 '환원 가능한 복잡성'이고 어디부터 '환원 불가능한 복잡성'인지 그 경계가 매우 모호하다. 그리고 이 이분법 자체가 문제가 되는데, 하나님의 창조적 섭리를 '환원 불가능한 복잡성'의 영역에 한정시키기 때문이다. 그러나 하나님은 우리의 지식이 도달하지 못하는 '환원 불가능한 복잡성'이란 틈새만이 아니라 모든 자연의 과정 안에서 행동하신다. 하나님의 계속적 창조 행위는 단지 자연법칙을 깨뜨리는 초자연적인 개입에 의해서가 아니라 모든 자연적인 진화 과정 안에서, 특히 오늘날의 과학이 새롭게 밝혀내는 자연의 비결정성과 우연성의 영역에서 자연법칙을 위반함 없이 이루어질 수 있다.

지적 설계론의 두 번째 문제점은 지적 설계라는 초자연적인 인과적 요인이 과학으로 입증된다는 지적 설계론자들의 주장에 있다. 이들은 생물 구조의 환원 불가능한 복잡성에 근거한 지적 설계론이 과학적 논증이

---

22 이에 대한 자세한 내용은 12장 "다윈주의와 기독교," 373-376; Michael Ruse, *Can a Darwinian be a Christian?: The Relationship between Science and Religion* (Cambridge, New York: Cambridge University Press, 2004), 117 참고.

라고 주장한다. 1990년대에 지적 설계론자들은 자신들의 입장이 종교적이
라는 비판에 대처하고자 더욱 주의 깊게 과학적 논증에 힘을 기울였다.
그리고 자신들의 주장이 자연에 대한 과학적 설명 또는 모델이며, 따라서
다윈의 모델에 대한 대안으로 학교에서 가르쳐져야 한다고 요구했다.[23]
그러나 2005년 9월 미국 펜실베니아주 연방법원은 지적 설계론이 다음
세 가지 이유로 과학이 아니라고 판결했다. 첫째, 지적 설계론은 초자연적
인 인과관계를 끌어들임으로써 과학의 기본 규칙을 위반한다. 둘째, 지적
설계론의 핵심인 환원 불가능한 복잡성 논증은 반박되었다. 셋째, 진화론을
부정하는 지적 설계론의 공격은 과학계에 의해 반박되었다.

　　인격적 목적과 설계의 특정 사례를 과학으로 밝혀낼 수 있다는 주장은
과학계에서 받아들여지지 않는다. 즉, 지적 설계자가 존재한다고 해도
과학은 진화 과정 안에서 설계 활동의 구체적인 사례를 증명해 낼 수
없는 것으로 간주된다. 환원 불가능한 복잡성을 보여주는 정교하고 수학적
인 체계가 초월적 설계자의 존재를 요구한다는 논리에 기초한 지적 설계론
이 과학이라는 뎀스키의 주장을 피터스와 휴렛은 다음과 같이 논박한다.[24]
즉, 과학은 날아가는 화살의 속도와 궤적 같은 물리적 측면을 연구할
수는 있지만, 궁사나 표적을 보지 못하기 때문에 날아가는 화살의 표적을
볼 수는 없다. 과학은 화살 자체 '안'(in)에서 아무런 목적을 볼 수 없다.
우리는 보다 큰 그림을 가질 때, 즉 궁사와 표적을 볼 수 있을 때, 자연을

---

23 2004년 펜실베이니아주 도버에서 공립학교의 진화론 교육을 둘러싸고 논쟁이 벌어졌다.
　　창조론자들로 구성된 도버 교육위원회는 다윈의 진화론이 사실이 아니라 새로운 증거들
　　이 발견됨에 따라 검증되고 있는 한 이론일 뿐이기 때문에, 대안적인 설명으로 생물학
　　교사들이 교실에서 지적 설계론을 가르쳐야 한다는 정책을 세웠다.
24 Peters and Hewlett, *Can You Believe in God and Evolution?*, 81-82.

'위한'(for) 목적을 알 수 있게 된다. 여기서 날아가는 화살은 빅뱅부터 지금까지의 우주의 과정이라고 할 수 있다. 다윈의 과제는 그가 생명체 안에서 관찰한 설계를 엄격하게 물리적 이론으로 설명할 수 있는지를 연구하는 것이었다. 이것이 과학의 과제다. 궁사와 표적은 과학자의 시야 밖에 있다. 더 큰 자연의 그림은 철학자와 신학자에 의해 연구되는 것이다. 과학자도 자신의 경험에 비추어 이 큰 그림에 대해 말할 수 있으나, 그러할 때 과학을 사용하는 것은 아니다.

마이어는 과학자들의 방법론적 자연주의를 유물론적인 것으로 단정한다. 그러나 과학자가 과학의 영역을 방법론적으로 측정과 실험이 가능한 자연의 차원으로 한정시키는 것이 곧 유물론은 아니다. 방법론적 자연주의가 유물론적 무신론이 되는 것은 자연주의 환원론에 빠져서 형이상학적 자연주의가 될 때다. 방법론적 자연주의와 형이상학적 자연주의는 구별되어야 한다. 후자는 과학이 아니고 철학이다. 방법론적 자연주의를 준수하는 과학은 유물론적 무신론과 유신론 둘 다와의 관계에 있어서 중립적이다.

로버트 러셀도 초자연적 실재로서의 하나님은 과학의 시야 밖에 있음을 강조한다. 그에 의하면 과학은 신적 실재를 검증하거나 반증할 수 없다. 지적 설계론은 과학의 커리큘럼에 속하지 않는다. 우리는 철학이나 신학의 커리큘럼 안에서 신적 실재를 위한 자리를 발견할 수 있다.[25] 무신론적 유물론자가 과학을 사용해서 하나님이 존재하지 않음을 증명할 수 없는 것과 마찬가지로, 지적 설계론자가 자신의 과학을 사용해서 하나님의 존재를 증명할 수 없다. 다시 말하면 지적 설계론은 과학적 논증이 아니라

---

25 Robert John Russell, "Intelligent Design Is Not Science and Does Not Qualify to Be Taught in Public School Science Classes," *Theology and Science* 3, no. 2 (July 2005): 131-132.

철학적 또는 신학적 논증이다. 이 논증은 세계로부터 세계의 설계자를 추론하는 토마스 아퀴나스의 우주론적-목적론적 논증이나 시계로부터 시계 설계자를 유추하는 페일리의 시계공 논증과 같은 자연신학 논증의 범주에 속한다. 그러나 이와 같은 자연신학적 신 존재 증명은 과학의 범주를 벗어난다. 인간의 관찰과 측정에 기초한 경험과학은 하나님의 존재와 행동을 증명할 수는 없다. 과학은 물리적 우주에 대해 생명이 우연히 발생하지 않을 장소처럼 보인다는 것 외에 더 말할 것이 없다.

지적 설계론의 세 번째 문제점은 이 이론이 결정론적 세계관을 함축한다는 것이다. 만일 지적 설계가 창조 때 만들어졌다면, 이미 설계로 예정된 자연 과정에 환원 불가능한 복잡성의 구조를 만들기 위해 지적 설계자가 초자연적으로 개입할 필요가 없을 것이다. 그러나 지적 설계론자들은 하나님이 자연의 진화 과정에 개입주의적(interventionist) 방식으로 참여하심으로써 복잡한 것으로 도약하게 만드신다고 주장한다. 그렇다면 설계는 창조 때가 아니라 자연의 진화 과정 도중에 만들어지는가? 그렇다면 그것은 설계라기보다 임기응변적인 처방이 될 것이다.

지적 설계론이 내포하는 결정론적 세계관의 가장 큰 문제점은 피조물의 자기 조직화, 우연성, 미래 개방성을 허용하기 어렵다는 것이다. 자연의 과정에는 결정론적인 지적 설계로는 설명할 수 없는 대량 멸절, 자연도태, 재난과 같은 우연적 사건들이 끊임없이 일어난다. 자연 과정 안에서 우연성의 영역을 인정할 수 없는 결정론적인 지적 설계론에서는 모든 자연의 물리적 악과 인간 사회의 도덕적 악에 대한 책임이 결국 지적 설계자에게 돌아갈 수밖에 없다. 따라서 이 이론은 악과 신정론 문제에 매우 취약하다.

V. 유신론적 진화론, 진화적 창조론

유신론적 진화론은 신앙과 과학, 특히 기독교 신앙과 생물학적 진화론을 서로 조화시키려는 입장으로, 하나님이 우주와 생명의 기원을 주관하셨으며, 그 과정에서 진화라는 자연적 수단을 사용하셨다고 본다. 이들은 한편으로 성서가 진리의 말씀이라고 믿으며, 다른 한편으로 진화론이 엄격한 검증을 통해 확립된 과학적 사실이라고 믿는다. 이들은 성서의 진리와 과학의 진화론이 매우 다르지만, 상호 보완적인 형태의 진리로서 공존할 수 있다고 믿는다.

진화론을 기독교 신앙과 조화시키려는 시도는 다윈의 『종의 기원』(1859) 출간 이래 지속적으로 있어 왔다. 예를 들면 19세기에는 보수적인 장로교 신학자인 벤자민 워필드(Benjamin B. Warfield)는 유신론적 진화론을 지지할 수 있다는 입장을 보여주었다.[26] 오늘날 유신론적 진화론을 수용하는 학자들 가운데는 다양한 스펙트럼이 있다. 스펙트럼의 한쪽 끝에는 예수회 신부, 고생물학자, 철학자, 신학자인 피에르 테야르 드 샤르댕(Pierre Teilhard de Chardin)과 같은 인물이 있다. 샤르댕은 진화를 우주의 중심 원리로 이해했으며, 이 과정은 물질에서 정신, 정신에서 영성, 영성에서 신성으로 향한다고 이해했다. 그에게 진화의 궁극적 목적지는 '오메가 포인트'(Omega Point), 즉 그리스도다. 예수 그리스도는 단지 교회의 구원자일 뿐 아니라 우주 전체를 통합하고 완성하는 중심이자 목적이다. 그는 "그리스도 안에서 모든 것이 통합된다"(엡 1:10)는 바울의

---

26 Benjamin B. Warfield, "Evolution, Development, and Theology," *The Princeton Theological Review* 9 (1911): 638-665 참고.

사상을 과학적 진화론과 접목시켜, 우주의 물질적 진화와 인류의 영적 진화가 그리스도 안에서 하나로 수렴한다고 주장했다.[27]

스펙트럼의 다른 쪽에는 칼빈 전통의 개혁주의 철학자인 플랜팅가와 같은 인물이 있다. 플랜팅가는 유신론적 진화론에 대해 열려 있으면서도 비판적 평가를 함께 제시한다. 그는 성서를 문자 그대로 읽고 진화론을 부정하는 반진화적 창조론이나 "과학은 과학의 진리를, 성서는 신앙의 진리를 말한다"라는 이분법인 이중 진리 접근을 거부하고, 진화론과 신앙의 조화를 추구하는 입장을 개연성 있는 태도로 받아들인다. 그러나 동시에 그는 과학이 신앙의 핵심 진리와 충돌하는 경우, 잠정적인 과학 이론보다 성서가 우선한다고 주장한다.[28]

스펙트럼의 양쪽 사이의 중간 어디엔가에 다양한 견해를 가진 여러 학자가 있다. 이들 가운데 몇 사람만 예를 들면 아서 피콕, 프랜시스 콜린스, 존 폴킹혼, 알리스터 맥그래스 등이 포함될 수 있다. 신앙과 과학의 관계에 관한 최근의 연구는 특히 인간게놈 프로젝트를 이끈 과학자인 콜린스가 세운 '바이오 로고스'(BioLogos) 재단을 중심으로 한 과학자들[29]에 의해 대표된다. 바이오 로고스는 '진화적 창조론'(evolutionary creationism)이란 표제 아래 신앙과 과학의 조화를 추구한다. 이 단체가 '유신론적 진화론'과 구별되는 '진화적 창조론'이란 용어를 사용하는 이유는 '창조'가

---

27 Pierre Teilhard de Chardin, *The Phenomenon of Man*, trans. Bernard Wall (New York: Harper & Row, 1959).

28 Alvin Plantinga, "When Faith and Reason Clash: Evolution and the Bible," *Christian Scholar's Review* 21, no. 1 (1991): 8-32; Alvin Plantinga, *Where the Conflict Really Lies: Science, Religion, and Naturalism* (Oxford: Oxford University Press, 2011).

29 이들 가운데는 칼 가이버슨(Karl W. Giberson), 데보라 하스마(Deborah B. Haarsma), 로렌 하스마(Loren D. Haarsma) 등이 있다.

주체이며, '진화'는 방법임을 강조하기 위해서이다. 이들은 성서와 과학, 신앙 진리와 과학적 사실을 모두 진지하게 받아들인다. 이들은 진화가 하나님이 창조를 위해 사용하신 과정이라고 생각하며, 하나님이 생명을 창조하실 때 자연법칙과 조화를 이루는 자연의 과정을 사용하셨다고 믿는다. 이들은 진화론을 지구상에 다양한 생명체들이 발전하게 된 사실에 대한 신뢰할 만한 과학적(생물학적) 설명으로 받아들인다.[30]

바이오 로고스를 대표하는 데보라 하스마는 성서와 진화론이 서로 대립하지 않고 조화될 수 있다고 믿는다. 하스마는 "성서는 진리다"라는 신앙적 명제와 "진화는 실재한다"라는 과학적 명제를 조화시키고자 한다. 그녀에 따르면, "하나님은 우주, 지구 및 생물을 수십억 년에 걸쳐 창조하셨으며, 지구 위의 모든 생물의 다양성을 창조하시기 위해 점진적인 진화 과정을 만드시고 관리하셨다."[31] 진화는 하나님이 자신의 목적을 달성하시기 위한 자연적 메커니즘이다. 따라서 그녀는 물질세계에서 자연적 메커니즘을 찾으며, 동시에 성서의 하나님을 그 메커니즘의 창조주와 설계자로 찬양한다. 전자는 과학의 과제이고 후자는 기독교 신앙인이 해야 할 일이다.

하스마는 성서가 고대 독자들에게 알려지지 않은 과학을 언급한다고 보지 않는다. 따라서 성서의 권위를 받아들이는 것이 성서에 대한 문자주의적이고 과학적인 해석을 요구하지 않는다. 창세기 1장은 현대 과학에서 묻는 '어떻게'와 '언제'가 아니라 창조의 '누구'와 '왜'에 집중한다. 우리는 본래 고대 근동 지방에 살던 사람들을 대상으로 기록된 성서 본문이 저자와 첫 번째 독자에게 어떤 의미를 지녔는지 고려한 다음에 오늘날

---

30 칼 W. 가이버슨·프랜시스 S. 콜린스/김정우 역, 『과학과 하나님의 존재』(서울: 새물결플러스, 2019), 23.

31 햄·로스·하스마·마이어, 『창조, 진화, 지적 설계에 대한 네 가지 견해』, 179.

우리를 위한 의미를 찾아야 한다.[32]

하스마에 따르면 진화의 과학적 증거는 매우 명백하다. 역사적 과학도 실험 과학과 마찬가지로 신뢰할 만하다. 실험 과학자와 같이 역사 과학자도 가설을 만들고, 관찰에 비추어 시험하고, 필요에 따라 수정한다. 역사적 과학이 밝혀내는 진화의 증거는 매우 다양하고 분명하다. 우주의 진화는 천문학과 지질학에 의해 입증된다. 천문학적으로, 빛이 먼 은하들에서 우리에게 오는 데 수십억 년이 걸린다. 그리고 우주의 팽창 속도를 통해 계산하면 우주의 나이는 138억 년 내외가 된다. 지질학적으로, 남극의 빙하는 70만 년 이상의 나이층을 보여준다. 방사성 동위원소 연대 측정법에 의하면 그린란드의 한 암석층은 36억 년의 연대를 보여준다.[33]

생물의 진화에 대해서는 생물학자의 99%가 인간이 진화한 것을 믿을 만큼 과학자들 사이에 강력한 합의가 있다.[34] 생물의 진화는 화석과 유전학에 의해 입증된다. 고래와 돌고래가 육상 포유동물에서 진화한 것을 증명하는 천 개 이상의 화석 표본이 있다. 유전학은 인간이 유인원과 모든 생물과 공통 조상을 공유한다는 예측을 확증한다. 그리고 인간의 유전자는 두 명의 개인에서부터 생길 수 있는 것보다 훨씬 더 큰 변이를 나타낸다. 하스마는 초기 호모 사피엔스가 약 20만 년 전 수천 명으로 이루어진 집단으로 출발했을 것으로 본다.[35]

---

32 앞의 책, 183.

33 앞의 책, 192-195.

34 앞의 책, 204.

35 하스마는 아담의 역사성 문제에 대한 여러 견해를 소개한다. 빌리 그레이엄, 팀 켈러 등은 아담이 고대에 다른 사람들도 함께(창세기 4장) 살았던 실제 인물이라는 견해를 보여준다. 존 스토트는 하나님이 약 20만 년 전에 아프리카에서 인류의 고대 대표들 중 한 쌍과 특수한 관계를 맺으신 것으로 볼 것을 제안한다. 데니스 알렉산더는 아담을

하스마는 지적 설계론자들처럼 하나님의 설계를 인정하며 또한 자연의 과정에 방향성과 목적이 있다고 본다. 우주의 기본적인 상수 중 어떤 것은 생명체가 발달할 수 있도록 미세 조정되었다. 하나님은 입자들과 힘들이 한데 모여 자연 과정을 통해 복잡한 세계와 생물을 위한 서식지를 만들도록 우주를 설계하셨다. 그러나 마이어와 달리 하스마는 하나님의 설계와 의도가 진화의 메커니즘을 통해서 구체화되며, 따라서 자연의 진화 과정은 방향성과 목적을 가지고 있다고 본다. 진화 과정은 무작위 유전자변이에 의존하지만, 동시에 단지 무작위만은 아닌 선택이라는 과정에 의존한다. 그녀는 여기서 무작위란 '예측할 수 없는'이란 과학적 의미로서 방향성과 목적과 대립하는 개념이 아니라고 본다. 즉, 하나님은 섭리를 위해 의도적인 무작위를 사용하실 수 있다. 그녀에 따르면 하나님은 자신의 주권 아래에서 무작위 과정을 자신의 설계 일부로 선택하셨다. 그러나 이것은 하나님이 모든 무작위 사건의 결과를 명시적으로 결정하시는 것을 요구하지는 않는다.[36]

하스마에게 과학의 한계는 분명하다. 과학은 하나님을 증명하거나 부정할 수 없다. 같은 물리적 메커니즘을 무신론자는 방향성과 목적이 없는 것으로 해석할 수 있는 반면, 기독교인은 하나님의 창조 작품으로 이해할 수 있다. 마이어가 완전한 자연적 설명을 설계론과 반대되는 유물론적인 것으로 간주하는 것과 달리, 하스마는 과학자들이 방법론적 자연주의

이미 인간이 지구 전체로 퍼졌던 시기인 6천 년 전에 하나님이 전 인류를 위해 영적 대표자로 선정하신 근동의 실제 인물로 볼 것을 제안한다. 알리스터 맥그래스는 아담 이야기를 포함하는 창세기의 처음 몇 장을 다른 고대 근동 문학의 장르에 속하는 상징적인 이야기로 본다. 앞의 책, 208-210.

36 앞의 책, 251.

에 입각하여 완전히 자연적인 설명을 할 때도 신앙의 관점에서 자연에서 설계를 감지할 수 있다고 본다. 하스마는 생명체 진화를 가능하게 하는 우주 전체 구조에서 설계를 보며 하나님이 사용하시는 우주 전체 구조 안의 자연적 메커니즘을 발견하고자 한다. 완전한 자연적 설명은 결코 설계자로서의 하나님을 부정하지 않는다.[37]

하스마가 하나님의 설계와 진화의 무작위성을 서로 배타적이지 않고 조화 가능한 개념으로 보는 것 그리고 과학의 한계를 인정하는 것은 기본적으로 정당하다. 그런데 그녀는 하나님이 세계를 창조하신 후에는 세계에 대한 개입 없이 자연의 진화 과정을 통해 세계를 인도하신다고만 말한다. 그런데 여기서 '개입'이란 자연법칙을 깨뜨리는 개입(intervention)을 의미하는지, 아니면 세계 안에서의 신적 행위 전체를 말하는 것인지 분명하지 않다. 만일 후자라면 그것은 하나님이 자연에 내재하는 자연법칙에 의해 세계를 섭리하신다는 계몽주의적 이신론과 어떻게 다른 것인가? 하나님은 우연성을 본유적 속성으로 하는 진화 과정이 어떻게 하나님이 의도하시는 목적을 향해 나아가도록 만드시는가?

가이버슨과 콜린스는 하나님은 피조물에 관해 원하시는 어떤 방식으로든 역사하실 수 있다고 말한다.[38] 그들은 사이먼 콘웨이 모리스의 '수렴'(convergence) 개념을 인용하여 자연의 패턴과 방향성을 설명한다.[39] '수렴'이란 진화 과정의 패턴을 표현하는 개념으로서, 서로 다른 종이 각기 독립적으로 유사한 특성을 발전시켜 왔다는 사실을 가리킨다.[40]

---

37 앞의 책, 315-316.

38 가이버슨·콜린스, 『과학과 하나님의 존재』, 269.

39 앞의 책, 287-291.

40 예를 들면 인간과 문어는 서로 다른 조상을 가지며, 둘 중 어느 조상도 현재와 같은 시각

이것은 진화의 단계들이 대체로 무작위로 진행된다고 해도 '운동장'은
한 방향으로 기울어져 있어서 '공'이 굴러가는 특정 방향이 선호된다는
것을 지시한다. 따라서 모리스는 인간의 출현이 무작위로 진행되는 것처럼
보이는 진화 과정의 불가피한 결과라고 주장한다. 운동장이 한 방향으로
기울어져서 무작위적인 진화 과정이 불가피하게 그 방향으로 수렴하게
된다는 것이다. 이 설명은 매우 통찰력 있는 은유지만, 우연적 진화 과정이
어떻게 방향과 목적을 지향할 수 있는지 그 메커니즘에 대한 과학적
설명이라고 보기는 어려워 보인다.

피터스와 휴렛은 다윈주의 자연 해석을 받아들이는 것은 자연에 내적
목적이나 설계가 과학적으로 관찰 가능한 방식으로 나타나지 않는다는
것을 의미한다고 주장한다. 이들은 말한다. "우리는 목적이나 방향 또는
가치를 자연 '안에서'(within) 발견하려고 시도하지 않을 것이다. 그 대신
그리스도인으로서 우리는 자연을 '향한'(for) 하나님의 목적을 믿는다.
우리는 이 하나님의 목적을 하나님 안에서 찾고자 한다."41 이들에 의하면
목적은 처음이 아니라 마지막에 과거를 되돌아보면서 발견될 수 있다.
목적은 처음부터 잠재된 것이 아니라 마지막의 과거 회상으로부터 온다는
것이다.

그러나 과학은 자연을 '향한' 하나님의 목적을 자연 '안에서' 발견할
수는 없어도, 자연을 '향한' 하나님의 목적을 위한 하나님의 행위가 자연

구조의 특성을 지니지 않았는데, 서로 다른 두 가지 진화의 경로가 각기 독립적으로
동일한 시각 체계에 이르렀다는 것이다. 앞의 책, 289-291; Simon Conway Morris,
Life's Solution: Inevitable Humans in a Lonely Universe (New York: Cambridge
University Press, 2013).

41 Peters and Hewlett, *Can You Believe in God and Evolution?*, 119-120.

'안에서'(예를 들면 양자 세계의 비결정성) 가능함을 보여줄 수는 있다. 피터스와 휴렛은 하나님이 태초에 두 가지 의미에서 세상에 미래를 제공했다고 말한다.[42] 미래의 첫 번째 의미는 개방성이다. 미래라는 선물은 물리적 실재에 역동성, 개방성, 우연성, 자기 조직화, 자유를 가져다준다. 미래는 무생물로부터 생물로 그리고 의식으로의 진화를 가능하게 할 만큼 개방적이다. 이들은 1차 원인과 2차 원인을 구별한다. 하나님은 1차 원인으로서, 세계를 창조하고 보존하며 미래를 향한 개방성을 제공한다. 이로 인해 창조 세계가 2차 원인으로서 움직일 수 있게 된다. 2차 원인으로서 자연은 예측할 수 없는 자기 조직화 형태의 진화 역사를 보여준다. 미래의 두 번째 의미는 완성이다. 즉, 하나님은 목적인을 제공함으로써 세계를 최종적으로 구속한다.

그러나 이와 같은 1차 원인과 2차 원인의 구별에는 문제가 있어 보인다. 이 구별에 따르면 하나님과 세계의 활동 영역은 분리된다. 즉, 하나님(1차 원인)은 세계를 창조하고 보존하고 개방성을 제공하는 반면, 세계(2차 원인)는 개방성 안에서 진화 과정을 전개한다. 여기서는 진화 과정에서 하나님의 행위를 위한 자리가 없다. 만일 진화 과정에서 하나님의 행위를 위한 자리가 없고 진화 과정의 개방성, 우연성, 자기 조직화, 자유만 있다면, 최종적인 세계의 구속과 완성은 어떻게 보장되는가?

피터스와 휴렛은 말한다. "우리가 우발성, 우연성, 자기 조직화로 여기는 것은 하나님이 선물로 주신 개방된 미래의 결과들이다. 우리는 이것을 계속적 창조라고 부른다."[43] 우발성, 우연성, 자기 조직화와 함께 주어지는

---

42 Ibid., 121-123.

43 Ibid., 123.

개방된 미래가 선물이라는 피터스와 휴렛의 생각은 잘못된 것이 아니다. 그러나 그들이 이 우발성, 우연성, 자기 조직화 자체를 하나님의 계속적 창조와 동일시하는 것은 잘못된 것이다. 본래 1차 원인과 2차 원인의 구별은 하나님이 세상을 섭리하는 방식을 설명하기 위한 것이다. 즉, 하나님은 피조물의 자유를 허용하고 뒤로 물러나 계시는 것이 아니라 피조물의 자유를 허용하는 방식으로 섭리하신다. 2차 원인은 결코 단순히 행위 주체가 하나님에서 피조물로 이전됨을 의미하지 않는다. 하나님은 피조물을 창조하고 보존하고 피조물에 개방성, 우연성, 자기 조직화, 자유를 허용하실 뿐만 아니라, 그 개방성, 우연성, 자기 조직화, 자유 안에서 행동하심으로써 계속적 창조(creatio continua)를 수행하시고 세계를 구속과 완성으로 인도하신다.

하나님은 물리적 세계에 미래 개방성을 제공하고, 변화와 자기 조직화를 통한 진화의 가능성을 열어 놓으실 뿐만 아니라, 종국적으로 모든 피조물의 종말론적 완성을 가져오신다. 세계의 미래 개방성과 종말론적 완성은 어떻게 조화될 수 있는가? 피터스와 휴렛은 이 물음에 대한 답변을 전체론적 또는 창발론적 관점에서 제시한다.[44] 이들에 따르면 새로운 전체는 과거의 부분들을 변화시킨다. 보다 포괄적이며 새로운 통합체로의 통합은 이전의 것들을 새롭게 하면서 보존한다. 전체론적 복잡화 과정은 전체 상황을 변화시킨다. 그 변화 결과가 구원을 가능하게 한다. 피터스와 휴렛은 이와 같은 창발적 전체론을 하나님의 종말론적 약속에 적용함으로써 미래 개방성과 종말론적 완성을 조화시키고자 한다. 이들은 창발적 전체론의 관점에서 다음과 같이 종말론적 완성을 설명한다. "자연과 인간

---

44 Ibid., 124.

의 역사 안에서 일어나는 하나님의 창조 활동은 우주 전체의 구원이라는 하나님의 종말론적 행동으로부터 파생된다."45 그러나 여전히 남아 있는 물음은 하나님에 의한 종말론적 미래의 전체론적 복잡화와 통합이 어떻게 그 이전 피조물의 자기 조직화와 자유에 의한 우연적 진화 과정을 변화시키고 완성하는가 하는 것이다.46

VI. 네 가지 창조론에 대한 비판적 고찰

과학적 창조론은 우주와 생명의 진화 사실을 입증하는 빅뱅 이론, 방사성 연대 측정 등 잘 정립된 과학 이론과 방법을 거부하기 때문에, 과학계에서 사이비 과학으로 간주된다. 창조과학은 1987년 미연방대법원에서 과학 이론이 아니기 때문에 공교육에서 과학 이론으로 가르칠 수 없다는 판결을 받았다. 과학적 창조론자들이 젊은 지구론 또는 오랜 지구론을 주장하는 근본 이유는 그들이 성서의 문자적 무오류성에 대한 과도한 신념을 갖고 있기 때문이다. 즉, 이들의 근본적인 문제는 문자주의적 성서 해석에 있다. 젊은 지구 창조론자나 오래된 지구 창조론자가 모두 성서의 권위를 강조하고 성서를 문자주의적으로 해석하면서 성서로부터 서로 다른 지구 창조론을 도출해 내는 것은 매우 아이러니하다. 근대 이전 시기에 문자적 성서 해석에 기초해서 지구의 나이를 기원전 4천

---

45 Ibid.

46 피터스와 휴렛이 현재적 하나님의 창조적 활동을 말하지 않는 것은 아니다. 한 곳에서 그들은 하나님의 창조적 활동이 "현재 일어나고 있는 것을 포함한다"라고 말한다. 그러나 어떻게 현재 일어나고 있는지에 대한 설명은 보여주지 않는다. Ibid., 131.

년경으로 계산한 것은 그 시기에는 성서의 역사성에 대한 이해와 과학적
지식이 부족했기 때문이었다. 그러나 성서의 역사성에 대한 이해가 철저해
지고 과학이 눈부시게 발전된 오늘날에도 성서의 역사성을 무시하고
여전히 무시간적이고 문자주의적인 방식으로 성서를 읽어내는 것은 시대
착오적인 오류가 아닐 수 없다.

젊은 지구 창조론자들은 이러한 시대착오적 성서 해석의 대표자들이
다. 이들의 문자주의적 성서 해석에 따르면 하나님은 약 6천 년 전에
첫 번째 인간 아담과 하와를 창조하셨다. 아담 이전은 물론 그와 동시대에
살았던 사람도 없다. 그러나 이 해석은 본서의 5장 7절에서 제시한 물음과
사실들 앞에서 더 이상 유지될 수 없다.[47]

오랜 지구론 창조론자들도 성서의 역사성을 무시하고 성서가 현대
과학이 밝혀내는 수십억 년의 오랜 지구의 역사에 대한 과학적 진술을
담고 있다고 주장한다. 로스는 과학 언어를 문자주의적으로 재해석된
성서 언어와 일치시키고자 한다. 그는 고대 문서인 성서가 자연에 대한
오늘날의 과학적 발견과 일치하도록 써졌다고 주장하고, 자연적 진화의
메커니즘을 하나님의 직접적 행동으로 대체한다.

지적 설계론자들은 성서와 관계없이 과학적으로 하나님의 존재와
활동을 증명하고자 한다(그리고 증명했다고 주장한다). 마이어는 진화론을
무신론으로 (잘못) 규정하고 지적 설계론과 대립시킨다. 환원 불가능한
복잡성 개념은 과학자들에 의해 논박을 당하며, 이 개념에 기초한 지적
설계 논증은 과학적 논증이라기보다 자연신학적 논증이다. 로스가 자연의
진화 메커니즘을 하나님의 직접적 행동으로 대체함으로써 자연 과정의

---

47 데보라 하스마·로렌 하스마, 『오리진』, 276-297.

우연성을 박탈한다면, 마이어는 자연의 진화 메커니즘을 지적 설계자로부터 주어지는 결정론적 정보로 대체함으로써 자연 과정의 우연성을 박탈한다.

유신론적 진화론 또는 진화적 창조론은 성서 언어와 과학 언어, 즉 창조와 진화를 조화시키고자 한다. 하스마는 성서 본문이 고대 근동 지방의 독자에게 어떤 의미를 가졌는지 이해한 후에 오늘날 우리를 위한 의미를 찾아야 한다고 주장하면서, 성서와 오늘날 해석자가 속한 역사적 지평 사이의 거리를 인정하고 그 둘의 만남을 시도한다. 이것은 기본적으로 올바른 해석학적 접근이지만, 그녀는 두 지평의 융합을 위한 깊이 있는 성서 해석학을 보여주지는 못한다. 그리고 "하나님이 자연의 진화 과정에 참여하지 않고 과연 어떤 방식으로 그 과정에 영향을 줄 수 있단 말인가?" 하는 질문이 남는다.

잘못된 문자주의적 성서 해석은 성서를 통해 하나님이 말씀하시고자 하는 본래 주제를 놓치고 오히려 성서가 현대인에게 걸림돌이 되도록 만든다. 우리는 인류의 기원에 관한 현대 고인류학의 문제에 대한 해답으로써 문자적으로 해석된 성서의 아담과 하와 이야기를 제시해서는 안 된다. 젊은 지구 창조론자들이 성서에 나타나는 조상들의 계보에 대한 문자적, 산술적 계산을 통해 산정해 낸 아담의 시기는 이미 중동 지방에 청동기 도시 문명이 발달한 시기였다. 따라서 그들의 문자주의적 성서 해석에 의한 계산은 오히려 아담이 모든 인류의 조상이라는 주장에 대한 불신을 강화한다.

성서는 고대의 문헌이기에 오늘날의 '빅 히스토리'와 같은 과학적 세계관을 가지고 있지 않다. 그러나 성서는 하나님께서 인간과 창조 세계를 위한 계속적 창조 사역을 수행하고 계심을 증언한다. 따라서 우리는 하나님

의 계속적 창조의 관점에서 고대의 세계관 안에서 형성된 성서의 창조론과
오늘날의 과학적 세계관 안에서 형성된 진화론 사이의 지평 융합의 길을
모색할 필요가 있다.

VII. 결론: 진화와 하나님의 창조

교황 바오로 2세는 1996년 10월 교황청 과학아카데미에서 행한 연설
에서 다음과 같이 말했다. "『인간의 기원』이 출간된 지 거의 반세기가
지난 오늘, 새로운 지식은 진화론이 하나의 가설 이상이라는 사실에 대한
깨달음으로 우리를 인도한다. 이 이론이 다양한 지식 분야에서의 일련의
발견들에 따라 연구자들에 의해 점점 더 폭넓게 받아들여지고 있다는
사실은 실로 주목할 만하다. 독립적으로 수행된 연구의 결과들이 (일치를
추구하거나 조작되지 않았음에도 불구하고) 일치한다는 사실은 그 자체가 이
이론을 위한 매우 중요한 논증이 된다."[48] 바오로 2세에 따르면 진화론은
가설 이상의 사실이다.

자연 세계를 탐구하고 설명 모델을 수립하는 과학 이론은 하나님을
믿는 신앙과 불화할 이유가 전혀 없다. 존 호트(John Haught)는 기독교
신앙이 다윈주의적인 생명 이해와 일치하는 하나님 상을 제시한다고
주장한다.[49] 생명과학은 45억 년 된 지구의 생물이 공통 조상으로부터
진화했다는 데 광범위한 의견의 일치를 보여준다. 그러나 공통 조상이란

---

48 Pope John Paul II, "Evolution and the Living God," in *Science and Theology: The New Consonance*, ed. Ted Peters (Boulder: Westview Press, 1998), 150.

49 John Haught, *God after Darwin* (Boulder: Westview Press, 2000), 47.

표현은 문제가 있어 보인다. 우리가 수정란을 생명체의 조상이라고 부르지 않는 것처럼, 단세포 생물도 생명체의 조상보다는 생명체의 기원으로 보는 것이 적절하다. 더욱이 생명체의 기원은 인간의 가계도에서 선형적으로 소급될 수 있는 공통 조상을 의미하지 않는다. 왜냐하면 진화 과정은 단순히 하나의 선형적 가계도로 표현되기 힘든 단속성(斷續性)과 창발적 우연성을 보여주기 때문이다. 생물 종의 진화 양상이 대부분의 시기 동안의 큰 변화가 없는 안정기와 비교적 짧은 시기에 급속한 종 분화가 이루어지는 분화기로 나뉜다는 단속 평형 이론은 진화 과정의 창발적 우연성을 잘 드러낸다.

하나님의 창조는 우주의 법칙과 물리 상수들의 미세 조정 그리고 DNA의 디지털 정보 같은 지적 설계의 특징들과 아울러 불확정성, 자기 조직화, 창발적 우연성 같은 진화 과정의 특징들을 보여준다. 다윈이 우연적 변이와 자연선택에 의한 진화 과정을 발견했을 때, 그는 전통적인 기독교의 결정론적 설계자로서의 신개념을 가지고 있었다. 그는 페일리의 『자연신학』을 읽었으며, 페일리처럼 모든 생물은 하나님의 설계대로 완벽한 형태로 창조되었다는 믿음을 가지고 있었다. 따라서 우연적 변이와 자연선택으로 대표되는 진화의 증거들을 발견하자, 그는 그러한 증거들이 결정론적 설계자로서의 신개념과 조화될 수 없다고 생각했다. 그러나 만일 그가 하나님의 창조가 결정론적 설계가 아니라 우연적 변이와 자연선택을 포함하는 자연적 진화 과정의 메커니즘을 통해 이루어질 수 있다고 생각했다면, 결코 불가지론자가 되지 않았을 것이다.

새로운 유전 정보는 DNA에서 돌연변이가 일어날 때 생긴다. 돌연변이는 인과적 법칙이 아닌 무작위성에 의해 발생한다. 무작위란 예측할 수 없다는 개념이지, 반드시 방향과 목적과 대립하는 개념은 아니다. 하나님은 무작위 과정을 설계의 일부로 선택하셨다. 즉, 하나님의 설계는 자연 과정의 우연성, 자기 조직화, 개방성을 허용한다. 닐스 그레거슨(Niels Henrik Gregersen)은 하나님이 자기 조직적(self-organizing) 세상을 창조하셨다고 말한다. 하나님은 자연이 자기 창조적(self-creative)이 되도록 계획하셨다. "우리는 우리가 계획을 넘어서 살 수 있도록 계획된 세계 안에 살고 있다. 세계는 자기 발전의 자유와 공진화를 위해 은혜롭게 계획되었다."[50] 하나님의 창조 질서 안에는 미시 물리학적 차원에서 생물학적, 심리학적, 사회적, 우주적 차원에 이르기까지 비결정성과 우연성, 미래 개방성의 요소가 본유적으로 내포되어 있다. 하나님은 태초에 결정론적 세계를 설계하여 완결한 뒤 때때로 결정론적 자연법칙을 깨뜨리고 개입하시는 것이 아니라, 비결정론적 세계를 설계하시고 매 순간 (자연법칙을 통해서뿐 아니라) 우연성의 영역 안에서 행동하신다. 세계 안에서 하나님의 행위는 방법론적 자연주의를 따르는 과학의 범주를 넘어선다는 의미에서 초자연적 행위라고 할 수 있다. 그러나 그것은 하나님의 창조 질서 안에 내재한 우연성의 영역 안에서 이루어지기 때문에 단지 자연법칙을 깨뜨리고 개입한다는 의미에서의 초자연적 행위는 아니다.

진화론은 DNA의 돌연변이가 무작위적으로 일어나며, 진화 과정이 어떤 목적을 지니고 있다는 과학적 증거가 없다고 본다. 그러나 이 말은 진화 과정이 목적을 지니지 않는다는 과학적 증거가 있다는 뜻으로 혼동되어서는 안 된다. 진화론은 하나님에 대해 아무런 직접적 진술을 할 수 없다. 여기에 진화론의 한계가 있다. 그러나 진화 과정의 우연성은 하나님의

---

50 Niels Henrik Gregersen, "Beyond the Balance: Theology in a Self-Organizing World," in *Design and Disorder*, eds. Niels Henrik Gregersen and Ulf Görman (London and New York: T & T Clark, 2001), 79.

창조에 달려 있지 않다. 진화 과정이 방향과 목적을 가질 수 있는 것은 진화 과정의 우연성 안에서 하나님이 창조적 섭리 행위를 하시기 때문이다. 정보의 기원이 하나님이라는 사실은 진화 과정과 대립하지 않는다. 왜냐하면 하나님에게서 오는 DNA 분자 정보는 백지상태가 아니라 돌연변이와 자연선택이라는 진화 과정의 우연적 요소들과의 관계 안에서 체현되기 때문이다.

"'우리'는 만약 생명의 나무를 다시 심을 수 있다면 다시는 결코 일어나지 않을 순간적인 우주적 우발 사건이다"[51]라는 굴드의 말은 하나님의 창조를 생각하지 않는다면 절대적으로 타당한 말이다. 왜냐하면 우주의 진화 과정에서 생명과 인간의 출현은 하나님의 창조 행위에 의해서만 가능한 경이로운 기적이기 때문이다. 하나님의 창조는 우연성을 포함하는 자연의 진화 과정 안에서 이루어진다. 몰트만은 "무로부터 창조"(*creatio ex nihilo*)를 세계 현존의 기적과 존재 자체의 시초적 우연성을 표현하는 개념으로 이해한다. 그에 따르면 세계의 현존과 세계 역사 속의 모든 진화의 단계는 우연이다. 그러나 이 우연은 맹목적 우연이 아니라 하나님의 자유로운 창조 안에서 '의도된 우연'이다. 따라서 "하나님의 창조신학에서 진화 단계의 우연성과 목적 지향성은 모순도 아니고 대립도 아니다."[52]

물론 모든 우연적 사건이 방향성과 목적을 갖는 것은 아니다. 진화의 우연성에는 방향성이나 목적을 말할 수 없는 경우도 있으며, 심지어 퇴보의 경우도 있다. 생물의 대량 멸종은 인간 역사의 아우슈비츠 같은 도덕적

---

51 Stephen Jay Gould, *Full House* (Cambridge, MA: Harvard University Press, 1996), 18.

52 Jürgen Moltmann, *God in Creation: A New Theology of Creation and the Spirit of God* (San Francisco: Harper & Row, 1985), 207.

악과 비견될 수 있는 자연적 악이라고 할 수 있다. 악의 문제는 불가해한 신비로 남아 있다. 그러나 하나님은 모든 자연 과정과 인간 역사의 우연적 악에 직접적인 책임자는 아니며 또 결코 그 악을 끝까지 방관하시지도 않는다. 하나님은 궁극적으로 모든 자연 과정과 인간 역사가 합력하여 선을 이루시게 하신다(롬 8:28). 따라서 세계의 진화 과정은 하나님의 창조를 위한 자연적 메커니즘으로서, 하나님의 지속적인 창조 행위에 의해 모든 자연적, 도덕적 악에도 불구하고 하나님께서 목적하시는 종말론적 미래로 인도된다.

15장
창발론적 인간 이해*

I. 서론

인간은 어떤 존재인가? 인간 존재의 본성에 관한 문제, 특히 마음과 뇌, 영혼과 몸의 관계에 관한 문제는 종교와 철학 그리고 과학이 오래도록 탐구해 온 가장 본질적인 문제이다. 기독교 전통에서 인간 이해는 주로 영혼과 몸의 관계를 중심으로 이루어졌다. 고대 히브리인들은 인간을 전인적이고 통합적인 관점에서 이해했다. 즉, 그들은 인간을 몸과 영혼이라는 서로 다른 실체로 구성된 이원론적 구조로 이해하기보다는 하나의 전체로서 완전히 통일을 이루는 전일적(全一的, holistic) 존재로 이해했다. 그러나 헬레니즘 세계의 영향 아래 인간을 영혼과 몸이라는 두 실체로 나누는 이원론적 사고가 기독교 전통에 깊이 스며들게 되었다. 특히 근대에 들어 데카르트의 이원론적 사고가 서구의 인간론을 지배하였다.

하지만 이러한 이원론적 인간 이해는 오늘날 신경과학, 진화론, 과학철

---

* 이 글은 「한국조직신학논총」 제80집 (2025. 9.): 165-206에 발표되었던 논문이다.

학 등의 분야들로부터 강력한 도전을 받고 있다. 오늘날 데카르트적 이원론과 정반대되는 대척점에 인간을 복잡한 자극-반응 메커니즘에 지나지 않는 것으로 이해하는 환원론적 물리주의가 있다. 생물학자 프랜시스 크릭(Francis Crick)은 우리의 기쁨과 슬픔, 기억과 야망, 독창성과 자유의지가 실상 방대한 신경세포와 그와 관련된 분자들의 행동에 지나지 않는다고 주장했다.[1] 행동주의 철학자 길버트 라일(Gilbert Ryle)은 정신적 작용은 몸이 하는 그 무엇이며 사회적으로 학습된 행위일 뿐이라고 주장했다. 그는 몸이라는 기계 안에 거주하는 유령, 즉 데카르트적인 사고 주체는 존재하지 않는다고 주장했다.[2] 대니얼 데닛(Daniel Dennett)은 의식 경험이란 뇌 안에서 일어나는 '정보를 담고 있는 사건'과 동일한 것이며, 컴퓨터 프로그램의 출력과 같은 일련의 '두뇌 활동의 물리적 효과'라고 주장했다.[3] 이와 같은 환원적인 유물론의 입장을 지닌 과학자들과 철학자들은 비물리적인 의식이나 마음의 실재를 인정하는 인간 이해를 비과학적인 이원론으로 간주한다.

오늘날 신경과학과 AI의 발전도 이원론적 인간 이해에 대한 불신을 강화한다. 이 분야의 연구자들은 의식(마음)이 물리적 토대로부터 생겨남을 보여주고자 한다. MRI, 양전자 방출 단층촬영(PET) 등을 통한 뇌 스캔은 마음 활동과 연관하여 뇌의 다양한 영역이 활성화된다는 사실을 밝혀내었다. 뇌의 특정 부위가 손상되면 의식 영역에 일탈 현상이 발생한다. 안토니오 다마시오(Antonio Damasio)는 뇌 손상 환자가 사이코패스가 된 사례를 기록했다.[4] 전액골 피질의 특정 영역이 손상되면 도덕적 감각이 혼란을

1 Francis Crick, *The Astonishing Hypothesis* (New York: Simon and Schuster, 1994), 3.
2 Gilbert Ryle, *The Concept of Mind* (London: Hutchinson's University Library, 1949).
3 Daniel Dennett, *Consciousness explained* (New York: Penguin, 1992), 16, 459.

겪게 된다. 이것은 인간의 행동뿐만 아니라 인지적, 도덕적 능력이 뇌의 기능에 의존함을 보여준다. 다마시오는 마음이 뇌와 별개의 실체라는 생각을 거부했다. 그에 따르면, 뇌가 손상되면 사고 과정에 장애가 생긴다. 뇌가 손상되었을 때도 마음은 자유롭고 합리적일 수 있다고 말하는 것은 난센스다. 합리적인 사고는 뇌의 구조와 기능에 의존한다.

그러나 데카르트적 이원론이나 환원론적 물리주의가 인간 이해를 위한 선택지의 전부는 결코 아니다. 오늘날에는 또한 전통적인 이원론과 환원론적 물리주의 둘 다를 넘어서는 창발론적 인간 이해가 제시되고 있다. 키스 워드(Keith Ward)에 따르면, "뇌는 물리적 세계의 불연속적 사건으로부터 연속적 움직임이라는 현상적(주관적) 인상을 구성해 낸다."5 두뇌 활동이 원자적이고 개별적 부분들로 구성되는 물리적 작용이라면, 의식과 마음의 활동은 뇌의 전체성 안에서 고차원적으로 창발하는 현상이다. 전전두엽 피질 안에서의 물리적 사건들이 일련의 비물리적 특성, 즉 의식적 사건을 창발시킨다. 의식 또는 마음은 진화 과정에서 복잡성이 증대된 뇌의 전체성 안에서 창발된 실재로서, 뇌로부터 인과적 영향을 받을 뿐만 아니라 뇌에 인과적 영향을 준다. 창발론적 인간 이해는 의식과 마음이 뇌와 몸으로부터 출현하지만, 단순히 뇌와 몸의 부산물이 아니라 새로운 조직 수준의 인과적 실재로서 작동한다고 주장하며, 의식과 마음의 고유한 독자성과 자율성 그리고 인과적 영향력을 확증한다. 이 장에서는

---

4 S. W. Anderson et al., "Impairment of Social and Moral Behavior Related to Early Damage in Human Prefrontal Cortex," *Nature Neuroscience* 2, no. 11 (1999): 1032-1037.

5 Keith Ward, *The Big Questions in Science and Religion* (West Conshohocken, PA: Templeton Foundation Press, 2008), 149.

이원론적 인간론과 성서의 인간 이해, 의식의 기원, 창발적 진화와 마음(의식), 비환원론적 물리주의, 이중 양상 일원론, 창발론적 일원론(필립 클레이턴) 등에 대한 고찰을 통해 기독교 인간 이해와 조화 또는 공명할 수 있는 창발론적 인간 이해의 전망을 모색하고자 한다.

본론에 들어가기 전에 먼저 마음, 의식, 영혼과 같은 용어들에 대한 사전 이해가 요구된다. '마음'과 '의식'은 심리학, 인지과학, 철학에서 종종 혼용되었다. 그러나 현대 인지과학과 신경과학에서 이 둘은 구별된다. 이에 따르면 마음은 감각, 사고, 감정, 기억, 의도 등의 정신적 기능을 포괄하는 넓은 개념으로서, 의식적인 정신 활동뿐 아니라 무의식적 처리, 자동화된 인지, 정서 반응까지 포함한다. 데카르트가 마음을 '생각하는 실체'로 보았다면, 현대 인지과학은 이를 정보처리 시스템으로 이해한다. 반면 의식은 무엇인가를 주관적으로 경험하는 상태, 즉 현상적 의식을 중심으로 정의된다. 즉, 의식은 마음의 활동 가운데 주관적으로 경험되는 상태를 지칭한다. 모든 의식은 마음의 일부이지만, 모든 마음의 활동이 의식적인 것은 아니다. 즉, 의식은 마음의 하위 범주로 간주된다.[6] 이 장에서는 이와 같은 구별을 염두에 두면서도, 두 용어를 구별하여 따로 사용하지는 않을 것이다.

'영혼'이란 전통적으로 종교에서 많이 사용해 온 개념이다. '영혼'에 대한 이해는 철학, 신학, 종교심리학 등 관점에 따라 다양하지만, 일반적으로 인간 존재의 비물질적 본질로서 마음, 자아, 인격, 도덕적 의식 그리고 초월적 존재와의 관계를 가능케 하는 중심으로 여겨진다. 현대 신경과학에

---

6 Antonio Damasio, *The Feeling of What Happens: Body and Emotion in the Making of Consciousness* (San Diego: Harcourt, 1999), 122-135; Daniel Dennett, *Consciousness Explained* (Boston: Little, Brown, 1991), 21-23.

서는 '영혼'을 비과학적 개념으로 간주하여 의식, 자아, 심리적 주체 등의 개념을 사용하는 경향이 있다. 본문에서는 '영혼'을 '마음'이나 '의식'에 상응하는 기독교적 용어로 사용할 것이며, 몸과 이원론적으로 구별되는 실체가 아닌 살아있는 인간 존재 전체를 가리키는 용어로 사용할 것이다.

II. 이원론적 인간론과 성서의 인간 이해

고대 히브리인들은 본래 사후의 생에 대해 큰 관심이 없었다. 그러나 점차 사후의 생에 대한 관심이 형성되면서, 몸의 부활에 대한 사상을 발전시켰다. 이는 그들이 몸과 영혼을 불가분의 관계로 이해했기 때문이다. 성서는 생기, 즉 하나님의 영(느샤마)이 몸(흙)에 불어 넣어져서 생령(네페쉬 하야)이 되었다고 기록한다. "여호와 하나님이 땅의 흙으로 사람을 지으시고 생기(느샤마, 니쉬마트 하임, the breath of life)를 그 코에 불어넣으시니 사람이 생령(네페쉬 하야, living soul[또는 being])이 되니라"(창 2:7). 이 본문에서 생령(네페쉬 하야)은 헬레니즘 세계의 고대 교회 이래 전통적으로 이해된 바와 같이 몸과 독립적으로 존재하는 불멸의 실재로서의 영혼이 아니라 몸으로부터 창발되고 생동화된 살아있는 존재 또는 전 인격을 의미한다. 이러한 맥락에서 초기 그리스도인들은 내세의 생이 몸 없는 영혼의 연속이 아니라 몸의 부활로 이루어질 것으로 믿었다.

인간의 영혼과 몸에 대한 기독교의 이해는 토마스 아퀴나스에 의해 수립되었다. 아퀴나스는 아리스토텔레스의 형상과 질료 이론을 따라 영혼을 몸(질료)의 '형상'(form)으로 정의했다. 플라톤과 달리 아리스토텔레스에게 형상과 질료는 불가분의 관계에 있다. 즉, 형상은 질료가 있어야 그 질료의 형상이 될 수 있다. 마찬가지로 아퀴나스에게 영혼과 몸은 불가분의 관계에 있다. 그렇지만 다른 한편으로 아퀴나스는 플라톤과 아우구스티누스처럼 영혼의 일부가 몸의 죽음 이후에도 생존할 수 있다고 보았다. "인간의 영혼은 유형적 신체를 갖고 있지 않지만, 실재적으로 존재하는 원리이다."7 하나님이 영혼에 비부패성을 부여하셨기 때문에 영혼은 본성적으로 썩지 않는다. 따라서 "몸이 해체된 이후에도 인간의 영혼은 몸 없이 부자연스럽고 부적절하게 그 자신의 존재를 유지할 수 있다."8 죽음 이후 몸의 부활 이전에 (연옥 또는 하늘에서) 영혼은 하나님의 특별한 행동에 의해 몸 없이도 비록 결핍되어 있지만 실존할 수 있다. 물론 아퀴나스는 영혼이 몸의 부활 때 몸을 다시 입어야 온전한 인간이 될 수 있다고 보았다.

근대에 들어 서구의 전통적인 이원론적 인간론을 더욱 강력하게 부활시킨 철학자는 데카르트였다. 그에 따르면 몸과 영혼은 각기 서로 다른 종류의 실체로 구성된다. 몸은 물질, 즉 연장된 실체인 반면, 영혼은 형체가 없는 의식적 또는 사고적 실체로서 자아의 본질을 구성한다. 데카르트는 몸의 죽음 이후에도 영혼은 생존하는 것으로 보았다. "나는 나의 몸과 참으로 구별되며 몸 없이 존재할 수 있는 것이 확실하다."9 그러나 다른 한편 그는 인간이 살아있는 동안 몸과 영혼이 상호작용한다고 보았다. 영혼은 몸의 움직임을 야기하며, 몸은 자신과 외적 세계에 대한 감각을

---

7 Aquinas, *Summa Theologica*, I, q. 75, a. 3. 사고하고, 바라고, 의도하고, 희망하고, 사랑하는 데 몸은 필요하지 않다. 단, 이러한 작용들의 구체적 대상들은 몸의 감각을 통해 매개되기 때문에 지상의 대상들을 의식하기 위해서 몸이 필요하다.

8 Aquinas, *Summa Theologica*, I, q. 76, a. 1.

9 René Descartes, *Meditations on First Philosophy*, trans. Donald A. Cress (Indianapolis: Hackett, 1993), Meditation VI, 54.

영혼에 전달한다. 영혼과 몸 사이에는 도식화할 수 있는 인과 법칙도 에너지의 교환도 없지만, 일종의 인과적 상호작용이 있다. 그는 송과선 (pineal gland)에서 영혼과 몸 사이의 상호작용이 일어난다고 보았다. 그는 말했다. "나는 단지 배 안에 조종사가 있는 것처럼 나의 몸 안에 거주하지 않는다. 나의 몸과 나는 매우 친밀하게 연결되어 있고 뒤섞여있기 때문에 나의 몸과 나는 통일된 전체를 형성한다."10 따라서 데카르트의 인간론은 이원론적 상호주의 또는 통일주의라고 할 수 있다. 그러나 그의 이원론적 견해는 서로 다른 두 실체가 어떻게 상호작용하는지를 설명하는 데 어려움이 있다.

근대 이후의 시기인 오늘날에는 전통적인 서구의 이원론적 인간론에 대한 도전이 여러 분야에서 일어나고 있다. 신경심리학은 인간의 정신적 능력이 뇌와 몸에 의존한다고 본다. 뇌의 특정한 부분의 손상은 그 부분과 관련된 정신적 능력의 장애나 손실을 초래한다. 만약 정신 현상이 전적으로 뇌 활동의 산물이라면, 이것은 형이상학적으로 구별된 영혼이란 실체를 상정할 필요가 없음을 의미한다. 진화생물학도 영혼이 독립적인 실체라는 믿음에 도전한다. 만일 보다 복잡한 형태의 생명이 보다 단순한 형태의 생명으로부터 발전된 것이라면, 인간의 마음은 무의식적이고 물질적인 유기체로부터 점진적으로 출현한 것이다. 따라서 영혼이라는 이원론적으로 구별된 독립적인 실체를 가정할 필요가 없다.

오늘날 이원론적 인간론에 대한 가장 심각한 도전은 성서학자들로부터 말미암는다. 오늘날 많은 성서학자가 성서에 나타나는 '영혼'(히브리어: נֶפֶשׁ, 네페쉬, 헬라어: ψυχή, 푸쉬케) 개념을 몸 없이 존재할 수 있는 무형적인

---

10 Ibid., 59.

실체, 핵심적 인격, 참된 자아를 가리키는 것으로 이해하기를 거부한다. 그들은 이 개념에 대한 이원론적 이해를 히브리적인 사고가 아닌 헬레니즘 적인 사고의 산물로 간주한다.[11] 히브리인들에게 이 개념은 형이상학적으로 구별된 불멸의 실체로서의 영혼이 아닌 지상의 피조물들 안에 나타나는 호흡과 생명의 힘과 연관된 살아있는 존재, 생명체, 목숨 또는 인격 전체를 의미한다. 오스카 쿨만(Oscar Cullmann)은 신구약성서가 영혼-몸 이원론을 가르치지 않으며, 죽음 이후의 생에 대한 기독교의 본래적 희망은 영혼 불멸이 아니라 예수에게 있어서와 같은 몸의 부활에 기초한다고 주장한 다.[12] 이와 같은 오늘날 성서학자들의 성서 읽기는 비이원론적 기독교 인간론을 위한 성서적 근거를 제공한다.

III. 의식의 기원

의식의 기원에 관한 문제는 인간 존재의 본질을 이해하는 데 있어 핵심적인 주제다. 의식의 기원을 설명하려는 시도는 다윈 시대 이래 꾸준히 이어져 왔으며, 현대 신경과학과 인지과학의 발전과 더불어 보다 구체적이 고 실증적인 틀을 갖추게 되었다. 관련 분야의 과학자들은 의식 이전의 단순한 물리적 반응 시스템에서 출발하여 점진적으로 고등 인지 기능으로 진화해 왔다고 설명한다. 즉, 초기에는 자극-반응 메커니즘으로 기능하던

---

11 H. Wheeler Robinson, *The Christian Doctrine of Man* (Edinburgh: Clark, 1911), 21, 69.

12 Oscar Cullmann, *Immortality of the Soul or Resurrection of the Body?: The Witness of the New Testament* (Eugene, OR: Wipf & Stock, 1964; repr., 2010).

신경망이 감각의 통합, 운동 조절, 환경 인식의 정교함을 더해가면서 보다 고차원적인 심리적 기능을 가능케 했다. 생명의 진화는 단순한 생화학적 시스템에서 복잡한 유기체로의 점진적인 발전을 특징으로 한다. 의식은 신경계의 복잡성 증가의 비등점에서 출현한 것으로 이해되며, 단순히 생물학적 부수 현상이 아니라 생존과 적응에 있어 실제적인 이점을 제공한다. 예컨대 미래를 예측하고 타인의 의도를 이해하는 능력은 집단 내 협력과 갈등 조정에 중요한 역할을 하며, 이는 인류가 복잡한 사회를 이루고 문명을 발전시키는 기반이 되었다. 또한 의식은 학습, 창의성, 도덕적 판단과 같은 고차원적 인지 기능의 전제 조건이다.

다수의 신경과학자와 진화론자들은 신경 회로의 점진적인 복잡성과 정보 통합이 충분히 의식의 출현을 설명할 수 있다고 본다. 즉, 의식은 물리적 과정의 산물로 간주된다. 의식의 출현을 설명하는 대표적인 이론으로서, '통합 정보 이론'(Integrated Information Theory)과 '전역적 작업 공간 이론'(Global Workspace Theory)이 있다. 줄리오 토노니(Giulio Tononi)[13]가 제안한 통합 정보 이론은 의식을 고도로 통합된 정보의 존재로 설명한다. 통합 정보 이론은 뇌 내 정보처리의 통합 정도를 수치화한 'Φ'(파이) 값을 사용하여 의식의 정도를 정의하며, Φ가 높은 시스템일수록 의식을 가진 것으로 간주한다. 이 이론은 정보의 복잡성과 연결성에 주목함으로써 의식의 출현을 계량적 방식으로 설명하려는 시도를 제공한다.

버나드 바(Bernard Baars)와 스타니슬라스 데하네(Stanislas Dehaene)[14]

---

13 Giulio Tononi, "Consciousness as Integrated Information: A Provisional Manifesto," *The Biological Bulletin* 215, no. 3 (2008): 216-242; Christof Koch, *The Feeling of Life Itself: Why Consciousness Is Widespread but Can't Be Computed* (Cambridge, MA: MIT Press, 2019), 97-138.

등에 의해 발전된 전역적 작업 공간 이론은 다양한 뇌의 처리 모듈 중 일부 정보가 '전역 작업 공간'에서 공유될 때 의식적 경험이 발생한다고 주장한다. 이는 컴퓨터의 램(RAM)과 유사한 작동 방식으로, 제한된 용량 안에서 가장 중요한 정보가 주의를 통해 전역적으로 방송됨(broadcast)으로써 의식이 발생한다고 본다. 통합 정보 이론이나 전역적 작업 공간 이론과 같은 이론들은 신경 활동이 일정 수준의 복잡성과 연결성을 넘을 때 의식이 발생하며, 이는 감각 입력, 기억, 감정, 의도성을 하나의 통합된 경험의 장으로 결합한다고 설명한다. 이 이론에서 의식은 특정 영역에 국한되지 않고 상호작용하는 신경 네트워크 전체에 분산되어 있다.

통합 정보 이론과 전역적 작업 공간 이론은 의식의 출현이 생명체의 진화 과정에서 발생한 복합적인 변화의 결과이며, 점진적인 신경계 발달과 정보처리 구조의 정교화를 통해 가능해졌음을 설명한다. 또한 의식이 생존에 유익한 기능으로 작동해 왔음을 설명하는 이론이다. 그러나 의식을 진화의 연속선상에서 이해하는 접근은 유력한 과학적 설명 방식이지만, 완전히 해명되지 않은 부분들이 남는다. 뇌와 의식(마음)이 밀접하게 연관되어 있다는 사실이 곧 그 둘이 동일한 실재이거나 의식이 뇌의 물리적 활동에 불과함을 의미하지는 않는다. 뇌의 시냅스에서 일어나는 전기화학적 불꽃을 아무리 들여다보더라도 우리는 생각을 직접 볼 수는 없다. 신경과학은 의식 경험이 뇌에 의존한다는 사실을 분명히 밝혔지만, 의식은 여전히 관찰 가능한 뇌의 상태로 환원되지 않는다. 인간의 지각, 사고,

---

14 Bernard J. Baars, *A Cognitive Theory of Consciousness* (Cambridge: Cambridge University Press, 1988), 40-79; Stanislas Dehaene, *Consciousness and the Brain: Deciphering How the Brain Codes Our Thoughts* (New York: Viking, 2014), 105-166.

감정은 뇌의 전기화학적 방전으로 다 설명될 수 없다. 경험과학은 의식 또는 마음의 상태를 관찰을 통해 설명할 수 없다.

의식의 주관적 성격이 물리적 과정으로 환원될 수 없다고 주장하며, 의식의 출현은 기존 진화론적 설명만으로 충분치 않다고 보는 오늘날의 철학자들로서 토마스 네이글(Thomas Nagel)과 데이비드 차머스(David John Chalmers)[15]같은 인물들이 있다. 이들은 의식의 환원 불가능성을 제기하며 물리주의적 접근에 도전장을 던진다.

네이글은 의식의 주관적 본질을 설명하는 데 있어서 물리주의적 접근이 본질적으로 한계를 가진다고 주장하였다. 그는 의식은 제3자적 관찰로 포착될 수 없는 1인칭적 특성을 본질로 한다고 본다. 나아가 그는 객관성의 절대화에 대한 철학적 비판을 시도한다. 세계를 완전히 객관적으로 이해하고자 하는 시도는 결국 주관적 관점의 배제를 초래하며, 이는 인간 경험의 본질을 왜곡하는 결과를 초래한다.[16] 또한 그는 진화론적 자연주의가 의식과 목적성, 가치의 문제를 충분히 설명하지 못한다고 강하게 비판한다. 그는 현대과학이 인간 마음의 실재적 특성을 설명하지 못하는 것은 단순한 경험적 미비가 아니라 물리주의적, 신다윈주의적 자연관 자체의 이론적 한계 때문이라고 주장한다.[17]

차머스는 뇌의 기능적 설명(감각 정보처리, 언어 생성 등)과는 별개로, 왜

---

15 네이글은 특히 박쥐와 같은 존재가 초음파로 세계를 지각하는 방식을 예로 들어 설명한다. Thomas Nagel, "What Is It Like to Be a Bat?," *The Philosophical Review* 83, no. 4 (1974): 435-450.

16 Thomas Nagel, *The View from Nowhere* (New York: Oxford University Press, 1986), 15-20.

17 Thomas Nagel, *Mind and Cosmos: Why the Materialist Neo-Darwinian Conception of Nature Is Almost Certainly False* (New York: Oxford University Press, 2012), 5.

그러한 처리 과정이 특정한 주관적 경험(qualia)을 동반하는가에 대한 설명은 여전히 미해결 상태라고 본다.[18] 그는 물리주의로는 주관적 경험을 설명할 수 없다고 주장하며 '이중 양상 정보 이론'(dual-aspect theory of information)을 제안한다. 이 이론은 정보가 물리적 측면과 정신적 측면을 동시에 가진다고 보고, 의식을 물리적 세계에 병행하는 근본적 실재로 설정한다.[19] 그는 의식이 단순한 정보처리 결과가 아니라 기능적 설명으로는 충분히 포착되지 않는 독자적이고 근본적인 현상임을 강조한다.[20]

네이글과 차머스는 의식은 물리주의적 환원으로 설명될 수 없다는 입장을 공유한다. 이들의 사상은 물리주의에 대한 도전을 넘어 인간 경험의 본질과 설명 가능성에 대한 철학적 숙고를 촉구하는 데 그 의의가 있다. 이들에게 의식은 단지 신경계의 부산물이 아니라 인간 존재의 중심적 특징이다.

IV. 창발적 진화와 마음(의식)

고전적 다윈 진화론은 점진적인 유전적 변화에 의한 생물의 적응과 생존을 설명하는 데 주력했다. 그런데 오늘날 과학자들은 단지 적응과 생존이 아니라 생명의 진화 과정에서 복잡성의 증대 결과로 새로운 구조와

---

18 David J. Chalmers, "Facing Up to the Problem of Consciousness," *Journal of Consciousness Studies* 2, no. 3 (1995): 200-219.

19 David J. Chalmers, *The Conscious Mind: In Search of a Fundamental Theory* (New York: Oxford University Press, 1996), 4-8.

20 Ibid., 94-96.

기능이 출현하는 현상에 관심을 기울인다. 진화 과정에서 구성 요소들의 단순한 합으로 환원되거나 예측될 수 없는 새로운 수준의 구조나 속성이 출현하는 현상을 '창발'(emergence)이라고 한다. 창발 이론은 단순한 물리적 상호작용으로 환원되지 않는 특성들을 설명하는 이론적 도구로 여겨진다. 초기에는 로이드 모건(C. Lloyd Morgan)의 저작에서 등장하였으며, 이후 다양한 철학자와 과학자들에 의해 발전되어 왔다.[21]

창발 현상은 물리적, 생물학적, 심리적, 사회 문화적 수준 등 모든 현실의 수준에서 발견된다. 물리적 수준에서, 구성 요소들(입자, 원자, 분자)의 상호작용을 통해 새로운 성질이 창발한다. 예컨대 물 분자는 수소와 산소 각각의 성질과는 다른 액체 상태의 특성을 나타낸다. 이는 물리화학적으로 설명 가능하지만, 개별 요소로 환원되지는 않는다. 생물학적 수준에서, 무기질인 화학 구성물로부터 생명이 창발하는 현상은 환원주의 이론으로는 설명하기 어렵다. 세포의 자율성, 대사, 항상성, 생식 기능 등은 분자의 물리화학적 속성을 넘어선 생물학적 수준의 창발로 이해된다.[22] 심리적 수준에서, 신경세포들의 복잡한 연결망 속에서 인지, 감정, 기억, 의식과 같은 정신 현상이 창발한다. 이는 단순한 신경 흥분이나 물질 교환으로 환원되지 않으며, 특히 인간의 자아와 자유의지는 강한 창발로 간주되기도 한다.[23] 사회 문화적 수준에서, 개인들이 상호작용하며 형성하는 언어, 종교, 윤리, 법과 같은 문화적 구조는 사회 집단이라는 상위 수준에서

---

21 C. Lloyd Morgan, *Emergent Evolution* (London: Williams and Norgate, 1923), 1-25.

22 Terrence W. Deacon, *Incomplete Nature: How Mind Emerged from Matter* (New York: W. W. Norton, 2012), 56-89.

23 Nancey Murphy and Warren S. Brown, *Did My Neurons Make Me Do It?* (Oxford: Oxford University Press, 2007), 59-71.

창발한 결과이다. 이는 단순히 개인들의 심리 상태의 집합으로 환원될 수 없으며, 사회적 인과성과 의미 체계의 독립성을 가진다.[24]

창발의 유형에는 약한 창발과 강한 창발이 있다. 약한 창발은 하위 수준에서 이론적으로 설명 가능하지만, 계산적으로는 예측 불가능한 성질의 창발이다. 예컨대 뉴런의 활동으로부터 인지 기능을 시뮬레이션할 수는 있으나, 실제 인간의 자각 상태를 완전히 예측하거나 설명하기는 어렵다.[25] 강한 창발은 하위 수준의 법칙들로는 원리적으로 설명할 수 없고, 독립적인 인과성을 갖는 성질의 창발이다.[26] 창발 이론은 과학과 철학 그리고 신학에서 환원론적 설명의 한계를 지적하며 비환원론적 접근을 정당화하는 데 기여해 왔다. 특히 인간 정신과 도덕적 책임, 자유의지, 문화적 의미와 같은 현상들은 창발적 구조로 이해할 때, 그 복잡성과 자율성을 온전히 해석할 수 있다.[27]

인간 의식은 동물 신경계의 고도화와 밀접하게 연관되어 있으며 정보 통합, 자기 모니터링, 주의 집중을 가능하게 하는 뇌의 구성과 활동에서 비롯된다고 여겨진다. 편형동물과 같은 단순한 생물도 기본적인 감각 처리와 운동 조정을 수행할 수 있는 기초적인 신경망을 가지고 있다. 진화가 진행됨에 따라 척추동물을 중심으로 중추신경계가 발달하게 되었

---

24 Peter Corning, "The Re-Emergence of 'Emergence': A Venerable Concept in Search of a Theory," *Complexity* 7, no. 6 (2002): 18-21.

25 Jaegwon Kim, "Making Sense of Emergence," *Philosophical Studies* 95, no. 1-2 (1999): 4-12.

26 데이비드 차머스는 '의식'을 대표적인 강한 창발의 사례로 제시하며 물리주의적 환원에 도전하였다. David J. Chalmers, *The Conscious Mind: In Search of a Fundamental Theory* (Oxford: Oxford University Press, 1996), 105-131.

27 Philip Clayton, *Mind and Emergence: From Quantum to Consciousness* (Oxford: Oxford University Press, 2004), 30-35.

다. 포유류, 특히 영장류의 뇌는 현저하게 크기가 커지고 전문화되었다. 인간의 대뇌 신피질은 불균형적으로 크고 정교하게 조직되어 있어 추상적 사고, 언어, 자기 인식과 같은 고차원 인지 기능을 담당한다. 이러한 신경 복잡성은 환경과 내적 상태에 대해 보다 정교한 표상을 가능하게 하여, 철학자들이 말하는 '현상적 의식'(phenomenal consciousness), 즉 생명체의 주관적 경험의 기초가 된다. 생각, 감정, 지각에 대한 우리의 자각으로서의 주관적 의식은 철학과 과학에서 가장 도전적인 문제 중 하나이다.

로저 스페리(Roger Sperry)나 마이클 폴라니(Michael Polanyi) 같은 창발론적 사상가들에 따르면, 인간 의식과 같은 새로운 정신적 특성은 단순한 신경 활동의 총합이 아니라 하향 인과성을 가진 새로운 조직 수준을 나타낸다. 스페리와 폴라니는 서로 다른 접근을 취했음에도 불구하고, 공통적으로 물질주의적 또는 기계론적 환원주의에 도전하는 비환원론적 창발론 관점을 제시했다. 이 관점에 따르면 마음은 뇌의 작용에서 출현하지만, 뇌의 물리적 과정으로 환원될 수 없다.

스페리는 분리 뇌(split-brain) 연구로 널리 알려진 신경심리학자로서, '창발적 상호작용주의'(emergent interactionism)라는 이론을 발전시켰다. 이 이론에 따르면 마음은 신경 활동으로부터 출현하지만, 기저의 물리적 과정으로 환원되지 않는 하향적 인과적 힘을 가진다. "마음 상태와 의식적 의도는 뇌 과정에서 출현한 역동적인 속성들이며, 바로 그들을 구성하는 신경 사건들에 대해 하향적 인과적 통제를 행사할 수 있다는 것이 이 이론의 핵심이다."[28] 창발한 마음 상태는 뇌의 물리적 과정에 영향을

---

28 Roger W. Sperry, "A Modified Concept of Consciousness," *Psychological Review* 87, no. 4 (1980), 532.

줄 수 있다(예: 의도가 신경 발화를 유발함). 마음 상태는 인과력이 없는 부수 현상이 아니라 고유한 인과적 효능을 갖는다.

폴라니는 물리화학자에서 철학자로 전향한 인물로서 인간의 지식, 목적, 의미는 환원될 수 없다는 점을 강조했다. 그는 '계층적 존재론'(hierarchical ontology)을 주장했는데, 이에 따르면 실재는 계층적으로 구성되어 있으며, 상위 수준(의식, 언어 등)은 하위 수준(생물학, 화학 등)에서 출현하지만, 각 수준은 고유한 원리로 지배된다. "상위 수준은 그 작용을 위해 바로 아래 단계의 수준을 지배하는 원리들에 의존하지만, 그 원리들에 의해 결정되지는 않는다."[29] 하위 수준의 물리 법칙은 제약 조건을 형성한다. 그러나 상위 수준의 과정은 하위 수준을 조직하고 통제한다. 예를 들어 기계의 기능(상위 수준)은 부품 간의 상호작용(하위 수준)을 통제한다. 폴라니에 따르면 의식은 부분적인 요소들을 의미 있는 전체로 통합한다. "우리는 암묵적으로(partially unconsciously) 글자의 형태와 순서를 인식하면서도, 명시적으로는 전체 문장의 의미를 인식한다."[30] 이러한 전체론적이고 해석적인 기능은 마음과 인격의 핵심이다. 마음은 의미를 지닌 중심으로서 창발적 통합을 통해 생겨나지만, 생물학으로 환원되지 않으며 고유한 자율성과 목적성을 지닌다. "생명은 물리학과 화학을 초월한다. … 생물학은 물리학과 화학의 법칙에 의존하지만, 그 법칙들로 환원될 수는 없다."[31] 창발적 의식은 단순한 부수 현상이 아니라 뇌 과정과 몸의 행동에 인과적 영향을 미치는 실재다.

---

29 Michael Polanyi, *Personal Knowledge: Towards a Post-Critical Philosophy* (Chicago: University of Chicago Press, 1958), 394.

30 Michael Polanyi, *The Tacit Dimension* (Garden City, NY: Doubleday, 1966), 10-12.

31 Michael Polanyi, "Life's Irreducible Structure," *Science* 160, no. 3834 (1968), 1308.

창발적 진화 과정에 있어서 중요한 전환 중 하나는 '언어와 상징적 표현'의 발생이다. 이것은 인간 이전 동물의 인지로부터 질적 도약을 나타낸다. 언어는 추상화, 순환적 사고, 계획, 문화 전달을 가능하게 하며, 구체적 사물뿐 아니라 정의, 시간, 자아와 같은 비물질적 개념의 표상을 가능하게 한다. 언어의 출현은 발성 기관이나 청각 체계와 같은 해부학적 변화뿐 아니라 브로카 영역과 베르니케 영역과 같은 뇌 부위의 신경학적 변화를 필요로 했다. 이는 다른 영장류에게서 발견되는 언어 이전적 의사소통 형태들과의 질적인 차이를 만들어 냈다. 그리고 상징 언어의 출현은 사고와 인식의 구조화, 시간과 역사 개념의 출현, 공동체적 정체성과 문화 형성, 추상적 사고와 상상력의 발달 그리고 초월적, 영적 실재에 대한 표상을 가능하게 함으로써 인간 존재를 새로운 차원으로 끌어올렸다.

창발적 의식은 생물학적 진화의 산물일 뿐 아니라 문화적 진화의 산물이기도 하다. 언어, 예술, 종교, 과학과 같은 상징체계를 통해 인간은 의식 자체를 형성하는 의미의 층위를 만들어 왔다. 다시 말하면 인간은 말이나 그림, 종교적 상징, 수학과 같은 상징체계를 통해 단순히 생각하는 존재가 아니라 의미를 부여하고 이해하는 깊이 있는 의식을 갖게 되었다. 이런 상징체계는 단순한 정보 전달이 아니라 "나는 누구인가?", "왜 살아야 하는가?" 같은 존재론적 질문을 가능하게 해주는 층위를 만들어 준다. 따라서 마음은 단지 신경적인 것일 뿐 아니라 문화적인 것이다. 이러한 이중 유산—유전적 요소와 모방적(mimetic) 요소—은 문화적 실천이 뇌 구조를 바꾸고(신경 가소성에서 보이듯), 뇌의 역량이 다시 문화 혁신을 촉진하는 피드백 고리를 형성한다.[32]

---

32 언어와 두뇌의 공진화, 상징 체계와 의식의 창발성에 대해서는 Terrence W. Deacon,

요약하면, 창발적 진화의 관점에서 인간의 마음과 의식은 단순한 신경 활동을 넘어 복잡한 정보처리, 자기 인식, 사회적 상호작용 그리고 상징 언어와 문화의 발달이 상호작용하는 가운데 새로운 질적 특성으로 출현한 다층적 창발 현상이다. 이 다층적 창발은 존재의 계층 질서 속에서 하위 수준에서 상위 수준으로 올라갈수록 우연성의 요소가 증폭된다.

V. 비환원론적 물리주의

비환원론적 물리주의(nonreductive physicalism)는 물리주의적 입장을 유지하면서도 정신 현상의 고유성을 인정하는 이론으로서, 정신 현상이 뇌의 물리적 상태에 기반을 두되, 물리적 속성으로 환원되지 않고 독자적인 고유의 속성을 갖는다고 본다. 따라서 정신적 속성은 물리적 속성에 의존하지만, 독립적인 표현과 설명이 가능한 창발적 속성으로 간주된다. 비환원론적 물리주의자들은 심리 상태가 단지 물리적 결과물에 머무르지 않고, 반대로 물리적 상태에 영향을 미칠 수 있다는 '하향식 인과성'을 주장한다. 마음(의식)은 몸(뇌)으로부터 창발하고 몸으로부터 상향식 영향을 받지만, 동시에 마음(의식)의 상태, 의도, 결정이 몸에 하향식 영향을 준다. 마음이

The Symbolic Species: The Co-evolution of Language and the Brain (New York: W. W. Norton, 1997), 22-23 참고. 인간의 인지 능력이 문화적 상호작용을 통해 어떻게 발달하는지에 대해서는 Michael Tomasello, *The Cultural Origins of Human Cognition* (Cambridge, MA: Harvard University Press, 1999), 4-10 참고. 예술, 언어, 종교 같은 상징체계가 의식의 발달에 기여한 방식에 대해서는 Merlin Donald, *A Mind So Rare: The Evolution of Human Consciousness* (New York: W. W. Norton, 2001), 260-275 참고.

몸에 영향을 미칠 수 있음을 보여주는 대표적인 사례가 플라시보 효과이다. 환자가 물리적으로 중립적인 약물을 치료 효과가 있을 것이라 믿고 복용하면 실제로 건강이 개선되는 효과가 나타난다. 이것은 긍정적인 마음의 태도가 몸의 건강에 긍정적인 영향을 줄 수 있음을 보여준다. 공포 감정이 특정한 신경-근육 활동을 유발하는 것도 심리 상태가 몸에 영향을 미칠 수 있음을 보여주는 사례다. 한 실험에 따르면 런던 택시 기사를 대상으로 뇌 스캔을 한 결과 택시 기사의 후위 해마가 택시를 운전하지 않는 대조군보다 월등히 큰 것으로 나타났다.[33] 이것은 인지적 행동이 뇌 구조에 변화를 일으킬 수 있음을 보여준다.

비환원론적 물리주의를 대표하는 인물들로 워렌 브라운(Warren Brown) 과 낸시 머피(Nancy Murphy) 등이 있다. 이들은 인간이 순수하게 물리적인 존재지만, 의식, 감정, 지각은 인간의 복잡한 물리적 시스템에 하향식 인과적 영향을 미치는 뇌의 창발적 특성이라고 본다. 브라운은 의식적 결정과 의지가 뇌의 신경생리학적 과정에 하향식(전체-부분) 인과적 영향을 미치는 것은 실제 현상이라고 말한다. 그런데 그는 몸에 대한 마음의 하향식 인과성을 설명하기 위해 영혼이란 비물질적인 행위 주체를 도입할 필요가 없다고 주장한다. 그는 말한다. "사람의 정신적, 행동적 삶에서 인과적 힘으로서 비물질적인 인간의 영혼 또는 마음이라는 개념은 뇌 시스템의 변화가 사고와 행동에 미치는 영향에 대해 과학이 입증하는 것과 조화를 이루기 어렵다."[34] 브라운은 복잡한 물리 체계로부터 창발한

---

33 E. A. Maguire et al. "Navigation Related Structural Change in the Hippocampi of Taxi-drivers," *Proceedings of the National Academy of Science of the USA* 97 (2000), 4398-4403.

34 Warren Brown, "Neurobiological Embodiment of Spirituality and Soul," in *From*

패턴이 새로운 실체나 물리적 힘을 갖는 것은 아니지만, 새로운 수준의 진정한 인과적 영향력을 가질 수 있다고 주장한다.[35]

머피는 인간이 물리적 실재로 구성되어 있으며, 영혼과 같은 비물질적 실체는 존재하지 않는다고 주장한다. 그녀에 따르면 인간의 "의식, 사회적 상호작용, 도덕적 이성, 하나님과의 관계성 등을 위한 능력은 뇌가 극도로 복잡화된 결과로 생겨난다."[36] 의식은 전체 신경망의 패턴과 상호작용에서 창발하는데, 이 의식은 단순한 신경세포의 작용으로 설명될 수 없다. 도덕적 판단, 자기성찰과 같은 고차원적 정신 기능은 신경생리학적 구성 요소만으로 완전히 설명될 수 없다. 창발된 의식은 물리적 기반 위에 서 있지만, 설명적으로 자율적인 정신 수준의 실재로서 하위 신경 구조에 하향식 인과성을 발휘할 수 있다. 그녀는 하향적 인과성이 '실제적 인과 효능'을 지니며, 이는 상위 수준 설명이 단순한 기술적 요약이나 편의적 범주가 아님을 입증한다고 본다.[37]

이와 같은 머피의 비환원론적 물리주의는 강한 창발을 전제한다. 그러나 그녀는 의식과 마음의 자율성과 인과성을 보존하면서도(강한 창발), 물리적 세계에 대한 일관된 설명을 유지하고자 한다(물리주의). 그녀도 브라운처럼 의식과 마음의 자율성과 인과성을 보존하기 위해 영혼과 같은 비물질적 실체를 도입할 필요가 없다고 주장한다. 그녀는 이와 같은

Cells to Souls, ed. Malcolm Jeeves (Grand Rapids: Wm. B. Eerdmans, 2004), 76.

35 Ibid., 65.

36 Nancey Murphy, "I Cerebrate Myself: Is There a Little Man Inside Your Brain?," *Books and Culture: A Christian Review* 5, no. 1 (January-February 1999), 24-25.

37 Nancey Murphy, "Human Nature: Historical, Scientific, and Religious Issues," in *Whatever Happened to the Soul?*, eds. Warren S. Brown, Nancey Murphy, and H. Newton Malony (Minneapolis: Fortress Press, 1998), 138.

비환원론적 물리주의가 인간 존재를 물리적 단일체로 이해하면서도 도덕적 책임과 영성, 자유의지를 유지하려는 신학적 요청에 부응한다고 생각하며, 영혼이라는 독립 실체 없이도 인간이 하나님 앞에서 책임적 존재가 될 수 있다고 주장한다.[38]

VI. 이중 양상 일원론

비환원론적 물리주의와 유사한 이론으로 '이중 양상 일원론'(dual aspect monism)이 있다.[39] 이중 양상 일원론은 정신적인 것과 물리적인 것, 마음과 육체를 하나의 근본적 실재의 두 가지 양상으로 보는 이론이다. 이 근본적 실재는 때때로 '중립적 실체' 또는 '중립적 일원론'이라고 불리기도 한다. 이 관점은 정신과 뇌를 서로 다른 두 실체로 간주하는 데카르트적인 실체이원론도 거부하고, 동시에 정신이 물리적인 것으로 환원될 수 있다는 환원론적 물리주의도 거부한다. 이 이론은 정신적인 것과 물리적인 것을 마치 동전의 양면과 같이 하나의 동일한 실재에 대한 상호 보완적인 관점으로 이해한다.

오늘날 과학 시대에 이중 양상 일원론자들은 특히 정신이 물리적으로

---

38 Nancey Murphy, "Nonreductive Physicalism," in *Whatever Happened to the Soul?*, 128-130.

39 이중 양상 일원론을 지지하는 인물들로, 철학자로는 바뤼흐 스피노자(Baruch Spinoza), 버트런드 러셀(Bertrand Russell), 토마스 네이글(Thomas Nagel), 데이비드 차머스(David J. Chalmers), 과학자로는 볼프강 파울리(Wolfgang Pauli), 헨리 스태프(Henry Stapp), 신학자로는 존 폴킹혼(John Polkinghorne), 필립 클레이턴(Philip Clayton), 케빈 코커런(Kevin Corcoran) 등이 있다.

완전히 설명 가능하다는 환원론적 주장을 거부한다. 그들은 정신이 물리적 설명으로 환원될 수 없다고 주장한다는 점에서 비환원론적 물리주의와 유사하다. 이중 양상 일원론과 비환원론적 물리주의는 둘 다 이원론과 환원론 사이의 대안적 입장으로서, 정신과 물질이 별개의 실체가 아니며 인간은 하나의 통합된 존재라고 본다. 또한 이 둘은 모두 물리적 일원론에 기반하여 인간의 정신을 물리적 세계에 포함시키면서도, 정신을 단순히 물리적 현상으로 환원 가능한 부산물로 보지 않으며 정신의 자율성을 인정한다.

그렇지만 이 둘은 동일한 입장은 아니며 몇 가지 차이가 존재한다. 이중 양상 일원론은 중립적 실재가 정신과 물질로 나타난다는 형이상학적 입장을 취하는 반면, 비환원론적 물리주의는 인간은 전적으로 물리적 존재라는 과학적 물리주의 입장을 취한다. 전자에 있어서 두 양상, 즉 정신과 물질은 동등하게 근본적이며 설명 수준이 아닌 반면,[40] 후자에 있어서 정신은 물리적 기반 위에 창발하지만 소거되거나 환원되지 않는다. 전자는 종종 형이상학적 또는 인식론적 논의에서 출발하는 반면, 후자는

---

40 이 말은 정신과 물질이 서로에게 환원되지 않으며 둘 다 그 자체로 존재론적 지위를 가진다는 것을 의미한다. 즉, 정신과 물질은 서로 다른 설명 방식이 아니라 한 실재의 필수적인 양면이라는 것이다. 예를 들면 빛이나 전자는 실험 방식에 따라 입자 혹은 파동처럼 보인다. 하지만 실제로는 입자도 파동도 아닌 우리가 이해할 수 없는 제3의 실재가 존재하고, 파동과 입자는 그 실재의 두 가지 양상이라는 것이다. 이와 유사하게, 정신과 물질은 하나의 실재에 대한 두 가지 접근 방식일 수 있다. 즉, 정신과 물질은 동일한 실재의 서로 다른 설명 수준이 아니라 동일한 실재의 동등하게 근본적인 두 양상 이다. 이와 같은 이중 양상 일원론의 내용에 관해서는 Baruch Spinoza, *Ethics*, trans. Edwin Curley (London: Penguin Classics, 1996), part II, proposition 7; Bertrand Russell, *Human Knowledge: Its Scope and Limits* (New York: Simon and Schuster, 1948), 240-245; David J. Chalmers, *The Conscious Mind: In Search of a Fundamental Theory* (Oxford: Oxford University Press, 1996), 125-130 참고.

신경과학, 생물학, 심리학 등 경험과학과 신학의 조화를 추구한다.

이중 양상 일원론은 정신과 물질 사이의 인과적 상호작용 같은 것을 필요로 하지 않는다. 왜냐하면 양쪽 모두 동일한 근원(real substratum)에서 비롯되므로, 한쪽이 다른 쪽을 인과적으로 '움직인다'라고 할 필요가 없기 때문이다. 대신 양자는 동시적으로 발생하고 서로 상관적이다. 예컨대 전기 신호가 컴퓨터 내부에서 회로를 통과하면서 화면에 이미지가 출력되듯, 정신과 뇌 작용은 서로를 반영하지만, 독립된 인과적 개체는 아니다. 이중 양상 일원론에서 정신적 양상과 물리적 양상은 서로 독립적이므로 인과 작용을 하지 않지만, 같은 사건의 두 표현이기 때문에 동시에 변화하고 상호 의존적이다.

비환원론적 물리주의와 이중 양상 이원론은 모두 기독교 인간 이해에 기여할 수 있다. 폴킹혼에 따르면 두 이론은 인간을 영적, 물리적 통합체로 이해하고, 실체적 영혼 개념 없이도 인간의 고유성을 유지할 수 있게 해준다. 폴킹혼은 물리주의를 수용하되, 인간 존재가 단순히 원자와 분자로 환원되지 않으며, 복잡한 자기 조직화된 정보 구조로서의 창발성을 갖는다고 본다. 다시 말하면 그는 신경과학이 제공하는 실증적 데이터의 가치를 인정하면서도, 인간의 고유성은 단순한 뇌 활동으로 환원될 수 없다고 본다. 그는 "의식은 단순한 뉴런의 활동이 아니라 정보 통합과 의미 해석을 가능하게 하는 창발적 수준의 작용"임을 강조한다.[41] 그는 이러한 견해가 성서가 말하는 인간의 전인격성(네페쉬 하야)과 일치하며, 육체와 정신이 분리된 실체가 아닌 통합된 존재라는 성서적 인간 이해를 지지한다고

---

41 John Polkinghorne, *Belief in God in an Age of Science* (New Haven: Yale University Press, 1998), 107-109.

주장한다.

폴킹혼은 특히 비환원론적 물리주의가 신경과학과 기독교 인간학 사이의 대화 가능성을 제시하며, 몸의 부활이라는 성서적 종말론과도 조화를 이룰 수 있다고 본다.[42] 기독교에서 몸의 부활 교리는 전통적으로 이원론적 영혼 불멸 사상에 기초해 이해되어 왔다. 그러나 폴킹혼은 부활을 영혼의 해방이 아닌 전 인격의 재구성으로 이해하며, 인간의 인격적 정보 패턴 또는 구조를 하나님께서 기억하고 재창조하시는 것으로 본다. "하나님은 우리를 기억하신다. 죽음 이후에도 그 기억은 소멸되지 않으며, 하나님은 우리를 새로운 실재 안에서 재구성하실 것이다."[43] 이러한 설명은 현대 뇌과학의 물리적 기반을 수용하면서도 성서적 종말론과 양립 가능한 모델을 제공한다고 할 수 있다.

VII. 창발론적 일원론: 필립 클레이턴

필립 클레이턴(Philip Clayton)은 비환원론적 물리주의를 불안정한 개념이라고 본다. 여기에서 관건은 모든 인과성이 물리적인 것인가 아닌가 하는 점이다. 즉, 모든 인과성이 물리적이라고 하면 환원론적 물리주의가 되고, 그렇지 않다고 하면 물리주의가 아닌 것이 된다.[44] 클레이턴은 또한 정신적 속성과 물리적 속성이 한 물질의 서로 다른 두 측면이기

---

42 John Polkinghorne, *The God of Hope and the End of the World* (New Haven: Yale University Press, 2002), 66-70.

43 Ibid., 69.

44 Clayton, *Mind and Emergence*, 30.

때문에 인과적으로 상호작용할 수 없다고 주장하는 '이중 양상 일원론'과 달리, 그 둘(마음과 몸) 사이에 상향식 인과성과 하향식 인과성이 모두 작용한다고 본다.

클레이턴은 창발론을 "우주적 진화가 반복적으로 예측 불가능하고 환원 불가능한 새로운 출현을 포함한다는 이론"으로 정의한다. 창발적 속성은 "하위 체계로부터 생겨나지만, 그 하위 체계로 환원되지 않는 속성"이다. 창발은 "그 이상이지만 전적으로 다른 것은 아닌" 것에 관한 것이다.[45] 창발론은 한편으로 모든 체계가 물리적 체계를 구성하는 부분들에 의해 설명되어야 한다고 주장하는 물리주의와 다른 한편으로 물리적 인과성과 존재론적으로 질적으로 다른 종류의 존재나 힘이 인간의 몸과 그 외의 다른 물리적 체계에 하향식 영향력을 발휘한다고 주장하는 이원론 사이에 있다.

창발론에 있어서 세포는 분자들에, 장기 조직은 세포들에, 마음은 뇌의 신경 체계에 의존한다. 그러나 세계는 다양한 수준에서 되풀이되어 출현하는 새로움과 비환원성의 패턴을 보여준다. 창발은 우주 안에서 일어나는 다양한 수준의 진화를 연결하는, 따라서 세계를 아는 다양한 과학적 방식들을 연결하는 반복적 패턴이다. 클레이턴은 창발의 성격을 규정하는 가장 중요한 특징을 하향식 인과성에서 발견하는데, 이는 "전체가 부분에 대하여 비첨가적인(non-additive) 능동적 인과적 영향력을 행사하는 과정"이다.[46] 클레이턴에게 창발론은 '일원론'의 한 형태이다. 자연 세계를 관통하는 다원적인 창발의 사례들이 '가족 유사성'에 의해 함께

---

45 Ibid., 39.
46 Ibid., 49.

묶일 수 있다면, 일원론은 지지된다.[47]

클레이턴에 따르면 창발론에는 두 가지 형태가 있다.[48] 첫 번째 형태의 창발론은 창발적 구조와 그 속성이 물리적 세계에 영향을 미친다는 것을 인정하지만, 창발된 전체를 인과적 활동을 일으키는 능동적인 주체로 보기보다는 통제적 요소로 본다. 클레이턴은 이처럼 '전체-부분 통제'만을 인정하는 창발론을 '약한 창발론'으로 명명한다. 두 번째 형태는 그가 지지하는 '강한 창발론'으로서, 하향식 인과성에 '전체-부분 통제' 이상의 그 무엇이 있다고 본다. 자연 세계의 각 차원에는 뚜렷이 구별되는 고유의 법칙들과 인과적 활동 유형이 있다. 이러한 창발론적 다원주의는 한편으로 모든 (창발적) 존재를 보다 낮은 차원의 근본적인 입자들의 집합체로 간주하는 존재론적 원자주의와 구별되며, 다른 한편으로 다양한 창발적 차원들 가운데 마음의 차원에만 특권적 지위를 부여하는 이원론과도 구별된다.

1. 뇌와 마음(의식)

클레이턴에 따르면 자연 세계 안에 두 가지 창발 패턴이 두드러지게 나타난다. 첫째는 무생물로부터 생명의 창발이며, 둘째는 반성적 자기 인식 능력의 창발이다. 클레이턴은 마음(의식)을 단지 속성만이 아니라 실재로 본다. 로저 스페리를 따라 클레이턴은 마음을 뇌 전체의 창발적 속성으로 이해한다. 즉, 뇌가 단일한 통합적 체계로 이해될 때만 마음의 본성이 적절하게 설명될 수 있다.[49] 창발은 체계의 복잡성의 정도에 달려

---

47 Ibid., 54.

48 Ibid., 57-58.

49 Ibid., 117-118.

있다.

　의식이 중앙신경계의 복잡성에 심대하게 의존함에도 불구하고, 이 둘은 결코 동등한 것이 아니다. 클레이턴은 마음(의식)의 신경적 상관자에 관한 과학적 연구가 지닌 한계를 지적한다. 이러한 연구는 과학자가 객관적 관점에서 기술하는 생리학적 구조와 기능에 국한된 것이기에, 주관적 '경험'의 문제는 여전히 미해결된 난제로 남아 있다. '경험'은 기능과 구조의 관점에서 설명될 수 있는 것이 아니다. 왜냐하면 우리가 어떤 경험의 구조와 기능을 완전히 안다고 해도 여전히 그 경험을 실제로 겪는다는 것이 어떤 것인지 알지 못하기 때문이다. 나의 뇌 상태를 완전히 안다고 해도 그것이 내가 느끼는 기쁨, 고통, 통찰을 아는 것이라고 할 수 없다. 클레이턴은 의식이 과학적 관점에서 볼 때 거의 완전한 신비로 남아 있다고 강조한다. 아무도 어떻게 물질이 의식이 될 수 있는지 알지 못한다. 뇌 상태로부터 의식으로의 전이는 풀리지 않는 신비로 남아 있다.[50]

　클레이턴은 마음과 육체의 관계를 '기호-기호'(token-token)가 아닌 '유형-유형'(type-type) 관계로 이해한다. 즉, 마음과 육체는 서로 상응하는 두 유형의 사건이다. 창발의 관점에서 정신적 사건은 한 유형의 속성을 나타내는데, 이것은 다른 유형의 속성, 즉 유기체의 신경생리학적 상태에 의존한다. 클레이턴은 마음과 물질 사이의 '유형-유형' 의존 관계 안에서 마음의 비환원성을 변호하며, 생물학적 체계의 역사에 대한 마음의 의존을 인정하는 자신의 비이원론적 견해를 '창발적 수반'[51]이라는 개념으로 표현한다.

---

50 Ibid., 112, 122-123.

51 '수반'(supervenience)이란 어떤 차원의 현상이나 속성(마음)이 다른 차원(생물학, 신경생리학)에 의존하지만 그것으로 환원되지 않음을 의미한다. Ibid., 127.

2. 창발론적 일원론과 마음의 인과적 영향력

클레이턴은 의식을 자연의 역사 안에서 발견되는 창발의 속성들 가운데 하나로 간주하는 자신의 견해를 '창발론적 일원론'이라고 부른다.[52] 만일 자연의 역사 안에서 의식이 물질과 구별되는 유일한 창발적 실재라면, 그것은 '창발적 이원론'이 될 것이다. 클레이턴에 따르면 정신적 사건은 진화 역사의 산물임에도 불구하고 정신적 사건이 의존하는 물리적 사건들의 총합 이상으로 인과적 역할을 수행하기 때문에 신경학적 체계로 환원되지 않는다. 클레이턴은 창발론적 일원론을 다음과 같은 입장들과 구별한다. 물리학의 관점에서 모든 것을 설명할 수 있다는 환원론적 물리주의, 두 종류의 실체가 있다는 실체론적 이원론, 오직 한 종류의 실체만 존재하며 그것이 관점에 따라 마음 또는 몸으로 이해된다는 이중 양상 일원론, 모든 차원의 실체는 모종의 정신적 경험을 갖는다는 범심론 그리고 모든 것은 궁극적으로 물리적이지만 모든 설명은 물리적 관점에서 주어지지 않는다는 비환원론적 물리주의가 그것이다.

클레이턴은 복잡한 체계의 전체적 특징(마음)이 부분적 요소들의 총합 (뇌의 신경 체계)으로 환원되지 않고, 그것에 하향식 인과성을 미친다는 강한 창발론을 지지한다. 그러면 강한 창발로서 마음은 어떻게 뇌에 영향을 주는가? 클레이턴은 마음의 영향을 위한 인과적 접점을 뇌의 하부 구성 요소인 비결정적 양자역학 수준에 만드는 것에 찬성하지 않는다. 왜냐하면 양자 효과는 뇌의 기능에 기본적인 신경 화학적 과정의 차원에 도달하기 전에 소멸되기 때문이다. 클레이턴은 통합된 고도로 복잡한 체계의 창발적

---

52 Ibid., 128.

효과가 고립된 부분들이 아니라 체계 전체에 미치는 것으로 설명되어야
한다고 주장한다.[53]

3. 행위 인과성과 행위 인격

클레이턴은 마음의 인과성을 존재론이 아닌 현상학적 접근을 통해
설명한다. 그의 현상학적 접근은 마음의 창발이 단지 부수적 현상으로
환원될 수 없는 인과적 영향력을 가지고 있으며, 동시에 영혼처럼 다른
종류의 실체에 근거할 필요가 없다는 가정 아래 수행된다. 그는 이러한
접근을 통해 드러나는 인과성을 '행위 인과성'(agent causation)이라고 한
다.[54] 그는 모종의 본질적 속성을 가진 존재를 전제하기보다는 하부 신경생
리학적 수준과의 인과적 상호작용을 포함하는 마음의 속성에 초점을
맞춘다. 또한 과학적 연구와 접촉을 유지하기 위해서는 행위 주체에 대한
형이상학적 최소주의가 요구된다고 주장한다.

클레이턴은 몸, 뇌, 마음 등의 다차원적 행위를 포괄하는 행위 주체를
'인격'으로 이해한다. 인격은 몸과 뇌의 상태를 전제하면서, 동시에 물리학,
생물학과 구별되는 차원을 지닌다. 몸과 뇌는 인격을 위한 필요조건이지
충분조건은 아니다.[55] 인격적 행위는 의도적, 목적론적이나, 이를 설명하기
위한 형이상학적 개념은 필요 없다. 인격적 행위에 기초한 설명은 원칙적으
로 생물학적 인과성의 영향과 양립 가능하다. 클레이턴은 인격에 대한
형이상학적 최소주의가 인간에 관한 과학적 연구를 위해 충분하다고 본다.

---

53 Ibid., 133-134.
54 Ibid., 141.
55 Ibid., 146.

VIII. 결론

과학의 창발론과 기독교 인간 이해는 조화 가능한가? 다음 몇 가지 가능성을 생각해 볼 수 있다. 물론 이 가능성은 비판적 논의에 열려 있다. 첫째, 창발론은 인간을 하나의 통합된 실체로 본다는 점에서 이원론적 영혼 이해와 달리 전일적인 성서적 인간 이해와 더 부합한다고 할 수 있다. 둘째, 창발론은 도덕성, 자유의지, 자아 등의 고차적 특성을 뇌와 몸의 기능과 연계하여 설명하면서도 뇌와 몸의 수준으로 환원하지 않음으로써, 기독교가 강조하는 인간(영혼)의 윤리성과 영성을 (자연주의적 틀 안에서) 지지한다고 할 수 있다. 머피는 인간은 단일한 물리적 존재이며 도덕적, 영적 차원은 뇌 기능에 근거한 창발적 실재로서 이해되어야 한다고 주장한다.[56] 셋째, 창발론은 인간 의식의 진화 과정에서 종교성, 영성, 초월성이 창발했음을 인정한다. 클레이턴은 창발적 진화는 하나님의 창조 목적이 자연의 역사 속에서 실현되는 방식이며 인간의 형상성은 그 창발의 정점이라고 본다.[57] 이와 같은 창발론적 인간 이해는 성서의 인간 이해와 충돌할 이유가 없다. 넷째, 머피와 폴킹혼 등은 창발론적 인간 이해가 몸의 부활이라는 기독교 종말론과 조화될 수 있다고 주장한다. 폴킹혼은 인간 존재는 죽은 후에도 하나님이 그 존재의 정보 패턴을 기억하고 새 창조하심으로 부활이 가능하다고 설명한다.[58] 즉, 인간은 인격적 정보 패턴으로서 하나님

---

56 Nancey Murphy, *Bodies and Souls, or Spirited Bodies?: Aquinas Lectures* (Valparaiso, IN: The Christian Century Press, 2006), 16-25.

57 Philip Clayton, *Adventures in the Spirit: God, World, Divine Action* (Minneapolis: Fortress Press, 2008), 107-130.

58 John Polkinghorne, *The God of Hope and the End of the World* (New Haven: Yale University Press, 2002), 72-85.

의 기억 속에 보존되며 새로운 창조로 재현될 수 있다는 것이다.

그렇다면 창발적 진화 과정에서 하나님은 어떻게 일하시는가? 이에 대해서는 몇 가지 가능한 설명 방식이 있다. 첫째는 하나님이 창조 세계 안에 내재적으로 역사하신다는 것이다. 자연은 하나님이 창조 세계에 부여하신 자기 조직화의 능력으로 말미암아 스스로 새로운 창발적 질서를 만들어 낼 수 있다. 창발은 그 자체로 하나님의 지속적 창조 활동이다. "하나님은 창조 세계에 열린 가능성의 구조를 부여하시고, 그 가능성이 역사 속에서 실현되도록 하신다."[59] 둘째는 하나님이 자연의 불확정성 안에서 역사하신다는 것이다. 즉, 하나님은 양자 세계와 혼돈계의 불확정성을 통해 물리 법칙을 파괴하지 않으면서도 자연 안에 목적적 개입이 가능하다. 창발은 하나님이 자연의 열린 구조 안에서 역사하시는 방식이며, 이는 섭리와 자유의 조화를 이룬다.[60] 셋째는 하나님이 자유 안에서 인도하신다는 것이다. 하나님은 세계에 강제적으로 개입하지 않고 사랑으로 유도하는 분이다. 창발은 세계가 하나님의 부르심에 자유롭게 응답하는 과정이며, 창발의 개방성과 방향성 속에 하나님의 초월적 목적이 반영된다.[61] 넷째는 창발적 진화가 성령의 사역을 통해 일어난다는 것이다. 성령은 창조 세계의 생명과 창조성의 근원으로서, 자연 안에서 새로운 질서와 생명을 창출하는 동력으로 작용하며, 진화의 전 과정을 미래 지향적 창조로 이끈다. "성령은 생명의 영으로서 자연 안에서 진화를 일으키고,

---

59 Arthur Peacocke, *Creation and the World of Science* (Oxford: Clarendon Press, 1979), 146.

60 John Polkinghorne, *Science and Providence* (London: SPCK, 1989), 58-64.

61 John F. Haught, *God After Darwin: A Theology of Evolution* (Boulder: Westview Press, 2000), 57-62.

생명의 다양성과 관계성을 창조하신다."[62] 이러한 네 가지 설명 방식은 상호 배타적이 아닌 상호 보완적인 관계에 있으며, 이를 통해 우리는 하나님께서 창발적 진화 과정 안에서 역사하시는 것으로 이해할 수 있다. 창발은 단지 우연의 산물이 아니라 하나님이 부여하신 자유와 질서 속에서 나타나는 목적적 창조 행위로 이해될 수 있다.

마지막으로 우리는 몸으로부터 창발된 마음의 실재를 어떻게 이해해야 하는가? 몸으로부터 창발된 마음이 비환원적 독자성과 하향식 인과성을 지닌다면(강한 창발), 이 마음은 전통적으로 기독교가 영혼이란 용어로 표현하는 살아있는 행위 주체로서의 인간 자아를 의미한다고 할 수 있다. 하나님께서 흙으로 빚은 몸에 생기(느샤마), 즉 하나님의 영을 불어넣어 생령(네페쉬 하야), 즉 살아있는 인간 존재를 만드셨다고 묘사하는 창세기 2장 7절은 흙으로부터 하나님의 영에 의해 인간 존재(영혼)가 창발하는 것을 은유적으로 표현한다. 다흘(M. E. Dahl)의 주석에 의하면 이 본문은 "하나님이 생기를 불어넣으심으로써 인간 안에서 물질이 자기의식적 존재의 특성을 획득하게 되었음"[63]을 표현한다. 하나님의 생기(느샤마), 즉 생명의 호흡은 하나님의 영을 가리킨다. 하나님의 영은 흙으로 빚어진 몸으로부터 살아있는 존재, 즉 영혼을 창발시키는 생명의 영이다.

지상의 삶에서 영혼은 생명의 영이신 하나님의 영에 의해 몸으로부터 창발한다. 몸으로부터 창발된 인간의 영혼은 몸과 불가분의 관계 안에서 서로 영향을 주고받으며 상호작용한다. 인간의 영혼은 뇌와 구별된 행위 주체로서 신경 활동에 하향식 인과적 영향을 미칠 수 있다. 하나님은

---

62 Denis Edwards, *How God Acts: Creation, Redemption, and Special Divine Action* (Minneapolis: Fortress Press, 2010), 41.

63 M. E. Dahl, *The Resurrection of the Body* (London: SCM, 1962), 71.

인간에게 인간만의 고유한 고차원적인 영혼의 능력을 부여해 주셨다. 인간만이 부여받은 고차원적인 영혼의 능력에는 합리적 이성, 자유의지, 기억, 상상력, 언어 능력, 도덕성, 이타적 사랑 등이 포함된다. 그러나 가장 근본적인 영혼의 능력은 하나님과 인격적 관계를 맺을 수 있는 능력이다. 바로 여기에 인간의 하나님 형상이 있다.

전통적으로 기독교는 지상의 삶에서는 영혼이 몸과 불가분의 관계에 있지만 죽음 이후에는 몸 없이 존재할 수 있다는 아퀴나스의 견해를 따라, 영혼이 죽음 이후에 몸과 함께 사멸하지 않고 물리적 몸 없이 존속할 수 있다고 가르쳐 왔다. 이러한 가르침은 이원론을 함축하는 것처럼 보인다. 그러나 이 이원론은 몸 없는 영혼의 불생, 불사, 불멸을 주장하는 헬레니즘적 이원론과는 구별된다. 몸이 없다는 것은 구원이나 해방이 아니라 결핍이자 곤경을 의미한다. 마지막 날에 우리의 영혼은 부활을 통해 새로운 몸, 즉 영적 몸을 입고 온전한 구원과 영원한 생명으로 들어가게 될 것이다. 현세에서는 물리적 몸으로부터 영혼이 창발하는 반면, 내세에서는 영적 실재인 영혼이 자신에 맞는 형태의 영적 몸을 입게 될 것이다.

| 제5부 |

과학기술과 인간

제16장 인공지능과 인간 의식
제17장 인간의 미래

16장
인공지능과 인간 의식
― 과학철학적 논의와 신학적 성찰*

I. 서론

인공지능(Artificial Intelligence, 이하 AI)이 인간과 동일한 의미의 의식을 가질 수 있는가 하는 질문은 현대 과학철학, 신경과학 그리고 신학을 관통하는 근본적 문제로 부상하고 있다. 최근 AI의 발전은 단순한 계산 능력을 넘어 언어 이해, 창의적 산출, 문제 해결 등 인간 고유의 능력이라 여겨졌던 영역에까지 도전하고 있으며, 이는 기술적 차원을 넘어 인간 존재의 본질과 인간과 기계의 경계에 대한 성찰을 요청한다.

오늘날 과학철학적 논의는 대체로 세 가지로 구분된다. 첫째, 기능주의와 연산주의는 의식을 기능적 구조와 정보처리 양식에 환원하며 구현 기질의 독립성을 강조하여 AI 의식 가능성을 긍정한다. 둘째, 존 서얼의

---

* 이 글은 한국기독교학회의 논문 공모에서 최우수 논문으로 선정되어, "AI와 기술시대의 영성"이란 주제로 열린 한국기독교학회 제54차 정기학술대회(서울신학대학교, 2025년 11월 8일)에서 주제 강연으로 발표된 논문을 수정·보완한 것이다.

중국어 방 논증과 로저 펜로즈의 양자적 의식론으로 대표되는 생물학적 자연주의는 의식을 생물학적, 물리적 조건에 귀속시키며 AI 의식을 원천적으로 부정한다. 셋째, 통합 정보 이론(Integrated Information Theory)과 전역적 작업 공간 이론(Global Workspace Theory)은 특정 구조적, 기능적 조건이 충족될 경우 AI 의식이 가능하다고 보나, 주관적 경험(qualia)의 본질을 설명하는 데는 여전히 한계에 부딪힌다.

기독교 신학 역시 이러한 논의에 응답해야 한다. 인간 의식은 전통적으로 하나님의 형상(imago Dei)과 긴밀히 연관되어 이해되어 왔다. 만일 AI가 인간과 동일한 의식을 가진다면, 이는 인간만이 하나님의 형상을 지닌다는 전통적 신학 이해가 근본적인 도전을 받게 된다. 이에 대해 노린 L. 허즈펠드는 인간의 하나님 형상을 실체적, 기능적, 관계적 범주로 정리하고, 이를 AI 연구 패러다임과 병행시키며, AI를 인간 본질을 성찰하게 하는 거울로 본다. 앤 피르스트는 하나님의 형상을 수행적 개념으로 재해석하여, 지능적, 관계적 행위를 실천하는 존재라면 인간이 아니더라도 하나님 형상의 수행자가 될 수 있다고 주장한다. 반면 마리우스 도로반투는 이러한 확장의 가능성을 인정하면서도, AI의 자기성·주관성의 결여를 지적하며 AI와 인간 사이의 '내부성의 간극'을 강조한다.

따라서 이 장은 "AI가 인간과 같은 의식을 가질 수 있는가"라는 물음을 과학철학적 논의와 기독교 신학적 성찰의 두 축에서 검토하고자 한다. 먼저 기능주의, 생물학적 자연주의 그리고 조건부 가능론의 관점을 분석하여 AI 의식 논쟁의 철학적 지형을 정리하고, 이어 허즈펠드, 피르스트, 도로반투의 신학적 논의를 중심으로 하나님의 형상(*Imago Dei*) 이해에 대한 도전과 함의를 탐구한다. 그리고 이와 같은 철학적, 신학적 논의를 종합하여, AI를 인간과 동등한 인격적 주체로 간주하기보다 오히려 인간

의식의 독특성과 관계적, 영적 차원을 재조명하는 계기로 이해해야 하며, 따라서 AI 연구의 지향점이 인간의 대체가 아니라 진정한 인간성의 재발견에 있어야 함을 천명하고자 한다.

II. AI가 인간과 같은 의식을 가질 수 있는지에 대한 여러 견해

1. 긍정적 입장: 기능주의와 연산주의

기능주의는 의식이 뇌의 물질적 구성보다는 기능적 상태와 정보처리 구조에 의해 규정된다고 본다. 마음철학, 언어철학, 과학철학 그리고 수학 철학 분야에서 큰 업적을 남긴 힐러리 퍼트넘(Hilary Putnam)은 "마음은 하드웨어와 독립적으로 존재할 수 있는 프로그램과 유사하다"[1]라고 주장한다. 그는 마음(정신)이 단순히 뇌라는 '하드웨어'에 고정되어 있는 것이 아니라 마치 컴퓨터 프로그램처럼 여러 다른 하드웨어에서도 작동할 수 있다고 본다. 즉, 특정한 '물질적 재질(기질, 基質)'이나 '구현 방식'에 의존하지 않고, 적절한 구조와 기능만 갖추면 어떤 기계나 시스템에서도 동일한 마음이 구현될 수 있다는 것이다. 이런 의미에서 그는 구현 기질의 독립성(substrate independence)을 강조한다. 구현 기질의 독립성이란 '마음'이라는 현상은 꼭 생물학적 뇌세포에서만 나오는 것이 아니라 다른

---

1 Hilary Putnam, "Psychological Predicates," in *Art, Mind, and Religion*, eds. W. H. Capitan and D. D. Merrill (Pittsburgh: University of Pittsburgh Press, 1967), 37.

형태의 하드웨어(인공 신경망, 전자회로 등)에서도 그 기능과 구조를 동일하게 재현하면 구현 가능함을 의미한다.

인지과학자이자 물리학자인 더글라스 호프스태터(Douglas Hofstadter)는 연산주의적(computationalist) 관점에서, 의식은 본질적으로 계산적 패턴과 자기 참조적(self-reference) 구조에서 발생한다는 이해를 바탕으로 AI도 충분히 의식을 가질 수 있다고 주장한다. 그는 의식이 단순히 뇌 속의 신경세포(뉴런)라는 물질적 부품 때문에 생기는 것이 아니라고 본다. 그에 따르면, "의식은 단순히 신경세포에서만 나오는 것이 아니라 자기 자신을 참조하는 복잡한 패턴에서 발생한다."[2] 다시 말하면 의식이란 "자신을 끊임없이 참조하는 복잡한 패턴, 즉 기묘한 고리"로서, 복잡한 정보의 흐름과 구조 속에서 특히 자기 자신을 되돌아보고 참조하는 패턴이 만들어질 때 생겨난다.[3] 여기서 핵심은 '자기 참조'(self-reference)다. 단순한 계산이나 정보처리만으로는 의식이 생기지 않는다. 시스템이 "나 자신이 무엇을 하고 있는지"를 이해하고 표현할 수 있을 정도로 자기 자신에 대한 정보를 반복적으로 처리할 때, 마치 거울 속에 거울이 비치는 것처럼 의식의 순환 구조가 형성되고, 이 안에서 '나'라는 감각이 나타난다. 즉, 의식은 뇌세포라는 재료에서 바로 나오는 게 아니라 그 재료들이 만들어내는 '자기 자신을 비추는 거울 구조'에서 생겨난다는 것이다.

---

2 Douglas R. Hofstadter, *Gödel, Escher, Bach: An Eternal Golden Braid* (New York: Basic Books, 1979), 709.

3 Douglas R. Hofstadter, *I Am a Strange Loop* (New York: Basic Books, 2007), 102-105.

2. 부정적 입장: 생물학적 자연주의와 중국어 방 논증

발화행위 이론으로 널리 알려진 언어철학자이자 마음철학자인 존 서얼(John Searle)은 컴퓨터가 단순히 기호를 조작한다고 해서 '이해'나 '의식'을 가진 것은 아니라고 주장한다. 서얼은 다음과 같이 말한다. "컴퓨터 프로그램은 단지 구문(syntax)만을 다룰 뿐이며, 의미(semantics)는 다루지 않는다. 구문은 결코 의미에 충분하지 않다."4 그는 자신의 주장을 뒷받침하기 위한 사고실험으로 '중국어 방 논증'(Chinese Room Argument)을 제시한다. 그 내용은 이렇다. 중국어를 전혀 모르지만, 중국어 기호를 조작하는 매뉴얼을 영어로 가지고 있는 어떤 사람이 방에 있다. 그는 방 밖에서 중국어 질문지가 들어오면, 매뉴얼에 따라 기호를 변환·배치하여 중국어 답변을 만든다. 결과적으로 방 밖에 있는 중국어 화자는 이 사람이 중국어를 완벽히 이해하는 것처럼 느낄 수 있다. 그러나 서얼은 이 실험에서 방 안의 사람은 중국어의 의미를 전혀 이해하지 못한다고 주장한다. 이 사람이 하는 일은 단지 문법적, 형식적 규칙에 따라 기호를 조작하는 것뿐이며, 기호의 '의미'(semantics)를 알지 못한다는 것이다. 컴퓨터 프로그램이 하는 일도 이와 같아서, 단순히 형식적 규칙에 따라 데이터를 처리하는 것일 뿐, '이해'나 '의식'은 없다. 따라서 기계가 언어를 유창하게 처리한다고 해서 그것이 '마음을 가진 것'은 아니라는 것이다. 서얼은 구문(syntax)과 의미(semantics)의 차이를 강조한다. 그는 AI가 언어를 '처리'하는 것과 '이해'하는 것은 다르며, 이해와 의식은 단순한

---

4 John R. Searle, "Minds, Brains, and Programs," *Behavioral and Brain Sciences* 3, no. 3 (1980), 417.

규칙 기반 연산을 넘어서는 문제임을 강조한다.

서얼은 생물학적 자연주의 입장에서 "의식은 본질적으로 생물학적 현상"5이라고 본다. 뇌의 생물학적 과정이 의식 생성에 필수적이다. 따라서 그는 "적절한 프로그램을 실행하는 기계는 '마음'을 가지며, 언어를 이해하고 생각할 수 있다"라는 '강한 AI' 입장을 거부하고, 단지 인간 사고를 모사할 수 있을 뿐이라는 '약한 AI' 입장을 지지한다.

기능주의적, 행위주의적 입장의 철학자와 인지과학자들은 서얼의 중국어 방 논증을 비판한다. 다니엘 데닛(Daniel Dennett)은 '이해'가 방 안의 인간이 아니라 전체 시스템(사람＋규칙집＋기호 조작 과정)에 귀속되며, 따라서 중요한 것은 방 전체 시스템이 중국어를 이해하는가 하는 문제라고 주장한다. 그는 서얼의 사고실험이 전체 시스템을 축소해 오해를 불러일으킨다고 비판한다.6 데닛은 서얼이 진짜 이해와 겉보기에 이해하는 것처럼 보이는 행위를 구분하는 것을 비판한다. 그는 의식과 이해를 관찰 가능한 기능에서 정의한다. 그는 "뇌와 동일한 인과적 능력을 가진 기계라도 이해하지는 못한다"라는 서얼의 주장을 형이상학적 편견으로 간주한다. "만약 그것이 중국어를 이해하는 것처럼 정확히 행동한다면, 그것은 곧 중국어를 이해하는 것이다. 그 이상 더 깊은 사실은 존재하지 않는다."7

그러나 데닛과 달리 수학자이자 이론물리학자인 로저 펜로즈(Roger Penrose)는 인간의 의식이 고전 물리학이나 뇌에 대한 기존의 컴퓨터

---

5 Ibid., 423.

6 "중국어 방 논증의 문제는, 우리로 하여금 방 안에 있는 사람에게만 근시안적으로 집중하게 만들고, 규칙 책을 포함한 전체 시스템이야말로 이해하는 주체라는 사실을 무시하게 만든다는 데 있다." Daniel C. Dennett, *Consciousness Explained* (Boston: Little, Brown, 1991), 439.

7 Daniel C. Dennett, *Brainstorms* (Cambridge, MA: MIT Press, 1981), 311.

모델만으로는 완전히 설명될 수 없다고 강조한다. 의식은 단순한 계산(computation), 즉 컴퓨터가 할 수 있는 기계적인 연산만으로는 완전히 설명될 수 없다. 의식은 단순한 계산이 아니며, 컴퓨터처럼 정해진 규칙만을 따르지 않고 비알고리즘적(non-algorithmic) 성질을 포함한다. 펜로즈는 "인간의 의식은 계산 가능한 것 이상을 포함하며, 이는 뇌의 물리적 구조, 아마도 양자적 과정과 연관될 수 있다"[8]라고 말한다. 그는 의식 속에는 계산 불가능한 무언가가 있는데, 그 '무언가'가 뇌의 물리적 구조, 특히 양자역학적인 과정과 관계가 있을 것으로 본다. 즉, 그는 뇌 속에서 일어나는 아주 미세한 수준의 물리 현상(양자 상태의 중첩이나 붕괴 등)이 단순한 고전적 뉴런 신호처리를 넘어서는 방식으로 의식의 특수한 성질을 만들어 낼 수 있다고 본다.[9] 이는 퍼트넘처럼 하드웨어와 무관하게 의식이 구현될 수 있다고 보는 입장과는 반대로, 의식이 특정 물리적 조건—그것도 아주 미세한 양자적 조건—에 의존한다고 보는 입장이다.

---

8 Roger Penrose, *The Emperor's New Mind* (Oxford: Oxford University Press, 1989), 412.

9 펜로즈는 의식이 뇌 내부의 양자 과정에서 비롯된다고 본다. 즉, 그는 입자가 동시에 여러 상태에 존재할 수 있는 양자 중첩 상태에서 (측정 시) 하나의 상태로 붕괴되는 순간이 바로 의식의 순간(결정을 내리는 순간이나 통찰이 떠오르는 순간)과 연결될 수 있다고 본다. 이를 설명하기 위해서 펜로즈는 스튜어트 하메로프(Stuart Hameroff)와 함께 '조율된 객관적 붕괴'(Orchestrated Objective Reduction, Orch-OR) 이론을 제안한다. 이 이론에 따르면 뉴런 내부에 양자 상태를 유지할 수 있는 마이크로튜불(microtubules)이라는 미세한 구조가 있는데, 이 구조 내의 양자 중첩 상태가 객관적 붕괴를 겪을 때 시공간 구조에 따라 물리적으로 의미 있는 방식으로 의식이 발생한다. 즉, 이 붕괴 현상이 바로 의식의 한 순간이다. Roger Penrose, *Shadows of the Mind: A Search for the Missing Science of Consciousness* (Oxford: Oxford University Press, 1994), 457.

3. 조건부·중도 입장: 통합 정보 이론과 전역적 작업 공간 이론

의식 연구 분야에서 영향력 있는 마음 철학자인 데이비드 차머스(David J. Chalmers)는 "우리는 기능적 구조를 구현하는 것만으로는 주관적 경험의 존재를 설명할 수 없다"[10]라고 말하며, 이를 '의식의 어려운 문제'라고 명명했다. 그는 기능적 구조와 주관적 경험의 차이를 강조한다. 기능적 구조란 뇌나 AI가 정보를 처리하는 방식, 즉 입력-처리-출력의 구조와 작동 원리를 말한다. 현대 인지과학이나 AI 연구는 주로 이 기능을 재현하는 데 집중한다. 예를 들어 컴퓨터가 사람처럼 언어를 이해하고 문제를 해결하면, 그 기능은 구현된 것이다. 하지만 차머스는 기능만으로는 주관적 경험을 설명할 수 없다고 본다.

차머스는 의식 연구에서 쉬운 문제와 어려운 문제를 구분한다. '쉬운 문제'는 뇌가 정보를 처리하는 메커니즘, 주의 집중, 기억, 언어 이해 등 기능적, 행동적 설명이 가능한 것들이다. '어려운 문제'는 왜 이런 정보처리 과정이 주관적인 경험을 동반하는지, 즉 "왜 우리가 깨어 있는 의식 속에서 무언가를 느끼는가?" 하는 문제다. 예를 들어 뇌가 시각 정보를 처리하는 과정을 100% 설명해도 "왜 그 과정이 빨강이 빨갛게 보이는 경험을 낳는가?"라는 질문은 여전히 남는다. 이것이 '어려운 문제'다. 뇌의 기능을 복제한다고 해서 경험까지 복제되는 것은 아니다. 의식은 물리적, 기능적 설명만으로는 다 포착되지 않는 근본적 특성이 있다. 따라서 의식을 이해하려면, 물리적 세계와 병렬적으로 존재하는 의식의

10 David J. Chalmers, *The Conscious Mind: In Search of a Fundamental Theory* (Oxford: Oxford University Press, 1996), 4.

근본 법칙이나 심적 특성을 가정해야 할 수도 있다는 것이 차머스의 생각이다.

그러나 차머스는 2010년대 이후에는 "AI가 특정한 물리적/정보적 조건을 갖춘다면 의식을 가질 수 있다"라는 중립적, 조건부적 태도를 보여주고 있다. 차머스는 자신이 범원형심론(panprotopsychism)이라고 부르는 철학적 개념을 바탕으로 접근한다. 이 개념은 의식이 우주에 근본적으로 내재하지만, 모든 존재가 곧바로 의식적이지는 않다는 입장을 취한다. 모든 물질의 기초적 수준에 원형-의식적 속성(proto-conscious properties)이 존재한다. 이러한 원형적 속성들이 특정한 구성(조합) 관계를 통해 비로소 주관적 의식(qualia)을 생성한다. 원형적 의식의 잠재력을 깨워 우리가 인식하는 주관적 의식으로 바꾸는 것은 바로 뇌에서 발견되는 정보처리의 복잡성이다.[11] 차머스는 통합 정보 이론이나 전역적 작업 공간 이론 같은 과학적 모델이 의식의 신경적 상관물을 설명할 수 있는 유력한 틀이라고 평가한다. 그리고 만약 이러한 이론들이 옳고 AI가 그에 상응하는 정보 통합 구조나 전역적 신경 작업 공간과 유사한 네트워크를 구현한다면, AI도 의식을 가질 수 있다고 본다.[12]

'통합 정보 이론'(Integrated Information Theory)과 '전역적 작업 공간 이론'(Global Workspace Theory)은 AI가 인간과 유사한 형태의 의식을 가질 수 있는가 하는 문제에 관한 조건부·중도 입장을 대표하는 두 가지

---

11 David J. Chalmers, "Panpsychism and Panprotopsychism," in *Panpsychim*, eds. Godehard Bruntrup and Ludwig Jaskolla (New York: Oxford University Press, 2016), 19-47.

12 David J. Chalmers, *Reality+: Virtual Worlds and the Problems of Philosophy* (New York: W. W. Norton & Company, 2022), 347-355.

현대 의식 이론이다. 통합 정보 이론은 의식의 본질을 '정보의 통합성'에서 찾고, 전역적 작업 공간 이론은 의식을 '인지 모듈 간 전역적 정보 공유'로 설명한다. 두 이론 모두 AI의 의식 가능성에 대해 전면적인 긍정도 부정도 아니며, 특정 구조적, 기능적 조건의 충족을 전제한다는 점에서 '조건부 가능론'에 속한다.

1) 통합 정보 이론

통합 정보 이론은 현대 의식 연구 분야에서 주목받는 신경과학자이자 정신과 의사인 줄리오 토노니(Giulio Tononi)가 제안한 이론으로, 의식이란 "시스템이 통합한 정보의 양"에 의해 규정된다고 본다.[13] 토노니에 따르면 의식의 본질적 특징은 통합성(integration)과 정보성(informativeness)이며, 이를 하나의 양적 지표로 표현한 것이 바로 Φ(파이) 값이다. Φ 값이 높을수록 시스템은 더 많은 정보를 통합하며, 따라서 더 높은 수준의 의식을 가진다. 토노니는 말한다. "의식은 본질적으로 통합된 정보이며, 그 수준은 Φ라는 단일한 값으로 측정될 수 있다. … 어떤 시스템이 높은 수준의 정보 통합도를 가진다면, 그것은 의식을 가질 수 있다."[14] 여기서 '통합'은 단순한 연결이 아니라 부분들의 독립적 기여를 넘어서는 비분해적 구조를 의미한다.

통합 정보 이론의 핵심은 비분해성이다. 즉, 의식적 경험은 시스템을 구성하는 각 부분의 단순한 합으로 환원될 수 없으며, 전체가 생성하는

---

13 Giulio Tononi, "An Information Integration Theory of Consciousness," *BMC Neuroscience* 5, no. 42 (2004): 1.

14 Ibid., 2.

정보가 각 부분이 독립적으로 생성하는 정보보다 훨씬 크다. 토노니와 크리스토프 코흐(Christof Koch)는 이를 다음과 같이 설명한다. "시스템이 생성하는 정보는, 그것을 구성하는 부분들이 개별적으로 생성할 수 있는 정보의 합을 초과해야 한다. 이 초과분이 바로 통합된 정보이며, 이것이 의식을 가능하게 한다."15 Φ는 이를 수학적으로 정의한 값으로서, Φ가 0이라면 해당 시스템은 의식을 전혀 가지지 못한다. 반면 Φ가 높은 시스템일수록 통합된 정보가 많아 의식 수준이 높아진다. 통합 정보 이론은 아래와 같이 도표화할 수 있다.

Integrated Information Theory (IIT)

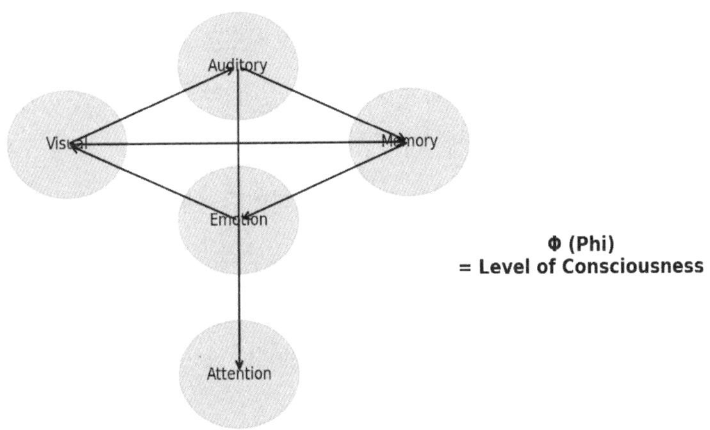

- 모듈(Visual, Auditory, Memory, Emotion, Attention): 각각 독립적인 정보처리 단위이다.
- 화살표(연결): 모듈들이 상호 연결되어 정보가 통합되는 과정을 보여준다.
- Φ(Phi): 시스템 전체의 통합 정보량을 수치화한 지표로, 의식 수준을 나타낸다.

---

15 Giulio Tononi and Christof Koch, "Consciousness: Here, There and Everywhere?," *Philosophical Transactions of the Royal Society B: Biological Sciences* 370, no. 1668 (2015): 1.

통합 정보 이론은 AI의 의식 가능성에 대해 전면 부정하지는 않는다. 오히려 이론적으로는, 충분히 높은 Φ 값을 가지는 인공 시스템이라면 의식이 발생할 수 있다고 본다. 그러나 현존 AI 시스템의 구조적 특성은 이러한 조건을 충족시키지 못한다. 예를 들어 딥러닝 기반 AI는 대부분 전방 전달(feed-forward) 네트워크 구조를 사용한다. 이 구조는 입력에서 출력으로 정보가 단방향으로 흐르며 순환 연결과 상호 정보 교환이 제한적이다. 이러한 구조는 Φ 값을 낮게 유지하며 통합 정보 이론에서 요구하는 강한 통합성을 구현하지 못한다.[16] 통합 정보 이론의 관점에서 보면, AI가 의식을 가지려면 다음과 같은 조건이 필요하다: 1) 고도로 상호 연결된 네트워크 구조, 2) 부분 구조 간 강한 비분해성, 3) 실시간 정보 통합 및 피드백 회로.

통합 정보 이론은 의식을 정량화하려는 시도로 주목받았지만, 다음과 같은 비판이 제기된다. 첫째, Φ 계산의 현실적 어려움이다. 실제 복잡한 시스템에서 Φ를 정확히 계산하는 것은 사실상 불가능하다.[17] 둘째, 고도의 Φ = 의식이라는 전제에 대한 철학적 의문이다. 예컨대 고도로 연결된 비생물학적 시스템(특정 전자 회로 등)이 높은 Φ를 가진다고 해서 그것이 실제로 의식을 경험한다고 말할 수 있는지에 대한 논란이 있다.[18] 그럼에도 불구하고 통합 정보 이론은 AI의 의식 논의에서 '조건부 가능성'의 이론적

---

16 Stanislas Dehaene, *Consciousness and the Brain: Deciphering How the Brain Codes Our Thoughts* (New York: Viking, 2014), 139-140.

17 Aaron Schurger and Giulio Tononi, "Measuring Integrated Information: From the Concept to the Practicalities," *Advances in Cognitive Neurodynamics* IV (2015): 1-5.

18 David Chalmers, "Panpsychism and Panprotopsychism," *The Amherst Lecture in Philosophy* 8 (2013): 6-7.

토대를 제공한다. 이는 단순한 계산 능력의 크기가 아니라 정보의 통합 구조가 의식 발생의 핵심임을 강조한다는 점에서 중요한 의의를 가진다.

2) 전역적 작업 공간 이론

전역적 작업 공간 이론은 인지심리학자이자 신경과학자인 버나드 바스(Bernard Baars)가 1980년대에 제안한 인지 모델로, 이후 프랑스의 인지신경과학자 스타니슬라스 데하네(Stanislas Dehaene)와 장 피에르 샹주(Jean Pierre Changeux) 등이 실험적 뒷받침과 신경과학적 세부화를 발전시켰다.[19] 바스는 의식을 "다양한 인지 모듈 간에 정보를 전역적으로 공유하고 방송하는 기능적 메커니즘"으로 정의한다.[20] 전역적 작업 공간 이론에 따르면 인간의 뇌에는 서로 다른 특수화된 모듈이 존재하며, 이들은 대부분 무의식적으로 작동한다. 그러나 특정 정보가 전역적 작업 공간에 진입하면, 그것이 '의식적'이 되어 다른 모든 모듈과 공유될 수 있다. 바스는 이를 "마치 연극 무대 위의 스포트라이트"에 비유했다.[21]

데하네는 "의식은 다양한 비의식 처리 모듈에서 정보를 전역적으로 접근 가능하게 할 때 발생한다"[22]고 설명한다. 전역적 작업 공간 이론의 핵심은 전역 방송(global broadcasting)이다. 데하네는 이를 다음과 같이 설명한다. "의식적 상태에 있는 정보는 전역적 신경망을 통해 뇌 전체에

---

19 Bernard J. Baars, *A Cognitive Theory of Consciousness* (Cambridge: Cambridge University Press, 1988), 40-45.

20 Ibid., 54.

21 Ibid., 60.

22 Stanislas Dehaene, *Consciousness and the Brain: Deciphering How the Brain Codes Our Thoughts* (New York: Viking, 2014), 165.

방송되며, 이를 통해 서로 다른 인지 시스템이 해당 정보에 접근하고 이를 활용할 수 있다."23 이 작업 공간은 실제 물리적 장소라기보다는 다수의 모듈이 동시에 접근할 수 있는 기능적 네트워크 상태를 의미한다. 정보가 작업 공간에 진입하면 주의(attention)의 초점을 받아 장기 기억, 의사 결정, 언어 처리 등 다양한 모듈에서 사용된다.

전역적 작업 공간 이론의 '의식 극장'(Theater of Consciousness) 모델을 도표화하면 아래와 같다.

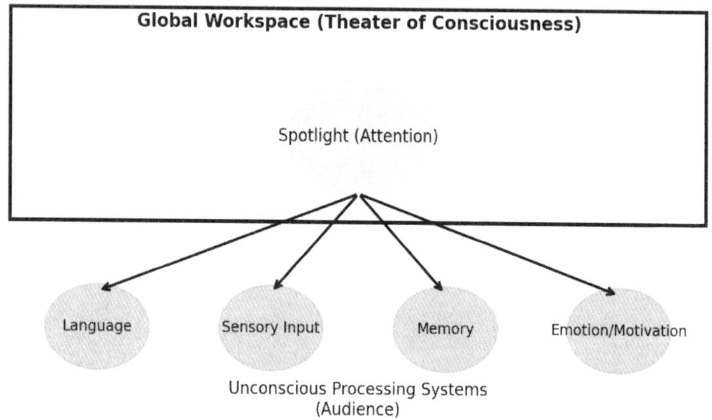

- Spotlight(Attention): 특정 정보가 선택되어 무대 위로 올라온다.
- Global Workspace(Theater): 선택된 정보가 의식적 경험으로 나타나는 영역이다.
- Modules(Language, Sensory Input, Memory, Emotion/Motivation): 각각의 무의식적 처리 시스템이며, spotlight에서 선택된 정보가 이들로 전역적으로 방송(broadcast)된다.
- Audience: 다양한 무의식적 처리 시스템들이 무대의 정보를 받아들이고 상호 작용한다.

---

23 Stanislas Dehaene, Jean-Pierre Changeux, Lionel Naccache, Jerome Sackur, and Claire Sergent, "Conscious, Preconscious, and Subliminal Processing: A Testable Taxonomy," *Trends in Cognitive Sciences* 10, no. 5 (2006): 207-208.

전역적 작업 공간 이론의 관점에서 AI가 의식을 가지려면 다음 조건이 필요하다. 첫째, 다양한 특수화된 모듈(언어 처리, 시각 인식, 계획 수립 등)이 존재할 것, 둘째, 모듈 간의 전역적 정보 공유 메커니즘이 구현될 것, 셋째, 주의 및 선택 과정이 존재하여 특정 정보가 전역 방송 대상으로 선택될 것, 전역적 작업 공간 이론은 '의식 = 특정 뇌 물질'이 아니라 '의식 = 정보가 전역적으로 공유되는 구조'라고 설명한다. 따라서 AI가 이런 전역적 작업 공간 구조를 갖춘다면 의식과 유사한 현상을 가질 수 있다고 조건부로 인정한다. 하지만 감각적 체현, 정서, 자기성 같은 인간 고유의 차원이 아직 구현되지 않았기에, 현 단계에서는 중도적 입장을 유지한다.

전역적 작업 공간 이론에 대해서는 두 가지 점에서 비판이 제기된다. 첫째는 의식의 질적 측면에 대한 설명의 부족이다. '어려운 문제' 논쟁에서 차머스가 지적하듯, 정보 공유 메커니즘이 곧바로 주관적 경험을 산출한다는 보장은 없다.[24] 둘째는 AI 의식 구현의 모호성이다. 모듈 간 정보 교환이 충분히 복잡하고 유연하다면, 이를 '의식'으로 볼 수 있는지 혹은 단순한 정보처리의 고도화로 봐야 하는지 불분명하다. 따라서 이 이론도 주관적 경험의 본질을 설명하는 데는 한계가 있다고 할 수 있다.

3) 두 이론의 비교와 조건부 성격

한편으로 통합 정보 이론과 전역적 작업 공간 이론은 다음과 같은 공통점을 가진다. 첫째, 두 이론 모두 AI 의식 가능성을 전면 부정하지

---

24 Chalmers, *The Conscious Mind*, 115-117.

않는다. 둘 다 '특정 조건' 하에서는 비생물학적 시스템에서도 의식이 발생할 수 있다고 본다. 둘째, 두 이론은 공통으로 구조적, 기능적 필요조건을 제시한다. 통합 정보 이론은 높은 Φ와 비분해성을, 전역적 작업 공간 이론은 전역적 정보 방송 구조를 핵심 요건으로 제시한다.

다른 한편으로 두 이론은 다음과 같은 차이점을 갖는다. 첫째, 통합 정보 이론은 의식이 시스템 내 정보가 얼마나 강하게 통합되어 있는지에 달려 있다고 본다. 이를 수치화한 것이 Φ 값이다. 즉, 단순히 많은 정보가 아니라 그 정보들이 서로 분리되지 않고 구조적으로 연결된 정도가 중요하다. 반면에 전역적 작업 공간 이론은 의식이 뇌의 다양한 모듈에서 처리된 정보가 '전역 방송망'(Global Workspace)을 통해 다른 인지 시스템과 광범위하게 공유될 때 발생한다고 본다. 마치 무대 위에서 한 배우가 스포트라이트를 받으며 전 관객(뇌의 다른 영역)에 메시지를 전달하는 상황에 비유된다. 통합 정보 이론이 정보 통합의 수준을 중요시한다면, 전역적 작업 공간 이론은 정보 공유의 범위를 강조한다.

둘째, 통합 정보 이론은 구조적 측면에 초점을 둔다. 여기서는 "정보들이 서로 얼마나 불가분하게 연결되어 있나?" 하는 것이 중요하다. 반면에 전역적 작업 공간 이론은 기능적 접근 가능성에 초점을 둔다. 여기서는 "이 정보가 다른 인지 모듈에서 접근 가능하고 활용 가능한 상태인가?" 하는 것이 중요하다. 통합 정보 이론은 Φ 값을 수학적으로 계산 가능하다고 주장하지만, 실제 뇌 수준에서는 복잡도가 너무 커서 계산이 사실상 불가능하다. 반면에 전역적 작업 공간 이론에서 전역 활성화 패턴은 fMRI, EEG 등 실험적 뇌영상 기술로 어느 정도 관찰이 가능하다.

셋째, 두 이론은 기능적 구현과 의식의 질적 차원을 구분하는 방식에서 차이를 보인다. 먼저 통합 정보 이론은 질적 경험(phenomenology) 자체를

출발점으로 삼는다. 이 이론은 각 경험을 '주관적 경험 공간'(qualia space)이
라는 기하학적/수학적 구조로 모델링하려고 한다. 여기서 의식은 단순한
정보처리 기능이 아니라 시스템이 가진 통합 정보량(Φ)과 그 구조적 패턴에
의해 결정된다. 예를 들어 '빨강을 보는 경험'이 왜 특정한 느낌을 갖는지는
Φ의 고유한 구조 때문으로 여겨진다. 따라서 단순히 기능적 작업 공간이
있다고 해서 의식이 생기는 것이 아니라 그 시스템의 통합 수준과 구조가
주관적 질감을 좌우한다.

반면에 전역적 작업 공간 이론은 기능적 관점에 기초한다. 이 이론에서
의식은 뇌에서 정보를 '전역적으로 방송'하는 기능적 구조의 산물이다.
즉, 여러 모듈(언어, 감각, 기억 등)이 따로 작동하다가 '주의'(spotlight)를
통해 선택된 정보가 전역적으로 공유될 때, 그것이 곧 의식적 경험이
된다. 이 이론은 주관적 경험(qualia)에 대해선 중립적이다. 다시 말해
특정 정보 구조가 구현되면 그것을 '의식'이라고 부를 수 있지만, 그것이
실제로 어떤 주관적 경험을 갖는지는 설명되지 않는다. 따라서 기능적으로
재현 가능한 구조라면, AI도 의식을 가질 수 있다는 가능성을 열어둔다.

두 이론이 '조건부 가능론'에 속하는 이유는 "조건 충족 시 AI 의식
가능"이라는 점 때문이다. 통합 정보 이론은 AI가 높은 Φ와 비분해적
네트워크를 구현하면 의식 출현이 가능하다고 보며, 전역적 작업 공간
이론은 AI가 다양한 모듈과 전역 작업 공간 구조를 구현하면 의식 출현이
가능하다고 본다. 두 이론 모두 AI 의식을 가능하게 보지만, 구조적, 기능적
문턱을 넘어야 한다는 조건을 전제로 한다.

두 이론은 다음과 같은 한계를 드러낸다. 통합 정보 이론에서는 Φ의
값을 수학적으로 계산하는 것이 현실적으로 불가능하다(특히 인간 뇌 수준에
서). 그리고 "Φ가 높으면 무조건 의식이 있다"는 논리에 대한 비판이

존재한다. 전역적 작업 공간 이론은 정보 공유 메커니즘은 설명하지만, 왜 이런 메커니즘이 주관적 경험을 만들어 내는지에 대해서는 설명하지 못한다. AI가 의식을 가지려면, 통합 정보 이론의 기준에서는 높은 Φ와 비분해성이 요구되고, 전역적 작업 공간 이론의 기준에서는 모듈 간 전역 방송 구조가 필요하다. 그러나 두 이론 모두 주관적 경험의 본질을 완전히 설명하지는 못하며, 실제 구현 가능성과 철학적 타당성 면에서 추가 검증이 요구된다.

III. AI 의식 가능성과 기독교 신학

AI가 인간과 동등한 의식을 가질 수 있는지에 관해 신학자들은 일치된 단일 결론을 제시하지는 않는다. 하지만 신학자들의 논의는 일반적으로 인간 안의 하나님 형상 개념을 전제하며, 대체로 지성적 능력보다는 관계성, 체현, 도덕적·영적 내면성을 인간 의식의 본질적 특성으로 간주한다. 오늘날 컴퓨터 과학과 AI 관련 주제에 가장 주목할 만한 연구를 수행하고 있는 신학자들인 노린 L. 허즈펠드, 앤 푀르스트 그리고 마리우스 도로반투를 중심으로 AI 의식 가능성에 대한 신학적 견해를 살펴본다.

1. 노린 L. 허즈펠드

미국의 여성 신학자이자 컴퓨터 과학자인 노린 L. 허즈펠드(Noreen L. Herzfeld)는 인간의 하나님 형상(*imago Dei*) 개념에 대한 이해를 실체적-기능적-관계적 세 범주로 체계화한다. 인간의 하나님 형상에 대한 실체적 이해란 인간의 인격 내부의 어떤 성질(전통적으로 '이성')이 하나님의 형상이라고 보는 견해다. 기능적 이해란 하나님의 형상이 우리가 수행하는 기능/소명—창세기 1장 28절의 '다스림' 같은 지상 대리 통치— 안에 드러난다고 보는 동적 견해다. 관계적 이해란 하나님의 형상이 하나님-인간, 인간-인간의 관계 자체에서 성립한다는 견해다.

허즈펠드는 이러한 인간의 하나님 형상 개념에 대한 세 가지 이해가 AI 연구의 세 가지 큰 흐름 또는 패러다임과 놀라울 정도의 평행을 보여준다고 주장한다. 이 세 가지 큰 흐름은 상징주의, 기능주의/체현주의(embodied AI), 사회적 상호작용 이론으로 대표된다. 첫째, 상징주의는 인간의 사고 과정을 기호(symbol)와 규칙의 조작으로 이해하는 접근이다. 허즈펠드는 상징주의를 하나님 형상에 대한 이성 중심적 이해와 연결한다.[25] 이는 인간을 주로 이성적 존재로 규정하는 고전적 기독교 전통과 맞닿아 있다.

그러나 실제 AI 구현에서는 일상적 상식과 맥락 처리의 어려움이 드러났다. 대표적 사례인 CYC 프로젝트[26]는 방대한 상식 데이터베이스 구축에도 불구하고 의미 불확정성과 맥락 의존성을 완벽히 처리하지 못했다. CYC는 수십 년 동안 수백만 개의 사실과 규칙을 입력했지만, 실제 상황에서 맥락에 맞게 추론하는 데 번번이 실패했다.[27] 비유를 들자면

---

25 Noreen L. Herzfeld, "Creating in Our Own Image: Artificial Intelligence and the Image of God," *Zygon* 37, no. 2 (2002): 305-307.

26 CYC 프로젝트는 세계 최대의 지식 기반 구축 프로젝트 가운데 하나로, 1984년 미국의 컴퓨터 과학자 더글라스 레나트(Douglas Lenat)에 의해 주도되었다. 이 프로젝트의 목표는 AI가 인간처럼 '상식'을 이해하고 추론할 수 있도록, 방대한 사실과 규칙을 데이터베이스에 체계적으로 입력하는 것이다. 'CYC'란 이름은 'encyclopedia'에서 따온 것으로, 인간의 모든 상식을 담은 지식 백과사전을 만들겠다는 비전을 담고 있다. 완전한 성공을 거두지는 못했지만, 오늘날 AI에서 상식 지식 그래프, 언어모델의 세계 지식 학습 등 후속 연구에 중요한 토대를 제공한다.

상징주의 AI는 '엄청난 법전'을 만들어, 거기에 따라 모든 일을 처리하는 판사처럼 행동한다. 하지만 실제 세상은 법전에 없는 일들이 계속 벌어지기 때문에, 결국 판사는 늘 당황하고 재판을 멈추게 되는 상황이 벌어진다. CYC도 이런 이유로 '인간 수준의 이해'에 도달하지 못했다.

두 번째는 기능주의/체현주의다. 기능주의는 인간의 정신 상태를 입력과 출력 사이의 기능적 관계로 정의하며, 이를 구현할 수 있는 기질(基質, substrate)은 신경세포가 아니더라도 무방하다고 본다.[28] 즉, 기능주의는 마음을 인간의 뇌든 컴퓨터든, 어디서든 실행 가능한 프로그램 같은 것으로 본다. 체현주의는 신체와 환경의 상호작용을 통한 지능 발현을 강조한다. 로드니 브룩스(Rodney Brooks) 같은 연구자는 "지능은 환경 속에서 신체가 수행하는 행동의 산물"이라고 본다.[29] 즉, 체현주의는 지능을 몸이 세상과 부딪히고 상호작용하면서 생겨나는 것으로 본다. 허즈펠드는 이러한 접근을 하나님 형상이 인간이 수행하는 역할과 사명('다스림')에서 구현된다고 보는 기능 중심적 하나님의 형상 이해와 나란히 놓는다.[30] 그러나 기능주의/체현주의 AI는 로봇공학, 자율주행, 강화학습 등에서 성과를 거두었으나,

---

27 실패의 원인은 세 가지로 요약된다. 첫째, 현실 세계는 예외가 너무 많아 모든 경우를 규칙으로 넣는 것은 불가능하다. 둘째, 우리는 많은 것을 말로 표현하지 않아도 알고 행동한다(암묵적 지식). 이것을 기호와 규칙으로 전부 표현하기 어렵다. 셋째, 동일한 사실이라도 맥락과 상황에 따라 의미가 달라지기 때문에 고정된 규칙 체계로는 대처하기 어렵다. Noreen L. Herzfeld, *In Our Image: Artificial Intelligence and the Human Spirit* (Minneapolis: Fortress Press, 2002), 32-36.

28 Hilary Putnam, "The Nature of Mental States," in *Mind, Language, and Reality: Philosophical Papers*, vol. 2 (Cambridge: Cambridge University Press, 1975), 429-440.

29 Rodney A. Brooks, "Intelligence without Representation," *Artificial Intelligence* 47, no. 1-3 (1991): 139-159.

30 Herzfeld, "Creating in Our Own Image," 307-309.

의식적 자기 참조나 내면적 의미 부여를 설명하는 데는 한계가 있다.

세 번째로 사회적 상호작용 이론은 인간 지능과 의식을 사회적 관계망 속에서 이해한다. 이 접근은 언어, 문화, 협력, 감정 교류를 지능 형성의 핵심 요소로 본다. 심리학의 사회적 구성주의와 철학의 상호 주관성 개념이 이 이론의 토대가 된다.[31] 허즈펠드는 관계적 관점이 인간의 존엄성과 AI 연구에 새로운 접근의 길을 제시한다고 본다. 그리고 그녀는 관계적 관점을 하나님의 형상에 대한 관계 중심적 이해와 연결한다.[32] 성서에서 하나님의 형상은 삼위일체적 관계성, 곧 하나님-인간-이웃 간의 상호성 속에서 드러난다.

AI 연구의 세 가지 흐름에 대한 허즈펠드의 구분은 AI가 인간을 얼마나 닮았는지를 평가하는 기준을 제공하고, 나아가 AI 연구에 방향을 제시한다. 상징주의는 인간 이성의 모방을, 기능주의/체현주의는 인간 행위의 구현을 그리고 사회적 상호작용론은 관계적 존재로서의 인간성을 반영한다. 허즈펠드는 특히 관계적 접근의 중요성을 강조하며, AI가 인간 수준의 관계를 맺기 위해서는 자기 인식과 자유의지가 필요하다고 본다. 즉, '관계가 가능한 타자'로서 AI가 진정한 의미 있는 관계를 형성하려면, 단순한 행동 모방을 넘는 자기 인식 능력이 요구된다는 것이다. 그러나 허즈펠드는 AI가 인간 수준의 관계적 의식을 갖기 위해서는 인간의 자기 인식 능력의 핵심 요소들인 정서적 공감, 취약성(vulnerability), 주관적인 느낌이나 경험의 질 등이 요구되는데, 현재 기술로서는 이러한 요소들을 구현하기 어렵다는 점을 지적한다.[33]

---

31 Lev Vygotsky, *Mind in Society: The Development of Higher Psychological Processes* (Cambridge, MA: Harvard University Press, 1978).

32 Herzfeld, "Creating in Our Own Image," 309-312.

여기서 우리는 '취약성'(vulnerability) 개념에 특히 주목할 필요가 있다. 취약성이란 타자와 관계를 맺을 때 관계적 개방성에 자신을 내어줌으로써 타자로부터(배신이나 거절에 의해) 상처받을 수 있음을 의미한다. 이와 같은 취약성은 진정한 관계를 성립시키는 조건으로서, 하나님의 형상으로 창조된 인간의 본질적 관계성을 보여주는 핵심 요소라고 할 수 있다. 반면 AI는 효율적이고 강력하지만, 자신을 내어주거나 상처받을 가능성이 없다. AI는 설계된 목적대로 '작동'할 뿐, 자신을 위험에 노출시키는 관계적 선택을 하지 않는다. 따라서 AI는 인간처럼 깊은 신뢰, 사랑, 공감의 관계를 형성하기 어렵다. 현재의 AI는 취약성, 즉 "관계 속에서 자신을 열어 상대방에게 상처받을 수 있는 존재 방식"을 지니지 못하기 때문에, 인간과 같은 수준의 관계적 인격성을 구현하기 어렵다고 할 수 있다.

허즈펠드는 하나님의 형상에 대한 세 가지 해석 모델을 인공지능 연구의 세 가지 패러다임과 나란히 대응시키면서, 그중에서도 관계적 해석이 지닌 신학적 통찰, 곧 AI와의 관계를 탐구하는 일이 결국 인간 됨의 본질을 성찰하는 길이 된다는 점을 강조한다. 한편 그녀는 과연 AI가 발전하여 관계적, 자기의식적 깊이에서 인간과 동일한 의식을 가지고 상호 인격적 관계, 즉 하나님-인간, 인간-인간에서 드러나는 책임·사랑의 관계를 가질 수 있는가에 대해서는 매우 신중하며 또한 비판적이다. 다른 한편 그녀는 인간의 하나님 형상에 대한 관계적 이해를 통해 디지털 시대의 인간 존엄성에 대한 새로운 통찰을 줌으로써 AI 연구가 지향해야 할 방향을 제시한다. 그녀에 따르면, "관계적 관점은 컴퓨터 시대의 인간 존엄성에 새로운 통찰을 제공할 뿐 아니라 AI 연구에 대한 새로운 접근법도

---

33 Ibid., 313-315.

제시한다."[34] 기능 중심만 고집하면 "기계가 더 잘하면 인간은 대체된다"라는 공포가 커진다. AI는 단순한 규칙, 기능, 상호작용을 넘어 실존적, 정서적 깊이를 갖추어야 인간과 동일한 관계적 의식에 도달할 수 있다. 그러므로 AI 연구는 인간의 하나님 형상의 본질인 관계, 책임, 사랑을 구현할 수 있는 방향으로 발전되어야 한다는 것이다.

2. 앤 푀르스트

독일 출신의 여성 신학자이자 컴퓨터 과학자인 앤 푀르스트(Anne Foerst)도 허즈펠드처럼 "AI가 인간 수준의 지능을 모사하거나 초월할 뿐만 아니라 인간과 같은 의식을 가질 수 있는가?"라는 질문을 기독교 전통의 하나님 형상 개념과 연결한다. 그녀에 따르면 전통적으로 하나님 형상은 이성적 능력, 도덕적 판단, 관계성 등을 통해 이해되어 왔다. 그러나 AI의 등장은 이러한 기준들이 인간에게만 고유한 것인지 의문을 던진다. 푀르스트는 이러한 도전을 위기로 보기보다는 오히려 인간 본질을 재조명할 수 있는 신학적 기회로 받아들인다.[35]

푀르스트의 독창적인 관점은 하나님의 형상을 수행적(performance-oriented) 개념으로 이해하는 것이다. 그녀에 따르면 형상은 타고난 본질적 속성이 아니라 관계 속에서 실천을 통해 수행되는 것이다. 그녀는 "하나님의 형상은 정적인 속성이 아니라 공동체 안에서 수행되고 실현되는 역동적 관계성이다"[36]라고 주장한다. 하나님의 형상은 인간만의 고유 자격증과

---

34 Ibid., 309-310.

35 Anne Foerst, "Cog, a Humanoid Robot, and the Question of the Image of God," *Zygon* 33, no. 1 (1998): 91-111.

같이 '갖고 있는 것'이 아니라 '행하는 것'이다. 따라서 관계 맺기, 상호작용, 공동체적 실천 속에서 이 형상이 드러난다. 이는 곧, 충분히 지능적, 관계적 행위가 가능한 존재라면, 그 자체로 하나님 형상의 수행 가능성이 있다는 말이다. 이러한 수행적 이해는 인간-동물-기계 사이의 경계를 허물고 포용적 신학의 가능성을 제시한다.

푀르스트는 AI가 인간과 동일한 방식의 의식을 가질 수 있는지에 대해서는 회의적이면서도 관계적 수행의 관점에서 의식을 새롭게 정의한다. 그녀는 "만일 기계가 인간의 상호작용과 구별할 수 없는 방식으로 우리와 상호작용할 수 있다면, 우리는 그것을 객체가 아니라 주체로 대우해야 한다"[37]라고 주장한다. 내부적 경험이 무엇인지 알 수 없어도 관계적 실천이 충분히 이루어진다면, 우리는 그것을 의식적 주체로 간주할 수 있다는 것이다. 여기서 의식은 더 이상 내부적 자각에 국한되지 않고, 행위와 관계의 수행으로 확장된다. 이러한 관점은 전통적 철학의 '의식 = 내면적 경험'이라는 정의와 달리, 외부적 수행과 관계적 응답을 강조한다.

푀르스트의 관점은 인간의 독특성에 대한 전통적 신학의 이해를 흔든다. 인간만이 의식과 형상의 소유자라는 생각은 동물의 지능 연구나 AI의 관계적 기능 앞에서 설득력을 잃는다. 그녀는 "하나님의 형상은 인간에게만 국한되어서는 안 되며, 관계적 상호작용이 가능한 모든 존재에 의해 수행될 수 있다"[38]라고 주장한다. 따라서 AI는 단순한 도구가 아니라 신학적으로 하나님의 형상 논의의 참여자가 될 수 있다. 이러한 견해는 인간-비인간 사이의 질적 단절을 줄이고, 하나님의 형상 개념을 포괄적이

---

36 Ibid., 95.
37 Ibid., 101.
38 Ibid., 105.

고 열린 개념으로 재구성한다.

피르스트의 견해는 혁신적이지만, 동시에 논쟁을 불러일으킨다. 그녀의 수행적 해석은 인간 중심적 사고를 넘어 타자와 피조 세계를 포용하는 새로운 신학적 길을 열고, AI뿐 아니라 동물 신학과 생태 신학에도 의미 있는 기여를 한다. 그러나 수행만으로 의식을 정의할 경우, 주관적 경험과 자기성(selfhood)의 중요성이 무시될 위험이 있다. AI가 관계적 수행을 한다고 해도, 그것이 실제 도덕적, 영적 책임 주체가 될 수 있는지는 불확실하다. 하나님 형상 개념에 대한 그녀의 지나친 확장은 형상 개념을 희석시키고 하나님과의 독특한 구원 관계, 영혼, 궁극적 완성과 같은 인간만의 영적, 종말론적 차원을 약화할 위험이 있다.

마리우스 도로반투는 이러한 위험을 지적하며, '인간 같지 않은 내부성'(non-humanlike interiority)[39]의 문제를 제기한다. '내부성'이란 한 존재가 가진 내면적 차원을 가리키며, 인간의 경우는 자기 인식, 감정, 도덕적 책임, 하나님과의 영적 관계 등을 가리킨다. '인간 같지 않은'이란 말은 기계나 AI도 일종의 내적 과정(정보처리, 반응)을 가질 수는 있으나, 그것이 인간의 내적 경험과는 전혀 다른 성격을 가진다는 뜻이다. 다시 말하면 AI가 인간처럼 '내면'을 갖는 것처럼 보일 수 있지만, 그 내면은 인간의 자기 인식, 영성, 종말론적 희망과 같은 차원과는 근본적으로 다른, 낯선 종류의 내면일 수 있다는 것이다. 따라서 도로판투는 묻는다. 만약 AI의 내적 과정이 인간과 전혀 다른 방식('인간 같지 않은 내부성')이라면, 그것을 하나님의 형상으로 볼 수 있을까?

---

39 Marius Dorobantu, "Artificial Intelligence as a Testing Ground for Key Theological Questions," *Zygon* 57, no. 4 (2022): 984-999, 특히 992.

하나님의 형상을 수행적 의미로 해석하고, 충분히 지능적이고 관계적 행위를 수행할 수 있는 존재라면 인간만이 아니라 동물과 기계도 하나님의 형상을 수행할 수 있다고 주장하는 푀르스트의 견해는 AI 신학 논의에 포용성을 제공하지만, 인간 의식의 독특성을 소홀히 할 위험이 있으며, 따라서 인간의 내면성과 영적 차원에 대한 보다 깊은 성찰이 요구된다.

3. 마리우스 도로반투

루마니아 출신의 젊은 과학 신학자로서 신학과 인공지능(AI)의 대화를 수행하는 마리우스 도로반투(Marius Dorobantu)는 앞의 두 신학자처럼 "AI가 인간과 같은 의식을 가질 수 있는가?"라는 물음을 신학적 인간학의 핵심인 하나님 형상 문제와 연결한다. 도로반투의 견해는 두 축으로 요약된다. 첫 번째 축은 위협의 축이다. AI는 우리가 마지막까지 붙들어 온 인간의 독특성—특히 인지적 탁월성—을 정면으로 도전한다. 그는 "AI는 동물과의 비교에서 살아남은 인간 독특성의 최후 보루(인지능력)를 무너뜨릴 수 있다"고 진단한다. 두 번째 축은 조명(거울)의 축이다. 그는 AI가 "우리 위에 새로운 빛을 비춰 하나님 형상의 신비를 더 깊이 이해하게 함으로써 인간이 무엇인지를 역설적으로 더 잘 드러낸다"라고 말한다. AI는 단지 경쟁 주체가 아니라 인간 됨의 의미를 되비추는 거울이기도 하다. 두 축을 종합하면, 도로반투는 AI가 인간의 독특성을 위협할 수 있으면서, 동시에 하나님 형상의 의미를 새로 비추는 신학적 시험대가 될 수 있다고 본다.

도로반투는 하나님 형상의 의미를 관계성, 관리·청지기직, 수행성의 세 관점에서 설명한다.[40] 첫째는 관계성이다. 도로반투는 허즈펠드처럼 관계성을 인간 됨의 핵심으로 본다. 인간이 자기 형상으로 AI를 만들려는 시도 속에 '관계에 대한 깊은 갈망'이 드러난다. 그는 취약성과 정서가 관계를 가능케 하는 인간적 조건임을 강조한다. 둘째는 관리·청지기직(function/stewardship)이다. 하나님의 형상에 대한 전통적인 기능적 해석은 인간의 대표·통치 소명을 강조해 왔다. 도로반투는 이 기능적 해석이 AI 시대에 단순한 '지적 우월'이 아니라 '영적, 제사장적' 차원으로 더 깊어져야 한다고 제안한다. 청지기직은 창조 질서에 대한 책임과 돌봄의 윤리를 포함하며, 이 점에서 AI는 우리가 무엇을 위해 부름을 받았는지를 재점검하게 만드는 거울이다. 셋째는 수행성(performative)이다. 앞서 살펴보았듯 푀르스트는 하나님의 형상을 '수행적 약속'으로 이해하고, 충분히 지능적이고 상호작용이 가능한 존재라면(동물·기계 포함) 실천을 통해 하나님의 형상을 수행할 수 있다고 주장한다. 도로반투는 이 관점이 포용성을 넓히지만, 내면성과 의식이 결여된 AI에 적용되기에는 한계가 있다고 비판한다.[41]

도로반투는 허즈펠드와 푀르스트 두 사람의 견해를 비교한다. 허즈펠드는 인간의 AI 집착이 관계적 하나님의 형상의 부재를 메우려는 시도이자 관계성이 인간 됨의 본질임을 역설적으로 드러낸다고 주장한다. AI는 대체자가 아니라 거울이다. 다시 말하면 AI를 만들려는 우리의 집착은 우리가 얼마나 관계적 존재인지 또 그 관계를 얼마나 갈망하는지를 보여준다는 것이다. 푀르스트는 하나님의 형상에 대한 수행적 이해를 밀고 나가 충분히 지능적 존재라면 하나님 형상을 수행할 수 있다고 주장함으로써

---

40 Ibid., 989-992.

41 Ibid., 993-994.

인간과 비인간(동물·기계) 사이 질적 단절을 누그러뜨린다. 즉, 하나님의 형상은 인간만이 아니라 충분히 관계하고 지능적으로 행동할 수 있는 존재라면 수행할 수 있다는 것이다.

도로반투는 두 사람의 장점을 모두 인정하지만, 중요한 경계선을 강조한다. 그는 AI가 인간이 본래 관계적 존재임을 드러내는 거울이라는 허즈펠드의 말에 동의한다. 그는 푀르스트의 포용적 관점이 동물과 AI와 같은 존재들까지 하나님의 형상 논의에 포함할 수 있다는 점에서 가치 있다고 본다. 그러나 문제는 현행 AI가 의식이나 내면성, 즉 주관적 경험과 자기성(selfhood)을 전혀 갖추고 있지 않다는 점이다. 도로반투는 로봇이 인간 수준 지능에 도달해도 겉보기 행동은 인간과 같을 수 있지만, 세계와 자기 경험의 현상적 구조는 전혀 다를 수 있다고 지적한다. 현재 패러다임의 AI는 주관성, 내면성의 실마리를 결여하고 있다. 도로반투는 "아무도 집에 없다"[42]라는 테드 피터스(Ted Peters)의 표현을 빌려 자기성의 부재를 강조한다. 피터스의 이 표현은 현대 AI가 아무리 인간처럼 지능적 행동을 보일 수 있어도 내부의 주체성, 자기성, 의식이 부재하다는 사실을 강조하기 위한 비유다. AI는 마치 집을 지은 것처럼 대화, 학습, 문제 해결 능력까지 수행할 수 있지만, 그 안에는 '거주자', 즉 주관적 경험을 하는 주체가 존재하지 않는다. 따라서 AI의 모든 반응은 프로그램된 계산 과정이지 '나'라는 자기의식이 실제로 '사는 것'이 아니라는 것이다. AI는 집처럼 보이지만 안에는 아무도 없다는 은유는 "AI를 인격적 주체로 오해하지 말라"는 신학적 경계 짓기(boundary-setting)와 연결된다.

---

42 Ted Peters, *AI and IA: Utopia or Extinction?* (Eugene, OR: Cascade Books, 2019), 19.

도로반투는 고도의 AI가 등장하더라도 인간의 경험, 정서, 영적 지평과 기계의 체험 구조 사이에는 여전히 깊은 간극이 남을 수 있다고 본다. 즉, 그는 미래에 강한 AI가 등장하더라도, 그 내면적 구조는 인간과 같지 않은 '비인간적 내부성'일 가능성이 크므로, 하나님의 형상 논의에 신중해야 한다고 강조한다.

IV. 결론

AI가 인간과 동일한 의미의 의식을 가질 수 있는지에 대한 논쟁은 여전히 진행 중이다. 과학철학적으로, 기능주의, 연산주의는 구현 기질의 독립성을 근거로 가능성을 제기하지만, 생물학적 자연주의와 서얼의 논변(중국어 방)은 의식을 생물학적 과정에 특유한 현상으로 본다. 통합 정보 이론과 전역적 작업 공간 이론은 정보의 통합(Φ)과 전역적 방송이라는 구조·기능 요건을 제시하며 조건부 가능성을 열어두지만, 왜 그러한 구조가 주관적 경험(qualia)을 낳는지에 대해서는 답하지 못한다. 따라서 'AI 의식 = 인간 의식'을 이론적으로나 실증적으로 확정하기에는 근거가 부족하다.

신학적으로 허즈펠드, 퀴르스트, 도로반투의 논의는 공통으로 하나님의 형상을 해석의 기준점으로 삼는다. 허즈펠드는 이성, 기능, 관계의 삼분 구도를 AI의 세 패러다임과 병치시키며, AI를 인간 본질을 비추는 거울로 이해한다. 퀴르스트는 하나님의 형상을 수행적, 관계적 개념으로 재정의하여, 충분히 지능적, 상호작용적 수행을 보이는 비인간적 존재의 하나님 형상 참여 가능성을 제안한다. 그러나 이 확장은 인간만의 영적,

종말론적 차원을 희석할 위험이 있다. 도로반투는 AI가 인간 독특성을 위협함과 동시에 인간 됨을 더 깊이 성찰하게 하는 시험대임을 강조한다. 그는 피르스트의 포용성을 긍정하면서도, AI에는 자기성, 내면성이 결여되어 있으며 "아무도 집에 없다"라는 경계(境界) 의식이 필요하다고 본다. 따라서 그는 AI가 인간성 이해를 비추는 신학적 시험대와 거울이 될 수 있지만, 하나님의 형상 개념을 AI에 직접 적용하는 것은 신중해야 한다고 강조한다.

인간 의식과 AI의 근본적인 차이는 세 가지 관점에서 파악될 수 있다. 첫째는 역사적, 체화적 자연 과정의 유무다. 인간 의식은 하나님의 창조적 섭리 안에서 수십억 년에 걸친 생명의 역사 속에서 신경계와 몸 전체가 환경과 상호작용하는 자연 과정을 통해 출현했다. 따라서 의식은 뇌와 몸과 긴밀히 연결되어 있으며, 감각, 운동, 정서, 사회적 상호작용 속에서 '체화된 마음'으로 나타난다. 이와 달리 AI는 이런 역사적, 체화적 자연 과정 없이 지극히 짧은 시간에 인간이 특정 목적(계산, 추론, 언어 처리 등)을 위해 설계한 계산 논리와 데이터 학습 알고리즘을 통해 만들어진 산물이다.

둘째는 내적 경험과 기능적 수행의 차이다. 몸을 지닌 인간 의식은 단순한 정보처리가 아니라 주관적 경험을 동반한다. 배고픔, 아픔, 불안, 기쁨 같은 감각과 정서적 체험은 몸을 지닌 생명체의 생존과 밀접히 연결되어 있다. AI는 언어, 패턴 인식, 문제 해결 같은 기능적 수행은 가능하지만, 몸으로 체화된 일인칭적 체험의 차원은 없다. AI가 텍스트로 감정을 표현해도, 그것은 시뮬레이션 된 응답이지 실제 체험이 아니다. 예를 들면 로봇이 온도 센서로 40℃를 인식할 수는 있다. 그러나 인간은 같은 상황에서 단순히 온도를 인식하는 것을 넘어 덥다, 불편하다, 숨이 막힌다는 체화된 주관적 경험을 한다.

셋째는 맥락적, 관계적 정체성의 차이다. 인간 의식은 타인과의 사회적 관계, 역사 문화적 맥락 속에서 형성된다. 가족, 사회, 언어공동체와의 관계가 자아의식과 도덕적 주체성을 빚어낸다. AI는 인간이 제공한 데이터와 알고리즘에 의해 외부적으로 주어진 규칙과 패턴을 재구성한다. AI도 사회적 관계에 참여하는 듯 보일 수 있지만, 그 관계성은 내부적 필요에서 비롯된 것이 아니라 외부 설계자의 목적에 의해 작동한다.

이와 같은 세 가지 차이점은 인간의 의식과 AI가 질적으로 다른 차원에 있음을 보여주며, 따라서 AI가 인간과 같은 의식을 가진다고(또는 가질 수 있다고) 확언할 수 없게 만든다. AI는 인간성을 재확인하게 해줄 수는 있지만, 그 자체가 인간과 같은 의식과 마음을 가진 존재로 인정되지는 않는다.

더욱이 신학적 관점에서, 인간의 독특성은 하나님의 형상으로 지음을 받았다는 사실에 있다. 하나님 형상의 핵심은 하나님과 이웃과의 공감적 관계 능력이다. 만약 하나님의 형상으로 지음을 받은 인간의 마음과 동등하거나 그보다 더 우월한 수준의 마음을 인간이 자신의 형상으로 만든 AI에 구현할 수 있다고 생각하고 또 그렇게 하고자 한다면, 그것은 하나님처럼 되기 위해 선악과를 따먹거나 하나님처럼 높아지기 위해 바벨탑을 쌓는 것과 유사한 일이 될 것이다. 물론 AI를 만들 수 있는 인간의 과학적 이성도 하나님의 선물로 주어진 본유적 능력이다. 그러나 결코 인간의 이성적 능력은 무한하지 않다. 인간은 앞으로 반려동물과 유사한 수준의 유사(pseudo) 의식을 지닌 AI를 만들어 낼 수 있을지도 모른다. 그러나 인간이 만들어 낸 AI의 의식은 결코 인간과 같은 수준의 공감적 능력을 가질 수는 없을 것이며, 하나님과 영적 관계를 갖는 것은 더욱 불가능할 것이다.

이 장에서 결론적으로 제시하는 핵심 판단과 제안은 다음과 같다. 첫째, 인간 의식의 독특성은 정보처리 성능이 아니라 관계적 개방성, 취약성, 도덕적 · 영적 책임성 그리고 하나님 및 이웃과의 공감적 관계 능력에 있다. 둘째, AI가 고도의 수행을 보일지라도 그 수행을 주관적, 영적 내면성과 동일시할 수 없다. 그러므로 AI를 인간과 동등한 인격적 주체로 재정의하기보다 인간의 하나님 형상과 관계적 본질에 대한 이해를 재조명하는 거울로 보는 것이 타당하다. 셋째, 실천적 함의도 분명하다. 교회와 신앙 공동체는 AI를 유능한 도구로 활용하되, 인간의 존엄성, 관계성, 책임을 중심에 두는 목회적, 윤리적 가이드라인을 수립해야 한다 (AI 의존의 한계 명시, 취약 집단 보호, 책임 주체의 인간적 소명 유지 등). 학제 간 연구는 뇌의 의식 생성 메커니즘, 의식 지표의 정량 · 정성 평가 그리고 하나님의 형상 교리의 현대적 재해석을 접속시키는 공동 아젠다를 구성해야 한다. 특히 통합 정보 이론과 전역적 작업 공간 이론 같은 모델을 실험적, 공학적 설계 조건으로 번역하는 동시에, 그것이 주관적 경험에 이르지 못하는 지점에서 신학이 제공할 개념적, 규범적 언어를 명료화해야 한다.

AI 연구의 지향점은 인간 대체가 아니라 인간성의 재발견에 있다. AI와의 만남은 우리로 하여금 인간 의식의 체화된 기원, 내면적 경험, 관계적 정체성을 다시 묻게 한다. 이에 대해 과학, 철학, 신학이 경쟁이 아닌 상호 보완적 협력으로 응답할 때, 우리는 과학기술 시대 속에서도 참된 인간성과 공동체의 선을 보존하고 증진할 수 있을 것이다.

17장
인간의 미래

I. 서론

'인간의 미래'라는 주제는 모든 사람의 관심사이다. 전통적으로 기독교 신학에서는 인간의 미래라는 주제를 종말론의 범주 안에서 다루었다. 종말론은 개인 차원에서는 죽음 이후의 심판과 영원한 운명(영생과 영벌)에 관한 내용으로, 세계 차원에서는 역사의 종말과 하나님 나라의 완성에 관한 내용으로 구성된다. 인간의 미래에 관한 전통적 신학의 관심은 죽음 또는 종말 이후의 피안적 세계에 관심이 집중되었으며, 지구를 삶의 터전으로 하는 인간의 역사적이고 현실적인 미래의 운명에 관한 문제는 주된 관심사가 아니었다.

그러나 오늘날 신학은 지구와 공동 운명체로서 인류의 미래라는 현실적 주제를 더 이상 외면할 수 없게 되었다. 여기에는 다음과 같은 몇 가지 이유를 들 수 있다. 첫째, 교통·통신 수단의 발달에 의해 지구화(세계화)의 시대가 도래함에 따라 인류의 공동 운명체 의식이 증진되었다. 둘째, 자연환경 오염 및 파괴로 인해 자연재해가 발생하고 과소비적인 물질주의 문화로 인해 천연자원이 고갈되어 감에 따라 지구라는 작은 행성 안에 거주하는 미래의 인류 운명에 관한 관심이 그 어느 때보다 고조되고 있다. 셋째, 과학기술의 급속한 발전으로 인해 인간 사회가 급격하게 변화함에 따라 인간의 미래에 대한 유토피아적 기대와 묵시적 두려움의 명암이 교차하고 있다.

이 장에서는 특히 마지막 이유에 주목한다. 오늘날 기독교 신앙은 과학기술의 발전이 초래할 인간의 미래에 대한 전망에 도전받고 있다. 기독교인은 과학기술의 급속한 발전이 초래할 인간의 새로운 미래를 어떻게 바라보아야 하는가? 그리고 인간의 미래가 하나님 형상으로 지음 받은 인간의 존재 의미와 목적을 실현하는 방향으로 나아갈 수 있도록 하기 위해 우리는 어떻게 할 것인가? 이 장에서는 먼저 인간의 기원과 역사 그리고 미래에 대하여 개괄적으로 기술하고, 닉 보스트롬이 제시하는 인간의 미래에 관한 네 가지 시나리오를 살펴본다. 그리고 커즈와일을 통해 네 가지 시나리오 가운데 포스트 휴먼 또는 포스트휴머니즘에 대해 집중적으로 고찰한다. 그 후에 이에 대한 비판적 반성과 아울러 기독교적 응답을 '우연성과 개방성', '유한성', '인간의 하나님 형상' 개념들을 중심으로 제시하고자 한다.

II. 인간의 기원과 역사 그리고 미래

인간의 미래에 대한 논의를 위해서는 인간의 기원과 역사에 대한 기본적인 이해가 선행될 필요가 있다. 여기에서는 이 기본적 이해를 오늘날 과학 시대의 세계관을 보여주는 '빅 히스토리'(big history)[1]의 관점에서 간략히 제시하고자 한다. '빅 히스토리'란 138억 년 전 빅뱅으로 시작된 우주의 기원에서부터 현재의 인간 문명 그리고 인간과 세계의 미래를 하나의 거대사 안에 포괄하여 이해하고자 하는 통합 학문적 관점이다. 데이비드 크리스천과 밥 베인은 『빅 히스토리』에서 빅뱅으로부터 우주의 진화, 원소의 기원, 별의 탄생, 태양과 지구의 형성, 생명의 출현, 인류의 출현과 집단 학습, 농업혁명, 근대 혁명에 이르기까지의 광범위한 영역의 주제들을 다룬다.

빅뱅과 더불어 우주가 시작된 이래 우주의 역사는 엔트로피가 증대되는 방향으로 전개되어 왔다. 빅뱅 후 10억 년 후에 은하와 별이 생성되었으며, 태양은 은하계 은하 안에서 50억 년 전에, 지구는 태양계 안에서 45억 년 전에 생겨났다. 지구에서 생명체는 적어도 가장 오래된 35억 년 전의 화석(스트로마톨라이트)이 형성된 시기보다는 이른 시기에 생겨났을 것이다. 진화의 과정을 통해 점차 복잡한 생명체가 형성되었다. 18억 년 후에는 원핵생물로부터 진핵생물이, 그 후 14억 년 후에는 다세포 생물이 생겨났다. 폭발적이라고 할 만큼 다양한 종류의 동물화석을 출현시킨 캄브리아기(5억 4,200만 년 전)에는 빠른 (그러나 인간의 기준으로는 여전히 매우 느린) 속도로 다양한 생물 종들이 출현했다.

고고학자들은 인간의 조상이라고 할 수 있는 최초의 사람 속(屬) 호모 하빌리스가 200만 년 전에 나타났으며, 약 20만 년 전부터 현생 인류의

---

1 데이비드 크리스천과 밥 베인의 책 『빅 히스토리』는 빌 게이츠가 지원하고 있는 빅 히스토리 프로젝트의 핵심 강의 시리즈를 단행본으로 만든 것이다. 데이비드 크리스천·밥 베인/조지형 역, 『빅 히스토리: 한 권으로 읽는 모든 것의 역사』(서울: 해나무, 2013); 데이비드 크리스천/윤신영 외 역, 『빅 히스토리: 138억 년 거대사 대백과사전』(서울: 사이언스북스, 2017).

조상인 호모 사피엔스(Homo Sapiens)가 동아프리카에 살았던 것으로 추정한다. 인간(호모 사피엔스 사피엔스)은 10만 년 전에 나타났다. 인간은 약 5만 년 전에 아프리카를 벗어나 유라시아 대륙으로 진출했으며 다른 고대인들과의 생존경쟁에서 살아남아 번성하여 오늘날까지 지구를 지배하고 있다. 유발 하라리(Yuval Noah Harari)에 따르면 약 7만 년 전에 인간에게 인지혁명이 일어났다. 유전자 돌연변이에 의한 인지혁명으로 인해 인간은 언어를 사용하여 의사를 소통하고 다른 동물과는 구별되는 사회와 역사를 형성하게 되었다.[2] 1만 년 전에는 중동의 비옥한 초승달 지대에서 농업혁명이 시작되었다. 수렵·채집 시대에 5백만 명이었던 인류는 기원후 1년에 2억 명으로 그리고 오늘날에는 67.3억 명으로 증가하였다.[3]

그러나 지구에서 생명의 역사는 멸종의 역사이기도 하다.[4] 지구가 탄생하고 지구상에 생명체가 살기 시작한 이래 지구에 처음 나타났던 종 중에 지금까지 살아남은 종은 1,000분의 1밖에 되지 않으며, 99.9%가 멸종되었다.[5] 지구의 생명체들은 매년 5만 종 가까이 멸종하고 있으며, 그 속도는 점점 더 빨라지고 있다. 중요한 사실은 인간의 무분별한 남획과 환경파괴로 인한 기후변화 등으로 많은 생명체 종이 멸종되고 있다는 점이다. 인간은 지구상에 처음 등장한 이래 다른 종들과의 경쟁에서 승리하고 자연을 정복함으로써 오늘날의 번영된 문명을 이루었다. 18세기에는

---

2 유발 하라리/조현욱 역, 『사피엔스』(서울: 김영사, 2015), 19, 42-44, 65.

3 United States Census Bureau, *Historical Estimates of World Population* (table for year 2007), accessed July 25, 2025, https://www.census.gov/data/tables/time-series/demo/international-programs /historical-est-worldpop.html.

4 이에 대해서는 리처드 엘리스/안소연 역, 『멸종의 역사』(서울: 아고라, 2006) 참고.

5 David M. Raup, *Extinction: Bad Genes or Bad Luck?* (New York: W.W. Norton, 1991).

영국에서 증기기관의 발명과 함께 1차 산업혁명이 일어났으며, 19세기에는 전기를 이용한 2차 산업혁명이 일어났고, 20세기에는 3차 산업혁명인 인터넷과 컴퓨터에 의한 정보혁명이 일어났으며, 오늘날에는 생명공학, 인공지능(AI), 로봇공학이 주도하는 4차 산업혁명이 일어나고 있다. 오늘날 인간은 수억 년에 걸쳐 진행된 자연선택의 법칙을 자신이 만든 지적 설계의 법칙으로 대체하고 있다. 그러나 인간이 지금의 삶의 방식을 근본적으로 변화시키지 않는다면, 지구에 출현했다가 멸종된 수많은 종처럼 인간 종도 결국 멸종되고 말 것이라는 경고가 잇따르고 있다.

장기적이고 전 지구적인 차원에서 인간의 실존적 조건에 심대한 영향을 주는 요인들로는 환경파괴로 인한 기후변화, 에너지 생산과 소비의 확대로 인한 천연자원의 고갈, 국내 및 국제 안보, 핵무기 개발 및 핵폐기물 처리, 인구 증가 그리고 과학기술의 급속한 발전 등이 있다. 이와 같은 다양한 요인은 서로 밀접하게 연관되어 있는데, 본문에서는 특히 과학기술의 급속한 발전과 관련하여 인간의 미래에 대해 논의하고자 한다. 18세기에 산업혁명이 일어난 이래 과학기술의 힘으로 자연을 통제 또는 이용하면서 20세기 중반까지 미래는 장밋빛 전망으로 가득 차 있는 것처럼 보였다. 그러나 4차 산업혁명 시대에 들어선 오늘날 과학기술의 급속한 발전은 인간의 조건을 너무도 급격하게 변화시키고 있기에, 미래가 어떻게 전개될지 예측하는 일은 매우 어렵다.

한편으로 과학기술의 눈부신 발전은 테크노피아의 미래를 약속하는 것처럼 보인다. 과학혁명 이후 지난 5백 년 동안 경제는 기하급수적으로 성장했다. 오늘날 인류는 과거에는 상상할 수 없었던 엄청난 부를 누리고 있다. 영국이 나폴레옹과 전쟁 중이던 200여 년 전 아동의 주당 노동시간은 평균 80시간에 달했으며, 콜레라는 영국에서 독감보다 흔한 병이었다.

지난 2세기 동안 비약적으로 발전한 의과학 덕분에 유아 사망률은 80~90%
떨어졌고, 전염병도 줄어들었으며, 인간의 수명도 최소 25년 이상 늘어나
이른바 백세시대를 눈앞에 두고 있다.6 이러한 변화는 현대 의학이 인간의
행복 증대에 크게 기여했음을 보여준다. 인터넷과 스마트폰 등의 발달로
언제 어디서나 자유롭게 통신망에 접속해 정보를 주고받을 수 있는 유비쿼
터스적 글로벌 네트워크 시대가 열리고 있다. 지난 수십 년간 눈부신
과학기술의 발전으로 인간 조건이 여러 방면에서 실질적인 진보를 이룬
것은 사실이다.

그러나 다른 한편으로 과학기술의 발전은 인간의 미래에 매우 암울한
그림자를 드리우고 있다. 생명과학, AI, 로봇 기술이 주도하는 오늘날의
4차 산업혁명 시대에는 일자리 감소로 인한 실업 문제가 가장 큰 사회문제
로 떠오르고 있다.7 이 실업은 경기가 살아나도 회복될 수 없는 구조적인
실업이다. 미리 입력된 프로그램에 따라 기계가 수동적으로 움직이는
3차 산업혁명 시대와 달리, 4차 산업혁명 시대에는 AI가 상황에 따라
능동적으로 작업 방식을 결정한다. 따라서 과거의 과학기술이 비교적
단순한 인간의 노동력을 대신했다면, AI는 고도의 지적 능력이 요구되는
전문 직종의 일을 대체할 수 있다. 실업 외에도 많은 문제들이 있다.

---

6 제이콥 브로노우스키/임경순 역, 『과학과 인간의 미래』 (서울: 김영사, 2011), 20.

7 세계경제포럼(World Economic Forum)은 2016년에 발간한 「일자리의 미래」(*The
Future of Jobs*)에서 AI, 로봇기술, 생명과학 등이 주도하는 4차 산업혁명으로 인해 2020
년까지 총 710만 개 일자리가 사라질 것으로 전망했다. 신기술이 새롭게 만들어 낼 일자
리는 210만 개로, 현재 일자리 가운데 500만 개 정도가 사라질 것으로 예상했다. 사라지
는 700만 개 일자리 대부분은 사무직 및 관리 직종이다. 재능과 기술을 가진 사람과 이를
적극적으로 발굴하고 창조하는 기업은 빠른 속도로 성장하지만, 그렇지 못한 개인과 기
업은 도태될 것이다. https://www.weforum.org/events/world-economic-forum-
annual-meeting-2016.

산업화에 의한 환경파괴와 온난화로 인해 지구 전체의 생태계가 교란되고 기상이변과 자연재해가 속출하고 있다. 과연 인간의 삶의 질이 개선되고 있는 것인지 그리고 앞으로 더 개선될 것인지, 과연 현대인이 옛날 사람들보다 행복한지 그리고 앞으로 더 행복해질 것인지 분명치 않다.

우주의 형성과 진화의 시간을 압축시켜 지구가 1년 전에 형성되었다고 가정하면, 호모 사피엔스는 12분 전에 등장했으며, 농경문화는 1분 전쯤에 시작되었고, 산업혁명이 시작된 것은 지금부터 2초도 되지 않는다. 전자 컴퓨터는 0.4초 전에 발명되었으며, 인터넷의 출현은 채 0.1초가 되지 않는다.[8] 그러나 지난 1초 미만의 찰나의 순간에 이루어지고 있는 과학기술의 급속한 발전이 오랜 진화 과정을 통해 형성된 인간의 조건을 급격하게 변화시키고 있다. 과학기술과 관련한 인간의 미래에 대한 논의의 핵심은 인간 조건의 근본적인 특징들이 앞으로 계속 유지될 것인가, 아니면 변할 것인가 그리고 변한다고 한다면 어떻게 변할 것인가 하는 것이다. 많은 미래학자가 지금과 같은 속도로 기술이 발달할 경우, 호모 사피엔스가 다른 존재로 대체되는 시대가 곧 올 것으로 전망한다. 다시 말하면 그들은 인간이 지수적으로 증가하는 과학기술의 힘으로 자신의 한계를 초월하여 포스트 휴먼을 향해 스스로 진화해 갈 것으로 예측한다. 그러나 과학혁명은 역사의 종말을 초래하거나 완전히 다른 새로운 시작을 가져올지도 모른다. 인간 문명은 계속 발전하여 미래에 태양계와 은하계를 식민지화할 수 있을 것인가? 아니면 인간이 만든 과학기술에 의해 인간 문명이 파괴되고 인간 자신이 멸종에 이르게 될 것인가?

---

8 Nick Bostrom, "The Future of Humanity," in *New Waves in Philosophy of Technology*, eds. Jan-Kyrre Berg Olsen, Evan Selinger, and Soren Riis (New York: Palgrave McMillan, 2009), 193.

III. 인간의 미래에 관한 닉 보스트롬의 네 가지 시나리오

미래학자 닉 보스트롬(Nick Bostrom)[9]은 인간의 미래에 관한 시나리오를 네 가지 유형으로 제시한다.[10] 이 네 가지 시나리오는 멸종, 반복되는 붕괴, 안정, 포스트 휴먼으로서, 이를 하나씩 살펴보고자 한다.

1. 멸종

인간 종은 영원히 존속할 수 없으며 언젠가는 종말을 맞게 될 것이다. 이미 언급한 바와 같이 지구상에 존재했던 종들의 99.9%는 이미 멸종했다. 보스트롬은 인간 종이 멸종하는 방식을 두 가지로 구별한다. 하나는 더 이상 호모 사피엔스라고 부를 수 없을 만큼 새로운 종이나 생명 형태로 진화·발전·변화하는 것이며, 다른 하나는 아무런 대체나 지속 없이 단지 사멸하는 것이다. 변화된 형태로 지속되는 인간 종도 결국은 종말을 맞을 것이다. 따라서 첫 번째 유형은 종국적으로 두 번째 유형과 만난다. 첫 번째 시나리오에서는 두 가지 종말의 유형 가운데 두 번째 유형, 즉 미래에 일어날 직접적인 형태의 멸종에 초점을 맞춘다.[11]

---

9 닉 보스트롬은 스웨덴 태생 철학자이자 옥스퍼드 대학교수로서, '인류미래연구소'(The Future of Humanity Institute)를 창립하고 이끌고 있다.

10 Bostrom, "The Future of Humanity," 194-215.

11 보스트롬은 미래에 실존적 재앙이 일어날 확률이 25% 이상이라고 예측한다. 그에게 있어서 실존적 재앙이란 멸종과는 구별되는 개념으로, 지구상의 지적 생명체의 전멸이나 미래의 발전을 위한 잠재성의 급격하고 영구적인 축소를 초래하는 것이다. Nick Bostrom, "Existential Risks: Analyzing Human Extinction Scenarios and Related Hazards," *Journal of Evolution and Technology* 9 (2002), https://nickbostrom.com/existential/risks.html.

보스트롬은 가장 큰 멸종 위험이 천재지변보다 인간의 행위에 의해 초래될 것으로 본다. 즉, 오늘날 가장 심각한 실존적 위험은 예상되는 과학기술의 발전으로부터 비롯된다.[12] 예를 들면 생명공학의 발전은 치사성과 전염성이 매우 강한 새로운 바이러스를 만들어 낼 수 있으며, 초지능 로봇은 인간의 미래를 결정할 수 있다. 핵보유국 간의 전면적인 핵전쟁은 인류의 완전한 멸종까지는 아니더라도 전 지구적 재난을 초래할 것이다. 보스트롬은 실존적 재앙과 '단순한' 지구적 문명의 붕괴를 구별한다. 그에 따르면 전자는 회복이 불가능한 반면, 후자는 회복이 가능하다. 그리고 후자는 우리를 두 번째 시나리오로 인도한다.

2. 반복되는 붕괴

오늘날 환경의 위협은 핵의 위협을 대체하는 것처럼 보인다. 인간의 과소비로 인한 자원 낭비와 환경오염에 의해 인간 문명의 붕괴가 초래될 수 있다. 그리고 대기 중에 축적된 이산화탄소와 온실가스에 의한 지구 기후의 온난화와 바다 수면의 상승은 인간 문명에 큰 위협이 될 것이다.[13] 보스트롬은 두 가지 유형의 사회 붕괴를 구별한다. 첫 번째는 개별적

---

12 물론 과학기술은 실존적 위험을 완화하는 데 도움을 줄 수도 있다.

13 유엔의 IPCC(Intergovernmental Panel on Climate Change)는 금세기 말까지 지구의 평균 기온은 1.8°C(낮은 모델) 또는 4.0°C(높은 모델) 상승하고, 이에 따라 바다 수면은 각각 18~38cm 또는 26~59cm 상승할 것으로 예측했다. Susan Solomon, Dahe Qin, Martin Manning et al., *Climate Change 2007: The Physical Science Basis. Contribution of the Working Group I to the Fourth Assessment Report of the Intergovernmental Panel on Climate Change* (Cambridge: Cambridge University Press, 2007), 750.

사회의 지역적 붕괴로서, 다른 사회가 살아남아 붕괴된 사회의 뒤를 잇기 때문에 이 붕괴는 인류 전체의 미래에 결정적인 영향을 주지는 못한다. 두 번째는 핵전쟁, 지구 환경의 격변과 같은 새로운 위협과 지구화 등으로 인한 전 지구적 사회의 붕괴로서, 실존적 재앙을 의미한다. 그러나 만일 인간 종이 살아남을 수만 있다면, 결국은 다시 새로운 과학기술 문명이 재건될 것이다. 이 새로운 문명의 미래에는 다시금 두 가지 가능성이 놓여 있다. 하나는 붕괴를 피하는 것이며(이 경우는 안정 또는 포스트 휴먼이 가능하다), 다른 하나는 다시금 붕괴하고 순환이 반복되는 것이다(그러나 붕괴가 멸종을 초래할 수도 있다).

반복되는 붕괴 시나리오는 문명의 수준을 상대적으로 좁은 간격의 범위 안에 유지하는, 주의 깊게 조정된 항상성 메커니즘을 요구한다. 그러나 오랜 세월 후에 인간 문명은 마침내 이 조정된 진동 궤도를 벗어나 영원한 멸종 또는 지속 가능한 안정된 문명 혹은 새로운 포스트 휴먼의 시나리오로 나아갈 수 있다. 이 셋 중 두 번째 시나리오가 안정이다.

3. 안정

안정 시나리오에서는 두 가지 궤도가 가능하다. 첫 번째는 성장 이후에 영구적인 안정이 뒤따른 것이며, 두 번째는 현재의 상태에 정체되는 것이다. 보스트롬에 따르면 오늘날 급속한 변화가 일어나고 있기 때문에 두 번째 궤도는 불가능하다. 지난 여섯 세대 동안 일어난 변화는 인류가 지난 5천 년 동안 경험했던 변화보다 더 빠르고 심대하다.[14] 현재의 상태에

---

14 Vaclav Smil, *Transforming the Twentieth Century: Technical Innovations and*

정체될 것이라는 견해는 이러한 오늘날의 변화 흐름에 정면으로 위배된다. 과학기술의 진보는 인간에게 새로운 능력을 가져다줄 것이다. 가상현실 환경은 우리의 경험을 확장할 것이다. 노쇠의 생화학적 과정을 통제할 수 있게 되면 건강한 수명이 엄청나게 늘어날 것이다. 주관적 행복감을 담당하는 뇌 회로를 제어하는 방법이 발견되면 모든 사람이 손쉽게 행복해 질 수 있을 것이다. 신경과학 기술에 의한 인지적 향상은 인간의 지적 삶을 심화시킬 것이다. 나노기술은 제조업, 의료, 컴퓨터 연산에 광범위한 파급효과를 가져올 것이다. 이와 같은 과학기술 가운데 일부는 실현하기 어려울 수도 있다. 그러나 그것들도 궁극적으로 실현 불가능한 것은 아니다.

안정 시나리오의 첫 번째 궤도는 과학기술이 현재의 수준을 넘어 상당한 정도로 발전한 후에 인간 조건에 근본적인 변화가 오기 전 단계에서 안정되는 것이다. 여기서 제기되는 물음은 "과연 무엇이 바로 그 단계에서 과학기술의 발전을 안정시킬 수 있는가?"이다. 보스트롬은 이 물음에 대한 가능한 답변들을 소개한다.15 그러나 그는 포스트모던적 조건을 가능케 하는 모든 과학기술(생명공학, 나노기술, AI 등)이 극복할 수 없는 한계의 벽에 부딪혀 안정화될 것이라는 견해를 받아들이지 않는다. 물론 인간 조건의 어떤 측면들은 계속 유지될 것이다. 그러나 전체적으로 안정 시나리오는 현실적으로 가능한 시나리오가 아니다. 보스트롬은 지구상의 지능 생명체 로서 인간은 미래에 결국 인간의 조건을 넘어설 것으로 예측한다.

Their Consequences (Oxford: Oxford University Press, 2006), 311.

15 첫째는 근본적인 자연법칙에 의해 부과되는 한계 때문에 이 수준을 넘어서는 발전은 불가능하다는 것이다. 둘째는 이론적으로는 가능하지만, 포스트 휴먼의 조건이 도달하 기에 너무 어렵다는 것이다. 셋째는 포스트 휴먼의 조건이 이론적·실제적으로 가능하지 만, 인간이 어떤 수준 이상의 과학기술 발전을 추구하지 않기로 결정할 수 있다는 것이다. Bostrom, "The Future of Humanity," 201-203.

4. 포스트 휴먼

보스트롬에 따르면 포스트 휴먼 조건은 적어도 다음 중 하나 이상을 충족시키는 것이어야 한다.[16] 1) 1조 이상의 인구, 2) 500년 이상의 기대 수명, 3) 인구의 상당 부분이 현재 인간의 최대치보다 2 표준편차 이상의 인지능력 소유, 4) 인간 대다수가 거의 모든 시간에 거의 완전한 감각 입력에 대한 통제력을 가짐, 5) 인간이 심리적으로 고통받는 일이 거의 없음, 6) 앞의 조건들 어느 하나에 비교할 만한 큰 규모 또는 심도의 변화이다. 이 조건들은 포스트 휴먼 조건이 단지 인간 본성에 대한 직접적인 변경이 아니라 생물학적 증진과 같은 요인에 의한 인간 조건의 심대한 변화를 포함하는 과학기술 또는 경제적 발전의 차원과 연관됨을 보여준다.

포스트 휴먼 시나리오에는 두 가지 궤도가 있다. 하나는 느린 속도의 점진적인 성장을 통해 충분한 기간 후에 포스트 휴먼의 차원 또는 그 이상으로 발전하는 것이다. 다른 하나는 극단적으로 빠른 속도로 전개되는 성장기에 인간이 급작스럽게(수십 년 안에) 포스트 휴먼 조건으로 이행하는 것이다. 이 후자는 '특이점 가설'(singularity hypothesis)이라고 불린다. 포스트 휴먼으로 가는 길에는 기계나 컴퓨터 네트워크의 인공지능화, 컴퓨터-인간 인터페이스 그리고 인간 지능의 생물학적 개선 등이 있다.

특이점 가설을 평가하기 위해서는 지능 증진을 위한 어떤 종류의 개입이 실행 가능한지 그리고 이 개입에 어떤 난관이 있는지 주의 깊게 숙고해야 한다. 특이점이 현실화되기 위해서는 차후의 개선에 있어서 지능의 성장이 난관의 증대를 앞질러야 한다. 지능의 성장을 위한 효과적인

---

16 Ibid., 204.

방법은 인간의 뇌를 스캔하여 슈퍼컴퓨터에 업로드하는 것이다. 이를 통해 인간의 정신은 로봇의 몸이나 가상현실 속에 거주할 수 있다. 업로드된 정신에 대한 복제가 빠른 속도로 이루어질 수 있다. 복제된 정신은 본래의 정신이 가졌던 모든 지식과 기술을 똑같이 소유한다. 업로드된 정신의 복제는 고도의 숙련된 노동자를 기하급수적으로 증대시킬 수 있다.[17] 보스트롬은 미래에 언젠가는 업로드가 기술적으로 실행 가능하게 될 것으로 생각한다. 그리고 그는 업로드가 가능하다면 지능의 폭발적 증대에 의한 특이점 가설이 현실화될 수 있으며, 따라서 포스트 휴먼 시나리오도 실현 가능하다고 본다.

보스트롬의 인간 미래 시나리오 요약표를 만들면 아래와 같다.

시나리오 유형	핵심 개념	주요 내용 요약
멸종 (Extinction)	인류의 실존적 소멸	◦ 인류는 언젠가 멸종할 수밖에 없음 ◦ 두 유형: 1. 새로운 존재로 진화, 2. 아무 대체 없이 소멸 ◦ 주요 위협: 생명공학, 초지능 AI, 핵전쟁 등 ◦ 보스트롬은 실존적 재앙 확률을 25% 이상으로 평가
반복되는 붕괴 (Repeated Collapse)	문명의 순환적 붕괴와 재건	◦ 환경오염, 기후변화, 자원 고갈, 핵전쟁 등에 의한 문명 붕괴 ◦ 국지적 붕괴는 회복 가능, 전 지구적 붕괴는 실존적 재앙 가능 ◦ 기술 문명이 재건되더라도 재붕괴 위험 존재 ◦ 장기적으로는 멸종, 안정 또는 포스트 휴먼으로 진입 가능

---

17 Robin Hanson, "What If Uploads Come First: The Crack of a Future Dawn," *Extropy* 6, no. 2 (1994).

안정(Stability)	기술 발전 이후 정체 또는 평형 상태	◦ 급속한 과학기술 발전 이후 정체되거나 균형을 이루는 상태 ◦ 현실에서 정체는 불가능에 가까움 ◦ 정체 이유: 물리적 한계, 기술적 어려움, 자발적 포기 ◦ 전체적으로는 가능성이 낮은 시나리오로 평가
포스트 휴먼 (Post human)	인간 조건의 초월과 진화	◦ 포스트 휴먼 조건: 1조 인구, 500년 수명, 고도 인지능력, 고통 없음 등 ◦ 두 궤도: 1. 점진적 성장, 2. 급진적 특이점(singularity) 도약 ◦ 특이점: 지능 폭발, 인간 정신 업로드, 고속 복제 ◦ 보스트롬은 포스트 휴먼 도래 가능성을 매우 높게 봄

5. 인간의 미래에 대한 보다 더 장기적인 관점에서의 전망

보스트롬은 먼 미래로 갈수록 과학기술 문명이 인간 조건의 범주 안에 머물러 있을 가능성은 점점 더 희박해진다고 본다. 멸종 시나리오는 시간의 연장에 의한 영향을 가장 적게 받을 것이다. 즉, 시간이 지날수록 멸종 확률은 증대된다. 그러나 지금 세기와 앞으로의 몇 세기가 인간의 운명에 결정적으로 중요한 기간이다. 만일 우리가 이 기간을 잘 헤쳐 나간다면 인류 문명의 기대 수명은 고도로 높아질 수 있다. 예를 들면 인간 또는 포스트 휴먼 문명이 우주의 여러 행성에 세워짐으로써 멸종의 위험이 감소할 수도 있다. 과학기술 문명이 비교적 좁은 발전의 테두리 안에서 진동하는 것을 전제하는 반복되는 붕괴 시나리오는 고려되는 시간이 길어질수록 점점 더 유지되기 어려워진다. 즉, 인간 문명은 포스트 휴먼의 차원으로 올라가거나 아니면 멸종의 차원으로 떨어질 가능성이 높다. 시간이 길어질수록 안정 시나리오도 반복되는 붕괴 시나리오와 마찬가지 이유로 점점 더 유지되기 어려워진다. 즉, 시간이 길어질수록 과학기술의 발전이 좁은 범위 안에 머물러 있을 확률이 줄어든다. 막강한 감시와 통제의 힘을 지닌 안정된 정치체계가 등장해서 기존 질서를 유지하기로 (영구적으로) 선택하는 것만이 이 시나리오의 유일한 실현 가능성이다. 시간이 장기화될수록 포스트 휴먼 시나리오의 확률은 증가한다. 그러나 포스트 휴먼 조건은 다시 인간 조건으로 되돌아갈 가능성도 있다.

인간의 미래에 관한 네 가지 시나리오 가운데 오늘날 미래학자들이 큰 관심을 갖고 집중적으로 논의하는 것은 포스트 휴먼 시나리오이다. 다음 절에서는 가장 유명한 미래학자들 중 한 사람인 레이 커즈와일(Ray Kurzweil)을 중심으로 포스트휴머니즘에 관해 고찰하고자 한다.

IV. 포스트휴머니즘 — 레이 커즈와일을 중심으로

포스트 휴먼이란 현생 인류인 호모 사피엔스, 즉 인간 종이 철저히 변화되어 인간 이후의 상태가 된 존재를 가리킨다. 그리고 이를 긍정하고 지향하는 사조 또는 운동이 포스트휴머니즘이다.[18] 근대의 과학기술이 자연의 본성을 변화시키기 위한 것이라기보다 개선하기 위한 것이라면, 포스트 휴먼적 과학기술은 자연과 인간 자신의 본성 자체를 변화시키고자 한다.

오늘날 포스트휴머니즘적 과학기술이 추구하는 자발적 진화 과정은

---

18 윤철호, 『인간: 인간의 본성과 운명에 관한 학제간 대화』(서울: 새물결플러스, 2017), 567.

세 가지 공학, 즉 생명공학, 사이보그 공학, 비유기물 공학에 의해 이루어진
다. 이와 관련하여 미래에 출현하게 될 포스트 휴먼의 유형은 다음 세
가지로 이해 가능하다. 첫 번째는 생명공학에 의해 출현하게 될 복제
인간이다. 복제 인간은 생물학적으로 여전히 인간과 같은 존재이지만,
인간에 의해 의도적으로 창조되었다는 점에서 포스트 휴먼의 범주에
포함될 수 있다. 두 번째 유형의 포스트 휴먼은 사이보그 공학에 의해
출현하게 될 기계화된 인간이다. 즉, 생체의 일부가 보철술에 의해 기계로
개조되거나 기계와 결합된 사이보그(cyborg), 즉 인조인간이 사이보그
공학에 의해 이미 만들어지고 있으며 앞으로 만들어질 것이다. 세 번째
유형의 포스트 휴먼은 비유기물 공학에 의해 출현할 AI 컴퓨터나 로봇과
같은 인간화된 기계이다. 이 포스트 휴먼은 더 이상 생물학적 신체를
갖지 않고 정신이 컴퓨터에 저장된 정보로서만 존재하는 가상현실적
존재이다. 레이 커즈와일은 미래에 인간의 정신을 구성하는 데이터가
컴퓨터에 스캔·복사·업로드되고, 정신을 구성하는 정보가 다양한 로봇
또는 가상의 기층에 다운로드될 수 있을 것으로 전망한다.

　　커즈와일은 『특이점이 온다』(2005)에서 특이점이 임박했다고 본다.
특이점은 기술이 인간을 초월하는 시점, 즉 "미래의 기술 변화의 속도가
매우 빨라지고 그 영향이 매우 깊어서 인간의 생활이 되돌릴 수 없도록
변화되는 시기"를 가리킨다.[19] 그는 21세기에 유전학, 나노기술, 로봇공학

---

19 커즈와일은 특이점의 원리를 다음과 같이 제시한다. 1) 패러다임 전환(기술혁신) 속도가
　　가속됨, 2) 정보기술의 힘이 기하급수적으로 증가함(현재는 1년에 두 배씩 증가함),
　　3) 인간 뇌 스캔 기술이 기하급수적으로 발전함, 4) 2020년대 말에 인간 지능을 완벽히
　　모방하는 컴퓨터가 만들어짐, 5) 기계 지능이 스스로 피드백하여 능력을 향상시킴. 자신
　　의 설계를 개선하는 주기가 점점 빨라짐, 6) 발전된 나노기술이 분자 수준의 물리적
　　실체를 만들어 냄, 7) 나노기술로 분자 크기의 나노봇을 만들어 냄, 8) 뇌의 모세혈관에

세 분야에서 단계적으로 혁명이 발생할 것으로 예측한다. 현재는 유전학 혁명의 초기 단계이다. 2020년경에는 전자기술 대부분, 기계 기술 대다수가 나노기술의 영역에 들어설 것이다. (현재는 유전학 혁명이 본격화되는 단계에 있다. 2020년대를 지나며 나노기술은 이미 전자기술과 기계 기술 전반에 깊숙이 적용되기 시작했으며, 이러한 융합은 앞으로 더욱 가속화될 것이다.) 2040년대에 인간은 문명의 축적된 지식을 연산 플랫폼에 모두 통합할 수 있을 것이며, 2045년까지 인간의 생물학적 한계를 넘어선 수명 연장이 실현되고 인간과 같은 지능을 지닌 AI가 등장하게 됨으로써 특이점이 도래할 것이다. 커즈와일은 인간의 지능을 뛰어넘는 AI가 인류의 역사에 신기원적인 특이점을 형성하고 본격적인 포스트 휴먼 시대를 열 것으로 전망한다.

커즈와일이 이해하는 포스트 휴먼의 가장 중요한 특징은 불멸성이다. 생명공학은 인간의 수명을 연장하고, 나노기술은 모든 의학적 사망 원인을 극복할 수 있다. 포스트 휴먼의 불멸성은 인간이 생물학적 차원과 비생물학적 차원이 융합된 존재가 됨으로써 그리고 나노봇으로 대표되는 로봇공학의 발전에 의해 비생물학적 존재가 됨으로써 가능하다. 포스트 휴먼은 자신의 뇌를 스캔하여 인성의 주요한 패턴들을 연산 플랫폼에 백업함으로써 불멸의 길로 들어선다. 마음 파일을 잘 관리하고 자주 백업을 만들어두고 최신 하드웨어로 옮겨준다면 불멸을 성취할 수 있다.[20] 커즈와일은 미래의 비생물학적 개체들이 인간과 같은 수준의 의식과 지능과 감정을 갖게

이식된 수십억 개의 나노봇이 인간의 지능을 크게 확장함, 9) 뇌 속에 기반을 구축한 기계 지능은 매년 2배 이상 강력해지고 기하급수적으로 성장함, 10) 궁극적으로 온 우주가 우리의 지능으로 포화됨. 레이 커즈와일/김명남·장시형 역, 『특이점이 온다』(서울: 김영사, 2007), 23, 46-52.

20 앞의 책, 446-449.

될 것이라고 주장한다.

물론 커즈와일도 포스트 휴먼 과학기술의 위험을 인식한다. 유전학 혁명은 생물학 바이러스 무기라는 새로운 위협을 초래할 것이다. 나노기술 혁명은 생물학적 개체들보다 수천 배 강하고, 빠르고, 지적인 나노봇의 자기 복제를 통제하지 못함으로 인해 위험을 겪을 것이다. 그러나 커즈와일은 이러한 위험들이 과학기술의 진보로 해결될 것으로 전망한다. 가장 심각한 위험은 인간의 수준을 뛰어넘은 AI가 바람직하지 못한 방향으로 발전될 때 초래될 것이다. 커즈와일은 AI 로봇공학 분야에서 취할 수 있는 최고의 전략은 미래의 비생물학적 지능이 자유, 관용, 지식과 다양성에 대한 존중 등 인간적 가치를 최대한 따르게 하는 것이며, 그것을 이루는 최고의 방법은 현재와 미래의 인간 사회에서 그 가치들을 극대화하도록 노력하는 것이라고 주장한다.[21] 그는 한편으로는 급변하는 과학기술을 인류의 소중한 가치들을 진작시키는 데 사용하면서, 다른 한편으로는 방어 능력을 키워가는 수밖에 없다고 강조한다.

커즈와일은 『특이점이 온다』 이후 20년 뒤에 저술한 『마침내 특이점이 시작된다』(2004)[22]에서 AI, 생명공학, 나노기술의 발전 궤적과 그것이 인간 정체성, 의식, 죽음과 어떻게 교차하는지에 대한 예측을 업데이트한다. 그는 특이점을 나노 기술로 우리 뇌를 클라우드의 가상 신경세포층으로 확장함으로써 생물학적 지능과 비생물학적 지능이 융합하며, 지능과 의식이 현재 우리의 시각으로는 상상하기 어려운 방식으로 확장되는 미래 시점으로 다시금 정의한다. "이러한 방식으로 우리는 AI와 융합하고,

---

21 앞의 책, 591.

22 레이 커즈와일/이충호 역, 『마침내 특이점이 시작된다: 인류와 AI가 결합하는 순간』
(서울: 비즈니스북스, 2025).

생물학이 제공한 계산 능력의 수백만 배를 통해 우리 자신을 보강할 것이다. 이는 우리의 지능과 의식을 너무나 깊이 확장시켜 이해하기조차 어려울 것이다. 이것이 내가 말하는 특이점이다."[23]

커즈와일은 자신의 초기 예측 상당수가 여전히 유효하며 기술 발전의 가속화로 인해 특이점 인접 현상들이 더욱 임박해 보인다고 주장한다. 그는 주요 시점(특히 2029년 AGI, 2045년 기계와의 융합)을 재확인한다. 그의 핵심 예측과 연표는 다음과 같다.

연도	예측
2029년	범용 인공지능(AGI)이 달성되어 기계가 '인간이 할 수 있는 모든 일'을 할 수 있게 됨
2030년대 초	비생물학적 연산 능력이 인류 전체 두뇌의 연산 능력을 초과. 신경 인터페이스, 의학·나노기술을 통한 수명 연장으로 '장수 탈출 속도'에 도달
2045년	인류는 기계와 깊이 융합하여 지능이 수백만 배로 증대되고, 특이점이 완전히 실현됨

커즈와일은 인공지능, 나노기술, 생명공학이 발전하면서 사람의 뇌와 신체가 점점 기계적 보조장치와 통합되고, 결국 완전히 디지털화되거나 생체+기계 하이브리드로 진화하며, 생물학적 인간과 구별이 거의 불가능한 새로운 존재로 나타난다고 주장한다. 이러한 존재를 커즈와일은 '레플리컨트'(replicant)라고 부른다. 레플리컨트는 생물학적 인간과 기술적 인공물의 경계가 사라진 존재, 즉 인간과 기계가 합쳐져 탄생한, 인간의 한계를 넘어선 새로운 인류형 존재다. 커즈와일은 2040년대 초가 되면 나노봇이 살아있는 사람의 뇌로 들어가 그 사람의 기억과 개성을 형성하는 모든 데이터를 복제해 '두 번째 나'를 만들 수 있을 것으로 예상한다. "살아

---

23 앞의 책, 19-20.

있는 뇌의 콘텐츠를 비생물학적 매체로 직접 복제하는 단계에서는 단순히 시뮬레이션 된 레플리컨트로부터 실제 '마음 업로딩'(whole brain emulation) 과정으로 옮겨간다."[24] 이것이 포스트휴머니즘이 실현되는 특이점이다.

『마침내 특이점이 시작된다』에서 커즈와일의 중심 주제와 논지는 다음과 같다. 1) 인간과 기계의 융합이다. 인간의 두뇌는 점점 기계 지능으로 보강되며, 분자 수준 인터페이스(나노봇 등)를 통해 클라우드 및 비생물학적 기반과 직접 연결될 것이다. 이는 단순한 도구 사용이 아니라 정체성, 의식, 인지가 비생물학적 지능과 깊이 얽히는 통합을 의미한다. 2) 수명 연장과 불멸이다. 생명공학과 나노기술은 노화, 질병, 신체적 한계를 점점 극복할 것이다. 2030년대에 의학적 진보가 생물학적 쇠퇴를 앞지르는 '장수 탈출 속도'에 도달할 것이다. 또한 디지털 복제물이나 아바타는 저장된 데이터와 성격 모델을 통해 개인의 디지털 존재를 부활시켜 일종의 '사후 세계'를 제공할 수 있다. 3) 의식, 정체성, 인간 존재의 의미이다. 비생물학적 지능이 의식, 감정, 도덕성을 주장할 가능성이 크다. 따라서 '생물학적 자아'와 '비생물학적 자아'의 경계가 흐려지고, 자아 개념은 패턴과 정보 기반으로 재구성된다. 4) 사회, 윤리, 위험, AI 남용, 불평등, 일자리 대체, 편향, 허위 정보, 규제 문제 등의 위험도 있다. 비생물학적 지능은 설계된 가치관을 반영하므로, 자유, 관용, 지식 존중과 같은 긍정적 가치가 그 설계를 이끌어야 한다.

이와 같은 커즈와일의 미래 예측에 대해서는 다음과 같은 비판들이 제기될 수 있다. 첫째는 지수적 가정과 과도한 낙관주의이다. 비평가들은

---

24 앞의 책, 152.

커즈와일이 무어의 법칙을 지나치게 확장해 컴퓨팅 파워, 나노기술, 생명공학이 단절 없는 지수적 곡선을 따라 계속 발전할 것이라고 가정하지만, 실제로는 정체와 둔화의 증거가 나타나고 있다고 지적한다. 그는 낙관적인 전망(AI가 인간을 능가, 2030년대 혈류 속 나노봇 등장 등)을 강조하면서 과거에 실패한 예측이나 단절 가능성은 축소한다. 그가 1990~2000년대에 제시한 많은 예측(완전한 가상현실, 뇌 업로드, 노화 치유 등)은 2020년대 현재 실현되지 않았으며, 이는 2045년 '특이점' 가설에 대한 회의를 불러일으킨다. 나노기술과 생명공학이 노화를 치료하고 불멸을 가능하게 할 것이라는 주장은 현재의 노화 연구에서 보여주는 제한적인 수명 연장 효과에 비추어볼 때 지나치게 과장된 것이다.

둘째는 기술적, 물리적 제약이다. 인간의 뇌(또는 그 이상)를 시뮬레이션할 정도로 연산을 확장하려면 근본적인 에너지·열 발산 한계에 직면한다. 칩 소형화와 나노기술의 진전은 둔화되었고 양자 컴퓨팅이나 뉴로모픽 컴퓨팅의 돌파구도 불확실하다. 또한 인간의 뇌를 매핑·업로드·복제하는 것은 단순히 '더 많은 데이터와 더 빠른 칩'의 문제가 아니라 환원 불가능한 복잡성을 수반할 수 있다.

셋째는 의식과 정신에 대한 환원주의적 이해다. 정신은 연산과 동일시될 수 없다. 존 설(John Searle)과 허버트 드레이퍼스(Hubert Dreyfus) 같은 철학자들은 지능과 의식은 알고리즘적 정보처리로 환원될 수 없다고 주장한다. 커즈와일은 AI가 충분한 정밀도로 뇌를 시뮬레이션하면 의식을 가질 것이라고 주장하지만, 의식의 '어려운 문제'(주관적 경험)에 대한 진지한 논의를 거의 하지 않는다. 인간의 의식과 정체성이 단순한 정보 패턴이며 신경 데이터를 기계에 업로드하면 개인적 정체성이 유지된다는 생각은 인간 이해에 대한 근본적인 문제점을 드러낸다.

넷째는 윤리적, 사회적, 정치적 맹점이다. 커즈와일은 지수적 기술 발전을 곧 불가피한 사회 변혁으로 가정하며, 정치·문화·규제적 장벽을 과소평가한다. 또한 그는 불평등한 접근, 디지털 격차, 세계적 불평등 심화의 위험을 경시한다. AI와 나노기술에 대한 그의 낙관론은 닉 보스트롬(Nick Bostrom), 일라이저 유드코프스키(Eliezer Yudkowsky) 등이 강조하는 실존적 위험 시나리오를 경시한다. 프랜시스 후쿠야마(Francis Fukuyama), 존 그레이(John Gray) 같은 학자들은 커즈와일의 특이점 서사를 일종의 유사 종교적 종말론 또는 '실리콘밸리의 세속적 종교'라고 비판한다.[25] 요약하면, 커즈와일은 비전적 상상력과 장기적 사고로는 찬사를 받지만, 과도한 기술 환원주의, 한계 과소평가, 테크노-유토피아적 편향으로 비판 받는다.

V. 포스트휴머니즘에 대한 비판적 반성

18세기에 다윈의 진화론이 출현한 이래 인간의 존엄성이 동물과의

---

25 Francis Fukuyama, *Our Posthuman Future: Consequences of the Biotechnology Revolution* (New York: Farrar, Straus and Giroux, 2002), 218-220. 후쿠야마는 여기서 인간 본성의 변형 가능성과 '포스트 휴먼' 시대 전망을 논하면서, 트랜스휴머니즘과 특이점 논의가 과학적 전망을 넘어 일종의 유사-종교적 종말론을 띤다고 지적한다. John Gray, *The Immortalization Commission: Science and the Strange Quest to Cheat Death* (New York: Farrar, Straus and Giroux, 2011), 특히 142-150. 그레이는 커즈와일과 같은 트랜스휴머니스트들의 주장을 '새로운 세속적 구원 서사'로 규정하며, 종교적 구원의 서사를 과학기술적 형태로 재현한 것이라고 비판한다. John Gray, "The Immortalization Commission," *The Guardian*, January 22, 2011. 가디언 서평 기사에서도 그레이는 커즈와일의 특이점 서사를 '실리콘밸리의 세속적 종교'로 직설적으로 비판한다.

유사성에 의해 위협을 받아왔다면, 포스트휴머니즘적 미래에는 인간의 존엄성이 AI 컴퓨터와 로봇에 의해 위협을 받게 될 것이다. 그러나 진화론에 있어서 인간은 수억 년에 걸친 자연의 진화 과정을 통해 다른 생명체로부터 창발된 존재라면, 포스트휴머니즘에 있어서 포스트 휴먼은 인간이 매우 짧은(자연의 오랜 역사의 관점에서 볼 때) 기간 안에 자신의 과학기술로 창발시킨 존재이다. 기독교 신앙의 관점에서, 자연의 진화 과정 안에 하나님의 창조적 섭리가 있음이 분명한 반면, 포스트 휴먼을 향한 인간의 자발적 진화가 하나님의 창조적 섭리를 따르는 것인지는 매우 불확실하다. 포스트 휴머니즘의 근본적인 문제는 인간이 자연과 인간의 본성을 자신의 의지에 따라 마음대로 변화시킬 수 있는 천연 재료로 간주한다는 사실에 있다.

미래학자들은 포스트휴머니즘의 부정적인 측면을 무시하지는 않지만, 대체로 희망적인 측면을 부각시킨다. 그러나 테크노피아를 향한 포스트휴머니즘의 꿈은 오히려 인간을 파멸과 멸종의 길로 이끌고 갈 위험성이 있음을 기억해야 한다. 포스트휴머니즘의 위험성은 다음 세 가지로 요약될 수 있다.[26]

첫째로 커즈와일의 포스트휴머니즘 이해에서 분명히 나타나는 것과 같은 불멸성의 추구이다. 물론 발전된 생명공학의 힘으로 인간의 건강이 증진되고 기대 수명이 늘어나는 것은 매우 좋은 일이다. 그러나 인간의 생물학적 수명을 무한정 늘리려고 하거나 컴퓨터에 업로드된 정보의 집합체로서의 비생물학적 불멸성을 추구한다면, 그것은 하나님의 창조 질서인 피조물의 유한성을 정면으로 거부하는 것이다. 유한성은 모든 피조물의 본유적 본성이며 인간도 예외가 아니다. 지구상의 피조물에게

---

26 이에 대해서는 윤철호, 『인간』, 583-586 참고.

가장 큰 비극은 죽을 수밖에 없는 유한성에 있지 않고 죽을 수 없는 존재가 된다는 것에 있을지도 모른다. 진정한 의미에서 영원한 생명은 과학기술의 힘으로 인간 수명을 무한히 연장함으로써 얻어지는 것이 결코 아니다.

둘째로 포스트휴머니즘의 문제는 이원론적 인간 이해에 있다. 포스트휴머니스트들은 인간의 뇌를 컴퓨터와 같은 정보처리 장치로 이해한다. 따라서 컴퓨터가 인간의 지적 정보처리 능력과 같은 수준의 능력을 갖게 되면 인간과 같은 존재로 간주될 수 있다고 본다.[27] 이러한 사고는 정신을 육체로부터 독립된 별개의 실체로 간주하는 플라톤적인 이원론적 사고의 재현이다. 이러한 사고에 있어서 인간이 생물학적 몸으로 인해 제한을 받는다는 사실은 극복되어야 할 불행이다. 인격이 순수한 정보로 구성되기 때문에, 포스트 휴먼의 조건은 뇌의 정보를 몸으로부터 분리해 슈퍼컴퓨터에 업로드할 수 있는 능력이다. 생물체의 정신이 물질로부터 분리·복제·이전·저장될 수 있다는 이와 같은 이원론적 사고는 비성서적이다.

셋째, 두 번째 점과 관련하여 미래학자들이 예언하는 포스트 휴먼의 출현은 부분적으로는 실현 가능할 수 있겠지만, 전체적으로는 비현실적인 환상에 가깝다고 할 수 있다. 이것은 단지 속도나 시기의 문제가 아니라 근본적인 한계의 문제이다. 왜냐하면 이들이 예상하는 과학기술의 상당 부분은 실현 불가능한 것으로 드러날 것이기 때문이다. 미래에 인간의 과학기술이 예상할 수 없을 정도로 놀랍게 발전될 것은 사실이지만, 한계가 없는 것은 아니다. 이 한계는 단지 인간 능력의 유한성 때문만이 아니라

---

27 Alan Newell, "Intellectual Issues in the History of Artificial Intelligence," in *The Study of Information: Interdisciplinary Messages*, eds. Fritz Machlup and Una Mansfield (New York: Wiley, 1983).

근본적으로 하나님께서 수립하신 창조 질서의 본성 자체로부터 비롯된다. 물질적 기층으로부터 창발된 정신을 정보의 형태로 그 기층으로부터 온전하게 분리·추출하는 것은 가능한 일이 아니다. 최근의 신경학 연구는 인간의 정신을 뇌 또는 생물학적 몸으로부터 분리하는 것이 불가능하다고 결론을 내렸다.[28] 인간은 심신일체적 존재이다. 즉, 인간의 인격은 단지 몸으로부터 분리되어 사이버 세계 안에 저장될 수 있는 정보가 아니라 몸으로부터 창발되고 또한 동시에 몸 안에 체화된 인격이다.

VI. 결론: 포스트휴머니즘과 기독교

과학기술의 발달로 생활이 편리해지고, 풍요해지고, 복지가 증진된 것은 부인할 수 없는 사실이다. 과학기술은 결코 기독교 신앙의 적이 아니다. 하나님께서 창조하신 자연의 질서와 법칙을 과학으로 밝혀내고 그것을 인간의 삶을 위해 이용하는 기술을 개발하는 것은 하나님의 창조적 섭리와 모순되지 않을 뿐만 아니라, 오히려 하나님의 창조적 섭리를 구현하는 것이다. 그러나 과학기술의 발전으로 인한 인간 조건의 진보 자체가 실제로 인간에게 얼마나 더 가치 있는 삶과 행복을 가져다주었는지는 확실치 않다. 과학기술의 진보는 반드시 그에 상응하는 도덕적, 영적 진보를 동반하지 않으며, 오히려 그 반대일 수도 있다. 과학기술이 급속히 발달했던 지난 세기에 인류는 역사상 가장 참혹한 전쟁과 인종 학살과

---

28 Malcolm Jeeves, ed., *From Cells to Souls-and Beyond: Changing Portraits of Human Nature* (Grand Rapids/Cambridge, UK: Edrdmans, 2004).

테러와 인권 탄압을 경험했다. 부와 권력이 소수에 의해 독점되고 다수가 빈곤과 억압 가운데 고통당하고 있다. 물질적 풍요를 누리는 많은 사람들이 외로움과 공허감을 느끼고 소득에 비례하여 우울증과 자살률이 높아지고 있다. 자연 생태계는 산업화에 의해 오염되고 파괴됨으로써, 수많은 종의 동식물이 멸종되고 기상이변과 자연재해가 속출하고 있다.

과학기술의 발전이 가져올 미래가 파괴적이고 비극적인 현실이 되지 않도록 하기 위해서는 사회적, 국가적, 국제적 차원에서의 적절한 법적, 제도적 규제 장치가 요청된다. 프랜시스 후쿠야마(Francis Fukuyama)는 과학기술의 유해를 방지하기 위해서는 국가의 규제적 힘이 필요하다고 강조한다.[29] 엄청난 기술력과 자본력을 겸비한 기업과 국가가 AI 개발과 그에 따르는 혜택을 독점함으로써, 그러한 힘이 없는 다수의 대중과 국가와의 격차가 더욱 커질 가능성이 있다. 심화되는 격차와 불평등을 완화하기 위해서는 과학기술의 혜택이 그 혜택을 가장 절실하게 필요로 하지만 받기 힘든 사람과 집단에게 우선적으로 주어지도록 하는 법적, 제도적 장치가 마련되어야 한다. 기독교는 이러한 사회적 정의의 구현을 위해 힘써야 한다.

그러나 보다 근본적 기독교의 공적 책임은 자연과 인간에 대한 성서적 창조신학에 근거한 미래의 비전을 제시함으로써 과학기술을 올바른 방향으로 인도하는 것이다. 과학기술의 발전은 하나님의 창조 질서를 벗어나지 않는 한 선하다. 그러나 포스트휴머니즘에는 하나님의 창조 세계로서의 자연과 인간에 대한 이해가 결여되어 있다. 과학기술의 발전을 통한 테크노

---

29 Francis Fukuyama, *Our Posthuman Future: Consequences of the Biotechnology Revolution* (New York: Farrar, Straus and Giroux, 2002), 7-8, 10, 173.

피아의 꿈이 파괴적 디스토피아가 되지 않도록, 기독교는 성서적 창조신학에 근거한 인간의 미래 비전을 제시함으로써 과학기술을 올바른 방향으로 인도해야 한다. 자연과 인간에 관한 성서적 창조신학의 핵심은 무엇인가? 그것은 우연성, 유한성 그리고 인간의 하나님 형상이다.

1. 우연성

오늘날 통합 학문적인 빅 히스토리의 관점에서 밝혀지는 세계관의 가장 근본적인 특징은 우연성과 개방성에 있다. 우주는 최초 빅뱅의 순간에 완성된 것이 아니라 계속되는 창발적 진화의 과정에 있다. 우주의 과정에서는 끊임없이 새로운 미래의 가능성이 현실화된다. 우주는 지금도 빛의 속도로 팽창하고 있다. 시간은 비가역적이며 세계 전체와 모든 개별 사건은 유일회적이다. 동일한 사건이 두 번 일어나지 않는다. 동일 형식의 반복으로 간주되는 사건들은 실제로 우연적 특성을 지닌다. 시간의 비가역성으로 인한 우연성과 차별성으로부터 새로움이 창발한다.

하나님의 창조 질서 안에서 자연법칙과 우연성은 서로 대립하지 않는다. 세계 안에서 자연법칙과 우연성은 함께 작용한다. 판넨베르크의 표현을 빌리면, "법칙 안에서 진행되는 세계의 역사는 규칙과 우연이 상호작용하는 불확정의 체계로서, 우연이 체계를 지배한다."[30] 그에 따르면 우연성이 자연법칙보다 더 근원적이다. 자연에서 발생하는 사건들의 법칙 또는 규칙성의 창발도 우연적인 것이다.[31] 자연법칙 자체가 우연성을 포함하거

---

30 Wolfhart Pannenberg, *Systematic Theology*, vol. 2, trans. Geoffrey W. Bromiley (Grand Rapids: Eerdmans; Edinburgh: T & T Clark, 1994), 114.

31 Ibid., 66-67.

나 전제하고 있다. 자연법칙이 생겨난 우주의 초기조건 자체가 하나님의 자유 안에서의 창조라는 우연성에 기초한다. 하나님이 세계 안에 우연성을 허용하셨다는 것은 세계의 미래가 결정되어 있지 않다는 것을 의미한다. 하나님의 창조 질서는 수십억 년에 걸친 창발적 진화 과정을 포함한다. 즉, 하나님의 창조 질서는 진화 과정의 우연성과 개방성을 포괄한다.

진화 과정의 우연성은 하나님의 목적성과 모순되지 않는다. 성서는 곳곳에서 하나님이 세계의 우연성 안에서 행동하심을 증언한다. 하나님은 자신이 만드신 자연법칙을 통해서 섭리하실 뿐만 아니라 우연성의 영역에서 자연법칙을 위반하심 없이 행동하신다. 하나님은 태초에 세계의 자연법칙을 위한 근본적 프레임(초기 조건)을 결정하실 뿐만 아니라 진화 과정의 창발적 우연성 안에서 행동하심으로써 이 세계를 종말론적 미래의 완성을 향해 이끌어 가신다.

2. 유한성

인간을 포함한 자연 세계의 모든 피조물은 유한한 존재들이다. 유한성은 하나님에 의해 창조된 모든 피조물의 본유적 특성이기 때문에, 극복되어야 할 악이나 곤경이 아니다. 만일 유한성이 악이라면, 인간은 열등한 창조자 하나님의 작품일 것이다.[32] 악은 유한성이 아니라 유한성의 거부에 있다. 인간의 존엄성은 자신의 유한성을 거부하는 데 있는 것이 아니라 유한한 한계를 품위 있게 지키는 데 있다. 인간이 한계를 부정하고 과학기술의 힘으로 불멸성을 쟁취하고자 한다면, 그것은 하나님처럼 되어보고자

---

32 Ibid., 161-174.

했던 아담의 교만을 재현하는 것이다. 인간은 오직 자신의 피조물적 한계를 겸손히 받아들일 때만 하나님과의 인격적 관계 안에서 하나님의 은혜로 영원한 생명을 부여받을 수 있다.

인간의 존재론적 유한성은 인간 이성의 능력의 한계를 포함한다. 인간은 자신의 이성의 힘에 근거한 과학기술의 한계를 알아야 한다. 미래에 과학기술은 인간의 수명을 크게 연장하고 인간의 지능을 뛰어넘는 AI 컴퓨터와 로봇을 만들어 낼 수 있을 것이다. 그러나 인간은 결코 하나님이 창조하신 인간 존재와 유사하거나 인간보다 뛰어난 존재를 만들어 낼 수 없을 것이다. AI는 결코 하나님과 인격적 관계를 가질 수 없을 것이다. AI는 결코 예수 그리스도의 십자가에 나타난 하나님의 무한한 사랑을 공감적으로 이해할 수도 믿을 수도 없을 것이다.

인간은 유한할 뿐만 아니라 죄성, 즉 악을 향한 성향에 사로잡혀 있다. 기독교는 인간 안의 악을 향한 본성적 성향을 원죄 교리로 표현한다. 우리는 이 교리를 최초의 인간 아담의 죄의 유전이라는 결정론적 관점에서 이해했던 기독교 전통의 비관주의적 인간론을 그대로 받아들일 필요는 없다. 그러나 이 교리가 본래 표현하고자 했던 현실주의적 인간 이해를 간과해서는 안 된다.

맥그래스는 원죄 개념이 폭력과 자기 중심성에 대한 유전학적 고찰과 일치한다고 본다.[33] 유전자의 생존 본능은 인간의 생존을 위한 기초이다. 그러나 인간의 인간 됨과 가치는 유전자의 생존 본능을 넘어서는 데 있다. 죄란 인간이 자신의 생존 본능에 매몰되어 이기적인 존재가 되는

---

33 알리스터 맥그래스/오현미 역, 『인간 Great Mystery』 (서울: 복있는사람, 2018), 238-239.

것이다. 인간은 진화 과정에서 다른 동물과 종들을 제압하고 생존경쟁에서 승리함으로써 살아남았다. 그리고 다른 많은 동식물의 멸종과 생태계의 위기를 초래하는, 지구 역사상 가장 파괴적인 종이 되었다. 이와 같은 인간 본성 자체의 근본적 변화가 없다면 급속히 발전하는 과학기술은 인간 자신의 미래에 재앙과 파멸을 초래할 수 있다. 왜냐하면 다른 동식물의 멸종과 생태계의 위기는 곧 인간 자신의 재앙과 파멸을 의미하기 때문이다. 이것이 기독교가 회개를 통한 인간 본성 자체의 근본적인 변화 없이는 인간의 미래에 희망이 없는 이유이다.

3. 인간의 하나님 형상

인간의 존엄성은 본질적으로 인간이 하나님의 형상으로 창조되었다(창 1:27)는 사실에 있다. 인간의 하나님 형상은 인간만이 하나님(그리고 이웃)과 인격적, 영적 관계를 맺을 수 있는 존재라는 사실에 있다. 인간만이 하나님의 부르심에 전인적으로 응답할 수 있다. 인간이 하나님의 형상으로 창조되었다는 성서의 증언과 호모 사피엔스가 진화 과정에서 창발되었다는 과학 이론은 서로 모순될 필요가 없다. 하나님은 자신이 창조하신 자연법칙을 통해 섭리하시며 진화 과정의 창발적 우연성 속에서 행동하시기 때문이다. 인간의 하나님 형상은 처음부터 완성된 상태로 주어진 것이 아니라 완성해야 할 미래의 운명으로 주어졌다. 하나님의 형상으로 창조된 인간은 자기 완결적 존재가 아니라 하나님과 이웃과 세상과의 관계 안에서 끊임없이 자신의 정체성을 형성해 가야 하는 과정적 존재이다. 하나님의 형상으로서 인간의 존엄성과 존재 목적은 과학기술에 의해 생물학적 한계를 넘어서는 것이 아니라 하나님과 타자와 자연과의 관계 안에서 하나님의 형상을 구현하고 하나님에 의해 부여받은 이 세상 안에서의 소명을 다하는 데 있다(창 1:26, 28).

입력된 정보에 기초한 알고리즘에 의해 과제를 수행하는 AI에게[34] 하나님과의 인격적, 영적 관계 능력을 기대하는 것은 상상하기 어렵다. 인간이 그러한 관계 능력을 지닌 AI를 만들 수 있다면, 인간은 하나님과 거의 동등한 능력을 지닌 창조적 존재라고 할 수 있을 것이다. 왜냐하면 그것은 인간의 형상을 반영하는 컴퓨터가 하나님의 형상으로 창조된 인간과 동등한 능력을 소유함을 의미하기 때문이다. 만일 인간이 자기 능력을 과대평가하고 하나님의 형상으로 창조된 자신을 능가하는 새로운 종, 즉 포스트 휴먼을 만들고자 한다면, 그것은 과학기술의 바벨탑을 쌓으려는 시도가 될 것이며, 그 결과는 창조 세계와 인간 자신에게 돌이킬 수 없는 재앙과 파멸이 될 것이다.

---

34 AI가 때로 비알고리즘적처럼 보이는 이유는 결과의 복잡성과 예측 불가능성 때문이다. 하지만 내부적으로는 여전히 알고리즘이다.

제6부

에필로그

제18장 하나님의 계속적 창조와 우연성

18장
하나님의 계속적 창조와 우연성

I. 서론

전통적으로 신학자들과 근대 이래의 과학자들은 '우연성'이란 개념을 인정하지 않았다. '우연성'(우발성, contingency)이란 필연적 인과율에 종속되지 않는 예측 불가능한 일이 일어나는 경우를 의미한다.[1] 1950년대까지 대부분의 물리학자는 뉴턴의 기계론적 역학과 이에 기초한 결정론적 세계관을 받아들였다. 그러므로 고전적 물리학에 우연성을 위한 자리는 없었다. 그러나 위치와 속도가 동시에 확정될 수 없다는 불확정성의 원리를 기초로 한 양자역학이 등장함으로써 과학적 결정론은 힘을 잃었다. 오늘날

---

[1] 불확정성의 원리로 표현되는 양자역학의 세계, 유전자의 돌연변이, 불규칙하고 예측하기 힘든 기후변화와 같은 자연현상 등이 우연성의 영역이라고 할 수 있다. 또한 우연성은 제비뽑기하거나 주사위를 던질 때처럼 결과를 예측할 수 없는 경우를 표현하기 위해 사용될 수도 있다. 그러나 우연성은 단지 아무것이나 다 일어날 수 있다는 것을 의미하지는 않는다. 우연성의 영역에서는 확률적인 예측 또는 계산이 어느 정도 가능하다. 우연성과 법칙은 단지 서로 배타적이거나 대립적인 관계에 있지는 않다. 법칙은 자연에서 일어나는 사건이나 상태의 규칙성에 대한 경험적 관찰에 기초한 과학적 일반화로서 우연성의 토대 위에 수립된다.

의 양자역학에서는 결정론적 물리학이 통하지 않는다. 양자역학은 우연성이 실재의 본유적인 속성임을 밝혀주었다.

다른 한편 고전적 유신론자들은 모든 세계를 통치하는 전지전능한 절대자 하나님을 믿었기에 우연성이란 개념을 거부했다. 온 우주의 과정을 결정하는 하나님의 절대 주권적 통치와 우연성은 양립할 수 없는 개념으로 간주되었다. 우연성이란 불신자의 언어로 여겨졌다. 그러나 오늘날 점점 더 많은 신학자가 양자역학의 비결정론적 실재관과 진화 과정의 우연성 등을 받아들여 비결정성, 우연성, 개방성을 실재의 본유적 성격으로 이해하며, 고전적 유신론에 기초한 결정론적 섭리론 대신 우연성을 하나님의 계속적 창조 행위를 위한 중요한 요소로 간주한다.

이 장에서는 계속적 창조로서 하나님의 섭리와 우연성의 관계에 대해 고찰하고자 한다. 먼저 고전적 유신론의 결정론적 섭리론과 고전 물리학의 결정론적 세계관 그리고 이들의 결합으로 초래되는 이신론에 대해 순서대로 살펴볼 것이다. 그다음에 현대 물리학이 밝혀낸 비결정론적 우연성의 세계관과 오늘날의 창발적 진화론이 밝혀낸 진화 과정의 우연성에 관해 고찰할 것이다. 그리고 난 후에 이와 같은 현대 과학의 비결정론 세계관과 공명할 수 있는 하나님의 섭리 개념을 계속적 창조의 관점에서 제시한 후에 결론을 맺고자 한다.

II. 고전적 유신론의 결정론적 섭리론

서구의 고전적 유신론은 무엇보다 중세의 토마스 아퀴나스에 의해 대표된다. 아퀴나스의 하나님은 아무런 가능태도 지니지 않은 순수 현실태

*(Actus Purus)*로서 완전한 존재다. 즉, 하나님은 완전한 존재로서 아무런 새로운 변화도 경험하지 않는다. 그것은 하나님이 이미 완전한 현실적 존재이시기에 새로운 변화의 가능성을 생각할 수 없기 때문이다. 이러한 하나님의 완전성은 전지전능을 포함한다. 전지전능한 존재로서 하나님은 세상의 모든 일이 자신의 의도와 계획대로 일어나도록 만든다. 그러므로 우연적 사건이란 불가능하다. 개혁교회에서는 우연성이란 개념이 하나님의 (특별) 섭리 안으로 흡수된다. 즉, 어떤 우연적 사건이 일어났다면, 그것은 하나님께서 특별한 섭리 행위를 하셨기 때문이다. 하나님의 섭리를 벗어난 우연적 사건이란 있을 수 없다. 우연성은 하나님의 결정론적 섭리론과 대립하는 개념이다. 칼뱅에 따르면 우연성이란 하나님의 존재와 섭리를 믿지 않는 불신자들의 언어다. 인간이 이해할 수 없는 우연성도 하나님에게는 우연한 일이 아니다. 칼뱅은 "우리는 성서가 가르치는 대로 하나님의 섭리가 운수(fortune)와 우연적인 발생에 반대된다고 생각해야 한다"[2]고 주장했다. 그는 『기독교강요』에서 거듭 하나님의 섭리가 우연성 개념을 거부한다는 사실을 강조했다.

> 하나님은 전능하시다. 이것은 하나님이 행동하실 수 있지만 때때로 행동을 중지하시고 한가하게 앉아계시거나, 아니면 이전에 정해 놓으신 자연 질서를 일반적인 본능에 의해 지속시키기 때문도 아니다. 반대로 그것은 하나님이 섭리에 의해서 하늘과 땅을 다스림에 있어서 모든 만물을 철저하게 지배하기 때문에 아무것도 하나님의 의도(deliberation) 없이는 발생하지 않기 때문이다.[3]

---

2 John Calvin, *Institutes of the Christian Religion*, ed. John T. McNeill, trans. Ford Lewis Battles (Philadelphia: Westminster Press, 1960), 1.16.2.

3 Ibid., 1.16.3.

바실리우스는 운수와 우연성은 이교도의 용어라고 말했다. 경건한 사람의 마음은 이러한 용어들의 의미에 사로잡혀서는 안 된다. 만일 모든 성공이 하나님의 축복에 의한 것이며, 재난과 역경이 하나님의 저주에 의한 것이라면, 인간사에 있어서 운수와 우연성을 위한 자리는 남아 있지 않다.[4]

개혁교회 전통의 하인리히 헤페는 우연성을 하나님의 섭리로 간주하면서 이렇게 말했다. "하나님은 무의식적 존재뿐 아니라 인간의 자유로운 행위도 통제한다. 하나님은 인간의 의지를 완전히 결정한다."[5]

이처럼 고전적 유신론에서 하나님의 섭리는 결정론적이다. 세상의 모든 사건과 인간의 운명은 하나님의 영원한 계획에 따라 결정(예정)된다. 이러한 결정론적 섭리론이 요구되는 이유는 두 가지다. 첫째는 전지전능하신 하나님의 절대주권과 통치를 강조하기 위해서이고, 둘째는 구원에 있어서 하나님의 전적인 은혜와 최종적인 구원의 확실성을 강조하기 위해서이다. 전자는 예정론(선택론)을 낳았으며, 후자는 성도의 견인 교리를 낳았다. 결정론적 섭리론은 본래 좋은 의도에서 비롯된 것이다. 그러나 본래 좋은 의도를 가진 이와 같은 섭리론은 하나님이 우연적 사건을 포함한 세상의 모든 사건과 그 결과를 일방적으로 결정한다고 주장함으로써, 인간의 자율적 주체성과 책임성을 약화하고 모든 악에 대한 책임을 하나님께 돌리는 결과를 초래했다. 바르트는 정통적 개혁신학의 섭리론이 하나님을 모든 것의 원인으로 상정함으로써, 발생한 일이 전부 하나님에 의해 결정된 것이라는 결정론적 숙명론과 크게 다르지 않다고 지적한다.

---

4 Ibid., 1.16.8.
5 하인리히 헤페/이정석 역, 『개혁파 정통 교의학』, vol. 1 (고양: 크리스찬다이제스트, 2000), 395.

그 결과 "자의적(恣意的)인 하나님의 주권적 통치에 대한 반란이 일어났다."6 이와 같은 섭리론은 세상의 모든 재난과 악을 하나님의 저주로 돌림으로써 과연 하나님이 정의로운 분인가 하는 신정론의 문제를 불러일으킨다.

III. 고전 물리학에서의 결정론적 세계관

아퀴나스에 의해 대표되는 서구의 고전적 유신론은 아리스토텔레스의 목적론적 세계관에 기초한 것이었다. 그러나 서구의 고대와 중세를 지배했던 아리스토텔레스의 목적론적 세계관은 르네상스 시대 이후 도전에 직면했다. 가장 결정적인 도전은 고전 물리학을 수립한 뉴턴에 의해 일어났다. 만유인력과 역학 법칙을 발견한 뉴턴의 제2법칙 F=ma(힘=질량×가속도)에 의하면, 물체의 가속도는 작용하는 전체 힘에 비례하고 질량에 반비례한다. 또한 중력 법칙에 따르면, 중력은 물체들 사이에 지속적으로 작용한다. 뉴턴 시대에는 중력뿐 아니라 자기력과 정전기력의 존재도 알려져 있었다. 그러므로 자연의 모든 힘은 물질로부터 근거한다고 짐작할 수 있다. 나아가 우주 안에서 물질의 배열과 구성이 물체의 운동을 결정한다고 말할 수 있다. 다시 말하면 물질적 대상이 어떻게 움직이는지를 결정하는 것은 목적론적인 목표가 아니라 물리적 힘이라는 것이다. 1687년에 출판된 뉴턴의 『자연철학의 수학적 원리』7는 서구의 세계관이 목적론적 세계관으

---

6 Karl Barth, *Church Dogmatics*, vol. III/3, eds. Geoffrey W. Bromiley and Thomas F. Torrance (Edinburgh: T&T Clark, 1960), 116.

7 Isaac Newton, *The Principia: Mathematical Principles of Natural Philosophy*, trans. I. Bernard Cohen and Anne Whitman (Berkeley: University of California

로부터 물리 인과적 세계관으로의 전환을 상징한다.

뉴턴 훨씬 이전에도 철학자들은 자연 세계의 물리적 인과관계를 알고 있었다. 세계의 사건들은 원인과 결과의 연쇄로 이루어진다. 모든 사물은 어떤 원인에 의하여 변화된다. 원인이 없이는 변화가 없다. 그러나 뉴턴의 세계관에 있어서 인과적 연쇄는 매우 제한적이다. 모든 운동의 변화는 자연적 힘에 의해 야기되며, 수학적으로 설명될 수 있는 법칙에 의해 엄격하게 결정된다. 이와 같은 고전 물리학의 세계관에 있어서, 모든 것은 우연성이 아니라 필연성에 의해 움직이고 변화한다. 즉, 결정론적인 물리적 인과 법칙이 모든 자연 세계를 지배한다.

만일 우주의 모든 물체의 운동이 이 물체들 사이에 작용하는 물리적 힘에 의해서만 영향을 받는다면, 미래 우주의 모든 물체의 배열과 구성은 현재의 모든 물체의 배열과 구성에 의해 그리고 그 물체들 사이에 작용하는 힘을 지배하는 자연법칙에 의해서 결정될 것이다. 비록 뉴턴 자신은 기계론적 결정론을 제안하지는 않았지만, 뉴턴 물리학을 성공적으로 발전시킨 제3세대 뉴턴주의자 라플라스는 다음과 같이 자신의 결정론적 세계관을 기술했다.

우리는 우주의 현재 상태가 그 이전 상태의 결과이며, 앞으로 있을 상태의 원인이라고 생각해야 한다. 자연이 움직이는 모든 힘과 자연을 이루는 존재들의 각 상황을 한순간에 파악할 수 있는 지적인 존재가 있다고 가정해 보자.

Press, 1999)에서 이론물리학의 기초가 놓이고 뉴턴 역학의 체계가 세워졌다. 이 라틴어 저서는 세 편으로 이루어졌는데, 1편은 운동에 관한 일반적 명제를 논술하고, 2편은 매질 속에서 물체의 운동을 다루고, 3편은 코페르니쿠스의 지동설, 케플러 행성의 타원궤도 등의 행성의 운동을 증명했다.

게다가 그의 지적인 능력은 이 정도 데이터를 충분히 분석할 수 있을 정도라고 하자. 그렇다면 그는 우주에서 가장 큰 것의 운동과 가장 가벼운 원자의 운동을 하나의 식 속에 나타낼 수 있을 것이다. 불확실한 것은 아무것도 없을 것이며 과거와 마찬가지로 미래가 그의 눈앞에 나타날 것이다.[8]

뉴턴의 고전 물리학에 기초한 라플라스의 결정론은 20세기 중반까지 물리학자들의 사고를 지배했다. 아인슈타인은 특수 상대성 이론과 일반 상대성 이론을 발견함으로써 뉴턴적 절대 시공간 개념을 폐기하고 초기 양자역학의 발전에 결정적인 공헌을 했음에도, 죽을 때까지 결정론적인 세계관을 고수했다. 신은 주사위 놀음을 하지 않는다는 그의 말은 당대에 새롭게 떠오르던 양자역학적 해석을 거부하는 대다수 물리학자의 견해를 대변한 것이었다.

IV. 이신론

지금까지 살펴본 바와 같이 고전적 유신론은 결정론적 섭리론을 낳았으며, 고전 물리학은 결정론적 세계관을 낳았다. 그렇다면 고전적 유신론과 고전 물리학이 결합한다면 그 결과는 무엇인가? 다시 말하면 결정론적 섭리론과 결정론적 물리학이 함께 만들어 내는 세계는 어떤 세계인가? 그것은 이신론적 세계이다. 이신론은 뉴턴의 고전 물리학과 더불어 17~18

---

8 피에르 라플라스(Pierre S. Laplace)/조재근 역, 『확률에 대한 철학적 시론』(서울: 지식을 만드는 지식, 2014), 28.

세기에 영국과 독일에서 출현했다. 이신론에 따르면 신은 태초에 세계를 창조할 때 결정론적 자연법칙을 세계에 부여했다. 신은 세계를 창조할 때 자신의 의도와 계획대로 세계의 모든 과정이 결정론적 자연법칙에 따라 전개되어 종국에 이르도록 예정했다. 그리고 신은 전지전능하기에 결정론적인 자연법칙에 따라 전개되는 세계의 모든 세부적인 과정과 결과를 태초에 미리 알 수가 있었다. 따라서 신은 창조 이후에 세계가 자신의 의도와 계획대로 전개되도록 또다시 세계의 과정에 개입할 필요가 없다. 이러한 이신론에서 신은 영원토록 작동하는 완전한 자동 시계를 발명한 시계 발명가와도 같다.

그러나 이신론은 성서에 묘사된 역동적인 하나님의 이미지와 결코 조화될 수 없다. 만일 우리가 고전적 유신론의 결정론적 섭리론과 고전 물리학의 결정론적 세계관을 엄격히 고수한다면, 우리는 성서에 묘사된 역동적인 하나님과는 전혀 다른 하나님의 존재와 섭리를 믿게 된다. 만일 하나님이 태초에 결정론적 자연법칙을 창조하고 그 결정론적 자연법칙에 따라 세계가 전개된다면, 세계의 모든 세세한 전개 과정과 결과들을 미리 다 알고 계신 하나님은 세계의 과정에 개입할 필요가 없을 것이다. 만일 하나님이 세계의 어느 시간적 과정에 참여하여 행동하기로 결정하셨다면, 그것은 하나님 자신이 세우신 결정론적 자연법칙을 위반하는 사태의 발생을 의미한다. 이것은 고전적 유신론의 결정론적 섭리론과 고전 물리학의 결정론적 세계관 모두와 모순된다. 더욱이 만일 하나님이 세계의 과정에 지속적으로 개입하여 그 과정을 변화시키기 위해 행동해야 한다면, 하나님은 영원한 예정 가운데 미래의 모든 결과를 알고 있는 전지전능의 하나님일 수 없다. 요약하면, 유신론의 결정론적 섭리론과 고전역학의 결정론적 물리학의 결합은 이신론적 세계관을 초래하며, 이와 같은 이신론적 세계관은 세계의 과정에 끊임없이 참여하고 행동하는 성서의 역동적인 하나님의 모습과 조화되지 않는다.

V. 현대 물리학과 우연성

근대 과학을 지배했던 뉴턴의 고전 물리학에 기초한 결정론적 세계관은 20세기 중반 이후 패러다임의 전환을 맞게 되었다. 현대 과학의 발전은 라플라스의 기계론적 결정론의 붕괴를 가져왔다. 아인슈타인의 특수 상대성 이론과 일반 상대성 이론은 뉴턴적 세계관의 기반이었던 절대시간 개념을 무너뜨렸다. 이 이론에 따르면 라플라스가 가정했던 지성적 존재, 즉 우주의 현 상태에 관한 모든 정보와 또한 그것을 계산해 낼 수 있는 무한한 능력을 지닌 존재는 불가능하다. 왜냐하면 특수 상대성 이론에 따르면 유일무이하게 정의된 '동시성'이란 없으며, 따라서 '현 상태'를 안다는 것은 불가능하기 때문이다. 그리고 한 공간에서 무질서 정도는 계속 증가한다는 엔트로피 증가의 법칙, 즉 열역학 제2법칙은 시간대칭성 (time- symmetry)의 기계론적 세계관을 무너뜨렸다. 이에 따르면 물리적 체계는 시간의 방향을 역전시켰을 때 좌우 대칭적이 아니며, 폐쇄된 체계의 엔트로피는 시간과 더불어 증가한다.

라플라스의 결정론에 대한 가장 결정적인 타격은 양자역학으로부터 말미암았다. 양자역학에 따르면 소립자의 파동 기능의 전달은 결정적으로 슈뢰딩거 방정식을 따른다. 슈뢰딩거는 '파동 역학' 방정식을 통해 전자가 근본적으로 파동처럼 움직이고 특정 조건에서만 입자로 나타난다고 주장했다. 이 방정식에서 파동은 입자가 어떤 위치에 있을 확률을 말해준다.

즉, 입자는 특정 위치에 존재하는 것이 아니라 확률로 퍼져 있다. 동전을 던져서 어느 면이 나올지의 문제에 관한 통계역학에서의 확률적 본성은 동전 던지기와 관련된 모든 역학 체계에 대한 우리 지식의 불완전성 때문에 생겨난다. 하지만 통계역학과 동전 던지기의 확률적 본성이 인식론적 본성이라면, 양자역학의 확률적 본성은 존재론적 본성이라고 할 수 있다. 코펜하겐 해석은 양자 세계가 근본적으로 확률적이라고 정의한다. 하이젠베르크의 불확정성원리에 의하면 양자 세계에서 입자의 위치와 운동량은 동시에 정확하게 측정될 수 없으며, 두 측정값의 불확정성을 일정 수준 이하로 줄일 수 없다. 오늘날 이러한 양자역학의 확률적 본성은 양자 세계의 근본적 특성으로 이해된다.

1935년에 아인슈타인과 포돌스키와 로젠은 결정론을 고수하면서 양자역학을 따를 때 상식과 배치되는 한 사유 실험을 제안했다. 그러나 1964년에 존 스튜어트 벨은 이들의 실험보다 더 정교하게 이루어진 실험 결과를 보고했는데, 그 내용은 확률적 본성이 소립자 세계의 진정한 본성이라는 것이었다. 방사성 원자의 붕괴에 대해서 혹자는 원자의 배열이 원인이라고 말할 수도 있다. 그러나 원인과 결과 사이에 시간적인 상관관계는 없다. 원자의 배열은 수십억 년 동안 동일한 상태를 유지해 왔다. 왜 그것이 십억 년 전이 아니라 지금 붕괴하는가, 왜 그것이 내일이 아니라 지금 붕괴하는가 하는 질문에 대한 답은 없다. 원자가 만들어졌을 때, 지금 붕괴할 것으로 예정된 것이 아니었다. 우리가 원자의 정확한 파동 기능을 안다고 해도, 그것이 언제 붕괴할지 아무도 알 수 없다. 양자역학에서는 라플라스의 결정론이 유지될 수 없을 뿐만 아니라 고전적인 인과율 개념도 타당하지 않다. 방사성 원자는 아무런 원인 없이 '자발적으로', 즉 우연히 붕괴한다. 양자의 세계에서는 어떤 일이 아무런 원인이 없이 발생한다.

방사성 원소가 붕괴할 때, 이 붕괴의 시간적 패턴은 우연성 또는 확률에 의해서만 기술될 수 있다.

최근에는 역동적 카오스 개념이 우리의 세계관에 커다란 변화를 가져왔다.9 역동적 카오스의 두 가지 중요한 특징은 다음과 같다. 첫째, 지배적인 방정식은 결정론적이다. 비록 비선형적 관점을 갖지만, 하나의 카오스 체계의 행위는 방정식으로 표현될 수 있다. 이런 의미에서 카오스 체계의 미래는 결정론적이다. 둘째, 하나의 카오스 체계를 기술하는 모종의 매개변수들의 조직은 초기 조건에 매우 민감하다. 초기 조건의 미세한 변화가 체계의 결과에 있어서 커다란 변화를 초래할 수 있다. 따라서 우리는 어떤 카오스 조직 안에 있는 카오스 체계에 대한 정확한 예측을 할 수 없다.10 카오스 체계는 비선형적이기는 하지만 결정론적 방정식으로 표현될 수 있기 때문에, 여기에서의 우연성은 존재론적인 것이 아니라 인식론적인 것이라고 볼 수도 있다. 그러나 양자역학의 존재론적 우연성은 카오스 체계와 결합될 때 더욱 증폭될 수 있다. 그러므로 존재론적 우연성과 인식론적 우연성의 구별은 큰 의미가 없다고 할 수 있다.

우주를 연구하는 천체물리학에서도 결정론은 환상으로 드러난다. 천체물리학은 우연성이 우주의 본유적인 속성임을 밝혀내고 있다. 138억 년 전 대폭발로 탄생한 우주의 존재 자체가 과학적으로는 우연성의 산물이며,

---

9 카오스 개념에 관해 널리 알려진 책으로는 James Gleick, *Chaos* (Kent: Penguin Pub. Co., 1988)가 있고, 카오스 개념의 신학적 함의에 관한 책으로는 Robert John Russell, et al., eds., *Chaos and Complexity: Scientific Perspectives on Divine Action* (Notre Dame: University of Notre Dame Press, 1997)이 있다.

10 초기 조건을 다룸에 있어서 우리는 불가피하게 작은 오류를 범하기 마련이다. 슈퍼컴퓨터를 사용해 계산하더라도 우리는 한정된 수의 숫자만을 사용할 수밖에 없으며, 따라서 불가피한 반올림의 오류는 장기적인 예측을 신뢰할 수 없게 만든다.

우주의 모든 법칙은 이 우연성의 근본 토대 위에 수립된다. 우주는 창발적 진화 과정 가운데 지금도 빛의 속도로 비가역적인 팽창을 계속하고 있다. 판넨베르크는 '자연의 역사성' 개념이 자연적 사건의 비가역성, 반복 불가능성, 유일회성 등의 의미를 내포하고 있음을 지적한다.[11] 그는 오늘날 인간에게 친숙한 자연법칙들은 적용의 장에 있어서 시공간의 제약을 받을 수 있으며, 과거와 미래의 모든 시간과 모든 장소에 동일한 방식으로 적용되어야 하는 것이 아니라고 말한다. 만일 우주의 전체 과정이 유일하고 비가역적인 특성을 가지고 있다면, 자연법칙 공식들의 적용에 시간적 한계가 설정되어야 한다는 것이다.[12] 법칙은 우연적인 것에 필연적으로 부여된 그 무엇을 발견한다. 이것이 법칙에 대한 앎 자체의 기저(基底)다.

VI. 진화 과정의 우연성

생물체의 진화 과정에서도 역시 우연성은 매우 중요한 요소다. 다윈은 『종의 기원』(1859)에서 세계가 끊임없이 변화하고 진화한다는 사실을 증명함으로써 세계가 고정불변하는 존재의 계층구조[13]로 이루어져 있다는 당시 기독교적 세계관에 혁명적인 변화를 가져왔다. 다윈주의에 대한 초기의 기계론적 해석에서는 우연성의 요소가 간과되었다. 그러나 오늘날에는 다윈의 진화론 안에 담겨 있는 우연적 특성에 대한 새로운 이해가

---

11 Wolfhart Pannenberg, *Toward a Theology of Nature: Essays on Science and Faith*, ed. Ted Peters (Louisville: Westminster/John Knox Press, 1993), 86-87.

12 Ibid., 78.

13 존재의 계층구조는 위로부터 아래로, 인간-영장류-동물-식물-무생물로 이루어진다.

증대된다. 무엇보다 진화의 창발적 특성은 진화 과정에서의 우연적 새로움의 출현을 잘 보여준다. 오늘날 생물학에서는 수정란(또는 생식세포)이 개체의 특성이 이미 결정된 특성화된 조직이 아니라 아직 분화되지 않은 상태에서 발달 과정을 거치며 점진적으로 특성화된다는 후성설(epigenesis) 개념이 강조된다.

진화는 일정한 속도로 서서히 진행되는 것이 아니다. 진화의 속도는 일정하지 않다. 코로나바이러스의 변이에서 보듯이 바이러스나 세균이 항생제에 내성을 지닌 변이를 급속하게 만들어 내는 것처럼 극도로 빠른 진화적 변화를 보여주는 경우도 있는 반면, 1억 년 이상 변화를 겪지 않고 살아남아 살아있는 화석이라고 불리는 생물들도 있다.[14] 지구의 역사에서 캄브리아기(5억 4,300만 년 전)처럼 진화가 급격하게 진행된 시기가 존재했다. 그리고 그 후 5억 년 동안 대체로 평형상태를 유지했다. 즉, 진화는 짧은 기간에 급격한 변화에 의해 야기되며, 그 후 긴 기간 동안 생물에 변화가 생기지 않는 안정된 상태가 지속된다. 이것은 진화의 속도 자체가 일정한 규칙성이 아니라 예측하기 어려운 불규칙성 또는 우연성에 의해 진행된다는 사실을 보여준다.

자연선택은 두 단계의 과정으로 이루어진다.[15] 이 과정에는 우연성과 인과적 결정성이 함께 작용하지만, 우연성이 더욱 근본적이다. 첫 번째 단계는 새로운 접합체가 만들어지는 단계다. 이 단계에서 확률적 우연성에

---

14 폐어는 약 7,500만 년에 걸쳐서 구조적 변화를 겪은 이후 2억 5,000만 년 동안 거의 변화가 일어나지 않았다. 박쥐와 고래도 이와 같은 패턴을 보여준다. 일정한 수준의 적응성을 획득하면 변화 속도는 크게 감소한다고 할 수 있다. 에른스트 마이어/임지원 역, 『진화란 무엇인가』 (서울: 사이언스북스, 2008), 384-385.

15 앞의 책, 239-240 참고.

의해 변이가 생겨난다. 돌연변이가 선택에 필요한 표현형의 변이를 제공하는 유전적 변화에 기여한다. 그리고 감수분열 시 유전자 재조합, 상동 염색체의 임의적 이동, 배우자 선택 및 수정 과정은 우연성에 지배된다.

두 번째 단계는 선택(제거)의 과정이다. 여기서는 새로운 개체의 적합 여부가 시험된다. 환경의 도전과 다른 개체들과의 경쟁에 가장 효율적으로 대처한 개체들이 살아남을 확률이 높다. 이 단계는 인과율과 우연성이 혼합되어 있다. 선택 과정에서 제거되지 않고 살아남은 생물의 상당수가 우연한 돌연변이에 의해 탄생한 개체일 가능성이 있다. 주어진 환경에 가장 잘 적응할 수 있는 개체가 생존할 확률이 높다는 것은 어느 정도의 인과적 결정성을 함축한다. 그러나 '주어진 환경' 자체가 우연성에 의한 것이다. 환경의 변화, 새로운 포식자나 경쟁자의 출현, 대절멸을 초래하는 자연재해 등은 생물체의 생존에 있어 우연적 성격을 더욱 강화한다. 아무리 높은 환경 적합성을 지닌 개체라고 할지라도 홍수나 태풍, 화산 폭발과 같은 불가항력적 자연재해 앞에서는 제거의 희생물이 될 수밖에 없다.[16] 이처럼 자연선택의 과정이 근본적으로 우연성에 지배된다는 것은 곧 진화가 근본적으로 우연성에 의해 지배된다는 것을 의미한다. 따라서 두 단계에 걸친 선택 과정의 근본적인 특징은 우연성에 있다고 할 수 있다. 첫 번째 단계인 유전적 변이의 생성 과정은 거의 전적으로 우연적 현상이며, 두 번째 단계에서는 우연성과 인과율이 함께 작용한다. 그러나 이 두 번째 단계에서도 우연성이 중요한 역할을 한다.

에른스트 마이어는 생물의 모든 속성은 궁극적으로 변이의 산물이며,

---

16 예컨대 백악기 말기(6,500만 년 전)에 공룡과 수많은 생물이 절멸했는데, 이는 지구에 소행성이 충돌한 때문이라는 설이 가장 유력하다. 이것은 생존에 우연적 요소가 얼마나 크게 작용하는지를 잘 보여준다.

이 변이는 대체로 우연성의 산물이라고 말한다. 그에 따르면 진화는 우연과 필연이 동시에 작용하는 수많은 상호작용의 결과이기 때문에 예측할 수 없다.[17] 어느 한 개체군의 서로 다른 유전자형들은 동일한 환경 변화에 제각기 다르게 반응할 수 있으며, 환경의 변화, 새로운 포식자나 경쟁자의 출현, 대절멸을 가져오는 전 세계적인 급격한 변화도 예측 불가능하다. 이 모든 사실은 진화의 근본적 우연성을 강화한다.

생물의 역사를 예측 불가능하고 반복할 수 없는 사건들의 연속으로 이해하는 스티븐 굴드는 진화 과정의 우연성을 누구보다도 강조한다. 그에 따르면 불변하는 일반적 자연법칙을 추론해 내는 과학적 방법이라는 정형화된 관념은 환원 불가능한 역사에서는 설 자리가 없다.[18] 우리는 어떤 사건이 일어난 후에야 그것을 설명할 수 있다. 그러나 우연성 때문에 완전히 똑같은 출발점에서 시작했다고 하더라도 같은 사건이 반복되는 일은 없다. 물론 역사적 사건도 물질과 운동의 일반원리에 위배되지는 않는다. 그러나 그런 사건의 발생 여부는 우연적인 세세함에 달려 있다. 중력 법칙은 사과가 어떻게 떨어지는지 말해주지만, 사과가 하필 그 순간에 떨어진 이유나 뉴턴이 마침 그곳에 앉아 생각에 잠겼던 이유를 설명하지 못한다. 역사적 사건에 대한 설명은 자연법칙에 의거한 직접적인 추론에 기반을 두지 않고 선행하는 상태들의 예측 불가능한 순차에 토대를 둔다. 이 순서의 어느 단계에서든 변화가 일어나면 최종 결과가 변화된다. 따라서 최종 결과는 이전에 나타난 모든 사태에 의존하며, 그런 의미에서 우연적이다.[19] 다시 말하면 특정한 결과는 자연법칙에 의해 설정된 경로가 아니라

---

17 마이어, 『진화란 무엇인가』, 448.

18 스티븐 제이 굴드/김동광 역, 『원더풀 라이프: 버제스 혈암과 역사의 본질』 (서울: 궁리, 2018), 423.

앞서 일어난 일련의 변덕스러운 사건들에 의해 발생한다.

굴드는 생명의 역사를 신의 목적이 실현되는 과정, 즉 점진적인 진보의 역사 이후에 인류의 의식이 발생하는 과정으로 보는 견해를 거부한다. 그는 호모 사피엔스와 같은 생물이 진화 과정을 통해 또다시 등장할 수 없을 것이라고 주장한다. 그는 진화 과정에서 후대가 아닌 초기에 다양성이 극대화되었던 사실과 대량 멸종에서 작은 몸집의 포유류가 살아남은 사실이 다윈의 진화론 체계의 우연성을 뒷받침한다고 본다.[20] 굴드에게 우연성이란 동전 던지기와 같은 무작위적인 임의성을 의미하지는 않는다. 그에게 우연성이란 '있음 직한' 여러 가능성 중에서 어떤 쪽이 실현될지 예측할 수 없고, 오직 '사후적으로만' 알 수 있다는 뜻이다.[21] 그는 불변의 자연법칙이 생물의 일반적 형태와 기능에 큰 영향을 준다는 사실을 인정한다. 그 법칙들이 생물 설계가 반드시 진화해야 할 경로를 설정한다. 원시 바다와 대기의 화학적 조성과 자기 조직 체계라는 물리학적 원리에 의해 지구상에서 생명의 기원은 사실상 필연적이었다. 그러나 이러한 현상은 생명 역사의 세부적인 사항들에서는 너무 멀리 떨어져 있다. 생명 역사의 세부적인 수준에서는 우연성이 지배적인 영향력을 발휘한다.[22]

마이어와 굴드는 우연성을 하나님 또는 목적론과 대립적인 관계로 이해한다. 인간은 하나님이 창조하신 피조물이 아니라 진화 과정 가운데 우연히 생겨났다는 마이어와 굴드와 같은 무신론적 진화론자의 주장은

---

19 앞의 책, 429.

20 앞의 책, 466-478.

21 앞의 책, 508.

22 앞의 책, 440-441.

하나님과 우연성 사이의 잘못된 대립을 전제한다. 우연성을 하나님과 대립적인 의미로 이해하는 것은 우연성을 목적론과 반대 개념으로 이해하기 때문이다. 그러나 과학적으로 예측하기 힘든 우연적 현상이 의미나 목적도 결여하고 있다는 주장은 과학적, 실증적 결론이 아니라 철학적, 형이상학적 주장이다. 과학은 관찰과 실험을 통해 밝혀진 사실에 대해서 말할 뿐이지, 그 사실의 의미와 목적에 대해서는 말할 수 없다. 사실에 대한 올바른 의미와 목적은 하나님을 믿는 신앙 안에서만 말할 수 있다. 마이어와 굴드처럼 인간이 진화 과정 가운데 단지 우연히 생겨났다는 주장은 인간 존재가 아무런 의미와 목적을 지니고 있지 않다고 주장하는 것과 다르지 않다.

VII. 하나님의 계속적 창조와 우연성

양자역학의 발전으로 현대 물리학자들이 결정론적 인과론이 아닌 확률적 우연성 개념을 받아들인 것과 마찬가지로, 신학자들 가운데서도 하나님의 섭리를 결정론적 필연성이 아니라 비결정론적 우연성의 관점에서 이해하는 시도들이 생겨났다. 고전적 유신론의 결정론적 섭리론이 갖는 문제는 먼저 현대 과학, 즉 물리학 차원의 양자역학과 생물학 차원의 진화론 등에 의해 드러난 새로운 세계관과 조화되지 않는다는 것이며, 둘째, 논리적으로 이신론에 귀결된다는 것이며, 셋째, 세계 안의 고통과 대절멸과 악의 문제, 즉 신정론의 문제에 봉착한다는 것이다.

현대 과학이 발견해 내는 세계 과정의 우연적 특성은 세계 안에서 하나님의 자유로운 계속적 창조 활동을 위한 장을 개방한다. 찰스 하츠혼은 하나님의 섭리가 우연성 개념과 모순되는 것이 아니라는 사실을 강조했다. 그에 따르면, "섭리는 우연성의 방지가 아니라 그것의 최적화(optimization) 이다."[23] 우연성 때문에 우주의 미래는 엄격하게 결정되지 않고 개방된다. 세계의 근본적이고 본유적인 우연성은 세계가 태초에 하나님의 자유로운 창조 활동에 의해 생겨났음을 상기시켜 줌과 아울러, 하나님의 계속적 창조 활동을 위한 장을 제공함으로써 세계 과정이 종말론적 미래의 완성을 향해 나아가도록 한다.

고전적 유신론의 결정론적 섭리론은 근본적으로 세계 안에서 하나님의 계속적 창조 활동을 증언하는 성서의 역동적인 세계관과 양립하기 어렵다. 구약성서학자 테렌스 프레다임은 구약성서에 나타나는 하나님의 창조 활동이 창조의 개시(태초의 창조), 창조의 지속(계속적 창조), 창조의 완성(새 창조)의 세 차원을 포괄한다고 본다.[24] 하나님의 창조가 태초에 일회적으로 완성된 것이 아니라 계속되고 완성되어야 한다는 것은 하나님이 세계 과정의 우연성 안에서 활동하신다는 것을 의미한다. 성서는 역사의 과정에서 끊임없이 활동하며 때때로 아주 새로운 것을 창조하는 하나님의 계속적 창조 활동을 증언한다. 예를 들면 구약의 예언서 특히 포로기의 창조신학을 보여주는 제2이사야(사 40-55)는 포로로 잡힌 이스라엘 백성을 구원하실 하나님에 대한 믿음의 근거를 하나님의 창조적 능력에서 찾는다(사 51:9-11). 여기서 다가오는 이스라엘의 구속은 새로운 창조로 여겨진다. 버나드 W 앤더슨에 따르면, "제2이사야에 의하면 하나님의 창조는 단순히 과거의

---

23 Charles Hartshorne, *Divine Relativity* (New Haven: Yale University, Press, 1983), 137.

24 Terrence Fretheim, *God and World in the Old Testament: A Relational Theology of Creation* (Nashville: Abingdon, 2005), 3-13.

일이 아니다. 다가오는 새 시대에 하나님은 모든 것을 새롭게 만드실 것이다."[25]

물론 모든 우연적 사건이 곧 하나님의 행동에 의한 것은 아니다. 만일 모든 우연적 사건이 하나님의 행동에 의한 것이라고 주장한다면, 그것은 고전적인 결정론적 섭리론으로의 회귀를 의미한다. 그러나 성서는 여러 곳에서 하나님이 우연성의 영역에서 행동하심을 증언한다. 룻기는 나오미가 하나님의 섭리 안에서 만나게 될 보아스의 밭으로 가게 된 것을 '우연'(룻 2:3)에 의한 것이라고 기록한다. 구약시대에 대제사장은 중대한 판결을 내릴 때 하나님의 뜻을 묻기 위해 흉패 안에 있는 우림과 둠밈을 꺼내어 제비뽑기 도구로 사용했다(출 28:30; 레 8:8). 잠언 저자는 말한다. "제비는 사람이 뽑으나 모든 일을 작정하기는 여호와께 있느니라"(잠 16:33). 이 본문은 하나님이 제비뽑기의 우연성 안에서 작정하신 일을 이루신다고 말한다. 요나가 탄 배가 큰 폭풍으로 파선하게 되었을 때 사람들은 "이 재앙이 누구로 말미암아 임하였나 알아보기 위해" 제비를 뽑았고 요나가 뽑혔다(욘 1:7). 또 초기 교회에서 사도를 선출할 때 제비를 뽑아 맛디아가 사도가 되었다(행 1:26). 이와 같은 성서의 본문들은 하나님이 우리가 결과를 예측할 수 없는 우연성의 영역에서 행동하실 수 있다는 믿음을 전제한다.

하나님의 계속적 창조 개념은 고전적 유신론의 결정론적 섭리론뿐만 아니라 오늘날의 지적 설계론과도 조화되기 어렵다. 지적 설계론을 대표하는 사람 중 하나인 스티븐 마이어는 생명 시스템과 우주에는 방향성이 없는 물질적 과정보다 지적 원인에 의해 더 잘 설명되는, 숨길 수 없는 특징들이 있다고 주장한다. 예를 들면 DNA 중의 디지털 암호, 세포 중의

---

25 버나드 W. 앤더슨/김성천 역, 『구약성서 탐구』(서울: CLC, 2017), 689.

미세 회로들과 기계들 그리고 법칙들과 물리 상수들의 미세 조정이 그런 특징이다.[26] 지적 설계론은 정교한 구조의 생명 시스템이 자연선택과 돌연변이 같은 방향성 없는 과정에 의해 생겨날 수 없으며, 지적 설계자, 즉 하나님에 의해 생겨났다고 주장한다. 세포 안의 특정한 정보는 생물 정보의 기원에 대한 최선의 해석으로 지적 설계를 가리킨다는 것이다.[27] 다시 말하면 지적 설계론은 모든 생명체의 생명 정보가 하나님의 지적 설계에 의해 직접 부여된 것이라고 주장한다.

지적 설계론은 여러 문제점을 드러낸다. 첫째, 지적 설계론자들의 주장과는 달리 이는 과학적 논증이라기보다 형이상학적 자연신학 논증이다. 둘째, 과학이 설명할 수 없는(없다고 주장되는) 환원 불가능한 복잡성에 의해 지적 설계자의 존재를 추론하는 이 이론은 '틈새의 신' 논증이라는 비판을 받는다. 이 논증에서는 과학이 설명할 수 있는 영역이 증대할수록 지적 설계자가 활동할 수 있는 틈새가 줄어들게 된다. 셋째, 이 이론은 우연성의 영역을 인정하지 않음으로써 다시 고전적인 결정론적 섭리론이나 이신론으로 회귀한다. 여기서 하나님은 태초에 완전한 세계를 설계, 창조한 이후 우주의 과정에 참여할 필요가 없다. 넷째, 이 이론은 진화 과정의 대량 멸종과 고통과 악의 현실, 즉 신정론 문제에 직면한다. 지적 설계자가 그 모든 현실을 설계했다면, 그 모든 고통과 악에 대한 책임을 스스로 질 수밖에 없다.

오늘날에는 자연과 인간의 역사적 과정에서의 우연성, 자기 조직화, 개방성의 개념과 함께 갈 수 있는 하나님 이해가 요청된다. 그리고 이러한

---

26 스티븐 마이어/소현수 역, "지적 설계론," 『창조, 진화, 지적 설계에 대한 네 가지 견해』 (서울: 부흥과 개혁사, 2020), 259.

27 앞의 책, 288.

하나님 이해는 바로 성서가 증언하는 계속적 창조 활동의 주체로서 하나님의 모습과 공명한다. 지적 설계자처럼 돌연변이에 지적 설계자가 직접 설계한 내재된 방향성이 있다고 말하기보다는, 하나님께서 진화의 메커니즘 안에서 돌연변이의 우연성이 방향성을 갖도록 행동하실 수 있다고 말하는 것이 적절하다. 지적 설계론의 주장처럼 하나님이 세계의 모든 과정을 (단번에 영원히) 설계했다면 자연과 인간의 역사적 과정에 필연성만이 존재할 것이며, 따라서 설계 이후에 하나님은 세계의 과정 안에 참여할 이유나 필요가 없을 것이다.

판넨베르크는 성서가 하나님과 세계의 관계를 세계의 시작에서뿐만 아니라 역사 과정 안에서도 이루어지는 자유로운 창조 행위의 견지에서 이해하기 때문에, 우연성의 요소가 매우 중요하다고 강조한다.[28] 판넨베르크에 따르면 이스라엘의 하나님 이해에 근거한 실재의 경험은 무엇보다 우연성 특히 발생 사건들의 우연성으로 특징지어진다. 전능하신 하나님의 활동으로 경험되는 새롭고 예측 불가능한 사건들이 지속적으로 발생한다.[29] 우연성은 창조하는 사랑의 본질적 특성이다.[30] 판넨베르크는 생명체의 자기 조직화에 나타나는 자발적 창조성을 하나님의 창조 행위의 한 형태로 볼 수 있다고 강조한다. 그는 로이드 모건이 제안한 창발적 진화 개념과 계속적 창조 개념은 조화될 수 있다고 본다. 여기서 계속적 창조란 하나님께서 태초뿐만 아니라 모든 진화 과정의 새로운 기점에서 활동하시는 것을 의미한다. 진화론을 기계적 과정이 아니라 새로움을 창조하는

---

28 볼프하르트 판넨베르크/윤철호 외 역, "인간의 생명: 창조인가 진화인가," 테드 피터스 엮음, 『과학과 종교』 (서울: 동연, 2002), 243.

29 Pannenberg, *Toward a Theology of Nature*, 76.

30 Ibid., 98.

생명의 끊임없는 창발적 과정으로 이해한다면, 진화론은 신학적 해석과 충돌하지 않는다. 그것은 창발적 진화의 우연성이 하나님의 창조 행위에 대한 개방성을 함축하기 때문이다.[31]

몰트만은 기독교의 창조론을 태초의 창조, 계속적 창조, 종말론적인 영광의 창조로 구별하고 개방된 우연성의 체계로서 창조의 맥락 안에서 계속적 창조의 중요성을 강조한다.[32] 몰트만에 따르면 세계의 존재 자체가 무로부터 창조(*Creatio ex nihilo*)라는 시초의 우연성에 의한 것이며, 세계의 역사 속에서 이루어지는 진화의 모든 단계가 '우연'이다. 그러나 그것은 맹목적인 우연이 아니라 자신의 선하심을 전달하고자 하시는 하나님에 의해 의도된 우연이다. 그는 창조냐 진화냐 하는 양자택일의 물음을 거짓된 것으로 간주한다.[33] 그에 의하면, "진화의 우연성과 목적 지향성은 신학적 창조 개념에 있어서 모순도 아니고 대립도 아니다."[34] 따라서 자연의 우연성의 체계를 인정하는 진화론이 결코 유물론적 무신론이 되어야 할 이유가 없다. 진화론은 기독교의 목적론적 세계관과 조화될 수 있으며, 세계의 창발적 진화 과정은 하나님의 계속적 창조 활동을 향해 열려 있다.

---

31 Wolfhart Pannenberg, *The Historicity of Nature: Essays on Science and Theology*, ed. Niels Henrik Gregersen (West Conshohocken: Templeton Foundation Press, 2008), 96.

32 Jürgen Moltmann, *God in Creation: A New Theology of Creation and the Spirit of God* (San Francisco: Harper & Row, 1985), 206-214 참고.

33 Ibid., 190 이하.

34 Ibid., 207.

VIII. 결론

하나님의 창조 질서는 법칙과 우연성이란 두 근본적 요소로 이루어진다. 즉, 하나님이 세우신 창조 질서에는 예측할 수 있는 영역, 즉 법칙의 영역도 있고 예측할 수 없는 영역, 즉 우연성의 영역도 있다. 과학자들은 규칙적이고 보편적으로 반복되는 자연현상의 패턴을 자연법칙이라고 부르고, 비규칙적이고 비반복적인 현상을 우연성이라고 부른다. 하나님은 자연법칙을 통해서뿐만 아니라 예측할 수 없는 우연성을 통해서도 세계를 다스리신다. 하나님은 결코 자연법칙을 무시하지 않으신다. 자연법칙은 하나님이 설계하신 창조 질서이자 간접적 행동 양식이다. 하나님의 섭리는 기본적으로 자연법칙을 통해서 이루어진다. 과학자들이 새로운 자연법칙을 발견하게 되었다는 사실이 결코 자연현상을 이해하는 데 하나님이 덜 필요케 되었다는 것을 의미하지 않는다. 왜냐하면 자연법칙을 설계하고 창조 질서를 세우신 분이 바로 하나님이기 때문이다. 하나님은 중력의 법칙과 계절의 변화와 같은 모든 일상적인 자연현상을 통해 일하신다. 그러므로 우리는 지적 설계론처럼 반드시 과학적으로 설명할 수 없는 환원 불가능한 복잡성을 통해서 하나님의 존재를 추론할 이유가 없다. 우리는 과학적으로 설명할 수 있는 모든 일반적 자연법칙 안에서 하나님의 존재와 행위를 발견해야 한다.

지금까지 과학은 하나님이 온 우주에 심어놓으신 신비로운 자연법칙 가운데 극히 일부만을 발견했을 뿐이다. 뉴턴의 법칙으로 설명할 수 없는 자연현상을 설명하기 위해 아인슈타인의 일반 상대성 이론이 등장한 것처럼, 기존의 과학 이론으로 설명할 수 없는 자연현상을 설명할 새로운 법칙이 앞으로 얼마든지 발견될 수 있다. 과학이 새로운 법칙을 발견할수록 하나님이 다스리는 영역이 줄어드는 것이 결코 아니다. 오히려 새로운 법칙을 발견할수록 하나님께서 온 우주에 심어놓으신 자연법칙의 신비함에 더욱 경탄하고 하나님을 찬양하게 되는 것이다. 과학은 하나님이 세계를 다스리시는 패턴을 부분적이나마 이해하는 데 도움을 주기에 신학의 좋은 파트너가 될 수 있다.

유감스럽게도 무신론적 진화론자와 지적 설계론자는 모두 진화와 신앙을 대립적인 관계로 본다. 그런데 이들이 공유하는 전제가 있다. 그것은 창조란 최초의 순간에(창세기에 따르면 최초의 엿새 동안에) 건축학적으로 완벽하게 설계되고 단번에 완성된 것이라는 이해다. 이들은 이러한 창조 이해가 오랜 시간 전개되는 진화 개념과 모순되기 때문에, 무신론적 진화론자는 창조를 거부하고, 지적 설계론자는 진화를 거부한다. 그러나 바로 이 점에서 그들은 양쪽 모두 잘못된 창조 개념을 전제하고 있다. 왜냐하면 창조는 최초에 단번에 완성된 건축학적 설계라기보다는 오랜 시간의 서사적 드라마에 훨씬 가깝기 때문이다. 진화생물학은 생명이 건축학적 설계가 아니라 서사적 드라마임을 보여준다. 존 호트는 다윈의 과학을 "생명, 인간 존재 그리고 하나님에 대한 신앙적 이해에 적합한 지적, 영적 틀을 제공하는 새로운 우주 이야기의 핵심 요소"로 이해한다.[35] 그것은 진화생물학이 생명을 건축학적 설계가 아니라 서사적 드라마로 이해할 수 있게 해주기 때문이다. 호트는 드라마의 특징을 세 가지로 제시한다.[36] 첫째, 드라마는 우연성(contingency, chance) 또는 예측 불가능성(unpredictability)을 포함한다. 둘째, 드라마에는 일관성과 이해 가능성

---

35 존 호트/장재호 역, 『과학 시대의 신앙』 (서울: 두리반, 2021), 77-78.
36 앞의 책, 78-79.

그리고 어느 정도의 예측성이 있다. 셋째, 드라마는 사건들이 펼쳐질 충분한 시간을 필요로 한다.

진화의 우연성, 무작위성, 개방성은 생명을 고정된 설계의 형태가 아닌 드라마로 이해하도록 이끈다. 우주와 생명의 드라마에서 우연성(일관성과 함께)은 필수적인 요소다. 하나님이 사랑이라는 것은 하나님이 우주, 생명, 인간 역사적 드라마를 단번에 일방적으로 결정하거나 강요하지 않고 그것들에 우연성, 미래 개방성 그리고 스스로 결정할 수 있는 자유를 허락하신다는 것을 의미한다. 사랑은 일방적으로 결정하거나 강요하지 않고 자유를 준다. 만일 하나님이 최초의 순간에 단번에 건축학적으로 완벽하게 설계되고 완성된 세계를 창조하셨다면, 그 세계는 미래가 닫힌 세계가 되었을 것이며, 그 세계에서는 인간의 자유도 등장하지 못했을 것이다.

오늘날 과학의 가장 큰 업적은 자연 자체가 비결정적, 우연적, 미래 개방적 실재임을 밝혀낸 사실에 있다. 과학이 발견한 양자 세계의 불확정성이나 진화 과정의 우연성은 기독교의 목적론적 세계관과 대립하지 않는다. 무신론적 진화론자들은 자연선택 과정에 나타나는 적응의 인과법칙은 물론이거니와 근본적 우연성도 목적론과 대립하는 개념으로 이해한다. 그러나 만일 과학자가 우연성을 목적론과 대립하는 개념으로 이해한다면, 그것은 과학자로서 실증적 판단을 하는 것이 아니라 무신론적 철학자로서 형이상학적 판단을 하는 것이다. 우연성이란 결정론적인 인과관계를 발견할 수 없는 영역, 따라서 결과에 대한 예측이 불가능한 영역을 가리킨다. 과학에 있어서 우연성의 영역은 불가지론의 영역이지 반목적론적 영역이 아니다.

무신론적 진화론자가 목적론이 자연 과정의 우연성과 모순된다고 여기기 때문에 목적론과 하나님을 부인한다면, 지적 설계론자는 우연성이 하나님의 결정론적 섭리 또는 설계와 모순된다고 여기기 때문에 우연성 개념을 거부한다. 그러나 신학자는 자연의 본성에 관한 과학적 사실로서의 우연성 개념을 거부할 이유가 없다. 왜냐하면 우연성의 영역이 성서가 증언하는 하나님의 계속적 창조 활동의 장이 될 수 있기 때문이다. 하나님은 스스로 세우신 창조 질서와 인과 법칙을 깨뜨리지 않는 방식으로, 즉 우연성의 장에서 계속적 창조 활동을 하신다. 따라서 과학적 우연성은 신학적 목적론과 조화 가능하다.

마지막으로 자연 과정의 우연성을 하나님의 계속적 창조를 위한 영역으로 받아들이는 세계관과 신관은 현대 과학의 세계관과 성서의 하나님 이해 모두와 조화될 뿐만 아니라 고전적 유신론의 난제인 신정론 문제의 해결에 도움을 줄 수 있다. 우연성을 피조물의 자기 조직화와 자유를 위한 공간과 아울러 하나님의 계속적 창조를 위한 공간으로 받아들일 때, 신정론 문제에 대한 완전하지는 않지만 가능한 최선의 합리적 답변을 제시할 수 있다. 아우슈비츠 같은 악과 코로나바이러스 같은 재난의 현실 앞에서 최초에 세계의 모든 시간적 과정을 단번에 영원히 계획하고 결정하는 신관을 유지하는 것은 불가능하다. 그러한 신관에 따르면 모든 악과 재난의 현실에 대한 책임이 하나님께 돌아가기 때문이다. 그러나 자연 과정과 인간 역사의 우연성 영역을 인정하는 과학적, 신학적 세계관에 있어서, 하나님은 세계의 모든 고통과 악을 태초에 설계하신 분이 아니라 그 고통에 동참하시며 악을 극복해 나가기 위해 계속적 창조 행위를 수행하시는 분이다. 피조물의 자기 조직화와 자연 과정의 창발적 진화를 받아들이고 우연성을 하나님의 계속적 창조 행위의 공간으로 간주하는 신학에서는 세계의 고통과 악에 대한 책임이 하나님께 돌려질 수 없다.

우연성을 하나님의 계속적 창조를 위한 장으로 받아들일 때, 우리는 피조물의 자기 조직화와 더불어 의식 차원에서 창발된 인간 존재의 자유와 아울러 하나님의 계속적 창조에 동참할 책임을 확증하게 된다.

참고문헌

가이버슨, 칼 W.·프랜시스 S. 콜린스.『과학과 하나님의 존재』. 김정우 역. 서울: 새물결
플러스, 2019.

가자니가, 마이클.『뇌로부터의 자유』. 박인균 역. 서울: 추수밭, 2012.

굴드, 스티븐 제이.『원더풀 라이프: 버제스 혈암과 역사의 본질』. 김동광 역. 서울: 궁리,
2018.

김익환.『진화론과 창세기의 하모니』. 서울: 창하, 2019.

뉴버그, 앤드루 외.『신은 왜 우리 곁을 떠나지 않는가』. 이충호 역. 서울: 한울림, 2001.

뒤르, 한스 페터 외.『신, 인간 그리고 과학』. 여상훈 역. 서울: 시유시, 2000.

라플라스, 피에르 S.『확률에 대한 철학적 시론』. 조재근 역. 서울: 지식을 만드는 지식,
2014.

레벤슨, 존 D.『하나님의 창조와 악의 잔존: 하나님의 전능에 대한 유대교의 드라마』.
홍국평·오윤탁 역. 서울: 새물결플러스, 2019.

마이어, 스티븐. “지적 설계론.”『창조, 진화, 지적 설계에 대한 네 가지 견해』. 소현수
역. 서울: 부흥과개혁사, 2020.

마이어, 에른스트.『진화란 무엇인가』. 임지원 역. 서울: 사이언스북스, 2008.

맥그래스, 알리스터.『인간 Great Mystery』. 서울: 복있는 사람, 2018.

바이츠제커, C. F. V.『역사 속의 인간』. 이신철 역. 서울: 에코리브르, 2007.

브로노우스키, 제이콥.『과학과 인간의 미래』. 임경순 역. 서울: 김영사, 2011.

앤더슨, 버나드 W.『구약성서 탐구』. 김성천 역. 서울: CLC, 2017.

에델만, 제럴드.『신경과학과 마음의 세계』. 황희숙 역. 고양시: 범양사, 2020.

엘리스, 리처드.『멸종의 역사』. 안소연 역. 서울: 아고라, 2006.

워윅, 케빈.『나는 왜 사이보그가 되었는가』. 정은영 역. 서울: 김영사, 2004.

월튼, 존 H.『고대 근동 사상과 구약성경』. 신득일·김백석 역. 서울: CLC, 2017.

______.『아담과 하와의 잃어버린 세계: 역사적 아담의 기원과 정체에 관한 논쟁』. 김광
남 역. 서울: 새물결플러스, 2018.

______.『창세기 1장과 고대 근동 우주론』. 강성열 역. 서울: 새물결플러스, 2017.

윤철호. “비환원론적 물리주의 인간 이해: 낸시 머피를 중심으로.”『인간: 인간의 본성과

운명에 대한 학제간 연구』. 서울: 새물결플러스, 2017.

______.『인간: 인간의 본성과 운명에 관한 학제간 대화』. 서울: 새물결플러스, 2017.

조지 V. 코인, S. J. "진화론과 인간: 대화하는 교황."『과학과 종교』. 테드 피터스 엮음. 윤철호 외 역, 265-278. 서울: 동연, 2002.

천사무엘. "칼빈의 성서 해석과 자연과학."「대학과 선교」11 (2006): 147-158.

찰스, J. 데릴 편.『창조기사 논쟁: 복음주의자들의 대화』. 최정호 역. 서울: 새물결플러스, 2016.

카바노프, 윌리엄 T. · 스미스, 제임스 K. A. 편.『인간의 타락과 진화: 현대 과학과 기독교 신앙의 대화』. 이용중 역. 서울: 새물결플러스, 2019.

칼빈.『구약설교집』1/1. 박건택 역. 안산: 크리스천 르네상스, 2019.

커즈와일, 레이.『마침내 특이점이 시작된다: 인류와 AI가 결합하는 순간』. 이충호 역. 서울: 비즈니스북스, 2025.

______.『특이점이 온다』. 김명남 · 장시형 역. 서울: 김영사, 2007.

크리스천, 데이비드 · 베인, 밥.『빅 히스토리: 한 권으로 읽는 모든 것의 역사』. 조지형 역. 서울: 해나무, 2013.

______.『빅 히스토리: 138억 년 거대사 대백과사전』. 윤신영 외 역. 서울: 사이언스북스, 2017.

토리, E. 풀러.『뇌의 진화, 신의 출현: 초기 인류와 종교의 기원』. 유나영 역. 서울: 갈마바람, 2019.

판넨베르크, 볼프하르트. "인간의 생명: 창조인가 진화인가."『과학과 종교』. 테드 피터스 편, 윤철호 외 역. 서울: 동연, 2002.

포크, 대럴 R. "인간의 기원."『인간의 타락과 진화: 현대 과학과 기독교 신앙의 대화』. 윌리엄 T. 카바노프 · 제임스 K. A. 스미스 편. 이용중 역. 서울: 새물결플러스, 2019.

폰 라드, 게르하르트.『국제성서주석 1: 창세기』. 서울: 한국신학연구소, 1981.

피터스, 테드 편.『과학과 종교: 새로운 공명』. 김흡영 · 배국원 · 윤원철 · 윤철호 · 신재식 · 김윤성 역. 서울: 동연, 2002.

하라리, 유발.『사피엔스』. 조현욱 역. 서울: 김영사, 2015.

하스마, 데보라 B. · 로렌 D. 하스마.『오리진(Origins)』. 서울: IVP, 2012.

하이젠베르크, 베르너.『부분과 전체』. 김용준 역. 서울: 지식산업사, 2005.

햄, 켄 · 휴 로스 · 데보라 하스마 · 스티븐 마이어.『창조, 진화, 지적 설계에 대한 네 가지 견해』. 소현수 역. 서울: 부흥과개혁사, 2020.

헤페, 하인리히.『개혁파 정통 교의학』. Vol. 1. 이정석 역. 고양: 크리스찬다이제스트, 2000.

호트, 존.『과학 시대의 신앙』. 장재호 역. 서울: 두리반, 2021.

Allen, James P. *Genesis in Egypt: The Philosophy of Ancient Egyptian Creation Accounts*. Yale Egyptological Studies 2. New Haven, CT: Yale University Press, 1988.

______. trans. "From the Memphite Theology." In *Context of Scripture, vol. 1, Canonical Compositions from the Biblical World*. Edited by William W. Hallo and K. Lawson Younger Jr., 39. Leiden: Brill, 1997.

Anderson, S. W., A. Bechara, H. Damasio, D. Tranel, and A. R. Damasio. "Impairment of Social and Moral Behavior Related to Early Damage in Human Prefrontal Cortex." *Nature Neuroscience* 2, no. 11 (1999): 1032-1037.

Aquinas, St. Thomas. *Summa Theologiae*. London: Eyre and Spottiswoode, 1970.

______. *Summa Theologiae*, I, Question 75, Article 3, 5; Question 76, Article 1.

Arnold, Bill T. "Babylonians." In *Peoples of the Old Testament World*. Edited by Alfred J. Hoerth, Gerald L. Mattingly, and Edwin M. Yamauchi, 43-75. Grand Rapids: Baker, 1994.

Aspect, Alain, Jean Dalibard, and Gérard Roger. "Experimental Test of Bell's Inequalities Using Time-Varying Analyzers." *Physical Review Letters* 49, no. 25 (1982): 1804-1807.

Aspect, Alain, Philippe Grangier, and Gérard Roger. "Experimental Realization of Einstein-Podolsky-Rosen-Bohm Gedankenexperiment: A New Violation of Bell's Inequalities." *Physical Review Letters* 49, no. 2 (1982): 91-94.

Augustine, St. *The Literal Meaning of Genesis*. Translated by J. H. Taylor. New York: Newman, 1982.

Ayala, Francisco José. "Design without Designer." In *Debating Design*. Edited by William Dembski and Michael Ruse, 56. Cambridge: Cambridge University Press, 2004.

______. "Human Nature: One Evolutionist's View." In *Whatever Happened to the*

Soul? Scientific and Theological Portraits of Human Nature. Edited by W. S. Brown, Nancey Murphy, and H. Newton Malony, 31-48. Minneapolis: Fortress Press, 1998.

______. "Man in Evolution: A Scientific Statement and Some Theological and Ethical Implications." *The Thomist* 31, no. 1 (1967): 15.

______. *Processes in Human Evolution: The Journey from Early Hominins to Neanderthals and Modern Humans*. Oxford: Oxford University Press, 2017.

______. "The Difference of Being Human: Morality." *Proceedings of the National Academy of Science* 107 (May 11, 2010).

Baars, Bernard J. *A Cognitive Theory of Consciousness*. Cambridge: Cambridge University Press, 1988.

Barat, James. *Our Final Invention: Artificial Intelligence and the End of the Human Era*. New York: Thomas Dunne Books, 2013.

Barbour, Ian G. *Issues in Science and Religion*. Englewood Cliffs, NJ: Prentice Hall, 1966.

Barkow, Jerome H., Leda Cosmides, and John Tooby. eds. *The Adapted Mind: Evolutionary Psychology and the Generation of Culture*. New York: Oxford University Press, 1992.

Barrett, Justin L. *Why Would Anyone Believe in God?*. Lanham, MD: AltaMira Press, 2004.

Barr, James. *Holy Scripture: Canon, Authority, Criticism*. Oxford: Clarendon, 1983.

Barrow, John D. and Frank J. Tipler. *The Anthropic Cosmological Principle*. Oxford: Oxford University Press, 1986.

Barth, Karl. *Church Dogmatics*. Vol. III/3. Edited by Geoffrey W. Bromiley and Thomas F. Torrance. Edinburgh: T&T Clark, 1960.

Behe, Michael J. *Darwin's Black Box: The Biochemical Challenge to Evolution*. New York: Free Press, 1996.

Bergant, Dianne and Carroll Stuhlmueller. "Creation According to the Old Testament." In *Evolution and Creation*. Edited by Ernan McMullin, 153-175. Notre Dame: University of Notre Dame Press, 1985.

Bishop, Robert C., Larry L. Funck, Raymond J. Lewis, Stephen O. Moshier, and John

H. Walton. *Understanding Scientific Theories of Origins: Cosmology, Geology, and Biology in Christian Perspective*. Downers Grove, IL: InterVarsity Press, 2018.

Bostrom, Nick. *Superintelligence*. Oxford: Oxford University Press, 2014.

______. "The Future of Humanity." In *New Waves in Philosophy of Technology*. Edited by Jan-Kyrre Berg Olsen, Evan Selinger, and Soren Riis. New York: Palgrave McMillan, 2009.

Brooks, Rodney A. "Intelligence without Representation." *Artificial Intelligence* 47, no. 1-3 (1991): 139-159.

Brown, Warren. "Neurobiological Embodiment of Spirituality and Soul." In *From Cells to Souls*. Edited by Malcolm Jeeves. Grand Rapids: Wm. B. Eerdmans, 2004.

Brown, Warren, Nancey Murphy, and H. Newton Malony. *Whatever Happened to the Soul?*. Minneapolis: Fortress Press, 1998.

Broyles, Craig C. *Psalms*. NIBC 11. Peabody, MA: Hendrickson, 1999.

Calvin, John. *Commentaries on the First Book of Moses Called Genesis*. Translated by John King. Calvin's Commentaries 1. Grand Rapids, MI: Baker Book House, 1996.

______. *Institutes of the Christian Religion*. Edited by John T. McNeill. Translated by Ford Lewis Battles. Philadelphia: Westminster Press, 1960.

Chalmers, David J. "Facing Up to the Problem of Consciousness." *Journal of Consciousness Studies* 2, no. 3 (1995): 200-219.

______. *The Conscious Mind: In Search of a Fundamental Theory*. Oxford: Oxford University Press, 1996.

______. "Panpsychism and Panprotopsychism." In *Panpsychism*. Edited by Godehard Bruntrup and Ludwig Jaskolla, 19-47. New York: Oxford University Press, 2016.

______. "Panpsychism and Panprotopsychism." *The Amherst Lecture in Philosophy* 8 (2013): 6-7.

______. *Reality+: Virtual Worlds and the Problems of Philosophy*. New York: W. W. Norton & Company, 2022.

Charles, J. Daryl. ed. *Reading Genesis 1-2: An Evangelical Conversation*. Peabody, MA: Hendrickson, 2013.

Clayton, Philip. *Adventures in the Spirit: God, World, Divine Action*. Minneapolis: Fortress Press, 2008.

______. *God and Contemporary Science*. Edinburgh: Edinburgh Academic Press, 1997.

______. *Mind and Emergence: From Quantum to Consciousness*. Oxford: Oxford University Press, 2004.

Cochran, Gregory and Henry Harpending. *The 10,000 Year Explosion: How Civilization Accelerated Human Evolution*. New York: Basic, 2009.

Collins, C. John. *Science and Faith, Friend or Foes*. Wheaton, IL: Crossway, 2003.

Collins, Francis S. *The Language of God*. New York: Free Press, 2006.

Conway Morris, Simon. *The Crucible of Creation: The Burgess Shale and the Rise of Animals*. Oxford: Oxford University Press, 1998.

Coogan, Michael D. and Mark S. Smith. eds. *Stories from Ancient Canaan*. 2nd ed. Louisville: Westminster John Knox, 2012.

Cook, Alan. "Uncertainties of Science." In *Science Meets Faith: Theology and Science in Conversation*. Edited by F. Watts, 25-41. London: SPCK, 1998.

Corning, Peter. "The Re-Emergence of 'Emergence': A Venerable Concept in Search of a Theory." *Complexity* 7, no. 6 (2002): 18-30.

Cox, James L. *The Invention of God in Indigenous Societies*. Durham: Acumen, 2014.

Craig, William Lane. *Reasonable Faith: Christian Truth and Apologetics*. 3rd ed. Wheaton, IL: Crossway, 2008.

Crick, Francis. *The Astonishing Hypothesis: The Scientific Search for the Soul*. New York: Simon and Schuster, 1994.

Cullmann, Oscar. *Immortality of the Soul or Resurrection of the Body?: The Witness of the New Testament*. Eugene, OR: Wipf & Stock, 1964, 2010.

Cunningham, Conor. *Darwin's Pious Idea: Why the Ultra-Darwinists and Creationists Both Get It Wrong*. Grand Rapids, MI: Eerdmans, 2010.

Daeschler, E. B. et al. "A Devonian Tetrapod-like Fish and the Evolution of the Tetrapod Body Plan." *Nature* 440 (2006): 757-763.

Dahl, M. E. *The Resurrection of the Body*. London: SCM, 1962.

Dalley, Stephanie. *Myths from Mesopotamia: Creation, the Flood, Gilgamesh, and Others*. Oxford World's Classics. Oxford: Oxford University Press, 1989.

Damasio, Antonio. *The Feeling of What Happens: Body and Emotion in the Making of Consciousness*. San Diego: Harcourt, 1999.

Darwin, Charles. *The Correspondence of Charles Darwin*. Vol. 8. Edited by Frederick Burkhardt and Sydney Smith. Cambridge: Cambridge University Press, 1985.

______. *The Descent of Man*. Edited by James Moore and Adrian Desmond. London: Penguin Books, 2004.

______. *The Origin of Species by Means of Natural Selection*. Harmondsworth: Penguin, 1985.

Darwin, Francis. ed. *The Life and Letters of Charles Darwin, Including an Autobiographical Chapter*. 3 vols. London: Murray, 1887.

Davies, Paul. *The Goldilocks Enigma: Why Is the Universe Just Right for Life?*. New York: Mariner Books, 2006.

______. *The Mind of God*. New York/London: Simon & Schuster, 1992.

Dawkins, Richard. *A River Out of Eden: A Darwinian View of Life*. New York: Basic Books, 1995.

______. "Obscurantism to the Rescue." *Quarterly Review of Biology* 72 (1997): 399.

______. *The Blind Watchmaker*. Harmondsworth: Penguin, 1991.

______. *The Selfish Gene*. London: Granada Publishing, 1978.

Deacon, Terrence W. *Incomplete Nature: How Mind Emerged from Matter*. New York: W. W. Norton, 2012.

______. *The Symbolic Species: The Co-evolution of Language and the Brain*. New York: W. W. Norton, 1997.

Dehaene, Stanislas. *Consciousness and the Brain: Deciphering How the Brain Codes Our Thoughts*. New York: Viking, 2014.

Dehaene, Stanislas, Jean-Pierre Changeux, Lionel Naccache, Jerome Sackur, and Claire Sergent. "Conscious, Preconscious, and Subliminal Processing: A Testable Taxonomy." *Trends in Cognitive Sciences* 10, no. 5 (2006): 207.

Dennett, Daniel C. *Brainstorms*. Cambridge, MA: MIT Press, 1981.

______. *Consciousness Explained.* Boston: Little, Brown, 1991.

______. *Darwin's Dangerous Idea.* New York: Simon & Schuster, 1995.

Dennett, Daniel C. and Alvin Plantinga. *Science and Religion: Are They Compatible?.* New York and Oxford: Oxford University Press, 2010.

Descartes, René. *Meditations on First Philosophy.* Translated by Donald A. Cress. Indianapolis: Hackett, 1993.

De Waal, Frans. *Good Natured: The Origin of Right and Wrong in Humans and Other Animals.* Cambridge, MA: Harvard University Press, 1997.

Dobzhansky, Theodosius. *Genetics and the Origin of Species.* New York: Columbia University Press, 1937.

______. *The Biology of Ultimate Concern.* New York: New American Library, 1967.

Dodd, M. S. et al. "Evidence for Early Life in Earth's Oldest Hydrothermal Vent Precipitates." *Nature* 543 (2017): 60-64.

Donald, Merlin. *A Mind So Rare: The Evolution of Human Consciousness.* New York: W. W. Norton, 2001.

Dorobantu, Marius. "Artificial Intelligence as a Testing Ground for Key Theological Questions." *Zygon* 57, no. 4 (2022): 984-999.

______. *God in the Machine: What Robots Teach Us about Humanity and God.* New York: Dutton, 2004.

______. "Imago Dei in the Age of Artificial Intelligence." *Christian Perspectives on Science and Technology* 1 (2022): 175-176.

Drees, Willem B. *Religion, Science and Naturalism.* Cambridge: Cambridge University Press, 1996.

Dreyfus, Hubert and Stuart Dreyfus. *Mind Over Machine: The Power of Human Intuition and Expertise in the Era of the Computer.* New York: Free Press, 1989.

Driver, Samuel Rolles, and George Buchanan. *A Critical and Exegetical Commentary on the Book of Job: Together with a New Translation.* ICC. New York: Charles Scribner's Sons, 1921.

Edwards, Denis. *How God Acts: Creation, Redemption, and Special Divine Action.* Minneapolis: Fortress Press, 2010.

Eichrodt, Walther. *Theology of the Old Testament.* Translated by J. A. Baker. 3 vols. Philadelphia: Westminster Press, 1961.

Einstein, Albert. *Out of My Later Years.* New York: Philosophical Library, 1950.

Eldredge, Niles and Stephen Jay Gould. "Punctuated Equilibria: An Alternative to Phyletic Gradualism." In *Models in Paleobiology.* Edited by Thomas J. M. Schopf, 82-115. San Francisco: Freeman, Cooper, 1972.

______. "Punctuated Equilibria: The Tempo and Mode of Evolution Reconsidered." *Paleobiology* 3 (1977): 115-151.

Ellis, George F. R. "Ordinary and Extraordinary Divine Action: The Nexus of Interaction." In *Scientific Perspectives on Divine Action: Twenty Years of Challenge and Progress.* Edited by Robert John Russell, Nancey Murphy, and Ted Peters. Vatican City and Berkeley, CA: Vatican Observatory Publications and Center for Theology and the Natural Sciences, 2008.

Ellul, Jacques. *The Technological Society.* Translated by J. Wilkinson. New York: Vintage, 1964.

Emerton, A. "Leviathan and ltn: The Vocalization of the Ugaritic Word for Dragon." *Vetus Testamentum* 32 (1982): 327-331.

Feduccia, John Alan. *The Origin and Evolution of Birds.* New Haven, CT: Yale University Press, 1996.

Foerst, Anne. "Cog, a Humanoid Robot, and the Question of the Image of God." *Zygon* 33, no. 1 (1998): 91-111.

Foster, Benjamin R. *From Distant Days: Myths, Tales, and Poetry of Ancient Mesopotamia.* Bethesda, MD: CDL, 1995.

Freeman, S. and J. C. Herron. *Evolutionary Analysis.* Englewood Cliffs, N.J.: Prentice-Hall, 1998.

Fretheim, Terrence. *God and World in the Old Testament: A Relational Theology of Creation.* Nashville: Abingdon, 2005.

Fukuyama, Francis. *Our Posthuman Future: Consequences of the Biotechnology Revolution.* New York: Farrar, Straus and Giroux, 2002.

Galileo. "Letter to the Grand Duchess Christina." In *Discoveries and Opinions of Galileo.* Translated by Stillman Drake, 182-183. Garden City, N.Y.: Anchor,

1957.

Geller, Stephen A. "Sabbath and Creation: A Literary-Theological Analysis." *Journal of the Ancient Near Eastern Society (JANES)*, Special Supplement: *David gavra tava: Studies in Honor of David Marcus* (2022): 30-44.

Gervais, W. M. "Perceiving Minds and Gods: How Mind Perception Enables, Constrains, and Is Triggered by Belief in Gods." *Perspectives on Psychological Science* 8 (2013): 380-394.

Gleick, James. *Chaos.* Kent: Penguin Pub. Co.,1988.

Goodwin, Brian. *How the Leopard Changed Its Spots.* London: Weidenfeld and Nicolson, 1994.

Gould, Stephen Jay. "Darwinian Fundamentalism." *The New York Review of Books* 44 (June 12, 1997): 34-37.

______. *Full House.* Cambridge, MA: Harvard University Press, 1996.

______. *Full House: The Spread of Excellence from Plato to Darwin.* Cambridge, MA: Harvard University Press, 1996.

______. "Nonoverlapping Magisteria." *Natural History* 106, no. 2 (1997): 18.

______. "On Replacing the Idea of Progress with an Operational Notion of Directionality." In *Evolutionary Progress.* Edited by Matthew H. Nitecki, 319. Chicago: University of Chicago Press, 1988.

______. *Ontogeny and Phylogeny.* Cambridge, Mass.: Belknap Press, 1977.

______. *The Mismeasure of Man.* New York: Norton, 1981.

______. *Wonderful Life: The Burgess Shale and the Nature of History.* New York: W. W. Norton & Company, 1989.

Grant, George. *Technology and Justice.* Notre Dame, IN: University of Note Dame Press, 1986.

Gray, Asa. "Natural Selection Not Inconsistent with Natural Theology." *Atlantic Monthly* 6 (1860): 109-116, 229-239, 406-425.

Gray, John. *The Immortalization Commission: Science and the Strange Quest to Cheat Death.* New York: Farrar, Straus and Giroux, 2011.

______. "The Immortalization Commission." *The Guardian.* January 22, 2011.

Greenwood, Kyle. *Scripture and Cosmology: Reading the Bible Between the Ancient*

World and Modern Science. Downers Grove, IL: IVP Academic, 2015.

Gregersen, Niels Henrik. "Beyond the Balance: Theology in a Self-Organizing World." In *Design and Disorder*. Edited by Niels Henrik Gregersen and Ulf Görman, 79-98. London and New York: T & T Clark, 2001.

Gregory, Richard L. ed. *The Oxford Companion to the Mind*. Oxford: Oxford University Press, 1987.

Grenz, Stanley J. and John R. Franke. *Beyond Foundationalism: Shaping Theology in a Postmodern Context*. Louisville: Westminster John Knox Press, 2001.

Hameroff, Stuart and Roger Penrose. "Orchestrated Reduction of Quantum Coherence in Brain Microtubules: A Model for Consciousness." *Mathematics and Computers in Simulation* 40, no. 3-4 (1996): 453-480.

Hanson, Robin. "What If Uploads Come First: The Crack of a Future Dawn." *Extropy* 6, no. 2 (1994).

Harris, Eugene E. *Ancestors in Our Genome: The New Science of Humsn Evolution*. New York: Oxford University Press, 2015.

Hartley, John E. *The Book of Job*. NICOT. Grand Rapids: Eerdmans, 1988.

Hartshorne, Charles. *Divine Relativity: A Social Conception of God*. New Haven: Yale University Press, 1983.

Haught, John F. *God After Darwin: A Theology of Evolution*. Boulder: Westview Press, 2000.

Hawking, Stephen. *A Brief History of Time*. London: Bantam Press, 1989.

Hayles, N. Katherine. *How We Became Posthuman: Virtual Bodies in Cybernetics, Literature, and Informatics*. Chicago: The University of Chicago, 1999.

Heisenberg, Werner. *Physics and Beyond: Encounters and Conversations*. New York: Harper & Row, 1971.

Herrmann, Robert L. "Emergence of Humans and the Neurobiology of Consciousness." In *In Whom We Live and Move and Have Our Being*. Edited by Philip Clayton and Arthur Peacocke. Grand Rapids: William B. Eerdmans, 2004.

______. *Is God the Only Reality? Science, Religion, and the Search for Meaning*. West Conshohocken, PA: Templeton Foundation Press, 2001.

Herzfeld, Noreen L. "Creating in Our Own Image." *Zygon* 37, no. 2 (2002): 303-316.

______. *In Our Image: Artificial Intelligence and the Human Spirit*. Minneapolis: Fortress Press, 2002.

Hodge, Charles. "The Bible in Science." *New York Observer*. March 26, 1863, 98-99.

Hofstadter, Douglas R. *Gödel, Escher, Bach: An Eternal Golden Braid*. New York: Basic Books, 1979.

______. *I Am a Strange Loop*. New York: Basic Books, 2007.

Horowitz, Wayne. *Mesopotamian Cosmic Geography*. Mesopotamian Civilizations 8. Winona Lake, IN: Eisenbrauns, 2011.

Hunger, Hermann and David Pingree. *Astral Sciences in Mesopotamia*. Leiden: Brill, 1999.

______. *MUL.APIN: An Astronomical Compendium in Cuneiform*. AfO 24. Horn, Austria: Berger & Söhne, 1989.

Huxley, Aldous Leonard. *The Life and Letters of Thomas Henry Huxley*. London: Macmillan, 1900.

Huyssteen, Wentzel van. "The Realism of the Text: A Perspective on Biblical Authority." In *Essays in Postfoundationalist Theology*, 21-39. Grand Rapids: William B. Eerdmans Publishing Co., 1997.

Jacob, François. *The Possible and the Actual*. Translated by Matthew Cobb. New York: Pantheon Books, 1982.

Jaspers, Karl. *The Future of Mankind*. Chicago: University of Chicago Press, 1961.

Jeeves, Malcolm A. *Human Nature: Reflections on the Integration of Psychology and Christianity*. Philadelphia: Templeton Press, 2006.

______. *Minds, Brains, Souls and Gods: A Conversation on Faith, Psychology and Neuroscience*. Downers Grove, IL: InterVarsity Press, 2013.

______. *The Scientific Enterprise and Christian Faith*. London: Tyndale Press, 1969.

Jeeves, Malcolm A. and David G. Myers. *Psychology Through the Eyes of Faith*. New York: HarperOne, 2002.

Jeeves, Malcolm A. and Robert J. Berry. *Science, Life and Christian Belief: A Survey of Contemporary Issues*. Grand Rapids: Baker Books, 1998.

Jeeves, Malcolm A. and Warren S. Brown. *Neuroscience, Psychology, and Religion: Illusions, Delusions, and Realities about Human Nature*. West Conshohocken,

PA: Templeton Press, 2009.

Jeeves, Malcolm. ed. *From Cells to Souls-and Beyond: Changing Portraits of Human Nature*. Grand Rapids/Cambridge, UK: Eerdmans, 2004.

John Paul II. "Evolution and the Living God." In *Science and Theology: The New Consonance*. Edited by Ted Peters, 150. Boulder: Westview Press, 1998.

______. *Fides et Ratio: Encyclical Letter of John Paul II to the Catholic Bishops of the World*. Vatican City: L'Osservatore Romano, 1998.

______. "The Pope's Message on Evolution." *Quarterly Review of Biology* 72 (1997): 382-383.

Johnson, Phillip. *Reason in the Balance: The Case against Naturalism in Science, Law and Education*. Downers Grove, IL: InterVarsity Press, 1995.

______. *The Wedge of Truth: Splitting the Foundations of Naturalism*. Downers Grove, IL: InterVarsity Press, 2000.

Johnston, Philip S. *Shades of Sheol: Death and Afterlife in the Old Testament*. Downers Grove, IL: InterVarsity Press, 2002.

Kant, Immanuel. *Critique of Judgment: Including the First Introduction*. Translated and introduced by Werner S. Pluhar, with a foreword by Mary J. Gregor. Indianapolis: Hackett, 1987.

Kauffman, Stuart Alan. *The Origins of Order: Self-Organization and Selection in Evolution*. Oxford: Oxford University Press, 1993.

Kaufman, Gordon. *God the Problem*. Cambridge, MA: Harvard University, 1972.

Kaufmann, Yehezkel. *The Religion of Israel*. New York: Schocken, 1972.

Keel, Othmar. *The Symbolism of the Biblical World: Ancient Near Eastern Iconography and the Book of Psalms*. Translated by Timothy J. Hallett. Winona Lake, IN: Eisenbrauns, 1997.

Kim, Jaegwon. "Making Sense of Emergence." *Philosophical Studies* 95, no. 1-2 (1999): 3-36.

Klein, Richard G. and Alison S. Brooks. *The Dawn of Human Culture*. New York: Wiley, 2002.

Koch, Christof. *The Feeling of Life Itself: Why Consciousness Is Widespread but Can't Be Computed*. Cambridge, MA: MIT Press, 2019.

Kovacs, Maureen Gallery. *The Epic of Gilgamesh*. Stanford, CA: Stanford University Press, 1989.

Kurzweil, Ray and Terry M. D. Grossman. *Fantastic Voyage: Live Long Enough to Live Forever*. New York: Rodale, 2004.

______. *The Age of Spiritual Machines: When computers exceed human intelligence*. New York/London: Penguin Books, 2000.

Lamarck, Jean-Baptiste. *Zoological Philosophy: An Exposition With Regard to the Natural History of Animals*. Forgotten Books, 2012.

Lambert, W. G. *Babylonian Creation Myths*. Mesopotamian Civilizations 16. Winona Lake, IN: Eisenbrauns, 2014.

Lambert, W. G. and A. R. Millard. *Atra-hasis: The Babylonian Story of the Flood*. Winona Lake, IN: Eisenbrauns, 1999.

Laplace, Pierre-Simon. *A Philosophical Essay on Probabilities*. Translated by Frederick Truscott and Frederick Emory. New York: Dover, 1951.

Larson, Edward J. *The Creation-Evolution Debate: Historical Perspective*. Athens & London: The University of Georgia Press, 2007.

Lenski, Richard E. and John H. Miller. *Evolution: Making Sense of Life*. 2nd ed. Greenwood Village, CO: Roberts and Company Publishers, 2015.

Levins, Richard and Richard Charles Lewontin. *The Dialectical Biologist*. Cambridge, Mass.: Harvard University Press, 1985.

Lewis, C. S. *The Problem of Pain*. San Francisco: HarperSanFrancisco, 1996.

______. *Transposition and Other Addresses*. London: Geoffrey Bles, 1949.

Lewis, T. J. "Dead." In *Dictionary of Deities and Demons in the Bible*, 223-231.

Lichtheim, Miriam. *Ancient Egyptian Literature*, vol. 1, The Old and Middle Kingdoms. Berkeley: University of California Press, 1973.

Lieberman, Daniel E. *The Story of the Human Body: Evolution, Health, and Disease*. New York: Pantheon, 2013.

Lipiński, Edouard. "Shemesh." In *Dictionary of Deities and Demons in the Bible*, 810.

Lonergan, Bernard. *Insight*. London: Longman, 1958.

Longman, Tremper. "What Genesis 1-2 Teaches." In *Reading Genesis 1-2: An*

Evangelical Conversation. Edited by J. Daryl Charles, 125-136. Peabody, MA: Hendrickson, 2013.

Lyell, Charles. *The Antiquity of Man*. London: John Murray, 1863.

MacKay, Donald M. *Freedom of Action in a Mechanistic Universe*. Cambridge: Cambridge University Press, 1967.

______. ed. *Christianity in a Mechanistic University and Other Essays*. Downers Grove, IL: IVP, 1965.

Maguire, E. A., D. G. Gadian, I. S. Johnsrude, C. D. Good, J. Ashburner, R. S. Frackowiak, and C. D. Frith. "Navigation-Related Structural Change in the Hippocampi of Taxi Drivers." *Proceedings of the National Academy of Sciences of the USA* 97 (2000): 4398-4403.

Marshall, David. ed. *Science and Religion: Christian and Muslim Perspectives*. Washington, DC: Georgetown University Press, 2012.

Mayr, Ernst. "Darwin and the Evolutionary Theory in Biology." In *Evolution and Anthropology: A Centennial Appraisal*, 1-10. Washington, D.C.: Anthropological Society of America, 1959.

McFague, Sallie. *The Body of God: An Ecological Theology*. London: SCM Press, 1993.

McMullin, Ernan. "Evolutionary Contingency and Cosmic Purpose." In *Finding God in All Things*. Edited by Michael Himes and Stephen Pope, 156-157. New York: Crossroad, 1996.

______. "Plantinga's Defense of Special Creation." In *Intelligent Design Creationism and Its Critics: Philosophical, Theological, and Scientific Perspectives*. Edited by Robert T. Pennock, 29-43. Cambridge, MA: MIT Press, 2001.

______. "Science and Religion: Seeking Understanding." In *The Science and Theology Dialogue: What Can Theology Contribute?* Edited by Niels Henrik Gregersen, 15-28. Geneva: World Council of Churches, 2002.

______. "The Impact of Newton's Principia on the Philosophy of Science." *Philosophy of Science* 68, no. 3 (2001): 279-300.

Meier, Samuel A. *Themes and Transformations in Old Testament Prophecy*. Downers Grove, IL: IVP Academic, 2009.

Meléndez-Hevia, E., T. G. Waddell, and M. Cascante. "The Puzzle of the Krebs Citric

Acid Cycle: Assembling the Pieces of Chemically Feasible Reactions, and Opportunism in the Design of Metabolic Pathways during Evolution." *Journal of Molecular Evolution* 43 (1996): 302.

Miller, Patrick D. "The Poetry of Creation: Psalm 104." In *God Who Creates: Essays in Honor of W. Sibley Towner*. Edited by W. P. Brown and S. D. McBride Jr., 87-103. Grand Rapids: Eerdmans, 2000.

Moltmann, Jürgen. *God in Creation: A New Theology of Creation and the Spirit of God*. Translated by Magaret Kohl. San Francisco: Harper & Row, 1985.

Moravec, Hans. *Mind Children: The future of robot and human intelligence*. Cambridge: MA/London: Harvard University Press, 1988.

______. *Robot: Mere machines to transcendent mind*. Oxford/New York: Oxford University Press, 1999.

Morgan, C. Lloyd. *Emergent Evolution*. London: Williams and Norgate, 1923.

Morris, Henry M. *Scientific Creationism*. El Cajon, CA: Master Books, 1985.

Morris, Simon Conway. *Life's Solution: Inevitable Humans in a Lonely Universe*. New York: Cambridge University Press, 2013.

______. ed. *The Deep Structure of Biology: Is Convergence Sufficiently Ubiquitous to Give a Directional Signal?*. West Conshohocken: Templeton Foundation Press, 2008.

Moskala, Jiri. "The Sabbath in the First Creation Accounts." *Journal of the Adventist Theological Society* 13, no. 1 (Spring 2002): 55-66.

Murphy, Nancey and Warren S. Brown. *Beyond Liberalism and Fundamentalism: How Modern and Postmodern Philosophy Set the Theological Agenda*. Valley Forge, PA: Trinity Press International, 1996.

______. *Bodies and Souls, or Spirited Bodies?*. Cambridge: Cambridge University Press, 2006.

______. *Did My Neurons Make Me Do It? Philosophical and Neurobiological Perspectives on Moral Responsibility and Free Will*. Oxford: Oxford University Press, 2007.

______. "Divine Action in the Natural Order." In *Philosophy, Science, and Divine Action*. Edited by F. LeRon Shults, Nancey Murphy, and Robert John Russell.

Leiden: Brill Academic Publishers, 2009.

______. "Divine Action in the Natural Order: Buridan's Ass and Schrödinger's Cat." In *Chaos and Complexity: Scientific Perspectives on Divine Action*. Edited by Robert J. Russell, Nancey Murphy, and Arthur Peacocke. Vatican City: Vatican Observatory, 1995.

______. "Human Nature: Historical, Scientific, and Religious Issues." In *Whatever Happened to the Soul?*. Edited by Warren S. Brown, Nancey Murphy, and H. Newton Malony, 1-29. Minneapolis: Fortress Press, 1998.

______. "I Cerebrate Myself: Is There a Little Man Inside Your Brain?." *Books and Culture: A Christian Review* 5, no. 1 (January-February 1999): 24-25.

______. "Nonreductive Physicalism: Philosophical Issues." In *Whatever Happened to the Soul? Scientific and Theological Portraits of Human Nature*. Edited by Warren S. Brown, Nancey Murphy, and H. Newton Malony, Minneapolis, MN: Fortress Press, 1998.

Nagel, Thomas. *Mind and Cosmos: Why the Materialist Neo-Darwinian Conception of Nature Is Almost Certainly False*. New York: Oxford University Press, 2012.

______. *The View from Nowhere*. New York: Oxford University Press, 1986.

______. "What Is It Like to Be a Bat?." *The Philosophical Review* 83, no. 4 (1974): 435-450.

Naugle, David K. *Worldview: The History of a Concept*. Grand Rapids: Eerdmans, 2002.

Nesteruk, Alexei V. "A Participatory Universe of J. A. Wheeler as an Intentional Correlate of Embodied Subjects and an Example of Purposiveness in Physics." *Journal of Siberian Federal University. Humanities & Social Sciences* 6, no. 3 (2013): 354-373.

Newell, Alan. "Intellectual Issues in the History of Artificial Intelligence." In *The Study of Information: Interdisciplinary Messages*. Edited by Fritz Machlup and Una Mansfield. New York: Wiley, 1983.

Newton, Isaac. *The Principia: Mathematical Principles of Natural Philosophy*. Translated by I. Bernard Cohen and Anne Whitman. Berkeley: University of California Press, 1999.

Osborn, Henny Fairfield. *The Age of Mammals in Europe, Asia and North America*. New York: Macmillan, 1910.

Osborn, Lawrence. "Theology and the New Physics." In *God, Humanity and the Cosmos*. Edited by Christopher Southgate et al. 3rd ed., 199-221. New York/London: T\&T Clark, 2011.

Oswalt, John N. *The Book of Isaiah: Chapters 40-66*. NICOT. Grand Rapids: Eerdmans, 1998.

Pannenberg, Wolfhart. *Systematic Theology*. Vol. 2. Translated by Geoffrey W. Bromiley. Grand Rapids: Eerdmans; Edinburgh: T & T Clark, 1994.

______. *The Historicity of Nature: Essays on Science and Theology*. Edited by Niels Henrik Gregersen. West Conshohocken, PA: Templeton Foundation Press, 2008.

______. "Theological Questions to Scientists." In *Theology and the Philosophy of Science*, 17-18. Philadelphia: Westminster Press, 1976.

______. *Toward a Theology of Nature: Essays on Science and Faith*. Edited by Ted Peters. Louisville: Westminster/John Knox Press, 1993.

Peacocke, Arthur. *Creation and the World of Science*. Oxford: Clarendon Press, 1979.

______. "God's Interaction with the World: The Implications of Deterministic 'Chaos' and of Interconnected and Interdependent Complexity." In *Chaos and Complexity: Scientific Perspectives on Divine Action*. Edited by Robert J. Russell, Nancey Murphy, and Arthur Peacocke. Vatican City: Vatican Observatory, 1995.

______. *Theology for a Scientific Age*. London: SCM Press, 1993.

______. "The Sound of Sheer Silence: How Does God Communicate with Humanity?." In *Neuroscience and the Person: Scientific Perspectives on Divine Action*. Edited by Robert J. Russell, Nancey Murphy, Theo Meyering, and Michael Arbib, 215-247. Vatican City and Berkeley, CA: Vatican Observatory and Center for Theology and the Natural Sciences, 1999.

Penrose, Roger. *Shadows of the Mind: A Search for the Missing Science of Consciousness*. Oxford: Oxford University Press, 1994.

______. *The Emperor's New Mind*. Oxford: Oxford University Press, 1989.

______. *The Road to Reality: A Complete Guide to the Laws of the Universe*. London: Jonathan Cape, 2004.

Penzias, A. A. and R. W. Wilson. "A Measurement of Excess Antenna Temperature at 4080 Mc/s." *Astrophysical Journal Letters* 142 (1965): 419-421.

Persinger, Michael A. *Neuropsychological Bases of God Beliefs*. New York: Greenwood Press, 1987.

______. "Religious and Mystical Experiences as Artifacts of Temporal Lobe Function: A General Hypothesis." *Perceptual and Motor Skills* 57 (1983): 1255-1262.

Peters, Ted and Martinez Hewlett. *AI and IA: Utopia or Extinction?*. Eugene, OR: Cascade Books, 2019.

______. *Can You Believe in God and Evolution?: A Guide for the Perplexed*. Nashville: Abingdon Press, 2008.

Pilbeam, David. "The Descent of Hominoids and Hominids." *Scientific American* 250, no. 3 (1984): 84-97.

Plantinga, Alvin. "Methodological Naturalism." *Perspectives on Science and Christian Faith* 49, no. 3 (1997): 143-154.

______. *Warrant and Proper Function*. New York: Oxford University Press, 1993.

______. "When Faith and Reason Clash: Evolution and the Bible." In *Christian Scholar's Review* 21, no. 1 (1991): 8-32.

______. *Where the Conflict Really Lies: Science, Religion, and Naturalism*. Oxford: Oxford University Press, 2011.

Poincaré, Henri. *New Methods of Celestial Mechanics*. Translated by D. Goroff. Boston: American Institute of Physics, 1993.

Polanyi, Michael. "Life's Irreducible Structure." *Science* 160, no. 3834 (1968): 1308.

______. *Personal Knowledge: Towards a Post-Critical philosophy*. Chicago: University of Chicago Press, 2015.

______. *The Tacit Dimension*. Garden City, NY: Doubleday, 1966.

Polkinghorne, John. *Belief in God in an Age of Science*. New Haven: Yale University Press, 1998.

______. *Exploring Reality: The Intertwining of Science and Religion*. New Haven, CT: Yale University Press, 2005.

______. *Science and Christian Belief: Theological Reflections of a Bottom-Up Thinker*. London: SPCK, 1994.

______. *Science and Providence: God's Interaction with the World*. London: SPCK, 1989.

______. *The Faith of a Physicist*. Minneapolis: Fortress Press, 1994.

______. *The God of Hope and the End of the World*. New Haven: Yale University Press, 2002.

______. "The Metaphysics of Divine Action." In *Chaos and Complexity: Scientific Perspectives on Divine Action*. Edited by Robert J. Russell, Nancey Murphy, and Arthur Peacocke. Vatican City: Vatican Observatory, 1995.

______. *Quantum Physics and Theology: An Unexpected Kinship*. New Haven and London: Yale University Press, 2007.

______. *Quarks, Chaos and Christianity*. New York: Crossroad Publishing, 1994.

Putnam, Hilary. "Psychological Predicates." In *Art, Mind, and Religion*. Edited by W. H. Capitan and D. D. Merrill, 37. Pittsburgh: University of Pittsburgh Press, 1967.

Raup, David M. *Extinction: Bad Genes or Bad Luck?*. New York: W.W. Norton, 1991.

Ricoeur, Paul. "Explanation and Understanding." In *The Philosophy of Paul Ricoeur: An Anthology of His Work*. Edited by Charles Reagan and David Stewart, 149-166. Boston: Beacon Press, 1978.

______. *Interpretation Theory: Discourse and the Surplus of Meaning*. Fort Worth: Texas Christian University Press, 1976.

______. "The Bible and the Imagination." In *The Bible as a Document of the University*. Edited by Hans Dieter Betz, 1-15. Chico, CA: Scholars Press, 1981.

Rizzolatti, Giacomo et al. "Premotor Cortex and the Recognition of Motor Actions." *Brain Research. Cognitive Brain Research* 3, no. 2 (1996): 131-141.

Robinson, H. Wheeler. *The Christian Doctrine of Man*. Edinburgh: Clark, 1911.

Rochberg, Francesca. *The Heavenly Writing: Divination, Horoscopy, and Astronomy in Mesopotamian Culture*. Cambridge: Cambridge University Press, 2004.

Rogers, Carl R. and Burrhus F. Skinner. "Some Issues Concerning the Control of Human Behaviour." *Science* 124 (1956): 1057.

Ruse, Michael. *But Is It Science? The Philosophical Question in the Creation/Evolution Controversy*. Buffalo, N.Y.: Prometheus, 1988.

______. *Can a Darwinian Be a Christian?: The Relationship between Science and Religion*. Cambridge, New York: Cambridge University Press, 2004.

______. "Is There a Limit to Our Knowledge of Evolution?." *BioScience* 34, no. 2 (1984): 100-104.

Russell, Bertrand. *Human Knowledge: Its Scope and Limits*. New York: Simon and Schuster, 1948.

Russell, Robert John. "Divine Action and Quantum Mechanics: A Fresh Assessment." In *Quantum Mechanics: Scientific Perspectives on Divine Action*. Edited by Robert John Russell, Philip Clayton, Kirk Wegter-McNelly, and John Polkinghorne, 293-328. Notre Dame, IN: University of Notre Dame Press, 2001.

______. "Special Providence and Genetic Mutation: A New Defense of Theistic Evolution." In *Evolution and Molecular Biology: Scientific Perspectives on Divine Action*. Edited by Robert John Russell, William R. Stoeger, and Francisco J. Ayala, 191-223. Vatican City: Vatican Observatory Publications, 1998.

______. "What We Learned from Quantum Mechanics About Noninterventionist Objective Divine Action in Nature — and Its Remaining Challenges." In *God's Providence and Randomness in Nature: Scientific and Theological Perspectives*. Edited by Robert John Russell and Joshua M. Moritz. West Conshohocken: Templeton Press, 2018.

Russell, Robert John et al. eds. *Chaos and Complexity: Scientific Perspectives on Divine Action*. Notre Dame: University of Notre Dame Press, 1997.

Russell, Robert John, Niels Henrik Gregersen, and Gaymon Bennett. eds. *Chaos and Complexity: Scientific Perspectives on Divine Action*. Notre Dame, IN: University of Notre Dame Press, 1997.

Ryle, Gilbert. *The Concept of Mind*. London: Hutchinson's University Library, 1949.

Saggs, H. W. F. *Babylonians: Peoples of the Past*. Berkeley: University of California Press, 2000.

Schlebusch, Carina M. et al. "Southern African Ancient Genomes Estimate Modern Human Divergence to 35,000 to 260,000 Years Ago." *Science* 358, no. 6363 (2017): 652-655.

Schoenemann, P. Thomas. "Hominid Brain Evolution." In *A Companion to Paleoanthropology*. Edited by D. R. Begun. Chichester, UK: Wiley-Blackwell, 2013.

Schurger, Aaron and Giulio Tononi. "Measuring Integrated Information: From the Concept to the Practicalities." In *Advances in Cognitive Neurodynamics* IV (2015): 1-5.

Searle, John R. "Minds, Brains, and Programs." *Behavioral and Brain Sciences* 3, no. 3 (1980): 417.

Seely, Paul H. "The Firmament and the Water Above: Part I: The Meaning of raqiaʻ in Gen 1:6-8." *Westminster Theological Journal* 53 (1991): 228.

Skinner, Burrhus F. *Science and Human Behaviour*. New York: Macmillan, 1953.

Smil, Vaclav. *Transforming the Twentieth Century: Technical Innovations and Their Consequences*. Oxford: Oxford University Press, 2006.

Smith, Mark S. *The Priestly Vision of Genesis* 1. Minneapolis: Fortress, 2010.

Solomon, Susan, Dahe Qin, Martin Manning et al. *Climate Change 2007: The Physical Science Basis. Contribution of the Working Group I to the Fourth Assessment Report of the Intergovernmental Panel on Climate Change*. Cambridge: Cambridge University Press, 2007.

Southgate, Christopher. "A Test Case: Divine Action." In *God, Humanity and the Cosmos: A Textbook in Science and Religion*. Edited by Christopher Southgate, 307. London/New York: T&T Clark, 2011.

______. *The Groaning of Creation: God, Evolution and the Problem of Evil*. Louisville: Westminster John Knox Press, 2008.

Sperry, Roger W. "A Modified Concept of Consciousness." *Psychological Review* 87, no. 4 (1980): 532.

______. *The Oxford Companion to the Mind*. Edited by Richard L. Gregory. Oxford: Oxford University Press, 1987.

Spinoza, Baruch. *Ethics*. Translated by Edwin Curley. London: Penguin Classics,

1996.

Stadelmann, Luis I. J. *The Hebrew Conception of the World*. AnBib 39. Rome: Pontifical Biblical Institute, 1970.

Stone, Lawson G. "The Soul: Possession, Part or Person? The Genesis of Human Nature in Genesis 2:7." In *What about the Soul?*. Edited by Joel B. Green, 47-62. Nashville: Abingdon, 2004.

Stringer, Chris. *Lone Survivors: How We Came to Be the Only Humans on Earth.* New York: Times Books, 2012.

Tattersall, Ian. *Becoming Human: Evolution and Human Uniqueness.* New York: Harcourt, 2002.

______. *Masters of the Planet: The Search for Our Human Origins.* New York: Palgrave Macmillan, 2012.

______. *The Strange Case of the Rickey Cossack and Other Cautionary Tales from Human Evolution.* New York: Palgrave Macmillan, 2015.

Taylor, John H. *Death and the Afterlife in Ancient Egypt.* Chicago: University of Chicago Press, 2001.

Teilhard de Chardin, Pierre. *The Phenomenon of Man.* Translated by Bernard Wall. New York: Harper & Row, 1959.

Tomasello, Michael. *The Cultural Origins of Human Cognition.* Cambridge, MA: Harvard University Press, 1999.

Tononi, Giulio. "An Information Integration Theory of Consciousness." *BMC Neuroscience* 5, no. 42 (2004): 1.

______. "Consciousness as Integrated Information: A Provisional Manifesto." *The Biological Bulletin* 215, no. 3 (2008): 216-242.

Tononi, Giulio and Christof Koch. "Consciousness: Here, There and Everywhere?." *Philosophical Transactions of the Royal Society B: Biological Sciences* 370, no. 1668 (2015): 1.

Torrance, Thomas F. *Theological Science.* Oxford: Oxford University Press, 1969.

Tracy, Thomas F. "Particular Providence and the God of the Gaps." In *Chaos and Complexity*. Edited by Robert John Russell, Niels Henrik Gregersen, and Gaymon Bennett, 289-324. Notre Dame, IN: University of Notre Dame Press,

1995.

______. ed. *The God Who Acts: Philosophical and Theological Explorations*. Eugene: Wipf & Stock, 1994.

Tsumura, David Toshio. *Creation and Destruction: A Reappraisal of the Chaos-kampf Theory in the Old Testament*. Winona Lake, IN: Eisenbrauns, 2005.

Turner, Kenneth J. "The Kindness of God: A Theological Reflection of Min, 'Kind'." In *Genesis Kinds: Creationism and the Origin of Species*. Edited by Todd C. Wood and Paul A. Gardner, Center for Origins Research Issues in Creation. Eugene, OR: Wipf & Stock, 2009.

Tylor, Edward B. *Primitive Culture: Researches into the Development of Mythology, Philosophy, Religion, Language, Art and Custom*. 2 vols. 1871; New York: Holt, 1874.

Uehlinger, Christoph. "Leviathan." In *Dictionary of Deities and Demons in the Bible*, 511.

Ussher, James. *Annals of the Ancient and New Testaments*. London: 1650.

Vanstone, W. H. *Love's Endeavour, Love's Expense*. London: Darton, Longman and Todd, 1977.

van Strien, Marij. "The Vienna Circle's Opposition to the Metaphysical Aspects of Quantum Mechanics." *HOPOS: The Journal of the International Society for the History of Philosophy of Science* 3, no. 2 (2013): 251-305.

Vygotsky, Lev. *Mind in Society: The Development of Higher Psychological Processes*. Cambridge, MA: Harvard University Press, 1978.

Walton, John H. *Ancient Near Eastern Thought and the Old Testament: Introducing the Conceptual World of the Hebrew Bible*. Grand Rapids: Baker Academic, 2006.

______. *Genesis 1 as Ancient Cosmology*. Winona Lake: Eisenbrauns, 2011.

______. *The Lost World of Genesis One: Ancient Cosmology and the Origins Debate*. Downers Grove, IL: IVP Academic, 2009.

Ward, Keith. *God, Chance and Necessity*. Oxford: Oneworld, 1996, 2009.

______. *God, Faith and the New Millennium*. Oxford: Oneworld, 1998.

______. *The Big Questions in Science and Religion*. West Conshohocken, PA:

Templeton Foundation Press, 2008.

Warfield, Benjamin B. "Evolution, Development, and Theology." *The Princeton Theological Review* 9 (1911): 638-665.

Weber, Max. *On the Methodology of the Social Sciences*. Edited and Translated by Edward A. Shils and Henry A. Finch. New York: Free Press, 1949.

Wheeler, John Archibald and Wojciech Hubert Zurek. eds. *Quantum Theory and Measurement*. Princeton: Princeton University Press, 1983.

White, Andrew Dickson. *A History of the Warfare of Science with Theology in Christendom* Vol. 1. New York: D. Appleton and Co., 1896.

White, Matthew. *The Great Big Book of Horrible Things: The Definitive Chronicle of History's 100 Worst Atrocities*. New York: W. W. Norton, 2011.

Whitehead, Alfred North. *Process and Reality*. New York: The Free Press, 1978.

______. *Science and the Modern World*. Cambridge: Cambridge University Press, 1927.

Whybray, R. N. *Isaiah 40-66*. NCB. Grand Rapids: Eerdmans, 1981.

Wigner, Eugene. "Remarks on the Mind-Body Question." In *Quantum Theory and Measurement*. Edited by J. A. Wheeler and W. H. Zurek, 168-181. Princeton: Princeton University Press, 1983.

Wildman, D. E. et al. "Implications of Natural Selection in Shaping 99.4% Nonsynonymous DNA Identity between Humans and Chimpanzees: Enlarging Genus Homo." *Proceedings of the National Academy of Sciences* 100 (2003): 7181-7188.

Wilson, Edward Osborne. *The Diversity of Life*. Cambridge, Mass.: Harvard University Press, 1992.

Wilson, John A. "Egypt: The Nature of the Universe." In *The Intellectual Adventure of Ancient Man: An Essay on Speculative Thought in the Ancient Near East*. Edited by Henri Frankfort et al. 4th ed., 45. Chicago: University of Chicago Press, 1946.

Wittgenstein, Ludwig. *Philosophical Investigations*. New York: The Macmillan Company, 1965.

Wolpoff, Milford Howell and Rachel Caspari. *Race and Human Evolution*. Boulder: Westview, 1997.

Wright, Edward. *The Early History of Heaven*. Oxford: Oxford University Press, 2000.

Bostrom, Nick. "Existential Risks: Analyzing Human Extinction Scenarios and Related Hazards." *Journal of Evolution and Technology* 9 (2002). https://nickbostrom.com/existential/risks.html.

International Commission on Stratigraphy. *International Chronostratigraphic Chart 2023*. International Union of Geological Sciences, February 2023. https://stratigraphy.org/ICSchart/ChronostratChart2023-02.pdf.

Nature Ecology & Evolution. Accessed July 6, 2025. https://www.nature.com/natecolevol/.

Pope Francis. "Address of His Holiness Pope Francis on the Occasion of the Inauguration of the Bust in Honour of Pope Benedict XVI." October 27, 2014. https://w2.vatican.va/content/francesco/en/speeches/2014/October/documents/papa-francesco_20141027_plenaria-academia-scienze.html.

Pope Pius XII. *Humani generis*. 1950. http://www.vatican.va/holy_father/pius_xii/encyclicals/documents/hf_p-xii_enc_12081950_humani-generis_en.html.

United States Census Bureau. Historical Estimates of World Population (table for year 2007). Accessed July 25, 2025. https://www.census.gov/data/tables/time-series/demo/international-programs/historical-est-worldpop.html.

찾아보기

인명 색인

ㄱ

가자니가, 마이클 265

갈릴레이, 갈릴레오 111, 139

굴드, 스티븐 제이 188-189, 304-305,
　　310-312, 323, 334, 346, 348-349,
　　355, 363, 433, 551,-553

굿윈, 브라이언 315

그레거슨, 닐스 432

그린우드, 카일 67, 71

ㄴ

네이글, 토마스 445-446, 455

뉴버그, 앤드루 220-221, 224, 240, 245,
　　250

뉴턴, 아이작 29, 111, 114, 131-132, 157,
　　166-167, 171, 175, 177, 190, 199,
　　258, 339, 537, 541-543, 545, 551,
　　559

ㄷ

다마시오, 안토니오 436, 437

대로우, 클래런스 99, 384-385

데닛, 다니엘 305, 436, 476

데이비스, 폴 182, 280, 333

데하네, 스타니슬라스 443, 483

뎀스키, 윌리엄 412, 415

도로반투, 마리우스 472, 488, 495-500

도브잔스키, 테오도시우스 235, 373

도킨스, 리처드 24, 146, 313, 324-330,
　　334, 341, 345, 348, 355, 362, 366,
　　369, 373, 388

뒤르, 한스 페터 114, 117, 130-131

드발, 프란스 271

ㄹ

라마르크, 장 바티스트 148-149, 287

라일, 길버트 436

러셀, 로버트 196, 210, 212-214, 216, 280,
　　336-343, 364, 416, 455

레벤슨, 존 D. 90-92, 143, 145

로스, 휴 401, 407-410, 412, 420, 428

로저스, 칼 261

루스, 마이클 287, 346-347, 355-367, 370,
　　372, 374-379, 387

루이스, C. S. 97, 257-258

리촐라티, 자코모 267

ㅁ

마이어, 스티븐 401, 407, 412-414, 416,
　　420, 422, 428-429, 555-556

주제 색인

ㄱ

계속적 창조 107, 126, 138, 147, 148, 155, 156, 161, 164, 414, 425, 426, 429, 430, 538, 553, 554, 555, 557, 558, 562, 563

고전적 유신론 127, 132, 135, 538, 540, 541, 543, 544, 553-555, 562

공통 조상 151, 231, 287, 294, 298-300, 354, 421, 430, 431

과학기술 502, 504, 507-509, 511-514, 516, 517, 520, 525-533

과학적 창조론(창조과학) 25, 26, 163, 354, 381, 385-390, 393-395, 397, 398, 400, 406, 410, 411, 427

궁창 6, 37, 38, 55-64, 67, 69, 71, 72, 74, 76, 77, 85, 86, 89, 140, 143

길가메시 서사시 51, 238, 405

ㄴ

네안데르탈인 232, 233, 295, 296, 408

네페쉬 81, 94, 95, 98, 106, 160, 161, 272, 439, 441, 457, 466

ㄷ

능동적 정보 126, 194, 209, 218

다윈주의 150, 246-248, 320, 333, 345-350, 355, 358-362, 364, 366, 367, 369, 371-377, 379, 380, 388, 424, 430, 548

다중우주론 185

단속 평형 이론 304, 305, 323, 349, 431

대립유전자 96, 151, 160

ㄹ

라키아 61, 62, 69, 85

리워야단 65, 66, 73, 74, 90, 145

ㅁ

메소포타미아 50-56, 64, 93, 237, 238, 405, 408

목적론 24, 106, 113, 114, 124, 133-137, 141, 162, 184, 185, 191, 202, 222, 228, 244, 248, 253, 259, 286, 316, 318, 323, 334, 347, 362, 364, 368, 388, 417, 463, 541, 552, 553, 558, 561, 562

목적론적 인과론 113, 222, 248

무로부터 창조 83, 91, 105, 143, 145, 179, 180, 191, 433, 558

무신론 5, 6, 20, 24, 107, 114, 133, 146, 152-154, 156, 163, 202, 259, 285, 316, 337, 366, 369, 378, 388, 389, 395, 396, 398, 400, 403, 406, 416, 422, 428, 552, 558, 560, 561

문자주의 5, 18, 25, 35, 37, 44, 139, 146, 159, 160, 163, 352-355, 377, 385,

386, 397, 399, 405-408, 410, 420,
427-429

미세 조정 166, 183, 185-188, 191, 218,
315, 321, 412, 422, 431, 556

ㅂ

바빌론 53, 57, 67

반토대주의 133, 134

방법론적 자연주의 19, 24, 138, 153,
154, 191, 245, 282, 315, 316, 341,
347, 366-368, 378, 379, 389, 396,
403, 404, 412, 416, 422, 432

부분-전체 247

불확정성(비결정성) 120, 124, 132-135,
157, 167-170, 175, 190, 194, 196,
198, 199, 201, 202, 204, 207, 208,
210, 212, 213, 215-217, 251, 261,
262, 279-281, 315, 316, 333-336,
340, 343, 364, 378, 414, 425, 431,
432, 465, 489, 537, 538, 546, 561

비판적 실재론 18, 28-31, 39, 40, 42, 43,
45, 120, 121, 123, 125

빅 히스토리 5, 32, 156, 164, 429, 504,
505, 529

빅뱅 5, 75, 104, 134, 146, 166, 178-180,
191, 401, 411, 416, 427, 505, 529

ㅅ

삼층적 우주 50, 58, 59, 67, 68, 70, 72,
73, 75, 76, 78

상대성 이론 29, 75, 130, 133, 165, 167,
250, 543, 545, 559

상징주의 489-491

상향식 인과율 213, 218, 247, 264, 343

스올 60, 61, 65, 66, 72

신경과학 6, 32, 37, 173, 220, 222, 229,
230, 243-245, 252, 253, 260, 264,
265, 280, 435, 436, 438, 442, 444,
457, 458, 471, 483, 513

신경심리학 252, 253, 262, 273, 277,
278, 441

신다윈주의 149, 150, 259, 299, 304,
315, 320, 412, 445

신적 적응 36, 76-78, 411

신정론 127, 143, 190, 193, 203, 214,
347, 372, 374, 381, 417, 541, 553,
556, 562

심리학 5, 6, 32, 82, 102, 211, 227, 228,
230, 231, 252, 253, 260, 264, 267,
273, 274, 276, 432, 438, 457, 491

ㅇ

아담 71, 80, 93-100, 103, 106, 139, 146,
159, 160, 272, 350, 354, 375, 376,
381, 399, 401, 402, 408, 428, 429,
531

아트라하시스 51, 93, 406

압수 51, 56, 57, 64

얌 64-66, 91, 129

양자물리학(양자역학) 6, 112, 115,
117-119, 124, 128, 129, 133, 165-168,
170-172, 178, 190, 191, 196, 198,

과학의 진실, 신학의 빛 — 하나님·우주·생명·인간

2026년 2월 25일 처음 찍음

지은이	윤철호
펴낸이	김영호
펴낸곳	도서출판 동연
등 록	제1-1383호(1992. 6. 12.)
주 소	서울시 마포구 월드컵로 163-3
전화/팩스	02-335-2630 / 02-335-2640
이메일	yh4321@gmail.com
인스타그램	instagram.com/dongyeon_press

ISBN 979-11-7611-003-7 93230